THE GATE OF REINCARNATIONS

VOLUME 1

Kabbalah Centre Publishing is a registered DBA of The Kabbalah Centre International, Inc.

For further information:
The Kabbalah Centre
155 E. 48th St., New York, NY 10017
1062 S. Robertson Blvd., Los Angeles, CA 90035

1.800.Kabbalah   www.kabbalah.com

Printed in China, December 2024

ISBN: 978-1-952895-34-0
The Gate of Reincarnations - Volume 1

Book Design & Graphic Layout: Shlomit Heymann

Writings of The Ari

THE GATE OF REINCARNATIONS

Past Lives and Our Ultimate Destiny

RAV ISAAC LURIA

EDITED BY RAV MICHAEL BERG

VOLUME 1
INTRODUCTIONS 1-32

FOREWORD

Dear Reader,

It is with tremendous joy and excitement that we share with you this book, "The Gate of Reincarnations," revealed by the great Kabbalist Rav Isaac Luria, often referred to as the Ari (The Lion).

In this work the Ari reveals the deep and wonderful secrets of Reincarnation. Through this wisdom we can begin to understand where we came from and more importantly what we need to be doing in this lifetime. This is not just an interesting study; its purpose is specifically to awaken each one of our souls to the particular spiritual work we came into this world to accomplish. This is a very important understanding.

In our world today there are many ways to be spiritual. Maybe more than any other time in human history the gates to spirituality are open to everybody, as more and more people have access to spiritual wisdom and tools. This is certainly a blessed time. But we know that with every blessing comes another part to which we need to pay attention.

It seems that many see themselves as generally spiritual. Satisfied with a general spiritual pursuit made accessible and easy because of the proliferation of wisdom. But the kabbalists warn us that this can also be a trap.

Our soul did not come into this world to simply be generally spiritual. Rather, each one of us has specific tasks, specific work, and specific people whom we need to assist. There is a countervailing force in our lives that is meant to be our opposition. We might mistakenly assume that its purpose is to stop us from pursuing spiritual wisdom; this is not the case. The kabbalists teach that this force will allow us to be spiritual, to study, to use the tools, and even to help others, as long as that is not the specific direction our soul came into this world to pursue.

Once you understand this truth, the danger of a general spiritual life becomes clear. So how do you protect your soul, your spiritual journey? How do you make sure you are doing the specific work your soul came into this world to do?

The answer is the book you are holding in your hand. By studying the works of the great Soul Healer, the Ari, that teaches about reincarnation and the specific aspects of each soul's spiritual purpose, we awaken this clarity of direction in our own lives. It does not matter if every detail you read and study pertains to you, rather what does matter is that the Light behind those words and teachings awakens your soul to your specific journey.

Therefore I ask you not to use this book as simply a book of wisdom, although it holds tremendous deep ancient wisdom. Use it more as a tool and meditation. Ask that the Light behind the words shine to you.

Every time you pick up this book to study, meditate and ask: "May the Light I am connecting to guide my soul in its specific journey; may this Light awaken my soul to more deeply understand and commit to my work in this lifetime."

It is my hope and desire that through this beautiful and elevated wisdom of the soul, each of us individually and collectively focus and accomplish the purpose for which we came into this world. I know that once this awakening occurs, our world will be transformed, and that the world as it should be will become revealed.

May we, in our lifetime, through the revelation of this wisdom, experience the reality of a world free from pain, suffering, and death.

Blessings and Light,
Rav Michael Berg

תפילה קודם הלימוד מהאר"י זיע"א

רִבּוֹן הָעוֹלָמִים וַאֲדוֹנֵי הָאֲדוֹנִים, אַב הָרַחֲמִים וְהַסְּלִיחוֹת, מוֹדִים אֲנַחְנוּ לְפָנֶיךָ ה' אֱלֹהֵינוּ וֵאלֹהֵי אֲבוֹתֵינוּ, בְּקִדָּה וּבְהִשְׁתַּחֲוָיָה, שֶׁקֵּרַבְתָּנוּ לְתוֹרָתֶךָ וְלַעֲבוֹדָתֶךָ עֲבוֹדַת הַקֹּדֶשׁ, וְנָתַתָּ לָנוּ חֵלֶק בְּסוֹדוֹת תּוֹרָתֶךָ הַקְּדוֹשָׁה. מָה אָנוּ, וּמָה חַיֵּינוּ אֲשֶׁר עָשִׂיתָ עִמָּנוּ חֶסֶד גָּדוֹל כָּזֶה, עַל כֵּן אֲנַחְנוּ מַפִּילִים תַּחֲנוּנֵינוּ לְפָנֶיךָ שֶׁתִּמְחוֹל וְתִסְלַח לְכָל חַטֹּאתֵינוּ וַעֲוֹנוֹתֵינוּ, וְאַל יִהְיוּ עֲוֹנוֹתֵינוּ מַבְדִּילִים בֵּינֵנוּ לְבֵינֶךָ. וְכֵן יְהִי רָצוֹן מִלְּפָנֶיךָ ה' אֱלֹהֵינוּ וֵאלֹהֵי אֲבוֹתֵינוּ, שֶׁתְּכוֹנֵן אֶת לְבָבֵנוּ לְיִרְאָתֶךָ וּלְאַהֲבָתֶךָ, וְתַקְשִׁיב אָזְנֶיךָ לִדְבָרֵינוּ אֵלֶּה, וְתִפְתַּח לְבָבֵנוּ הֶעָרֵל בְּסוֹדוֹת תּוֹרָתֶךָ, וְיִהְיֶה לִמּוּדֵינוּ זֶה נַחַת רוּחַ לִפְנֵי כִּסֵּא כְבוֹדֶךָ כְּרֵיחַ נִיחוֹחַ, וְתַאֲצִיל עָלֵינוּ אוֹר מְקוֹר נִשְׁמָתֵנוּ בְּכָל בְּחִינָתֵנוּ, וְשֶׁיִּתְנוֹצְצוּ נִיצוֹצוֹת עֲבָדֶיךָ הַקְּדוֹשִׁים אֲשֶׁר עַל יָדָם גִּלִּיתָ דְּבָרֶיךָ אֵלֶּה בָּעוֹלָם, וּזְכוּתָם וּזְכוּת אֲבוֹתָם וּזְכוּת תּוֹרָתָם וּתְמִימוּתָם וּקְדֻשָּׁתָם יַעֲמוֹד לָנוּ לְבַל נִכָּשֵׁל בִּדְבָרִים אֵלוּ, וּבִזְכוּתָם תָּאִיר עֵינֵינוּ בְּמָה שֶׁאָנוּ לוֹמְדִים, כְּמַאֲמַר נְעִים זְמִירוֹת יִשְׂרָאֵל גַּל עֵינַי וְאַבִּיטָה נִפְלָאוֹת מִתּוֹרָתֶךָ. כִּי ה' יִתֵּן חָכְמָה מִפִּיו דַּעַת וּתְבוּנָה. יִהְיוּ לְרָצוֹן אִמְרֵי פִי וְהֶגְיוֹן לִבִּי לְפָנֶיךָ ה' צוּרִי וְגֹאֲלִי.

A Prayer from the Ari (Rav Isaac Luria)
to be recited before the study of the Zohar

Ruler of the universe, and Master of all masters. The Father of mercy and forgiveness, we thank You, our God and the God of our fathers, by bowing down and kneeling, that You brought us closer to your Torah and Your Holy Work, and you enable us to take part in the secrets of your Holy Torah. How worthy are we that You grant us with such big favor, which is the reason we plead before You that You will forgive and acquit all our sins, and that they should not bring separation between You and us. And may it be Your will before You, our God and the God of our fathers, that You will awaken and prepare our hearts to love and revere You, and may You listen to our utterances and open our closed hearts to the hidden studies of Your Torah, and may our study be pleasant before Your Place of Honor, as the aroma of sweet incense, and may You emanate to us Light from the source of our soul to all of our being. And may the sparks of Your Holy servants, through which You revealed Your wisdom to the world, shine. May their merit and the merit of their fathers and the merit of their Torah and holiness support us so we shall not stumble through our study. And by their merit enlighten our eyes in our learning as it is stated by King David, the Sweet Singer of Israel: "Open my eyes so that I will see wonders from Your Torah." (Psalms 119:18) "For the Lord gives wisdom; from his mouth come knowledge and understanding." (Proverbs 2:6) "May the utterances of my mouth and the thoughts of my heart find favor before You, God my Strength and my Redeemer." (Psalms 19:15)

TABLE OF CONTENTS

[Although this Table of Contents was originally written at the back of this book, we felt it more fitting to put it in the front of our publication for your convenience]

Said the young Shmuel, son of the author Rav [Chaim Vital]: I saw that after I have aged and had the pleasure to delight in the Garden of Eden, to eat from the Tree of Life, and to drink the great and abundant waters of the great Perat River, and I read and drank refreshing and sweet waters, every palate says "me, me" for the order I organized before You, as I created a beautiful and fitting order for the opening of the Gates. Anyone who desires the Creator will enter the Gate his heart desires.

However, the main Aspect is still missing from anyone who wishes to come near the Tabernacle of the Creator, as he does not know how to find his love, where his tent is lodged or where it is camped. Therefore, instead of coming here he will go empty handed because the Keys of the delightful imagery were not given to his hands.

Therefore I thought in my heart to toil, prepare, and give the Keys to the hands of the Merciful One's Messengers, so that they may gain merit from the High Table, as a set table and a spread out tablecloth, and on it is the Bread of Display that faces both surfaces, and the words of the poor in their place, and the rich in another place. They will be as luminaries and signs, a candelabra to the south and a table to the north, each one camped at their post, and they will give much pleasure with signs that show the work of Heaven whilst telling each matter as it should be—bright, shining, and clear. It provides food, bread, and sustenance to the Souls, to give anyone who asks exactly what he needs, announcing: "Who wants the potion of life?"

up forever...." (Isaiah 25:8) It also explains another Introduction like it about the Souls in brief. It also explains about verses that can have dual meanings.

FIRST
INTRODUCTION

We will begin with what the sages of blessed memory said [concerning the fact] that the Soul has five Names (Tractate Berachot 10a), and this is their order from bottom to top: Nefesh, Ruach, Neshamah, Chayah, and Yechidah. And there is no doubt that these specific Names are not coincidental and not by chance. However, know that the person himself is actually the spiritual essence within the body, and that the body is only the "clothing" of the person rather than the person himself, as it is written: "Do not anoint upon the human flesh…" (Exodus 30:32), and as it is mentioned in Zohar, Beresheet 120.

Five Names of the human soul.

It is also known that man connects the Four Worlds: Atzilut, Briyah, Yetzirah and Asiyah; and therefore, of necessity, he must have within him Parts from all of the four Worlds. Each part is named after one of the five Names mentioned earlier: Nefesh, Ruach, Neshamah, Chayah, and Yechidah, as will be explained further. And one does not merit acquiring all of them at once but rather according to his merits. At first, he acquires the lowest of them, which is called Nefesh, and then if he merits more he also acquires the Ruach, as is explained in various places in the Zohar, some in the portion of Vayechi, some in the portion of Terumah, and specifically in the portion of Mishpatim, verse 11, which says: "Come and see, when a person is born, he is given a Nefesh, and so on." Now, after this has been explained, we need to inform you of some Introductions regarding the mentioned discourse.

Man connects the Four Worlds.

The matter of Nefesh, Ruach, Neshamah, and so on, and the Robe of the Sages (*Chaluka deRabanan*) was explained at length in the Fourth Gate, *Sha'ar HaPsukim* ("The Gate of Verses"), regarding the verse: "His mother would make him a small coat…" (I Samuel 2:19) and also in the Fifth Gate, *Sha'ar*

הַקְדָּמָה א'

חֲמִשָּׁה שֵׁמוֹת לְנֶפֶשׁ הָאָדָם

וְנַתְחִיל מַה שֶּׁאָמְרוּ חֲזַ"ל כִּי חֲמִשָּׁה שֵׁמוֹת יֵשׁ לַנֶּפֶשׁ, וְזֶה סִדְרָם מִמַּטָּה לְמַעְלָה: נֶפֶשׁ, רוּחַ, נְשָׁמָה, חַיָּה, יְחִידָה. וְאֵין סָפֵק כִּי לֹא נָפַל קְרִיאַת הַשֵּׁמוֹת הַנִּזְכָּרוֹת בְּמִקְרֶה וּבְהִזְדַּמֵּן. אָמְנָם דַּע, כִּי הָאָדָם עַצְמוֹ הוּא הָרוּחָנִיּוּת אֲשֶׁר בְּתוֹךְ הַגּוּף, וְהַגּוּף הוּא לְבוּשׁ הָאָדָם, וְאֵינֶנּוּ הָאָדָם עַצְמוֹ. וּכְמוֹ שֶׁאָמַר הַכָּתוּב "עַל בְּשַׂר אָדָם לֹא יִיסָךְ", וְכַנִּזְכָּר בַּזֹּהַר פָּרָשַׁת בְּרֵאשִׁית דַּף כ' ע"ב.

הָאָדָם כּוֹלֵל כָּל הָעוֹלָמוֹת

וְנוֹדַע כִּי הָאָדָם מְקַשֵּׁר כָּל הַד' עוֹלָמוֹת אֲצִילוּת בְּרִיאָה יְצִירָה עֲשִׂיָּה, וְלָכֵן בְּהֶכְרֵחַ הוּא שֶׁיִּהְיוּ בּוֹ חֲלָקִים מִכָּל הָאַרְבָּעָה עוֹלָמוֹת, וְאֵלּוּ הַחֲלָקִים כָּל חֵלֶק מֵהֶם נִקְרָא בְּשֵׁם אֶחָד מִן הַחֲמִשָּׁה שֵׁמוֹת הַנִּזְכָּרִים, שֶׁהֵם: נרנח"י, כְּמוֹ שֶׁיִּתְבָּאֵר. וְלֹא בְּרֶגַע אֶחָד זוֹכֶה לָקַחַת כֻּלָּם, רַק כְּפִי זְכִיּוֹתָיו. וּבַתְּחִלָּה נוֹטֵל חֵלֶק הַגָּרוּעַ שֶׁבְּכֻלָּם, וְהוּא הַנִּקְרָא נֶפֶשׁ. וְאַחַר כָּךְ אִם יִזְכֶּה יוֹתֵר, יִקַּח גַּם אֶת הָרוּחַ וְכוּלֵּיהּ. וְכִמְבֹאָר בְּכַמָּה מְקוֹמוֹת בְּסֵפֶר הַזֹּהַר, מֵהֶם בְּפָרָשַׁת וַיְחִי וּמֵהֶם בְּפָרָשַׁת תְּרוּמָה, וּבִפְרָט בְּרֵישׁ פָּרָשַׁת מִשְׁפָּטִים דַּף צ"ד ע"ב, וְזֶה לְשׁוֹנוֹ, תָּא חֲזֵי, בַּר נַשׁ כַּד אִתְיְלִיד, יָהֲבִין לֵיהּ נֶפֶשׁ וְכוּ'. וְאַחַר שֶׁנִּתְבָּאֵר זֶה, צָרִיךְ שֶׁנּוֹדִיעֲךָ עַתָּה קְצָת הַקְדָּמוֹת בְּעִנְיַן דְּרוּשׁ הַנִּזְכָּר.

עִנְיַן נר"ן וְכוּ', וַחֲלוּקָא דְּרַבָּנָן, נִתְבָּאֵר עִנְיָנָם בְּאֹרֶךְ בְּשַׁעַר ד', שַׁעַר הַפְּסוּקִים בְּפָסוּק "וּמְעִיל קָטֹן תַּעֲשֶׂה לוֹ אִמּוֹ" (שְׁמוּאֵל א' ב').

HaMitzvot ("The Gate of Precepts"), on the portion of Vayechi, which deals with the Laws of Mourning; study there. And we will expound further.

Know that all [Parts of the Soul called] Nefesh are from the World of Asiyah only, and all [Parts of the Soul called] Ruach are from the World of Yetzirah, and all [Parts of the Soul called] Neshamah are from the World of Briyah. However, most people do not have all five Parts, which are called Nefesh, Ruach, Neshamah, and so on, but only the Part of Nefesh, which is from Asiyah. Yet even this has many levels because Asiyah itself is also divided into Five Partzufim (Spiritual Structures) that are called: Arich Anpin, Aba, Ima, Zeir Anpin, and Nukva. Thus, before a person can merit to acheive his Ruach that is from the World of Yetzirah, he must first be complete in all Five Partzufim of the Nefesh of Asiyah.

> Most people only attain Nefesh, and even Nefesh contains many levels.

Even though it is known that there are those whose Nefesh is from Malchut of Asiyah while another's is from Yesod of Asiyah, and so on, nevertheless each and every person is required to correct the entirety of the World of Asiyah before he can receive his Ruach from the World of Yetzirah, since Yetzirah is greater than all of Asiyah. In the same manner, in order to achieve his Neshamah from the [World of] Briyah, he needs to correct all the Parts of his Ruach in the entire [World of] Yetzirah. Only then will he be able to receive his Neshamah that is from Briyah.

> Correcting the entire Asiyah to receive the Ruach from Yetzirah.

It is not sufficient for him to correct only that particular place to which his Soul is rooted. Rather, he is required to correct in the aforementioned way until he is worthy of the entire Asiyah, and then he will achieve the Ruach of Yetzirah. The same applies to the rest of the Worlds. This means that he must occupy himself with the Torah and Precepts that correspond to the entire Asiyah, and not just those that correspond to the specific level to which his Nefesh is attached. This is in the aspect of fulfilling the Torah and Precepts.

וְגַם נִתְבָּאֵר בְּשַׁעַר ה' שַׁעַר הַמִּצְוֹת בְּפָרָשַׁת וַיְחִי בְּדִינֵי הָאֲבֵלוּת ע"ש, וְעוֹד נְחַדֵּשׁ.

רֹב בְּנֵי אָדָם אֵין לָהֶם רַק הַנֶּפֶשׁ, וַאֲפִלּוּ בַּנֶּפֶשׁ יֵשׁ מַדְרֵגוֹת רַבּוֹת

דַּע, כִּי כָּל הַנְּפָשׁוֹת הֵם מֵעוֹלָם הָעֲשִׂיָּה בִּלְבַד, וְכָל הָרוּחוֹת הֵם מֵעוֹלָם הַיְצִירָה, וְכָל הַנְּשָׁמוֹת הֵם מֵעוֹלָם הַבְּרִיאָה וְכוּלֵיהּ. אָמְנָם רֹב בְּנֵי אָדָם אֵין לָהֶם כָּל הַחֲמִשָּׁה חֲלָקִים הַנִּקְרָאִים נר"ן וְכוּ', רַק חֵלֶק הַנֶּפֶשׁ בִּלְבַד, אֲשֶׁר הִיא מִן הָעֲשִׂיָּה. אֲבָל גַּם בָּזֶה יֵשׁ מַדְרֵגוֹת רַבּוֹת, וְהוּא, כִּי הִנֵּה הָעֲשִׂיָּה עַצְמָהּ נֶחֱלֶקֶת לַחֲמִשָּׁה פַּרְצוּפִים, הַנִּקְרָאִים: אֲרִיךְ אַנְפִּין, וְאַבָּא וְאִמָּא, וּזְעִיר וְנוּקְבֵיהּ. וְהִנֵּה הָאָדָם טֶרֶם שֶׁיִּזְכֶּה לְהַשִּׂיג רוּחוֹ אֲשֶׁר מֵעוֹלָם הַיְצִירָה, צָרִיךְ שֶׁיִּהְיֶה שָׁלֵם בְּכָל חֲמִשָּׁה פַּרְצוּפֵי נֶפֶשׁ הָעֲשִׂיָּה.

צָרִיךְ שֶׁיְּתַקֵּן כָּל הָעֲשִׂיָּה כְּדֵי לְקַבֵּל אֶת הָרוּחַ מִיצִירָה

וְאַף עַל פִּי שֶׁנּוֹדַע, שֶׁיֵּשׁ מִי שֶׁנַּפְשׁוֹ מִן הַמַּלְכוּת דַּעֲשִׂיָּה, וְיֵשׁ מִן יְסוֹד דַּעֲשִׂיָּה וְכוּ', עִם כָּל זֶה צָרִיךְ שֶׁיְּתַקֵּן כָּל אִישׁ וְאִישׁ כָּל כְּלָלוּת עוֹלָם הָעֲשִׂיָּה, וְאַחַר כָּךְ יוּכַל לְקַבֵּל רוּחוֹ אֲשֶׁר מִן הַיְצִירָה, לְפִי שֶׁהַיְצִירָה גָּדוֹל מִכָּל הָעֲשִׂיָּה כֻּלָּהּ. וְכֵן עַל דֶּרֶךְ זֶה כְּדֵי לְהַשִּׂיג נִשְׁמָתוֹ אֲשֶׁר מִן הַבְּרִיאָה צָרִיךְ שֶׁיְּתַקֵּן הָאָדָם כָּל חֶלְקֵי רוּחוֹ בְּכָל הַיְצִירָה, וְאַחַר כָּךְ יוּכַל לְקַבֵּל נִשְׁמָתוֹ אֲשֶׁר מִן הַבְּרִיאָה.

וְלֹא יַסְפִּיק לוֹ בַּאֲשֶׁר יְתַקֵּן מָקוֹם פְּרָטִי שֶׁבּוֹ נֶאֱחָז שֹׁרֶשׁ נִשְׁמָתוֹ, רַק צָרִיךְ שֶׁיְּתַקֵּן כַּנִּזְכָּר עַד שֶׁיִּהְיֶה רָאוּי אֶל כָּל הָעֲשִׂיָּה, וְאָז יַשִּׂיג רוּחַ הַיְצִירָה. וְעַל דֶּרֶךְ זֶה בִּשְׁאָר הָעוֹלָמוֹת. פֵּרוּשׁ הַדְּבָרִים, שֶׁיַּעֲסֹק בַּתּוֹרָה וּבְמִצְוֹת אֲשֶׁר הִיא כְּפִי עֵרֶךְ הָעֲשִׂיָּה כֻּלָּהּ, וְלֹא יַסְפִּיק כְּפִי פְּרָטִיּוּת מְקוֹם אֲחִיזַת נַפְשׁוֹ, וַהֲרֵי זֶה בִּבְחִינַת קִיּוּם הַתּוֹרָה וְהַמִּצְוֹת.

Likewise, if he transgressed and damaged a particular place in Asiyah, even if it is not the place that his Nefesh is attached to, he needs to correct it. However, if another person is remiss in the performance of a certain Precept that is from the World of Asiyah, or if he transgressed and damaged it, this does not oblige [the first person] to correct the missing Precept or damage of the sin of the other unless they are both from the same place, as we will explain later on, God willing.

Correcting the place you damaged, not the place that someone else damaged.

Or possibly, the concept of correcting only applies to the correction of a damage of a transgression and not to the performance and fulfillment of the entire 248 Positive Precepts. Or possibly and more correctly, for example, one who is from the Malchut of Nukva of Asiyah—called the Nefesh of Asiyah— is required to correct all [Aspects of] Malchut within Ruach, Neshamah, Chayah, and Yechidah of Asiyah. Thus, one who only corrects the Malchut of Asiyah only has a Nefesh from the Nefesh of Asiyah. And one who corrects the Zeir Anpin of Asiyah will have the Nefesh and Ruach of Asiyah. If he has also corrected Ima of Asiyah, he will have Nefesh, Ruach, and Neshamah of Asiyah and so on, until it is found that this one who corrects all Five Partzufim of Asiyah will have Nefesh, Ruach, Neshamah, Chayah, and Yechidah of Asiyah.

One who corrects Malchut of Asiyah has Nefesh of Nefesh of Asiyah.

Each and every Aspect of these Five is complete with its three Parts, which are Ibur, Yenikah, and Mochin, as mentioned in the verse: "His mother would make him a small coat…" (I Samuel 2:19) and is called a complete Nefesh of Asiyah. Then, he will merit the Ruach from Yetzirah. This Part called Ruach also has all five mentioned levels, and they are all called the complete Ruach of Yetzirah. Such is the case with the Neshamah of Briyah, and so with Chayah and so with Yechidah, and we will not expound on it now.

Each five Parts of the Soul include Ibur, Yenikah, and Mochin.

It is now necessary to clarify one difference between the Nefesh of Asiyah and the rest of the Parts that are from Yetzirah, Briyah, and Atzilut. In doing so, a big enigma will be explained: How is it possible for someone whose Root is in Malchut of

An enigma: how can one ascend higher than the Root of their Soul?

לְתַקֵּן אֶת הַמָּקוֹם שֶׁהוּא פָּגַם, וְלֹא מָקוֹם שֶׁאַחֵר פָּגַם

וְכֵן אִם חָטָא וּפָגַם בְּאֵיזֶה מָקוֹם שֶׁל הָעֲשִׂיָּה, אַף עַל פִּי שֶׁאֵינֶנּוּ מְקוֹם אֲחִיזַת נַפְשׁוֹ, צָרִיךְ לְתַקְּנוֹ. הָאֻמְנָם אִם אֵיזֶה נֶפֶשׁ אַחֶרֶת חָסֵר מִלַּעֲשׂוֹת אֵיזוֹ מִצְוָה אֲשֶׁר הִיא מֵעוֹלַם הָעֲשִׂיָּה, אוֹ אִם עָשָׂה שׁוּם עֲבֵרָה וּפָגַם בָּהּ, אֵין זֶה מְחֻיָּב לְתַקֵּן חֶסְרוֹן מִצְוָה אוֹ פְּגַם שֶׁל עֲבֵרָה זוּלָתוֹ, אֶלָּא אִם כֵּן הָיוּ שְׁנֵיהֶם מִמָּקוֹם אֶחָד, כְּמוֹ שֶׁיִּתְבָּאֵר לְקַמָּן בע"ה.

מִי שֶׁמְּתַקֵּן מַלְכוּת דַּעֲשִׂיָּה זוֹכֶה לְנֶפֶשׁ דְּנֶפֶשׁ דַּעֲשִׂיָּה

אוֹ אֶפְשָׁר, כִּי אֵין שֵׁם תִּקּוּן נוֹפֵל אֶלָּא בְּתִקּוּן פְּגַם עֲבֵרָה בִּלְבַד, וְלֹא בַּעֲשִׂיַּת קִיּוּם כָּל רמ"ח מִצְוֹת עֲשֵׂה. אוֹ אֶפְשָׁר, וְהוּא הַנָּכוֹן, כִּי דֶּרֶךְ מָשָׁל, מִי שֶׁהוּא מִמַּלְכוּת דְּנוּקְבָא דַּעֲשִׂיָּה הַנִּקְרֵאת נֶפֶשׁ דַּעֲשִׂיָּה, צָרִיךְ שֶׁיְּתַקֵּן כָּל הַמַּלְכֻיּוֹת: דְּרוּחַ, וּנְשָׁמָה, וְחַיָּה, וִיחִידָה שֶׁל הָעֲשִׂיָּה. וְהִנֵּה מִי שֶׁלֹּא תִּקֵּן רַק מַלְכוּת שֶׁל עֲשִׂיָּה, אֵין בּוֹ רַק נֶפֶשׁ מִן הַנֶּפֶשׁ שֶׁבַּעֲשִׂיָּה. וּמִי שֶׁתִּקֵּן גַּם ז"א דַּעֲשִׂיָּה, יִהְיוּ בּוֹ נֶפֶשׁ רוּחַ מִן הָעֲשִׂיָּה. וְאִם תִּקֵּן גַּם אִמָּא דַּעֲשִׂיָּה, יִהְיוּ בּוֹ נר"ן מִן הָעֲשִׂיָּה. וְכֵן עַל דֶּרֶךְ זֶה, עַד שֶׁנִּמְצָא כִּי מִי שֶׁתִּקֵּן כָּל חֲמִשָּׁה פַּרְצוּפִים דַּעֲשִׂיָּה יֵשׁ לוֹ נרנח"י דַּעֲשִׂיָּה.

כָּל חֲמִשָּׁה חֲלָקֵי נְשָׁמָה כְּלוּלִים מֵעִבּוּר יְנִיקָה וּמֹחִין

וְכָל חֲמִשָּׁה בְּחִינוֹת אֵלּוּ, כָּל בְּחִינָה מֵחֲמִשְׁתָּן שְׁלֵמָה בִּשְׁלֹשָׁה חֲלָקֶיהָ, שֶׁהֵם: עִבּוּר וִינִיקָה וּמֹחִין כַּנִּזְכָּר, בַּפָּסוּק "וּמְעִיל קָטֹן תַּעֲשֶׂה לּוֹ אִמּוֹ" וְגוֹ', נִקְרֵאת נֶפֶשׁ שְׁלֵמָה דַּעֲשִׂיָּה, וְאָז יִזְכֶּה אֶל הָרוּחַ מִן הַיְצִירָה. וְגַם בְּחֵלֶק זֶה הַנִּקְרָא רוּחַ יֵשׁ בּוֹ כָּל חֲמִשָּׁה הַמַּדְרֵגוֹת הַנִּזְכָּרִים, וְכֻלָּן נִקְרָאִים רוּחַ שָׁלֵם דִּיצִירָה. וְכֵן עַל דֶּרֶךְ זֶה בְּנִשְׁמַת הַבְּרִיאָה, וְכֵן בְּחַיָּה, וְכֵן בִּיחִידָה. וְאֵין לְהַאֲרִיךְ בָּזֶה עַתָּה.

תְּמִהּ, אֵיךְ עוֹלִים לְמַעְלָה מִמְּקוֹם שֹׁרֶשׁ נִשְׁמָתֵנוּ

וְעַתָּה צָרִיךְ שֶׁנְּבָאֵר חִלּוּק אֶחָד שֶׁיֵּשׁ בֵּין הַנֶּפֶשׁ שֶׁל הָעֲשִׂיָּה אֶל שְׁאָר הַחֲלָקִים, שֶׁמִּן הַיְצִירָה וְהַבְּרִיאָה וְהָאֲצִילוּת. וּבָזֶה יִתְבָּאֵר גַּם כֵּן תְּמִהּ גְּדוֹלָה, שֶׁאֵיךְ אֶפְשָׁר שֶׁמִּי שֶׁשָּׁרְשׁוֹ בְּמַלְכוּת דַּעֲשִׂיָּה,

Asiyah, as mentioned, to ascend to Keter of Asiyah? If it is so, it is apparent that since all Israelites must reincarnate until they are completed in every Aspect of Nefesh, Ruach, Neshamah, Chayah, and Yechidah, then inevitably, they must all ascend to Keter of Asiyah, [then] Keter of Yetzirah, [then] Keter of Briyah, and all the rest of the Aspects will become void. But this is inconceivable since it is obvious to us that there are some Israelites whose Souls are from the level of Malchut, some from Yesod, and so forth, as is mentioned in the beginning of Tikunei HaZohar that there are leaders of the Israelites from the Aspect of Keter, wise men from the Aspect of Chochmah, and intelligent people from the Aspect of Binah.

Indeed, the explanation of this matter is based upon what we will explain [concerning the fact] that there is a difference between Asiyah and the other three Worlds all together. In this way, know that regarding Asiyah itself, it is as follows: For he whose Root is in Malchut of Asiyah, it is obvious that his Nefesh is in Malchut of Asiyah specifically. Nevertheless, by correcting his actions, his Nefesh becomes purified, level after level, until it itself ascends to Keter of Asiyah and becomes included there.

The difference between Asiyah and the rest of the Worlds.

However, although it ascends to Keter of Asiyah, it still remains only at the level of Malchut of Keter of Asiyah because its Root is only from the Aspect of Malchut. However, it must become purified until it elevates to the actual Keter of Asiyah, even though it is still only considered to be from the Aspect of Malchut of Keter of Asiyah. It is in the same way with the other levels of Asiyah since it is called only an Aspect of Malchut of that level.

When Nefesh of Asiyah is purified it ascends until Malchut of Keter.

However, with respect to Yetzirah, Briyah, and Atzilut, it is not so. If the Root of one's Ruach is in Malchut of Yetzirah and he corrected and completed that level, when he purifies and corrects also Yesod of Yetzirah he will then also receive a Ruach from Yesod of Yetzirah itself, [while] the original Ruach that he had from Malchut of Yetzirah remains down Below in Malchut of Yetzirah since that is its place. And so when he also completes

One can receive Ruach and Nefesh from a higher place than their Root in the rest of the Worlds.

יוּכַל לַעֲלוֹת עַד הַכֶּתֶר דַּעֲשִׂיָּה כַּנִּזְכָּר, שֶׁאִם כֵּן נִמְצָא, שֶׁכֵּיוָן שֶׁכָּל בְּנֵי יִשְׂרָאֵל מֻכְרָחִים לְהִתְגַּלְגֵּל עַד שֶׁיִּשְׁלְמוּ בְּכָל נרנח"י, נִמְצָא שֶׁמֻּכְרָח הוּא שֶׁכֻּלָּם יִתְעַלּוּ בְּכֶתֶר דַּעֲשִׂיָּה וּבְכֶתֶר דִּיצִירָה וּבְכֶתֶר דִּבְרִיאָה, וְכָל שְׁאָר הַבְּחִינוֹת יִהְיוּ בְּטֵלוֹת. וְאָמְנָם זֶה לֹא יַעֲלֶה עַל הַדַּעַת, כִּי פָּשׁוּט הוּא אֶצְלֵנוּ, כִּי יֵשׁ מִבְּנֵי יִשְׂרָאֵל אֲנָשִׁים מִבְּחִינַת הַמַּלְכוּת, וְיֵשׁ מִן הַיְסוֹד וְכוּ', כַּנִּזְכָּר בִּתְחִלַּת סֵפֶר הַתִּקּוּנִים, דְּאִית בְּהוּ רָאשֵׁי אַלְפֵי יִשְׂרָאֵל מִצַּד הַכֶּתֶר, וַחֲכָמִים מִצַּד הַחָכְמָה, וּנְבוֹנִים מִן הַבִּינָה וְכוּ'.

חִלּוּק בֵּין עֲשִׂיָּה לִשְׁאָר עוֹלָמוֹת

וְאָמְנָם בֵּאוּר עִנְיָן זֶה הוּא תָּלוּי בְּמַה שֶּׁנְּבָאֵר, שֶׁאָמַרְנוּ כִּי יֵשׁ חִלּוּק בֵּין הָעֲשִׂיָּה לִשְׁאָר שְׁלֹשָׁה הָעוֹלָמוֹת שְׁלָשְׁתָּם בְּיַחַד. וְהוּא בְּאֹפֶן זֶה: דַּע, כִּי בְּעִנְיַן הָעֲשִׂיָּה לְבַדָּהּ הוּא בְּאֹפֶן זֶה: כִּי מִי שֶׁשָּׁרְשׁוֹ בְּמַלְכוּת דַּעֲשִׂיָּה, פָּשׁוּט הוּא כִּי נַפְשׁוֹ הִיא בְּמַלְכוּת דַּעֲשִׂיָּה בְּדַוְקָא, אָמְנָם עִם כָּל זֶה עַל יְדֵי תִּקּוּן מַעֲשָׂיו מִזְדַּכֶּכֶת נַפְשׁוֹ מַדְרֵגָה אַחַר מַדְרֵגָה, עַד שֶׁתִּתְעַלֶּה הִיא עַצְמָהּ בְּכֶתֶר דַּעֲשִׂיָּה, וְתִכְלַל וְתִתְעַלֶּה עַד שָׁם מַמָּשׁ.

כְּשֶׁנֶּפֶשׁ מֵעֲשִׂיָּה מִזְדַּכֶּכֶת הִיא עוֹלָה עַד מַלְכוּת דְּכֶתֶר

אֲבָל עִם כָּל זֶה שֶׁעָלָה עַד הַכֶּתֶר דַּעֲשִׂיָּה, עֲדַיִן שָׁם אֵינֶנּוּ רַק בִּבְחִינַת מַלְכוּת דְּכֶתֶר דַּעֲשִׂיָּה, כִּי אֵין שָׁרְשׁוֹ אֶלָּא מִבְּחִינַת מַלְכוּת, אֲבָל מֻכְרָח הוּא שֶׁצָּרִיךְ שֶׁיִּזְדַּכֵּךְ עַד שֶׁיַּעֲלֶה עַד הַכֶּתֶר דַּעֲשִׂיָּה מַמָּשׁ, אַף עַל פִּי שֶׁעֲדַיִן אָז אֵינֶנּוּ נִקְרָא רַק מִבְּחִינַת מַלְכוּת דְּכֶתֶר דַּעֲשִׂיָּה. וְעַל דֶּרֶךְ זֶה בִּשְׁאָר מַדְרֵגוֹת הָעֲשִׂיָּה, כִּי אֵינֶנּוּ נִקְרָא רַק בִּבְחִינַת מַלְכוּת שֶׁל הַמַּדְרֵגָה הַהִיא.

בִּשְׁאָר עוֹלָמוֹת אֶפְשָׁר לְקַבֵּל רוּחַ וּנְשָׁמָה מִמָּקוֹם גָּבוֹהַּ יוֹתֵר מֵהַשֹּׁרֶשׁ

וְאָמְנָם בִּיצִירָה וּבְרִיאָה וַאֲצִילוּת אֵין הַדָּבָר כֵּן, אָמְנָם מִי שֶׁשֹּׁרֶשׁ רוּחוֹ בְּמַלְכוּת שֶׁל הַיְצִירָה, וְתִקֵּן וְהִשְׁלִים הַמַּדְרֵגָה הַזֹּאת, כַּאֲשֶׁר יִזְדַּכֵּךְ וִיתַקֵּן גַּם הַיְסוֹד דִּיצִירָה אָז יְקַבֵּל גַּם כֵּן רוּחַ אַחֵר מִן הַיְסוֹד דִּיצִירָה מַמָּשׁ, וְהָרוּחַ הָרִאשׁוֹן אֲשֶׁר לוֹ מֵהַמַּלְכוּת דִּיצִירָה נִשְׁאָר לְמַטָּה בְּמַלְכוּת דִּיצִירָה, כִּי שָׁם מְקוֹמוֹ. וְכֵן כְּשֶׁיַּשְׁלִים גַּם הַהוֹד דִּיצִירָה, יַנִּיחַ גַּם אֶת הָרוּחַ הַשֵּׁנִי אֲשֶׁר לוֹ מִן הַיְסוֹד בִּיסוֹד דִּיצִירָה

Hod of Yetzirah, he will also leave that second Ruach that he has from Yesod in the Yesod of Yetzirah, and he will receive a Ruach from Hod of Yetzirah. And so on and so forth until the Keter of Yetzirah because, since he corrected his Nefesh in all levels of Asiyah, he has the ability to receive Ruach from all Parts of the entire Yetzirah; and the same applies to the aspect of Neshamah that he has from Briyah.

We need to explain the reason for this. Since Asiyah is the lowest of all the Worlds, it is therefore stationed among the Klipot (Shells) that surround it. Thus even though a person has already corrected his Nefesh with respect to its Root in Asiyah, if he were to leave it there, there is the fear that the Klipot would latch onto it. Therefore he is required to further refine his actions until he elevates it [his Nefesh] as high as it can go—to the place of his Root in Keter of Asiyah.

The World of Asiyah is among the Klipot.

However regarding Yetzirah, and even more so the other Worlds above it, there is no fear of the grasp of the Klipot that are in the World of Asiyah. Therefore, once he corrects his Ruach in his Root in Yetzirah, if he keeps on correcting, then that first Ruach will remain in the place of his Root and he will acquire a second, more Supernal Ruach from a higher level, and his original Ruach does not need to elevate upward since there is no fear there.

This is the secret of the verse: "...neither does God take away life (lit. God raises no Nefesh), but devises means, so that no one is banished from Him" (II Samuel 14:14) because all the thoughts that He thinks are only for the sake of the Nefesh, since it is in Asiyah and there is fear that it will be "banished from Him" due to the Klipot that are there. However, the correction He makes for that Nefesh as a result of this fear is that, "...God raises no Nefesh...." (II Samuel 14:14) In other words, the Creator does not lift up and raise a person by giving him a higher level of Nefesh than his Root because by doing so, his original Nefesh would be required to stay down in its place, leaving it banished among the Klipot that exist there.

"God raises no Nefesh" (II Samuel 14:14)

וִיקַבֵּל רוּחַ אַחֵר מִן הַהוֹד דִּיצִירָה. וְכֵן עַל דֶּרֶךְ זֶה עַד הַכֶּתֶר דִּיצִירָה. לְפִי שֶׁכֵּיוָן שֶׁתִּקֵּן אֶת נַפְשׁוֹ בְּכָל מַדְרֵגוֹת הָעֲשִׂיָּה, יֵשׁ בּוֹ יְכֹלֶת לְקַבֵּל רוּחַ מִכָּל חֶלְקֵי הַיְצִירָה כֻּלָּהּ, וְכֵן הָעִנְיָן בִּבְחִינַת הַנְּשָׁמָה אֲשֶׁר לוֹ מִן הַבְּרִיאָה.

עוֹלַם עֲשִׂיָּה נָתוּן בֵּין הַקְּלִפּוֹת

וְצָרִיךְ שֶׁנְּבָאֵר טַעַם אֶל הָאָמוּר, וְהוּא, לְפִי שֶׁהָעֲשִׂיָּה הִיא לְמַטָּה מִכָּל הָעוֹלָמוֹת, וְלָכֵן הִיא נְתוּנָה שָׁם בֵּין הַקְּלִפּוֹת הַסּוֹבְבִים אוֹתָהּ, וְלָכֵן אַף עַל פִּי שֶׁכְּבָר הָאָדָם תִּקֵּן נַפְשׁוֹ כְּפִי בְּחִינַת מְקוֹם שָׁרְשׁוֹ אֲשֶׁר בַּעֲשִׂיָּה, עִם כָּל זֶה אִם יַנִּיחֶנָּה שָׁם יֵשׁ פַּחַד אוּלַי יִתְאַחֲזוּ בָהּ הַקְּלִפּוֹת אֲשֶׁר שָׁם, וְלָכֵן צָרִיךְ שֶׁיְּזַכֵּךְ מַעֲשָׂיו יוֹתֵר וְיוֹתֵר עַד שֶׁיַּעֲלֶנָּה לְמַעְלָה לְמַעְלָה כָּל מַה שֶׁיּוּכַל, עַד מְקוֹם שָׁרְשׁוֹ בְּכֶתֶר דַּעֲשִׂיָּה.

וְאָמְנָם הַיְצִירָה, וּמִכָּל שֶׁכֵּן שְׁאָר הָעוֹלָמוֹת שֶׁלְּמַעְלָה מִמֶּנָּה, אֵין שָׁם פַּחַד מֵאֲחִיזַת הַקְּלִפּוֹת כַּאֲשֶׁר בַּעֲשִׂיָּה, וְלָכֵן כֵּיוָן שֶׁתִּקֵּן אֶת רוּחוֹ בְּשָׁרְשׁוֹ אֲשֶׁר בִּיצִירָה, הִנֵּה אִם יְתַקֵּן יוֹתֵר, אָז יִשָּׁאֵר רוּחוֹ הָרִאשׁוֹן שָׁם בִּמְקוֹם שָׁרְשׁוֹ, וְיִקְנֶה רוּחַ שֵׁנִי יוֹתֵר עֶלְיוֹן מִלְמַעְלָה, וְאֵין צָרִיךְ לְהַעֲלוֹת אֶת רוּחוֹ הָרִאשׁוֹן לְמַעְלָה, כִּי אֵין שָׁם פַּחַד.

לֹא יִשָּׂא אֱלֹהִים נֶפֶשׁ

וְזֶהוּ סוֹד פָּסוּק "וְלֹא יִשָּׂא אֱלֹהִים נֶפֶשׁ וְחָשַׁב מַחֲשָׁבוֹת לְבִלְתִּי יִדַּח מִמֶּנּוּ נִדָּח". כִּי כָּל הַמַּחֲשָׁבוֹת אֲשֶׁר הוּא חוֹשֵׁב הוּא לִבְחִינַת הַנֶּפֶשׁ בִּלְבַד, יַעַן הִיא בַּעֲשִׂיָּה, וְיֵשׁ פַּחַד אוּלַי יִדַּח מִמֶּנּוּ נִדָּח בִּשְׁבִיל הַקְּלִפּוֹת אֲשֶׁר שָׁם. וְאָמְנָם הַתִּקּוּן אֲשֶׁר הוּא עוֹשֶׂה אֶל הַנֶּפֶשׁ מִפַּחַד הַנִּזְכָּר הוּא, כִּי "לֹא יִשָּׂא אֱלֹהִים נֶפֶשׁ". פֵּרוּשׁ: כִּי אֵין הַשֵּׁם יִתְבָּרַךְ נוֹשֵׂא וּמַגְבִּיהַּ לָאָדָם לָתֵת לוֹ נֶפֶשׁ אַחֶרֶת יוֹתֵר מְעֻלָּה מִמַּה שֶּׁהִיא שָׁרְשׁוֹ, לְפִי שֶׁאִם הָיָה עוֹשֶׂה כֵּן הָיָה צָרִיךְ שֶׁתִּשָּׁאֵר נַפְשׁוֹ הָרִאשׁוֹנָה לְמַטָּה בִּמְקוֹמָהּ, וְהָיְתָה נִדַּחַת נִדָּח בַּקְּלִפּוֹת אֲשֶׁר שָׁם.

Therefore He does not give him another Nefesh that is more raised and elevated. Rather, it is only the original Nefesh that ascends according to the person's actions, until the Keter of Asiyah, and he does not have any other Nefesh. This is not the case in Yetzirah and the rest of the Worlds where his Ruach, Neshamah, and so on, remain Below in the place of his Root and he gains another, more elevated Ruach, Neshamah, and so on, according to the correction of his actions, as mentioned.

This is the secret of the well-known Introduction (Mishneh Torah, Laws of Teshuvah Chapter 5), which says that every person can be like Moses if he is willing to refine his actions, since he can acquire another Ruach that is more elevated until the highest level of Yetzirah, and a Neshamah from the highest level of Briyah, and so forth.

Every person can be like Moses from the Aspect of Ruach, Neshamah, and so on.

With this, you will also understand the well-known concept from the words of the sages [who said] that the Ruach or the Neshamah of righteous people come and enter an individual in the form of an Ibur (Impregnation) in order to assist him in his spiritual work, as it is explained in the hand-written manuscript of the *Midrash HaNe'elam* ("The Hidden Midrash") which says: "He who comes to be purified is assisted. Rabbi Natan says: 'The Souls of the Righteous come and assist him'" (Zohar Chadash, Noach 24) as it says in the Prologue to Beresheet in the Zohar about Rav Hamnuna Saba who was revealed to Rav Elazar and Rav Aba in the form of a donkey driver. (Zohar, Prologue 74-119)

Tzadikim come as an Ibur to assist people.

There is no doubt that the Ruach and the Neshamah of the Righteous are hidden and bound up "...in the Bundle of Life (the Afterlife)..." (I Samuel 25:29), each one in the appropriate place of its Root with the Lord, their God, and they do not descend from that place at all.

However, those original Ruachs left Below at every level and the Aspect of Yetzirah that did not ascend, as mentioned, are the ones that descend and enter a person [in the form of an Ibur]

Which Part of the Ruach of the Tzadik comes as an Ibur?

וְלָכֵן אֵינֶנּוּ נוֹתֵן לוֹ נֶפֶשׁ אַחֶרֶת יוֹתֵר נְשׂוּאָה וּגְבוֹהָה, רַק הַנֶּפֶשׁ הָרִאשׁוֹנָה לְבַדָּהּ הִיא עַצְמָהּ הָעוֹלָה לְמַעְלָה כְּפִי מַעֲשָׂיו עַד כֶּתֶר דַּעֲשִׂיָּה, וְאֵין לוֹ נֶפֶשׁ אַחֶרֶת זוּלָתָהּ. מַה שֶּׁאֵין כֵּן בִּיצִירָה וּשְׁאָר הָעוֹלָמוֹת, כִּי רוּחוֹ אוֹ נִשְׁמָתוֹ וְכוּ' נִשְׁאָר לְמַטָּה בִּמְקוֹם שָׁרְשׁוֹ, וּמַרְוִיחַ רוּחַ אַחֵר יוֹתֵר עֶלְיוֹן, כְּפִי תִּקּוּן מַעֲשָׂיו כַּנִּזְכָּר.

כָּל אָדָם יָכוֹל לִהְיוֹת כְּמֹשֶׁה רַבֵּנוּ מִבְּחִינַת רוּחַ וּנְשָׁמָה וְכוּ'

וְזֶהוּ סוֹד הַקְדָּמָה נוֹדַעַת, כִּי כָּל אָדָם יָכוֹל לִהְיוֹת כְּמֹשֶׁה רַבֵּנוּ עָלָיו הַשָּׁלוֹם אִם יִרְצֶה לְזַכֵּךְ מַעֲשָׂיו, לְפִי שֶׁיָּכוֹל לָקַחַת לוֹ רוּחַ אַחֵר יוֹתֵר גָּבֹהַּ, עַד רוּם הַיְצִירָה, וְכֵן נְשָׁמָה מֵרוּם הַבְּרִיאָה וְכוּ'.

צַדִּיקִים בָּאִים בְּסוֹד עִבּוּר כְּדֵי לְסַיֵּעַ בְּנֵי אָדָם

גַּם בָּזֶה תָּבִין עִנְיַן הַמְפֻרְסָם בְּדִבְרֵי רַזַ"ל, כִּי רוּחֵיהוֹן דְּצַדִּיקַיָּא אוֹ נִשְׁמָתֵיהוֹן בָּאִים וּמִתְעַבְּרִים בָּאָדָם בְּסוֹד הַנִּקְרָא עִבּוּר, לְסַיְּעוֹ בַּעֲבוֹדַת הַשֵּׁם יִתְבָּרַךְ, וכמ"ש בְּמִדְרָשׁ הַנֶּעְלָם מִכְּתִיבַת יָד עַל הַבָּא לִטָּהֵר מְסַיְּעִים לוֹ, ר' נָתָן אוֹמֵר נִשְׁמָתָם שֶׁל צַדִּיקִים בָּאוֹת וּמְסַיְּעִין אוֹתוֹ. וכמ"ש בְּהַקְדָּמַת פָּרָשַׁת בְּרֵאשִׁית מִסֵּפֶר הַזֹּהַר עַל רַב הַמְנוּנָא סָבָא, שֶׁבָּא אֵצֶל רַבִּי אֶלְעָזָר וְרַבִּי אַבָּא בִּדְמוּת טְעִין חֲמָרֵי וְכוּ'.

וְהִנֵּה אֵין סָפֵק, כִּי רוּחֵיהוֹן וְנִשְׁמָתֵיהוֹן דְּצַדִּיקִים הֵם גְּנוּזוֹת וּצְרוּרוֹת בִּצְרוֹר הַחַיִּים, כָּל אֶחָד בִּמְקוֹם שָׁרְשׁוֹ הָרָאוּי לוֹ, אֶת ה' אֱלֹהֵיהֶם, וְאֵינָם יוֹרְדִין מִמְּקוֹמָם כְּלָל.

אֵיזֶה חֵלֶק מֵרוּחַ הַצַּדִּיק בָּא בְּסוֹד עִבּוּר

אֲבָל אוֹתָן הָרוּחִין הָרִאשׁוֹנִים שֶׁנִּשְׁאֲרוּ לְמַטָּה, בְּכָל בְּחִינָה וּמַדְרֵגָה שֶׁבִּיצִירָה, וְלֹא עָלוּ עַד לְמַעְלָה כַּנִּזְכָּר, הֵם הַיּוֹרְדִין וּמִתְעַבְּרִין בָּאָדָם לְסַיְּעוֹ כַּנִּזְכָּר, וְהָרוּחַ הָעִקָּרִי הַיּוֹתֵר עֶלְיוֹן מִכֻּלָּן שֶׁקָּנָה עַל יְדֵי מַעֲשָׂיו

to assist him, as mentioned. The main, most elevated Ruach of them all, which he (the Righteous Man) acquired through his actions, is the one that is tied eternally in the Bundle of Life (*Tzror haChayim*), and will not move from there. This is also true with respect to Neshamah, Chayah, and Yechidah.

There is a second reason for the differences mentioned earlier between Asiyah and the other Worlds. It is known that all of the Worlds are just a reflection of the Ten Sefirot; however the entire World of Asiyah is only one Sefirah, which is the Sefirah of Malchut itself. Therefore the Nefesh that is from there has the ability to actually ascend as high as the level of Keter of Asiyah, since everything is one Sefirah. But Yetzirah is the aspect of the Six Sefirot: Chesed, Gevurah, Tiferet, Netzach, Hod, and Yesod, as is known, and they are each different Aspects. Therefore if one's Ruach has its Root in Malchut of Yetzirah, even though it has become corrected, it will still not be able to ascend to, be part of, and stay above in Yesod of Yetzirah. Therefore it must remain Below, and acquire a new Ruach from Yesod of Yetzirah if he wants to ascend there through his good deeds. It is likewise the case for the rest of the Six Corners [Sefirot] that are in Yetzirah, as mentioned.

Asiyah is but one Sefirah, and Yetzirah is six Sefirot.

Know that just as we explained previously that each and every World contains five Partzufim: Arich Anpin, Aba, Ima, Zeir Anpin, and Nukva, so too, there are five Aspects corresponding to them in all human Souls, which are, from bottom to top: Nefesh, Ruach, Neshamah, Chayah, and Yechidah. Thus, the Nefesh is from Nukva of Zeir Anpin, the Ruach is from Zeir Anpin, the Neshamah is from Ima, the Chayah is from Aba—which is Chochmah because that is the Source of Life, as is known in the secret of: "...wisdom gives life to its possessors" (Ecclesiastes 7:12)—and the Yechidah is from Arich Anpin, which is called Keter, because it is singular and unique compared to the rest of the Sefirot since it does not have a female [counterpart]. This is known from the verse: "See now that I, I am He (*Ani, Ani Hu*)..." (Deuteronomy 32:39), as is explained in the Zohar, Beresheet 168.

Five Partzufim corresponding to the five Parts of the Soul.

הוּא הַצָּרוּר לָעַד בִּצְרוֹר הַחַיִּים, וְאֵינוֹ זָז מִשָּׁם, וְכֵן עַל דֶּרֶךְ זֶה בִּנְשָׁמָה וּבְחַיָּה וּבִיחִידָה.

עֲשִׂיָּה רַק סְפִירָה אַחַת, וִיצִירָה ו' סְפִירוֹת

עוֹד יֵשׁ טַעַם שֵׁנִי אֶל מַה שֶּׁכָּתַבְנוּ לְמַעְלָה בְּעִנְיַן הַחִלּוּק שֶׁיֵּשׁ בֵּין הָעֲשִׂיָּה אֶל שְׁאָר הָעוֹלָמוֹת, וְהוּא, כִּי נוֹדָע כִּי כָּל הָעוֹלָמוֹת הֵם כְּלָלוּת י"ס בִּלְבַד, וְהִנֵּה הָעֲשִׂיָּה כֻּלָּהּ אֵינֶנָּה רַק סְפִירָה אַחַת לְבַדָּהּ, וְהִיא סְפִירַת הַמַּלְכוּת. וְלָכֵן הַנֶּפֶשׁ אֲשֶׁר מִשָּׁם יְכוֹלָה לַעֲלוֹת הִיא עַצְמָהּ עַד הַכֶּתֶר דַּעֲשִׂיָּה, כִּי הַכֹּל סְפִירָה אַחַת, אֲבָל הַיְצִירָה הִיא בְּחִינַת ו' סְפִירוֹת חג"ת נה"י כַּנּוֹדָע, וְהֵם בְּחִינוֹת נִפְרָדוֹת זוֹ מִזּוֹ, וְלָכֵן מִי שֶׁשָּׁרְשׁוֹ מִמַּלְכוּת דִּיצִירָה, אַף עַל פִּי שֶׁנִּתְקַן אֵין יָכוֹל לַעֲלוֹת וּלְהִכָּלֵל וְלַעֲמֹד לְמַעְלָה בִּיסוֹד דִּיצִירָה, וְלָכֵן צָרִיךְ שֶׁיִּשָּׁאֵר לְמַטָּה וְיִקְנֶה רוּחַ חָדָשׁ מִן הַיְסוֹד דִּיצִירָה, אִם יִרְצֶה לַעֲלוֹת שָׁם עַל יְדֵי מַעֲשָׂיו הַטּוֹבִים. וְכֵן עַל דֶּרֶךְ זֶה בִּשְׁאָר ו' קְצָווֹת שֶׁבִּיצִירָה כַּנִּזְכָּר.

חֲמִשָּׁה פַּרְצוּפִים כְּנֶגֶד חָמֵשׁ בְּחִינוֹת נְשָׁמָה

דַּע, כִּי כְּמוֹ שֶׁנִּתְבָּאֵר אֶצְלֵנוּ, שֶׁבְּכָל עוֹלָם וְעוֹלָם יֵשׁ חֲמִשָּׁה פַּרְצוּפִים: א"א, ואו"א, וזו"ן, כָּךְ יֵשׁ כְּנֶגְדָּם חֲמִשָּׁה בְּחִינֹת בְּנִשְׁמַת הָאָדָם, וְהֵם בְּסֵדֶר זֶה מִמַּטָּה לְמַעְלָה, נרנח"י. וְהִנֵּה הַנֶּפֶשׁ הִיא מִנּוּקְבָא דז"א, וְהָרוּחַ מז"א, וְהַנְּשָׁמָה מֵאִמָּא, וְחַיָּה בְּאַבָּא הַנִּקְרָא חָכְמָה, כִּי שָׁם מְקוֹם הַחַיִּים, כַּנּוֹדָע בְּסוֹד "וְהַחָכְמָה תְּחַיֶּה בְעָלֶיהָ". וְהַיְחִידָה מא"א, הַנִּקְרָא כֶּתֶר, לְפִי שֶׁהוּא יָחִיד וּמְיֻחָד מִכָּל שְׁאָר הַסְּפִירוֹת, שֶׁאֵין לוֹ נְקֵבָה, כַּנּוֹדָע מִפָּסוּק "רְאוּ עַתָּה כִּי אֲנִי אֲנִי הוּא וְאֵין אֱלֹהִים עִמָּדִי", הַנִּדְרָשׁ בסה"ז פָּרָשַׁת בְּרֵאשִׁית.

Know that after an individual merits acquiring his Nefesh, Ruach, and Neshamah, and later on damages them through his transgressions, which will therefore necessitate him to reincarnate again in order to correct what he has distorted, when he returns in an incarnation and the Nefesh enters him, even though he corrects this Nefesh, his Ruach cannot enter and come into him; since it is damaged, how can it dwell and rest upon a corrected Nefesh? Therefore this Ruach will come in an incarnation in another individual, joined with the Nefesh of a Convert. It is likewise with the Neshamah. This is not the case if he only merited the Nefesh, for then the Ruach does not come in another body joined with the Nefesh of a Convert. Rather, it comes in another Incarnation with its actual Nefesh, since it is not considered a damaged Ruach unless it first enters and gets damaged.

The blemished Ruach comes joined with the Nefesh of a Convert.

And to the completely corrected Nefesh will come a corrected Ruach of a Tzadik [Righteous Soul] who was similar to him in his specific good deeds, and it will serve him as a substitute for his own original Ruach. Likewise, if his Ruach becomes completely corrected, the Neshamah of a Tzadik will come to him and will serve as a substitute for his own original Neshamah. This is the secret of what the sages said: "Righteous people are greater in death than during their entire lives." (Talmud, Tractate Chulin 7b and Sanhedrin 47a)

The corrected Nefesh receives the Ruach of a Tzadik in place of his own Ruach.

Thus when this individual departs from the world, his Nefesh will join with that Ruach, by which it will receive the abundance it is worthy of. When his own Ruach—which came as an incarnation into another individual and assembled with the Nefesh of a Convert, as mentioned—becomes completely corrected, the original Nefesh says, "I will go and return to my first husband" (Hosea 2:9) since it is now corrected. So is the case regarding the Neshamah with the Ruach—when after the individual dies, they return in a Reincarnation to be corrected together.

The Nefesh stays with that Ruach until his own Ruach is corrected.

הָרוּחַ הַפָּגוּם חוֹזֵר מְרֻכָּב עַל נֶפֶשׁ הַגֵּר

וְדַע, כִּי אַחַר שֶׁהָאָדָם זָכָה לִקַּח נר"ן וְאַחַר כָּךְ פָּגַם בָּהֶם עַל יְדֵי חֶטְאוֹ, וְלָכֵן יִצְטָרֵךְ לַחֲזוֹר בְּגִלְגּוּל לְתַקֵּן אֶת אֲשֶׁר עִוֵּת, הִנֵּה בַּחֲזָרָתוֹ לָבֹא בְּגִלְגּוּל וְתָבֹא בּוֹ הַנֶּפֶשׁ, אַף עַל פִּי שֶׁתִּקֵּן אֶת הַנֶּפֶשׁ הַזּוֹ אֵין הָרוּחַ שֶׁלּוֹ נִכְנָס וּבָא אֶצְלוֹ לְפִי שֶׁהָרוּחַ הוּא פָּגוּם, וְאֵיךְ יִשְׁרֶה וְיָנוּחַ עַל הַנֶּפֶשׁ הַנִּתְקֶנֶת, וְלָכֵן הָרוּחַ הַהוּא יָבֹא בְּגִלְגּוּל אָדָם אַחֵר, מְרֻכָּב עַל נֶפֶשׁ הַגֵּר. וְכֵן הַנְּשָׁמָה בְּאֹפֶן זֶה. מַה שֶּׁאֵין כֵּן אִם לֹא זָכָה רַק לְנֶפֶשׁ, כִּי אָז אֵין הָרוּחַ בָּא בְּגוּף אַחֵר מְרֻכָּב עַל נֶפֶשׁ הַגֵּר, אֶלָּא בָּא בְּגִלְגּוּל אַחֵר עִם נַפְשׁוֹ מַמָּשׁ, כִּי אֵינוֹ נִקְרָא רוּחַ פָּגוּם אֶלָּא אִם תְּחִלָּה בָּא וּפָגַם.

הַנֶּפֶשׁ הַנִּתְקֶנֶת מְקַבֶּלֶת רוּחַ שֶׁל צַדִּיק תְּמוּרַת רוּחוֹ שֶׁל עַצְמוֹ

וְהַנֶּפֶשׁ שֶׁנִּתְקְנָה לְגַמְרֵי תָּבֹא לוֹ רוּחַ אַחֵר מְתֻקָּן שֶׁל אֵיזֶה צַדִּיק שֶׁנִּתְדַּמָּה אֵלָיו בְּמַעֲשָׂיו הַטּוֹבִים בִּפְרָטָם כַּיּוֹצֵא בָּהֶם, וְהוּא אֵלָיו תְּמוּרַת רוּחוֹ שֶׁל עַצְמוֹ מַמָּשׁ. וְכֵן עַל דֶּרֶךְ זֶה אִם תִּקֵּן גַּם רוּחוֹ לְגַמְרֵי תָּבֹא לוֹ נִשְׁמַת אֵיזֶה צַדִּיק כַּנִּזְכָּר, וְתִהְיֶה אֵלָיו תְּמוּרַת נִשְׁמָתוֹ מַמָּשׁ. וְזֶהוּ סוֹד מ"ש חֲזַ"ל "גְּדוֹלִים צַדִּיקִים בְּמִיתָתָם יוֹתֵר מִבְּחַיֵּיהֶם" כּוּ'.

הַנֶּפֶשׁ נִשְׁאֶרֶת עִם הָרוּחַ הַהוּא עַד שֶׁרוּחוֹ הָאֲמִתִּי נִתְקָן

וְהִנֵּה כַּאֲשֶׁר יִפָּטֵר הָאִישׁ הַזֶּה מִן הָעוֹלָם תֵּלֵךְ נַפְשׁוֹ עִם הָרוּחַ הַהוּא, וְעַל יָדוֹ תְּקַבֵּל הַשֶּׁפַע הָרָאוּי אֵלֶיהָ. וְכַאֲשֶׁר רוּחוֹ שֶׁל עַצְמוֹ הַבָּאָה בְּגִלְגּוּל בְּאָדָם אַחֵר, מְרֻכָּב עַל נֶפֶשׁ הַגֵּר כַּנִּזְכָּר, נִתְקַן גַּם הוּא לְגַמְרֵי, אָז הַנֶּפֶשׁ הָרִאשׁוֹנָה אוֹמֶרֶת "אֵלְכָה וְאָשׁוּבָה אֶל אִישִׁי הָרִאשׁוֹן", כֵּיוָן שֶׁנִּתְקַן. וְכֵן הָעִנְיָן בַּנְּשָׁמָה עִם הָרוּחַ, אַחַר פְּטִירַת הָאָדָם כְּשֶׁחוֹזְרִים בְּגִלְגּוּל לְהִתָּקֵן יַחַד.

SECOND
INTRODUCTION

This introduction deals with the set of laws dictating the order [in which] the Nefesh, Ruach, and Neshamah enter an individual at the beginning of their incarnations, in the first, new time, as will be explained, with God's help [see Seventh Introduction]. When the body of man is born and emerges to the air of the world, his Nefesh enters. If his actions are proper, he will merit having the Ruach enter him as he completes thirteen years [that is, on his thirteenth birthday], as he is then considered to be a Complete Man, as is known. If his actions were to further be proper from that time on, his Neshamah enters as he completes twenty years [of life], as mentioned in Saba deMishpatim. (Zohar, Mishpatim 14)

However, if he did not completely correct his Ruach, his Neshamah will not enter and he will have only his Nefesh and Ruach. Likewise, if he did not completely correct his Nefesh, he will only have Nefesh without the Ruach and Neshamah. The Ruach and the Neshamah will remain in a place known to the Creator, and their place is ready there for each of them.

However if he did not fully correct his Nefesh the first time around and he departs from the world, then that Nefesh must be reincarnated as many times as necessary until it is sufficiently refined. And then, although it became completed, its Ruach will not enter it since the Nefesh achieved its correction through Reincarnation, unless great effort is exerted, as will be explained later, with God's help (see Third and Seventh Introductions). Therefore he needs to depart from the world, and the Nefesh will reincarnate and will then merit its Ruach. And if he also corrects the Ruach, he will then need to depart from the world and reincarnate, and the Neshamah will also enter him, as was mentioned regarding the Ruach.

In the first incarnation it is possible to receive Nefesh, Ruach, and Neshamah in the same incarnation.

If he did not correct the Nefesh he must reincarnate, and once the Nefesh is corrected he must pass away.

24

הַקְדָּמָה ב'

בְּגִלְגּוּל רִאשׁוֹן אֶפְשָׁר לְקַבֵּל נר"ן בְּאוֹתוֹ גִלְגּוּל

סוֹד כְּנִיסַת הנר"ן בָּאָדָם בִּתְחִלַּת גִּלְגּוּלֵיהֶם בַּפַּעַם הָרִאשׁוֹנָה הַחֲדָשָׁה, כְּמוֹ שֶׁיִּתְבָּאֵר בע"ה. הִנֵּה בְּעֵת שֶׁנּוֹלָד גּוּף הָאָדָם וְיוֹצֵא לַאֲוִיר הָעוֹלָם, נִכְנֶסֶת בּוֹ הַנֶּפֶשׁ שֶׁלּוֹ, וְאִם יֻכְשְׁרוּ מַעֲשָׂיו יִזְכֶּה וְיִכָּנֵס בּוֹ הָרוּחַ בְּתַשְׁלוּם שְׁנַת הַשְּׁלֹשׁ עֶשְׂרֵה שֶׁאָז נִקְרָא אִישׁ גָּמוּר כַּנּוֹדָע. וְאִם יֻכְשְׁרוּ עוֹד מַעֲשָׂיו מֵאָז וְאֵילָךְ, נִכְנֶסֶת בּוֹ הַנְּשָׁמָה בְּתַשְׁלוּם שְׁנַת הָעֶשְׂרִים, כַּנִּזְכָּר בְּסָבָא דְמִשְׁפָּטִים.

אֲבָל אִם לֹא תִּקֵּן אֶת הָרוּחַ לְגַמְרֵי לֹא תִּכָּנֵס בּוֹ הַנְּשָׁמָה, וְיִהְיוּ בּוֹ נֶפֶשׁ וְרוּחַ בִּלְבַד. וְכֵן אִם לֹא תִּקֵּן אֶת הַנֶּפֶשׁ לְגַמְרֵי, אֵין בּוֹ רַק נֶפֶשׁ בִּלְבַד, וְיִשָּׁאֵר מִבְּלִי רוּחַ וּנְשָׁמָה, וְיִשָּׁאֲרוּ הָרוּחַ וְהַנְּשָׁמָה בַּאֲתַר יָדוּעַ לקב"ה, וְתַמָּן אִזְדַּמַּן דְּכִתְיְהוּ לְכָל חַד וְחַד מִנְּהוֹן.

כְּשֶׁהַנֶּפֶשׁ נִתְקָן צָרִיךְ שֶׁיִּפָּטֵר מִן הָעוֹלָם

וְאִמְנָם אִם לֹא תִּקֵּן אֶת הַנֶּפֶשׁ לְגַמְרֵי בְּפַעַם א', וְנִפְטַר מִן הָעוֹלָם, אָז צָרִיךְ שֶׁתַּחֲזֹר הַנֶּפֶשׁ הַהִיא בְּגִלְגּוּל עַד כַּמָּה פְּעָמִים עַד שֶׁתִּזְדַּכֵּךְ כָּל צָרְכָּהּ לְגַמְרֵי, וְאָז אַף עַל פִּי שֶׁנִּשְׁלְמָה אֵין הָרוּחַ שֶׁלָּהּ נִכְנָס בָּהּ כֵּיוָן שֶׁלֹּא נִתְקַן הַנֶּפֶשׁ אֶלָּא עַל יְדֵי גִּלְגּוּל, אִם לֹא בְּדֹחַק גָּדוֹל, כְּמוֹ שֶׁיִּתְבָּאֵר לְקַמָּן בע"ה. וְלָכֵן צָרִיךְ שֶׁיִּפָּטֵר מִן הָעוֹלָם וְתַחֲזֹר הַנֶּפֶשׁ לְהִתְגַּלְגֵּל, וְאָז תִּזְכֶּה אֶל הָרוּחַ שֶׁלָּהּ. וְאִם יְתַקֵּן גַּם הָרוּחַ אָז צָרִיךְ שֶׁיִּפָּטֵר מִן הָעוֹלָם, וְאַחַר כָּךְ יִתְגַּלְגֵּל, וְתָבֹא בּוֹ גַּם הַנְּשָׁמָה, עַל דֶּרֶךְ הנז' בְּעִנְיַן הָרוּחַ.

And if he did not correct his Ruach, it is necessary for the Nefesh and the Ruach to reincarnate together a few times until the Ruach is corrected. Then that individual dies and once again reincarnates with his Nefesh, Ruach, and also Neshamah until all three are corrected. Then he will have no further need to reincarnate, since when the Neshamah is already corrected [the person] is considered to be a Complete Human, as is known.

Reincarnation continues until the Neshamah is corrected.

However, you need to know that when a Nefesh that has been corrected and has once again reincarnated in order to acquire and also correct its Ruach, as mentioned, if that person sins a certain sin during that incarnation, the damage does not blemish the Nefesh in a way that there would be a need for it to come back by itself in order to be corrected again in the mentioned way. Rather, now that the Ruach is there, that damage only blemishes the Ruach alone, until it becomes corrected.

When we reincarnate and receive the Ruach to correct it, the Nefesh is not damaged by sins.

Therefore if additional Reincarnations are necessary in order to correct the Ruach, then both the Nefesh and the Ruach will come together and reincarnate until the Ruach's correction is completed. Then the individual will depart [from the world] and return to reincarnate together with all three: the Nefesh, the Ruach, and the Neshamah, until the Neshamah also completes its correction. In this case, too, if the individual transgresses during these Reincarnations, the blemish will affect only the Neshamah, as we explained concerning the correction of the Ruach.

If Reincarnations are necessary to correct the Ruach, the Nefesh and Ruach come together.

It sometimes occurs that while the Nefesh is in the process of its correction, it becomes perfected and refined to a degree [high enough] that it will not be required to return and reincarnate with the Ruach while the Ruach is in the process of correction. But the Nefesh remains Above in its proper place in the Bundle of Life (Tzror haChayim), and the Ruach alone descends and reincarnates in order to correct itself.

If the Nefesh is greatly refined it stays above in the Bundle of Life.

וְאִם לֹא תִּקֵּן הָרוּחַ, צָרִיךְ שֶׁיִּתְגַּלְגְּלוּ כַּמָּה פְּעָמִים הַנֶּפֶשׁ עִם הָרוּחַ עַד שֶׁיְּתֻקַּן הָרוּחַ, וְאָז יָמוּת הָאָדָם, וְיַחֲזֹר לְהִתְגַּלְגֵּל הַנֶּפֶשׁ וְהָרוּחַ וְגַם הַנְּשָׁמָה עַד שֶׁיְּתֻקְּנוּ שְׁלָשְׁתָּן, וְאָז אֵין לוֹ צֹרֶךְ עוֹד לְהִתְגַּלְגֵּל כְּלָל, כִּי בִּהְיוֹת גַּם הַנְּשָׁמָה נִתְקֶנֶת הֲרֵי הוּא אָדָם שָׁלֵם כַּנּוֹדָע.

חוֹזְרִים וּמִתְגַּלְגְּלִים עַד שֶׁמְּתַקְּנִים אֶת הַנְּשָׁמָה

אֲבָל צָרִיךְ שֶׁתֵּדַע, כִּי כַּאֲשֶׁר נִתְקְנָה הַנֶּפֶשׁ וְחָזְרָה אַחַר כָּךְ לָבֹא בְּגִלְגּוּל כְּדֵי לָקַחַת אֶת הָרוּחַ שֶׁלָּהּ כַּנִּזְכָּר, כְּדֵי לְתַקֵּן גַּם אוֹתוֹ, הִנֵּה אִם בְּאוֹתוֹ הַגִּלְגּוּל יֶחֱטָא אֵיזֶה חֵטְא אֵין פְּגַם הַהוּא פּוֹגֵם בַּנֶּפֶשׁ, כְּדֵי שֶׁנֹּאמַר שֶׁצְּרִיכָה עוֹד הַנֶּפֶשׁ הַהִיא לְהִתְגַּלְגֵּל פַּעַם אַחֶרֶת יְחִידִית לְהִתָּקֵן עַל דֶּרֶךְ הַנִּזְכָּר, לְפִי שֶׁכֵּיוָן שֶׁיֵּשׁ שָׁם רוּחַ הִנֵּה הַפְּגַם הַהוּא פּוֹגֵם בָּרוּחַ לְבַדּוֹ עַד יְתֻקַּן.

כְּשֶׁחוֹזְרִים וּמְקַבְּלִים אֶת הָרוּחַ כְּדֵי לְתַקְּנוֹ, הַנֶּפֶשׁ אֵינוֹ נִפְגָּם עַל יְדֵי חֲטָאִים

וְלָכֵן אִם יִצְטָרֵךְ אֵיזֶה גִּלְגּוּלִים אֲחֵרִים כְּדֵי לְתַקֵּן אֶת הָרוּחַ, בָּאִים נֶפֶשׁ וְרוּחַ בְּיַחַד וּמִתְגַּלְגְּלִים שְׁנֵיהֶם עַד יִשְׁתַּלֵּם תִּקּוּן הָרוּחַ, וְאָז יִפָּטֵר הָאָדָם, וְיַחֲזֹר, וְיִתְגַּלְגְּלוּ הַנֶּפֶשׁ וְהָרוּחַ גַּם הַנְּשָׁמָה שְׁלָשְׁתָּם בְּיַחַד עַד שֶׁיִּשְׁתַּלֵּם גַּם תִּקּוּן הַנְּשָׁמָה, וְאָז בַּגִּלְגּוּלִים הָאֵלֶּה, אִם חָטָא הָאָדָם, אֵין הַפְּגָם פּוֹגֵם רַק בַּנְּשָׁמָה לְבַדָּהּ, עַל דֶּרֶךְ שֶׁבֵּאַרְנוּ בְּעִנְיַן תִּקּוּן הָרוּחַ.

אִם יִצְטָרֵךְ גִּלְגּוּלִים לְתַקֵּן אֶת הָרוּחַ, בָּאִים נֶפֶשׁ וְרוּחַ בְּיַחַד

וְהִנֵּה לִפְעָמִים יִהְיֶה, שֶׁהַנֶּפֶשׁ בְּעֵת תִּקּוּן שֶׁלָּהּ נִשְׁלְמָה וְנִזְדַּכְּכָה בְּתַכְלִית גָּדוֹל, וְאָז אֵינֶנָּה צְרִיכָה לַחֲזֹר לְהִתְגַּלְגֵּל עִם הָרוּחַ בְּעֵת תִּקּוּן הָרוּחַ, אֲבָל הַנֶּפֶשׁ נִשְׁאֶרֶת לְמַעְלָה בַּמָּקוֹם הָרָאוּי לָהּ בִּצְרוֹר הַחַיִּים, וְהָרוּחַ לְבַדּוֹ יֵרֵד בְּגִלְגּוּל לְתַקֵּן עַצְמוֹ.

אִם הַנֶּפֶשׁ נִזְדַּכְּכָה בְּתַכְלִית גָּדוֹל הִיא נִשְׁאֶרֶת לְמַעְלָה בִּצְרוֹר הַחַיִּים

However it cannot come by itself but rather it must be clothed within a Nefesh. Therefore it is clothed within the Nefesh of a Convert, as is mentioned in Saba deMishpatim [in the Zohar], and they both reincarnate together until this Ruach is corrected. Then he departs from this world, comes back to reincarnate, and then his original Nefesh will unite with him and both [Ruach and Nefesh] reincarnate together in order to receive their Neshamah until the Neshamah is also corrected.

The Ruach comes clothed in the Nefesh of a Convert in place of its own Nefesh.

Also, sometimes the Ruach alone comes in an incarnation together with the Neshamah until the Neshamah becomes corrected. At this point, the individual no longer needs to reincarnate, and the three of them will unite together Above in the Bundle of Life, as is appropriate for them.

Know that nevertheless because that Nefesh of a Convert joined with that Ruach in this world, assisting it to improve its actions and serving as a Chariot for it in this world, and by which the Ruach had the merit to be corrected, therefore that Nefesh of a Convert will also ascend together with the original main Nefesh of that Ruach. They will dwell together as neighbors at the same level in the World to Come and will never be parted.

The Nefesh of a Convert that assisted the Ruach ascends with the original Nefesh in the World to Come.

Also know that it sometimes happens that when a Nefesh reincarnates alone in order to correct itself, it can reach so much completion through its actions that it merits the level of its Ruach. However, its Ruach, in this case, has no ability to join it, as mentioned earlier, since the rule is that the two of them or the three of them cannot combine together in one Reincarnation, unless great effort is exerted, as we will explain in another place [in the Fourth Introduction]. Rather, each one reincarnates individually, as mentioned earlier because first the Nefesh needs to be corrected, and even then when it has been corrected, the Ruach cannot come and join it. Rather, [the individual] is required to die, and then the Nefesh can once again reincarnate and merit its Ruach. Likewise, after both the Nefesh and the Ruach combine and both have been corrected,

Each part of the Soul requires its own incarnation.

וְהִנֵּה אֵינוֹ יָכוֹל לָבֹא יְחִידִי אֶלָּא מְלֻבָּשׁ תּוֹךְ נֶפֶשׁ, וְלָכֵן הִנֵּה הוּא מִתְלַבֵּשׁ תּוֹךְ נֶפֶשׁ הַגֵּר, כַּנִּזְכָּר בְּסָבָא דְּמִשְׁפָּטִים, וּמִתְגַּלְגְּלִים יַחַד שְׁנֵיהֶם עַד שֶׁיִּתְקַן הָרוּחַ הַזֶּה, וְאָז יִפָּטֵר מִן הָעוֹלָם וְיַחֲזֹר לְהִתְגַּלְגֵּל, וְאָז תִּתְחַבֵּר עִמּוֹ הַנֶּפֶשׁ הָרִאשׁוֹנָה שֶׁלּוֹ וְיִתְגַּלְגְּלוּ יַחַד שְׁנֵיהֶם כְּדֵי לְקַבֵּל גַּם אֶת הַנְּשָׁמָה שֶׁלָּהֶם, עַד שֶׁתִּתְקַן גַּם הַנְּשָׁמָה גַּם הִיא.

הָרוּחַ בָּא מְלֻבָּשׁ תּוֹךְ נֶפֶשׁ הַגֵּר תְּמוּרַת נַפְשׁוֹ עַצְמוֹ

וְלִפְעָמִים גַּם כֵּן יָבֹא הָרוּחַ לְבַדּוֹ בְּגִלְגּוּל עִם הַנְּשָׁמָה עַד שֶׁתִּתָּקֵן הַנְּשָׁמָה, וְאָז אֵין לָאָדָם הַזֶּה עוֹד שׁוּם גִּלְגּוּל, וְיִתְחַבְּרוּ שְׁלָשְׁתָּם יַחַד לְמַעְלָה בִּצְרוֹר הַחַיִּים כָּרָאוּי אֲלֵיהֶם.

וְדַע, כִּי עִם כָּל זֶה אוֹתָהּ נֶפֶשׁ הַגֵּר, כֵּיוָן שֶׁנִּתְחַבְּרָה בָּעוֹלָם הַזֶּה עִם הָרוּחַ הַהוּא וְסִיְּעוֹ לְהֵטִיב מַעֲשָׂיו, וְהָיְתָה מֻרְכֶּבֶת אֵלָיו בָּעוֹלָם הַזֶּה, וְעַל יָדָהּ זָכָה הָרוּחַ הַהוּא לְהִתָּקֵן, לָכֵן גַּם נֶפֶשׁ הַגֵּר הַהִיא תַּעֲלֶה עִם נֶפֶשׁ הָעִקָּרִית שֶׁל הָרוּחַ הַהוּא, וְיִהְיוּ שְׁתֵּיהֶם בְּמַדְרֵגָה אַחַת בָּעוֹלָם הַבָּא, שְׁכֵנִים יַחַד, וְלֹא תִּתְפָּרֵד מִמֶּנָּה.

נֶפֶשׁ הַגֵּר שֶׁסִּיְּעָה לָרוּחַ עוֹלָה עִם נֶפֶשׁ הָעִקָּרִית בָּעוֹלָם הַבָּא

גַּם דַּע, כִּי לִפְעָמִים יִהְיֶה, שֶׁכַּאֲשֶׁר תִּתְגַּלְגֵּל הַנֶּפֶשׁ לְבַדָּהּ לְתַקֵּן עַצְמָהּ תִּשְׁתַּלֵּם כָּל כָּךְ בְּמַעֲשֶׂיהָ, עַד שֶׁתִּזְכֶּה אֶל מַדְרֵגַת הָרוּחַ שֶׁלָּהּ, וְהִנֵּה אָז אֵין יְכֹלֶת אֶל הָרוּחַ שֶׁלָּהּ לָבֹא עִמָּהּ כַּנִּזְכָּר לְעֵיל, לְפִי שֶׁהַכְּלָל הוּא שֶׁאֵין שְׁנֵיהֶם אוֹ שְׁלָשְׁתָּם יְכוֹלִים לְהִתְחַבֵּר יַחַד בְּגִלְגּוּל אֶחָד אִם לֹא בְּדֹחַק גָּדוֹל, כְּמוֹ שֶׁיִּתְבָּאֵר בִּדְרוּשׁ אַחֵר שָׁם, אֶלָּא כָּל אַחַת תִּתְגַּלְגֵּל לְבַדָּהּ כַּנִּזְכָּר לְעֵיל, כִּי תְּחִלָּה צָרִיךְ שֶׁיִּתָּקֵן הַנֶּפֶשׁ, וְאַף אֲשֶׁר נִתְקְנָה אִי אֶפְשָׁר לָרוּחַ לָבֹא עִמָּהּ, אֲבָל צָרִיךְ שֶׁיָּמוּת, וְאַחַר כָּךְ תַּחֲזֹר הַנֶּפֶשׁ לְהִתְגַּלְגֵּל, וְאָז תִּזְכֶּה אֶל הָרוּחַ. וְכֵן אַחַר שֶׁנִּתְחַבְּרוּ שְׁנֵיהֶם נֶפֶשׁ וְרוּחַ,

כָּל חֶלְקֵי הַנְּשָׁמָה צְרִיכִים גִּלְגּוּל וְנִפְרָד

it is impossible for them to receive their Neshamah unless they reincarnate once again, and then they can merit the Neshamah.

It is necessary to know what happens to the Nefesh while it alone is corrected without its Ruach. Indeed, the secret of this matter is that according to the level of refinement and degree of correction of this Nefesh, to that degree a Nefesh of a Tzadik (Rigtheous Soul) that already finished to be corrected and reincarnated and no longer requires Reincarnation will now enter the body of the individual while he is still alive, and [the Nefesh of the Tzadik] will act as the Ruach for the Nefesh of this individual. It is even sometimes possible that great Souls from the early times, going back to the times of Abraham the Patriarch and so forth, will reincarnate [in the individual], depending upon the correction and the refinement of the Nefesh of this individual.

According to the degree of the correction of the Nefesh, one can receive the Nefesh of a Tzadik in place of the Ruach.

This concept of an incarnation while alive is called the Secret of Ibur by the sages, and this is the difference between a Reincarnation and an Ibur. It is sometimes possible for a person to get an Ibur that is actually the Ruach of a Tzadik, even from [one of] the earliest Righteous sages all the way back to the Patriarchs, whose Souls are in Eden. [This can occur] even in our time. It all depends upon the degree of the Precepts that the person performs. Some Precepts have the unique ability to bring down the Nefesh of a Tzadik in the secret of an Ibur, whereas other Precepts can bring down the Ruach of a Tzadik, as mentioned.

An incarnation while alive is called Ibur.

It is also possible that sometimes it happens that the Nefesh of a Tzadik enters him as an Ibur, and afterwards he merits to get another Ibur of the Nefesh from another Tzadik, greater than the first. It is found that that he merits a Nefesh from his own accord, plus the Nefesh of the first Tzadik that acts as his Ruach, and the second Nefesh of the more elevated Tzadik that came last, which will act as his Neshamah.

One can receive an Ibur of the Nefesh of a Tzadik in place of the Ruach, and another Nefesh of a Tzadik in place of the Neshamah.

וְנִתְקְנוּ שְׁנֵיהֶם, אִי אֶפְשָׁר שֶׁיְּקַבְּלוּ הַנְּשָׁמָה שֶׁלָּהֶם עַד שֶׁיִּתְגַּלְגְּלוּ פַּעַם אַחֶרֶת, וְאָז יִזְכּוּ אֶל הַנְּשָׁמָה.

כְּפִי מַדְרֵגַת תִּקּוּן הַנֶּפֶשׁ אֶפְשָׁר לְקַבֵּל נֶפֶשׁ צַדִּיק אַחַת בִּמְקוֹם הָרוּחַ

וְצָרִיךְ לֵדַע, מַה נַּעֲשִׂית לַנֶּפֶשׁ בְּעוֹד שֶׁכְּבָר נִתְקַן לְבַדָּהּ בִּלְתִּי הָרוּחַ שֶׁלָּהּ כַּנִּזְכָּר. וְאָמְנָם סוֹד הָעִנְיָן הוּא, כִּי כְּפִי מַדְרֵגַת הִזְדַּכְּכוּת וּמַעֲלַת תִּקּוּן הַנֶּפֶשׁ הַהִיא, כָּךְ בַּמַּדְרֵגָה הַהִיא עַצְמָהּ יִתְגַּלְגֵּל אָז בְּגוּף הָאָדָם הַהוּא, בְּעוֹדוֹ בַּחַיִּים חִיּוּתוֹ, נֶפֶשׁ אַחַת שֶׁל אֵיזֶה צַדִּיק אֲשֶׁר כְּבָר נִשְׁלַם לְהִתָּקֵן וּלְהִתְגַּלְגֵּל, וְלֹא נִצְרַךְ לְהִתְגַּלְגֵּל וְנִכְנַס כָּאן, וְנַעֲשֵׂית נֶפֶשׁ הַצַּדִּיק הַזֶּה בִּמְקוֹם רוּחַ אֶל נֶפֶשׁ הָאָדָם הַזֶּה, וְלִפְעָמִים אֶפְשָׁר שֶׁיִּתְגַּלְגְּלוּ שָׁם נַפְשׁוֹת הָרִאשׁוֹנִים עַד אַבְרָהָם אָבִינוּ ע"ה וְכַיּוֹצֵא בוֹ, כְּפִי תִּקּוּן וְהִזְדַּכְּכוּת נֶפֶשׁ הָאָדָם הַזֶּה.

גִּלְגּוּל בַּחַיִּים נִקְרָא עִבּוּר

וְעִנְיָן זֶה שֶׁהוּא גִּלְגּוּל בְּחַיִּים נִקְרָא אֵצֶל הַחֲכָמִים סוֹד הָעִבּוּר, וְזֶהוּ הַהֶפְרֵשׁ שֶׁיֵּשׁ בֵּין גִּלְגּוּל לְעִבּוּר. וְלִפְעָמִים אֶפְשָׁר שֶׁיִּתְעַבֵּר בּוֹ רוּחַ מַמָּשׁ שֶׁל אֵיזֶה צַדִּיק, אֲפִלּוּ שֶׁיִּהְיֶה מֵרוּחוֹת הַצַּדִּיקִים הָרִאשׁוֹנִים עַד הָאָבוֹת נִשְׁמָתָם עֵדֶן, אֲפִלּוּ בִּזְמַנֵּנוּ זֶה הָאַחֲרוֹן, וְהַכֹּל תָּלוּי כְּפִי עֵרֶךְ מִצְוֹת שֶׁעוֹשֶׂה הָאָדָם הַזֶּה, כִּי יֵשׁ מִצְוֹת שֶׁיֵּשׁ בִּסְגֻלָּתָם כֹּחַ לְהַמְשִׁיךְ נֶפֶשׁ הַצַּדִּיק בְּסוֹד עִבּוּר, וְיֵשׁ מִצְוֹת מַמְשִׁיכוֹת רוּחַ צַדִּיק כַּנִּזְכָּר.

אֶפְשָׁר לְקַבֵּל עִבּוּר נֶפֶשׁ צַדִּיק בִּמְקוֹם הָרוּחַ, וְעוֹד נֶפֶשׁ צַדִּיק בִּמְקוֹם הַנְּשָׁמָה

גַּם אֶפְשָׁר, שֶׁלִּפְעָמִים יֶאֱרַע כִּי יִתְעַבֵּר בּוֹ נֶפֶשׁ אֵיזֶה צַדִּיק, וְאַחַר כָּךְ יִזְכֶּה וְיִתְעַבֵּר בּוֹ עוֹד נֶפֶשׁ צַדִּיק אַחֵר יוֹתֵר גָּדוֹל מִן הָרִאשׁוֹן. וְנִמְצָא כִּי יֵשׁ בּוֹ נֶפֶשׁ מִפְּאַת עַצְמוֹ, וְהַנֶּפֶשׁ שֶׁל הַצַּדִּיק שֶׁבָּאָה לוֹ בַּתְּחִלָּה הוּא לוֹ בִּמְקוֹם רוּחַ. וְהַנֶּפֶשׁ הַשֵּׁנִית שֶׁל הַצַּדִּיק הַיּוֹתֵר מְעֻלָּה, שֶׁבָּאָה לוֹ בָּאַחֲרוֹנָה, תִּהְיֶה לוֹ בִּבְחִינַת נְשָׁמָה.

Sometimes the Nefesh of an individual will be so corrected that he merits to receive the Nefesh of a Tzadik, and afterwards he achieves the actual Ruach of a most exalted Tzadik. This can get to the point where this individual could achieve the Ruach of Abraham the Patriarch.

It is possible to receive the Ruach of a Tzadik as an Ibur.

This is the secret of what the sages in the Midrash said, specifically in Midrash Shmuel: "There is no generation in which there is not someone like Abraham, Isaac, Jacob, Moses, Samuel, and so on." (Midrash Rabbah, Beresheet, Portion 56) However, regarding all of these various details, the quill fails to bring them all to writing, so one who is wise will have to understand and relate all of these details and divisions on his own.

However, the rule is that according to the degree of correction and refinement created by the actions of the individual's Nefesh, so will he be able to merit to achieve a Soul from the Souls of the earliest sages, up to the most elevated of them all. This can happen even in our present generation. In this way, you can also attribute this to the case where the Nefesh and the Ruach of the individual have reincarnated together and have already become corrected, but are not able to achieve their Neshamah without further Reincarnation, as mentioned. Thus while alive the same as mentioned earlier occurs, where the Nefesh, Ruach, or Neshamah of a Tzadik joins them in an Ibur, and it serves as their Neshamah. All of the details previously explained regarding the Nefesh alone being corrected also apply here, and we will not elaborate.

To the degree of purification is the degree of the Ibur.

In addition, sometimes it can happen that after all his three Parts—his Nefesh, Ruach, and Neshamah—have reincarnated together and have all been corrected, the Nefesh or Ruach of a Tzadik enters this person as an Ibur at this point. Then when he departs from the world he can ascend to the same level as the Tzadik who entered him as an Ibur and they will both be at the same level and degree in the World to Come. This is the secret of what is written in the Zohar, Prologue to Beresheet

If his Nefesh, Ruach, and Neshamah are complete and he receives an Ibur of a Tzadik, he can ascend to the level of that Tzadik in the World to Come.

אֶפְשָׁר לְקַבֵּל רוּחַ צַדִּיק בְּסוֹד עִבּוּר

וְלִפְעָמִים יְתֻקַּן נֶפֶשׁ הָאָדָם כָּל כָּךְ, עַד שֶׁיִּזְכֶּה לְהַשִּׂיג נֶפֶשׁ אֵיזֶה צַדִּיק, וְאַחַר כָּךְ יַשִּׂיג בְּחִינַת רוּחַ מַמָּשׁ שֶׁל אֵיזֶה צַדִּיק אֶחָד מְעֻלֶּה מִכֻּלָּם, עַד שֶׁיּוּכַל לִהְיוֹת שֶׁיַּשִּׂיג רוּחוֹ שֶׁל אַבְרָהָם אָבִינוּ ע"ה.

וְזֶהוּ סוֹד מ"ש ז"ל בַּמִּדְרָשִׁים, וּבִפְרָט בְּמִדְרַשׁ שְׁמוּאֵל, "אֵין לְךָ דּוֹר שֶׁאֵין בּוֹ כְּאַבְרָהָם אָבִינוּ ע"ה, וּכְיִצְחָק, וּכְיַעֲקֹב, וּכְמֹשֶׁה וְכִשְׁמוּאֵל" וְכוּ'. וְהִנֵּה בְּהִתְחַלְּקוּת פְּרָטִים אֵלּוּ כָּשַׁל כֹּחַ הַקּוּלְמוֹס לְהַעֲלוֹת כֻּלָּן עַל סֵפֶר, וְהַמַּשְׂכִּיל יָבִין וְיַקִּישׁ מֵעַצְמוֹ אֶל שְׁאָר הַחִלּוּקִים וְהַפְּרָטִים.

כְּפִי עֵרֶךְ הַזִּכּוּךְ כָּךְ עֵרֶךְ הָעִבּוּר

וְאָמְנָם הַכְּלָל הוּא, כִּי כְּפִי עֵרֶךְ תִּקּוּן וְזִכּוּךְ מַעֲשֵׂי הַנֶּפֶשׁ הַהִיא שֶׁל הָאָדָם, כָּךְ תּוּכַל לִזְכּוֹת לְהַשִּׂיג נְשָׁמָה מִנִּשְׁמוֹת הָרִאשׁוֹנִים, עַד תַּכְלִית הָעֶלְיוֹן שֶׁבְּכֻלָּם. וַאֲפִלּוּ בְּדוֹרֵנוּ זֶה יוּכַל לִהְיוֹת כָּךְ. וְעַל דֶּרֶךְ זֶה תּוּכַל לְהַקִּישׁ גַּם כֵּן, כַּאֲשֶׁר נִתְגַּלְגְּלוּ יַחַד הַנֶּפֶשׁ וְהָרוּחַ שֶׁל הָאָדָם, וּכְבָר נִתְקְנוּ שְׁנֵיהֶם, וְהִנֵּה אֵינָם יְכוֹלִים לְהַשִּׂיג הַנְּשָׁמָה שֶׁלָּהֶם עַד גִּלְגּוּל אַחֵר כַּנִּזְכָּר. וְהִנֵּה בְּעוֹדָם בַּחַיִּים אָז אֵרַע לָהֶם עַל דֶּרֶךְ הנז"ל, כִּי נִכְנַס עִמָּהֶם בְּסוֹד הָעִבּוּר אֵיזוֹ נֶפֶשׁ אוֹ רוּחַ אוֹ נְשָׁמָה שֶׁל אֵיזֶה צַדִּיק, וְהִיא לָהֶם בִּבְחִינַת נִשְׁמָתָם. וְכָל הַפְּרָטִים שֶׁנִּתְבָּאֲרוּ בְּעִנְיַן הֱיוֹת הַנֶּפֶשׁ לְבַדָּהּ מְתֻקֶּנֶת, הֵם גַּם כֵּן עַתָּה מַמָּשׁ, וְאֵין לְהַאֲרִיךְ.

אִם נִשְׁלָם בנר"ן וּמִתְעַבֵּר בּוֹ צַדִּיק, הוּא יָכוֹל לַעֲלוֹת לְמַדְרֵגַת הַצַּדִּיק הַהוּא בָּעוֹלָם הַבָּא

גַּם לִפְעָמִים יֶאֱרַע, שֶׁאַחַר שֶׁנִּתְגַּלְגְּלוּ יַחַד שְׁלֹשֶׁת חֲלָקָיו, נר"ן שֶׁלּוֹ, וְנִתְקְנוּ כֻּלָּם, כִּי אָז יִתְעַבֵּר בּוֹ אֵיזוֹ נֶפֶשׁ אוֹ רוּחַ אוֹ נְשָׁמָה שֶׁל אֵיזֶה צַדִּיק עַל דֶּרֶךְ הַנִּזְכָּר בְּכָל הַפְּרָטִים הָהֵם מַמָּשׁ, וְאֵין לְהַאֲרִיךְ. וְהִנֵּה אַחַר שֶׁכְּבָר הָאָדָם נִתְקַן בְּג' חֲלָקָיו, נֶפֶשׁ רוּחַ וּנְשָׁמָה שֶׁלּוֹ בְּיַחַד, אֵין לוֹ צֹרֶךְ עוֹד לְהִתְגַּלְגֵּל. וְאִם זָכָה עוֹד לְשֶׁיִּתְעַבֵּר בּוֹ אֵיזֶה נֶפֶשׁ אוֹ רוּחַ אוֹ נְשָׁמָה שֶׁל אֵיזֶה צַדִּיק כַּנִּזְכָּר, הִנֵּה כְּשֶׁיִּפָּטֵר מִן הָעוֹלָם יוּכַל לְהִתְעַלּוֹת כְּפִי בְּחִינַת הַצַּדִּיק הַהוּא שֶׁנִּתְעַבֵּר בּוֹ, וְשָׁם בָּעוֹלָם

119, where Rav Shimon bar Yochai fell on his face and saw Rav Hamnuna Saba, who told him that in that World (the World to Come) they would be neighbors, both he and Rav Hamnuna Saba, and that will suffice.

This Ibur can occur for two reasons. The first is that through the Ibur of the Nefesh of the Tzadik in this person, the Nefesh of this person will become corrected and refined to a similar degree as the Nefesh of the Tzadik, and by that he will be able to ascend to the level of the Tzadik in the World to Come, as mentioned, since that Tzadik will help him and assist him to add more Precepts and extra [degrees of] Holiness. This reason is specifically for the benefit of this person.

Two reasons for Ibur. First, for the individual.

Another, second reason is for the benefit of the Tzadik himself who enters the person as an Ibur. Since the Tzadik helps this person to add Precepts and Holiness, he takes a part in them, and this is the secret of what the sages said: "Great are righteous people, for even in death, they merit children, etc." (Tractate Chulin 7b) [Exact quote: The righteous are greater after their death, more so than during their lifetimes]. This is because he causes a person to increase his merit and [in effect] acts like a father to guide and assist him, and so he also gains merit, as was mentioned.

Second, for the benefit of the Tzadik.

Also know that since this Tzadik enters [a person] as an Ibur to assist him during his life, as mentioned, and not in the form of Reincarnation, the Tzadik is therefore more likely to benefit than to lose anything, for if this individual performs Precepts, the Tzadik takes a part in that gain. This is the secret of what the sages said: "A righteous person receives his reward and the reward of his friend in the Garden of Eden." (Tractate Chagigah 15a) Understand this deep secret, though now is not the time to expand upon it further.

The Tzadik takes part in the reward and not the punishment.

However, if that person does evil, the Tzadik will not suffer any punishment or loss, since he only enters [the person] as

הַבָּא יִהְיוּ שְׁנֵיהֶם בְּמַעֲלָה וּבְמַדְרֵגָה אַחַת. וְזֶהוּ סוֹד מ"ש בְּהַקְדָּמַת בְּרֵאשִׁית בְּסֵפֶר הַזֹּהַר דַּף ז' ע"ב, שֶׁנָּפַל הָרַשְׁבִּ"י ע"ה עַל פָּנָיו וְרָאָה אֶת רַב הַמְנוּנָא סָבָא זַ"ל, וא"ל דִּבְהַהוּא עַלְמָא יֶהֱוְיָין שְׁבָבִין יַחַד הוּא וְרַב הַמְנוּנָא סָבָא, וְדַי בָּזֶה.

ב' סִבּוֹת לְעִבּוּר. הָא' לְצֹרֶךְ הָאִישׁ

וְהִנֵּה עִנְיַן הָעִבּוּר הַזֶּה הוּא לִשְׁתֵּי סִבּוֹת: הָאַחַת הִיא, כִּי עַל יְדֵי עִבּוּר נֶפֶשׁ הַצַּדִּיק בָּאִישׁ הַזֶּה תִּתְקַן נֶפֶשׁ הָאִישׁ הַזֶּה וְתִזְדַּכֵּךְ, כְּדֻגְמַת עֵרֶךְ נֶפֶשׁ הַצַּדִּיק הַהוּא, ועי"כ תּוּכַל לַעֲלוֹת בָּעוֹלָם הַבָּא בְּמַדְרֵגַת מַעֲלַת הַצַּדִּיק הַהוּא, כַּנִּזְכָּר כִּי הַצַּדִּיק הַהוּא יַעְזְרֵהוּ וִיסַיְּעֵהוּ לְהוֹסִיף מִצְוֹת וּקְדֻשּׁוֹת יְתֵרוֹת, וַהֲרֵי סִבָּה זוֹ הִיא לְצֹרֶךְ הָאִישׁ הַזֶּה.

סִבָּה ב' לְתוֹעֶלֶת הַצַּדִּיק עַצְמוֹ

עוֹד סִבָּה שֵׁנִית, לְתוֹעֶלֶת הַצַּדִּיק עַצְמוֹ הַמִּתְעַבֵּר בּוֹ, כִּי כֵּיוָן שֶׁהוּא מְסַיְּעוֹ לְהוֹסִיף מִצְוֹת וְתִקּוּנִים נוֹטֵל חֵלֶק בָּהֶם, וְזֶהוּ סוֹד מ"ש זַ"ל "גְּדוֹלִים צַדִּיקִים, שֶׁאֲפִלּוּ בְּמִיתָתָם זוֹכִים לְבָנִים" וְכוּ'. וְהוּא, כִּי הוּא מְזַכֶּה אֶל הָאִישׁ הַזֶּה וְנַעֲשֶׂה לוֹ כְּאָב לְהַדְרִיכוֹ וּלְסַיְּעוֹ, וְזוֹכֶה בְּסִבָּתוֹ כַּנִּזְכָּר.

הַצַּדִּיק נוֹטֵל חֵלֶק בַּשָּׂכָר וְלֹא בָּעֹנֶשׁ

וְדַע, כִּי הַצַּדִּיק הַזֶּה, כֵּיוָן שֶׁנִּכְנַס בּוֹ לְסַיְּעוֹ בַּחַיִּים בְּסוֹד הָעִבּוּר כַּנִּזְכָּר וְלֹא בְּסוֹד גִּלְגּוּל, לָכֵן הוּא קָרוֹב לְשָׂכָר וְרָחוֹק לְהֶפְסֵד, כִּי אִם הָאִישׁ הַזֶּה יַעֲשֶׂה מִצְוֹת, נוֹטֵל חֵלֶק בַּשָּׂכָר הַהוּא. וְזֶהוּ סוֹד מ"ש זַ"ל כִּי הַצַּדִּיק נוֹטֵל חֶלְקוֹ וְחֵלֶק חֲבֵרוֹ בְּגַן עֵדֶן, וְהָבֵן סוֹד הָעֹמֶק הַזֶּה, וְאֵין עַתָּה עֵת לְהַאֲרִיךְ בּוֹ.

אָמְנָם אִם יַרְשִׁיעַ הָאִישׁ הַזֶּה אֵין לַצַּדִּיק הַהוּא שׁוּם עֹנֶשׁ וְהֶפְסֵד עִמּוֹ, יַעַן כִּי הוּא אֵינֶנּוּ מִתְעַבֵּר בּוֹ רַק לְהֵיטִיב אֵלָיו, וְלֹא לְהָרַע, וְאַדְּרַבָּא אִם

an Ibur for the sake of doing Good to him and not to cause Evil. Moreover, if the individual regresses from that which he corrected and improved, the Tzadik will depart from him and leave.

The reason for this is in what was explained earlier where the secret of Ibur occurs during a person's lifetime, and it does not attach and adhere to the body like the reincarnated Nefesh of the individual himself, which entered him at birth and completely attached and adhered there and cannot leave until the day of death.

A reincarnated Nefesh only leaves at the day of death.

This is not the case with respect to the Nefesh of the Tzadik that enters there in the Secret of an Ibur because it enters voluntarily and leaves voluntarily. However, if the individual will be consistent in his righteousness, then this Tzadik will be consistent in dwelling within him in order to take part in the actions of this individual, standing there until this individual departs from the world, at which point both ascend together to the same level, as mentioned earlier.

The Ibur of the Tzadik enters voluntarily and leaves voluntarily.

However, if this individual acts in an evil manner, then the Tzadik will be dismayed by his companion and leave because it is not there on a permanent basis but rather [temporarily] as if it is borrowed. [This is] much like a guest who stays in the home of his host as long as he desires, leaving when he no longer finds any pleasure. For this same reason, when the individual experiences suffering, the Tzadik will not feel the sorrow at all and will not have to carry its burden, since he is not attached to him but is rather like a borrowed [possession].

The principle that arises from this is that sometimes a person can perform a great Precept by which he will merit an Ibur of the Nefesh of a Tzadik from among the sages. This allows [the individual] to correct and refine himself to the extent that the Nefesh of this individual actually reaches the level of the Nefesh of the Tzadik. At this point, the individual is also required to complete the refinement of his Ruach and Neshamah until they

הָאִישׁ הַהוּא חוֹזֵר בּוֹ מֵאֲשֶׁר תִּקֵּן לְהֵטִיב, אָז הַצַּדִּיק הַהוּא נִפְרָשׁ מִמֶּנּוּ וְהוֹלֵךְ לוֹ.

נֶפֶשׁ הַמִּתְגַּלְגֶּלֶת רַק יוֹצֵאת בְּיוֹם הַמִּיתָה

וְטַעַם הַדָּבָר הוּא בְּמַה שֶּׁנִּתְבָּאֵר, כִּי סוֹד הָעִבּוּר הוּא בַּחַיִּים שֶׁל הָאָדָם, וְאֵינֶנּוּ דָּבוּק וְנִקְשָׁר עִם גּוּף הָאָדָם כְּמוֹ הַנֶּפֶשׁ שֶׁל הָאָדָם עַצְמוֹ בְּגִלְגּוּל, שֶׁנִּכְנְסָה בּוֹ בָּעֵת שֶׁנּוֹלַד וְנִתְקַשְּׁרָה וְנִתְדַּבְּקָה שָׁם בְּתַכְלִית הַדִּבּוּק, וְאֵינוֹ יָכוֹל לָצֵאת מִשָּׁם עַד יוֹם הַמִּיתָה.

נֶפֶשׁ הַצַּדִּיק הַמִּתְעַבֶּרֶת נִכְנֶסֶת בִּרְצוֹנָהּ וְיוֹצֵאת בִּרְצוֹנָהּ

מַה שֶּׁאֵין כֵּן בְּנֶפֶשׁ הַצַּדִּיק שֶׁנִּכְנֶסֶת שָׁם בְּסוֹד הָעִבּוּר, כִּי נִכְנֶסֶת בִּרְצוֹנָהּ וְיוֹצֵאת בִּרְצוֹנָהּ. וְאִם הָאָדָם יַתְמִיד בְּצִדְקָתוֹ, גַּם הַצַּדִּיק הַהוּא יַתְמִיד שֶׁכַּוָּנָתוֹ אֶצְלוֹ כְּדֵי לִטֹּל חֵלֶק בְּמַעֲשֵׂה הָאִישׁ הַזֶּה, וְעוֹמֵד שָׁם עַד שֶׁיִּפָּטֵר הָאִישׁ הַזֶּה מִן הָעוֹלָם, וְיַעֲלוּ יַחַד שְׁנֵיהֶם בְּמַדְרֵגָה אַחַת כַּנִּזְכָּר לְעֵיל.

וְאִם הָאִישׁ הַזֶּה יַרְשִׁיעַ מַעֲשָׂיו, אָז הַצַּדִּיק הַהוּא מוֹאֵס בְּחֶבְרָתוֹ וְהוֹלֵךְ לוֹ, כִּי הִנֵּה אֵינֶנּוּ עוֹמֵד שָׁם בְּקֶבַע רַק בְּהַשְׁאָלָה, כְּדִמְיוֹן אַשְׁפִּיזָא הַמִּתְאַכְסֵן בְּבֵית בַּעַל הַבַּיִת עַד זְמַן שֶׁיֻּכְשַׁר בְּעֵינָיו, וְאִם אֵינוֹ מוֹצֵא שָׁם נַחַת רוּחַ הוֹלֵךְ לוֹ. וּלְסִבָּה זוֹ גַּם כֵּן כַּאֲשֶׁר יִקְרֶה אֵיזֶה יִסּוּרִין אֶל הָאִישׁ הַזֶּה, אֵין הַצַּדִּיק הַהוּא מַרְגִּישׁ בְּצַעַר הַהוּא כְּלָל וְאֵינוֹ סוֹבְלָן עִמּוֹ, יַעַן כִּי אֵינֶנּוּ דָּבוּק שָׁם רַק בְּהַשְׁאָלָה.

הַכְּלָל הָעוֹלֶה, כִּי לִפְעָמִים יַעֲשֶׂה הָאָדָם אֵיזוֹ מִצְוָה גְּדוֹלָה, אֲשֶׁר עַל יָדָהּ יִזְכֶּה לְשֶׁיִּתְעַבֵּר בּוֹ נֶפֶשׁ אֵיזֶה צַדִּיק מִן הָרִאשׁוֹנִים, וְאָז אֶפְשָׁר לִהְיוֹת כִּי יִתְקַן וְיִזְדַּכֵּךְ כָּל כָּךְ עַד שֶׁתָּשׁוּב נַפְשׁוֹ שֶׁל הָאִישׁ הַזֶּה בְּמַדְרֵגַת נֶפֶשׁ הַצַּדִּיק הַהוּא מַמָּשׁ, וְאָז צָרִיךְ שֶׁיַּשְׁלִים הָאָדָם גַּם רוּחוֹ וְנִשְׁמָתוֹ בְּתַכְלִית הַזִּכּוּךְ, עַד אֲשֶׁר יִהְיוּ רְאוּיִים לְהִתְלַבֵּשׁ בְּנֶפֶשׁ הַמְזֻכֶּכֶת הַהִיא. וְאַחֲרֵי זֶה יִהְיֶה שָׁקוּל כְּמַדְרֵגַת הַצַּדִּיק הַהוּא מַמָּשׁ, וְיַעֲלֶה לְמַעְלָה

become worthy to be clothed by this refined Nefesh. Once this occurs, then [this individual] will actually be at the level of that Tzadik himself, and will ascend above the place from where the Root of his Soul was quarried. All of this is due to the help and assistance of the Tzadik.

You should know that it is sometimes possible for the Nefesh of the individual to ascend until his Nefesh will be from the World of Atzilut. The general principle is that the Nefesh is from Asiyah, the Ruach is from Yetzirah, and the Neshamah is from Briyah. However, more specifically, each of these Worlds has its own Aspects of the Nefesh, Ruach, and Neshamah. So it can sometimes happen that the individual can have his Nefesh, Ruach, and Neshamah from Asiyah, Yetzirah, [and] Briyah [respectively], while sometimes he can have his Nefesh, Ruach and Neshamah from Malchut, Zeir Anpin, and Ima of Asiyah.

There is the aspect of Nefesh, Ruach, and Neshamah in each World.

Or sometimes, [he can have] all three from Yetzirah, all three from the World of Briyah, or sometimes all of them from Atzilut [in the following manner:] Nefesh from Nukva of Zeir Anpin, Ruach from Zeir Anpin, Neshamah from Ima, and Chayah from Aba. Sometimes, Nefesh from Asiyah, and Ruach and Neshamah from Yetzirah. Sometimes, Nefesh from Yetzirah, and Ruach and Neshamah from Briyah. And sometimes, Nefesh from Briyah, and Ruach and Neshamah from Atzilut.

It is possible to receive Nefesh, Ruach, and Neshamah from any World.

And so many other details emerge in this way, *ad infinitum*. And so it is in this way in each and every detail within every World of the Four Worlds of Atzilut, Briyah, Yetzirah, and Asiyah, as it is known that each of these Four Worlds includes Four Worlds: Atzilut, Briyah, Yetzirah, and Asiyah, and Ten Sefirot, and each ten includes ten, and so on, endlessly. There is no power in the quill to expand into all of the details since they are countless, but the intelligent [scholar] should deduce and understand on his own.

מִמְּקוֹם שֹׁרֶשׁ נִשְׁמָתוֹ אֲשֶׁר מִשָּׁם חֻצַּב. וְכָל זֶה הוּא לְסִבַּת עֵזֶר וְסִיּוּעַ הַצַּדִּיק הַהוּא.

בְּכָל עוֹלָם יֵשׁ בְּחִינַת נר"ן

וְדַע, כִּי לִפְעָמִים אֶפְשָׁר שֶׁתִּתְעַלֶּה נֶפֶשׁ הָאָדָם עַד שֶׁתִּהְיֶה נַפְשׁוֹ מֵעוֹלַם הָאֲצִילוּת, וְהוּא, כִּי הִנֵּה כְּלַל הַדָּבָר הוּא כִּי הַנֶּפֶשׁ מִן עֲשִׂיָּה, וְהָרוּחַ מִן הַיְצִירָה, וְהַנְּשָׁמָה מִן הַבְּרִיאָה. וְאָמְנָם בְּדֶרֶךְ פְּרָט, הִנֵּה בְּכָל עוֹלָם מֵאֵלּוּ יֵשׁ בּוֹ בְּחִינַת נר"ן, וְנִמְצָא כִּי לִפְעָמִים יִהְיוּ בָּאָדָם נר"ן מֵעֲשִׂיָּה יְצִירָה בְּרִיאָה, וְלִפְעָמִים יִהְיוּ לוֹ נר"ן מִמַּלְכוּת ומז"א וּמֵאִמָּא דַעֲשִׂיָּה.

אֶפְשָׁר לְקַבֵּל נר"ן מִכָּל עוֹלָם

וְלִפְעָמִים שְׁלָשְׁתָּם מִן הַיְצִירָה, וְלִפְעָמִים שְׁלָשְׁתָּן מֵעוֹלַם הַבְּרִיאָה, וְלִפְעָמִים כֻּלָּן מִן הָאֲצִילוּת: נֶפֶשׁ מִנּוּקְבָא דז"א, רוּחַ מז"א, נְשָׁמָה מֵאִמָּא, חַיָּה מֵאַבָּא. וְלִפְעָמִים נֶפֶשׁ מֵעֲשִׂיָּה, וְרוּחַ וּנְשָׁמָה מִיצִירָה. וְלִפְעָמִים נֶפֶשׁ מִיצִירָה, וְרוּחַ וּנְשָׁמָה מִבְּרִיאָה. וְלִפְעָמִים נֶפֶשׁ מִבְּרִיאָה, וְרוּחַ וּנְשָׁמָה מֵאֲצִילוּת.

וְכֵן עַל דֶּרֶךְ זֶה כַּמָּה פְּרָטִים אֲחֵרִים לְאֵין קֵץ. וְכֵן עַל דֶּרֶךְ זֶה בְּכָל פְּרָט וּפְרָט שֶׁבְּכָל עוֹלָם מד' עוֹלָמוֹת אבי"ע, כַּנּוֹדָע כִּי כָּל עוֹלָם מֵאֵלּוּ הַד' עוֹלָמוֹת כָּלוּל הוּא מִכָּל ד' עוֹלָמוֹת אבי"ע, וּמִיּוּד סְפִירוֹת, וְכֵן עֶשֶׂר מֵעֶשֶׂר עַד אֵין מִסְפָּר, וְאֵין כֹּחַ בְּקוּלְמוֹס לְהַאֲרִיךְ בִּפְרָטִים הָאֵלּוּ כֻּלָּן, כִּי עָצְמוּ מִסַּפֵּר, וְהַמַּשְׂכִּיל יָבִין וְיַקִּישׁ מֵעַצְמוֹ.

However, you need to know that when we said that sometimes [an individual] will have his Nefesh, Ruach, and Neshamah from Yetzirah, or from Briyah, and so on, we did not mean to say that he does not have his Nefesh from Asiyah at all. For it is known that even the Shechinah, which is called Malchut, nests in Asiyah, and surely so in the Nefesh of the individual. Rather, we mean to say that the Nefesh of the individual, which originates from Asiyah, will become so refined that it will not be felt relative to the Light of the Nefesh of Yetzirah that is present within him. Then, as a whole this is called the Nefesh of Yetzirah.

One does not lose the Nefesh of Asiyah when he receives a Nefesh from Yetzirah, and so on.

All the other divisions work the same way because even when we say that the [individual] has his Nefesh, Ruach, and Neshamah from Atzilut, they are actually clothed within his Nefesh, Ruach, and Neshamah of Asiyah, Yetzirah, and Briyah. However, they are not referred to by their Name because they are all relatively insignificant, and are therefore referred to as being from Atzilut. From this, you may derive the other details mentioned [before].

There is another distinction within the aspect of an actual Reincarnation, whether about one who reincarnates into any available body or one who reincarnates via his brother, which is called the secret of Yibum.

Reincarnation through Yibum.

When one comes as a Reincarnation, the Nefesh, Ruach, and Neshamah are not revealed all three together, and not two together, but only the Nefesh until it becomes corrected, after which, in another incarnation, the Nefesh and the Ruach together [will be revealed] until the Ruach becomes corrected. Finally, in yet another incarnation, the Nefesh, Ruach, and Neshamah [will incarnate together] until the Neshamah becomes corrected, which completes this [individual's] Reincarnation, as mentioned earlier. Or sometimes each of the three will reincarnate alone, as mentioned earlier.

In a regular Reincarnation there are three Reincarnations for three Parts of the Soul.

לֹא מְאַבְּדִים נֶפֶשׁ מֵעֲשִׂיָּה כְּשֶׁמְּקַבְּלִים נֶפֶשׁ מִיצִירָה וְכוּ'

אֲבָל צָרִיךְ שֶׁתֵּדַע, כִּי מַה שֶּׁאָמַרְנוּ, שֶׁלִּפְעָמִים יִהְיוּ לוֹ נר"ן מִן הַיְצִירָה אוֹ מִן הַבְּרִיאָה וְכוּ', אֵין כַּוָּנָתֵנוּ לוֹמַר שֶׁאֵין לוֹ נֶפֶשׁ מִצַּד הָעֲשִׂיָּה כְּלָל, כִּי הִנֵּה נוֹדַע שֶׁאֲפִלּוּ הַשְּׁכִינָה הַנִּקְרֵאת מַלְכוּת הִיא מְקַנְּנָא בַּעֲשִׂיָּה, וּמִכָּל שֶׁכֵּן הַנֶּפֶשׁ שֶׁל הָאָדָם. אֲבָל כַּוָּנָתֵנוּ לוֹמַר, כִּי הַנֶּפֶשׁ שֶׁל הָאָדָם הַבָּאָה מֵעֲשִׂיָּה תִּזְדַּכֵּךְ כָּל כָּךְ עַד שֶׁאֵינָהּ נִרְגֶּשֶׁת בְּעֵרֶךְ סִבַּת אוֹר הַנֶּפֶשׁ דִּיצִירָה שֶׁבּוֹ, וְאָז נִקְרָא הַכֹּל נֶפֶשׁ דִּיצִירָה.

וְכֵן עַל דֶּרֶךְ זֶה בִּשְׁאָר הַחֲלֻקּוֹת, כִּי אֲפִלּוּ כְּשֶׁאָנוּ אוֹמְרִים שֶׁיִּהְיוּ לוֹ נר"ן מִן הָאֲצִילוּת, הוּא בִּהְיוֹתָם מִתְלַבְּשִׁים תּוֹךְ הַנֶּפֶשׁ וְרוּחַ וּנְשָׁמָה דַּעֲשִׂיָּה יְצִירָה בְּרִיאָה, אֶלָּא שֶׁאֵינָם עוֹלִים בְּשֵׁם, וְכֻלָּם נִטְפָּלִים וְנִקְרָאִים בְּשֵׁם אֲצִילוּת. וּמִזֶּה תַּקִּישׁ אֶל שְׁאָר הַפְּרָטִים הַנִּזְכָּרִים.

גִּלְגּוּל ע"י יִבּוּם

עוֹד יֵשׁ חִלּוּק אַחֵר בִּבְחִינַת הַגִּלְגּוּל בְּעַצְמָהּ, אִם בְּעִנְיַן הַמִּתְגַּלְגֵּל בִּבְחִינַת גִּלְגּוּל בְּכָל גּוּף שֶׁיִּזְדַּמֵּן, אוֹ בְּמִתְגַּלְגֵּל עַל יְדֵי אָחִיו, אֲשֶׁר זֶה נִקְרָא סוֹד הַיִּבּוּם.

בְּגִלְגּוּל רָגִיל יֵשׁ ג' גִּלְגּוּלִים לְג' חֶלְקֵי הַנְּשָׁמָה

וְהוּא, כִּי כְּשֶׁבָּא בִּבְחִינַת גִּלְגּוּל לְבַד, הִנֵּה אֵינָן מִתְגַּלְגְּלִין בְּיַחַד שְׁלָשְׁתָּן הנר"ן, וְלֹא שְׁנֵיהֶם יַחַד, אֶלָּא הַנֶּפֶשׁ לְבַדָּהּ עַד שֶׁתִּתָּקֵן, וְאַחַר כָּךְ בְּגִלְגּוּל אַחֵר הַנֶּפֶשׁ וְהָרוּחַ לְבַדָּם עַד יְתֻקַּן הָרוּחַ, וְאַחַר כָּךְ בְּגִלְגּוּל אַחֵר הנר"ן עַד תִּתָּקֵן הַנְּשָׁמָה, וְאָז נִשְׁלְמוּ גִּלְגּוּלָיו כַּנִּזְכָּר לְעֵיל. אוֹ לִפְעָמִים כָּל אֶחָד מִשְּׁלָשְׁתָּן יִתְגַּלְגֵּל לְבַדּוֹ בִּפְנֵי עַצְמוֹ, כַּנִּזְכָּר לְעֵיל בְּאֹרֶךְ.

However, when [the individual] reincarnates through his brother and he comes in the secret of Yibum, all three—the Nefesh, Ruach, and Neshamah—can reincarnate together. Said the author, Chaim (Rav Chaim Vital): "Based on the [Zohar in] Saba deMishpatim, even with respect to Yibum, [all three] do not come together but only the Nefesh and the Ruach do, without the Neshamah," [and this matter] requires further study.

In a Reincarnation through Yibum one can merit Nefesh, Ruach, and Neshamah together.

בְּגִלְגּוּל עַל יְדֵי יִבּוּם אֶפְשָׁר לִזְכּוֹת לנר"ן יַחַד

אֲבָל כְּשֶׁמִּתְגַּלְגֵּל עַל יְדֵי אָחִיו, וּבָא בְּסוֹד הַיִּבּוּם, יְכוֹלִים לְהִתְגַּלְגֵּל שָׁם יַחַד שְׁלָשְׁתָּן הנר"ן. אָמַר הַכּוֹתֵב חַיִּים, הִנֵּה מִן הַסָּבָא דְּמִשְׁפָּטִים מִשְׁמַע דַּאֲפִלּוּ בְּסוֹד הַיִּבּוּם אֵינָם בָּאִים יַחַד, אֶלָּא הַנֶּפֶשׁ וְהָרוּחַ לְבַדָּם וְלֹא הַנְּשָׁמָה, וצ"ע.

THIRD
INTRODUCTION

Regarding Reincarnation, Yibum, and Ibur. I saw [the need] to further expand on this discourse of Reincarnation, Yibum, and Ibur. The concept of Ibur applies during [an individual's] life, as mentioned earlier. This means that sometimes when an individual has an opportunity [to perform] a Precept and he performs it correctly, this will cause the Nefesh of a specific ancient Tzadik—one who had performed the very same Precept correctly—to then enter [that individual] as an Ibur since an affinity has been created between them [the two Souls] with respect to this Precept.

We receive an Ibur by performing a Precept that relates to a certain Tzadik.

Moreover, it is possible that even while this Tzadik is alive during the individual's lifetime, his Nefesh can still enter as an Ibur for the mentioned reason. Thus, when this individual performs one Precept or a few Precepts that a [particular] Tzadik also performed correctly in a similar way, then the Nefesh of that Tzadik will enter [this individual] as an Ibur, even while both are alive at the same time. This is the secret of the verse: "… the Soul (Nefesh) of Jonathan became bound up with the Soul (Nefesh) of David…" (I Samuel 18:1), showing that while both were alive, David's Nefesh entered Jonathan as an Ibur.

An Ibur of a living Tzadik.

Author's remark: [Rav Chaim Vital] said that it looks as if one Precept performed correctly would be sufficient to initiate the entering of an Ibur, and it is not required to perform and complete all the Precepts for it. End of remark.

However we need to expand a little on the matter of Reincarnations, and therefore, we will begin with the matter of Adam in order to make things easier to understand. Know that when Adam transgressed, all of the Sparks of his Nefesh, Ruach, and Neshamah were blemished. In the same way that

At the Sin of Adam all the sparks of his Nefesh, Ruach, and Neshamah were damaged.

הַקְדָּמָה ג'

זוֹכִים לְעִבּוּר ע"י עֲשִׂיַּת מִצְוָה שֶׁמִּתְיַחֶסֶת לְאֵיזֶה צַדִּיק

בְּעִנְיַן הַגִּלְגּוּל וְהַיִּבּוּם וְהָעִבּוּר, וְזֶה לְשׁוֹנוֹ: וְרָאִיתִי לְהַרְחִיב יוֹתֵר בִּדְרוּשׁ זֶה שֶׁל הַגִּלְגּוּל וְהַיִּבּוּם וְהָעִבּוּר. הִנֵּה בְּחִינַת הָעִבּוּר הִיא בַּחַיִּים כַּנִּזְכָּר לְעֵיל, רוֹצֶה לוֹמַר כִּי לִפְעָמִים יִזְדַּמֵּן לְיַד הָאָדָם אֵיזוֹ מִצְוָה, וְיַעֲשֶׂנָּה כְּתִקְנָהּ, וְאָז יִזְדַּמֵּן לוֹ נֶפֶשׁ אֶחָד מִן אֵיזֶה צַדִּיק קַדְמוֹן שֶׁעָשָׂה אוֹתָהּ הַמִּצְוָה עַצְמָהּ כְּתִקְנָהּ, וְכֵיוָן שֶׁנִּתְדַּמּוּ יַחַד בְּעִנְיַן מִצְוָה זוֹ יִתְעַבֵּר בּוֹ נֶפֶשׁ הַצַּדִּיק הַהוּא.

עִבּוּר צַדִּיק שֶׁחַי בִּזְמַנּוֹ

וְלֹא עוֹד, אֶלָּא שֶׁגַּם אֶפְשָׁר שֶׁבִּהְיוֹת גַּם הַצַּדִּיק הַהוּא נִמְצָא עִמּוֹ בִּזְמַנּוֹ בְּחַיָּיו תִּתְעַבֵּר בּוֹ נַפְשׁוֹ לְסִבָּה הנז', כִּי כַּאֲשֶׁר הָאִישׁ הַזֶּה יַעֲשֶׂה אֵיזוֹ מִצְוָה אוֹ מִצְוֹת הַמִּתְיַחֲסוֹת אֶל הַצַּדִּיק הַהוּא, כִּי גַּם הוּא עֲשָׂאָם כָּמוֹהוּ כְּתִקְנָם, אָז תִּתְעַבֵּר בּוֹ נֶפֶשׁ הַצַּדִּיק הַהוּא עִם הֱיוֹת שְׁנֵיהֶם בַּחַיִּים. וְזֶהוּ סוֹד פָּסוּק וְתִדְבַּק נֶפֶשׁ דָּוִד בִּיהוֹנָתָן ("וְנֶפֶשׁ יְהוֹנָתָן נִקְשְׁרָה בְּנֶפֶשׁ דָּוִד"), כִּי בִּהְיוֹת שְׁנֵיהֶם יַחַד בְּחַיִּים נִתְעַבְּרָה נֶפֶשׁ דָּוִד בְּיוֹנָתָן.

(הַגָּהָה: אָמַר הַכּוֹתֵב, נִרְאֶה כִּי בְּמִצְוָה אַחַת כְּתִקְנָהּ יַסְפִּיק לְהַמְשִׁיךְ הַתְחָלַת הָעִבּוּר וְלֹא יִצְטָרֵךְ לְהִשְׁתַּלֵּם בְּכָל הַמִּצְוֹת, עַד כָּאן.)

בְּחֵטְא אָדָם הָרִאשׁוֹן נִפְגְּמוּ כָּל נִיצוֹצוֹת נַפְשׁוֹ רוּחוֹ וְנִשְׁמָתוֹ

וְאָמְנָם בְּחִינַת גִּלְגּוּל צָרִיךְ לְהַרְחִיב מְעַט בְּעִנְיָנָהּ, וְלָכֵן נַתְחִיל עִנְיָנָהּ מֵאָדָם הָרִאשׁוֹן לְשֶׁיּוּבְנוּ הַדְּבָרִים בְּנָקֵל. דַּע, כִּי כַּאֲשֶׁר חָטָא אָדָם הָרִאשׁוֹן נִפְגְּמוּ כָּל הַנִּיצוֹצוֹת שֶׁל נַפְשׁוֹ וְשֶׁל רוּחוֹ וְשֶׁל נִשְׁמָתוֹ. וְהָעִנְיָן הוּא בְּמַה שֶּׁנּוֹדַע, כִּי כְּמוֹ שֶׁגּוּפוֹ שֶׁל הָאָדָם כָּלוּל מִכַּמָּה

the body of an individual is comprised of Sparks [that are divided into] 248 Limbs and 365 Sinews, and there are Sparks in his Head and his Eyes and in each and every Limb, this is the same with the Nefesh. As was said in Midrash Tanchumah (Ki Tisa 12:1) and Midrash Rabah (Shemot 40:3) and in the [Zohar] portion Naso regarding the verse: "Where were you when I founded the Earth?" (Job 38:4): "...When Adam was a lifeless mass, [the Holy One, blessed be He, showed him all the righteous men who would descend from him.] Some hung from his Head, [others were suspended from his hair, and still others from his neck, his two eyes, his nose, his mouth, his ears, and his arms....]" Similarly, his Ruach is also divided, as is his Neshamah.

When [Adam] transgressed, most of the Sparks of his Nefesh, Ruach, and Neshamah became blemished and he was immersed among the Klipot (Shells). This is the secret of what is said in the [beginning of the] Prologue of the Tikunei HaZohar about the verse: "As a bird wandering from its nest..." (Proverbs 27:8) that just as the Shechinah (Divine Presence) is "exiled" among the Klipot, so too the righteous people will [go into] exile together with Her, and they wander after Her from place to place.

The Sparks are exiled in the corresponding places within the Klipot and according to their levels: the [Sparks from the] Head in the Head [of the Klipot], [Sparks from] the Eye in the Eye, and so on. This is the secret of the matter of the exile of the Souls mentioned there [in the Tikunei HaZohar]. Then, Cain and Abel, his sons, also sinned through a different kind of transgression in addition to that of their father, Adam, and later on they too had their Sparks drowned in the depths of the Klipot.

Also the Sparks of Cain and Abel fell to the depths of the Klipot.

However, in every generation, some of those Sparks exit and come to reincarnate and become corrected in this world, according to the Aspect from where the Souls of that particular generation are derived, which can be of the Sparks of the Head or the Sparks of the Eye, etc.

In every generation, Sparks of Souls exit to reincarnate.

נִיצוֹצוֹת, בִּרְמַ"ח אֵיבָרִים וּשְׁסָ"ה גִּידִים, כֵּן הַדָּבָר בְּנַפְשׁוֹ שֶׁל אָדָם, כִּי גַּם כְּלוּלָה מֵרְמַ"ח אֵיבָרִים וּשְׁסָ"ה גִּידִים. וְיֵשׁ כַּמָּה נִיצוֹצוֹת בְּרֹאשׁוֹ, וְכֵן בְּעֵינָיו, וְכֵן בְּכָל אֵבָר וְאֵבָר, מִן הַנֶּפֶשׁ הַהִיא. וּכְמוֹ שֶׁדָּרְשׁוּ בְּמִדְרַשׁ תַּנְחוּמָא וְרַבָּה בְּפָרָשַׁת תִּשָּׂא, עַל פָּסוּק "אֵיפֹה הָיִיתָ בְּיָסְדִי אָרֶץ", "מְלַמֵּד שֶׁהָיָה אָדָם הָרִאשׁוֹן מֻטָּל גֹּלֶם, וְזֶה תָּלוּי בְּרֹאשׁוֹ" וְכוּ'. וּכְדִמְיוֹן זֶה בְּחֵלֶק הָרוּחַ שֶׁבּוֹ, וְכֵן הַנְּשָׁמָה שֶׁבּוֹ.

וּכְשֶׁחָטָא, אָז נִפְגְּמוּ רֹב הַנִּיצוֹצוֹת שֶׁל נַפְשׁוֹ וְשֶׁל רוּחוֹ וְשֶׁל נִשְׁמָתוֹ וְנִתְעָרְבוּ עִם הַקְּלִפּוֹת. וְזֶהוּ סוֹד מ"ש בְּסֵפֶר הַתִּקּוּנִים, בַּהַקְדָּמָה עַל פָּסוּק "כְּצִפּוֹר נוֹדֶדֶת" וְכוּ', כִּי כְּמוֹ שֶׁהַשְּׁכִינָה גָּלְתָה בֵּין הַקְּלִפּוֹת, כֵּן הַצַּדִּיקִים גָּלוּ עִמָּהּ, וְאָזְלִין מְנַדְּדִין אַבַּתְרָהָא מִדּוּךְ לְדוּךְ.

גַּם נִיצוֹצוֹת
קַיִן וְהֶבֶל נָפְלוּ
לְעִמְקֵי הַקְּלִפּוֹת

וּכְפִי בְּחִינַת הַנִּיצוֹצוֹת, כָּךְ גָּלוּ בַּמָּקוֹם הַמְכֻוָּן לָהֶם בְּתוֹךְ הַקְּלִפּוֹת, רֹאשׁ בְּרֹאשׁ עַיִן בְּעַיִן וְכוּ'. וְזֶהוּ סוֹד עִנְיַן גָּלוּת הַנְּשָׁמוֹת הַנִּזְכָּר שָׁם. וְהִנֵּה גַּם קַיִן וְהֶבֶל בָּנָיו חָטְאוּ חֵטְא אַחֵר זוּלָתִי חֵטְא אָדָם אֲבִיהֶם, וְגַם הֵם נִטְבְּעוּ נִיצוֹצוֹתֵיהֶם בְּעִמְקֵי הַקְּלִפּוֹת אַחַר כָּךְ.

בְּכָל דּוֹר
יוֹצְאִים נִיצוֹצֵי
נְשָׁמוֹת לְהִתְגַּלְגֵּל

וְאָמְנָם בְּכָל דּוֹר וָדוֹר יוֹצְאוֹת קְצָת נִיצוֹצוֹת הָהֵם וּבָאִים בְּגִלְגּוּל בָּעוֹלָם הַזֶּה, וְהַכֹּל כְּפִי בְּחִינַת מַחְצַב נִשְׁמוֹת הַדּוֹר הַהוּא, אוֹ מִנִּיצוֹצֵי הָרֹאשׁ אוֹ מִנִּיצוֹצֵי הָעַיִן וְכַיּוֹצֵא, וְנִתְקָנִים בָּעוֹלָם הַזֶּה.

One may even come to reincarnate and to be corrected, yet not be careful about sins, becoming further embedded among the Klipot like before, along with all the Sparks that extend from and depend upon him. This intermediate level includes Reincarnation and Ibur, since all the Sparks of the Nefesh—even those that are already corrected—return in a full Reincarnation along with this specific Spark that was blemished since birth, and they do not ever separate until the day of death.

Sparks that come to be corrected come with Sparks that have already been corrected.

However, Reincarnation of the corrected Sparks is called Ibur because they do not take part in the transgressions of the body but only its merits. This is similar to what has been explained concerning the Souls of Tzadikim who have died and that come in the form of an Ibur during [the individual's] life, rather than at birth. Thus, we realize that the Spark that did not correct at all, [either] by [not] performing the Precepts that relate to him or by performing the kind of transgressions for which resurrection is denied, is the one that reincarnates in another body, which will be named after him.

The Reincarnation of corrected Sparks is called an Ibur.

And the Sparks that became corrected through the Precepts, but became damaged through minor transgressions, return in the form of the mentioned Ibur, even though it is also a Reincarnation. However, the Sparks that have not become blemished through transgressions after having been corrected through the Precepts do not return at all but only as an Ibur into a living person, and only when the person has the merit.

Corrected and undamaged Sparks can come as an Ibur in a living person.

What emerges from this is that when the Nefesh reincarnates in this world, the main essence of its Reincarnation is associated with the specific blemished part in [the person's] body, while the other Parts of the Nefesh, previously corrected in other bodies, only return there as an Ibur.

The main Reincarnation of the Nefesh is in the damaged Part.

Therefore when the specific part associated with that body performs any Precept in this world, the other Parts of the Nefesh, which are there as an Ibur, have a share in that Precept since they assist in the performance of this Precept, as we

The remaining Parts of the Nefesh take part in the good deeds and not in the sins.

48

נִיצוֹצוֹת שֶׁבָּאִים לְהִתָּקֵן בָּאִים עִם נִיצוֹצוֹת שֶׁכְּבָר נִתְקְנוּ

וְיֵשׁ מִי שֶׁאַף גַּם שֶׁבָּא בְּגִלְגּוּל לְהִתָּקֵן, לֹא נִזְהַר מִן הַחֵטְא וְחָזַר לְהִשְׁתַּקֵּעַ עוֹד בְּתוֹךְ הַקְּלִפּוֹת כְּבָרִאשׁוֹנָה, הוּא וְכָל הַנִּיצוֹצוֹת הַנִּמְשָׁכוֹת מִמֶּנּוּ וּתְלוּיוֹת בּוֹ, וְזוֹ הִיא בְּחִינָה בֵּינוֹנִית, כּוֹלְלוֹת גִּלְגּוּל וְעִבּוּר, כִּי כָּל נִיצוֹצֵי הַנֶּפֶשׁ, אֲפִלּוּ אוֹתָם שֶׁנִּתְקְנוּ, בָּאִים בְּגִלְגּוּל גָּמוּר עִם הַנִּיצוֹץ הַפְּרָטִי הַמְקֻלְקָל מֵעֵת שֶׁנּוֹלַד, וְאֵינָם נִפְרָדִים כְּלָל עַד יוֹם הַמִּיתָה.

הַגִּלְגּוּל שֶׁל הַנִּיצוֹצוֹת הַמְתֻקָּנִים נִקְרָא עִבּוּר

אָמְנָם הַגִּלְגּוּל שֶׁל הַנִּיצוֹצוֹת הַמְתֻקָּנוֹת נִקְרָא עִבּוּר, לְפִי שֶׁאֵינָם נוֹטְלוֹת חֵלֶק בָּעֲבֵרוֹת שֶׁל זֶה הַגּוּף, רַק בִּזְכֻיּוֹתָיו בִּלְבַד, כְּדֶרֶךְ שֶׁנִּתְבָּאֵר בְּנַפְשׁוֹת הַצַּדִּיקִים שֶׁכְּבָר מֵתוּ, וּבָאוֹת בְּסוֹד עִבּוּר מַמָּשׁ בַּחַיִּים, וְלֹא מִיּוֹם שֶׁנּוֹלַד. וְנִמְצָא, כִּי הַנִּיצוֹץ שֶׁלֹּא נִתְקַן כְּלָל עַל יְדֵי קִיּוּם הַמִּצְוָה הַמִּתְיַחֶסֶת לוֹ, אוֹ שֶׁעָבַר עֲבֵרָה מֵאוֹתָם שֶׁאֵין לוֹ תְּחִיָּה, הוּא הַמִּתְגַּלְגֵּל בַּגּוּף הַשֵּׁנִי וְנִקְרָא עַל שְׁמוֹ.

נִיצוֹצוֹת שֶׁנִּתְקְנוּ וְלֹא נִפְגְּמוּ יְכוֹלִים לָבֹא בְּעִבּוּר בַּחַיִּים

וְהַנִּיצוֹצוֹת שֶׁנִּתְקְנוּ בְּמִצְוֹת, אֶלָּא שֶׁנִּפְגְּמוּ בַּעֲבֵרָה קַלָּה, בָּאִים בְּעִבּוּר הנז', אַף עַל פִּי שֶׁהוּא גַּם כֵּן גִּלְגּוּל. אַךְ הַנִּיצוֹצוֹת שֶׁלֹּא נִפְגְּמוּ בַּעֲבֵרָה אַחַר שֶׁנִּתְקְנוּ בַּמִּצְוֹת אֵינָם בָּאִים כְּלָל, זוּלָתִי עַל יְדֵי עִבּוּר בַּחַיִּים, וְגַם זֶה אֵינוֹ אֶלָּא אִם יִזְכֶּה, עַיֵּן בְּהַקְדָּמָה ל'.

עִקַּר גִּלְגּוּל הַנֶּפֶשׁ הוּא בַּחֵלֶק הַפָּגוּם

הָעוֹלֶה מִזֶּה, כִּי כַּאֲשֶׁר הַנֶּפֶשׁ הַיְשָׁנָה מִתְגַּלְגֶּלֶת בָּעוֹלָם הַזֶּה, אֵין עִקַּר גִּלְגּוּלָהּ אֶלָּא בְּאוֹתוֹ חֵלֶק הַפְּרָטִי הַפָּגוּם הַמִּתְיַחֵס אֶל הַגּוּף הַהוּא, וּשְׁאָר חֶלְקֵי הַנֶּפֶשׁ שֶׁכְּבָר בָּאוּ בְּגוּפוֹת אֲחֵרִים וְנִתְקְנוּ שָׁם אֵינָם בָּאוֹת שָׁם אֶלָּא בִּבְחִינַת עִבּוּר.

שְׁאָר חֶלְקֵי הַנֶּפֶשׁ נוֹטְלִים חֵלֶק בַּמִּצְוֹת וְלֹא בָּעֲבֵרוֹת

וְלָכֵן כַּאֲשֶׁר הַחֵלֶק הַמִּתְיַחֵס אֶל הַגּוּף הַהוּא יַעֲשֶׂה אֵיזוֹ מִצְוָה בָּעוֹלָם הַזֶּה, גַּם שְׁאָר חֶלְקֵי הַנֶּפֶשׁ הַמִּתְעַבֶּרֶת בּוֹ תִּטֹּל חֶלְקָהּ בַּמִּצְוָה הַהִיא, כִּי גַּם הִיא מְסַיַּעְתּוֹ בַּעֲשׂוֹתוֹ הַמִּצְוָה הַהִיא, עַל דֶּרֶךְ הנז"ל בְּסוֹד

learned previously with respect to the Ibur of the [Soul] of a righteous person. This is not the case when this specific part transgresses because then the rest of the Nefesh does not share in the punishment, since it only came to assist him to do Good and not to do Evil.

It is found that when an individual is born through Reincarnation, the Nefesh with all its Parts reincarnates there, but the main Reincarnation is only for the specific part that relates to that body, which comes to be corrected from the blemish that it caused in the previous body, and the [whole experience of] reward and punishment depends on it [alone]. However, the remaining Parts of the Nefesh will take part only in the rewards and not in the punishments, as we already mentioned.

Thus since this Nefesh as a whole experiences the suffering and punishments that this body experiences in its lifetime, apart from what it experienced in previous bodies of its other Sparks, and it also experiences the pain of death and the pain that comes after death, it consequently atones for its previous sins.

The general Nefesh atones for its previous sins by experiencing suffering and death.

Nevertheless, [in terms of] the Precepts that were performed [by that Nefesh] in its previous Reincarnations, as well as the Precepts presently performed by this specific Spark, [the entire Nefesh] has a share in all of them, as mentioned earlier, through which its correction and perfection become completed.

However, if it also shares in the transgressions that this Spark is currently performing, there will never be a correction to the Nefesh [even if it goes] through all the possible Reincarnations in the world. [This is] because the individual transgresses and [inevitably] adds more crimes to the prior transgressions performed in other [previous] incarnations, and there is no end to them.

If the general Nefesh would take part in the sins there would be no correction for the Nefesh ever.

הָעִבּוּר שֶׁל אֵיזֶה צַדִּיק אַחֵר. מַה שֶּׁאֵין כֵּן כְּשֶׁחוֹטֵא זֶה הַחֵלֶק הַפְּרָטִי כִּי אָז אֵין לִשְׁאָר הַנֶּפֶשׁ חֵלֶק בְּעָנְשׁוֹ, יַעַן כִּי הִיא מְסַיַּעְתּוֹ לְהֵטִיב וְלֹא לְהָרַע.

וְנִמְצָא, כִּי בְּעֵת שֶׁנּוֹלָד הָאָדָם בְּגִלְגּוּל, כָּל הַנֶּפֶשׁ בִּכְלָלוּת חֲלָקֶיהָ וְנִיצוֹצוֹתֶיהָ מִתְגַּלְגְּלִים שָׁם, אֲבָל עִקַּר הַגִּלְגּוּל אֵינֶנּוּ אֶלָּא לְאוֹתוֹ הַחֵלֶק הַפְּרָטִי הַמִּתְיַחֵס אֶל הַגּוּף הַהוּא, הַבָּא לְתַקֵּן מִמַּה שֶּׁפָּגַם בַּגּוּף הַקּוֹדֵם, וּבוֹ תָּלוּי הַשָּׂכָר וְהָעֹנֶשׁ. אֲבָל שְׁאֵרִית חֶלְקֵי הַנֶּפֶשׁ נוֹטְלִים חֵלֶק בַּשָּׂכָר וְלֹא בָּעֹנֶשׁ כַּנִּזְכָּר.

עַל יְדֵי שֶׁהַנֶּפֶשׁ הַכְּלָלִית סוֹבֶלֶת יִסּוּרִין וּמִיתָה כָּךְ מִתְכַּפְּרִים עֲוֹנוֹתֶיהָ הָרִאשׁוֹנִים

וְהִנֵּה, כֵּיוָן שֶׁהַנֶּפֶשׁ הַזּוֹ בִּכְלָלוּתָהּ סוֹבֶלֶת עַתָּה הַיִּסּוּרִין וְהָעֳנָשִׁים הַבָּאִים אֶל הַגּוּף הַזֶּה בְּחַיָּיו, מִלְּבַד מַה שֶּׁסָּבְלָה כְּבָר בַּגּוּפִים הָרִאשׁוֹנִים שֶׁל שְׁאָר נִיצוֹצוֹתֶיהָ, וְגַם סוֹבֶלֶת צַעַר הַמִּיתָה הַזּוֹ וְצַעַר שֶׁלְּאַחַר הַמִּיתָה, עי"כ מִתְכַּפְּרִים עֲוֹנוֹתֶיהָ הָרִאשׁוֹנִים.

וְאָמְנָם הַמִּצְוֹת שֶׁעָשְׂתָה בַּגִּלְגּוּלִים הָרִאשׁוֹנִים, וְגַם הַמִּצְוֹת שֶׁעָשָׂה זֶה הַנִּיצוֹץ עַתָּה, יֵשׁ לָהּ חֵלֶק בָּהֶם כַּנִּזְכָּר, ועי"כ נִשְׁלֶמֶת תִּקּוּנֶיהָ וּשְׁלֵמוּתָהּ.

אִלּוּ הַנֶּפֶשׁ הַכְּלָלִית הָיְתָה נוֹטֶלֶת בָּעֲבֵרוֹת, לֹא הָיָה שׁוּם תִּקּוּן אֶל הַנֶּפֶשׁ לְעוֹלָם

וְאָמְנָם אִם הָיְתָה נוֹטֶלֶת חֵלֶק גַּם בָּעֲבֵרוֹת שֶׁעוֹשֶׂה עַתָּה זֶה הַנִּיצוֹץ, לֹא הָיָה לְעוֹלָם שׁוּם תִּקּוּן אֶל הַנֶּפֶשׁ בְּכָל הַגִּלְגּוּלִים שֶׁבָּעוֹלָם, כִּי לְעוֹלָם הָאָדָם חוֹטֵא וּמוֹסִיף פְּשָׁעִים עַל חֲטָאָיו הָרִאשׁוֹנִים שֶׁקָּדְמוּ לוֹ בְּגִלְגּוּלִים אֲחֵרִים, וְאֵין קֵץ אֲלֵיהֶם.

Nevertheless because the other Parts of the Nefesh do not participate in the evil [actions] of this Spark but only in its merits, it is found that the transgressions can be completely atoned for and do not accumulate. [Thus], new merits accumulate with each and every Reincarnation of the Spark, and through this [process] the Reincarnations and corrections of a Nefesh can reach a conclusion. And you should understand this well.

The transgressions can be completely atoned for and do not accumulate.

In this way, the Nefesh achieves the completion of all of its Sparks through [their various] Reincarnations, until all the Sparks complete reincarnating and correcting from the Head of the Nefesh until its Feet. When the Feet are completely corrected, the Messiah will come, as is stated in Zohar, Pekudei 739 and at the end of Zohar, Vayak'hel.

The Nefesh achieves completion through Reincarnations.

However in the Aspect of Yibum this is not the case, the reason being that one who reincarnates for other reasons—due to all the rest of the transgressions in the Torah—makes a correction through the afflictions that he suffers in this world or in Gehenom (Hell/Purgatory). Therefore all the Parts of the Nefesh do not need Reincarnation but [participate] only as an Ibur, as mentioned earlier. Only the specific Spark is the one that reincarnates.

However when someone comes through Yibum, it is because he died childless. It is as if he was not successful and did not exist in this world, and as if his first [original] body did not exist, as mentioned in Zohar, Vayeshev 162. Therefore the Nefesh that was present in the original body, with all of its Parts, must return to completely reincarnate again from the beginning for its own needs, and the second [present] body becomes the primary one.

One who reincarnates through Yibum returns with all his sparks as a full Reincarnation.

הָעֲבֵרוֹת נִשְׁלָמוֹת לְהִתְכַּפֵּר וְאֵינָן נִתּוֹסְפוֹת

אֲבָל כֵּיוָן שֶׁשְּׁאָר חֶלְקֵי הַנֶּפֶשׁ אֵינָם נוֹטְלִים חֵלֶק בְּרִשְׁעַת הַנִּיצוֹץ הַזֶּה אֶלָּא בִּזְכֻיּוֹתָיו, נִמְצָא שֶׁהָעֲבֵרוֹת נִשְׁלָמִים לְהִתְכַּפֵּר וְאֵינָן נִתּוֹסְפִים. וְהַזְּכֻיּוֹת מִתְחַדְּשִׁים וְנוֹסָפִים בְּכָל גִּלְגּוּל נִיצוֹץ וְנִיצוֹץ, ועי"כ יֵשׁ סִיּוּם אֶל בְּחִינַת הַגִּלְגּוּל וְאֶל תִּקּוּנֵי הַנֶּפֶשׁ, וְהָבֵן זֶה הֵיטֵב.

עַל יְדֵי הַגִּלְגּוּלִים הַנֶּפֶשׁ נִשְׁלֶמֶת

וְהִנֵּה עַל דֶּרֶךְ זֶה נִשְׁלֶמֶת הַנֶּפֶשׁ בְּכָל נִיצוֹצוֹתֶיהָ עַל יְדֵי הַגִּלְגּוּלִים, עַד שֶׁיִּשְׁלְמוּ לְהִתְגַּלְגֵּל וּלְהִתָּקֵן כָּל הַנִּיצוֹצוֹת מֵרֹאשׁ הַנֶּפֶשׁ וְעַד רַגְלֶיהָ, וּכְדֵין יִסְתַּיְּמוּ רַגְלִין לֵיתֵי מְשִׁיחָא, כַּנִּזְכָּר בְּזֹהַר פָּרָשַׁת פְּקוּדֵי דַּף רנ"ח וּבְסוֹף פָּרָשַׁת וַיַּקְהֵל.

אָמְנָם בִּבְחִינַת הַיִּבּוּם אֵינוֹ כֵּן, וְהַטַּעַם הוּא, לְפִי שֶׁהַמִּתְגַּלְגֵּל לְסִבּוֹת אֲחֵרוֹת מֵחֲמַת כָּל שְׁאָר הָעֲבֵרוֹת שֶׁבַּתּוֹרָה, יֵשׁ לוֹ תַּקָּנָה עַל יְדֵי הַיִּסּוּרִין שֶׁסּוֹבֵל בָּעוֹלָם הַזֶּה, אוֹ בַּגֵּיהִנֹּם, וְלָכֵן כָּל חֶלְקֵי הַנֶּפֶשׁ אֵינָם צְרִיכִים אֶל הַגִּלְגּוּל אֶלָּא בְּדֶרֶךְ עִבּוּר כַּנִּזְכָּר, וְהַנִּיצוֹץ הַפְּרָטִי הוּא הַמִּתְגַּלְגֵּל.

הַמִּתְגַּלְגֵּל ע"י יִבּוּם חוֹזֵר עִם כָּל נִיצוֹצוֹתָיו בְּדֶרֶךְ גִּלְגּוּל גָּמוּר

אֲבָל מִי שֶׁבָּא בְּסוֹד הַיִּבּוּם הוּא לְסִבַּת שֶׁמֵּת בְּלֹא בָּנִים, וַהֲרֵי הוּא כְּאִלּוּ לֹא הִצְלִיחַ כְּלָל וְעָקָר וּכְאִלּוּ לֹא הָיָה בָּעוֹלָם, וְגוּף הָרִאשׁוֹן הֲוֵי פְּלֹא הָיָה, כַּנִּזְכָּר בְּפָרָשַׁת וַיֵּשֶׁב, וְלָכֵן צָרִיךְ שֶׁהַנֶּפֶשׁ הַהִיא שֶׁהָיְתָה בַּגּוּף הָרִאשׁוֹן בְּכָל חֲלָקֶיהָ חוֹזֶרֶת לְהִתְגַּלְגֵּל לְגַמְרֵי עַתָּה מֵחָדָשׁ לְצֹרֶךְ עַצְמָהּ, וְגוּף הַשֵּׁנִי זֶה הוּא גּוּפוֹ הָעִקָּרִי.

When that person becomes corrected and departs from this world, then at the time of the Resurrection of the Dead, his Nefesh will only return to [his present body], while his first body will receive only the "Spirit that he left within his wife," as mentioned in Saba deMishpatim. (Zohar, Mishpatim 109)

At the Resurrection, the Nefesh returns to the second body, and the first body will have the Spirit that he left in his wife.

With this, the difference has been explained between one who has died without having children and returns through Yibum and one who has died due to other kinds of transgressions mentioned in the Torah and returns in the form of Reincarnation, according to the need, and not through Yibum. All of these mentioned details apply to the Ruach and the Neshamah in the [same] way as we have explained regarding the Sparks of the Nefesh.

Another difference between Yibum and Reincarnation is what was mentioned at the beginning of this Introduction. [Regarding] one who reincarnates through Yibum, since his prior body is considered as if it never existed at all, as was mentioned, for which reason the Nefesh returns to reincarnate with all of its parts, and it is found that this is actually a new construction, therefore the Ruach and Neshamah will reincarnate with it—the three of them together. However, not all at once but only when [the individual] will merit and perform deeds that are appropriate for the Ruach will the Ruach enter. The same applies for the Neshamah, as was explained earlier at the beginning of this Introduction regarding how an individual comes to the world when he is actually new. Concerning him, the Saba deMishpatim comments: "If he merits more, they give him the Ruach… If he merits further, they give him Neshamah…." (Zohar, Mishpatim 11) This is not the case with one who is reincarnated, as we will explain.

One who comes through Yibum is considered as a new construction and can achieve Nefesh, Ruach, and Neshamah.

Therefore the individual who returns through Yibum, who is considered a new construction, is able to achieve all three together—Nefesh, Ruach, and Neshamah—during that time, according to his actions, as mentioned. This is the secret of the verse: "If He sets His heart on him, He gathers unto Him

בְּעֵת תְּחִיַּת הַמֵּתִים הַנֶּפֶשׁ תָּשׁוּב בַּגּוּף הַב', וּבַגּוּף הָא' יִכָּנֵס אוֹתוֹ הָרוּחַ שֶׁנָּתַן בְּאִשְׁתּוֹ

וּכְשֶׁתִּתָּקֵן בּוֹ וְיִפָּטֵר מִן הָעוֹלָם הַזֶּה, הִנֵּה בְּעֵת תְּחִיַּת הַמֵּתִים לֹא תָּשׁוּב הַנֶּפֶשׁ כִּי אִם בּוֹ, אֲבָל בַּגּוּף הָא' אֵינוֹ נִכְנָס בּוֹ רַק הַהוּא רוּחָא דְּשָׁבֵיק בְּאִנְתְּתֵהּ, כַּנִּזְכָּר בְּסָבָא דְּמִשְׁפָּטִים.

וַהֲרֵי נִתְבָּאֵר חִלּוּק שֶׁיֵּשׁ בְּמִי שֶׁמֵּת בְּלֹא בָּנִים וּבָא בְּסוֹד הַיִּבּוּם, לְמִי שֶׁמֵּת לְסִבַּת שְׁאָר עֲבֵרוֹת שֶׁבַּתּוֹרָה שֶׁבָּא בְּגִלְגּוּל כְּפִי הַהִזְדַּמֵּן, וְלֹא עַל יְדֵי יִבּוּם. וְהִנֵּה גַּם כָּל הַפְּרָטִים הנז' נוֹהֲגִים בָּרוּחַ וּבַנְּשָׁמָה, עַל דֶּרֶךְ מַה שֶּׁבֵּאַרְנוּ בְּעִנְיַן נִיצוֹצוֹת הַנֶּפֶשׁ.

הַבָּא ע"י יִבּוּם נֶחְשָׁב כְּבִנְיָן חָדָשׁ וְיָכוֹל לִזְכּוֹת לנר"ן

עוֹד יֵשׁ חִלּוּק אַחֵר בֵּין הַיִּבּוּם אֶל הַגִּלְגּוּל, וְהוּא מַה שֶּׁנִּתְבָּאֵר אֶצְלֵנוּ בִּתְחִלַּת הַדְּרוּשׁ הַזֶּה, כִּי הִנֵּה הַמִּתְגַּלְגֵּל בְּסוֹד יִבּוּם, כֵּיוָן שֶׁגּוּפוֹ הָרִאשׁוֹן נֶחְשָׁב כְּלֹא הָיָה כְּלָל כַּנִּזְכָּר, אֲשֶׁר לְסִבָּה זוֹ תָּבֹא הַנֶּפֶשׁ בְּגִלְגּוּל בִּכְלָלוּת חֲלָקֶיהָ כַּנִּזְכָּר וְנִמְצָא כִּי זֶהוּ בִּנְיָן חָדָשׁ מַמָּשׁ, וְלָכֵן יִתְגַּלְגְּלוּ עִמָּהּ גַּם הָרוּחַ וְהַנְּשָׁמָה שְׁלָשְׁתָּן בְּיַחַד, אָמְנָם לֹא בְּפַעַם אַחַת, רַק כַּאֲשֶׁר יִזְכֶּה וְיַעֲשֶׂה מִצְוֹת הָרְאוּיוֹת אֶל הָרוּחַ יִכָּנֵס בּוֹ הָרוּחַ. וְכֵן בְּעִנְיַן הַנְּשָׁמָה. כְּדֻגְמַת מַה שֶּׁבֵּאַרְנוּ לְמַעְלָה בִּתְחִלַּת כָּל הַדְּרוּשׁ בְּעִנְיַן תְּחִלַּת בִּיאַת הָאָדָם בָּעוֹלָם הַזֶּה, בִּהְיוֹתוֹ חָדָשׁ מַמָּשׁ, אֲשֶׁר עָלָיו נִזְכַּר בְּסָבָא דְּמִשְׁפָּטִים "זָכָה יַתִּיר, יָהֲבִין לֵהּ רוּחָא וְכוּ', זָכָה יַתִּיר, יָהֲבִין לֵיהּ נִשְׁמְתָא" וְכוּ'. מַה שֶּׁאֵין כֵּן בִּמְגֻלְגָּל, כְּמוֹ שֶׁיִּתְבָּאֵר.

וְלָכֵן גַּם הַבָּא בְּסוֹד הַיִּבּוּם, שֶׁהוּא דּוֹמֶה לְבִנְיָן חָדָשׁ, יָכוֹל לְהַשִּׂיג שְׁלָשְׁתָּן נר"ן יַחַד בַּפַּעַם הַהִיא כְּפִי מַעֲשָׂיו כַּנִּזְכָּר. וְזֶהוּ סוֹד פָּסוּק "אִם יָשִׂים אֵלָיו לִבּוֹ רוּחוֹ וְנִשְׁמָתוֹ אֵלָיו יֶאֱסֹף", הַנִּדְרָשׁ בְּעִנְיַן הַבָּא בְּסוֹד הַיִּבּוּם, בְּסָבָא דְּמִשְׁפָּטִים. וּבֵאוּרוֹ הוּא כָּאָמוּר: כִּי כְּמוֹ שֶׁיֵּשׁ

his Ruach and Neshamah" (Job 34:14), which is discussed in Saba deMishpatim as part of the topic dealing with the person who comes through Yibum. Its explanation is as said: Just as the Yabam (the brother of the deceased childless husband who marries the widow) has the power to bring back the part of Nefesh of his brother to this world through Yibum, so too this Yibum [procedure] has the power to bring back and gather to that Nefesh also its Ruach and Neshamah, through good deeds, as the verse says: "If He sets His heart on him...." (Ibid.)

However, Reincarnation that is not through Yibum has no power to draw all three [Parts of the Soul together] but only one at a time, as mentioned before. First, the Nefesh reincarnates on its own until it becomes completely corrected and [the person] dies. Afterwards, the Ruach reincarnates by itself in another body until it becomes corrected. However, the Nefesh also reincarnates with [the Ruach] but only through an Ibur, since [the Nefesh] is already corrected and only accompanies [the Ruach] to assist it for the benefit [of the Ruach] and not to cause harm.

> In a standard Reincarnation one can only achieve Nefesh, and then he dies and comes back with a Ruach.

Therefore [the Nefesh] only takes part in the good deeds of the Ruach and not the bad ones, just as we said with respect to the Nefesh itself, which entirely reincarnates with one specific part and dwells with it in the secret of Ibur. This also explains how there is an end to the Reincarnations of the Nefesh and how it can be corrected, for it has no part in the transgressions of the Ruach, as mentioned.

> The corrected Nefesh comes as an Ibur to support the Ruach to be corrected.

Afterwards, [the individual] dies and the Neshamah reincarnates in order to correct itself, at which point the Nefesh and the Ruach join it, [but] only in the secret of Ibur, as mentioned, until it becomes refined. At this point, this individual has no further need to reincarnate in this world for himself at all. Nevertheless, it is possible for him to come to this world as an Ibur within another living individual to assist and provide merit for him, and to take part in him, as we have explained at length.

> When he corrects the Ruach, he dies and then the Nefesh and Ruach come as an Ibur to support the Neshamah to be corrected.

כֹּחַ בְּיַד הַיָּבָם לְהַחֲזִיר חֵלֶק הַנֶּפֶשׁ שֶׁל אָחִיו בָּעוֹלָם הַזֶּה עַל יְדֵי הַיִּבּוּם, כֵּן יֵשׁ כֹּחַ בַּיִּבּוּם הַהוּא לְהַחֲזִיר וְלֶאֱסֹף אֵלָיו אֶל הַנֶּפֶשׁ הַהִיא גַּם אֶת רוּחוֹ וְנִשְׁמָתוֹ יַחַד, אֲבָל עַל יְדֵי מַעֲשִׂים טוֹבִים, כְּמוֹ שֶׁאָמַר הַכָּתוּב "אִם יָשִׂים אֵלָיו לִבּוֹ".

בְּגִלְגּוּל רָגִיל אֶפְשָׁר לִזְכּוֹת רַק לְנֶפֶשׁ, וְאָז יָמוּת וְיַחֲזֹר עִם הָרוּחַ

אָמְנָם הַגִּלְגּוּל שֶׁלֹּא עַל יְדֵי יִבּוּם אֵין כֹּחַ בָּהֶם לְהַמְשִׁיךְ שְׁלָשְׁתָּן, רַק אֶחָד לְאֶחָד בִּלְבַד כַּנִּזְכָּר לְעֵיל, כִּי בַּתְּחִלָּה תִּתְגַּלְגֵּל הַנֶּפֶשׁ לְבַדָּהּ עַד אֲשֶׁר תִּתְקַן לִגְמְרֵי וְיָמוּת, וְאַחַר כָּךְ יִתְגַּלְגֵּל הָרוּחַ לְבַדּוֹ בְּגוּף אַחֵר עַד שֶׁיִּתְקַן, וְאָמְנָם גַּם הַנֶּפֶשׁ מִתְגַּלְגֶּלֶת עִמּוֹ אֶלָּא שֶׁהוּא בְּסוֹד עִבּוּר בִּלְבַד, כֵּיוָן שֶׁהִיא מְתֻקֶּנֶת וְאֵינָהּ בָּאָה עִמּוֹ אֶלָּא לְעָזְרוֹ לְהֵיטִיב וְלֹא לְהָרַע.

הַנֶּפֶשׁ הַמְתֻקֶּנֶת בָּאָה כְּעִבּוּר לְסַיֵּעַ לָרוּחַ לְהִתָּקֵן

וְלָכֵן לוֹקַחַת חֵלֶק בְּמַעֲשֵׂה הָרוּחַ הַטּוֹבִים, וְלֹא בָּרָעִים מַמָּשׁ, עַל דֶּרֶךְ מַה שֶּׁבֵּאַרְנוּ לְעֵיל בְּעִנְיַן הַנֶּפֶשׁ בְּעַצְמָהּ, הַמִּתְגַּלְגֶּלֶת כֻּלָּהּ עִם חֵלֶק אֶחָד פְּרָטִי שֶׁלָּהּ וְיוֹשֶׁבֶת עִמּוֹ בְּסוֹד עִבּוּר וְכוּ'. וְגַם בָּזֶה יִתְבָּאֵר אֵיךְ יֵשׁ סוֹף אֶל גִּלְגּוּלֵי הַנֶּפֶשׁ וִיכוֹלָה לְהִתְתַּקֵּן, כֵּיוָן שֶׁאֵין לָהּ חֵלֶק בַּעֲבֵרוֹת הָרוּחַ כַּנִּזְכָּר.

כְּשֶׁהָרוּחַ תִּתָּקֵן הָאָדָם יָמוּת, וְאָז הַנֶּפֶשׁ וְהָרוּחַ בָּאוֹת כְּעִבּוּר לְסַיֵּעַ לַנְּשָׁמָה לְהִתָּקֵן

וְאַחַר כָּךְ יָמוּת, וְאַחַר כָּךְ תִּתְגַּלְגֵּל הַנְּשָׁמָה לְתַקֵּן עַצְמָהּ, וְאָז הַנֶּפֶשׁ וְהָרוּחַ בָּאִים בּוֹ עִמּוֹ בְּסוֹד עִבּוּר לְבַד כַּנִּזְכָּר עַד שֶׁתִּזְדַּכֵּךְ. וְאָז אֵין עוֹד צֹרֶךְ לָאִישׁ הַהוּא לְהִתְגַּלְגֵּל בָּעוֹלָם הַזֶּה כְּלָל לְצֹרֶךְ עַצְמוֹ, אָמְנָם אֶפְשָׁר שֶׁיָּבֹא בְּסוֹד הָעִבּוּר בָּעוֹלָם הַזֶּה בְּעוֹד הָאָדָם בַּחַיִּים לְסַיְּעוֹ וּלְזַכּוֹתוֹ וְלִטֹּל חֵלֶק עִמּוֹ, כַּנִּזְכָּר לְעֵיל בְּאֹרֶךְ.

Now, we will explain what we started [to discuss] at the beginning of this Introduction, which is as follows: Even in the secret of Reincarnation, it is possible, with great endeavor, for the New Soul to start acquiring all three—Nefesh, Ruach, and Neshamah together—at one time in a single body, without requiring many Reincarnations, and to complete the correction of the three in one single Reincarnation.

With great endeavor one can achieve Nefesh, Ruach, and Neshamah together in one body.

The idea is that when the Nefesh alone first reincarnates and is completely corrected to the utmost refinement, the Ruach cannot come with it, as mentioned, since [the Nefesh] is complete while [the Ruach] lacks correction. However, assuming the Nefesh has completely corrected, as mentioned, there is one solution as follows: when the individual sleeps at night and deposits his Nefesh into the hands of the Creator, as is known, it is possible then for his Nefesh to remain cleaved to the Upper Well in the secret of Mayin Nukvin (Female Water), as we explained in the Gate of Prayer concerning the Night Sleep, and study there. And when he awakens from his sleep in the morning, the Ruach alone will enter him.

One solution to achieve the Ruach without having to die is to deposit the Nefesh at night.

This is [considered] as if [the Ruach] actually reincarnated once again in a different body. Now [the Ruach] can continue correcting [Itself] until complete perfection is achieved, at which point, the Nefesh can return to the body as before, since both [Ruach and Nefesh] are now corrected, and the Ruach will be clothed by the Nefesh, and the Nefesh will be its Chariot.

Afterwards, if the Ruach becomes completely refined, it is also possible that the Nefesh and the Ruach will leave at night during sleep in the form of a deposit, as we mentioned before, and both will remain Above. Then in the morning when he wakes from his sleep, the Neshamah will enter him and can be corrected in him. After the correction [of the Neshamah] is completed, the corrected Nefesh and Ruach will return and all three will join together in this body, becoming Chariots for each other, as is known, and there will be no further need for other Reincarnations.

One can also deposit the Nefesh and the Ruach, and attain the Neshamah.

אֶפְשָׁר בְּדֹחַק לְהַשִּׂיג נר"ן בְּפַעַם אַחַת בְּגוּף אֶחָד

וְעַתָּה נְבָאֵר מַה שֶּׁיִּעַדְנוּ לְמַעְלָה בִּתְחִלַּת הַדְּרוּשׁ לְבָאֵר, וְהוּא, כִּי גַּם בְּסוֹד הַגִּלְגּוּל, בְּדֹחַק גָּדוֹל אֶפְשָׁר שֶׁיִּזְכֶּה הַחֲדָשָׁה קְצָת לְהַשִּׂיג שְׁלָשְׁתָּן בְּיַחַד, נר"ן בְּפַעַם אֶחָד, בְּגוּף אֶחָד, וְלֹא יִצְטָרֵךְ לְגִלְגּוּלִים רַבִּים, וְיַשְׁלִים תִּקּוּן שְׁלָשְׁתָּן בְּגִלְגּוּל אֶחָד לְבַדּוֹ.

תַּקָּנָה אַחַת לְהַשִּׂיג אֶת הָרוּחַ בְּלִי שֶׁיָּמוּת – לְהַפְקִיד אֶת הַנֶּפֶשׁ בַּלַּיְלָה

וְהָעִנְיָן הוּא, כִּי הִנֵּה כַּאֲשֶׁר נִתְגַּלְגְּלָה הַנֶּפֶשׁ לְבַדָּהּ בַּתְּחִלָּה, אִם נִתְקְנָה בְּתַכְלִית הַזִּכּוּךְ לְגַמְרֵי, וְהִנֵּה אָז אֵין הָרוּחַ יָכוֹל לָבֹא עִמָּהּ כַּנִּזְכָּר לְעֵיל לְפִי שֶׁהִיא שְׁלֵמָה וְהוּא חֲסַר הַתִּקּוּן. אָמְנָם יֵשׁ לוֹ תַּקָּנָה אַחַת, כֵּיוָן שֶׁנִּתְקַן הַנֶּפֶשׁ לְגַמְרֵי כַּנִּזְכָּר, וְהוּא, כַּאֲשֶׁר הָאָדָם יָשֵׁן בַּלַּיְלָה וְאָז מַפְקִיד נַפְשׁוֹ בְּיָדוֹ יִתְבָּרֵךְ כַּנּוֹדָע, אֶפְשָׁר שֶׁתִּשָּׁאֵר נַפְשׁוֹ לְמַעְלָה דְּבוּקָה בַּבְּאֵר הָעֶלְיוֹן, בְּסוֹד מַיִין נוּקְבִין, כַּמְבֹאָר אֶצְלֵנוּ בְּשַׁעַר הַתְּפִלָּה בִּשְׁכִיבַת הַלַּיְלָה, וְעַיֵּן שָׁם. וְכַאֲשֶׁר יֵעוֹר מִשְּׁנָתוֹ בַּבֹּקֶר, יִכָּנֵס בּוֹ הָרוּחַ לְבַדּוֹ.

וַהֲרֵי זֶה כְּאִלּוּ נִתְגַּלְגֵּל מַמָּשׁ פַּעַם אַחֶרֶת בְּגוּף אַחֵר, וְהוֹלֵךְ וְנִתְקָן עַד שֶׁיִּשְׁלַם לְגַמְרֵי, וְאָז יְכוֹלָה הַנֶּפֶשׁ לַחֲזֹר בַּגּוּף כְּבָרִאשׁוֹנָה כֵּיוָן שֶׁשְּׁנֵיהֶם נִתְקָנִים, וְיִתְלַבֵּשׁ הָרוּחַ בַּנֶּפֶשׁ, וְתִהְיֶה הַנֶּפֶשׁ מֶרְכָּבָה אֵלָיו.

אֶפְשָׁר גַּם לְהַפְקִיד אֶת הַנֶּפֶשׁ וְהָרוּחַ וּלְהַשִּׂיג אֶת הַנְּשָׁמָה

וְאַחַר כָּךְ אִם יִזְדַּכֵּךְ הָרוּחַ לְגַמְרֵי, אֶפְשָׁר כִּי גַּם יֵצְאוּ הַנֶּפֶשׁ וְהָרוּחַ בַּלַּיְלָה בְּעֵת הַשֵּׁנָה בְּסוֹד פִּקָּדוֹן כַּנִּזְכָּר, וְיִשָּׁאֲרוּ שָׁם לְמַעְלָה, וְאָז בַּבֹּקֶר בַּהֲקִיצוֹ מִשְּׁנָתוֹ תִּכָּנֵס בּוֹ הַנְּשָׁמָה וְתִתָּקֵן בּוֹ. וְאַחֲרֵי שֶׁנִּשְׁלָם תִּקּוּנָהּ יַחְזְרוּ לָבֹא הַנֶּפֶשׁ וְהָרוּחַ הַמְתֻקָּנִים, וְיִתְחַבְּרוּ שְׁלָשְׁתָּן יַחַד בַּגּוּף הַזֶּה, וְיֵעָשֶׂה זֶה מֶרְכָּבָה לָזֶה כַּנּוֹדָע, וְלֹא יִצְטָרֵךְ עוֹד לְגִלְגּוּלִים אֲחֵרִים.

The concept of this correction is alluded to in the verse: "With my Nefesh, I yearned for You at night. Even with my Ruach within me, I will beseech You…." (Isaiah 26:9) This means that when the Aspect of my Nefesh is refined to the utmost refinement, to the point that it can cleave to You, in the secret of: "…and to cleave to Him" (Deuteronomy 11:22), then I yearn and crave greatly to cleave to You.

The secret of the verse: "With my Nefesh, I yearned for You at night." (Isaiah 26:9)

This craving and desiring [occurs] at night when all the Nefashot, which have ascended there in the secret of Mayin Nukvin (Female Water) to awaken the Supernal Union, are deposited. Through the power of this craving it stays there and does not descend, since it is refined and can be completely cleaved there.

Through the yearning of the Nefesh, it cleaves up there and stays.

When dawn arrives, [which is] the time for the Nefashot to descend, the [refined Nefesh] does not. Rather, "…my Ruach…" descends and enters "…within me…" (Isaiah 26:9) at dawn. Therefore I do not "beseech You" from the Aspect of my Nefesh but rather from the Aspect of my Ruach, which then enters within me to become corrected, as mentioned.

When it comes time for the Nefesh to descend, the Ruach enters instead of the Nefesh.

Therefore the acronym of the words: "…at night. Even with my Ruach…" (Ibid.) (*Balailah af Ruchi*; בלילה אף רוחי) is *be'er* (באר; well). This alludes to what we said before, that "My Nefesh yearned…" (Ibid.) to ascend to the Supernal Well (Be'er ha'Elyon), as mentioned.

Thus an individual who knows that the aspect of his Nefesh is completed, when he lies in bed he should say the verse: "With my Nefesh, I yearned for You at night…" (Isaiah 26:9) with all of the intentions mentioned earlier, by which he will acquire the secret of Ruach and Neshamah so that he will not require further incarnations. Understand this concealed secret and be cautious to follow it.

An individual who knows that he corrected his Nefesh Aspect can meditate on this verse and he will not need other incarnations.

סוֹד פָּסוּק "נַפְשִׁי אִוִּיתִיךָ בַּלַּיְלָה" וְכוּ'

וְהִנֵּה עִנְיַן הַתִּקּוּן הַזֶּה נִרְמָז בְּפָסוּק "נַפְשִׁי אִוִּיתִיךָ בַּלַּיְלָה אַף רוּחִי בְקִרְבִּי אֲשַׁחֲרֶךָּ". פֵּרוּשׁ: כִּי הִנֵּה בְּחִינַת הַנֶּפֶשׁ שֶׁלִּי, כַּאֲשֶׁר נִזְדַּכְּכָה בְּתַכְלִית הַזִּכּוּךְ עַד שֶׁתּוּכַל לְהִתְדַּבֵּק עִמְּךָ, בְּסוֹד "וּלְדָבְקָה בוֹ", אָז אִוִּיתִיךָ וְנִשְׁתּוֹקַקְתִּי מְאֹד לְדָבְקָה בָּךְ.

ע"י תַּאֲוַת הַנֶּפֶשׁ הִיא מִתְדַּבֶּקֶת שָׁם לְמַעְלָה וְנִשְׁאֶרֶת שָׁם

וְעִנְיַן תַּאֲוָה וְחֵשֶׁק הַזֶּה הוּא בַּלַּיְלָה, בְּעֵת פִּקָּדוֹן הַנְּפָשׁוֹת, שֶׁעוֹלוֹת שָׁם בְּסוֹד מַיִין נוּקְבִין לְעוֹרֵר זִוּוּג עֶלְיוֹן. וּמִכֹּחַ תַּאֲוָה זוֹ, כֵּיוָן שֶׁהִיא מְזֻכֶּכֶת וִיכוֹלָה לְהִתְדַּבֵּק שָׁם דִּבּוּק גָּמוּר, נִשְׁאֶרֶת שָׁם וְאֵינָהּ יוֹרֶדֶת.

כְּשֶׁמַּגִּיעָה עֵת יְרִידַת הַנְּפָשׁוֹת הָרוּחַ נִכְנֶסֶת בִּמְקוֹם הַנֶּפֶשׁ

וְכַאֲשֶׁר הִגִּיעַ הַשַּׁחַר, עֵת יְרִידַת הַנְּפָשׁוֹת, הִיא אֵינָהּ יוֹרֶדֶת, אֶלָּא רוּחִי יוֹרֵד וְנִכְנָס בְּקִרְבִּי אָז בַּשַּׁחַר. וְלָכֵן לֹא אֲשַׁחֲרֶךָּ בִּבְחִינַת נַפְשִׁי, אֶלָּא בִּבְחִינַת רוּחִי הַנִּכְנָס אָז בְּקִרְבִּי לְהִתָּקֵן כַּנִּזְכָּר.

וְלָכֵן ר"ת שֶׁל 'בַּלַּיְלָה 'אַף 'רוּחִי הוּא בְּאֵר, לִרְמֹז אֶל הַנִּזְכָּר, כִּי נַפְשִׁי אִוִּיתִיךָ לַעֲלוֹת אֶל בְּאֵ"ר הָעֶלְיוֹן כַּנִּזְכָּר.

הָאָדָם הַיּוֹדֵעַ שֶׁהִשְׁלִים בְּחִינַת נַפְשׁוֹ יָכוֹל לְכַוֵּן בַּפָּסוּק הַנַּ"ל וְלֹא יִצְטָרֵךְ לְגִלְגּוּלִים אֲחֵרִים

וְאָמְנָם הָאָדָם הַיּוֹדֵעַ בְּעַצְמוֹ שֶׁהִשְׁלִים בְּחִינַת נַפְשׁוֹ, נָכוֹן הוּא לוֹ שֶׁיֹּאמַר פָּסוּק "נַפְשִׁי אִוִּיתִיךָ בַּלַּיְלָה" וְגוֹ' בְּכָל הַכַּוָּנָה הַנִּזְכָּר כְּשֶׁיִּשְׁכַּב עַל מִטָּתוֹ, ועי"כ יַשִּׂיג אֶל סוֹד הָרוּחַ, וְכֵן אֶל הַנְּשָׁמָה, וְלֹא יִצְטָרֵךְ עוֹד לְגִלְגּוּלִים אֲחֵרִים, וְהָבֵן זֶה הַסּוֹד הַנֶּעְלָם וְהִזָּהֵר בּוֹ.

However, the verse we say [before going to sleep at night]: "In Your hand, I deposit my Ruach..." (Psalms 31:6) is not effective for the mentioned [matter] because our intention in it is only to elevate our Nefesh in the form of a deposit alone, to be returned back in the morning. However, the verse: "With my Nefesh, I yearned for you at night..." (Isaiah 26:9) helps the Nefesh to remain Above and cause the Ruach or the Neshamah to descend, as we explained above.

Scribes Note: [Rav] Shmuel Vital says: "This concept regarding the verse: 'Nafshi Iviticha...' is further explained in the Sixth Gate, Sha'ar HaKavanot ("The Gate of Meditations," The Study of the Night Sleep, Chapter 10), and also in the Sixth Introduction of this book in a different way."

וְאָמְנָם מַה שֶּׁאָנוּ אוֹמְרִים פָּסוּק "בְּיָדְךָ אַפְקִיד רוּחִי" וְגוֹ' אֵינֶנּוּ מוֹעִיל אֶל הַנִּזְכָּר, כִּי אֵין כַּוָּנָתֵנוּ בּוֹ רַק שֶׁיַּעֲלוּ נַפְשׁוֹתֵינוּ בִּבְחִינַת פִּקָּדוֹן לְבַד וְיַחְזְרוּ לֵירֵד בַּבֹּקֶר. אֲבָל פָּסוּק "נַפְשִׁי אִוִּיתִיךָ" הוּא לְהַשְׁאִיר הַנֶּפֶשׁ לְמַעְלָה וּלְהוֹרִיד הָרוּחַ אוֹ הַנְּשָׁמָה, כַּנִּזְכָּר לְעֵיל.

(הַגָּהָה: אָמַר שְׁמוּאֵל, עִנְיָן זֶה שֶׁל פָּסוּק "נַפְשִׁי אִוִּיתִיךָ" נִתְבָּאֵר בְּשַׁעַר ו' שַׁעַר הַכַּוָּנוֹת ע"ש, לְקַמָּן הַקְדָּמָה ו' אֹפֶן אַחֵר.)

FOURTH
INTRODUCTION

Concerning Reincarnation, [this Introduction] will explain the concept of Double Reincarnation and its implication. It says the following: There are two other aspects concerning Reincarnation alone. One relates to whoever newly comes to this world for the first time and merits achieving Nefesh, Ruach, and Neshamah, and later on transgresses and blemishes them. When this person comes back in a Reincarnation to correct [his Soul], he will no longer be able to acquire Nefesh, Ruach, and Neshamah together in that Reincarnation, unless he uses the special solution we explained earlier (in the previous page), where he says before laying down on his bed the verse: "With my Nefesh, I yearned for You at night...." (Isaiah 26:9)

If one achieved Nefesh, Ruach, and Neshamah and then damaged them, he cannot correct them all in one incarnation.

The second [aspect] is [the following]: one who newly [incarnates] for the first time and merits to receive only the Nefesh and then transgresses and blemishes it. When he reincarnates, he will be able to acquire the Nefesh, Ruach, and Neshamah in this Reincarnation itself because since initially the Ruach and Neshamah did not get blemished they can now come [together] with the Nefesh after it becomes corrected, as if it were the first new time. Regarding this, [the Zohar] says: "If he merits further, [they give him also the Ruach... and the Neshamah]..." (Zohar, Mishpatim 11), as mentioned earlier.

If he only damaged the Nefesh, then when he reincarnates and corrects the Nefesh he can attain the Ruach and Neshamah.

This is not the case if they all came down together the first time and all became blemished because then how could the corrected Nefesh be a Chariot for the blemished Ruach? The same applies with respect to the Neshamah. However, if in the first time he blemished only the Nefesh, then the three of them can return later in a Reincarnation, as mentioned.

הַקְדָּמָה ד׳

אִם זָכָה לנר"ן וְאָז פָּגַם אוֹתָם, אִי אֶפְשָׁר לוֹ לְתַקֵּן אֶת כֻּלָּם בְּגִלְגּוּל אֶחָד

בְּעִנְיַן הַגִּלְגּוּל, וִיבָאֵר בּוֹ עִנְיַן גִּלְגּוּל כָּפוּל מָה עִנְיָנוֹ, וְזֶה לְשׁוֹנוֹ: עוֹד יֵשׁ שְׁנֵי חִלּוּקִים אֲחֵרִים בְּעִנְיַן הַגִּלְגּוּל לְבַדּוֹ: הָאֶחָד הוּא, כִּי מִי שֶׁבַּפַּעַם הָרִאשׁוֹנָה הַחֲדָשָׁה שֶׁבָּא בָּעוֹלָם הַזֶּה זָכָה וְהִשִּׂיג נר"ן, וְאַחַר כָּךְ חָטָא וּפָגַם אוֹתָם, הִנֵּה הָאִישׁ הַזֶּה כַּאֲשֶׁר יַחֲזוֹר לְהִתְגַּלְגֵּל לְתַקֵּן לֹא יוּכַל לְהַשִּׂיג בַּגִּלְגּוּל הַהוּא נר"ן בְּיַחַד, אִם לֹא עַל דֶּרֶךְ הַתַּקָּנָה שֶׁנִּתְבָּאֲרָה לְעֵיל, שֶׁיֹּאמַר בְּשָׁכְבוֹ עַל מִטָּתוֹ פָּסוּק "נַפְשִׁי אִוִּיתִיךָ בַּלַּיְלָה" וְכוּ'.

אִם הוּא רַק פָּגַם בַּנֶּפֶשׁ, אָז כְּשֶׁמִּתְגַּלְגֵּל וּמְתַקֵּן אֶת הַנֶּפֶשׁ הוּא יָכוֹל לְהַשִּׂיג רוּחַ וּנְשָׁמָה

וְהַשֵּׁנִי הוּא, כִּי מִי שֶׁבְּפַעַם רִאשׁוֹנָה הַחֲדָשָׁה לֹא זָכָה אֶלָּא אֶל הַנֶּפֶשׁ בִּלְבַד, וְחָטָא וּפָגַם אוֹתָהּ, הִנֵּה כְּשֶׁיִּתְגַּלְגֵּל יוּכַל לְהַשִּׂיג נר"ן בַּגִּלְגּוּל הַהוּא עַצְמוֹ בִּלְבַד, כֵּיוָן שֶׁמִּתְחִלָּה לֹא נִפְגְּמוּ הָרוּחַ וְהַנְּשָׁמָה, יְכוֹלִין עַתָּה לָבֹא עִם הַנֶּפֶשׁ אַחַר שֶׁנִּתְקְנָה כְּאִלּוּ הָיָה בַּפַּעַם הָרִאשׁוֹנָה הַחֲדָשָׁה, שֶׁנֶּאֱמַר בָּהּ אָז "זָכָה יַתִּיר" וְכוּ', כַּנִּזְכָּר לְעֵיל.

מַה שֶּׁאֵין כֵּן כַּאֲשֶׁר בַּתְּחִלָּה בָּאוּ כֻּלָּן וְנִפְגְּמוּ כֻּלָּן, כִּי אָז אֵיךְ תִּהְיֶה נֶפֶשׁ הַמְתֻקֶּנֶת מֶרְכָּבָה אֶל הָרוּחַ הַנִּפְגָּם, וְכֵן בְּעִנְיַן הַנְּשָׁמָה. וְאָמְנָם כַּאֲשֶׁר לֹא פָּגַם בָּרִאשׁוֹנָה רַק אֶת הַנֶּפֶשׁ, יְכוֹלִים לָבֹא שְׁלָשְׁתָּם אַחַר כָּךְ בְּגִלְגּוּל כַּנִּזְכָּר.

In my humble opinion it seems that all aspects of correction are about performing the Precepts that correspond to the Limbs of the Nefesh, while the aspects of blemish are about performing transgressions of the Negative Precepts. It is known that completing [the process] of the Nefesh entering into the body—called the Correction of the Nefesh—is only possible through fulfilling the Precepts.

Correcting the Limbs of the Nefesh depends only on performing the Precepts.

However, the transgressions blemish the Nefesh but they do not prevent its Sparks from entering [the person]. Nevertheless there are two other subdivisions concerning this matter. If in the first time, when he only achieves the Nefesh, he did not merit to completely correct it and died, then because this body did not complete correcting all Aspects of the Nefesh, at the time of the Resurrection of the Dead this first body will only have that specific part [of the Nefesh] that he corrected in that lifetime.

At the Resurrection of the Dead the body will arise with the Spark he corrected.

Therefore when that Nefesh reincarnates in another body to complete its correction, [that second individual] will be able to acquire the Nefesh, Ruach, and Neshamah. Then those Parts of the Nefesh that became corrected in this second body, together with the entirety of the Ruach with the Neshamah, are destined to [be part of] this second body at the time of Resurrection, in a way that the first body has no share in the Ruach and Neshamah. However, [the first body] shares a little part of the Nefesh with the second [body] based on the Parts [of the Nefesh] that he had corrected, while the rest of the Parts belong to the second [body].

At the Resurrection of the Dead, whatever he corrected in the second body will belong to the second body.

This is similar to the concept of Yibum, as mentioned in Saba deMishpatim, where the first body that was not successful in procreating only merits a specific Spark of that Nefesh, which is the Spark that enters his wife during the consummation [of the marriage], while the rest of the Parts of the Nefesh, together with the Ruach and the Neshamah, go to the second body.

תִּקּוּן אֵבְרֵי הַנֶּפֶשׁ רַק עַל יְדֵי קִיּוּם הַמִּצְוֹת

וְנִרְאָה לַעֲנִיּוּת דַּעְתִּי, כִּי כָּל בְּחִינַת תִּקּוּן ר"ל קִיּוּם הַמִּצְוֹת הַתְּלוּיוֹת בְּאֵבְרֵי הַנֶּפֶשׁ, וּבְחִינַת פְּגָם הִיא עֲשִׂיַּת עֲבֵרוֹת שֶׁל מִצְוֹת לֹא תַעֲשֶׂה. וְנוֹדַע, כִּי הַשְׁלָמַת כְּנִיסַת הַנֶּפֶשׁ בַּגּוּף, שֶׁהוּא הַנִּקְרָא תִּקּוּן נֶפֶשׁ, אֵינוֹ אֶלָּא עַל יְדֵי קִיּוּם הַמִּצְוֹת.

בִּתְחִיַּת הַמֵּתִים יָקוּם הַגּוּף עִם הַנִּיצוֹץ שֶׁתִּקֵּן

אָמְנָם הָעֲבֵרוֹת פּוֹגְמִים הַנֶּפֶשׁ, וְאֵינָם מְחַסְּרוֹת נִיצוֹצוֹתֶיהָ מִלְּבָנֵס. אֲבָל יֵשׁ ב' חִלּוּקִים אֲחֵרִים בְּעִנְיָן זֶה, וְהוּא, כִּי הִנֵּה אִם בַּפַּעַם הָרִאשׁוֹנָה, אֲשֶׁר לֹא הִשִּׂיג אֶלָּא נֶפֶשׁ, אִם לֹא זָכָה לְתַקֵּן אוֹתָהּ כֻּלָּהּ וָמֵת, הִנֵּה כֵּיוָן שֶׁהַגּוּף הַזֶּה הָא' לֹא הִשְׁלִים לְתַקֵּן אֶת כָּל בְּחִינַת הַנֶּפֶשׁ, לָכֵן בְּעֵת תְּחִיַּת הַמֵּתִים אֵין לוֹ לַגּוּף הָא' אֶלָּא אוֹתוֹ הַנִּיצוֹץ הַפְּרָטִי אֲשֶׁר תִּקֵּן הוּא בַּחַיִּים.

בִּתְחִיַּת הַמֵּתִים – מַה שֶּׁתִּקֵּן בַּגּוּף הַשֵּׁנִי יִהְיֶה שַׁיָּךְ לַגּוּף הַשֵּׁנִי

וְלָכֵן כְּשֶׁמִּתְגַּלְגֶּלֶת הַנֶּפֶשׁ הַזֹּאת בְּגוּף אַחֵר לְהַשְׁלִים תִּקּוּנָהּ, יָכוֹל לְהַשִּׂיג נר"ן, וְאָז בְּחִינַת הַחֲלָקִים שֶׁל הַנֶּפֶשׁ שֶׁנִּתְקְנוּ בַּגּוּף הַזֶּה הַשֵּׁנִי, עִם כָּל כְּלָלוּת הָרוּחַ וְהַנְּשָׁמָה, הֵם לְזֶה הַגּוּף הַב' בִּזְמַן הַתְּחִיָּה, בְּאֹפֶן כִּי אֵין לַגּוּף הָא' שׁוּם חֵלֶק בָּרוּחַ וּבַנְּשָׁמָה, אֲבָל חוֹלֵק עִם הַב' בְּמִקְצָת הַנֶּפֶשׁ כְּפִי הַחֲלָקִים אֲשֶׁר תִּקֵּן מִמֶּנָּה, וּשְׁאָר חֲלָקֶיהָ הֵם לַשֵּׁנִי.

וְזֶהוּ עַל דֶּרֶךְ הנז"ל בְּסָבָא דְּמִשְׁפָּטִים בְּעִנְיַן הַיִּבּוּם, כִּי הַגּוּף הָא' דְּלָא אַצְלַח בִּפְרִיָּה וּרְבִיָּה אֵינוֹ זוֹכֶה רַק לְנִיצוֹץ פְּרָטִי שֶׁל הַנֶּפֶשׁ הַהִיא, וְהוּא אוֹתוֹ הַנִּיצוֹץ דְּשָׁבַק בְּאִתְּתֵהּ בְּבִיאָה א', וּשְׁאֵרִית חֶלְקֵי הַנֶּפֶשׁ עִם הָרוּחַ וְהַנְּשָׁמָה הֵם לַגּוּף הַשֵּׁנִי.

This is the secret of what is said in Zohar, Chayei Sarah 207: "These bodies that were unsuccessful [in having children], are considered as if they never existed." This matter is shocking because [it is said that] "you cannot find an Israelite who is not full of Precepts, like a pomegranate" (Tractate Berachot 57), so why will this [body] be completely nullified at the time of the Resurrection?

Why a body that did not correct will be nullified during the Resurrection.

But [here is] a hint [to answer] the statement: The main pleasure that is destined to come, comes to the Aspects of Ruach and Neshamah. So the first body that does not even have a complete Nefesh but only a specific Spark that is the Spirit that entered his wife, has no pleasure, and relative to this it is considered as if it did not exist at all.

The destined delight is only to the Ruach and Neshamah Aspects.

However if this first body merited to correct all of the Nefesh but afterwards blemished it, when that Nefesh comes back to reincarnate together with the Ruach and Neshamah in the second body, as mentioned before, they will reincarnate combined with an additional Spark of another Nefesh to assist them to perform the Precepts. This is called Double Reincarnation. Remember this idea.

Reincarnation, together with a different Nefesh Spark, is called Double Reincarnation.

Afterwards, during the Resurrection, the Nefesh, Ruach, and Neshamah return to the first body, and the second body merits only that Spark of the other Nefesh that came with him because this Spark is the main one in this second body, since the original Nefesh was already completely corrected in the first body. It is found that this one toiled for others. And this is like what has been explained concerning the words of Rav Sheshet: "Be happy my Nefesh because for you, I'm reading. For you, I'm learning." (Talmud, Psachim 68b)

At the Resurrection, the Nefesh, Ruach, and Neshamah return to the first body, and the other Nefesh Spark returns to the second body.

Now, we need to know that whenever a person merits [to correct his] Nefesh, Ruach, and Neshamah, and afterwards blemishes them, then when he comes back in [another] incarnation, the three of them cannot come together, as explained before. Each one needs a separate incarnation. We [now] need to know

What is the law for the Nefesh, Ruach, and Neshamah that were damaged?

לָמָּה גוּף שֶׁלֹּא תִּקֵּן יִתְבַּטֵּל בִּזְמַן הַתְּחִיָּה

וְזֶהוּ סוֹד מ"ש בַּזֹּהַר בְּפָרָשַׁת חַיֵּי שָׂרָה דַּף קל"א ע"א, "דְּהַנְהוּ גּוּפִין דְּלָא אַצְלַחוּ לֶהֱווּ כְּלָא הָווּ", וְהַדָּבָר הַזֶּה מַתְמִיהַּ, כִּי אֵין לְךָ אָדָם מִיִּשְׂרָאֵל שֶׁאֵינוֹ מָלֵא מִצְוֹת כָּרִמּוֹן, וְלָמָּה יִתְבַּטֵּל לְגַמְרֵי בִּזְמַן הַתְּחִיָּה.

הַתַּעֲנוּג הֶעָתִיד הוּא רַק לִבְחִינַת הָרוּחַ וְהַנְּשָׁמָה

אֲבָל רֶמֶז אֶל הָאָמוּר, כִּי הִנֵּה עִקַּר הַתַּעֲנוּג הֶעָתִיד לָבֹא הוּא לִבְחִינַת הָרוּחַ וְהַנְּשָׁמָה, וְהַגּוּף הַזֶּה הָרִאשׁוֹן שֶׁאֵין בּוֹ אֲפִלּוּ נֶפֶשׁ שְׁלֵמָה, רַק נִיצוֹץ פְּרָטִי, הַהוּא רוּחָא דְּשָׁבַק בְּאִתְּתֵהּ וְכוּ', נִמְצָא כִּי אֵין לוֹ תַּעֲנוּג, וּבְעֵרֶךְ זֶה הָוֵי כְּלָא הָוֵי.

גִּלְגּוּל בְּהִתְחַבְּרוּת נִיצוֹץ נֶפֶשׁ אַחֶרֶת נִקְרָא גִּלְגּוּל כָּפוּל

אֲבָל אִם זֶה הַגּוּף הָרִאשׁוֹן זָכָה לְתַקֵּן אֶת כָּל הַנֶּפֶשׁ, אֶלָּא שֶׁאַחַר כָּךְ חָזַר וּפָגַם בָּהּ, הִנֵּה כַּאֲשֶׁר חוֹזֶרֶת לְהִתְגַּלְגֵּל הַנֶּפֶשׁ הַהִיא עִם הָרוּחַ וְהַנְּשָׁמָה בַּגּוּף הַב' כַּנִּזְכָּר, הֵם מִתְגַּלְגְּלִים בְּהִתְחַבְּרוּת נִיצוֹץ נֶפֶשׁ אַחֶרֶת כְּדֵי שֶׁתְּסַיְּעֵם בְּמִצְוֹת, וְזֶה נִקְרָא גִּלְגּוּל כָּפוּל, וּזְכֹר עִנְיָן זֶה.

בַּתְּחִיָּה הנר"ן חוֹזֵר בַּגּוּף הָא' וְנִיצוֹץ נֶפֶשׁ הָאַחֶרֶת חוֹזֵר לַגּוּף הַב'

וְאַחַר כָּךְ בְּעֵת הַתְּחִיָּה חוֹזְרִים הנר"ן בַּגּוּף הָא', וְזֶה הַגּוּף הַב' אֵינוֹ זוֹכֶה אֶלָּא לְנִיצוֹץ שֶׁל נֶפֶשׁ הָאַחֶרֶת שֶׁבָּאוּ עִמּוֹ, כִּי זֶה הַנִּיצוֹץ הוּא הָעִקָּרִי בַּגּוּף הַזֶּה הַב', כִּי נֶפֶשׁ הָרִאשׁוֹנָה כְּבָר נִתְקְנָה בַּגּוּף הָא' כֻּלָּהּ, וְנִמְצָא שֶׁהוּא יָגַע לַאֲחֵרִים, וּכְמוֹ שֶׁנִּתְבָּאֵר אֶצְלֵנוּ עַל מַאֲמַר רַב שֵׁשֶׁת "חֲדַאי נַפְשַׁאי, לָךְ קְרַאי, לָךְ תְּנַאי" וְכוּ'.

מַה מִּשְׁפַּט הנר"ן שֶׁנִּפְגְּמוּ

וְהִנֵּה צְרִיכִים אָנוּ לֵידַע, כַּאֲשֶׁר הָאָדָם זָכָה לְנֶפֶשׁ וְרוּחַ וּנְשָׁמָה וְאַחַר כָּךְ פָּגַם אוֹתָם, וְהִנֵּה נִתְבָּאֵר שֶׁכְּשֶׁחוֹזֵר בְּגִלְגּוּל אֵין שְׁלָשְׁתָּן בָּאִים

what the law is for these [three Parts]: the Nefesh, Ruach, and Neshamah.

Know that when the Nefesh reincarnates into another body to be corrected and is corrected, the Ruach cannot join it, as mentioned earlier, for how could a blemished Ruach be clothed in a corrected Nefesh? And if we were to say that the blemished Ruach can be clothed in the Nefesh before [the Nefesh] becomes corrected, that is also impossible since the Ruach cannot enter until the Nefesh has completed its correction [because the Nefesh] is at a lower level. Instead, the Ruach must come alone in another incarnation seated upon the Nefesh of the Convert, substituting for its own Nefesh and becoming corrected there.

When the Nefesh is corrected, the Ruach needs to come seated upon the Nefesh of the Convert.

The same process applies to the Neshamah, which comes into a body on its own, seated upon the Nefesh of the Convert. This is the secret of what is written in [the article of] Saba deMishpatim: "The Souls that meet the Souls of the converts and merit to have them, etc." (Zohar, Mishpatim, 89) because the Ruach alone or Neshamah alone cannot be clothed in a body except via a Nefesh. Therefore in its place we take the Nefesh of the Convert and through it they become corrected.

The same process applies to the Neshamah.

With this, you can have an explanation to a great enigma that you might find based on our words, which is that most individuals only merit the Nefesh and there are only a few in our generation lately who merit the Ruach and Neshamah. And it is also known that the [Messiah,] Son of David, will appear only at the End of the Correction of all of the Neshamot and Ruchot.

If it is so rare to achieve Ruach and Neshamah, how will Mashiach come?

This will be explained with what we mentioned [earlier] that even the Ruach or Neshamah can reincarnate into other bodies, while they are seated upon the Nefesh of the Convert, and then also become corrected (see Thirty-Fourth Introduction). However, his original Nefesh—once it has become corrected—can receive a different Ruach from a Tzadik [Righteous Soul] who has performed similar actions, thus serving as a substitute for his actual Ruach.

The Ruach or Neshamah will come in a different incarnation, seated upon the Nefesh of a Convert.

יַחַד, רַק כָּל אֶחָד מֵהֶם בְּגִלְגּוּל בִּפְנֵי עַצְמוֹ, וְהִנֵּה צָרִיךְ לֵידַע מַה יִּהְיֶה מִשְׁפַּט הַנֶּפֶשׁ וְהָרוּחַ וְהַנְּשָׁמָה הָאֵלּוּ.

כַּאֲשֶׁר הַנֶּפֶשׁ נִתְקְנָה צָרִיךְ שֶׁהָרוּחַ יָבֹא בְּגִלְגּוּל מֻרְכָּב עַל נֶפֶשׁ הַגֵּר

דַּע, כִּי כַּאֲשֶׁר הַנֶּפֶשׁ נִתְגַּלְגְּלָה בְּגוּף אַחֵר לְהִתָּקֵן, וְנִתְקְנָה, וְאָז אֵין הָרוּחַ יָכוֹל לִכָּנֵס שָׁם כַּנִּזְכָּר, כִּי אֵיךְ יִתְלַבֵּשׁ רוּחַ פָּגוּם בְּתוֹךְ נֶפֶשׁ נִתְקֶנֶת. וְאִם נֹאמַר שֶׁיִּתְלַבֵּשׁ הָרוּחַ הַנִּפְגָּם בַּנֶּפֶשׁ קֹדֶם שֶׁנִּתְקְנָה, גַּם זֶה אִי אֶפְשָׁר, כִּי אֵין הָרוּחַ נִכְנָס עַד תַּשְׁלוּם תִּקּוּן הַנֶּפֶשׁ, שֶׁהִיא לְמַטָּה מִמַּדְרֵגָתוֹ. וְאָמְנָם צָרִיךְ שֶׁהָרוּחַ הַהוּא יָבֹא בְּגִלְגּוּל אַחֵר לְבַדּוֹ, מֻרְכָּב עַל נֶפֶשׁ הַגֵּר תְּמוּרַת נַפְשׁוֹ, וְשָׁם נִתְקָן.

וְכֵן עַל דֶּרֶךְ זֶה בָּאָה הַנְּשָׁמָה

וְכֵן עַל דֶּרֶךְ זֶה בָּאָה הַנְּשָׁמָה בְּגוּף אַחֵר לְבַדָּהּ, מֻרְכֶּבֶת עַל נֶפֶשׁ הַגֵּר. וְזֶהוּ סוֹד מ"ש בְּסָבָא דְּמִשְׁפָּטִים דַּף צ"ח ע"ב, דְּפָגְעֵי נִשְׁמְתִין בְּנַפְשֵׁי גִּיּוֹרִין וְזָכֵי בְּהוּ וְכוּ', כִּי הָרוּחַ לְבַדּוֹ, אוֹ הַנְּשָׁמָה לְבַדָּהּ, אֵינָם יְכוֹלִים לְהִתְלַבֵּשׁ בְּגוּף אַחֵר אֶלָּא עַל יְדֵי נֶפֶשׁ, וְלָכֵן לוֹקְחִים תְּמוּרָתָהּ אֶת נֶפֶשׁ הַגֵּר וְעַל יָדָהּ נִתְקָנִים.

אִם כָּל כָּךְ נָדִיר לְהַשִּׂיג רוּחַ וּנְשָׁמָה, אֵיךְ הַמָּשִׁיחַ יָבוֹא?

וּבָזֶה יִתְבָּאֵר לְךָ תֵּימָא גְּדוֹלָה שֶׁיֵּשׁ אֶל מַה שֶּׁתִּמְצָא בִּדְבָרֵינוּ, כִּי רֹב בְּנֵי אָדָם אֵינָם זוֹכִים רַק לְנֶפֶשׁ, וּמוּעָטִים הֵם בְּדוֹרוֹתֵינוּ אֵלֶּה הָאַחֲרוֹנִים שֶׁיִּזְכּוּ לְרוּחַ וּנְשָׁמָה, וַהֲרֵי נוֹדַע כִּי אֵין בֶּן דָּוִד בָּא עַד שֶׁיִּכְלוּ כָּל הָרוּחוֹת וְהַנְּשָׁמוֹת לְהִתָּקֵן.

רוּחַ אוֹ נְשָׁמָה יָבוֹאוּ בְּגִלְגּוּל אַחֵר מֻרְכָּב עַל נֶפֶשׁ הַגֵּר

אֲבָל יוּבַן עִם הַנִּזְכָּר, כִּי גַּם הָרוּחַ אוֹ הַנְּשָׁמָה יִתְגַּלְגְּלוּ בְּגוּפוֹת אֲחֵרִים בִּהְיוֹתָם מֻרְכָּבִים עַל נֶפֶשׁ הַגֵּר, וְאָז יִתְקְנוּ גַּם הֵם. וְאָמְנָם הַנֶּפֶשׁ הָעִקָּרִית שֶׁלּוֹ כַּאֲשֶׁר זָכָה לְהִתָּקֵן תּוּכַל לְקַבֵּל רוּחַ אַחֵר שֶׁל אֵיזֶה צַדִּיק שֶׁנִּדְמֶה אֵלָיו בְּמַעֲשָׂיו, וְיִהְיֶה לוֹ תְּמוּרַת רוּחוֹ מַמָּשׁ.

In the same way, he corrects [himself] to the extent of receiving the Neshamah of a Tzadik. When this Nefesh leaves the world and its original Ruach is not corrected yet, this Nefesh will join with the Ruach of the Tzadik in the World to Come and through it will receive all of the abundance that it deserves. And when the correction of the Ruach becomes complete in another [second] body, as mentioned before, the Nefesh then says, "...I should now go back and return to my first spouse..." (Hosea 2:9) and connect to its own Ruach. The same applies to the Neshamah when it is corrected; the Nefesh and the Ruach come back and join together with it, as we explained.

The Nefesh stays with that Ruach until his true Ruach is corrected.

Now we are going to explain the differences in Reincarnation between a Righteous (Tzadik) and a Wicked (Rasha) individual. With this, we will understand what looks like contradictions in scripture and in the words of the sages. We sometimes see that Reincarnation takes place a maximum of three times, in the secret of: "[Behold, God does all these things] twice, three times with a man," (Job 33:29) and in the secret of: "For three transgressions of Israel I will bring him back and for four, I will not" (Amos 2:6) and in the secret of: "...visiting the iniquities of the fathers on the sons to the third and fourth generations...." (Exodus 20:5)

Differences in Reincarnation between a Tzadik and a Rasha.

And we find in the Sixty-Ninth Tikkun of Tikunei HaZohar, that a Tzadik reincarnates up to a thousand times, and [other passages] similar to this. However, the verse is self-explanatory, as the four-generation concept applies only to a Rasha (Wicked person), as it says: "...visiting the iniquities of the fathers... of those who hate me." (Exodus 20:5) But to whom does He "show kindness"? "...to thousands..." to reincarnate them, "to those who love Me and keep My Precepts." (Exodus 20:5-6)

The explanation of this matter is as follows: Know that when a Nefesh of a person comes for the first time and the individual transgresses and blemishes it, it is later reincarnated in a body to become corrected, and this is called the First Reincarnation. If it does not get corrected then, it returns in a Second Reincarnation.

After three lifetimes without correction, there is no more correction.

הַנֶּפֶשׁ נִשְׁאֶרֶת עִם הָרוּחַ הַהִיא עַד שֶׁרוּחוֹ הָאֲמִתִּית נִתְקֶנֶת

וְכֵן עַל דֶּרֶךְ זֶה אִם תִּקֵּן עַד גֶּדֶר שֶׁיָּכוֹל לְהַשִּׂיג גַּם כֵּן נְשָׁמָה שֶׁל אֵיזֶה צַדִּיק. וּכְשֶׁנִּפְטַר הַנֶּפֶשׁ הַזֶּה מִן הָעוֹלָם, אִם עֲדַיִן הָרוּחַ הָעִקָּרִי שֶׁלָּהּ לֹא נִגְמַר תִּקּוּנוֹ, אָז בֵּינֵי וּבֵינֵי הוֹלֶכֶת נֶפֶשׁ זוֹ עִם הָרוּחַ שֶׁל הַצַּדִּיק הַהוּא לָעוֹלָם הַבָּא, וְעַל יָדוֹ תְּקַבֵּל הַשֶּׁפַע הָרָאוּי לָהּ. וְכַאֲשֶׁר נִגְמָר תִּקּוּן הָרוּחַ שֶׁלּוֹ בְּגִלְגּוּלוֹ בְּגוּף אַחֵר כַּנִּזְכָּר לְעֵיל, אָז הַנֶּפֶשׁ אוֹמֶרֶת "אֵלְכָה וְאָשׁוּבָה אֶל אִישִׁי הָרִאשׁוֹן", וּמִתְחַבֶּרֶת עִם הָרוּחַ שֶׁלָּהּ, וְכֵן הָעִנְיָן בִּנְשָׁמָה כַּאֲשֶׁר נִתְקְנָה, חוֹזְרִים הַנֶּפֶשׁ וְהָרוּחַ לַחֲזוֹר עִמָּהּ יַחַד כְּכָל הַנִּזְכָּר.

הֶפְרֵשׁ הַגִּלְגּוּל בֵּין צַדִּיק לְרָשָׁע

וּנְבָאֵר עַתָּה הַהֶפְרֵשׁ שֶׁיֵּשׁ בְּעִנְיַן הַגִּלְגּוּל לַצַּדִּיק וְלָרָשָׁע, וּבָזֶה יוּבַן חִלּוּק הַנִּמְצָא בַּפְּסוּקִים וּבְדִבְרֵי רַזַ"ל. כִּי פְּעָמִים רָאִינוּ שֶׁאֵין הַגִּלְגּוּל נוֹהֵג אֶלָּא עַד שְׁלֹשָׁה גִּלְגּוּלִים, בְּסוֹד "פַּעֲמַיִם שָׁלוֹשׁ עִם גָּבֶר", וּבְסוֹד "עַל שְׁלֹשָׁה פִּשְׁעֵי יִשְׂרָאֵל וְעַל אַרְבָּעָה לֹא אֲשִׁיבֶנּוּ", וּבְסוֹד "פֹּקֵד עֲוֹן אָבוֹת עַל בָּנִים עַל שִׁלֵּשִׁים וְעַל רִבֵּעִים".

וּמָצָאנוּ בְּסֵפֶר הַתִּקּוּנִים תִּקּוּן ס"ט, דְּצַדִּיק אִתְגַּלְגַּל עַד אֶלֶף דָּרִין, וְכַיּוֹצֵא בָּזֶה. וְאָמְנָם הַפָּסוּק עַצְמוֹ תֵּרֵץ זֶה, כִּי עִנְיַן אַרְבָּעָה דוֹרוֹת הוּא לָרָשָׁע, כְּמוֹ שֶׁאוֹמֵר הַכָּתוּב "פֹּקֵד עֲוֹן אָבוֹת וְגוֹ', לְשֹׂנְאָי". אֲבָל לְמִי עוֹשֶׂה חֶסֶד לְגַלְגְּלָם לַאֲלָפִים, "לְאֹהֲבַי וּלְשֹׁמְרֵי מִצְוֹתָי".

אַחֲרֵי ג' גִּלְגּוּלִים בְּלִי תַּקָּנָה, אֵין עוֹד תִּקּוּן

וּבֵאוּר הָעִנְיָן הוּא: דַּע, כִּי כַּאֲשֶׁר נֶפֶשׁ הָאָדָם, אַחַר שֶׁבָּא מֵחָדָשׁ בְּפַעַם א', וְחָטָא וּפָגַם בָּהּ, הִנֵּה אַחַר כָּךְ מִתְגַּלְגֶּלֶת בְּגוּף אַחֵר לְתַקֵּן, וְזֶה נִקְרָא גִּלְגּוּל א'. וְאִם לֹא נִתְקְנָה אָז, חוֹזֶרֶת בְּגִלְגּוּל שֵׁנִי. וְאִם לֹא

If it is not corrected then, it returns in a Third Reincarnation. From that point on, it cannot be corrected anymore through Reincarnations. Regarding this it is said: "...that Nefesh will be cut off from its nation" (Leviticus 7:21) completely.

This applies only when it has not been corrected at all during any of those times. However, if during one of those three times [Reincarnations] the Nefesh started to correct even a little, then it is not cut off but can come back and correct up to a thousand lifetimes, if necessary. Therefore the First [Reincarnation] that did not correct at all is referred to as a Rasha (Wicked person). The last one, which makes even a minor correction, is referred to as a Tzadik, and as he reincarnates, he continues to complete his correction.

A Nefesh that corrects a little may keep reincarnating up to a thousand times.

In my humble opinion it seems that I heard from my teacher [the Ari] of blessed memory that this applies only to the Nefesh, since it is from [the World of] Asiyah, which is entrenched within the depths of the Klipot. Therefore *karet* (cutting off of the Soul) is mentioned in the Torah only with respect to the Nefesh because it is cut off from Holiness and is entrenched in the Klipot. However, the Ruach and Neshamah, which are from [the Worlds of] Yetzirah and Briyah [respectively], where the Klipot's attachment is not as strong, will surely both get corrected. However, there are those [Ruchot and Neshamot] that become corrected quicker and there are those for whom it takes longer, after several Reincarnations.

For the Ruach and Neshamah there is always correction, whether quickly or over a period of time.

We will further explain the reason for the mentioned difference that exists between a Tzadik and a Rasha. It will become clearer through the words of the sages concerning Elisha [ben Avuya, also known as] Acher (the Other): "He should not be judged because he was involved in the Torah study...." (Tractate Chagigah 15b) When a Tzadik deals with the Torah,

A Tzadik who deals with the Torah is not judged in Gehenom.

נִתְקְנָה אָז, חוֹזֶרֶת בְּגִלְגּוּל שְׁלִישִׁי, וּמִשָּׁם וְאֵילָךְ אֵין לָהּ עוֹד תַּקָּנָה בְּגִלְגּוּל, וְאָז נֶאֱמַר בָּהּ "וְנִכְרְתָה הַנֶּפֶשׁ הַהִוא מֵעַמֶּיהָ" לְגַמְרֵי.

נֶפֶשׁ שֶׁמִּתְתַּקֶּנֶת קְצָת יְכוֹלָה לְהִתְגַּלְגֵּל עַד אֶלֶף דּוֹר

אָמְנָם אֵין זֶה רַק כַּאֲשֶׁר לֹא נִתְקְנָה כְּלָל שׁוּם תִּקּוּן בְּשׁוּם פַּעַם מֵאֵלּוּ, אֲבָל אִם בְּאֵיזֶה פַּעַם מֵאֵלּוּ הַשְּׁלֹשָׁה הִתְחִילָה לְתַקֵּן קְצָת, אֵינָהּ נִכְרֶתֶת, אָמְנָם יְכוֹלָה לַחֲזוֹר לְתַקֵּן אֲפִלּוּ עַד אֶלֶף דּוֹר אִם יִצְטָרֵךְ. וְלָכֵן הָרִאשׁוֹן שֶׁלֹּא תִּקֵּן כְּלָל נִקְרָא רָשָׁע, וְהָאַחֲרוֹן שֶׁתִּקֵּן קְצָת נִקְרָא צַדִּיק, וְכָל מַה שֶּׁמִּתְגַּלְגֵּל הוֹלֵךְ וּמַשְׁלִים תִּקּוּנוֹ.

בְּרוּחַ וּנְשָׁמָה תָּמִיד יֵשׁ תִּקּוּן, בֵּין בִּמְהֵרָה וּבֵין בְּאֹרֶךְ זְמַן

וְנִרְאֶה לַעֲנִיּוּת דַּעְתִּי שֶׁשָּׁמַעְתִּי מִמּוֹרִי זַ"ל, כִּי אֵין זֶה נוֹהֵג אֶלָּא בְּנֶפֶשׁ, לְפִי שֶׁהִיא מִן הָעֲשִׂיָּה, הַטְּבוּעָה בְּעִמְקֵי הַקְּלִפּוֹת, וְלָכֵן לֹא נִזְכַּר בַּתּוֹרָה כָּרֵת אֶלָּא בְּנֶפֶשׁ, כִּי נִכְרֶתֶת מִן הַקְּדֻשָּׁה וְנִטְבַּעַת בַּקְּלִפּוֹת. אֲבָל בְּרוּחַ וּנְשָׁמָה, שֶׁהֵם מִיצִירָה וּבְרִיאָה, שֶׁאֵין שָׁם כָּל כָּךְ תִּגְבֹּרֶת אֲחִיזַת הַקְּלִפּוֹת, וַדַּאי הוּא שֶׁיִּתְקְנוּ כֻּלָּם, אֶלָּא שֶׁיֵּשׁ שֶׁנִּתְקָנִים מְהֵרָה וְיֵשׁ בְּאֹרֶךְ זְמַן אַחַר כַּמָּה גִּלְגּוּלִים.

הַצַּדִּיק הָעוֹסֵק בַּתּוֹרָה, אֵין דָּנִים אוֹתוֹ בַּגֵּיהִנֹּם

וְעוֹד נְבָאֵר טַעַם הַהֶפְרֵשׁ הַנִּזְכָּר שֶׁיֵּשׁ בֵּין הַצַּדִּיק לָרָשָׁע, וְיוּבַן בְּמ"ש זַ"ל עַל אֱלִישָׁע אַחֵר "לָא מֵידָן לְדַיְנֵהּ, מִשּׁוּם דְּעָסַק בַּתּוֹרָה" וְכוּ'. כִּי הִנֵּה הַצַּדִּיק הָעוֹסֵק בַּתּוֹרָה, וּבִפְרָט אִם יִהְיֶה מִן הַקַּדְמוֹנִים, אֵין דָּנִים אוֹתוֹ בַּגֵּיהִנֹּם. וְהִנֵּה מֻכְרָח הוּא שֶׁיִּתְמָרְקוּ עֲוֹנוֹתָיו כְּדֵי שֶׁיִּכָּנֵס בְּגַן עֵדֶן, וְלָכֵן אֵין לוֹ תַּקָּנָה אַחֶרֶת אֶלָּא בְּגִלְגּוּל, כִּי עַל כָּל עָוֹן וְעָוֹן אֲשֶׁר יֵשׁ לוֹ

and especially if he is from the earlier generations, he is not judged in Gehenom (Hell). However his transgressions must be cleansed in order to enter the Garden of Eden. Therefore he has no other correction but to reincarnate because for each and every transgression that he performed that has not been atoned for—either through experiencing sufferings while still alive or going to Gehenom to be punished for it—he will need a separate incarnation in order to be corrected.

Therefore he reincarnates many times in order to atone for and correct his transgressions, which is not the case with the Rasha who enters Gehenom, where all of his transgressions together are cleansed to a shine, requiring no need to return in any future incarnations.

At this point there is a place for a question. According to this, would it not seem to be better to enter Gehenom and cleanse all transgressions immediately rather than return to reincarnate so many times? According to my—[Rav] Chaim [Vital's]—humble opinion, the explanation is that the Creator watches and sees that if this Rasha were to return in another incarnation, he would add more transgressions on top of his sins; moreover, his violations will exceed his merits. Therefore seeing that he has already completed those minimum Precepts required, according to the Root of his Soul, [the Creator] then removes him from this world and brings him down into Gehenom where his sins become cleansed and his merits remain complete, "...because He desires kindness." (Micah 7:18)

Is it better to enter Gehenom to cleanse sins or to reincarnate many times?

However, the Tzadik, whose transgressions are less than his merits, can cleanse them through the suffering that he has endured during his Reincarnations, and he retains his many merits that endlessly accumulate in every Reincarnation. His reward is also wondrous, as the sages of blessed memory said: "The Holy One, blessed be He, wanted to create merit for Israel, so He gave them a multitude of Torah and Precepts." (Talmud, Makot 23b)

A Tzadik with few transgressions.

שֶׁלֹּא נִתְכַּפְּרוּ לוֹ עַל יְדֵי יִסּוּרִין בְּחַיָּיו, וְגַם לֹא נִכְנַס בַּגֵּיהִנֹּם לְקַבֵּל עָנְשׁוֹ עֲלֵיהֶם, צָרִיךְ גִּלְגּוּל אַחֵר לְכָל עָוֹן מֵהֶם לְתַקְּנוֹ.

וְלָכֵן הוּא מִתְגַּלְגֵּל גִּלְגּוּלִים רַבִּים, לְכַפֵּר וּלְתַקֵּן עֲוֹנֹתָיו. מַה שֶּׁאֵין כֵּן בָּרָשָׁע, שֶׁנִּכְנָס לַגֵּיהִנֹּם וּמִתְמָרְקִים שָׁם כָּל עֲוֹנֹתָיו יַחַד, וְאֵין לוֹ צֹרֶךְ לַחֲזֹר בְּגִלְגּוּלִים.

הַאִם עָדִיף גֵּיהִנֹּם לְמָרֵק עֲוֹנֹתָיו אוֹ לַחֲזֹר בְּכַמָּה גִּלְגּוּלִים?

וְיֵשׁ בָּזֶה מְקוֹם שְׁאֵלָה, כִּי כְּפִי הַנִּרְאֶה לִכְאוֹרָה שֶׁיּוֹתֵר טוֹבָה הִיא לִכָּנֵס בַּגֵּיהִנֹּם לְמָרֵק תֵּכֶף כָּל עֲוֹנֹתָיו, וְלֹא לַחֲזֹר בְּכַמָּה גִּלְגּוּלִים. וְהַנִּרְאֶה לַעֲנִיּוּת דַּעְתִּי חַיִּים, כִּי הקב"ה צוֹפֶה וּמַבִּיט כִּי הָרָשָׁע הַזֶּה אִם יַחֲזֹר בְּגִלְגּוּל יוֹסִיף עַל חֲטָאָיו פְּשָׁעִים, וְיַרְבֶּה בַּעֲבֵרוֹת עַל הַזְּכִיּוֹת, וְלָכֵן בִּרְאוֹתוֹ שֶׁכְּבָר הִשְׁלִים אוֹתָן הַמִּצְוֹת הַמּוּעָטוֹת הַמֻּכְרָחוֹת לוֹ כְּפִי שֹׁרֶשׁ נַפְשׁוֹ, מְסַלְּקוֹ מִן הָעוֹלָם וּמוֹרִידוֹ לַגֵּיהִנֹּם, וּמִתְמָרְקִין עֲוֹנֹתָיו, וְנִשְׁאָרִים זְכֻיּוֹתָיו שְׁלֵמִים, "כִּי חָפֵץ חֶסֶד הוּא".

עִנְיַן הַצַּדִּיק שֶׁעֲוֹנֹתָיו מוּעָטִים

אָמְנָם הַצַּדִּיק שֶׁעֲוֹנֹתָיו מוּעָטִים מִזְּכֻיּוֹתָיו, הֵם מִתְמָרְקִים עַל יְדֵי כָּל הַיִּסּוּרִין שֶׁסּוֹבֵל בַּגִּלְגּוּלִים, וְנִשְׁאָרִים לוֹ זְכֻיּוֹתָיו הַמְרֻבִּים הַנּוֹסָפִים לוֹ בְּכָל גִּלְגּוּל עַד אֵין קֵץ, וּשְׂכָרוֹ נִפְלָא, עַל דֶּרֶךְ מ"ש רַזַ"ל "רָצָה הקב"ה לְזַכּוֹת אֶת יִשְׂרָאֵל לְפִיכָךְ הִרְבָּה לָהֶם תּוֹרָה וּמִצְוֹת".

The Reincarnation of Rav Sheshet: The concept of Double Reincarnation was already explained before in previous discourses. This is also the concept that is written in the Gemara regarding Rav Sheshet, who was blind, and when he would study Torah, he was so happy that he would say, "Be happy, my Nefesh! For you, I have read. For you, I have studied!" (Pesachim 68b) Seemingly these words cannot be understood because he was benefitting himself and not others, as the scripture says: "If you have become wise, you have become wise for your own good...." (Proverbs 9:12) Let us also specify that he said: "my Nefesh." Also, what is this matter to Rav Sheshet and not someone else?

The Reincarnation of Rav Sheshet.

To understand this, we will first begin with the matter of Rav Sheshet and of who he was a Reincarnation. Know that Bava ben Buta the Pious, one of the students of Shammai the Elder, who throughout his entire life sacrificed an offering just in case, returned to reincarnate as Rav Sheshet to complete a correction that he still needed to do. Since King Herod had removed [Bava ben Buta's] eyes, then also now [as Sheshet] he was blind, as is known. Therefore the letters of *bava* (בבא) are *sheshet* (ששת) in the Atbash cipher.

Who was Rav Sheshet in a previous lifetime?

With this [clarification], we can come to the explanation. Know that if someone did not complete his correction in his First Incarnation, he needs to reincarnate again to become perfected, even though he is lacking a minor thing. However, if in the First Incarnation he completed his Nefesh and was only missing a minor thing, when he reincarnates again, all of the rewards of his Torah study and his performance of the Precepts that he has in the Second Incarnation are for the benefit of his Nefesh that enters now in the second body to become complete. When [people] will rise at the time of the Resurrection, his Nefesh will return to the first body in which he dealt with most of the Torah and Precepts that were required of him. It did not enter in this second body, except as a loan.

One who completed his Nefesh but is lacking something minor returns in a second incarnation, but the reward of the Precepts go to the Nefesh of the first body.

עִנְיַן גִּלְגּוּל רַב שֵׁשֶׁת

גִּלְגּוּל רַב שֵׁשֶׁת: כְּבָר נִתְבָּאֵר בַּדְּרוּשִׁים שֶׁקָּדְמוּ עִנְיַן גִּלְגּוּל כָּפוּל, וְהִנֵּה זֶהוּ גַּם כֵּן עִנְיַן מ"ש בַּגְּמָרָא עַל רַב שֵׁשֶׁת שֶׁהָיָה סַגֵּי נְהוֹר, וּכְשֶׁהָיָה עוֹסֵק בַּתּוֹרָה הָיָה שָׂמֵחַ, וְאוֹמֵר "חֲדַאי נַפְשַׁאי, לָךְ קְרָאִי, לָךְ תְּנָאִי" וְכוּ'. וְלִכְאוֹרָה אֵין הֲבָנָה בִּדְבָרִים אֵלּוּ, כִּי לְעַצְמוֹ הָיָה מֵטִיב וְלֹא לְזוּלָתוֹ, וּכְמוֹ שֶׁאוֹמֵר הַכָּתוּב "אִם חָכַמְתָּ חָכַמְתָּ לָּךְ". גַּם נְדַקְדֵּק אָמְרוֹ נַפְשִׁי, וְגַם מָה עִנְיָן זֶה אֶל רַב שֵׁשֶׁת מִלְּזוּלָתוֹ.

מִי הָיָה רַב שֵׁשֶׁת בְּגִלְגּוּל קוֹדֵם?

וּלְהָבִין זֶה נַקְדִּים תְּחִלָּה עִנְיַן רַב שֵׁשֶׁת, מִי הָיָה גִּלְגּוּלוֹ. דַּע, כִּי בָּבָא בֶּן בּוּטָא הֶחָסִיד, מִתַּלְמִידֵי שַׁמַּאי הַזָּקֵן, שֶׁכָּל יָמָיו הָיָה מַקְרִיב אֲשַׁם סָפֵק, הוּא שֶׁחָזַר עַתָּה לְהִתְגַּלְגֵּל בְּרַב שֵׁשֶׁת לְהַשְׁלִים אֵיזֶה תִּקּוּן שֶׁהָיָה צָרִיךְ לוֹ עֲדַיִן, וּלְפִי שֶׁהוֹרְדוּס הַמֶּלֶךְ נִקֵּר אֶת עֵינָיו גַּם עַתָּה הָיָה סַגֵּי נְהוֹר כַּנּוֹדָע. וְהִנֵּה אוֹתִיּוֹת בָּבָ"א הֵם בְּאַ"ת בַּ"שׁ שֵׁשֶׁ"ת.

מִי שֶׁהִשְׁלִים נַפְשׁוֹ אֲבָל חָסֵר לוֹ דָּבָר מוּעָט חוֹזֵר בְּגִלְגּוּל שֵׁנִי, וּשְׂכַר הַמִּצְווֹת הוֹלֵךְ לְנֶפֶשׁ גּוּף הָא'

וּבָזֶה נָבוֹא אֶל הַבֵּאוּר: דַּע, כִּי הִנֵּה מִי שֶׁלֹּא הִשְׁלִים תִּקּוּנוֹ בְּגִלְגּוּל א' מֻכְרָח לְהִתְגַּלְגֵּל עוֹד שֵׁנִית לְהִשְׁתַּלֵּם, אַף אִם חֶסְרוֹנוֹ דָּבָר מוּעָט. וְהִנֵּה אִם בְּגִלְגּוּל א' הִשְׁלִים נַפְשׁוֹ וְלֹא חָסֵר לוֹ כִּי אִם דָּבָר מוּעָט, הִנֵּה כְּשֶׁחוֹזֵר לְהִתְגַּלְגֵּל שֵׁנִית, כָּל הַשָּׂכָר שֶׁל הַתּוֹרָה וְהַמִּצְוֹת שֶׁעוֹשֶׂה עַתָּה בַּגִּלְגּוּל הַשֵּׁנִי הוּא לְצֹרֶךְ נַפְשׁוֹ הַבָּאָה עַתָּה בַּגּוּף הַשֵּׁנִי הַזֶּה לְהִשְׁתַּלֵּם, וְכַאֲשֶׁר יָקוּמוּ בִּזְמַן הַתְּחִיָּה תַּחֲזֹר נַפְשׁוֹ אֶל הַגּוּף הָרִאשׁוֹן שֶׁבּוֹ עָסַק בַּתּוֹרָה וּבְמִצְוֹת רֹב הַצָּרִיךְ לוֹ, וְלֹא בָּא בַּגּוּף הַב' הַזֶּה אֶלָּא בְּהַשְׁאָלָה.

Therefore Rav Sheshet knew that his Nefesh was originally in the body of Bava ben Buta, who was a great Torah scholar famous for his piety, and he only returned to reincarnate in his second body due to a minor aspect that he was lacking. Therefore his body was sad about this, knowing that this Nefesh [would be] taking all of his toil, and finally would return to the first body at the time of the Resurrection.

Bava ben Buta reincarnated in Rav Sheshet, and Rav Sheshet knew that all his effort in Torah will only benefit the Nefesh and not the body.

In this way, everything that [Rav Sheshet] achieved by occupying himself in Torah study and [performance of] the Precepts was only for the benefit of his Nefesh and not his body. Therefore it is fitting for his Nefesh to be happy, but not his body, as it says "Be happy, my Nefesh!" and not me because "For you, I have read. For you, I have studied!" (Pesachim 68b) [This is] for your benefit and not for mine.

בָּבָא בֶּן בּוּטָא הִתְגַּלְגֵּל בְּרַב שֵׁשֶׁת, וְרַב שֵׁשֶׁת יָדַע שֶׁכָּל עֲמָלוֹ בַּתּוֹרָה הוּא לְתוֹעֶלֶת הַנֶּפֶשׁ וְלֹא הַגּוּף

לָכֵן רַב שֵׁשֶׁת יָדַע בְּנַפְשׁוֹ כִּי הָיָה בָּרִאשׁוֹנָה בְּגוּף בָּבָא בֶּן בּוּטָא, שֶׁהָיָה אָדָם גָּדוֹל בַּתּוֹרָה וּבַחֲסִידוּת מְפֻרְסָם, וְלֹא חָזַר לְהִתְגַּלְגֵּל עַתָּה בְּזֶה הַגּוּף הַב' אֶלָּא עַל דָּבָר מוּעָט שֶׁהָיָה חָסֵר מִמֶּנּוּ, וְלָכֵן הָיָה גּוּפוֹ עָצֵב עַל הַדָּבָר הַזֶּה, כִּי הִנֵּה כָּל עֲמָלוֹ לוֹקְחוֹ הַנֶּפֶשׁ הַהִיא, וְסוֹפוֹ לָלֶכֶת לַחֲזֹר בַּגּוּף הָא' בִּזְמַן הַתְּחִיָּה.

בְּאֹפֶן כִּי כָּל מַה שֶּׁהָיָה עוֹסֵק בַּתּוֹרָה וּבְמִצְוֹת תּוֹעֶלֶת נַפְשׁוֹ הוּא וְלֹא לְגוּפוֹ, וְלָכֵן הַנֶּפֶשׁ רְאוּיָה לִשְׂמֹחַ וְלֹא הַגּוּף. זֶהוּ "חֲדַאי נַפְשִׁי" וְכוּ', וְלֹא אֲנִי, יַעַן כִּי לָךְ אֲנִי קוֹרֵא וְלָךְ אֲנִי שׁוֹנֶה, לְתוֹעַלְתֵּךְ וְלֹא לְתוֹעַלְתִּי.

FIFTH
INTRODUCTION

Concerning the difference between Reincarnation and Ibur, there are two types of Reincarnation and two types of Ibur. It is as follows: The First Incarnation is the entering of one Nefesh into the human body on the day that he is born and emerges into the air of the world. The Second is that sometimes it is possible for two Nefashot to reincarnate together also at the moment that a person is born, and this is called a Double Reincarnation, as was explained in the previous Introduction and in other places. Thus, both Nefashot reincarnate together and come to the world when the human body is born, and they do not separate at all until the day of [the person's] death. Both are called one Nefesh, they become one Nefesh, and they suffer the pain and afflictions that come to that body throughout the days of his life, [including] the sorrow of death.

Two types of Reincarnation.

However the Ibur is not [present] in the individual on the day that he is born, as explained earlier. Yet it has two aspects. One is when a [Soul of a] Tzadik enters the individual as an Ibur for the Tzadik's own needs, completing a particular thing that [the Tzadik] is lacking, as we will explain in the appropriate place. The Second is when the [Ibur of the Tzadik] enters for the sake of the individual, to assist and support him in Torah and Precepts.

Two types of Ibur.

Thus when it [the Ibur of the Tzadik] comes for its own need, it does not enter the person before he is at the age of thirteen years and one day, when one is obligated in the Torah and Precepts, and it can also correct itself through the Precepts of the person. Therefore the Ibur does not enter prior to that age but only after [the individual] is obligated in the Precepts. Then it enters and expands within that body in a similar fashion to how the Nefesh of the individual itself expanded, and both equally

An Ibur for its own need enters when the individual is 13 years old, and they both experience suffering.

הַקְדָּמָה ה'

ב' מִינֵי גִלְגּוּל

בְּעִנְיַן הַהֶפְרֵשׁ שֶׁיֵּשׁ בֵּין גִלְגּוּל לְעִבּוּר, וְהֵם ב' מִינֵי גִלְגּוּל וּב' מִינֵי עִבּוּר. וְהוּא זֶה: כִּי הִנֵּה בַּגִּלְגּוּל הָא' הוּא כְּנִיסַת נֶפֶשׁ אַחַת בְּגוּף הָאָדָם, מִיּוֹם שֶׁנּוֹלָד וְיוֹצֵא לַאֲוִיר הָעוֹלָם. וְהַב' הוּא, שֶׁלִּפְעָמִים אֶפְשָׁר שֶׁיִּתְגַּלְגְּלוּ יַחַד שְׁתֵּי נְפָשׁוֹת, וְגַם זֶה בְּעֵת שֶׁנּוֹלָד הָאָדָם, וְזֶה נִקְרָא גִלְגּוּל כָּפוּל, כְּמוֹ שֶׁנִּתְבָּאֵר בַּדְּרוּשׁ שֶׁקָּדַם, וּבְשַׁעַר הַמִּצְוֹת פָּרָשַׁת כִּי תֵצֵא. וְהִנֵּה שְׁתֵּיהֶן הַנְּפָשׁוֹת מִתְגַּלְגְּלוֹת יַחַד וּבָאוֹת לָעוֹלָם בְּעֵת שֶׁנּוֹלָד גּוּף הָאָדָם, וְאֵינָם נִפְרָדִים כְּלָל עַד יוֹם הַמִּיתָה. וּשְׁתֵּיהֶן נִקְרָאוֹת נֶפֶשׁ אַחַת, וְנַעֲשׂוֹת נֶפֶשׁ אַחַת, וְסוֹבְלוֹת הַצַּעַר וְהַיִּסּוּרִין הַבָּאִים אֶל הַגּוּף הַהוּא כָּל יְמֵי חַיָּיו, וְצַעַר הַמִּיתָה.

ב' מִינֵי עִבּוּר

אָמְנָם הָעִבּוּר אֵינוֹ נִכְנָס בָּאָדָם בַּיּוֹם שֶׁנּוֹלָד, כְּמוֹ שֶׁנִּתְבָּאֵר, אֲבָל יֵשׁ בּוֹ ב' בְּחִינוֹת: הָא' הִיא, כַּאֲשֶׁר בָּא לְצֹרֶךְ עַצְמוֹ שֶׁל הַצַּדִּיק, הַמִּתְעַבֵּר בָּאָדָם לְהִשְׁתַּלֵּם בְּאֵיזֶה דָּבָר שֶׁחָסֵר לוֹ, כְּמוֹ שֶׁיִּתְבָּאֵר בִּמְקוֹמוֹ. וְהַב' הִיא, כַּאֲשֶׁר בָּא לְצֹרֶךְ הָאָדָם, לְעָזְרוֹ וּלְסַיְּעוֹ בַּתּוֹרָה וּבְמִצְוֹת.

עִבּוּר לְצֹרֶךְ עַצְמוֹ נִכְנָס בִּהְיוֹת הָאָדָם בֶּן י"ג, וְהוּא סוֹבֵל יִסּוּרִין יַחַד עִם הָאָדָם

וְהִנֵּה כַּאֲשֶׁר בָּא לְצֹרֶךְ עַצְמוֹ, אֵינוֹ נִכְנָס בָּאָדָם עַד הֱיוֹת בֶּן י"ג שָׁנִים וְיוֹם אֶחָד, שֶׁאָז נִתְחַיֵּב הָאָדָם בַּתּוֹרָה וּבְמִצְוֹת, וְיָכוֹל הוּא אָז לְתַקֵּן גַּם אֶת עַצְמוֹ עַל יְדֵי מִצְוֹת הָאָדָם, וְלָכֵן אֵינוֹ נִכְנָס קֹדֶם זְמַן הַזֶּה רַק אַחַר שֶׁנִּתְחַיֵּב בְּמִצְוֹת, וְאָז נִכְנָס וּמִתְפַּשֵּׁט תּוֹךְ הַגּוּף הַהוּא כְּדִמְיוֹן שֶׁנִּתְפַּשְּׁטָה בּוֹ נֶפֶשׁ הָאָדָם עַצְמָהּ, וּשְׁתֵּיהֶן סוֹבְלוֹת הַיִּסּוּרִין הַבָּאִים עַל הַגּוּף הַזֶּה בְּהַשְׁוָאָה אַחַת, וְיוֹשֶׁבֶת שָׁם עַד מְלֹאת לָהּ זְמַן הַקָּצוּב

suffer the afflictions that come upon this body, and it resides there until its allotted time is up to correct and complete what it needs. Then, it leaves while he is still alive and returns to its Supernal Place in the Garden of Eden.

But, when [the Ibur] comes solely for the benefit of the individual and not for its own need, then it comes by its own choice and not by force. Therefore it is not bound to experience the pain of that body at all and does not feel the pain and sufferings that are inflicted upon [the individual]. If it finds delight in staying with that individual, it stays there with him. If not, it exits and leaves, "...saying, 'Depart, now, from the tents of these wicked men....'" (Numbers 16:26)

An Ibur for the benefit of the individual comes and goes at will and does not experience suffering.

We will now explain what we started [discussing in the Fourth Introduction]. The verse says: "...visiting the iniquities of the father on the children, [to the third and fourth generations of those who hate me]...." (Exodus 20:5) This means that up to three old reincarnated Nefashot, together with one new Nefesh, can reincarnate together in one body from the day of birth so that four Nefashot are together. This is the secret of: "...fourth generations." (Exodus 20:5) This is also the secret of: "Twice [or] three times with a man..." (Job 33:29) because three reincarnated Nefashot can reincarnate with one man, which is this new Nefesh. However, more than this cannot reincarnate together.

Three reincarnated Nefeshot with one new Nefesh.

Indeed, it could be less than this number since it is possible to have one Nefesh reincarnated alone in one body, or one reincarnated Nefesh with one new Nefesh in one body, or two reincarnated Nefashot alone in another body, or two reincarnated with a new one, or three [Nefashot] reincarnated alone, or three [Nefashot] reincarnated with a new one. However, more than this number cannot enter within one body, as mentioned.

It could be less than this number but not more.

לָהּ לְתַקֵּן וּלְהַשְׁלִים מַה שֶּׁהִיא צְרִיכָה, וְאָז יוֹצֵאת בְּחַיָּיו וְחוֹזֶרֶת לִמְקוֹמָהּ הָעֶלְיוֹן בְּגַן עֵדֶן.

עִבּוּר לְתוֹעֶלֶת הָאָדָם נִכְנָס וְיוֹצֵא בִּבְחִירַת עַצְמוֹ וְאֵינוֹ סוֹבֵל יִסּוּרִין

אֲבָל כַּאֲשֶׁר בָּא לְתוֹעֶלֶת הָאָדָם וְלֹא לְצֹרֶךְ עַצְמוֹ, הִנֵּה הוּא בָּא בִּבְחִירַת עַצְמוֹ וְלֹא בְּהֶכְרֵחַ, וְלָכֵן אֵינֶנּוּ כָּפוּף לִסְבֹּל צַעַר הַגּוּף הַזֶּה כְּלָל, וְאֵינֶנּוּ מַרְגִּישׁ כְּלָל בְּצַעֲרוֹ וּבַיִּסּוּרִין הַבָּאִים עָלָיו, וְאִם מוֹצֵא נַחַת רוּחַ בָּאָדָם הוּא יוֹשֵׁב שָׁם עִמּוֹ, וְאִם לָאו הוּא יוֹצֵא מִשָּׁם וְהוֹלֵךְ לוֹ, וְאוֹמֵר "סוּרוּ נָא מֵעַל אָהֳלֵי הָאֲנָשִׁים הָרְשָׁעִים הָאֵלֶּה" וְגוֹ'.

שָׁלֹשׁ נְפָשׁוֹת מְגֻלְגָּלוֹת עִם נֶפֶשׁ אַחַת חֲדָשָׁה

וְעַתָּה נְבָאֵר אֶת אֲשֶׁר הִתְחַלְנוּ, כִּי הִנֵּה הַפָּסוּק אוֹמֵר "פֹּקֵד עֲוֹן אָבוֹת עַל בָּנִים". פֵּרוּשׁ: כִּי עַד שְׁלֹשָׁה נְפָשׁוֹת מְגֻלְגָּלוֹת וִישָׁנוֹת, עִם נֶפֶשׁ אַחַת חֲדָשָׁה, יְכוֹלוֹת לְהִתְגַּלְגֵּל יַחַד בְּגוּף אֶחָד מִיּוֹם שֶׁנּוֹלָד, בְּאֹפֶן שֶׁהֵם אַרְבָּעָה נְפָשׁוֹת יַחַד. וְזֶהוּ סוֹד "עַל רִבֵּעִים". גַּם ז"ס "פַּעֲמַיִם שָׁלוֹשׁ עִם גָּבֶר". כִּי שְׁלֹשָׁה נְפָשׁוֹת מְגֻלְגָּלוֹת יוּכְלוּ לְהִתְגַּלְגֵּל עִם גֶּבֶר אֶחָד, הוּא הַנֶּפֶשׁ הַזֶּה הֶחָדָשׁ, אֲבָל יוֹתֵר מִזֶּה אִי אֶפְשָׁר לְהִתְגַּלְגֵּל בְּיַחַד.

אֶפְשָׁר לִהְיוֹת פָּחוֹת מֵחֶשְׁבּוֹן זֶה אַךְ לֹא יוֹתֵר

אָמְנָם אֶפְשָׁר לִהְיוֹת פָּחוֹת מֵחֶשְׁבּוֹן זֶה, כִּי אֶפְשָׁר לִהְיוֹת שֶׁתִּתְגַּלְגֵּל נֶפֶשׁ אַחַת לְבַדָּהּ בְּגוּף אֶחָד, אוֹ נֶפֶשׁ אַחַת מְגֻלְגֶּלֶת עִם נֶפֶשׁ אַחַת חֲדָשָׁה בְּגוּף אֶחָד, אוֹ שְׁתֵּי נְפָשׁוֹת מְגֻלְגָּלוֹת לְבַדָּם בְּגוּף אֶחָד, אוֹ שְׁנַיִם מְגֻלְגָּלוֹת עִם חֲדָשָׁה אַחַת, אוֹ שְׁלֹשָׁה מְגֻלְגָּלוֹת לְבַדָּם, אוֹ שְׁלֹשָׁה מְגֻלְגָּלוֹת עִם חֲדָשָׁה אַחַת. אֲבָל יוֹתֵר מֵחֶשְׁבּוֹן זֶה אִי אֶפְשָׁר לְהִכָּנֵס בְּגוּף אֶחָד כַּנִּזְכָּר.

Know that [concerning] those [Nefashot] that reincarnate together in one body, as mentioned, this only applies when they are all connected to one Root, in the secret of: "...and he shall redeem what his brother has sold." (Leviticus 25:25) Even though this new incarnated [Soul] did not transgress in any of the transgressions of the other reincarnated [Souls], nevertheless, if it is from a more Internal Aspect than they are, for example, if it [the new incarnated Soul] is from the aspect of the Sinews of that Limb of Adam while they [the other reincarnated Souls] are from the Aspect of the Flesh, which is lesser than the Sinews, this new [reincarnated Soul] needs to clean the blemish and the rancid decay that was created by the transgressions of the first ones so that vitality can flow to that entire Root.

> If the new reincarnated soul is from the Inner Aspect, he needs to clean the rancid decay.

Hence, [there] is a similar [rule] concerning the aspect of the Ibur because it is impossible for more than three Nefashot to come as an Ibur to an individual and reincarnate to assist the Nefesh of the individual. Together with [the individual's own Nefesh] they are four, but not more than that. However, less than that is possible. Those that come as an actual Reincarnation come for their own needs [either] to correct something that they distorted or to complete a Precept they are missing.

> Up to three Iburs, but not more.

I will [now] inform you in greater length about the order of the Ibur, and I will give an allegory. Let us say that this individual, who now reincarnates in this body for his correction, has in his Root ten other Nefashot that are more elevated than him. If this individual merits so, the tenth and lowest Nefesh will enter him as an Ibur, which is higher than his own and therefore, will assist and support him to be corrected.

> Example: If one has ten other Nefashot that are higher than him, he can receive an Ibur from them.

If he merits further, the ninth Nefesh will enter him as an Ibur. And if he merits even more, the eighth Nefesh will also enter him as an Ibur. Thus, three Nefashot entered him as an Ibur, and including him it makes four. It is impossible for more than that to enter him as an Ibur. However, if he merits more, the seventh Nefesh will also enter in him as an Ibur. In this [type

> How to merit more elevated Iburs.

אִם הַמְגֻלְגָּל הֶחָדָשׁ הוּא מִבְּחִינַת הַפְּנִימִית יוֹתֵר, הוּא חַיָּב לְנַקּוֹת הָעִפּוּשׁ שֶׁל הָאֲחֵרִים

וְדַע, כִּי אֵלּוּ הַמִּתְגַּלְגְּלִים יַחַד בְּגוּף אֶחָד כַּנִּזְכָּר, אֵינוֹ נוֹהֵג אֶלָּא בִּזְמַן שֶׁכֻּלָּם הֵם נֶאֱחָזִים בְּשֹׁרֶשׁ אֶחָד, בְּסוֹד "וְגָאַל אֵת מִמְכַּר אָחִיו". וְאַף עַל פִּי שֶׁזֶּה הַמְגֻלְגָּל הֶחָדָשׁ לֹא חָטָא בְּאוֹתוֹ הַחֵטְא שֶׁל הַמְגֻלְגָּלִים אֲחֵרִים, עִם כָּל זֶה אִם הוּא מִבְּחִינַת הַפְּנִימִית יוֹתֵר מֵהֶם, כְּמוֹ אִם הוּא מִבְּחִינַת הַגִּידִים שֶׁבָּאֵבָר הַהוּא שֶׁל אָדָם הָרִאשׁוֹן, וְהֵם מִבְּחִינַת הַבָּשָׂר שֶׁהוּא גָּרוּעַ מֵהַגִּידִים, צָרִיךְ זֶה הֶחָדָשׁ לְנַקּוֹת הַפְּגַם וְהָעִפּוּשׁ שֶׁנַּעֲשָׂה מֵחֲמַת עֲוֹנוֹת הָרִאשׁוֹנִים, כְּדֵי שֶׁיִּמָּשֵׁךְ הַחִיּוּת אֶל כָּל הַשֹּׁרֶשׁ הַהוּא.

אֶפְשָׁר עַד ג' עִבּוּרִים וְלֹא יוֹתֵר

וְהִנֵּה גַּם בִּבְחִינַת הָעִבּוּר הוּא עַל דֶּרֶךְ זֶה, כִּי אִי אֶפְשָׁר שֶׁיִּתְעַבְּרוּ בְּאָדָם וְיִתְגַּלּוּ בוֹ רַק שְׁלֹשָׁה נְפָשׁוֹת הַבָּאוֹת לְסַיְּעוֹ, אֶת הַנֶּפֶשׁ הַהִיא עַצְמָהּ שֶׁל הָאָדָם הַזֶּה, אֲשֶׁר עִמּוֹ הֵם אַרְבָּעָה, אֲבָל לֹא יוֹתֵר מִזֶּה. אֲבָל פָּחוֹת אֶפְשָׁר לִהְיוֹת. וְאָמְנָם אוֹתָם הַבָּאוֹת בְּסוֹד גִּלְגּוּל מַמָּשׁ כֻּלָּן בָּאוֹת לְצֹרֶךְ עַצְמָן, לְתַקֵּן אֵת אֲשֶׁר עִוְּתוּ אוֹ לְהַשְׁלִים אֵיזֶה מִצְוָה שֶׁחָסַר לָהֶם.

מָשָׁל: אִם יֵשׁ לָאָדָם עֶשֶׂר נְפָשׁוֹת אֲחֵרוֹת עֶלְיוֹנוֹת מִמֶּנּוּ, אֶפְשָׁר לְקַבֵּל עִבּוּר מֵהָעֶלְיוֹנִים מִמֶּנּוּ

וְאוֹדִיעֲךָ עִנְיַן סֵדֶר הָעִבּוּר יוֹתֵר בְּהַרְחָבָה. וְנַמְשִׁיל מָשָׁל אֶחָד וְנֹאמַר, הַנַּח עַצְמְךָ שֶׁזֶּה הָאָדָם הַמִּתְגַּלְגֵּל עַתָּה בַּגּוּף הַזֶּה לְתַקֵּן עַצְמוֹ, יֵשׁ בְּשָׁרְשׁוֹ עֲשָׂרָה נְפָשׁוֹת אֲחֵרוֹת עֶלְיוֹנוֹת מִמֶּנּוּ. וְהִנֵּה אִם יִזְכֶּה הָאָדָם הַזֶּה יִתְעַבֵּר בּוֹ נֶפֶשׁ הָעֲשִׂירִית, הַתַּחְתּוֹנָה מִכָּל הָעֲשָׂרָה, וְהוּא עֶלְיוֹן מִמֶּנּוּ עַצְמוֹ, וְלָכֵן עוֹזְרוֹ וּמְסַיְּעוֹ לְהִתָּקֵן.

אֵיךְ זוֹכִים לְעִבּוּרִים גְּבוֹהִים יוֹתֵר

וְאִם יִזְכֶּה יוֹתֵר, יִתְעַבֵּר בּוֹ גַּם נֶפֶשׁ הַתְּשִׁיעִית. וְאִם יִזְכֶּה יוֹתֵר, יִתְעַבֵּר בּוֹ גַּם נֶפֶשׁ הַשְּׁמִינִית. וַהֲרֵי נִתְעַבְּרוּ בּוֹ שְׁלֹשָׁה נְפָשׁוֹת, וְעִמּוֹ הֵם אַרְבָּעָה. וְאִי אֶפְשָׁר לְהִתְעַבֵּר בּוֹ יוֹתֵר מִזֶּה. אֲבָל אִם יִזְכֶּה יוֹתֵר,

of] Ibur, the illumination of the tenth Nefesh will be cancelled to give way to the three Iburim that are higher than it.

It continues in this way until it is found that he can have an Ibur of the three higher Nefashot of the ten: the first, the second, and the third. Then these three Illuminations will become revealed in this form of an Ibur in order to assist [the individual]. The other seven Illuminations will become canceled out by the power of the Illumination of the higher three [Nefashot] and will be considered as if they are not there. In other words, it is impossible for more than three Nefashot to be revealed as an Ibur, and including the Nefesh of the individual himself it is four. However, more than that will be impossible, as mentioned earlier.

When meriting an Ibur of a higher Nefesh, the illumination of the lower is canceled out by the higher.

Now scripture says: "Behold, God does all these things, twice [or] three [times] with a man" (Job 33:29), meaning that in the three first Reincarnations, the Nefesh of the individual alone reincarnates into the body with no other partner. However, if it is still not corrected during those three [Reincarnations] and is required to return again in a second set of three Reincarnations, it does not come alone since it has no power to correct. Therefore it will come along "with a man," (Ibid.) meaning a Tzadik who enters as an Ibur in order to assist and guide [the individual] to do good.

After three Reincarnations without correction, the individual reincarnates together with the Ibur of a Tzadik.

Therefore it does not say [in the verse] "three times," which would seem to refer to the first set of three [Reincarnations]. Rather, it says "twice [or] three" (Ibid.) to indicate that the second set of three Reincarnations is "with a man" (Ibid.) besides him that joins him, as was mentioned.

There is an enigmatic question that the Saba deMishpatim explained concerning [a person] who reincarnates a few times: In which body would he rise at the time of the Resurrection? Know that, as we explained before [in the Third Introduction], it says in the Prologue of the Tikunei HaZohar [commenting] on the verse: "As a bird wanders from its nest, [so does man

Concerning one who is reincarnated many times, which of the bodies resurrect?

יִתְעַבֵּר בּוֹ גַּם הַנֶּפֶשׁ הַשְּׁבִיעִית, וְאָז נֶפֶשׁ הָעֲשִׂירִית יִתְבַּטֵּל הֶאָרָתָהּ בָּעִבּוּר הַהוּא, בְּתוֹךְ הֶאָרַת שְׁלֹשָׁה עִבּוּרִים הָעֶלְיוֹנִים מִמֶּנָּה.

כְּשֶׁזּוֹכִים לְעִבּוּר נֶפֶשׁ גְּבוֹהָה יוֹתֵר, מִתְבַּטֶּלֶת הֶאָרַת הַתַּחְתּוֹן בָּעִבּוּר הָעֶלְיוֹן

וְכֵן עַל דֶּרֶךְ זֶה הוֹלֵךְ הָעִנְיָן וְנִמְשָׁךְ, עַד שֶׁנִּמְצָא שֶׁאֶפְשָׁר שֶׁיִּתְעַבְּרוּ בּוֹ שְׁלֹשָׁה הַנְּפָשׁוֹת הַגְּבוֹהוֹת מִכָּל הָעֲשָׂרָה, וְהֵם: הָא', וְהַב', וְהַג', וְאֵלּוּ הַשְּׁלֹשָׁה תִּתְגַּלֶּה הֶאָרָתָם בָּעִבּוּר הַהוּא לְעָזְרוֹ, וּשְׁאָר הַשִּׁבְעָה אֲחֵרִים תִּתְבַּטֵּל הֶאָרָתָם שָׁם מִכֹּחַ הֶאָרַת הַג' הָעֶלְיוֹנִים, וְיֵחָשְׁבוּ כְּאִלּוּ אֵינָם. בְּאֹפֶן כִּי אִי אֶפְשָׁר לְהִתְגַּלּוֹת בְּסוֹד עִבּוּר רַק שְׁלֹשָׁה נְפָשׁוֹת בִּלְבַד, וְעִם נֶפֶשׁ הָאָדָם עַצְמוֹ הֵם אַרְבָּעָה, אֲבָל יוֹתֵר מִזֶּה אִי אֶפְשָׁר כַּנִּזְכָּר.

אַחֲרֵי ג' גִּלְגּוּלִים בְּלִי תִּקּוּן, הָאָדָם מִתְגַּלְגֵּל בְּשִׁתּוּף עִבּוּר צַדִּיק

הִנֵּה הַכָּתוּב אוֹמֵר, "הֶן כָּל אֵלֶּה יִפְעַל אֵל פַּעֲמַיִם שָׁלוֹשׁ עִם גָּבֶר". פֵּרוּשׁ: כִּי בְּג' הַגִּלְגּוּלִים הָרִאשׁוֹנִים, אָז מִתְגַּלְגֵּל נֶפֶשׁ הָאָדָם לְבַדָּהּ, בְּלִי שִׁתּוּף זוּלָתָהּ, תּוֹךְ הַגּוּף. אֲבָל אִם עֲדַיִן לֹא נִתְקְנָה בִּשְׁלָשְׁתָּן, וְתִצְטָרֵךְ לַחֲזֹר עוֹד בְּג' גִּלְגּוּלִים שְׁנִיִּים, אֵינָהּ בָּאָה לְבַדָּהּ, כֵּיוָן שֶׁאֵין בָּהּ כֹּחַ לְהִתָּקֵן, וְלָכֵן בָּאָה בְּשִׁתּוּף גֶּבֶר שֶׁהוּא צַדִּיק אֶחָד הַמִּתְעַבֵּר בּוֹ, כְּדֵי לְסַיְּעוֹ וּלְהַדְרִיכוֹ לְמוּטָב.

וְלָכֵן לֹא אָמַר שָׁלֹשׁ פְּעָמִים, שֶׁהָיָה נִרְאֶה שֶׁהוּא בִּשְׁלֹשָׁה פְּעָמִים הָרִאשׁוֹנוֹת. אָמְנָם אָמַר "פַּעֲמַיִם שָׁלוֹשׁ", לְהוֹרוֹת כִּי בַּפַּעַם הַשְּׁנִיָּה הַכּוֹלֶלֶת שְׁלֹשָׁה גִּלְגּוּלִים שְׁנִיִּים, אָז הוּא "עִם גָּבֶר" זוּלָתוֹ, מְשַׁתֵּף עִמּוֹ, כַּנִּזְכָּר.

הַמְּגֻלְגָּל בְּכַמָּה פְּעָמִים, בְּאֵיזֶה גּוּף מֵהֶם יָקוּם בִּזְמַן הַתְּחִיָּה?

עִנְיָן מַתְמִיהַּ שֶׁבֵּאֵר הַסָּבָא דְּמִשְׁפָּטִים בְּעִנְיַן הַמְגֻלְגָּל בְּכַמָּה פְּעָמִים, בְּאֵיזֶה גּוּף מֵהֶם יָקוּם בִּזְמַן הַתְּחִיָּה. דַּע, כִּי הֲלֹא נִתְבָּאֵר אֶצְלֵנוּ לְמַעְלָה מ"ש בְּהַקְדָּמַת הַתִּקּוּנִים, עַל פָּסוּק "כְּצִפּוֹר נוֹדֶדֶת מִן קִנָּהּ" וְגוֹ'. וְכֵן מ"ש בְּזֹהַר פָּרָשַׁת פְקוּדֵי בְּעִנְיַן הַשְּׁכִינָה, אֵיךְ גָּלְתָה בַּקְּלִפּוֹת, "עַד

wander from his place]" (Proverbs 27:8), and it says in the Zohar, Pekudei 740 concerning the Shechinah, how it is "exiled" within the Klipot until "the legs will get to the legs." We also discussed how the Souls of the Tzadikim are also exiled among the Klipot with the Shechinah.

However, in ancient times, the Souls that would exile with Her were the Aspects of the Sparks and Parts that were also from the level where the Shechinah stood in exile at that time. It was in this way in each and every generation. However now, in these last generations, the Shechinah already descended down to the Feet, and also the Souls of these generations are from the Aspect of the Feet. And since at the beginning, all of the Souls were exiled there together with the Shechinah, therefore those earlier elevated Souls, who already ascended and were corrected, now descend to guide and straighten out these lower Souls so that they can be corrected.

The Souls in these generations are from the Aspect of the Legs.

It is found that there are some Sparks and Parts in each and every Soul, and all of these Parts are called One Soul. This concept applies to each and every Soul. At the time of the Resurrection, every single body will take the part of his Soul according to the part of his time, whichever level it was at.

At the Resurrection, each body will take its Part according to its time and grade.

It sometimes occurs that although an individual has a pure and exalted Nefesh, if he gets angry, then his [Nefesh] will leave him and another lesser Nefesh enters instead. Or possibly, the individual will become sick with some great ailment, and another Nefesh will replace his [original] Nefesh. Or he will have epilepsy, and his Nefesh will be replaced and will go to another individual, and another Nefesh will enter him. This is the secret of [an individual who was] righteous all of his life and became evil in the end or vice versa.

Sometimes a pure Nefesh can be exchanged for a lesser Nefesh.

Since this is the case, another possibility can emerge from this. If until now a soulmate woman was destined to a specific individual and his Nefesh was replaced and went to another individual, this other man will take her.

דְּמָטָאת רַגְלִין בְּרַגְלִין" וְכוּ'. וְאָמַרְנוּ, אֵיךְ גַּם נִשְׁמוֹת הַצַּדִּיקִים גָּלוּ בְּתוֹךְ הַקְּלִפּוֹת עִם הַשְּׁכִינָה.

הַנְּשָׁמוֹת שֶׁבְּדוֹרוֹת אֵלּוּ הֵן מִבְּחִינַת הָרַגְלַיִם

וְאָמְנָם בַּזְּמַנִּים הַקַּדְמוֹנִים הָיוּ הַנְּשָׁמוֹת הָהֵם הַגּוֹלִים עִמָּהּ, בְּחִינַת אוֹתָם הַנִּצוֹצִים וְהַחֲלָקִים אֲשֶׁר הֵם מִבְּחִינַת מַדְרֵגָה, שֶׁשָּׁם עוֹמֶדֶת הַשְּׁכִינָה בַּגָּלוּת בַּזְּמַן הַהוּא, וְעַל דֶּרֶךְ זֶה בְּכָל דּוֹר וָדוֹר. וְאָמְנָם עַתָּה בְּדוֹרוֹת אַחֲרוֹנִים אֵלּוּ כְּבָר הַשְּׁכִינָה יָרְדָה עַד רַגְלִין, וְגַם הַנְּשָׁמוֹת שֶׁבְּדוֹרוֹת אֵלּוּ הֵם מִבְּחִינַת הָרַגְלַיִם. וּלְפִי שֶׁבַּתְּחִלָּה גָּלוּ כָּל הַנְּשָׁמוֹת כֻּלָּם שָׁם עִם הַשְּׁכִינָה, לָכֵן עַתָּה אוֹתָם הַנְּשָׁמוֹת הָרִאשׁוֹנוֹת הָעֶלְיוֹנוֹת, שֶׁכְּבָר עָלוּ וְנִתְקְנוּ, אָז הֵם יוֹרְדוֹת לְהַדְרִיךְ וּלְהַיְשִׁיר אֶת אֵלּוּ הַנְּשָׁמוֹת הַשְּׁפָלוֹת, כְּדֵי שֶׁיִּתְקְנוּ.

בִּזְמַן הַתְּחִיָּה כָּל גּוּף יִקַּח חֶלְקוֹ כְּפִי הַזְּמַן וְהַמַּדְרֵגָה שֶׁלּוֹ

וְנִמְצָא כִּי כַּמָּה חֲלָקִים וְנִיצוֹצוֹת יֵשׁ בְּכָל נְשָׁמָה וּנְשָׁמָה, וְכָל הַחֲלָקִים הָהֵם נִקְרָאִים בְּשֵׁם נְשָׁמָה אַחַת, וְכֵן הָעִנְיָן בְּכָל נְשָׁמָה וּנְשָׁמָה, וְכַאֲשֶׁר יִהְיֶה זְמַן הַתְּחִיָּה כָּל גּוּף וְגוּף יִקַּח חֶלְקוֹ שֶׁל נִשְׁמָתוֹ כְּפִי חֵלֶק הַזְּמַן שֶׁלּוֹ בְּאֵיזוֹ מַדְרֵגָה הָיְתָה.

לִפְעָמִים יֶאֱרַע חִלּוּף נֶפֶשׁ טְהוֹרָה בְּנֶפֶשׁ גְּרוּעָה יוֹתֵר

הִנֵּה לִפְעָמִים יֶאֱרַע, כִּי אַף עַל פִּי שֶׁיִּהְיֶה בָּאָדָם נֶפֶשׁ אַחַת טְהוֹרָה וְעֶלְיוֹנָה יָבוֹא אֵיזֶה פַּעַם לִידֵי כַּעַס, וְאָז תֵּצֵא מִמֶּנּוּ וְתִכָּנֵס בִּמְקוֹמָהּ נֶפֶשׁ אַחֶרֶת גְּרוּעָה, אוֹ גַּם כֵּן יֶחֱלֶה הָאָדָם אֵיזֶה חֹלִי גָּדוֹל וְאָז תִּתְחַלֵּף נַפְשׁוֹ בְּנֶפֶשׁ אַחֶרֶת, אוֹ יֶאֱרַע לוֹ חֹלִי הַנּוֹפֵל וְהַנִּכְפֶּה וְתִתְחַלֵּף נַפְשׁוֹ וְתֵלֵךְ בְּאִישׁ אַחֵר, וְתִכָּנֵס בּוֹ נֶפֶשׁ אַחֶרֶת. וְזֶהוּ סוֹד צַדִּיק כָּל יָמָיו וּבְסוֹף הִרְשִׁיעַ, אוֹ לְהֶפֶךְ.

וְכֵיוָן שֶׁהַדָּבָר כָּךְ, אֶפְשָׁר גַּם כֵּן שֶׁיִּמָּשֵׁךְ מִזֶּה עוֹד דָּבָר אַחֵר, וְהוּא, כִּי אִם עַד עַתָּה הָיְתָה מְזֻמֶּנֶת אֶל הָאִישׁ הַזֶּה אֵיזוֹ אִשָּׁה בַּת זוּגוֹ, כֵּיוָן שֶׁנִּתְחַלְּפָה נַפְשׁוֹ וְנִתְּנָה לְאִישׁ אַחֵר, אוֹתוֹ הָאִישׁ הָאַחֵר יִקָּחֶנָּה.

Know that the Nefesh of man or his Ruach or his Neshamah has an ability to collect their Sparks that are entrenched in the depths of the Klipot and elevate them from there to be corrected by him, which we explained concerning the reason of the killing of the Ten Martyrs, see there (Twenty-Sixth Introduction).

An individual's soul has the ability to collect Sparks from the Klipot.

Know that there is a difference between one who reincarnates for the purpose of the correction of any other transgression and a person who reincarnates because of not having children and thus not performing the Precept of Being Fruitful and Multiplying. Whoever reincarnates for the reason of not performing [the Precept of] Being Fruitful and Multiplying—even if he is like Shimon ben Azai, who did not have to reincarnate due to [not having] sons—when he reincarnates in a body in order to correct another blemish or to benefit others, and as well if he comes as an Ibur while [one is still] alive, as is known, he cannot come on his own but rather with another Soul, since he is half a body and thus cannot come alone.

One who reincarnates due to not procreating only returns together with another Soul.

It is possible that this case is also called a Double Reincarnation, as we mentioned in previous Introductions. And this [applies to] one who reincarnates not in the form of Yibum, as it seems to me—[Rav] Chaim [Vital]—in my humble opinion.

יֵשׁ יְכֹלֶת בְּיַד נֶפֶשׁ הָאָדָם לְלַקֵּט נִיצוֹצוֹת מֵהַקְּלִפּוֹת

דַּע, כִּי יֵשׁ יְכֹלֶת בְּיַד נֶפֶשׁ הָאָדָם, אוֹ רוּחוֹ, אוֹ נִשְׁמָתוֹ, לְלַקֵּט נִיצוֹצוֹתֵיהֶן הַמְּטֻבָּעוֹת בְּעִמְקֵי הַקְּלִפּוֹת וּלְהַעֲלוֹתָן מִשָּׁם, וִיתַקְּנוּ עַל יָדוֹ, כְּדֻגְמַת מַה שֶּׁנִּתְבָּאֵר אֶצְלֵנוּ בְּעִנְיַן טַעַם הֲרִיגַת עֲשָׂרָה הֲרוּגֵי מַלְכוּת, וְעַיֵּן שָׁם.

הַמִּתְגַּלְגֵּל לְסִבַּת בִּטּוּל פְּרִיָּה וּרְבִיָּה חוֹזֵר רַק מְשֻׁתָּף עִם אַחֵר

דַּע כִּי יֵשׁ חִלּוּק בֵּין הַמִּתְגַּלְגֵּל לְסִבַּת תִּקּוּן שְׁאָר עֲבֵרוֹת, לְמִתְגַּלְגֵּל לְסִבַּת שֶׁלֹּא הָיוּ לוֹ בָּנִים, וְלֹא קִיֵּם מִצְוַת פְּרִיָּה וּרְבִיָּה. כִּי הַמִּתְגַּלְגֵּל לְסִבַּת בִּטּוּל פְּרִיָּה וּרְבִיָּה, אֲפִלּוּ שֶׁיִּהְיֶה כְּשִׁמְעוֹן בֶּן עַזַּאי שֶׁלֹּא הֻצְרַךְ לְהִתְגַּלְגֵּל עַל בָּנִים, עִם כָּל זֶה כְּשֶׁיִּתְגַּלְגֵּל אֵיזֶה פַּעַם בְּאֵיזֶה גּוּף בְּעֵת שֶׁנּוֹלַד לְסִבַּת צָרְכּוֹ לְתַקֵּן אֵיזוֹ פְּגַם אַחֵר, אוֹ שֶׁבָּא לְהוֹעִיל לַאֲחֵרִים, וְכֵן אִם יָבֹא בְּסוֹד הָעִבּוּר בַּחַיִּים כַּנּוֹדָע, הִנֵּה אִי אֶפְשָׁר לוֹ לָבֹא יְחִידִי אֶלָּא מְשֻׁתָּף עִם אַחֵר, לְפִי שֶׁהוּא פְּלַג גּוּפָא וְאֵינוֹ יָכוֹל לָבֹא יְחִידִי.

וְאֶפְשָׁר כִּי זֶה גַּם כֵּן נִקְרָא גִּלְגּוּל כָּפוּל, כַּנִּזְכָּר לְעֵיל בַּדְּרוּשִׁים הַקּוֹדְמִים. כֵּן נִרְאֶה לַעֲנִיּוּת דַּעְתִּי חַיִּים. וְזֶהוּ הַמִּתְגַּלְגֵּל שֶׁלֹּא עַל יְדֵי יִבּוּם.

SIXTH
INTRODUCTION

Concerning the concept of New and Old Souls. This concept was already briefly explained in the Fifth Gate, *Sha'ar HaMitzvot* ("Gate of Precepts") regarding the Precept of Shilu'ach haKen (Sending away the Mother Bird from the Nest before taking the eggs or chicks, as stated in Deuteronomy 22:6). We will also explain the origin of the Root of the Souls, from where it began.

Know that when all the Worlds were created, even the World of Atzilut, they first came into being in the secret of a Back-to-Back union, and afterwards it returned to exist in the Aspect of Face-to-Face. The Aspect of the Human Souls was also in this way, as initially they came into being in the Aspect of Back-to-Back. Then from the time that Adam was created and onward until the coming of the Messiah, the correction for the Souls that initially had been formed in the Aspect of Back-to-Back is that they will now be renewed to emerge from the union of Face-to-Face.

The creation of the Worlds and Souls Back-to-Back and Face-to-Face.

Because they were first created from a Back-to-Back [union], they descended with the exile of the Shechinah down into the Klipot. When a Tzadik performs a complete and good Kavanah (Directed Meditation), he can draw a new Soul through his Kavanah, meaning that the Soul that is within the Klipah will ascend from there upward, in the secret of: "They are renewed every morning; great is Your faithfulness" (Lamentations 3:23) and there [the Soul] will become renewed. Afterwards, it will descend from there into this world in the Aspect of Face-to-Face. And this is now [considered to be] the beginning of their creation, and they are called New. These Souls are predisposed to not transgress like the other Souls.

The Souls that were created from Back-to-Back went down to the Klipot.

הַקְדָּמָה ו'

בְּעִנְיַן נְשָׁמוֹת חֲדָשׁוֹת וִישָׁנוֹת מָה עִנְיָנָם. וּכְבָר נִתְבָּאֵר קְצָת עִנְיָן זֶה בְּשַׁעַר ה', שַׁעַר הַמִּצְוֹת, בְּמִצְוַת שִׁלּוּחַ הַקֵּן. גַּם נְבָאֵר הַתְחָלַת שֹׁרֶשׁ הַנְּשָׁמוֹת מֵהֵיכָן הִתְחִילָה.

הֲוָיַת הָעוֹלָמוֹת וְהַנְּשָׁמוֹת אָחוֹר בְּאָחוֹר וּפָנִים בְּפָנִים

דַּע, כִּי כַּאֲשֶׁר נִבְרְאוּ כָּל הָעוֹלָמוֹת, וַאֲפִלּוּ עוֹלַם הָאֲצִילוּת עַצְמוֹ, נִתְהַוָּה בַּתְּחִלָּה בְּסוֹד זִוּוּג אָחוֹר בְּאָחוֹר, וְאַחַר כָּךְ חָזַר לְהִתְהַוּוֹת בִּבְחִינַת פָּנִים בְּפָנִים. וְהִנֵּה גַּם בְּחִינַת הַנְּשָׁמוֹת שֶׁל בְּנֵי אָדָם הָיוּ כָּךְ, כִּי תְּחִלָּה נִתְהַוּוּ בִּבְחִינַת אָחוֹר בְּאָחוֹר, וְאַחַר כָּךְ מִן הָעֵת אֲשֶׁר נִבְרָא אָדָם הָרִאשׁוֹן וְאֵילָךְ עַד בִּיאַת הַמָּשִׁיחַ, הַתִּקּוּן הַנַּעֲשֶׂה מֵאָז וְאֵילָךְ הוּא לְאוֹתָם הַנְּשָׁמוֹת שֶׁאָז נִתְהַוּוּ בִּבְחִינַת אָחוֹר בְּאָחוֹר, שֶׁיִּהְיוּ עַתָּה חֲדָשׁוֹת יוֹצְאוֹת מִזִּוּוּג פָּנִים בְּפָנִים.

הַנְּשָׁמוֹת שֶׁנִּתְהַוּוּ מֵאָחוֹר בְּאָחוֹר יָרְדוּ לְמַטָּה בְּתוֹךְ הַקְּלִפּוֹת

לְפִי שֶׁאַחַר שֶׁנִּתְהַוּוּ בַּתְּחִלָּה מֵאָחוֹר בְּאָחוֹר, יָרְדוּ עִם גָּלוּת הַשְּׁכִינָה לְמַטָּה בְּתוֹךְ הַקְּלִפּוֹת, וְכַאֲשֶׁר אֵיזֶה צַדִּיק מְכַוֵּן אֵיזוֹ כַּוָּנָה גְּמוּרָה טוֹבָה, יָכוֹל לְהַמְשִׁיךְ עַל יְדֵי כַּוָּנָתוֹ הַהִיא אֵיזוֹ נְשָׁמָה חֲדָשָׁה, פֵּרוּשׁ: שֶׁהַנְּשָׁמָה שֶׁבְּתוֹךְ הַקְּלִפָּה תִּתְעַלֶּה מִשָּׁם וּלְמַעְלָה, בְּסוֹד "חֲדָשִׁים לַבְּקָרִים רַבָּה אֱמוּנָתֶךָ", וְשָׁם תִּתְחַדֵּשׁ, וְאַחַר כָּךְ תֵּרֵד מִשָּׁם בָּעוֹלָם הַזֶּה מִבְּחִינַת פָּנִים בְּפָנִים, וְעַתָּה הֵם תְּחִלַּת בְּרִיָּתָן, וְנִקְרָאִים חֲדָשׁוֹת. וְאֵלּוּ הַנְּשָׁמוֹת מוּכָנוֹת שֶׁלֹּא לַחֲטֹא כִּשְׁאָר הַנְּשָׁמוֹת.

However, know that during our time, we have the ability to draw New Souls only from [the Worlds of] Briyah, Yetzirah, and Asiyah, which are the secret of Neshamah, Ruach, and Nefesh, [respectively], as is known. But in the future, after the Resurrection, higher New Souls that are from the World of Atzilut will arrive, and they are from the Aspect of Neshamah of Atzilut that Adam had, which is called *Zihara Ila'ah* (Supernal Splendor), as will be explained in the coming Discourses. (There are two types of New Souls, see *Sha'ar Hakavanot* ("Gate of Meditations") Volume 1, Discourses of the Night, Discourse Three)

Only the New Souls from Briyah, Yetzirah, and Asiyah can be taken out from the Klipot.

This is the secret of what is said in Zohar, Pekudei 639 that from the day that the Holy Temple was destroyed, Souls did not enter the Chamber of Love. These New [Souls] of [the Aspect of] Face-to-Face from the World of Atzilut did not enter there. However, the New Souls from Briyah, Yetzirah, and Asiyah can come in, even after the time of the Destruction [of the Holy Temple]. But the rest of the Souls that come to the world are from those that were included in the Soul of Adam that after he was created Back-to-Back, [the Creator] reshaped him by sawing him [from Eve] to the Aspect of Face-to-Face, and by this [the Creator] brought him to Face-to-Face. It is found that all of the Old Souls come from him (Adam).

All the Old Souls come from Adam.

Know that [the Soul of] Adam is divided into 248 Limbs, in the same way that his body included 248 body parts. There are also other Aspects in him, which are Aspects of a few types of Hair that branch from him endlessly. Thus, all of the Sparks of Souls and their detailed divisions in this world are from the Aspects that are in Adam, as mentioned. These mentioned details and Aspects later extended into the bodies of the individuals who were born from Adam. We call these detailed divisions Roots of Souls since they are all drawn from there—from those Aspects of Adam, as mentioned.

The Roots of the Souls.

אֶפְשָׁר לְהוֹצִיא מֵהַקְּלִפּוֹת רַק אֶת הַנְּשָׁמוֹת הַחֲדָשׁוֹת מִן בי"ע

אַךְ דַּע, כִּי אֵין בָּנוּ כֹּחַ בְּכָל הַזְּמַן הַזֶּה רַק לְהַמְשִׁיךְ אֵלּוּ הַנְּשָׁמוֹת הַחֲדָשׁוֹת, אוֹתָם שֶׁהֵם מִן הבי"ע, שֶׁהֵם סוֹד נְשָׁמָה וְרוּחַ וְנֶפֶשׁ כַּנּוֹדָע. אֲבָל לֶעָתִיד לָבֹא אַחַר הַתְּחִיָּה יָבוֹאוּ נְשָׁמוֹת חֲדָשׁוֹת יוֹתֵר מְעֻלּוֹת, שֶׁהֵם מֵעוֹלַם הָאֲצִילוּת, וְהֵם מִבְּחִינַת הַנְּשָׁמָה דַּאֲצִילוּת שֶׁהָיָה לְאָדָם הָרִאשׁוֹן, הַנִּקְרֵאת בְּשֵׁם זִיהֲרָא עִלָּאָה, כְּמוֹ שֶׁיִּתְבָּאֵר בַּדְּרוּשִׁים הַבָּאִים.

כָּל הַנְּשָׁמוֹת הַיְשָׁנוֹת בָּאוֹת מֵאָדָם הָרִאשׁוֹן

וְזֶהוּ סוֹד מ"ש בְּסֵפֶר הַזֹּהַר פָּרָשַׁת פְּקוּדֵי דַּף רנ"ג ע"א, שֶׁמִּיּוֹם שֶׁנֶּחֱרַב בֵּית הַמִּקְדָּשׁ לֹא נִכְנְסוּ נְשָׁמוֹת בְּהֵיכַל הָאַהֲבָה. כִּי אֵלּוּ הַחֲדָשׁוֹת דְּפָנִים בְּפָנִים מִן עוֹלַם הָאֲצִילוּת, לֹא נִכְנְסוּ שָׁם. אֲבָל הַנְּשָׁמוֹת שֶׁמִּן הבי"ע הַחֲדָשׁוֹת, אֶפְשָׁר שֶׁיָּבוֹאוּ אֲפִלּוּ בַּזְּמַן הַזֶּה שֶׁלְּאַחַר הַחֻרְבָּן. אֲבָל כָּל שְׁאָר נְשָׁמוֹת הַבָּאוֹת בָּעוֹלָם, הֵם מֵאוֹתָן שֶׁהָיוּ כְּלוּלוֹת בְּנִשְׁמַת אָדָם הָרִאשׁוֹן, אַחַר אֲשֶׁר נִבְרָא אָחוֹר בְּאָחוֹר, חָזַר וְנִסְּרוּ מִבְּחִינַת פָּנִים בְּפָנִים, וְהֶחֱזִירוּ פָּנִים בְּפָנִים. וְנִמְצָא כִּי כָּל הַנְּשָׁמוֹת הַיְשָׁנוֹת הֵם בָּאוֹת מִמֶּנּוּ.

שָׁרְשֵׁי הַנְּשָׁמוֹת

וְדַע, כִּי אָדָם הָרִאשׁוֹן מִתְחַלֵּק לִרְמַ"ח אֵיבָרִים, עַל דֶּרֶךְ גּוּפוֹ הַנִּכְלָל מִן רְמַ"ח אֵיבָרִים. גַּם יֵשׁ בּוֹ בְּחִינוֹת אֲחֵרוֹת, וְהֵם מִבְּחִינַת כַּמָּה מִינֵי שְׂעָרוֹת הַתְּלוּיִם בּוֹ לְאֵין קֵץ. וְהִנֵּה כָּל נִיצוֹצֵי פְּרָטֵי הַנְּשָׁמוֹת שֶׁבָּעוֹלָם הַזֶּה, כֻּלָּן הֵם מִבְּחִינוֹת אֵלּוּ שֶׁבְּאָדָם הָרִאשׁוֹן כַּנִּזְכָּר. וְאָמְנָם אֵלּוּ הַפְּרָטִים וְהַבְּחִינוֹת הנז' נִמְשְׁכוּ אַחַר כָּךְ בְּגוּפוֹת הָאֲנָשִׁים הַנּוֹלָדִים מִן אָדָם הָרִאשׁוֹן. וְאֵלּוּ הַפְּרָטִים הֵם הַנִּקְרָאִים אֶצְלֵנוּ שָׁרְשֵׁי הַנְּשָׁמוֹת, לִהְיוֹתָם כֻּלָּם נִמְשָׁכוֹת מִשָּׁם מִבְּחִינוֹת אֵלּוּ שֶׁל אָדָם כַּנִּזְכָּר.

In our time, for each and every person to recognize the Root of his Soul, it is required of him to know and recognize the detailed divisions of Sparks, Limbs, and Hairs of Adam, which are called the Roots of Souls that stem from him. It is likewise with respect to each and every Limb, as the sages interpreted (in the Midrash Raba, Shemot 40:3, and Midrash Tanchuma, Ki Tisa 12:1) the verse: "Where were you when I laid the foundation of earth?" (Job 38:4)

"Where were you when I laid the foundation of earth?" (Job 38:4)

As previously explained, most of the Souls are the aspect of Cain and Abel, the sons of Adam. Afterwards, [these Souls] were divided into all who were born from then and on. Even though we will not explain this matter in great detail now, since it is not the place for it, nevertheless, we will explain it in the form of an allegory.

Most Souls are from Cain and Abel.

Let us say that Abel is the aspect of the Head of all the Souls. It is found that the Soul of Abel is the Root of all the specific Sparks of Souls in humans that are from the aspect of the Head. Similarly, if Abraham the Patriarch is the aspect of the Right Arm of Adam, we can say that all the specific Sparks of Souls in humans that are from the aspect of the Right Arm of Adam are included in Abraham, and he is their Root. The same applies to the rest of the Limbs and Hairs of the Soul of Adam. But this is not the place of this discussion.

The Roots of the specific Sparks of Souls.

However, we will now explain the concept of the different aspects of Teshuvah required for people, which will help us to understand a bit about this discussion [see Twenty-First Introduction]. There are eight divisions to Teshuvah. The first is about one who has a Nefesh from the World of Asiyah. When this individual sins, he causes the separation of Asiyah from Yetzirah, in the specific Aspect of the place the Root of his Nefesh is attached to. Therefore his Teshuvah is to correct until he connects Asiyah to Yetzirah again, in the Aspect of the place of the Root of his Nefesh.

Three lower levels of Teshuvah.

98

אֵיפֹה הָיִיתָ בְּיָסְדִי אָרֶץ

וְהִנֵּה לָדַעַת עַתָּה כָּל אִישׁ וָאִישׁ מַה שֹּׁרֶשׁ שֶׁל נִשְׁמָתוֹ, צָרִיךְ שֶׁיֵּדַע וְיַכִּיר בְּמִי נִתְחַלְּקוּ כָּל פְּרָטֵי נִיצוֹצוֹת אֵיבָרִים וּשְׂעָרוֹת שֶׁל אָדָם הָרִאשׁוֹן, וְזֶה יִקָּרֵא שָׁרְשֵׁי הַנְּשָׁמוֹת הַבָּאוֹת מִמֶּנּוּ, וְכֵן בְּכָל אֵבָר וְאֵבָר, עַל דֶּרֶךְ מַה שֶּׁדָּרְשׁוּ חֲזַ"ל בְּפָסוּק "אֵיפֹה הָיִיתָ בְּיָסְדִי אָרֶץ".

רֹב הַנְּשָׁמוֹת הֵן בְּחִינַת קַיִן וְהֶבֶל

וּכְבָר בֵּאַרְנוּ לְךָ, כִּי רֹב הַנְּשָׁמוֹת הֵם בְּחִינַת קַיִן וְהֶבֶל, בָּנָיו שֶׁל אָדָם, וּמִשָּׁם יִפָּרְדוּ אַחַר כָּךְ לְכָל הַנּוֹלָדִים מֵאָז וְאֵילָךְ. וְאַף עַל פִּי שֶׁלֹּא נְבָאֵר עַתָּה הָעִנְיָן הַזֶּה בְּדִיּוּק גָּמוּר, כִּי אֵין פֹּה מְקוֹם הַדְּרוּשׁ הַזֶּה, אָמְנָם בְּדֶרֶךְ מָשָׁל נְבָאֵר עִנְיָנוֹ.

הַשָּׁרָשִׁים שֶׁל פְּרָטֵי נִיצוֹצֵי הַנְּשָׁמוֹת

כִּי הַגַּע עַצְמְךָ שֶׁנֹּאמַר שֶׁהֶבֶל הוּא בְּחִינַת הָרֹאשׁ שֶׁל הַנְּשָׁמוֹת כֻּלָּם, נִמְצָא כִּי נִשְׁמַת הֶבֶל הִיא הַשֹּׁרֶשׁ שֶׁל כָּל פְּרָטֵי נִיצוֹצֵי הַנְּשָׁמוֹת שֶׁבִּבְנֵי אָדָם, שֶׁהֵם מִבְּחִינַת הָרֹאשׁ. וְכֵן אִם אַבְרָהָם אָבִינוּ ע"ה הוּא בְּחִינַת זְרוֹעַ יָמִין שֶׁל אָדָם הָרִאשׁוֹן, נֹאמַר כִּי כָּל פְּרָטֵי נִיצוֹצֵי הַנְּשָׁמוֹת שֶׁבִּבְנֵי אָדָם מִבְּחִינַת הַזְּרוֹעַ יָמִין שֶׁל אָדָם הֵם נִכְלָלִים בְּאַבְרָהָם, וְהוּא שֹׁרֶשׁ שֶׁלָּהֶם. וְעַל דֶּרֶךְ זֶה בְּכָל שְׁאָר אֵיבָרִים וּשְׂעָרוֹת שֶׁל נִשְׁמַת אָדָם הָרִאשׁוֹן, וְאֵין כָּאן מְקוֹם דְּרוּשׁ הַזֶּה.

שְׁלֹשָׁה חֶלְקֵי תְּשׁוּבָה הַתַּחְתּוֹנִים

אָמְנָם נְבָאֵר עַתָּה עִנְיַן חִלּוּקֵי פְּרָטֵי הַתְּשׁוּבָה הַצְּרִיכָה לִבְנֵי אָדָם, וּבָהֶם יוּבַן קְצָת מִן הַדְּרוּשׁ הַזֶּה. הִנֵּה חֶלְקֵי הַתְּשׁוּבָה הֵם שְׁמוֹנָה: הָאַחַת הִיא, כִּי מִי שֶׁיֵּשׁ בּוֹ נֶפֶשׁ מֵעוֹלַם הָעֲשִׂיָּה, הִנֵּה כְּשֶׁחוֹטֵא אָדָם גּוֹרֵם לְהַפְרִיד הָעֲשִׂיָּה מִן הַיְצִירָה, בִּבְחִינַת פְּרָטִיּוּת הַמָּקוֹם שֶׁהוּא תָּלוּי בּוֹ שֹׁרֶשׁ נַפְשׁוֹ, וְלָכֵן תְּשׁוּבָתוֹ הִיא שֶׁיְּתַקֵּן עַד שֶׁיַּחֲזֹר לְהִתְחַבֵּר עֲשִׂיָּה בִּיצִירָה, בִּבְחִינַת הַמָּקוֹם הַהוּא שֶׁל שֹׁרֶשׁ נַפְשׁוֹ.

So too, one who has a Ruach from Yetzirah and sinned is required to connect Yetzirah with Briyah in the specific Aspect of his Root, as mentioned before. And whoever has a Neshamah from Briyah, will be required to combine Briyah with Atzilut in the way that was explained earlier. These are the three lower divisions of Teshuvah, since they are in the Worlds of Briyah, Yetzirah, and Asiyah.

There are five higher divisions of Teshuvah, since they are in the World of Atzilut itself. The First one is to return Malchut of [the World of] Atzilut to its place, which is under the Yesod; this is related to the specific aspect of his Soul's Root, as mentioned. The Second is to return it higher, all the way to Netzach, Hod, and Yesod, since that is the place it emanates from, as is known. The Third is to return it even higher, to Chesed, Gevurah, and Tiferet. The Fourth is to return it even higher, up to Chochmah, Binah and Da'at, which are the three Mochin of Zeir Anpin. These are four elevations, and they are all in the Aspect of the level of Zeir Anpin.

Five higher levels of Teshuvah.

There is a Fifth major and most elevated [aspect of] Teshuvah, which is to bring it back and elevate it to the place of Aba and Ima. This specific part is alluded to in the Zohar and in Tikunei HaZohar, which calls it the "Eighth Level," since it is known that Ima is the eighth [level] from below upward.

You need to know that the higher the place of an individual's Soul, the stronger and more substantial his transgression's blemish will be. The damage of one who has a Nefesh from Malchut of Atzilut will reach up to that level, and he damages the part of his Root that is there. The same applies to all the other Aspects.

To the degree of the Soul is the degree of the damage.

You also need to know that if an individual from the Rishonim (Early Sages) that preceded him, and was from the aspect of his Soul, had a Nefesh and Ruach from Asiyah and Yetzirah, and he sinned and blemished the aspect of his Ruach and thus needs to reincarnate as this second individual who is born now,

You can damage the Ruach even if you only have the Nefesh.

וְכֵן מִי שֶׁיֵּשׁ בּוֹ רוּחַ מִן הַיְצִירָה וְחָטָא, צָרִיךְ לְחַבֵּר הַיְצִירָה בִּבְרִיאָה בִּפְרָטוּת בְּחִינַת שָׁרְשׁוֹ כַּנִּזְכָּר. וּמִי שֶׁיֵּשׁ בּוֹ נְשָׁמָה מִן בְּרִיאָה, צָרִיךְ לְחַבֵּר הַבְּרִיאָה בַּאֲצִילוּת עַל דֶּרֶךְ הַנִּזְכָּר. וַהֲרֵי אֵלּוּ שְׁלֹשָׁה חֶלְקֵי תְּשׁוּבָה תַּחְתּוֹנִים, כִּי הֵם בְּעוֹלָמוֹת בי"ע.

חֲמִשָּׁה חֶלְקֵי תְּשׁוּבָה הָעֶלְיוֹנִים

עוֹד יֵשׁ חֲמִשָּׁה חֶלְקֵי תְּשׁוּבָה יוֹתֵר עֶלְיוֹנִים כִּי הֵם בְּעוֹלַם אֲצִילוּת עַצְמוֹ. הָא' הִיא, לְהַחֲזִיר הַמַּלְכוּת דַּאֲצִילוּת לִמְקוֹמָהּ, אֲשֶׁר הוּא תַּחַת הַיְסוֹד, וְזֶה בִּבְחִינַת פְּרָטִיּוּת שֹׁרֶשׁ נִשְׁמָתוֹ כַּנִּזְכָּר. הַב', לַהֲשִׁיבָהּ יוֹתֵר לְמַעְלָה עַד נה"י, כִּי שָׁם מְקוֹם אֲצִילוּתָהּ כַּנּוֹדָע. הַג', לַהֲשִׁיבָהּ יוֹתֵר לְמַעְלָה, עַד חג"ת. הַד', לַהֲשִׁיבָהּ עַד חב"ד, שֶׁהֵם שְׁלֹשָׁה מֹחִין דז"א, וַהֲרֵי אַרְבָּעָה עֲלִיּוֹת אֵלּוּ, וְכֻלָּן בִּבְחִינַת מַדְרֵגַת ז"א.

עוֹד יֵשׁ תְּשׁוּבָה הַחֲמִישִׁית עִקָּרִית וְעֶלְיוֹנָה מִכֻּלָּן, וְהִיא לַהֲשִׁיבָהּ וּלְהַעֲלוֹתָהּ עַד מְקוֹם או"א. וְאֶל חֵלֶק הַזֶּה רָמְזוּ בְּסֵפֶר הַזֹּהַר וּבְסֵפֶר הַתִּקּוּנִין, וּקְרָאוּהָ תְּשׁוּבָה דַּרְגָּא תְּמִינָאָה, כַּנּוֹדָע כִּי אִמָּא הִיא תְּמִינָאָה מִמַּטָּה לְמַעְלָה.

כְּפִי מַעֲלַת הַנְּשָׁמָה כָּךְ חֹמֶר הַפְּגָם

וְצָרִיךְ שֶׁתֵּדַע, כִּי כְּפִי מַעֲלַת מְקוֹם שֹׁרֶשׁ נִשְׁמַת הָאָדָם כָּךְ חוֹזֶק וְחֹמֶר פְּגִימַת חֶטְאוֹ, כִּי מִי שֶׁיִּהְיֶה לוֹ נֶפֶשׁ מִמַּלְכוּת דַּאֲצִילוּת יַעֲלֶה פְּגָמוֹ עַד שָׁם, וְיִפְגֹּם בְּחֵלֶק שָׁרְשׁוֹ אֲשֶׁר שָׁם, וְעַל דֶּרֶךְ זֶה בִּשְׁאָר הַבְּחִינוֹת.

אֶפְשָׁר לִפְגֹּם בְּרוּחַ אֲפִלּוּ אִם יֵשׁ בּוֹ רַק נֶפֶשׁ

גַּם צָרִיךְ שֶׁתֵּדַע, כִּי אִם אֵיזֶה אָדָם אֶחָד מִן הָרִאשׁוֹנִים שֶׁקָּדְמוּ לְפָנָיו, שֶׁהָיוּ מִבְּחִינַת בַּעֲלֵי שֹׁרֶשׁ נִשְׁמָתוֹ, הָיוּ לוֹ נֶפֶשׁ וְרוּחַ מִן עֲשִׂיָּה וִיצִירָה, וְחָטָא וּפָגַם בְּחִינַת רוּחוֹ, וְהֻצְרַךְ לְהִתְגַּלְגֵּל בָּאָדָם הַזֶּה הַב' אֲשֶׁר נוֹלַד עַתָּה, הִנֵּה עִם הֱיוֹת שֶׁהָאָדָם הַזֶּה לֹא נִכְנְסָה בּוֹ רַק בְּחִינַת

even though this present individual has only the aspect of the Nefesh, when he sins he blemishes all the way up in Yetzirah as if the aspect of Ruach had entered him too. And when he wants to do Teshuvah, he needs to make amends as if he had both his Ruach and Nefesh and both were damaged. Similarly, this applies to all of the other detailed divisions.

Concerning the correction of an individual's Teshuvah, it is necessary for him to know more about the way of his incarnation, which is different from the previous explanation. We will now explain it briefly. If in the order of the Reincarnation cycle of his Soul, there were, for example, twenty or thirty incarnations prior to him, it is important to know if the first of the thirty had, for example, a Nefesh, Ruach, and Neshamah from Briyah, Yetzirah and Asiyah, and had blemished them because then all the next thirty [Reincarnations] that come after him are required to be corrected as if they blemished the whole of Briyah, Yetzirah, and Asiyah, even though only the aspect of Nefesh entered them. This is because at the beginning, in the First [Incarnation] that preceded all of them, the Nefesh was receiving Light from the Neshamah of Briyah, and now it is required to give back to that [Nefesh] the Light that it initially had, and then the correction of its Teshuvah will be completed.

We need to know the incarnations of the Root of our Soul to know what to correct.

This is the secret of the verse: "...that she has received from the Lord's hand double for all her sins..." (Isaiah 40:2) because sometimes an individual performs a very minor transgression but will be singled out and dealt with harshly, as if he performed a very serious transgression, double that which he actually transgressed. Therefore we should not doubt His attributes if we see such things, though seemingly the mind cannot tolerate it. Everything that comes from Him is just and lawful.

Pay back for prior incarnations.

However if one of the first nine of these thirty [incarnations] merited only the Nefesh and Ruach, while the tenth one also merited the Neshamah and then transgressed and blemished it, the transgression and the blemish of the first ones, as well as their correction and Teshuvah, are in the secret of Ruach alone,

הַנֶּפֶשׁ בִּלְבַד, הִנֵּה כַּאֲשֶׁר חוֹטֵא הוּא פּוֹגֵם עַד לְמַעְלָה בִּיצִירָה, כְּאִלּוּ נִכְנַס בּוֹ גַּם בְּחִינַת רוּחַ. וְכַאֲשֶׁר יִרְצֶה לָשׁוּב בִּתְשׁוּבָה צָרִיךְ שֶׁיְּתַקֵּן כְּאִלּוּ הָיָה בּוֹ רוּחַ וְנֶפֶשׁ וְנִפְגְּמוּ שְׁנֵיהֶן, וְעַל דֶּרֶךְ זֶה בִּשְׁאָר הַפְּרָטִים.

צְרִיכִים לָדַעַת גִּלְגּוּלֵי שֹׁרֶשׁ נִשְׁמָתֵנוּ כְּדֵי לָדַעַת מַה לְּתַקֵּן

גַּם לְעִנְיַן תִּקּוּן תְּשׁוּבָתוֹ שֶׁל הָאָדָם, צָרִיךְ שֶׁיֵּדַע הָאָדָם עוֹד שָׁרְשֵׁי גִּלְגּוּלוֹ בְּאֹפֶן אַחֵר שֶׁנְּבָאֵר עַתָּה בִּקְצוּר, עִם שֶׁכְּבָר נִתְבָּאֵר אֶצְלֵנוּ בְּמָקוֹם אַחֵר, וְהוּא, כִּי הִנֵּה אִם בְּסֵדֶר גִּלְגּוּלֵי פְּרָטֵי נִיצוֹצוֹת שֹׁרֶשׁ נִשְׁמָתוֹ קָדְמוּ אֵלָיו עַל דֶּרֶךְ מָשָׁל עֶשְׂרִים אוֹ שְׁלֹשִׁים מְגֻלְגָּלִים, צָרִיךְ לָדַעַת אִם הָרִאשׁוֹן שֶׁבְּכָל אֵלּוּ הַשְּׁלֹשִׁים הָיוּ בּוֹ עַל דֶּרֶךְ מָשָׁל נר"ן מבי"ע, וּפָגַם בָּהֶם, הִנֵּה כָּל הַשְּׁלֹשִׁים הַבָּאִים אַחֲרָיו, אַף עַל פִּי שֶׁלֹּא נִכְנַס בָּהֶם רַק בְּחִינַת נֶפֶשׁ בִּלְבַד, צְרִיכִין לְהִתָּקֵן כְּאִלּוּ פָּגְמוּ בְּכָל בי"ע. לְפִי שֶׁבַּתְּחִלָּה בָּרִאשׁוֹן שֶׁקָּדַם לְכֻלָּם הָיְתָה הַנֶּפֶשׁ מְקַבֶּלֶת אוֹר מִן הַנְּשָׁמָה שֶׁל הַבְּרִיאָה, וְעַתָּה צָרִיךְ לְהַחֲזִיר אֵלֶיהָ הָאוֹר הַהוּא שֶׁהָיָה לָהּ בַּתְּחִלָּה, וְאָז יְשֻׁלַּם תִּקּוּן תְּשׁוּבָתָהּ.

נִפְרָעִים מִמֶּנּוּ בַּעֲבוּר הַגִּלְגּוּלִים שֶׁקְּדָמוּ

וְזֶהוּ סוֹד פָּסוּק "כִּי לָקְחָה מִיַּד ה' כִּפְלַיִם בְּכָל חַטֹּאתֶיהָ". כִּי לִפְעָמִים יֶחֱטָא הָאָדָם חֵטְא קַל מְאֹד, וִידַקְדְּקוּ עִמּוֹ, וְנִפְרָעִים מִמֶּנּוּ כְּאִלּוּ חָטָא חֵטְא חָמוּר מְאֹד, כִּפְלַיִם מֵאֲשֶׁר חָטָא. וְלָכֵן אֵין לְהַרְהֵר אַחַר מִדּוֹתָיו יִתְבָּרֵךְ אִם יִרְאֶה הָאָדָם כַּיּוֹצֵא בִּדְבָרִים אֵלּוּ, שֶׁלִּכְאוֹרָה אֵין הַדַּעַת סוֹבְלָן, וְהַכֹּל מֵאִתּוֹ יִתְבָּרֵךְ בְּצֶדֶק וּבְמִשְׁפָּט.

וְאָמְנָם אִם מִן הָרִאשׁוֹן עַד הַתְּשִׁיעִי, הָרִאשׁוֹנִים שֶׁבְּאֵלּוּ הַשְּׁלֹשִׁים, לֹא זָכוּ רַק אֶל נֶפֶשׁ וְרוּחַ, וְהָעֲשִׂירִי שֶׁבָּהֶם זָכָה גַּם אֶל נְשָׁמָה, וְאַחַר כָּךְ חָטָא וּפָגַם בָּהּ, הִנֵּה הַתִּשְׁעָה רִאשׁוֹנִים פְּגִימָתָם וְגַם תִּקּוּנָם וּתְשׁוּבָתָם הוּא בְּסוֹד רוּחַ לְבַד, וּמִכָּל שֶׁכֵּן נֶפֶשׁ. אֲבָל הָעֲשִׂירִי, וְכֵן

and of course the Nefesh. However, for the tenth one, and for all succeeding ones until the thirtieth one, their blemishes and their corrections are also in the secret of Neshamah. From this, you can apply to all of the details endlessly.

It is found that no individual can completely make Teshuvah properly until he knows the Root his Soul is connected to, and the Aspects of the Reincarnations of his Soul that preceded him. This is emphasized in the Zohar, Song of Songs 480 concerning the verse: "Tell me whom my Soul loves...," (Song of Songs 1:7) that man needs to know what his Soul is, why it comes to this world, and what it needs to correct, as is explained there in great length.

One cannot do full Teshuvah until he knows the Root of his Soul.

כָּל הַשְּׁאָר שֶׁמִּמֶּנּוּ וְאֵילָךְ עַד סִיּוּם הַשְּׁלֹשִׁים, פְּגִימָתָם וְתִקּוּנָם הוּא גַּם בְּסוֹד נְשָׁמָה. וּמִזֶּה תַּקִּישׁ לִשְׁאָר פְּרָטֵי פְּרָטִים עָצְמוּ מִסַּפֵּר.

אֵין הָאָדָם יָכוֹל לָשׁוּב בִּתְשׁוּבָה שְׁלֵמָה עַד שֶׁיֵּדַע שֹׁרֶשׁ נִשְׁמָתוֹ

וְנִמְצָא, כִּי אֵין הָאָדָם יָכוֹל לָשׁוּב בִּתְשׁוּבָה שְׁלֵמָה כְּתִקְנָהּ עַד שֶׁיֵּדַע שֹׁרֶשׁ מְקוֹם אֲחִיזַת נִשְׁמָתוֹ, וּבְחִינַת הַמְּגֻלְגָּלִים מִבְּחִינַת שָׁרְשׁוֹ שֶׁקָּדְמוּ אֵלָיו, אֲשֶׁר עַל כֵּן הֶחְמִירוּ בְּזֹהַר שִׁיר הַשִּׁירִים בְּפָסוּק "הַגִּידָה לִּי שֶׁאָהֲבָה נַפְשִׁי" וְכוּ', שֶׁצָּרִיךְ הָאָדָם לֵידַע מִי נִשְׁמָתוֹ, וְעַל מָה בָּא לָעוֹלָם הַזֶּה, וּמַה צְּרִיכָה לְתַקֵּן, כַּנִּזְכָּר שָׁם בְּאֹרֶךְ.

SEVENTH INTRODUCTION

Here we will expand on the matter of New and Old Souls and who they are. It has already been explained that there are some Souls that did not come included in the Soul of Adam when he was created, and these are called Truly and Completely New Souls. However, all the Souls that already came included in the Soul of Adam are called Old Souls relative to these Truly New ones mentioned, though there are two different levels in [the Old Souls].

Souls that were not included in Adam are called Completely New Souls.

Now we will explain the concept of these [Old and New] Souls, which have three levels in them. The First [Level]: These are the Souls that were not included in the Soul of Adam, and they are called Completely New Souls. The Second Level: When Adam sinned, it is known that his Limbs fell off from him, and he was diminished until he was only hundred *amah* (cubits) tall [approximately 50 meters/164 feet], in the secret of: "...and You laid Your hand upon me." (Psalms 139:5) Just as this happened to the Aspect of his body, so it happened to the Aspect of his Soul. Those Sparks of his Soul that remained present within him after the sin are [called] the Essence of the Part that remained within Adam. Thus, when he fathered Cain and Abel after his sin, as the Zohar and our sages taught, Cain and Abel came out from these Sparks. These are called the Second Level.

Three levels of Souls.

The Third [Level]: It is those Sparks of [Adam's] Soul that departed from him when he sinned that returned to descend and fall to the depths of the Klipot, as alluded to by our sages who named them the Falling of the Limbs. Know that the Soul of Seth, the son of Adam, was from this Third Level.

הַקְדָּמָה ז׳

נְשָׁמוֹת שֶׁלֹּא בָּאוּ כְּלוּלוֹת בְּאָדָם הָרִאשׁוֹן נִקְרָאוֹת נְשָׁמוֹת חֲדָשׁוֹת לְגַמְרֵי

עוֹד נַרְחִיב בַּדְּרוּשׁ הַזֶּה עִנְיַן נְשָׁמוֹת הַחֲדָשׁוֹת וְהַיְשָׁנוֹת מִי הֵם. הִנֵּה כְּבָר נִתְבָּאֵר כִּי קְצָת נְשָׁמוֹת יֵשׁ שֶׁלֹּא בָּאוּ כְּלוּלוֹת בְּנִשְׁמַת אָדָם הָרִאשׁוֹן כְּשֶׁנִּבְרָא, וְאֵלּוּ נִקְרָאוֹת נְשָׁמוֹת חֲדָשׁוֹת בֶּאֱמֶת לְגַמְרֵי. אֲבָל כָּל הַנְּשָׁמוֹת אֲשֶׁר כְּבָר בָּאוּ כְּלוּלוֹת בְּנִשְׁמַת אָדָם הָרִאשׁוֹן הֵם הַנִּקְרָאִים נְשָׁמוֹת יְשָׁנוֹת, בְּעֵרֶךְ הַחֲדָשׁוֹת הָאֲמִתִּיּוֹת הַנִּזְכָּר. אָמְנָם יֵשׁ בָּהֶם בְּעַצְמָם ב' מַדְרֵגוֹת חֲלוּקוֹת.

ג' מַדְרֵגוֹת בַּנְּשָׁמוֹת

וְעַתָּה נְבָאֵר עִנְיַן אֵלּוּ הַנְּשָׁמוֹת, כִּי הִנֵּה יֵשׁ בָּהֶם שָׁלֹשׁ מַדְרֵגוֹת: הָא' הִיא, הַנְּשָׁמוֹת שֶׁלֹּא נִכְלְלוּ בְּנִשְׁמַת אָדָם הָרִאשׁוֹן, וְאֵלּוּ נִקְרָאוֹת נְשָׁמוֹת חֲדָשׁוֹת לְגַמְרֵי. הַב' הִיא, כִּי כְּשֶׁחָטָא אָדָם הָרִאשׁוֹן, נוֹדַע כִּי נָשְׁרוּ מִמֶּנּוּ אֵיבָרָיו וְהָלַךְ וְנִתְמַעֵט, עַד אֲשֶׁר לֹא עָמַד רַק עַד ק' אַמָּה, בְּסוֹד "וַתָּשֶׁת עָלַי כַּפֶּכָה". וּכְמוֹ שֶׁאֵרַע זֶה בִּבְחִינַת גּוּפוֹ, כֵּן אֵרַע לוֹ בִּבְחִינַת נִשְׁמָתוֹ. וְהִנֵּה אוֹתָם הַנִּיצוֹצוֹת שֶׁל נִשְׁמָתוֹ שֶׁנִּשְׁאֲרוּ קַיָּמוֹת בּוֹ אַחַר הַחֵטְא, שֶׁהֵם הָעַצְמוּת הַנִּשְׁאָר לְחֵלֶק אָדָם הָרִאשׁוֹן, הִנֵּה כַּאֲשֶׁר אַחַר שֶׁחָטָא הוֹלִיד אֶת קַיִן וְהֶבֶל כִּסְבָרַת רֹב רַזַ"ל וְסֵפֶר הַזֹּהַר, הִנֵּה מִנִּיצוֹצוֹת הַנִּזְכָּר יָצְאוּ קַיִן וְהֶבֶל, וְאֵלּוּ נִקְרָאִים מַדְרֵגָה שְׁנִיָּה.

הַג' הִיא, אוֹתָם הַנִּיצוֹצוֹת שֶׁל נִשְׁמָתוֹ שֶׁנִּסְתַּלְּקוּ מִמֶּנּוּ כַּאֲשֶׁר חָטָא, וְחָזְרוּ לָרֶדֶת וְלִפֹּל לְעִמְקֵי הַקְּלִפּוֹת, אֲשֶׁר לָזֶה רָמְזוּ חֲזַ"ל וּקְרָאוּם בְּשֵׁם נְשִׁירַת אֵבָרִים. וְדַע, כִּי מִזּוּ הַמַּדְרֵגָה הַשְּׁלִישִׁית הָיְתָה נִשְׁמָתוֹ שֶׁל שֵׁת, בְּנוֹ שֶׁל אָדָם.

The First Level: A Completely New Soul that can attain Nefesh, Ruach, and Neshamah easily.

Thus, the First Level is called a Completely New Soul, and therefore when this Soul descends to this world in a body of a newborn Nefesh, it is he who our sages alluded to in the beginning of the Zohar, Mishpatim 11, [which says]: "Come and see, when a person is born, he is given a Nefesh. If he merits more, he is given a Ruach. If he merits more, [he is given a Neshamah]." That first time he comes into the world, he can acquire from Nefesh of [the World of] Asiyah until Neshamah of Neshamah of [the World of] Atzilut, level after level, as it says: "...If he merits more...." (Ibid.) And all this comes very easily, without great effort, as was explained previously concerning this First Level.

But if during that time [this New Soul] transgresses, damages, dies, and is required to return to the world, then it will be called reincarnated and Old. It was already explained before [in the Second Introduction] that the Nefesh enters him when he is born. The Ruach cannot come in until he reaches thirteen years and one day, and the Neshamah, at the age of twenty years and onwards. In the same way he goes and rises higher according to his actions, until he can achieve Nefesh, Ruach, and Neshamah of Atzilut, according to the level of his years.

The Second Level: Sparks of Souls that remained in Adam that he bestowed to Cain and Abel.

The Second Level refers to the Sparks of Soul that remained in Adam after he sinned, which he later bestowed on Cain and Abel when they were born. These are called Somewhat New Souls, but not completely. When they get corrected, their level will be greater than the rest of the Souls that dropped off and fell from Adam, as mentioned, because they also had the ability to remain in Adam and did not descend into the Klipot. They also have a specific advantage. When Adam bestowed them on his sons, Cain and Abel, it was not considered an actual Reincarnation like the rest of the reincarnated [Souls] when the first body dies and the Soul reincarnates in a second body, but this bestowing them on his sons when they were born [happened] while they were part of Adam when he was alive. Therefore all of the Sparks that were included in Cain and Abel are considered as if they were still included in Adam himself

הַמַּדְרֵגָה הָרִאשׁוֹנָה: נְשָׁמָה חֲדָשָׁה לְגַמְרֵי, וִיכוֹלָה לְהַשִּׂיג נר"ן בְּקַלּוּת

וְהִנֵּה הַמַּדְרֵגָה הָרִאשׁוֹנָה הִיא הַנִּקְרֵאת נְשָׁמָה חֲדָשָׁה לְגַמְרֵי, וְלָכֵן כַּאֲשֶׁר תֵּרֵד נְשָׁמָה זוֹ בָּעוֹלָם הַזֶּה בְּגוּף אֵיזֶה אִישׁ כְּשֶׁנּוֹלָד, עָלָיו רָמְזוּ בְּרֵישׁ פָּרָשַׁת מִשְׁפָּטִים דַּף צ"ד ע"ב, וְזֶה לְשׁוֹנוֹ: תָּא חֲזֵי בַּר נַשׁ כַּד אִתְיְלֵד, יָהֲבִין לֵיהּ נַפְשָׁא וְכוּ', זָכָה יַתִּיר וְכוּ'. כִּי בְּאוֹתָהּ הַפַּעַם הָא' שֶׁבָּא לָעוֹלָם יָכוֹל לְהַשִּׂיג מִנֶּפֶשׁ דַּעֲשִׂיָּה עַד נְשָׁמָה לִנְשָׁמָה שֶׁל אֲצִילוּת, מַדְרֵגָה אַחַר מַדְרֵגָה, כמ"ש זָכָה יַתִּיר וְכוּ'. וְכָל זֶה בְּקַלּוּת גָּדוֹל, שֶׁלֹּא עַל יְדֵי טֹרַח מְרֻבֶּה, וּכְבָר נִתְבָּאֵר לְמַעְלָה בְּעִנְיַן זוֹ הַמַּדְרֵגָה הָא'.

אֲבָל אִם בַּפַּעַם הַהִיא חָטָא וּפָגַם, וְיָמוּת, וְיִצְטָרֵךְ לַחֲזֹר בָּעוֹלָם, הִנֵּה אָז יִקָּרֵא מְגֻלְגָּל וְיָשָׁן, כִּי הַנֶּפֶשׁ בָּא לוֹ בְּעֵת שֶׁנּוֹלָד, וְהָרוּחַ אִי אֶפְשָׁר לָבֹא עַד י"ג שָׁנִים וְיוֹם אֶחָד, וְהַנְּשָׁמָה מִבֶּן כ' שָׁנָה וְאֵילָךְ. וְעַל דֶּרֶךְ זֶה הוֹלֵךְ וְגָבֵהַּ מְאֹד כְּפִי מַעֲשָׂיו, עַד שֶׁיָּכוֹל לְהַשִּׂיג נר"ן דַּאֲצִילוּת, כְּפִי מַדְרֵגַת שְׁנוֹתָיו.

הַמַּדְרֵגָה הַשֵּׁנִית: נִיצוֹצוֹת הַנְּשָׁמָה שֶׁנִּשְׁאֲרוּ בְּאָדָם וְהוֹרִישָׁם לְקַיִן וְהֶבֶל

הַמַּדְרֵגָה הַשֵּׁנִית, וְהִיא נִיצוֹצוֹת הַנְּשָׁמָה שֶׁנִּשְׁאֲרוּ בְּאָדָם הָרִאשׁוֹן אַחַר שֶׁחָטָא אֲשֶׁר מֵהֶם הוֹרִישׁ אַחַר כָּךְ לְקַיִן וְהֶבֶל בָּנָיו כְּשֶׁנּוֹלְדוּ, הִנֵּה אֵלּוּ נִקְרָאִים נְשָׁמוֹת חֲדָשׁוֹת בִּבְחִינַת מָה, וְלֹא לְגַמְרֵי. וְכַאֲשֶׁר יִתְקְנוּ, תִּהְיֶה מַעֲלָתָם גְּדוֹלָה עַל שְׁאָר הַנְּשָׁמוֹת שֶׁנָּשְׁרוּ וְנָפְלוּ מֵאָדָם הָרִאשׁוֹן כַּנִּזְכָּר, כֵּיוָן שֶׁהָיָה גַּם בָּהֶם כֹּחַ לְהִשָּׁאֵר קַיָּמִים בְּאָדָם וְלֹא נָפְלוּ בַּקְּלִפּוֹת, וְיֵשׁ לָהֶם מַעֲלָה זוֹ בִּפְרָטוּת, וְהוּא, כִּי כַּאֲשֶׁר הוֹרִישָׁם אָדָם לְקַיִן וְהֶבֶל בָּנָיו, אֵין זֶה נֶחְשָׁב לְגִלְגּוּל מַמָּשׁ כִּשְׁאָר הַמְגֻלְגָּלִים, שֶׁמֵּת הַגּוּף הָא' וְנִשְׁמָתוֹ מִתְגַּלְגֶּלֶת בַּגּוּף הַב', אֲבָל זֶה הֵם בְּחַיִּים חַיָּתוֹ שֶׁל אָדָם הָרִאשׁוֹן שֶׁהוֹרִישָׁם לְבָנָיו כְּשֶׁנּוֹלְדוּ, וְלָכֵן כָּל הַנִּיצוֹצוֹת שֶׁהָיוּ כְּלוּלוֹת בְּקַיִן וְהֶבֶל נֶחְשָׁבִים כְּאִלּוּ עֲדַיִן הָיוּ כְּלוּלוֹת בְּאָדָם עַצְמוֹ וְלֹא נָשְׁרוּ מִמֶּנּוּ. וְנִמְצָא,

and did not drop from him. It is found that when these Sparks came included in the Soul of Adam, they did not come for their own correction because they are not his. Rather they were only included in him, and it is as if they had not come at all.

Also, afterwards when they came included together with the Souls of Cain and Abel while Adam was still alive, it is also not considered as if they came [reincarnated] at all since they did not come there for their own need because they had not yet been divided into Sparks of their own and in their own bodies. Rather, they were only included in the bodies of Cain and Abel. However, it is still not considered as if they came [reincarnated] at all.

> The bestowing of these Souls to Cain and Abel is somewhat considered a Reincarnation.

Therefore when a specific Spark divides and then comes into the world in an individual's body, it is somewhat considered for them the First New entrance, but not completely because their coming into Adam, Cain, and Abel is called an entrance, as will be explained. If then, at that time, he [a Soul of this type] transgresses, blemishes and dies, and returns in a second body, then he will be called reincarnated and Old.

Thus when they [Sparks of Soul] first come into the world, they are called a New Soul to some extent, as mentioned, because even during this first time it can—depending on its actions—achieve a Nefesh of Asiyah, a Ruach of Yetzirah, a Neshamah of Briyah and a Nefesh of Atzilut but not any further, like the truly new Soul that can achieve up to Neshamah of Neshamah of Atzilut, as mentioned earlier.

> When these Souls come to the world they can achieve up to Nefesh of Atzilut.

This is one difference between the First Level and the Second one, and the reason is that it is known that when Adam sinned, the *Zihara Ila'ah* (Supernal Splendor) departed from him, as mentioned in Zohar, Kedoshim: Sitrei Torah 63. And it is the Aspect of Ruach, Neshamah, Chayah, and Yechidah from the World of Atzilut, since all this is called *Zihara Ila'ah*. These did not descend into the Klipot, Heaven forbid, as it is known that Klipot are only in the three Worlds of Briyah, Yetzirah, and

> When the *Zihara Ila'ah* departed from Adam only the Nefesh of Atzilut remained.

כִּי כְּשֶׁבָּאוּ כְּלוּלוֹת אֵלּוּ הַנִּיצוֹצוֹת בְּנִשְׁמַת אָדָם שֶׁלֹּא בָּאוּ לְתִקּוּן עַצְמָם, כִּי אֵינָם שֶׁלּוֹ, רַק שֶׁנִּכְלְלוּ בּוֹ כְּאִלּוּ לֹא בָּאוּ כְּלָל דָּמְיָן.

הוֹרָשַׁת הַנְּשָׁמוֹת הָאֵלּוּ לְקַיִן וְהֶבֶל נִקְרָא בִּיאָה לָעוֹלָם מִצַּד מָה

וְגַם כְּשֶׁבָּאוּ אַחַר כָּךְ כְּלוּלוֹת עִם נִשְׁמַת קַיִן וְהֶבֶל בְּחַיֵּי אָדָם, אֵין זֶה נִקְרָא גִּלְגּוּל כַּנִּזְכָּר. גַּם זוֹ אֵינָהּ נֶחְשֶׁבֶת בִּיאָה כְּלָל, כֵּיוָן שֶׁלֹּא בָּאוּ כָּאן לְצֹרֶךְ עַצְמָם, וְלָכֵן נֶחְשָׁב כְּאִלּוּ עֲדַיִן הֵם כְּלוּלוֹת בְּאָדָם כַּנִּזְכָּר. דְּכֵיוָן שֶׁעֲדַיִן לֹא נִתְחַלְּקוּ לְנִיצוֹצוֹת בִּפְנֵי עַצְמָם בְּגוּפוֹת שֶׁלָּהֶם, אֶלָּא שֶׁהָיוּ כְּלוּלוֹת בִּלְבַד בַּגּוּף בְּקַיִן וְהֶבֶל, עֲדַיִן גַּם זֶה אֵין נֶחְשָׁב לָהֶם לְבִיאָה כְּלָל, אֲפִלּוּ בִּהְיוֹתָם כְּלוּלִים בְּקַיִן וְהֶבֶל.

וְלָכֵן כַּאֲשֶׁר אֵיזֶה נִיצוֹץ יִתְחַלֵּק וְיָבֹא אַחַר כָּךְ בָּעוֹלָם בְּגוּף אֵיזֶה אִישׁ, אָז תֵּחָשֵׁב לָהֶם בִּיאָה רִאשׁוֹנָה חֲדָשָׁה בְּצַד מָה וְלֹא לְגַמְרֵי, כְּמוֹ שֶׁיִּתְבָּאֵר, כִּי כְּבַר נִקְרָא בִּיאָה מַה שֶּׁבָּאוּ בְּאָדָם וְקַיִן וְהֶבֶל. וְאִם אָז בַּפַּעַם הַהִיא יֶחֱטָא וְיִפְגֹּם, וְיָמוּת, וְיַחֲזֹר לָבֹא בְּגוּף ב', אָז יִקָּרֵא מְגֻלְגָּל וְיָשָׁן.

כְּשֶׁהַנְּשָׁמוֹת הָאֵלּוּ מִתְחַלְּקוֹת וּבָאוֹת לָעוֹלָם הֵן יְכוֹלוֹת לְהַשִּׂיג עַד נֶפֶשׁ דַּאֲצִילוּת

וְהִנֵּה בַּפַּעַם הַבִּיאָה הָרִאשׁוֹנָה שֶׁיָּבוֹאוּ בָּעוֹלָם יִקָּרְאוּ נְשָׁמָה חֲדָשָׁה בְּצַד מָה כַּנִּזְכָּר, וְהוּא, כִּי גַּם הִיא בְּפַעַם זוֹ הָרִאשׁוֹנָה יָכוֹל לְהַשִּׂיג כְּפִי מַעֲשָׂיו נֶפֶשׁ דַּעֲשִׂיָּה, וְרוּחַ דִּיצִירָה, וּנְשָׁמָה דִּבְרִיאָה, וְנֶפֶשׁ דַּאֲצִילוּת, וְלֹא יוֹתֵר מִזֶּה, כַּנְּשָׁמָה הַחֲדָשָׁה הָאֲמִתִּית, שֶׁיְּכוֹלָה לְהַשִּׂיג עַד נְשָׁמָה לִנְשָׁמָה דַּאֲצִילוּת כַּנִּזְכָּר לְעֵיל.

כְּשֶׁהַזִּיהֲרָא עִלָּאָה נִסְתַּלְּקָה מֵאָדָם לֹא נִשְׁאַר בּוֹ רַק נֶפֶשׁ דַּאֲצִילוּת

וְזֶהוּ הֶפְרֵשׁ אֶחָד שֶׁיֵּשׁ בֵּין מַדְרֵגָה הָרִאשׁוֹנָה לְזוֹ הַשְּׁנִיָּה. וְהַטַּעַם הוּא, לְפִי שֶׁנּוֹדַע כִּי כְּשֶׁחָטָא אָדָם הָרִאשׁוֹן נִסְתַּלְּקָה מִמֶּנּוּ זִיהֲרָא עִלָּאָה, כַּנִּזְכָּר בַּזֹּהַר בְּסִתְרֵי תּוֹרָה פָּרָשַׁת קְדֹשִׁים דַּף פ"ג ע"א, וְהִיא בְּחִינַת רנח"י מֵעוֹלַם הָאֲצִילוּת, כִּי כָּל זֶה נִקְרָא זִיהֲרָא עִלָּאָה, וְאֵלּוּ לֹא יָרְדוּ לַקְּלִפּוֹת חַס וְשָׁלוֹם, כַּנּוֹדָע שֶׁאֵין קְלִפּוֹת רַק בְּג' עוֹלָמוֹת בי"ע. אֲבָל

Asiyah. However, they departed and ascended to their place. Of all the Parts of Atzilut called *Zihara Ila'ah* (Supernal Splendor) only the Nefesh of Atzilut remained in him.

Therefore even now when the Sparks that were included in Cain and Abel come into this world for the first time, through their actions they can achieve up to the Nefesh of Atzilut and no further, only according to what they had in the beginning. However, the Completely New Souls of the First Level can achieve in one time from the end of Asiyah to the top of Atzilut that is called the entire *Zihara Ila'ah*. This is one advantage that the Souls of the First Level have over those of the Second Level.

The Sparks of the First Level can achieve up to the top of Atzilut.

They have another advantage. That is, whoever has a Completely New Soul, which is called the First Level, when he comes to this world for the first time he can, according to his actions, easily achieve from a Nefesh of Asiyah up to the completion of a Neshamah of Neshamah of Atzilut, as mentioned, together in the same body. Then the Nefesh will become a dwelling place and a throne for the Ruach, and the Ruach for the Neshamah, and so on.

The Sparks of the First Level can easily achieve according to their actions.

This is not the case with the Second Level, which are the Sparks that are included in Cain and Abel, since even though we explained that these can achieve all the way up to and including Nefesh of Atzilut at one time, it is not done easily like the First Level, but rather through great effort, as explained in previous Introductions (Third Introduction), which is what was mentioned there in the secret of the Yibum at night, in the verse: "With my Nefesh, I yearned for You at night… (*Nafshi iviticha balailah…*)" (Isaiah 26:9) where after the Nefesh becomes completely corrected, it departs from the person at night while he sleeps and goes away. Afterwards, in the morning, the Nefesh of a Convert and the Ruach of the individual himself enter, and the Ruach becomes clothed within this Nefesh, until the Ruach gets fully corrected and then his original Nefesh returns to his body and they stay there together—his Nefesh a throne to his own Ruach.

The Sparks of the Second Level can only achieve through the verse: *Nafshi iviticha balailah* (Isaiah 26:9), and with tremendous effort.

נִסְתַּלְּקוּ לְמַעְלָה לִמְקוֹמָם, וּמִכָּל חֶלְקֵי הָאֲצִילוּת הַנִּקְרָא זִיהֲרָא עִלָּאָה לֹא נִשְׁאַר בּוֹ רַק נֶפֶשׁ דַּאֲצִילוּת בִּלְבַד.

ניצוצות הַמַּדְרֵגָה הָא' יְכוֹלִים לְהַשִּׂיג עַד רוּם הָאֲצִילוּת

וְלָכֵן גַּם עַתָּה כְּשֶׁיָּבֹאוּ הַנִּיצוֹצוֹת שֶׁהָיוּ כְּלוּלוֹת בְּקַיִן וְהֶבֶל, וְיָבֹאוּ עַתָּה לָעוֹלָם בַּפַּעַם הָא', יְכוֹלִים לְהַשִּׂיג עַל יְדֵי מַעֲשֵׂיהֶם עַד נֶפֶשׁ דַּאֲצִילוּת וְלֹא יוֹתֵר, כְּפִי מַה שֶּׁהָיָה לָהֶם בַּתְּחִלָּה בִּלְבַד. אֲבָל הַנְּשָׁמוֹת הַחֲדָשׁוֹת לְגַמְרֵי שֶׁל הַמַּדְרֵגָה הָרִאשׁוֹנָה יְכוֹלוֹת בְּפַעַם א' לְהַשִּׂיג מִסּוֹף הָעֲשִׂיָּה עַד רוּם הָאֲצִילוּת הַנִּקְרָא זִיהֲרָא עִלָּאָה כֻּלָּהּ. וַהֲרֵי זֶה יִתְרוֹן אֶחָד שֶׁל נִיצוֹצוֹת הַמַּדְרֵגָה הָא' עַל הַמַּדְרֵגָה הַב'.

ניצוצות הַמַּדְרֵגָה הָא' יְכוֹלִים לְהַשִּׂיג בְּנָקֵל כְּפִי מַעֲשֵׂיהֶם

עוֹד יֵשׁ לָהֶם יִתְרוֹן אַחֵר, וְהוּא, כִּי מִי שֶׁיֵּשׁ לוֹ נְשָׁמָה חֲדָשָׁה לְגַמְרֵי, הַנִּקְרֵאת מַדְרֵגָה א', הִנֵּה כְּשֶׁיָּבוֹא בָּעוֹלָם בַּפַּעַם הָרִאשׁוֹנָה יָכוֹל לְהַשִּׂיג בְּנָקֵל כְּפִי מַעֲשָׂיו יַחַד בְּאוֹתוֹ הַגּוּף מִנֶּפֶשׁ דַּעֲשִׂיָּה עַד תַּשְׁלוּם נְשָׁמָה לִנְשָׁמָה דַּאֲצִילוּת כַּנִּזְכָּר, וְיֵעָשֶׂה הַנֶּפֶשׁ מִשְׁכָּן וְכִסֵּא אֶל הָרוּחַ, וְהָרוּחַ אֶל הַנְּשָׁמָה וְכוּ'.

ניצוצות הַמַּדְרֵגָה הַב' יְכוֹלִים לְהַשִּׂיג רַק ע"י כַּוָּנַת פָּסוּק "נַפְשִׁי אִוִּיתִיךָ בַּלַּיְלָה", וּבְטֹרַח גָּדוֹל

מַה שֶּׁאֵין כֵּן בַּמַּדְרֵגָה הַשֵּׁנִית, שֶׁהֵם הַנִּיצוֹצוֹת הַנִּכְלָלוֹת בְּקַיִן וְהֶבֶל, כִּי אֵלּוּ אַף עַל פִּי שֶׁבֵּאַרְנוּ שֶׁיְּכוֹלִים לְהַשִּׂיג בְּפַעַם א' עַד נֶפֶשׁ דַּאֲצִילוּת וְעַד בִּכְלָל, אֵינוֹ בְּנָקֵל עַל דֶּרֶךְ הַמַּדְרֵגָה הָא', אֶלָּא עַל יְדֵי טֹרַח גָּדוֹל, כְּמוֹ שֶׁנִּתְבָּאֵר בִּדְרוּשִׁים הַקּוֹדְמִים, וְהוּא הַנִּזְכָּר שָׁם בְּסוֹד הַיִּבּוּם בַּלַּיְלָה, בְּסוֹד "נַפְשִׁי אִוִּיתִיךָ בַּלַּיְלָה" וְגוֹ', כִּי אַחַר שֶׁכְּבָר נִתְקְנָה הַנֶּפֶשׁ לְגַמְרֵי יוֹצֵאת מִן הָאָדָם בַּלַּיְלָה כְּשֶׁיָּשֵׁן וְהוֹלֶכֶת לוֹ, וְאַחַר כָּךְ בַּבֹּקֶר נִכְנֶסֶת בּוֹ נֶפֶשׁ הַגֵּר וְהָרוּחַ שֶׁל הָאָדָם עַצְמוֹ, וּמִתְלַבֵּשׁ הָרוּחַ תּוֹךְ זוֹ הַנֶּפֶשׁ עַד שֶׁיִּתָּקֵן הָרוּחַ לְגַמְרֵי, וְאָז חוֹזֶרֶת נַפְשׁוֹ הָרִאשׁוֹנָה לְגוּפוֹ וְעוֹמְדִים שָׁם בְּיַחַד, הַנֶּפֶשׁ שֶׁלּוֹ כִּסֵּא אֶל הָרוּחַ שֶׁלּוֹ עַצְמוֹ.

If he later merits more, his Nefesh and Ruach depart at night, as mentioned, and in the morning his Neshamah enters and stays there until it gets fully corrected. Afterwards, his Nefesh and Ruach enter him, and the three of them stand together. All of this occurs through great effort and difficulty, and with great intention, in the secret of the verse: "If he sets his heart on it, he gathers unto him his Ruach and Neshamah." (Job 34:14) Meaning, that if he is wise and knows the aforementioned meditation in the secret of the Yibum at night, and he sets his heart and intention, he can "gather unto him" in his actual body his Ruach and Neshamah, and he will not require further Reincarnations.

And sometimes, if this individual finishes to correct his Nefesh but does not know to perform the aforementioned meditation to draw his Ruach to himself, to correct it through the departing of the Nefesh at night and meditating on the verse: "With my Nefesh, I yearned for You at night…," (Isaiah 26:9) as mentioned in the earlier Introductions, this individual will die so that later his Ruach will come to be corrected in a second body. Once it gets corrected, the Nefesh will join together with it, as mentioned.

Those who do not know to meditate on the verse: *Nafshi iviticha balailah.* (Isaiah 26:9)

If then he still does not know the meditation for sending the Ruach away at night and bringing the Neshamah to be corrected, [all] via the aforementioned meditation, he will die a second time and his Neshamah will come in a third body to be corrected. After it gets corrected, his Nefesh and Ruach will enter him together with the Neshamah, as mentioned.

This is the reason behind the mystery of why some completely righteous people die young, because since they corrected their Nefesh as much as possible in such short years, and they did not know how to draw their Ruach and send away their Nefesh by the aforementioned meditation, they die young as their Nefesh does not need to be delayed in this world. On the contrary, he dies to allow his Ruach to come later in a second body where it too can be corrected. This is also the case with Tzadikim who

The reason why some Tzadikim die young.

וְאִם יִזְכֶּה אַחַר כָּךְ יוֹתֵר, יוֹצְאִים נַפְשׁוֹ וְרוּחוֹ בַּלַּיְלָה כַּנִּזְכָּר, וּבַבֹּקֶר נִכְנֶסֶת בּוֹ נִשְׁמָתוֹ, וְיוֹשֶׁבֶת שָׁם עַד שֶׁתִּתְקַן לְגַמְרֵי. וְאַחַר כָּךְ נִכְנָסִים בּוֹ נַפְשׁוֹ וְרוּחוֹ, וְעוֹמְדִים שָׁם שְׁלָשְׁתָּם יַחַד, וְכָל זֶה עַל יְדֵי טֹרַח וְדֹחַק גָּדוֹל וְכַוָּנָה גְּדוֹלָה, בְּסוֹד פָּסוּק "אִם יָשִׂים אֵלָיו לִבּוֹ רוּחוֹ וְנִשְׁמָתוֹ אֵלָיו יֶאֱסֹף". פֵּרוּשׁ: כִּי אִם יִהְיֶה חָכָם וְיוֹדֵעַ כַּוָּנָה הַנִּזְכֶּרֶת בְּסוֹד הַיִּבּוּם בַּלַּיְלָה, וְיָשִׂים לֵב וְכַוָּנָה, יוּכַל לֶאֱסֹף אֵלָיו, רוֹצֶה לוֹמַר אֶל זֶה הַגּוּף עַצְמוֹ, אֶת רוּחוֹ וְנִשְׁמָתוֹ, וְלֹא יִצְטָרֵךְ לְגִלְגּוּלִים אֲחֵרִים.

אֵלּוּ שֶׁלֹּא יוֹדְעִים לְכַוֵּן בְּפָסוּק "נַפְשִׁי אִוִּיתִיךָ בַּלַּיְלָה"

וְלִפְעָמִים אִם הָאָדָם הַנִּזְכָּר יַשְׁלִים לְתַקֵּן נַפְשׁוֹ לְגַמְרֵי, וְלֹא יִהְיֶה יוֹדֵעַ לְכַוֵּן כַּוָּנָה הַנִּזְכֶּרֶת לְהַמְשִׁיךְ רוּחוֹ אֵלָיו, לְתַקְּנוֹ עַל יְדֵי יְצִיאַת הַנֶּפֶשׁ בַּלַּיְלָה בְּכַוָּנַת פָּסוּק "נַפְשִׁי אִוִּיתִיךָ בַּלַּיְלָה", כַּמְבֹאָר לְעֵיל בַּדְּרוּשִׁים שֶׁקָּדְמוּ, הִנֵּה יָמוּת הָאִישׁ הַזֶּה כְּדֵי שֶׁאַחַר כָּךְ יָבֹא רוּחוֹ לְהִתָּקֵן בַּגּוּף הַשֵּׁנִי, וּכְשֶׁיִּתְקַן יָבֹא אֵלָיו נַפְשׁוֹ בְּיַחַד עִמּוֹ כַּנִּזְכָּר.

וְאִם גַּם אָז לֹא יָדַע לְכַוֵּן לְשַׁלֵּחַ אֶת הָרוּחַ בַּלַּיְלָה, וּלְהָבִיא הַנְּשָׁמָה לְתַקְּנָהּ עַל יְדֵי הַכַּוָּנָה הַנִּזְכֶּרֶת, הִנֵּה יָמוּת שֵׁנִית, וְתָבֹא נִשְׁמָתוֹ בְּגוּף שְׁלִישִׁי לְהִתָּקֵן, וְאַחַר תִּקּוּנוֹ יִכָּנְסוּ בּוֹ גַּם נַפְשׁוֹ וְרוּחוֹ בְּיַחַד עִם הַנְּשָׁמָה כַּנִּזְכָּר.

טַעַם לָמָּה קְצָת צַדִּיקִים מֵתִים בְּקִצּוּר יָמִים

וְזֶהוּ הַטַּעַם הַנִּפְלָא לִקְצָת צַדִּיקִים גְּמוּרִים שֶׁמֵּתִים בְּקִצּוּר יָמִים, כִּי לִהְיוֹת שֶׁתִּקְּנוּ נַפְשָׁם בְּתַכְלִית הַשְּׁלֵמוּת בְּשָׁנִים מוּעָטוֹת, וְכֵיוָן שֶׁאֵינָם יוֹדְעִים לְהַמְשִׁיךְ רוּחָם וּלְשַׁלֵּחַ נַפְשָׁם בַּכַּוָּנָה הַנִּזְכֶּרֶת, הֵם מֵתִים בְּקִצּוּר יָמִים, כִּי אֵין נַפְשָׁם צְרִיכָה לְהִתְעַכֵּב בָּעוֹלָם הַזֶּה, וְאַדְּרַבָּא יָמוּת כְּדֵי שֶׁיָּבֹא אַחַר כָּךְ הָרוּחַ בְּגוּף שֵׁנִי, וְיִתְקַן גַּם הוּא. וְכֵן עַל דֶּרֶךְ זֶה בְּצַדִּיקִים שֶׁזָּכוּ לְנֶפֶשׁ וְרוּחַ בְּתַכְלִית הַתִּקּוּן, וְלֹא יָדְעוּ לְשַׁלְּחָם וּלְהַמְשִׁיךְ הַנְּשָׁמָה כַּנִּזְכָּר. וְזֶהוּ סוֹד פָּסוּק "יָמוּתוּ וְלֹא

merited their Nefesh and Ruach with utmost correction and did not know how to send them away and draw the Neshamah, as mentioned. This is the secret of the verse: "…they will die, but not wisely" (Job 4:21) because sometimes people die for lack of wisdom and for not knowing how to draw their Ruach or Neshamah, as mentioned.

However, know that this rule only applies to someone who corrected his Nefesh, yet his Ruach and Neshamah are still blemished from the first time. However, one whose Ruach or Neshamah are already corrected, then when he completes correcting his Nefesh, his Ruach or even his Neshamah can enter and be clothed in that Nefesh, since they are corrected like [the Nefesh]. Thus, [we have] explained the two advantages that the First Level has over the Second Level.

> This law applies only if the Ruach or Neshamah are damaged already.

Now we will explain another advantage that the Second Level has over the First. It is that the [Souls] of the First Level cannot acquire Nefesh, Ruach, and Neshamah at one time, even though they can merit them only due to age. Meaning, when they are born, they merit the Nefesh. When they reach thirteen years and one day, if their actions are refined, the Ruach also enters them. If they refine further, then when they reach [the age of] twenty, the Neshamah also enters them. It continues in this manner until completion.

> The advantage of the Second Level over the First.

However, the Second Level [Souls] can achieve up to the Nefesh of Atzilut [even] before the completion of thirteen years and one day, because when the Sparks were included in Cain and Abel, they merited all of these mentioned Parts all together, and therefore now they are also able to achieve all of the Parts that they are worthy of at once, and it is not dependent on the number of years but rather according to their actions and also through the meditation previously mentioned.

> Second Level Souls can achieve Nefesh, Ruach, and Neshamah before 13 years old.

בְחָכְמָה", כִּי לִפְעָמִים יָמוּתוּ בְּנֵי אָדָם לְחֶסְרוֹן חָכְמָה, שֶׁלֹּא יָדְעוּ לְהַמְשִׁיךְ רוּחָם אוֹ נִשְׁמָתָם כַּנִּזְכָּר.

דִּין זֶה נוֹהֵג רַק אִם הָרוּחַ אוֹ הַנְּשָׁמָה כְּבָר פְּגוּמוֹת

אָמְנָם דַּע, כִּי אֵין דִּין זֶה נוֹהֵג אֶלָּא בְּמִי שֶׁתִּקֵּן נַפְשׁוֹ וַעֲדַיִן רוּחוֹ וְנִשְׁמָתוֹ הָיוּ פְּגוּמִים מִפַּעַם א'. אֲבָל מִי שֶׁרוּחוֹ אוֹ נִשְׁמָתוֹ מְתֻקָּנִים כְּבָר, הִנֵּה כַּאֲשֶׁר יַשְׁלִים עַתָּה לְתַקֵּן הַנֶּפֶשׁ יְכוֹלִין לָבֹא הָרוּחַ, אוֹ גַּם הַנְּשָׁמָה, לִכָּנֵס וּלְהִתְלַבֵּשׁ בַּנֶּפֶשׁ הַהִיא, מֵאַחַר שֶׁהֵם מְתֻקָּנִים כָּמוֹהָ. וַהֲרֵי נִתְבָּאֲרוּ ב' הַיִּתְרוֹנוֹת שֶׁיֵּשׁ אֶל הַמַּדְרֵגָה הָרִאשׁוֹנָה עַל הַשְּׁנִיָּה.

יִתְרוֹן הַמַּדְרֵגָה הַשֵּׁנִית עַל הָרִאשׁוֹנָה

וְעַתָּה נְבָאֵר יִתְרוֹן אַחֵר, שֶׁיֵּשׁ אֶל הַמַּדְרֵגָה הַשֵּׁנִית עַל הָרִאשׁוֹנָה. וְהִיא, כִּי הַמַּדְרֵגָה הָרִאשׁוֹנָה, אֵינָם יְכוֹלִים לְהַשִּׂיג נר"ן וְכוּ' בְּפַעַם א', אַף עַל פִּי שֶׁיִּזְכּוּ לָהֶם רַק עַל יְדֵי מִסְפַּר הַשָּׁנִים. פֵּרוּשׁ: כִּי בְּעֵת שֶׁנּוֹלְדוּ, זוֹכִים לְנֶפֶשׁ. וּבִהְיוֹתָם בֶּן י"ג שָׁנָה וְיוֹם אֶחָד, אִם יִזְכּוּ מַעֲשֵׂיהֶם, יִכָּנֵס בָּהֶם גַּם הָרוּחַ. וְאִם יִזְכּוּ עוֹד, הִנֵּה בִּהְיוֹתָם בֶּן כ' שָׁנָה יִכָּנֵס בָּהֶם הַנְּשָׁמָה גַּם כֵּן. וְעַל דֶּרֶךְ זֶה עַד סִיּוּם הַכֹּל.

אֵלּוּ מֵהַמַּדְרֵגָה הַב' יְכוֹלִים לְהַשִּׂיג נר"ן קֹדֶם תַּשְׁלוּם י"ג שָׁנִים

אֲבָל הַמַּדְרֵגָה הַב' יְכוֹלִים לְהַשִּׂיג עַד נֶפֶשׁ דַּאֲצִילוּת קֹדֶם תַּשְׁלוּם י"ג שָׁנִים וְיוֹם אֶחָד. כִּי כֵּיוָן שֶׁבִּהְיוֹת נִיצוֹצוֹת אֵלּוּ כְּלוּלוֹת בְּקַיִן וְהֶבֶל, הָיוּ יַחַד זוֹכִים אֶל כָּל הַחֲלָקִים הַנִּזְכָּרִים, גַּם עַתָּה יְכוֹלִים לְהַשִּׂיג כָּל הַחֲלָקִים הָרְאוּיִם לָהֶם בְּרֶגַע אֶחָד, וְאֵינוֹ תָּלוּי בְּמִסְפַּר שָׁנִים אֶלָּא כְּפִי מַעֲשֵׂיהֶם, וְגַם עַל יְדֵי הַכַּוָּנָה הנז"ל.

With this, the [apparent] contradiction between two articles will be resolved. The article mentioned in the beginning of Zohar, Mishpatim 11: "Come and see, when a person is born, he is given a Nefesh..., if he merits more...," [in other words] that it all depends upon [the individual's] actions and not upon the number of years, is speaking about the Souls of the Second Level that were included in Cain and Abel and are considered Somewhat New. And the article mentioned in the Saba deMishpatim, Zohar, Mishpatim 76-77, seems to imply that it is dependent on the number of years, as it says: "When he merits to be thirteen years old, it is said about him: '...today I gave birth to you' (Psalms 2:7), and he is given a Ruach. When he merits to be twenty, he is given a Neshamah, and it is said of him: 'I was a son to my father....'" (Proverbs 4:3) This refers to the First Level [Souls], which are Completely New Souls that were never included in the Soul of Adam.

Second Level Souls merit based on their actions, and First Level Souls merit based on age.

The Third Level [Souls] are the Souls that fell into the Klipot after the Sin of Adam. From them came the Soul of Seth, Adam's son, and the others. These are called Old Souls in every aspect. Thus, they are of the lowest grade of all because as they fell from Adam they separated into many Sparks and Parts due to Adam's sin. Due to the time when they were in Adam and from just that one incarnation alone, they are called Old. From that time on, when any of these Souls enters for the first time into the body of an individual and he eventually dies, the Soul will be called a Reincarnation of two times, and the same applies from then on.

Third Level Souls are called Old in all aspects.

Therefore when a Soul from this [Third] Level comes to a body of an individual for the first time, it only has the ability to correct one part in each Reincarnation. Thus, first comes the Nefesh part to be corrected, and this is how: Since this Nefesh was from Malchut of Nukva of Asiyah, it must be corrected up to the completion of Keter of Asiyah. When he completes its correction, this individual will die and his Ruach will come into a second body. When its correction is completed, he will again

They can only correct one part in each Reincarnation.

נִשְׁמוֹת הַמַּדְרֵגָה הַב' זוֹכוֹת כְּפִי מַעֲשֵׂיהֶן, וְנִשְׁמוֹת הַמַּדְרֵגָה הָא' זוֹכוֹת כְּפִי מִסְפַּר הַשָּׁנִים

וּבָזֶה יִתָּרְצוּ ב' מַאֲמָרִים הַחוֹלְקִים יַחַד, כִּי הַמַּאֲמָר הַנִּזְכָּר בִּתְחִלַּת פָּרָשַׁת מִשְׁפָּטִים דַּף צ"ד ע"ב, וְזֶה לְשׁוֹנוֹ: תָּא חֲזֵי, בַּר נָשׁ כַּד אִתְיְלִד יָהֲבִין לֵיהּ נַפְשָׁא וְכוּ', זָכָה יַתִּיר וְכוּ', שֶׁהַדָּבָר תָּלוּי כְּפִי מַעֲשָׂיו וְלֹא בְּמִסְפַּר הַשָּׁנִים. מְדַבֵּר בְּנִשְׁמוֹת שֶׁל מַדְרֵגָה הַשֵּׁנִית, שֶׁהָיוּ כְּלוּלוֹת בְּקַיִן וְהֶבֶל, הַנִּקְרָאוֹת חֲדָשׁוֹת בְּצַד מָה. וְהַמַּאֲמָר הַנִּזְכָּר בְּסָבָא דְּמִשְׁפָּטִים דַּף צ"ח ע"א, נִרְאֶה שֶׁהַדָּבָר תָּלוּי בְּמִסְפַּר הַשָּׁנִים, כִּי כַּד זָכָה לְיוֹמָא דִּתְלֵיסַר שְׁנִין, אִתְּמַר עֲלֵהּ "אֲנִי הַיּוֹם יְלִדְתִּיךָ", וְיָהֲבִין לֵיהּ רוּחָא. וְכַד זָכָה לִשְׁנַת הַכ', יָהֲבִין לֵיהּ נִשְׁמְתָא, וּכְדֵין כְּתִיב עֲלֵיהּ "כִּי בֵן הָיִיתִי לְאָבִי" וְכוּ'. מְדַבֵּר בַּמַּדְרֵגָה הָרִאשׁוֹנָה, שֶׁהֵם הַנְּשָׁמוֹת הַחֲדָשׁוֹת לְגַמְרֵי, שֶׁמֵּעוֹלָם לֹא נִכְלְלוּ בְּנִשְׁמַת אָדָם הָרִאשׁוֹן.

נִשְׁמוֹת מַדְרֵגָה הַג' נִקְרָאוֹת יְשָׁנוֹת בְּכָל הַבְּחִינוֹת

הַמַּדְרֵגָה הַשְּׁלִישִׁית, וְהֵם הַנְּשָׁמוֹת שֶׁנָּפְלוּ בַּקְּלִפּוֹת אַחַר שֶׁחָטָא אָדָם הָרִאשׁוֹן, אֲשֶׁר מֵהֶם הָיְתָה נִשְׁמַת שֵׁת בֶּן אָדָם וְזוּלָתוֹ, אֲשֶׁר אֵלּוּ נִקְרָאוֹת נְשָׁמוֹת יְשָׁנוֹת בְּכָל הַבְּחִינוֹת, הִנֵּה הֵם גְּרוּעִים מִכֻּלָּן, לְפִי שֶׁכֵּיוָן שֶׁנִּשְׁרוּ מִן אָדָם נִפְרְדוּ לְנִיצוֹצוֹת וְלַחֲלָקִים רַבִּים מֵחֲמַת חֶטְאוֹ שֶׁל אָדָם, וְלָכֵן בְּאוֹתוֹ הַפַּעַם שֶׁהָיוּ בְּאָדָם הָיוּ נִקְרָאוֹת יְשָׁנוֹת מִגִּלְגּוּל אַחֵר בִּלְבַד, וְכַאֲשֶׁר תָּבֹא אֵיזוֹ נְשָׁמָה מֵהֶם מֵאָז וְאֵילָךְ בְּפַעַם א' בְּגוּף אֵיזֶה אִישׁ וְיָמוּת, נִקְרָא מְגֻלְגָּל מִב' פְּעָמִים, וְכֵן כַּיּוֹצֵא בָּזֶה מִשָּׁם וְאֵילָךְ.

אֵין בָּהֶם יְכֹלֶת לְתַקֵּן רַק חֵלֶק אֶחָד בְּכָל גִּלְגּוּל

וְלָכֵן כַּאֲשֶׁר תָּבֹא אֵיזוֹ נְשָׁמָה מִמַּדְרֵגָה הַזֹּאת בְּגוּף אֵיזֶה אִישׁ בַּפַּעַם הָרִאשׁוֹנָה, אֵין בָּהֶם יְכֹלֶת לְתַקֵּן רַק חֵלֶק אֶחָד בְּכָל גִּלְגּוּל וְגִלְגּוּל, כִּי הִנֵּה בִּתְחִלָּה תָּבֹא חֵלֶק הַנֶּפֶשׁ לְהִתָּקֵן, כֵּיצַד: הֲרֵי שֶׁהָיְתָה הַנֶּפֶשׁ הַזֹּאת מִמַּלְכוּת נוּקְבָא דַּעֲשִׂיָּה, צָרִיךְ שֶׁתִּתָּקֵן עַד תַּשְׁלוּם כֶּתֶר דַּעֲשִׂיָּה. וּכְשֶׁתַּשְׁלִים תִּקּוּנָהּ זֶה יָמוּת הָאִישׁ הַזֶּה, וְיָבֹא אַחַר כָּךְ

die, and then the Neshamah will come in a third body. Then when its correction is completed, he will die as well.

It was already explained earlier that when the Ruach comes to be corrected, it comes assembled and clothed within the Nefesh of a Convert. This applies also to the Neshamah. However, if the original Nefesh did not complete its correction, it will be required to reincarnate a number of times until it completes its correction on its own. Afterwards, the Ruach will come in another body through the Nefesh of the Convert and it will be reincarnated on its own a number of times until it becomes completed. Afterwards, the Neshamah will come on its own in another body, and if needed it will reincarnate a number of times until it becomes completed, as mentioned before.

When the Ruach or Neshamah comes to be corrected, it comes assembled with the Nefesh of a Convert.

You also need to know that even when [an individual] has corrected his Nefesh, Ruach, and Neshamah, but has then transgressed and blemished them, requiring him to return in a Reincarnation, he will also need to go through this aforementioned process because he will not be able to correct just the Nefesh by itself or the Ruach by itself or the Neshamah by itself each time, according to what we just learned.

However, if he corrected his Nefesh, Ruach, and Neshamah up to the highest level of [the World of] Atzilut, or something like that, yet he is required to reincarnate for the correction of someone else and not for himself, as he did not transgress or damage, such an individual can now acquire in his present Reincarnation everything he had in the beginning all at once, even in his childhood.

One who reincarnates for another person's correction.

This is the secret of the case of the son of Rav Hamnuna Saba mentioned in the [Zohar] portion of Balak, and of the rest of the children mentioned in the Zohar that were so wondrous in their actions and wisdom. The reason is that they were complete in their Parts—Nefesh, Ruach, and Neshamah—with everything they had prior to their present incarnation. I, [Rav] Chaim [Vital] the author, am not sure what the rule would be for

The secret of the Yenuka.

הָרוּחַ שֶׁלּוֹ בְּגוּף שֵׁנִי, וּבְהַשְׁלִים תִּקּוּנוֹ יָמוּת גַּם הוּא. וְאַחַר כָּךְ תָּבֹא הַנְּשָׁמָה בְּגוּף שְׁלִישִׁי, וּבְהַשְׁלִים תִּקּוּנָהּ יָמוּת גַּם הוּא.

כְּשֶׁיָּבוֹא הָרוּחַ אוֹ הַנְּשָׁמָה לְהִתָּקֵן, הוּא בָּא מֻרְכָּב בְּנֶפֶשׁ הַגֵּר

וּכְבָר נִתְבָּאֵר לְעֵיל, כִּי כְּשֶׁיָּבוֹא הָרוּחַ לְהִתָּקֵן הִנֵּה הוּא בָּא מֻרְכָּב וּמִתְלַבֵּשׁ בְּנֶפֶשׁ הַגֵּר. וְכֵן עַל דֶּרֶךְ זֶה הַנְּשָׁמָה גַּם הִיא. וְאָמְנָם אִם כַּאֲשֶׁר תָּבֹא הַנֶּפֶשׁ בַּתְּחִלָּה לֹא תַּשְׁלִים תִּקּוּנָהּ, צְרִיכָה לְהִתְגַּלְגֵּל עוֹד כַּמָּה פְּעָמִים עַד שֶׁתַּשְׁלִים תִּקּוּנָהּ לְבַדָּהּ. וְאַחַר כָּךְ יָבֹא הָרוּחַ בְּגוּף אַחֵר עַל יְדֵי נֶפֶשׁ הַגֵּר, וְיִתְגַּלְגֵּל לְבַדּוֹ כַּמָּה פְּעָמִים, עַד יִשְׁתַּלֵּם. וְאַחַר כָּךְ תָּבֹא הַנְּשָׁמָה לְבַדָּהּ בְּגוּף אַחֵר, וְתִתְגַּלְגֵּל אִם יִצְטָרֵךְ כַּמָּה פְּעָמִים עַד שֶׁתִּשְׁתַּלֵּם, כַּנִּזְכָּר לְעֵיל.

גַּם צָרִיךְ שֶׁתֵּדַע, כִּי אַף אִם תִּקֵּן הַנֶּפֶשׁ וְהָרוּחַ וְהַנְּשָׁמָה, וְאַחַר כָּךְ חָטָא וּפָגַם בָּהֶם וְהֻצְרַךְ לְהִתְגַּלְגֵּל, יֶאֱרַע לוֹ עַל דֶּרֶךְ הַנִּזְכָּר גַּם כֵּן, כִּי לֹא יוּכַל לְתַקֵּן בְּכָל פַּעַם רַק הַנֶּפֶשׁ לְבַדָּהּ, אוֹ הָרוּחַ לְבַדּוֹ, אוֹ הַנְּשָׁמָה לְבַדָּהּ, עַל דֶּרֶךְ הנז"ל.

הַמִּתְגַּלְגֵּל לְסִבַּת תִּקּוּן זוּלָתוֹ

אָמְנָם אִם תִּקֵּן נר"ן וְכוּ' עַד רוּם הָאֲצִילוּת וְכַיּוֹצֵא בָּזֶה, וְהֻצְרַךְ לְהִתְגַּלְגֵּל לְסִבַּת תִּקּוּן זוּלָתוֹ וְלֹא לְעַצְמוֹ, כִּי לֹא חָטָא וְלֹא פָּגַם, הִנֵּה אִישׁ כָּזֶה יָכוֹל לִקַּח עַתָּה בַּגִּלְגּוּל הַזֶּה כָּל מַה שֶּׁהָיָה לוֹ בַּתְּחִלָּה בְּבַת אַחַת, אֲפִלּוּ בְּקַטְנוּתוֹ.

סוֹד עִנְיַן הַיְּנוּקָא

וְזֶהוּ סוֹד עִנְיַן בְּרֵיהּ דְּר' הַמְנוּנָא סָבָא, הַנִּזְכָּר בְּפָרָשַׁת בָּלָק דַּף קפו ע"א, וּשְׁאָר יְנוּקֵי הַנִּזְכָּרִים בַּזֹּהַר, שֶׁהָיוּ מֻפְלָאִים בְּמַעֲשֵׂיהֶם וְחָכְמָתָם. וְהַטַּעַם הוּא, לְפִי שֶׁהָיוּ שְׁלֵמִים בְּחֶלְקֵיהֶם נר"ן וְכוּ', כְּכָל מַה שֶּׁהָיָה לָהֶם בַּתְּחִלָּה קֹדֶם גִּלְגּוּלָם זֶה. וַאֲנִי הַכּוֹתֵב חַיִּים מְסֻפָּק,

someone who also reincarnates for his own needs, not to correct a blemish of a transgression but rather to complete a lack.

We will now explain the differences between the Second Level and this Third Level. With the Second Level, the Sparks of Cain and Abel, their Ruach cannot depart from the depths of the Klipot until the correction of their Nefesh is complete, and [only] then it emerges. This being the case, we find that one's Ruach cannot be corrected by someone else but only by himself. Therefore this individual will either die and his Ruach, together with his Nefesh, will enter afterwards in a different body, as we mentioned before, or it is possible that through the aforementioned meditation in the secret of: "With my Nefesh, I yearned for You at night..." (Isaiah 26:9) he will cause his already completely corrected Nefesh to depart, and then the Ruach alone will enter him to be corrected, as mentioned earlier. And such is the case with the Neshamah.

The Second Level Sparks extract the Ruach from the Klipot only when they complete the Nefesh.

However, the Sparks [making up] the Third Level have a different capability. Even though they cannot acquire all their Parts all at once, they have a solution through them meditating during the Nefilat Apayim (Prostration) prayer to extract their Ruach from the depths of the Klipot, even though [the individual] did not complete the correction of the Nefesh, in the secret of the elevation of Mayin Nukvin (Female Waters) [referred to] in the verse: "To You, Lord, I lift up my Nefesh." (Psalms 25:1) Then his Ruach will come while he is still alive, seated upon the Nefesh of a Convert, in the body of another person who will be born. If he merits more, it is possible that he draws it [his Ruach] into his own born son.

The Third Level Souls can extract the Ruach from the Klipot even before they correct the Nefesh.

You need to know that this solution applies only to the Ruach, as it can emerge from the Klipot through the Meditation of Nefilat Apayim (Protration) before the correction of the Nefesh has been completed. But the Neshamah cannot in any possible way emerge from the depths of the Klipot until the correction of the Nefesh and the Ruach are completed. Then, those people who are the owners of the Nefesh and the Ruach [have to] die

The Neshamah is not extracted until the Nefesh and Ruach are corrected.

אִם גַּם כְּשֶׁיָּבוֹא לְהִתְגַּלְגֵּל לְצֹרֶךְ עַצְמוֹ, לֹא לְתַקֵּן פְּגַם חֵטְא אֶלָּא לְהַשְׁלִים חֶסְרוֹן אֵיזוֹ מִצְוָה, מַה יִּהְיֶה דִּינוֹ.

נִיצוֹצוֹת מַדְרֵגָה הַב' מוֹצִיאִים אֶת הָרוּחַ מֵהַקְּלִפּוֹת רַק כְּשֶׁמַּשְׁלִימִים אֶת הַנֶּפֶשׁ

וּנְבָאֵר עַתָּה עִנְיַן הַחִלּוּקִים שֶׁיֵּשׁ בֵּין הַמַּדְרֵגָה הַב' לְזוֹ הַמַּדְרֵגָה הַשְּׁלִישִׁית, וְהוּא, כִּי הַמַּדְרֵגָה הַב' שֶׁל נִיצוֹצוֹת קַיִן וְהֶבֶל, אִי אֶפְשָׁר אֶל הָרוּחַ שֶׁלָּהֶם לָצֵאת מֵעִמְקֵי הַקְּלִפּוֹת עַד שֶׁיִּשְׁתַּלֵּם תִּקּוּן נַפְשָׁם, וְאַחַר כָּךְ יֵצֵא. וְכֵיוָן שֶׁכֵּן, נִמְצָא שֶׁאֵין תִּקּוּן אֶל הָרוּחַ שֶׁלּוֹ עַל יְדֵי אִישׁ זוּלָתוֹ, אֶלָּא עַל יְדֵי עַצְמוֹ. וְלָכֵן אוֹ יָמוּת הָאִישׁ הַזֶּה וְרוּחוֹ עִם נַפְשׁוֹ יָבֹא אַחַר כָּךְ בְּגוּף אַחֵר כַּנִּזְכָּר לְעֵיל, אוֹ אֶפְשָׁר שֶׁהוּא בְּעַצְמוֹ עַל יְדֵי הַכַּוָּנוֹת הנז"ל, בְּסוֹד "נַפְשִׁי אִוִּיתִיךָ בַּלַּיְלָה", אַחַר תִּקּוּן תַּשְׁלוּם הַנֶּפֶשׁ, תֵּצֵא, וְיָבֹא בּוֹ הָרוּחַ לְבַדּוֹ לְהִתָּקֵן כַּנִּזְכָּר לְעֵיל. וְכֵן הָעִנְיָן הַזֶּה בַּנְּשָׁמָה.

נִיצוֹצוֹת מַדְרֵגָה הַג' יְכוֹלִים לְהוֹצִיא אֶת הָרוּחַ מֵהַקְּלִפּוֹת אֲפִלּוּ לִפְנֵי שֶׁמְּתַקְּנִים אֶת הַנֶּפֶשׁ

אֲבָל נִיצוֹצוֹת הַמַּדְרֵגָה הַשְּׁלִישִׁית יֵשׁ לָהֶם כֹּחַ בְּאֹפֶן אַחֵר, וְהוּא, כִּי אַף שֶׁאֵינָם יְכוֹלִים לְהַשִּׂיג בְּבַת אַחַת כָּל חֶלְקֵיהֶם, הִנֵּה יֵשׁ לָהֶם תִּקּוּן עַל יְדֵי כַּוָּנָתָם בְּעֵת נְפִילַת אַפַּיִם בַּתְּפִלָּה לְהוֹצִיא אֶת הָרוּחַ שֶׁלָּהֶם מֵעִמְקֵי הַקְּלִפּוֹת, אַף עַל פִּי שֶׁלֹּא הִשְׁלִים תִּקּוּן הַנֶּפֶשׁ, בְּסוֹד עֲלִיַּת מַיִין נוּקְבִין בְּפָסוּק "אֵלֶיךָ ה' נַפְשִׁי אֶשָּׂא" וְכוּ'. וְיָבֹא הָרוּחַ שֶׁלּוֹ בַּחַיִּים חַיָּתוֹ בְּגוּף אֵיזֶה אִישׁ אַחֵר שֶׁיִּוָּלֵד, מְרֻכָּב בְּנֶפֶשׁ הַגֵּר. וְאִם יִזְכֶּה יוֹתֵר אֶפְשָׁר שֶׁיַּמְשִׁיכֶנָּה בִּבְנוֹ עַצְמוֹ הַנּוֹלָד לוֹ.

הַנְּשָׁמָה אֵינָהּ יוֹצְאָה עַד שֶׁיְּשֻׁלַּם תִּקּוּן הַנֶּפֶשׁ וְהָרוּחַ

וְצָרִיךְ שֶׁתֵּדַע, כִּי לֹא שַׁיָּךְ תִּקּוּן זֶה אֶלָּא אֶל הָרוּחַ לְבַדּוֹ, כִּי יָכוֹל לָצֵאת מִן הַקְּלִפָּה עַל יְדֵי כַּוָּנַת נְפִילַת אַפַּיִם קֹדֶם תַּשְׁלוּם תִּקּוּן הַנֶּפֶשׁ. אֲבָל הַנְּשָׁמָה אֵינָהּ יוֹצְאָה בְּשׁוּם אֹפֶן מֵעִמְקֵי הַקְּלִפּוֹת עַד

and [only] then can the Neshamah emerge and reincarnate to be corrected.

Nefesh and Ruach in two different bodies are measured on a scale.

We will now return to explain the idea of the Ruach and Nefesh mentioned before. Even though it is possible for both of them to come to this world in two separate bodies through the Meditation of Nefilat Apayim (Prostration) to then be corrected, nevertheless, these [two] people are assessed and measured on a scale [to determine] who will overcome the other. If the individual who took the Ruach completed his correction before the other corrected his Nefesh, this makes the person in possession of the Ruach the dominant one. Therefore at the time of the Resurrection of the Dead, the Ruach and the Nefesh will both enter into the body of the one in possession of the Ruach. However, if the one in possession of the Nefesh completed his correction first, well, I do not remember [exactly] what I heard concerning him. In my humble opinion, it seems that I heard that at the time of the Resurrection of the Dead, both will enter into the body of the one in possession of the Nefesh because he is the dominant one.

If the one with the Ruach merits, he takes all the good to him.

There is another great difference in the assessment of the individual who took this Ruach that was extracted through the Nefilat Apayim (Prostration) prayer before the correction of the Nefesh was completed, as mentioned. That is, if this individual merits through his actions, he then can draw all of the good of that Ruach to himself, leaving the other [one with the Nefesh] completely evil. This is the secret of the verse: "Let the evil of the wicked come to an end, and You will establish the righteous..." (Psalms 7:10) because one who acts wickedly ends up taking all of that evil onto himself.

The bad goes to the Wicked, and the good to the Righteous.

This is why it says: "Let the evil of the wicked come to an end...," (Ibid.) and then all of the good will be taken by that Tzadik who refines his actions, and through that he becomes completed and established, as in "...establish the righteous...." (Ibid.) It is known that man is a mixture of good and evil, purity in Klipah, and sometimes he is hardly good and mostly bad, and

שֶׁיְּשַׁלֵּם תִּקּוּן הַנֶּפֶשׁ וְהָרוּחַ, וְיָמוּתוּ הָאֲנָשִׁים הָהֵם בַּעֲלֵי הַנֶּפֶשׁ וְהָרוּחַ הָאֵלּוּ, וְאַחַר כָּךְ תֵּצֵא הַנְּשָׁמָה וְתָבֹא בְּגִלְגּוּל לְהִתָּקֵן.

נֶפֶשׁ וְרוּחַ בִּשְׁנֵי גּוּפִים מְחֻלָּקִים עוֹמְדִים בְּשִׁקּוּל גָּדוֹל

וְנַחֲזֹר לְבָאֵר עִנְיַן הָרוּחַ וְהַנֶּפֶשׁ כַּנִּזְכָּר, כִּי הִנֵּה אַף עַל פִּי שֶׁיְּכוֹלִים לָבֹא שְׁנֵיהֶם בָּעוֹלָם בִּשְׁנֵי גוּפִין מְחֻלָּקִים עַל יְדֵי כַּוָּנַת נְפִילַת אַפַּיִם, וְיִתְקְנוּ שְׁנֵיהֶם, עִם כָּל זֶה עוֹמְדִים בְּשִׁקּוּל גָּדוֹל הָאֲנָשִׁים הָאֵלֶּה וּבְכַף מֹאזְנַיִם, אֵיזֶה מֵהֶם יְנַצֵּחַ לַחֲבֵרוֹ, כִּי אִם הָאִישׁ הַהוּא שֶׁלָּקַח הָרוּחַ הִשְׁלִים תִּקּוּנוֹ קֹדֶם שֶׁהָאַחֵר תִּקֵּן אֶת הַנֶּפֶשׁ, נִמְצָא שֶׁבַּעַל הָרוּחַ הוּא הָעִקָּר, וְלָכֵן בִּזְמַן תְּחִיַּת הַמֵּתִים יִכָּנְסוּ הַנֶּפֶשׁ וְהָרוּחַ שְׁנֵיהֶם בְּגוּף בַּעַל הָרוּחַ. אֲבָל אִם בַּעַל הַנֶּפֶשׁ הִשְׁלִים תִּקּוּנוֹ בַּתְּחִלָּה, אֵינִי זוֹכֵר מַה שֶּׁשָּׁמַעְתִּי בּוֹ. וְהַנִּרְאֶה לַעֲנִיּוּת דַּעְתִּי שֶׁשָּׁמַעְתִּי, כִּי שְׁנֵיהֶם יִכָּנְסוּ בְּגוּף בַּעַל הַנֶּפֶשׁ בִּתְחִיַּת הַמֵּתִים, כִּי הוּא הָעִקָּרִי.

אִם בַּעַל הָרוּחַ יִזְכֶּה, יִקַּח אֶת כָּל הַטּוֹב אֵלָיו

עוֹד יֵשׁ שִׁקּוּל גָּדוֹל אֶל הָאִישׁ הַהוּא שֶׁלָּקַח הָרוּחַ הַזֶּה, שֶׁיָּצָא עַל יְדֵי נְפִילַת אַפַּיִם טֶרֶם תַּשְׁלוּם תִּקּוּן הַנֶּפֶשׁ כַּנִּזְכָּר, וְהוּא, כִּי אִם הָאִישׁ הַהוּא יִזְכֶּה בְּמַעֲשָׂיו יוּכַל לְהַמְשִׁיךְ כָּל הַטּוֹב שֶׁל הָרוּחַ הַהוּא אֵלָיו, וְיִשָּׁאֵר הָאַחֵר כֻּלּוֹ רַע. וְזֶהוּ סוֹד פָּסוּק "יִגְמָר נָא רַע רְשָׁעִים וּתְכוֹנֵן צַדִּיק". כִּי מִי שֶׁהִרְשִׁיעַ מַעֲשָׂיו. גּוֹמֵר לִקַּח כָּל הָרַע אֵלָיו.

הָרַע הוֹלֵךְ לָרָשָׁע וְהַטּוֹב לַצַּדִּיק

וְזֶהוּ "יִגְמָר נָא רַע רְשָׁעִים", וְאָז כָּל הַטּוֹב לוֹקְחוֹ הַצַּדִּיק הַהוּא שֶׁמְּזַכֶּה מַעֲשָׂיו, ועי"כ נִגְמָר וּמִתְכּוֹנֵן לְגַמְרֵי, וְזֶהוּ "וּתְכוֹנֵן צַדִּיק",

he needs to refine all the bad within him so that he is left with complete good.

[Rav Chaim Vital,] the author, said: "These words are what I heard from my teacher [the Ari], and I do not remember their meaning well. However, it appears to me that their explanation is that it is possible that the evil that is related to the Nefesh and the Ruach will both join together in the body of the individual who acted wickedly. The good of the Nefesh and the Ruach will join together in the body of the individual who refined his actions, as mentioned earlier."

The evil of the Nefesh and Ruach, and the good of the Nefesh and Ruach.

With this you can understand what King David's fear was, as he said: "Many say about my Nefesh, 'there is no salvation for him through God.'" (Psalms 3:3) This is very puzzling. Why would they say something so disgraceful about such a great person as King David? To understand this, we need to be very precise about what the verse says. It says: "there is no salvation for *him*." It should have said: "there is no salvation for *it*," referring to the word "Nefesh" mentioned in the beginning [of the verse].

However, this will be understood through what we mentioned. Know that King David's Nefesh was very elevated, however through the Sin of Adam that preceded, it descended into the depths of the Klipot, to the Nukva (Female) side of the Klipot. When David was born, this was the first time that he emerged from the Klipot and therefore, his correction only started from the level of Asiyah called Nefesh because he was reincarnated from the Third Level, as was mentioned earlier.

King David was from the Third Level and began his correction from the Aspect of Asiyah.

This is the secret of what is mentioned [in the Zohar] in the Saba deMishpatim, 179 and also in some other articles, stating that David was from the side of the Female and not from the Male; rather in the World of Death that is called Female. Understand this.

כַּנּוֹדָע כִּי הָאָדָם מְעֹרָב טוֹב בְּרַע, טָהֳרָה בִּקְלִפָּה, וְלִפְעָמִים מִעוּטוֹ טוֹב וְרֻבּוֹ רַע וְכוּ', וְצָרִיךְ לְזַכֵּךְ כָּל הָרַע שֶׁבּוֹ עַד שֶׁיִּשָּׁאֵר טוֹב גָּמוּר.

הָרַע שֶׁל הַנֶּפֶשׁ וְהָרוּחַ וְהַטּוֹב שֶׁל הַנֶּפֶשׁ וְהָרוּחַ

אָמַר הַכּוֹתֵב, כָּךְ שָׁמַעְתִּי דְּבָרִים אֵלּוּ מִפִּי מוֹרִי זַ"ל, וְאֵינִי זוֹכֵר הֲבָנָתָם הֵיטֵב, אֲבָל נִרְאֶה לִי בֵּאוּרָם, כִּי אֶפְשָׁר שֶׁהָרַע אֲשֶׁר אֶל הַנֶּפֶשׁ וְהָרוּחַ שְׁנֵיהֶם יֵלְכוּ יַחַד בְּגוּף הָאִישׁ מֵהֶם אֲשֶׁר הִרְשִׁיעַ מַעֲשָׂיו. וְהַטּוֹב אֲשֶׁר בַּנֶּפֶשׁ וְהָרוּחַ יֵלְכוּ בְּגוּף הָאִישׁ הַמְטַהֵר מַעֲשָׂיו, כַּנִּזְכָּר לְעֵיל.

וּבָזֶה תָּבִין מֶה הָיְתָה יִרְאַת דָּוִד הַמֶּלֶךְ ע"ה בְּאָמְרוֹ "רַבִּים אֹמְרִים לְנַפְשִׁי אֵין יְשׁוּעָתָה לּוֹ בֵאלֹהִים סֶלָה". כִּי דָּבָר זֶה מַתְמִיהַּ, שֶׁיֹּאמְרוּ גְּנוּת כָּזֶה בְּאִישׁ גָּדוֹל כָּמוֹהוּ. וּלְהָבִין זֶה נְדַיֵּק אָמְרוֹ "אֵין יְשׁוּעָתָה לּוֹ", וְהָיָה לוֹ לוֹמַר אֵין יְשׁוּעָתָה לָהּ, וְיַחֲזֹר אֶל מִלַּת "לְנַפְשִׁי" הַנִּזְכֶּרֶת בַּתְּחִלָּה.

דָּוִד הַמֶּלֶךְ הָיָה מִבְּחִינָה הַג' וְהִתְחִיל תִּקּוּנוֹ מִבְּחִינַת הָעֲשִׂיָּה

אֲבָל יוּבַן עִם הַנִּזְכָּר, וְהוּא, דַּע כִּי דָּוִד הַמֶּלֶךְ ע"ה הָיְתָה נֶפֶשׁ גְּבוֹהָה עַד מְאֹד, אָמְנָם עַל יְדֵי חֵטְא קָדוּם שֶׁל אָדָם הָרִאשׁוֹן יָרְדָה אֶל עִמְקֵי הַקְּלִפּוֹת בְּסִטְרָא דְּנוּקְבָא שֶׁל הַקְּלִפָּה, וְכַאֲשֶׁר נוֹלַד דָּוִד הָיָה פַּעַם הָרִאשׁוֹנָה שֶׁיָּצָא מִן הַקְּלִפּוֹת, וְלָכֵן לֹא הִתְחִיל תִּקּוּנוֹ אֶלָּא מִבְּחִינַת הָעֲשִׂיָּה הַנִּקְרֵאת נֶפֶשׁ בִּלְבַד. לְסִבַּת הֱיוֹתוֹ מְגֻלְגָּל מִמַּדְרֵגָה הַשְּׁלִישִׁית כַּנִּזְכָּר לְעֵיל.

וְזֶהוּ סוֹד הַנִּזְכָּר בְּסָבָא מִשְׁפָּטִים דַּף ק"ג ע"א, וְגַם בְּכַמָּה מַאֲמָרִים אֲחֵרִים, כִּי דָּוִד הָיָה מִסִּטְרָא דְּנוּקְבָא וְלֹא מִדְּכוּרָא, אֶלָּא בְּעוֹלַם הַמִּיתָה הַנִּקְרֵאת נוּקְבָא, וְהָבֵן זֶה.

Therefore it says there that he is called *Oved* (lit. Worker) because he uprooted the Tree from the Klipot and corrected it. And this is because he was entrenched in the depths of the Klipot of the Female. This being so, it means that David at this point could acquire only a Nefesh, while later his Ruach would arrive in another body that would be born in his lifetime.

David took the Nefesh, and the Ruach came in his lifetime in a different body.

However, since David transgressed with Batsheva and blemished his Nefesh, the one with David's Ruach would have the merit of completing his Ruach first, before David completed his Nefesh. Thus it would turn out that in the Resurrection of the Dead "there is no salvation for him" (Psalms 3:3), meaning David, who is the [first] body, since the other body that has David's Ruach could take both the Nefesh and the Ruach. However, the Nefesh itself has no deficit through this; only the body. Therefore it says: "there is no salvation for *him*," (Psalms 3:3) and not: "there is no salvation for *it*." Therefore the verse reads: "Many say" that because I only have a Nefesh "there is no salvation" (Ibid.) for the body of David at the time of the Resurrection of the Dead.

David worried that his body would not have salvation at the Resurrection.

There is another interpretation of the verse mentioned earlier: "Let the evil of the wicked come to an end…." (Psalms 7:10) Sometimes it occurs that the Nefesh of an individual will not enter him perfect and complete, but only mostly good and slightly evil, while the slightly good [part] together with the mostly evil [part of that Nefesh] enters the body of another individual.

The good and evil of the Nefesh can come as two people.

Then these two people will be friends, and the individual who is mostly good has the ability to draw all of the good part to himself and all the bad part will be rejected to the individual who is mostly evil. About the second one it says: "Let the evil of the wicked come to an end (lit. be completed)…" (Ibid.), and about the first one it says: "…and You will establish the righteous…" (Psalms 7:10) as we explained earlier in the first interpretation.

It is also possible that they are both equal, half and half. Then if a transgression presents itself to one of them, and surely if

דָּוִד לָקַח אֶת הַנֶּפֶשׁ, וְהָרוּחַ בָּא בְּחַיָּיו בְּגוּף אַחֵר

וְלָכֵן אָמְרוּ שָׁם אַמַּאי אִקְרֵי עוֹבֵד, דְּאַעְדַּר אִילָנָא וְתַקִּין לֵהּ. וְהוּא, לְפִי שֶׁהָיָה טָבוּעַ בְּעִמְקֵי הַקְּלִפָּה דְּנוּקְבָא. וְכֵיוָן שֶׁכֵּן, נִמְצָא שֶׁאִי אֶפְשָׁר לְדָוִד שֶׁיִּקַּח אָז רַק הַנֶּפֶשׁ לְבַדָּהּ, וְאָז הָרוּחַ שֶׁלּוֹ יָבֹא בְּחַיָּיו בְּגוּף אַחֵר שֶׁיִּוָּלֵד.

דָּוִד חָשַׁשׁ שֶׁלֹּא תִּהְיֶה יְשׁוּעָה לְגוּפוֹ בִּתְחִיַּת הַמֵּתִים

וְכֵיוָן שֶׁדָּוִד חָטָא בְּבַת שֶׁבַע וּפָגַם בְּנַפְשׁוֹ, הִנֵּה בַּעַל הָרוּחַ שֶׁלּוֹ יִזְכֶּה לְהַשְׁלִים אֶת רוּחוֹ בַּתְּחִלָּה טֶרֶם שֶׁדָּוִד יַשְׁלִים אֶת הַנֶּפֶשׁ, ועי"כ נִמְצָא כִּי בִּתְחִיַּת הַמֵּתִים "אֵין יְשׁוּעָתָה לּוֹ" לְדָוִד שֶׁהוּא הַגּוּף, יַעַן כִּי הַגּוּף הָאַחֵר בַּעַל הָרוּחַ יִקַּח שְׁנֵיהֶם נֶפֶשׁ וְרוּחַ, אֲבָל אֶל הַנֶּפֶשׁ עַצְמָהּ אֵין לָהּ נֶזֶק בָּזֶה רַק אֶל הַגּוּף, וְלָזֶה אָמַר "אֵין יְשׁוּעָתָה לּוֹ", וְלֹא לָהּ. וְזֶהוּ הֶמְשֵׁךְ לְשׁוֹן הַפָּסוּק, "רַבִּים אֹמְרִים", לְסִבָּה שֶׁאֵין בִּי רַק נֶפֶשׁ, כַּלָּשׁוֹן הַזֶּה שֶׁאֵין יְשׁוּעָתָהּ לְגוּפוֹ שֶׁל דָּוִד בִּתְחִיַּת הַמֵּתִים.

הַטּוֹב וְהָרַע שֶׁל הַנֶּפֶשׁ יְכוֹלִים לָבֹא בִּשְׁנֵי אֲנָשִׁים

עוֹד יֵשׁ פֵּרוּשׁ אַחֵר בַּפָּסוּק הַנִּזְכָּר שֶׁל "יִגְמָר נָא רַע רְשָׁעִים", כִּי יֶאֱרַע לִפְעָמִים שֶׁנֶּפֶשׁ הָאָדָם לֹא תִּכָּנֵס בּוֹ שְׁלֵמָה וּגְמוּרָה, רַק תִּהְיֶה רֻבָּהּ טוֹב וּמִעוּטָהּ מְעֹרֶבֶת בְּרַע. וְאָמְנָם מִעוּט הַטּוֹב שֶׁבָּהּ עִם רֹב הָרַע שֶׁבָּהּ תִּכָּנֵס בְּגוּף אִישׁ אַחֵר.

וְאָז שְׁנֵי הָאֲנָשִׁים הָאֵלֶּה חֲבֵרִים, וְהָאִישׁ שֶׁרֻבּוֹ טוֹב יֵשׁ בּוֹ כֹּחַ לְהַמְשִׁיךְ כָּל חֵלֶק הַטּוֹב אֵלָיו, וְכָל חֵלֶק הָרָע נִדְחֶה אֶל הָאִישׁ שֶׁרֻבּוֹ רַע. וְעַל הַשֵּׁנִי נֶאֱמַר "יִגְמָר נָא רַע רְשָׁעִים", וְעַל הָרִאשׁוֹן נֶאֱמַר "וּתְכוֹנֵן צַדִּיק", עַל דֶּרֶךְ הנז"ל בְּפֵרוּשׁ הָא'.

גַּם אֶפְשָׁר, שֶׁשְּׁנֵיהֶם מֶחֱצָה עַל מֶחֱצָה שְׁקוּלִים, וְאָז אִם הָאֶחָד מֵהֶם בָּא לְיָדוֹ אֵיזֶה עֲבֵרָה בִּפְרָט, וּמִכָּל שֶׁכֵּן אִם הַשֵּׁנִי בָּא לְיָדוֹ אֵיזֶה

a Precept [also] presents itself to the second one, then he surpasses his friend and gradually begins to draw to himself the good, until one is complete in good and the other in evil, as we explained earlier.

The meaning of "Achav was even." (Talmud, Sanhedrin, 102b)

With this, you can understand the saying of our sages: "Achav [Eng. Ahab] was even." (Talmud, Sanhedrin, 102b) It also says: "...and all the Host of Heaven standing next to Him, on His right and on His left" (I Kings 22:19), which deals with King Achav. This is puzzling because it is written that the slightest [transgressions] of Achav were equal to the worst [transgressions] of [King] Yerovam [Eng. Jeroboam], so how could they say that he was even?

The answer is that he was not even in his actions, rather he was tilted toward demerit. Yet from the aspect of his Nefesh, he was even: half of it was good and half of it was evil. Even though the aspect of his Ruach sometimes dominated and he worshipped idols, nevertheless, his Nefesh itself remained half good and half evil. Therefore the Creator did not completely reject him but wanted him to do Teshuvah and perhaps better himself. Thus Eliyahu haNavi [Elijah the Prophet] would chase after him constantly in order to bring him to do Teshuvah, until his transgression with Navot haYizre'eli occurred. (I Kings 21:1-14)

מִצְוָה, כִּי אָז מִתְגַּבֵּר עַל חֲבֵרוֹ וּמַתְחִיל לְהַמְשִׁיךְ אֶצְלוֹ הַטּוֹב מְעַט מְעַט, עַד שֶׁנִּשְׁלָם זֶה בַּטּוֹב וְזֶה בָּרַע, עַל דֶּרֶךְ הַנִּזְכָּר.

פֵּרוּשׁ אַחְאָב שָׁקוּל הָיָה

וּבָזֶה תָּבִין מַאֲמַר חֲזַ"ל כִּי אַחְאָב שָׁקוּל הָיָה. וְזֶהוּ "וְכָל צְבָא הַשָּׁמַיִם עֹמֵד עָלָיו מִימִינוֹ וּמִשְּׂמֹאלוֹ", הַנֶּאֱמָר בְּעִנְיַן אַחְאָב הַמֶּלֶךְ. וְהִנֵּה הוּא מַתְמִיהַּ, כִּי הַכָּתוּב מְסַפֵּר שֶׁהַקַּלּוֹת שֶׁל אַחְאָב הָיוּ כַּחֲמוּרוֹת שֶׁל יָרָבְעָם, וְאֵיךְ אָמְרוּ שֶׁהָיָה שָׁקוּל.

אֲבָל הָעִנְיָן הוּא, כִּי בְּמַעֲשָׂיו לֹא הָיָה שָׁקוּל אֶלָּא מֻטֶּה לְכַף חוֹבָה. אָמְנָם בִּבְחִינַת נַפְשׁוֹ הָיָה שָׁקוּל, חֶצְיָהּ טוֹב וְחֶצְיָהּ רַע. וְאַף עַל פִּי שֶׁלִּפְעָמִים הָיְתָה גּוֹבֶרֶת עָלָיו בְּחִינַת הָרַע וְעוֹבֵד עֲבוֹדָה זָרָה, הַנֶּפֶשׁ עַצְמָהּ הָיְתָה חֶצְיָהּ טוֹבָה וְחֶצְיָהּ רָעָה, וְלָכֵן הַשֵּׁם יִתְבָּרַךְ לֹא דְחָאוֹ לְגַמְרֵי, וְהָיָה חָפֵץ שֶׁיָּשׁוּב בִּתְשׁוּבָה אוּלַי יֵיטַב. וְלָכֵן אֵלִיָּהוּ הַנָּבִיא זָכוּר לַטּוֹב הָיָה רוֹדֵף תָּמִיד אַחֲרָיו לַהֲשִׁיבוֹ בִּתְשׁוּבָה, עַד שֶׁאֵרַע עִנְיַן חֶטְאוֹ בְּנָבוֹת הַיִּזְרְעֵאלִי (מְלָכִים א' כ"א).

EIGHTH
INTRODUCTION

A small introduction to the matter of Reincarnation of Souls and why [people] reincarnate. Know that Souls reincarnate for a few reasons. The first is because [an individual] transgressed in any of the Torah transgressions and now he comes to be corrected. The second is to fix a Precept that he lacks. The third is that he comes for the sake of others, to guide them and correct them. The first one is more likely to transgress again, since he originally transgressed. The second is unlikely to transgress, and the third surely will not transgress.

Reasons to reincarnate.

There are also other reasons. Sometimes, one will reincarnate in order to acquire his Soulmate because he did not merit acquiring her the first time [around]. And sometimes, one has already acquired his Soulmate but transgressed in some way, which requires him to reincarnate in order to correct it, as will be explained (Twentieth Introduction). Then he will come alone, as it says in the Saba deMishpatim concerning the verse: "If he came single…." (Exodus 21:3)

Sometimes it happens that he has merit, and therefore even though she is not required to reincarnate, they return his wife to reincarnate with him, which is the secret of: "…then his wife will go out with him." (Exodus 21:3) Sometimes it happens that he did not originally merit acquiring his Soulmate, but a woman who is appropriate for him, according to his actions, will be presented to him, and out of all of the Souls of women that are in the world there is no one closer to him than this woman even though she is not his actual Soulmate. Then, when he transgresses and [therefore] reincarnates, this woman will be reincarnated with him, even though she does not need to reincarnate and even though she is not his actual Soulmate.

הַקְדָּמָה ח׳

סִבּוֹת לְגִלְגּוּל

הַקְדָּמָה קְטַנָּה בְּעִנְיַן גִּלְגּוּל הַנְּשָׁמוֹת, לָמָּה מִתְגַּלְגְּלִים. דַּע, כִּי הַנְּשָׁמוֹת יִתְגַּלְגְּלוּ לְכַמָּה סִבּוֹת: הָא' הוּא, לְפִי שֶׁעָבַר עַל אֵיזוֹ עֲבֵרָה מֵעֲבֵרוֹת שֶׁבַּתּוֹרָה, וּבָא לְתַקֵּן. הַב' הוּא, לְתַקֵּן אֵיזוֹ מִצְוָה שֶׁחָסַר מִמֶּנּוּ. הַג' הִיא, שֶׁבָּא לְצֹרֶךְ אֲחֵרִים, לְהַדְרִיכָם וּלְתַקְּנָם. וְהִנֵּה הָרִאשׁוֹן הוּא קָרוֹב לַחֵטְא, כֵּיוָן שֶׁבַּתְּחִלָּה חָטָא. וְהַב' הוּא רָחוֹק מִלַּחֲטֹא. וְהַג' וַדַּאי שֶׁלֹּא יֶחֱטָא.

עוֹד יֵשׁ סִבּוֹת אֲחֵרוֹת, וְאֵלּוּ הֵם: כִּי לִפְעָמִים יִתְגַּלְגֵּל לִקַּח בַּת זוּגוֹ, כִּי לֹא זָכָה בָּרִאשׁוֹנָה לְקַחְתָּהּ. וּפְעָמִים שֶׁכְּבָר לָקַח בַּת זוּגוֹ, אֶלָּא שֶׁחָטָא בְּאֵיזוֹ עֲבֵרָה וְהֻצְרַךְ לְהִתְגַּלְגֵּל לְתַקֵּן אוֹתָהּ כַּנִּזְכָּר לְעֵיל, וְאָז אֵינוֹ בָּא רַק יְחִידִי, כמ"ש הַסָּבָא דְּמִשְׁפָּטִים עַל פָּסוּק "אִם בְּגַפּוֹ יָבֹא" וְכוּ'.

וּפְעָמִים הוּא שֶׁיֵּשׁ לוֹ זְכִיּוֹת, וְלָכֵן אַף עַל פִּי שֶׁהִיא אֵינָהּ צְרִיכָה לְהִתְגַּלְגֵּל מַחֲזִירִים אִשְׁתּוֹ לְהִתְגַּלְגֵּל עִמּוֹ, בְּסוֹד "וְיָצְאָה אִשְׁתּוֹ עִמּוֹ". וּפְעָמִים הוּא שֶׁלֹּא זָכָה בָּרִאשׁוֹנָה לִקַּח בַּת זוּגוֹ, אָמְנָם נִזְדַּמְּנָה לוֹ אִשָּׁה לְפִי מַעֲשָׂיו, וּבְכָל נִשְׁמוֹת הַנָּשִׁים שֶׁבָּעוֹלָם אֵין מִי שֶׁתִּהְיֶה קְרוֹבָה אֵלָיו כְּאִשָּׁה זוֹ, אַף עַל פִּי שֶׁאֵינָהּ בַּת זוּגוֹ מַמָּשׁ, וְכַאֲשֶׁר חָטָא וְנִתְגַּלְגֵּל מְגַלְגְּלִים עִמּוֹ לָאִשָּׁה הַזֹּאת אַף עַל פִּי שֶׁהִיא אֵינָהּ צְרִיכָה לְגִלְגּוּל, וְאַף עַל פִּי שֶׁאֵינָהּ בַּת זוּגוֹ מַמָּשׁ.

Also know that there are some Roots of Souls that fell into the Klipot, along with their Soulmate wives. The males can now emerge to this world from the Klipot but their female [counterparts] cannot emerge at all until the coming of the Messiah, and they are now entrenched and given over to the Klipot of the Female. I forgot what her name was—whether it is Agra"t bat Machalat or Na'ama"h the mother of demons.

Thus, all the female Souls of the Root of Chur, son of Miriam, will not emerge until the coming of the Messiah. In my humble opinion, it seems that I heard from my teacher [the Ari] that Aaron the High Priest also did not marry his Soulmate because he is close to the Root of the Soul of Chur, the son of his sister Miriam, as explained elsewhere.

There are some Roots of Souls that fell into the Klipot, and only the males can exit.

יֵשׁ כַּמָּה שָׁרְשֵׁי נְשָׁמוֹת שֶׁנִּשְׁרוּ בַּקְּלִפּוֹת וְרַק הַזְּכָרִים יְכוֹלִים לָצֵאת

עוֹד דַּע, כִּי יֵשׁ כַּמָּה שָׁרָשִׁים שֶׁל נְשָׁמוֹת שֶׁנִּשְׁרוּ בַּקְּלִפּוֹת, הֵם וּנְשׁוֹתֵיהֶם בַּת זוּגָם, וְהַזְּכָרִים יְכוֹלִים לָצֵאת עַתָּה בָּעוֹלָם הַזֶּה מִתּוֹךְ הַקְּלִפּוֹת, אֲבָל נְקֵבוֹתֵיהֶם אֵינָם יְכוֹלִים לָצֵאת כְּלָל עַד בִּיאַת הַמָּשִׁיחַ, וְהֵם עַתָּה טְבוּעוֹת וּמְסוּרוֹת בְּיַד הַקְּלִפָּה הַנְּקֵבָה, וְשָׁכַחְתִּי מַה שְּׁמָהּ, אִם הִיא אַגְרַת בַּת מָחֲלַת, אוֹ נַעֲמָה אִמָּן שֶׁל הַשֵּׁדִים.

וְהִנֵּה כָּל הַשֹּׁרֶשׁ שֶׁל חוּר בְּנָהּ שֶׁל מִרְיָם, לֹא יָצְאוּ נִשְׁמוֹת הַנְּקֵבוֹת שֶׁלָּהֶם עַד בִּיאַת הַמָּשִׁיחַ. וְנִרְאֶה לַעֲנִיּוּת דַּעְתִּי שֶׁשָּׁמַעְתִּי מִמּוֹרִי זלה"ה, כִּי גַּם אַהֲרֹן הַכֹּהֵן לֹא נָשָׂא בַּת זוּגוֹ כִּי הוּא קָרוֹב לְשֹׁרֶשׁ נִשְׁמַת חוּר בֶּן מִרְיָם אֲחוֹתוֹ, כַּמְבֹאָר אֶצְלֵנוּ.

NINTH
INTRODUCTION

Concerning one of the four hundred questions Do'eg and Achitofel asked regarding a closet floating in the air. Know that the parameters of Reincarnation apply to male men and not to female women. This is the secret of the verse: "A generation goes and a generation comes, but the Earth stands forever." (Ecclesiastes 1:4) Meaning, "A generation goes and a generation comes" refers to the men who reincarnate, while "the Earth," which are the women called "Earth" as is known, "stands forever," and they do not return to reincarnate.

Reincarnation applies to men and not to women.

There is another reason: Since men fulfill the Precept of dealing with the Torah they cannot enter into Gehenom because the fire of Gehenom does not rule over them. As it says regarding Elisha ben Avuya: "He will not be judged [in Gehenom]" because he occupied himself with the Torah, "and he will not ascend to the World to Come" (Tractate Chagigah 15b) since he had transgressed. Therefore they must reincarnate in order to cleanse their transgressions, in place of Gehenom. However, women who do not occupy themselves with the Torah are able to enter Gehenom to cleanse their transgressions and do not need to reincarnate.

The fire of Gehenom cannot control men who study Torah.

Nevertheless, even though they do not reincarnate, they sometimes come to women in the form of an Ibur together with Sparks of New Female Souls. Also know that it is possible that after coming in the form of an Ibur in a woman, if that woman conceives, becomes pregnant, and gives birth to a daughter, there is a possibility that the [the Female Soul] who entered her in the secret of an Ibur will now reincarnate in the form of a complete Reincarnation in her newborn daughter.

Women sometimes come as an Ibur with New Female Soul Sparks.

הַקְדָּמָה ט'

גִּלְגּוּל נוֹהֵג בָּאֲנָשִׁים הַזְּכָרִים וְלֹא בַּנָּשִׁים הַנְּקֵבוֹת

עוֹד דַּע הַקְדָּמָה אַחַת, וְהִיא אַחַת מֵאַרְבַּע מֵאוֹת שְׁאֵלוֹת שֶׁהָיָה שׁוֹאֵל דּוֹאֵג וַאֲחִיתֹפֶל בְּמִגְדָּל הַפּוֹרֵחַ בָּאֲוִיר. דַּע, כִּי מִדַּת הַגִּלְגּוּל נוֹהֶגֶת בָּאֲנָשִׁים הַזְּכָרִים, וְלֹא בַּנָּשִׁים הַנְּקֵבוֹת. וְזֶהוּ סוֹד פָּסוּק "דּוֹר הֹלֵךְ וְדוֹר בָּא וְהָאָרֶץ לְעוֹלָם עֹמָדֶת". ר"ל: "דּוֹר הֹלֵךְ וְדוֹר בָּא", וְהֵם הָאֲנָשִׁים הַמִּתְגַּלְגְּלִים. אֲבָל "הָאָרֶץ" שֶׁהֵם הַנָּשִׁים הַנִּקְרָאוֹת אֶרֶץ כַּנּוֹדָע, "לְעוֹלָם עֹמָדֶת", וְאֵינָם חוֹזְרוֹת בְּגִלְגּוּל.

אוּר שֶׁל גֵּיהִנָּם לֹא שׁוֹלֵט בַּאֲנָשִׁים שֶׁעוֹסְקִים בַּתּוֹרָה

עוֹד יֵשׁ טַעַם אַחֵר, וְהוּא, כִּי הָאֲנָשִׁים לְפִי שֶׁמְּקַיְּמִים מִצְוַת עֵסֶק בְּתַלְמוּד הַתּוֹרָה אֵינָם יְכוֹלִים לִכָּנֵס בַּגֵּיהִנֹּם, כִּי אֵין אוּר גֵּיהִנֹּם שׁוֹלֵט בָּהֶם. וּכְמוֹ שֶׁנֶּאֱמַר גַּם כֵּן בֶּאֱלִישָׁע בֶּן אֲבוּיָה, "לָא מֵידָן לְדַיְּנֵהּ, מִשּׁוּם דְּעָסַק בְּתּוֹרָה. וְלָא לְעָלְמָא דְאָתֵי נַסְקֵהּ, כֵּיוָן דְּחָטָא". וְלָכֵן מֻכְרָחִים לְהִתְגַּלְגֵּל, לְמָרֵק עֲוֹנוֹתֵיהֶם תְּמוּרַת גֵּיהִנֹּם. אֲבָל הַנָּשִׁים שֶׁאֵינָם עוֹסְקוֹת בַּתּוֹרָה, יְכוֹלוֹת לִכָּנֵס בַּגֵּיהִנֹּם לְמָרֵק עֲוֹנוֹתֵיהֶם וְאֵינָם צְרִיכִים לְהִתְגַּלְגֵּל.

נָשִׁים בָּאוֹת לִפְעָמִים בְּסוֹד הָעִבּוּר עִם נִיצוֹצֵי נְשָׁמוֹת חֲדָשׁוֹת נְקֵבוֹת

הָאֻמְנָם אַף עַל פִּי שֶׁאֵינָן מִתְגַּלְגְּלוֹת, הִנֵּה הֵם בָּאוֹת לִפְעָמִים בְּסוֹד הָעִבּוּר עִם נִיצוֹצֵי נְשָׁמוֹת חֲדָשׁוֹת נְקֵבוֹת בְּנָשִׁים. גַּם דַּע, כִּי אֶפְשָׁר שֶׁאַחַר שֶׁבָּאָה בְּסוֹד הָעִבּוּר בְּאֵיזוֹ אִשָּׁה, אִם הָאִשָּׁה הַהִיא תִּתְעַבֵּר וְתַהַר וְתֵלֵד בַּת נְקֵבָה, אֶפְשָׁר שֶׁאוֹתָהּ שֶׁבָּאָה בָּהּ בְּסוֹד הָעִבּוּר תִּתְגַּלְגֵּל עַתָּה בִּבְחִינַת גִּלְגּוּל גָּמוּר בְּבִתָּהּ הַנּוֹלֶדֶת לָהּ עַתָּה.

Also know that sometimes a man reincarnates in the body of a female due to some transgression, such as male intercourse or similar to it. Thus, this female, who is a Reincarnation of a Male Soul, cannot conceive and become pregnant since she does not have the aspect of Mayin Nukvin (Female Waters) to elevate and receive the Drops of Mayin Duchrin (Male Waters). Thus, this woman requires great merit to be able to become pregnant and give birth, and has no other way [of doing so] unless another Soul of a female woman enters her in the form of an Ibur. Then, with the power of this partnership, she can elevate Mayin Nukvin, get pregnant, and give birth.

A male that reincarnates as a female cannot become pregnant.

However, it will be impossible for her to give birth to male children for two reasons. The first is according to what is said: "If a woman conceives, she will bear a male." (Leviticus 12:2) In our case, the woman is a male [Soul], as is her husband, and thus she cannot bear males but only females. The second reason is that the Female Soul that entered her only entered her as an Ibur to assist her to conceive and give birth. Therefore, since this woman gave birth, that Soul is not required to needlessly stay there in the secret of an Ibur. Instead, when she gives birth, that Soul of the Ibur enters [the baby], and the infant will [be born] as female and not male. Then she is there as an actual Reincarnation and not as an Ibur, as it was originally.

She can give birth to females but not male children.

It is found that any woman whose Soul is a Male Soul, as mentioned earlier, cannot give birth to a male but only to a female, and that female that she will give birth to is the same Soul as the Female [Soul] that first entered her as an Ibur to assist her, as mentioned.

The born female is the Female Soul that entered her as an Ibur.

However sometimes, through some wondrous and great merit, it is possible that when that infant is born, that Female Soul that was there as an Ibur departs and goes away, and a Male Soul will enter the infant and [the child] will be a male. In this case, this woman cannot give birth again later, unless that Female Soul returns as an Ibur in her as before.

Through a wondrous merit she can give birth to a Male Soul.

זָכָר שֶׁמִּתְגַּלְגֵּל בִּנְקֵבָה אֵינָהּ יְכוֹלָה לְהִתְעַבֵּר

גַּם דַּע, כִּי לִפְעָמִים יִתְגַּלְגֵּל הָאִישׁ בְּגוּף נְקֵבָה לְסִבַּת אֵיזֶה עָוֹן, כְּמוֹ מִשְׁכַּב זְכוּר וְכַיּוֹצֵא בּוֹ. וְהִנֵּה הַנְּקֵבָה הַזֹּאת שֶׁהִיא גִּלְגּוּל נִשְׁמַת זָכָר אֵינָהּ יְכוֹלָה לְקַבֵּל הֵרָיוֹן וּלְהִתְעַבֵּר, לְפִי שֶׁאֵין לָהּ בְּחִינַת מַיִין נוּקְבִין לְהַעֲלוֹת וּלְקַבֵּל טִפַּת מַיִין דְּכוּרִין, וְהִנֵּה הָאִשָּׁה הַזֹּאת צְרִיכָה זְכוּת גָּדוֹל לְשֶׁתּוּכַל לְהִתְעַבֵּר וּלְהוֹלִיד, וְאֵין לָהּ מְצִיאוּת אַחֵר זוּלָתִי שֶׁתִּתְעַבֵּר בָּהּ אֵיזוֹ נִשְׁמַת אִשָּׁה נְקֵבָה אַחֶרֶת בְּסוֹד הָעִבּוּר, וּבְכֵן בְּכֹחַ שִׁתּוּפָהּ עִמָּהּ תּוּכַל לַעֲלוֹת מַיִין נוּקְבִין וּלְקַבֵּל הֵרָיוֹן וְתֵלֵד.

הִיא יְכוֹלָה לְהוֹלִיד נְקֵבוֹת וְלֹא בָּנִים זְכָרִים

אָמְנָם אִי אֶפְשָׁר לָהּ לָלֶדֶת בָּנִים זְכָרִים לִשְׁתֵּי סִבּוֹת: הָאַחַת הִיא, לְפִי שֶׁהַכָּתוּב אוֹמֵר "אִשָּׁה כִּי תַזְרִיעַ וְיָלְדָה זָכָר", אֲבָל כָּאן הָאִשָּׁה הִיא זָכָר כְּבַעְלָהּ, וְאֵינָהּ יְכוֹלָה לָלֶדֶת זְכָרִים אֶלָּא נְקֵבוֹת. הַסִּבָּה הַב' הִיא, לְפִי שֶׁכֵּיוָן שֶׁאוֹתָהּ נִשְׁמַת הַנְּקֵבָה שֶׁנִּכְנְסָה בָּהּ לֹא נִכְנְסָה רַק בְּסוֹד הָעִבּוּר לְבַד, כְּדֵי לְסַיְּעָהּ שֶׁתִּתְעַבֵּר וְתֵלֵד, וְלָכֵן כֵּיוָן שֶׁהָאִשָּׁה הַזּוֹ יוֹלֶדֶת, אֵין הַנְּשָׁמָה הַהִיא צְרִיכָה עוֹד לְהִשָּׁאֵר שָׁם בְּסוֹד הָעִבּוּר לְלֹא צֹרֶךְ, וְאָז בְּעֵת שֶׁיּוֹלֶדֶת נִכְנָס בָּהּ הַנְּשָׁמָה הַהִיא שֶׁל סוֹד הָעִבּוּר, וְאָז הַוָּלָד הַהוּא יוֹצֵא נְקֵבָה וְלֹא זָכָר, וְאָז הִיא שָׁם בִּבְחִינַת גִּלְגּוּל מַמָּשׁ, וְלֹא עִבּוּר כְּבַתְּחִלָּה.

הַנְּקֵבָה שֶׁתֵּלֵד הִיא אוֹתָהּ הַנְּשָׁמָה שֶׁל נְקֵבָה שֶׁנִּכְנְסָה בָּהּ בְּסוֹד הָעִבּוּר

וְנִמְצָא שֶׁכָּל אִשָּׁה שֶׁנִּשְׁמָתָהּ נִשְׁמַת זָכָר כַּנִּזְכָּר לְעֵיל, אִי אֶפְשָׁר שֶׁתֵּלֵד זָכָר אֶלָּא נְקֵבָה, וְאוֹתָהּ הַנְּקֵבָה אֲשֶׁר תֵּלֵד הִיא הִיא אוֹתָהּ הַנְּשָׁמָה שֶׁל נְקֵבָה שֶׁנִּכְנְסָה בָּהּ בַּתְּחִלָּה בְּסוֹד הָעִבּוּר לְסַיְּעָהּ כַּנִּזְכָּר.

עַל יְדֵי זְכוּת גָּדוֹל אֶפְשָׁר לְהוֹלִיד נִשְׁמַת זָכָר

וְאָמְנָם לִפְעָמִים, עַל יְדֵי זְכוּת גָּדוֹל וְנִפְלָא אֶפְשָׁר שֶׁבְּעֵת שֶׁנּוֹלָד הַוָּלָד הַהוּא תִּסְתַּלֵּק מִשָּׁם אוֹתָהּ הַנְּשָׁמָה הַנְּקֵבָה שֶׁהָיְתָה שָׁם בְּסוֹד הָעִבּוּר וְתֵלֵךְ לָהּ, וְיִכָּנֵס בַּוָּלָד הַהוּא נִשְׁמַת זָכָר וְיִהְיֶה זָכָר. וְאַחַר כָּךְ אִי אֶפְשָׁר לָאִשָּׁה הַזֹּאת לַחֲזֹר לָלֶדֶת פַּעַם אַחֶרֶת, זוּלָתִי אִם תַּחֲזֹר אוֹתָהּ הַנְּשָׁמָה הַנְּקֵבָה לְהִתְעַבֵּר בָּהּ כְּבָרִאשׁוֹנָה.

Therefore if the first infant is a female, this girl will have to die, and then, possibly, her Soul will return to be an Ibur in that woman again, as it did in the beginning, and she will conceive, become pregnant and give birth to a daughter, whose Soul is from the Female that entered her in the secret of the mentioned Ibur. In this way, it continues as an Ibur and Reincarnation many times, and she is the same one, and such is her process always. However, if she gave birth to a male, then there is no need for this infant to die because that Female Soul that first entered [the mother] in the form of an Ibur who now left her after she gave birth, as mentioned, now needs to return and enter [the mother] again as an Ibur, and she will become pregnant with a girl and give birth to a female. However, this too requires great merit.

If the woman wants to give birth again, the daughter must die and return as an Ibur.

It is also sometimes possible that even though she originally gave birth to a female, the daughter does not need to die now, since it is possible that a different Soul of a woman can come and enter the mentioned woman in the secret of Ibur, so she can conceive and give birth to a daughter, and that Soul will reincarnate in her as an actual Reincarnation, as mentioned. In the same way, in every pregnancy this woman conceives it is possible that all the mentioned factors repeat themselves.

Sometimes a different Female Soul can come as an Ibur in the woman.

But for this last option to happen one needs a big merit and a huge miracle, since there is a fundamental teaching concerning Ibur: no Soul enters the body of a man or a woman, in the secret of an Ibur while still alive, unless there is great closeness between them. Therefore, regarding this woman whose Root is a Soul of a male and requires the Ibur of a Female Soul, in order for her to find a Female Soul with all the appropriate conditions—one that needs to come as an Ibur due to herself, and that she be close to her or similar to her—requires a great merit. Moreover, for this [type of pregnancy] requiring an Ibur to occur once and [possibly] twice, as mentioned earlier, and to find many Female Souls with all of the aforementioned conditions and also that they will enter her in the form of an Ibur each and every one at the appropriate time, requires great merits and many miracles.

A Soul does not enter a body as an Ibur unless they have great closeness to each other.

אִם הָאִשָּׁה רוֹצָה לְהוֹלִיד שׁוּב, הַבַּת צְרִיכָה לָמוּת וְלַחֲזֹר כְּעִבּוּר

וְלָכֵן אִם הַוָּלָד הָא' הָיָה נְקֵבָה, תִּצְטָרֵךְ לָמוּת עַתָּה זוֹ הַבַּת הַנְּקֵבָה, וְאוֹתָהּ הַנְּשָׁמָה תַּחֲזֹר לְהִתְעַבֵּר בָּהּ בָּאִשָּׁה הַנִּזְכֶּרֶת כְּבָרִאשׁוֹנָה, וְתִתְעַבֵּר וְתַהַר וְתֵלֵד בַּת נְקֵבָה, שֶׁנִּשְׁמָתָהּ הִיא מִזֹּאת הַנְּקֵבָה הַמִּתְעַבֶּרֶת בָּהּ בְּסוֹד הָעִבּוּר כַּנִּזְכָּר. וְעַל דֶּרֶךְ זֶה הוֹלֶכֶת בְּעִבּוּר וּבְגִלְגּוּל פְּעָמִים רַבּוֹת, וְהִיא הִיא, וְכֹה מִשְׁפָּטָהּ תָּמִיד. אָמְנָם אִם יָלְדָה זָכָר אָז אֵין הַוָּלָד הַזֶּה צָרִיךְ לָמוּת, כִּי אוֹתָהּ הַנְּשָׁמָה הַנְּקֵבָה שֶׁנִּתְעַבְּרָה בָּהּ בְּסוֹד הָעִבּוּר בַּתְּחִלָּה וְהָלְכָה לָהּ בְּעֵת שֶׁיָּלְדָה כַּנִּזְכָּר, הִיא צְרִיכָה לַחֲזֹר שֵׁנִית לְהִתְעַבֵּר בָּהּ בְּסוֹד עִבּוּר, וְתַהַר מִן בַּת וְתֵלֵד נְקֵבָה. וְגַם לָזֶה צָרִיךְ זְכוּת גָּדוֹל.

לִפְעָמִים אֶפְשָׁר שֶׁתָּבֹא נִשְׁמַת נְקֵבָה אַחֶרֶת וְתִתְעַבֵּר בָּאִשָּׁה הַנִּזְכֶּרֶת

גַּם אֶפְשָׁר לִפְעָמִים, אַף עַל פִּי שֶׁיָּלְדָה בַּתְּחִלָּה נְקֵבָה אֵינָהּ צְרִיכָה הַבַּת הַהִיא לָמוּת עַתָּה, לְפִי שֶׁאֶפְשָׁר שֶׁתָּבֹא נִשְׁמַת נְקֵבָה אַחֶרֶת וְתִתְעַבֵּר בָּאִשָּׁה הַנִּזְכֶּרֶת בְּסוֹד הָעִבּוּר, וְתַהַר וְתֵלֵד בַּת, וְהַנְּשָׁמָה הַהִיא תִּתְגַּלְגֵּל בָּהּ בְּגִלְגּוּל מַמָּשׁ כַּנִּזְכָּר. וְעַל דֶּרֶךְ זֶה בְּכָל הֵרָיוֹן וְהֵרָיוֹן שֶׁתַּהַר הָאִשָּׁה הַזֹּאת, אֶפְשָׁר לְהִתְחַלֵּף בָּהּ כָּל הַבְּחִינַת הַנִּזְכָּרוֹת.

אֵין נְשָׁמָה נִכְנֶסֶת בַּגּוּף בְּסוֹד הָעִבּוּר אֶלָּא אִם יֵשׁ בֵּינֵיהֶם קָרְבָה גְּדוֹלָה זֶה לָזֶה

וְאָמְנָם לְזֹאת הַמְּצִיאוּת הָאַחֲרוֹן צָרִיךְ גַּם כֵּן זְכוּת גָּדוֹל וְנֵס עָצוּם, לְפִי שֶׁיֵּשׁ לָנוּ הַקְדָּמָה אַחַת בְּסוֹד הָעִבּוּר, כִּי אֵין שׁוּם נְשָׁמָה נִכְנֶסֶת בְּגוּף הָאִישׁ אוֹ הָאִשָּׁה בְּסוֹד הָעִבּוּר בַּחַיִּים, אֶלָּא אִם כֵּן כִּי יֵשׁ בֵּינֵיהֶם קָרְבָה גְּדוֹלָה זֶה לָזֶה, וְלָכֵן הָאִשָּׁה הַזֹּאת שֶׁשָּׁרְשָׁהּ נִשְׁמַת זָכָר הַצְּרִיכָה לְעִבּוּר נִשְׁמַת הַנְּקֵבָה, הִנֵּה כְּדֵי שֶׁתִּמְצָא נִשְׁמַת נְקֵבָה בְּכָל תְּנָאֶהָ, שֶׁתִּצְטָרֵךְ לְהִתְעַבֵּר מִפְּאַת עַצְמָהּ וְגַם שֶׁתִּהְיֶה קְרוֹבָה אֵלֶיהָ אוֹ דוֹמָה אֵלֶיהָ, צָרִיךְ זְכוּת גָּדוֹל, וּמִכָּל שֶׁכֵּן אִם יִצְטָרֵךְ הַדָּבָר לָבֹא בְּעִבּוּר פַּעַם וּפַעֲמַיִם כַּנִּזְכָּר לְעֵיל, וּמִכָּל שֶׁכֵּן לִמְצֹא נְשָׁמוֹת רַבּוֹת שֶׁל נְקֵבוֹת בַּתְּנָאִים הנז', וְשֶׁיָּבֹאוּ בָּהּ בְּסוֹד הָעִבּוּר עַל אֶחָד וְאֶחָד בִּזְמַן אַחֵר צָרִיךְ זְכֻיּוֹת רַבִּים וְנִסִּים גְּדוֹלִים.

TENTH
INTRODUCTION

Concerning the children that man begets, and also students and their Rav (spiritual teacher). Now we will discuss the aspect of the children that a man begets. Know that concerning this matter, there is no difference if a person is with his Soulmate or if he is with a woman who is not his Soulmate. [In both cases,] he can beget children from the Sparks of the Souls of his own Root, or beget from the Souls of other Roots.

The matter of the children that man begets.

Also know that the father gives part of his Soul to his sons, and that part becomes a clothing for his son's Soul and assists and guides him to [follow] a good path. For this reason, a son owes respect to his father. However, if the difference between the Soul of the father and the Soul of the son is less than 500 levels, then part of the Soul of the father will remain together with the Soul of his son even until the days of the Messiah. However, at the Resurrection of the Dead or in the World to Come, everything goes back to its Root, and they become totally separated. However, if there is a difference of 500 levels or more between them, then the lesser [Soul] will be absorbed by the greater [one], and they will merge totally [and] forever. They will never become separated, and they [will be] both in the same Root.

The father gives a part of his Soul to the son.

This is from the Aspect of a father and his son. However, the concept of a Rav with his student is already explained by us later that the Rav gives a Spirit to his student, like the father to his son. Only this bond is stronger because that Spirit remains together with the student forever and will never get separated, in the secret of: "...and the Soul of David cleaved to the Soul of Jonathan...." (I Samuel 18:1) This is the reason for the advantage of honoring the Rav over honoring the father.

The Rav gives a Spirit in his student.

הַקְדָּמָה י'

עִנְיַן הַבָּנִים שֶׁאָדָם מוֹלִיד

בִּבְחִינַת הַבָּנִים שֶׁאָדָם מוֹלִיד, וְגַם בְּעִנְיַן הַתַּלְמִידִים עִם הָרַב שֶׁלָּהֶם. וְעַתָּה נְדַבֵּר בִּבְחִינַת הַבָּנִים שֶׁאָדָם מוֹלִיד, דַּע, כִּי בֵּין אִם הָאָדָם לוֹקֵחַ בַּת זוּגוֹ, בֵּין אִם לוֹקֵחַ אִשָּׁה שֶׁאֵינָהּ בַּת זוּגוֹ, אֵין חִלּוּק בֵּינֵיהֶם לְעִנְיָן זֶה, וְהוּא כִּי יָכוֹל הוּא לְהוֹלִיד בָּנִים מִן הַנִּיצוֹצוֹת שֶׁל הַנְּשָׁמוֹת שֶׁל שָׁרְשׁוֹ עַצְמוֹ, אוֹ לְהוֹלִיד מִנִּשְׁמוֹת שָׁרָשִׁים אֲחֵרִים.

הָאָב נוֹתֵן חֵלֶק מִנִּשְׁמָתוֹ אֶל הַבֵּן

עוֹד דַּע, כִּי הָאָב הוּא נוֹתֵן חֵלֶק מִנִּשְׁמָתוֹ אֶל בְּנוֹ, וְאוֹתוֹ הַחֵלֶק נַעֲשֶׂה לְבוּשׁ אֶל נִשְׁמַת הַבֵּן, וּמְסַיְּעוֹ וּמַדְרִיכוֹ בְּדֶרֶךְ טוֹבָה, וּלְסִבָּה זוֹ חַיָּב הַבֵּן בִּכְבוֹד אָבִיו. וְאָמְנָם אִם אֵין חִלּוּק בֵּין נִשְׁמַת הָאָב לְנִשְׁמַת הַבֵּן, רַק פָּחוֹת מִת"ק מַדְרֵגוֹת, הִנֵּה אָז נִשְׁאָר חֵלֶק נִשְׁמַת הָאָב עִם נִשְׁמַת הַבֵּן אֲפִלּוּ לִימוֹת הַמָּשִׁיחַ. אֲבָל בִּתְחִיַּת הַמֵּתִים אוֹ לָעוֹלָם הַבָּא, כָּל דָּבָר חוֹזֵר לְשָׁרְשׁוֹ וְנִפְרָדִים לְגַמְרֵי. הַאָמְנָם אִם יֵשׁ הֶפְרֵשׁ בֵּינֵיהֶם שִׁעוּר ת"ק מַדְרֵגוֹת, אוֹ יוֹתֵר מִת"ק, אָז מִתְבַּטֶּלֶת הַגְּרוּעָה בַּגְּדוֹלָה, וּמִתְחַבְּרִין חִבּוּר גָּמוּר לְעוֹלָם וָעֶד לֹא יִפָּרְדוּ, וּשְׁנֵיהֶם הֵם בְּשֹׁרֶשׁ אֶחָד.

הָרַב נוֹתֵן רוּחָא גּוֹ תַּלְמִידֵהּ

וְהִנֵּה זֶה הוּא מִבְּחִינַת אָב אֶל בֵּן, אֲבָל עִנְיַן הָרַב הַמֻּבְהָק עִם תַּלְמִידוֹ, כְּבָר נִתְבָּאֵר אֶצְלֵנוּ לְקַמָּן כִּי הָרַב נוֹתֵן רוּחָא גּוֹ תַּלְמִידֵהּ, עַל דֶּרֶךְ הָאָב לִבְנוֹ, אֶלָּא שֶׁהוּא חִבּוּר יוֹתֵר נִמְרָץ, כִּי לְעוֹלָם וָעֶד נִשְׁאָר הַהוּא רוּחָא עִם הַתַּלְמִיד קַיָּם לְעוֹלָם לֹא יִפָּרְדוּ, בְּסוֹד וְתִדְבַּק נֶפֶשׁ דָּוִד בִּיהוֹנָתָן ("וְנֶפֶשׁ יְהוֹנָתָן נִקְשְׁרָה בְּנֶפֶשׁ דָּוִד"). וְזֶהוּ טַעַם יִתְרוֹן כְּבוֹד הָרַב מִכְּבוֹד הָאָב.

But, if the Rav of the student is actually his son, then he has two [reasons] to cleave; one for being his Rav and the other for being his son. Therefore, if there are more than 500 levels between them, then both cleave to each other: the father with his son, since [the son] is his Rav, and the son with his father since he is his father. Both cleave to each other; this one with the other and this one with this one for the two Aspects we mentioned.

If the son is the Rav of the father.

We will further speak about the children that are born from the father. Know that at the moment a man unites with his wife to beget children, the Aspect of Surrounding Light is drawn into the son by the power of the father, and also the aspect of Inner Light is drawn into the son by the power of the mother.

Surrounding Light from the father, and Inner Light from the mother.

It is possible that at the time of their union they will both sanctify themselves with holy intentions [to perform] a Precept or the intention of both will not be for the sake of [performing] a Precept but rather for their own pleasure and evil. Or the intention of the father may be good and the mother's not, or vice versa. Indeed, if both of them intended on a Precept, then that infant will be a complete Tzadik in Surrounding Light and Inner Light. If the intention of both was bad, then that son will be a complete Rasha (Wicked person) in Surrounding Light and Inner Light.

The sanctity of conception.

If the father's intention was good but the mother's was bad, then the Surrounding Light of the son is righteous and the Inner Light is evil, and in time the Surrounding will subdue the Inner and it will become completely righteous. The reason is that the Surrounding Light includes the Inner Light within it and transforms it to be pure. If the father's intention was bad and the mother's was good, then the Surrounding is evil and the Inner is righteous, and in time the evil Surrounding will subdue the righteous Inner and it will be evil as well.

Eventually the Surrounding overpowers the Inner.

אִם הַבֵּן הוּא רַבּוֹ שֶׁל הָאָב

וְהִנֵּה אִם הָרַב שֶׁל הַתַּלְמִיד הוּא בְּנוֹ מַמָּשׁ, יֵשׁ לוֹ ב' דִּבּוּקִים: אֶחָד לְפִי שֶׁהוּא רַבּוֹ, וְאֶחָד לְפִי שֶׁהוּא בְּנוֹ. וְלָכֵן אִם יֵשׁ בֵּינֵיהֶם יוֹתֵר מִת"ק מַדְרֵגוֹת, אָז שְׁנֵיהֶם מִתְדַּבְּקִים זֶה עִם זֶה, הָאָב עִם בְּנוֹ לְפִי שֶׁהוּא רַבּוֹ, וְהַבֵּן עִם אָבִיו לְפִי שֶׁהוּא אָבִיו. וּשְׁנֵיהֶם מִתְדַּבְּקִים יַחַד זֶה בָּזֶה וְזֶה בָּזֶה מִב' אֵלּוּ הַבְּחִינוֹת הַנִּזְכָּרוֹת.

מֵהָאָב אוֹר מַקִּיף וּמֵהָאֵם אוֹר פְּנִימִי

עוֹד נְדַבֵּר בְּעִנְיַן הַבָּנִים הַנּוֹלָדִים מִן הָאָב, דַּע כִּי בִּהְיוֹת הָאִישׁ מִזְדַּוֵּג עִם אִשְׁתּוֹ לְהוֹלִיד בָּנִים, הִנֵּה מִכֹּחַ הָאָב נִמְשָׁךְ בְּחִינַת אוֹר הַמַּקִּיף בַּבֵּן, וּמִכֹּחַ הָאֵם נִמְשָׁךְ בַּבֵּן בְּחִינַת אוֹר פְּנִימִי.

קְדֻשַּׁת הַזִּוּוּג

וְהִנֵּה אֶפְשָׁר שֶׁבְּעֵת זִוּוּגָם יִתְקַדְּשׁוּ עַצְמָם שְׁנֵיהֶם בְּכַוָּנַת מִצְוָה וּקְדֻשָּׁה. אוֹ יִהְיֶה כַּוָּנַת שְׁנֵיהֶם שֶׁלֹּא לְשֵׁם מִצְוָה, אֶלָּא לַהֲנָאַת עַצְמָם וּלְרָעָה. אוֹ יִהְיֶה כַּוָּנַת הָאָב לְטוֹבָה וְהָאֵם לְרָעָה, אוֹ לְהֶפֶךְ. וְאָמְנָם אִם שְׁנֵיהֶם נִתְכַּוְּנוּ לִדְבַר מִצְוָה, יִהְיֶה הַוָּלָד הַהוּא צַדִּיק גָּמוּר בָּאוֹר הַמַּקִּיף וּבְאוֹר פְּנִימִי. וְאִם שְׁנֵיהֶם נִתְכַּוְּנוּ לְרָעָה, יִהְיֶה הַבֵּן הַהוּא רָשָׁע גָּמוּר בָּאוֹר הַמַּקִּיף וּבָאוֹר הַפְּנִימִי.

בְּהֶמְשֵׁךְ הַזְּמַן הַמַּקִּיף שׁוֹלֵט עַל הַפְּנִימִי

וְאִם הָאָב נִתְכַּוֵּן לְטוֹבָה וְאִמּוֹ לְרָעָה, אָז יִהְיֶה אוֹר הַמַּקִּיף שֶׁל הַבֵּן צַדִּיק וְאוֹר הַפְּנִימִי רָשָׁע. וּבְהֶמְשֵׁךְ הַזְּמַן יָכֹף הַמַּקִּיף אֶת הַפְּנִימִי וְיִהְיֶה צַדִּיק גָּמוּר, לְפִי שֶׁהַמַּקִּיף כּוֹלֵל בְּתוֹכוֹ אֶת הַפְּנִימִי, וּמְהַפְּכוֹ לִרְשׁוּתוֹ. וְאִם הָאָב נִתְכַּוֵּן לְרָעָה וְהָאֵם לְטוֹבָה, אָז הַמַּקִּיף רַע וְהַפְּנִימִי טוֹב, וּבְהֶמְשֵׁךְ הַזְּמַן יָכֹף הַמַּקִּיף הָרַע אֶת הַפְּנִימִי הַטּוֹב וְיִהְיֶה רַע גַּם הוּא, וְיִהְיֶה רָשָׁע גָּמוּר.

If you would like to know which is stronger [in an individual]— the force of the father or the mother—you can recognize this by how agile or slow the son is, since the Inner Light is limited and cannot move around, while the Surrounding Light is outside and moves around and drives the person to the place he desires.

How to know if the force of the father or mother is dominant.

It is found that if you see an individual who is "light as an eagle and swift as a deer" (Pirkei Avot 5:20) in all of his actions and is quick in his work, it is obvious that the Surrounding Light from the power of his father is dominant in him. If he is lazy and is heavy in his movement, this indicates that the Inner Light from the mother is dominant in him.

Everything depends on their actions. In other words, if the father's intention is for the sake of a Precept during intercourse, then this child will be quick in his Heavenly [spiritual] work and very great in Torah. However, if the father's intention was for his own pleasure, this son will be quick in worldly matters. Likewise, the opposite [is also true] if he moves heavily; if his mother had the intention of performing a Precept he will be lazy in worldly matters, and if she did not have the intention of performing a Precept the son will be lazy in his Heavenly [spiritual] work. With this, you will understand the reason why some small children are sharp and cannot sit still for a moment, and some children are lazy and very slow.

Everything depends on the intention of conception.

This is the secret of Asahel, the brother of Yoav, who was swift of foot beyond limit (II Samuel 2:18), as was known to our sages that he was able run over the top of the stalks of wheat, and they would not bend (Midrash Raba, Kohelet 9:11). Surely, we cannot take our sages' words literally. This matter is understood with what we mentioned, since his whole essence was from the power of the father being dominant, and he did not have the power of the mother at all. The Surrounding Light completely expanded within him and made him fly through the air.

אֵיךְ לָדַעַת אִם כֹּחַ הָאָב אוֹ הָאֵם גּוֹבֵר

וְהִנֵּה, אִם תִּרְצֶה לֵידַע מִי גּוֹבֵר בּוֹ, כֹּחַ הָאָב אוֹ הָאֵם, תּוּכַל לְהַכִּיר זֶה כְּפִי קַלּוּתוֹ שֶׁל הַבֵּן אוֹ כְּבֵדוּתוֹ, לְפִי כִּי הָאוֹר הַפְּנִימִי מְגֻבָּל וְאֵינוֹ יָכוֹל לְהִתְנוֹעֵעַ, אֲבָל הָאוֹר הַמַּקִּיף מִבַּחוּץ מִתְנוֹעֵעַ וּמֵנִיעַ אֶת הָאָדָם לְמָקוֹם שֶׁהוּא חָפֵץ.

וְנִמְצָא כִּי אִם תִּרְאֶה אֵיזֶה אָדָם קַל כַּנֶּשֶׁר וְרָץ כַּצְּבִי בְּכָל מַעֲשָׂיו, וּמָהִיר בִּמְלַאכְתּוֹ, נִמְצָא שֶׁגָּבַר עָלָיו אוֹר הַמַּקִּיף אֲשֶׁר מִכֹּחַ אָבִיו. וְאִם הוּא עָצֵל וּכְבַד הַתְּנוּעָה, יוֹרֶה תִּגְבֹּרֶת אוֹר הַפְּנִימִי בּוֹ מִצַּד הָאֵם.

הַכֹּל הוֹלֵךְ לְפִי כַּוָּנַת הַזִּוּוּג

וְהַכֹּל כְּפִי מַה שֶּׁהֵם. רוֹצֶה לוֹמַר כִּי אִם הָאָב נִתְכַּוֵּן לְשֵׁם מִצְוָה בְּעֵת הַתַּשְׁמִישׁ, הִנֵּה הַבֵּן הַזֶּה יִהְיֶה מָהִיר בִּמְלֶאכֶת שָׁמַיִם וְגָדוֹל מְאֹד בַּתּוֹרָה. וְאִם אָבִיו נִתְכַּוֵּן לַהֲנָאַת עַצְמוֹ, יִהְיֶה הַבֵּן הַזֶּה מָהִיר בְּמַלְאֲכוֹת הָעוֹלָם הַזֶּה. וְכֵן לְהֶפֶךְ, אִם יִהְיֶה כְּבַד הַתְּנוּעָה, אִם אִמּוֹ נִתְכַּוְּנָה לִדְבַר מִצְוָה יִהְיֶה עָצֵל בְּמַלְאֲכוֹת הָעוֹלָם הַזֶּה. וְאִם לֹא נִתְכַּוְּנָה לְשֵׁם מִצְוָה, יִהְיֶה הַבֵּן עָצֵל בִּמְלֶאכֶת שָׁמַיִם. וּבָזֶה תָּבִין טַעַם כִּי נִמְצָאִים יְלָדִים קְטַנִּים חֲרִיפִים לֹא יוּכְלוּ הַשְׁקֵט, וְיֵשׁ יְלָדִים עֲצֵלִים כִּבְדֵי הַתְּנוּעָה מְאֹד.

וְזֶהוּ סוֹד עֲשָׂהאֵל אֲחִי יוֹאָב שֶׁהָיָה קַל בְּרַגְלָיו עַד לְאֵין תַּכְלִית, כַּנּוֹדָע לְרַזַ"ל שֶׁהָיָה רָץ עַל רָאשֵׁי הַשִּׁבֳּלִים וְלֹא הָיוּ נִכְפָּפִים, וּבְוַדַּאי אֵין מִדְרַשׁ חֲזַ"ל יוֹצֵא מִידֵי פְּשׁוּטוֹ מַמָּשׁ, וְהָעִנְיָן מוּבָן עִם הַנִּזְכָּר כִּי כָּל בְּחִינָתוֹ הָיְתָה מִתְגַּבֹּרֶת כֹּחַ הָאָב, וְלֹא הָיָה בּוֹ כֹּחַ הָאֵם כְּלָל, וְגָדַל בּוֹ אוֹר הַמַּקִּיף לְגַמְרֵי וְהָיָה מְעוֹפְפוֹ בָּאֲוִיר.

[Rav] Shmuel [Vital] said: "I have found another new commentary concerning the entire concept of Reincarnation. And it appears to me to be a summary of all that has been said. So I decided to include it here, after all of these Introductions. It appears to be the pure essence of everything we have discussed up until now."

אָמַר שְׁמוּאֵל: עוֹד מָצָאתִי דְּרוּשׁ אַחֵר מְחֻדָּשׁ עַל הַגִּלְגּוּל, וְכִמְדֻמֶּה לִי שֶׁהוּא קִצּוּר מִכָּל הָאָמוּר, וְאָמַרְתִּי לְהַעְתִּיקוֹ פֹּה אַחַר הַדְּרוּשִׁים הַנִּזְכָּרִים, וְכִמְעַט שֶׁהוּא סֹלֶת מִכָּל הָאָמוּר.

ELEVENTH
INTRODUCTION

A concise summary concerning the matter of Reincarnation, [and] a brief summary about what every person is required to know concerning how to behave in order to correct oneself. It is known that there are Four Worlds: Atzilut, Briyah, Yetzirah, and Asiyah. Each one of these Worlds has Five Partzufim: Arich Anpin, Aba, Ima, Zeir Anpin, and Nukva. However, they are not all equal, since the three Worlds of Briyah, Yetzirah, Asiyah correspond to the subdivision of Ima, Zeir Anpin and Nukva of Atzilut. However, regarding the semblance to Arich Anpin and Aba of Atzilut, there are not two Worlds that are like them above Briyah, Yetzirah, and Asiyah, since they are of the utmost concealment.

In each of the Four Worlds there are Five Partzufim.

It is also known that people's Souls emerge from all of the different Aspects included in the Four Worlds of Atzilut, Briyah, Yetzirah, and Asiyah, in the secret of: "You are sons of the Lord, your God...." (Deuteronomy 14:1) Therefore we find that the Aspects of the Souls will be exactly likened to the Worlds themselves, both in general and in particular.

How? The Souls that are from the World of Atzilut will also be subdivided into five Aspects, corresponding to the Five Partzufim of Atzilut. The Souls that come from Arich Anpin are called Yechidah, the ones that come from Aba are called Chayah, from Ima are called Neshamah, from Zeir Anpin are called Ruach, and from Nukva [of Zeir Anpin] are called Nefesh. Those are all [five] Parts of Atzilut. Following that, there are lower [levels]. Those that come from the World of Briyah are all named Neshamah of Briyah, from Yetzirah all are named Ruach of Yetzirah, and from Asiyah are all named Nefesh of Asiyah. This is in general.

Five Parts of the Soul corresponding to the Five Partzufim.

הַקְדָּמָה י"א

בְּכָל ד' עוֹלָמוֹת יֵשׁ ה' פַּרְצוּפִים

בְּתַכְלִית הַקִּצּוּר בְּעִנְיַן הַגִּלְגּוּל, וְזֶה לְשׁוֹנוֹ: עִנְיַן הַגִּלְגּוּל בְּתַכְלִית הַקִּצּוּר, מַה שֶּׁיִּצְטָרֵךְ בְּהֶכְרֵחַ כָּל הָאָדָם לָדַעַת, אֵיךְ יִתְנַהֵג לְתַקֵּן עַצְמוֹ. נוֹדָע הוּא כִּי ד' עוֹלָמוֹת אבי"ע, וְכָל עוֹלָם מֵהֶם יֵשׁ בּוֹ חֲמִשָּׁה פַּרְצוּפִים: א"א, ואו"א, וזו"ן. הָאֻמְנָם אֵין עִנְיַן כֻּלָּם שָׁוֶה, לְפִי שֶׁשְּׁלֹשָׁה עוֹלָמוֹת בי"ע הֵם כְּעֵרֶךְ פְּרָטִיּוּת אִמָּא וזו"ן דַּאֲצִילוּת. אֲבָל בְּדֻגְמַת א"א וְאַבָּא דַּאֲצִילוּת, לֹא יֵשׁ שְׁנֵי עוֹלָמוֹת דֻּגְמָתָן לְמַעְלָה מבי"ע, לְפִי שֶׁהֵם בְּתַכְלִית שֶׁל הַהֶעְלֵם.

גַּם נוֹדָע, כִּי מִכָּל הַבְּחִינֹת שֶׁנִּכְלְלוּ בְּד' עוֹלָמוֹת אבי"ע יוֹצְאוֹת נִשְׁמוֹת בְּנֵי אָדָם, בְּסוֹד "בָּנִים אַתֶּם לַה' אֱלֹהֵיכֶם". וְאִם כֵּן נִמְצָא, כִּי בְּחִינַת הַנְּשָׁמוֹת יִהְיוּ מַמָּשׁ כְּדִמְיוֹן הָעוֹלָמוֹת עַצְמָן בִּכְלָל וּפְרָט.

ה' חֶלְקֵי הַנְּשָׁמָה כְּנֶגֶד ה' פַּרְצוּפִים

כֵּיצַד, הַנְּשָׁמוֹת שֶׁיֵּשׁ מֵעוֹלַם הָאֲצִילוּת יִתְחַלְּקוּ לַחֲמִשָּׁה בְּחִינוֹת גַּם הֵם, כְּנֶגֶד ה' פַּרְצוּפֵי הָאֲצִילוּת, כִּי הַנִּמְשָׁכוֹת מִן א"א נִקְרָאוֹת יְחִידָה. וּמִן אַבָּא, נִקְרָאוֹת חַיָּה. וּמִן אִמָּא, נִקְרָאוֹת נְשָׁמָה. וּמִן ז"א, נִקְרָאוֹת רוּחַ. וּמִן נוּקְבֵיה, נִקְרָאוֹת נֶפֶשׁ. וְכֻלָּם הֵם חֶלְקֵי הָאֲצִילוּת. אַחַר כָּךְ יֵשׁ יוֹתֵר תַּחְתּוֹנוֹת, וְהֵם, כִּי הַנִּמְשָׁכוֹת מֵעוֹלַם הַבְּרִיאָה, כֻּלָּם נִקְרָאִים נְשָׁמָה דִּבְרִיאָה. וּמִן הַיְצִירָה, כֻּלָּהּ נִקְרֵאת רוּחַ דִּיצִירָה. וּמִן הָעֲשִׂיָּה, נִקְרֵאת נֶפֶשׁ דַּעֲשִׂיָּה. וַהֲרֵי זֶה דֶּרֶךְ כְּלָל.

Now in particular. The Souls that come from Arich [Anpin] of Atzilut are divided into five Aspects: From Keter of Arich Anpin is called Yechidah of Yechidah. From its Chochmah is called Chayah of Yechidah. From its Binah is called Neshamah of Yechidah. From its Six Corners is called Ruach of Yechidah. From its Malchut is called Nefesh of Yechidah. All of the five Parts mentioned are collectively called Yechidah.

Souls from Arich of Atzilut divide to five Aspects and are all called Yechidah.

The five Aspects of Chayah from Aba of Atzilut are divided in the same way, and they are all called Chayah. Similarly, the five Parts of Neshamah from Ima are all called Neshamah, the five Parts of Ruach from Zeir Anpin are all called Ruach, and the five Parts of Nefesh from Nukva [of Zeir Anpin] are all called Nefesh of Atzilut.

Souls from Aba of Atzilut divide to five Aspects and are all called Chayah.

The same applies to the three Worlds of Briyah, Yetzirah, and Asiyah, each of which, with all of its five Parts, only reflects one specific Partzuf of Atzilut, as mentioned before. This is how: The Souls from Arich [Anpin] of Briyah are called Yechidah of Briyah. Those of Aba are called Chayah. Those of Ima are called Neshamah. Those of Zeir Anpin are called Ruach. And those of Nukva [of Zeir Anpin] of Briyah are called Nefesh of Neshamah of Briyah. All of these five Parts of the Five Partzufim of Briyah are called the Neshamah of Briyah.

Briyah – Neshamah

Likewise, for the Souls that are in the Five Partzufim of Yetzirah—Yechidah, Chayah, Neshamah, Ruach and Nefesh—all are called Ruach of Yetzirah. Likewise for the Souls that are from the Five Partzufim of Asiyah—Yechidah, Chayah, Neshamah, Ruach and Nefesh—all are called Nefesh of Asiyah. Thus we have explained the subject of the Souls in general and in particular.

Yetzirah – Ruach
Asiyah – Nefesh

All of the Aspects of the Souls that were mentioned were included in Adam. And Adam was composed of 248 Limbs and 365 Sinews, even with respect to the Souls within him, each and every Part mentioned is divided in the order mentioned above. This is how: The Yechidah part of Atzilut is divided into 613

Each Aspect of the Soul divides to 613 Roots.

נְשָׁמוֹת מֵאֲרִיךְ דַּאֲצִילוּת נֶחֱלָקוֹת לְחָמֵשׁ בְּחִינוֹת, וְכֻלָּן נִקְרָאוֹת יְחִידָה

וְדֶרֶךְ פְּרָט הוּא זֶה, כִּי הִנֵּה הַנְּשָׁמוֹת הַיּוֹצְאוֹת מִן אֲרִיךְ דַּאֲצִילוּת נֶחֱלָקוֹת לַחֲמִשָּׁה בְּחִינוֹת: כִּי מִכֶּתֶר דַּאֲרִיךְ, נִקְרֵאת יְחִידָה שֶׁבִּיחִידָה. וּמֵחָכְמָה שֶׁבּוֹ, נִקְרֵאת חַיָּה דִּיחִידָה. וּמִבִּינָה שֶׁבּוֹ, נִקְרֵאת נְשָׁמָה דִּיחִידָה. וּמִשֵּׁשׁ קְצוֹוֹתָיו, נִקְרֵאת רוּחַ דִּיחִידָה. וּמִמַּלְכוּת שֶׁבּוֹ, נִקְרֵאת נֶפֶשׁ דִּיחִידָה. וְכָל חֲמִשָּׁה חֲלָקִים הַנִּזְכָּרִים נִקְרָאִים בִּכְלָלוּתָן יְחִידָה.

נְשָׁמוֹת מֵאַבָּא דַּאֲצִילוּת נֶחֱלָקוֹת לְחָמֵשׁ בְּחִינוֹת, וְכֻלָּן נִקְרָאוֹת חַיָּה

וְעַל דֶּרֶךְ זֶה יִתְחַלְּקוּ חֲמִשָּׁה בְּחִינוֹת הַחַיָּה שֶׁמִּן אַבָּא דַּאֲצִילוּת, וְכֻלָּן נִקְרָאִים חַיָּה. וְכֵן חֲמִשָּׁה חֶלְקֵי נְשָׁמָה דְּמִצַּד אִמָּא, כֻּלָּם נִקְרָאִים נְשָׁמָה. וְכֵן חֲמִשָּׁה חֶלְקֵי רוּחַ דמז"א, כֻּלָּן נִקְרָאִים רוּחַ. וְכֵן חֲמִשָּׁה חֶלְקֵי נֶפֶשׁ דְּמִנּוּקְבֵהּ, כֻּלָּם נִקְרָאִים נֶפֶשׁ דַּאֲצִילוּת.

בְּרִיאָה – נְשָׁמָה

וְעַל דֶּרֶךְ זֶה בִּשְׁלֹשָׁה עוֹלָמוֹת בי"ע אֲשֶׁר כָּל עוֹלָם מֵהֶם בְּכָל חֲמִשָּׁה חֲלָקָיו, אֵינוֹ רַק כְּעֵרֶךְ פַּרְצוּף אֶחָד פְּרָטִי דַּאֲצִילוּת כַּנִּזְכָּר. כֵּיצַד, הִנֵּה הַנְּשָׁמוֹת שֶׁמִּן אֲרִיךְ שֶׁל הַבְּרִיאָה נִקְרָאוֹת יְחִידָה דִּבְרִיאָה, וְשֶׁמִּן אַבָּא נִקְרָאוֹת חַיָּה, וְשֶׁמִּן אִמָּא נִקְרָאוֹת נְשָׁמָה, וְשֶׁמִּן ז"א נִקְרָאוֹת רוּחַ, וְשֶׁמִּן נוּקְבֵהּ דִּבְרִיאָה נִקְרָאוֹת נֶפֶשׁ דְּנִשְׁמַת הַבְּרִיאָה. וְכָל חֲמִשָּׁה חֲלָקִים אֵלּוּ שֶׁמִּן חֲמִשָּׁה פַּרְצוּפֵי הַבְּרִיאָה נִקְרָאִים נְשָׁמָה שֶׁל הַבְּרִיאָה.

יְצִירָה – רוּחַ, עֲשִׂיָּה – נֶפֶשׁ

וְכֵן הַנְּשָׁמוֹת שֶׁבַּחֲמִשָּׁה פַּרְצוּפֵי הַיְצִירָה: יְחִידָה, חַיָּה, נְשָׁמָה, רוּחַ, נֶפֶשׁ, וְכֻלָּם נִקְרָאִים רוּחַ דִּיצִירָה. וְכֵן הַנְּשָׁמוֹת שֶׁמֵּחֲמִשָּׁה פַּרְצוּפֵי הָעֲשִׂיָּה: יְחִידָה, חַיָּה, נְשָׁמָה, רוּחַ, נֶפֶשׁ, וְכֻלָּם נִקְרָאִים נֶפֶשׁ דַּעֲשִׂיָּה. וַהֲרֵי נִתְבָּאֲרוּ עִנְיַן הַנְּשָׁמוֹת בִּכְלָל וּפְרָט.

כָּל בְּחִינוֹת הַנְּשָׁמוֹת מִתְחַלְּקוֹת לְתַרְיַ"ג שָׁרָשִׁים

וְהִנֵּה כָּל בְּחִינוֹת הַנְּשָׁמוֹת הַנִּזְכָּרוֹת, כֻּלָּם נִכְלְלוּ בְּאָדָם הָרִאשׁוֹן. וְהִנֵּה אָדָם הָיָה כָּלוּל מֵרְמַ"ח אֵיבָרִים וּשְׁסָ"ה גִּידִים גַּם בִּבְחִינַת הַנְּשָׁמוֹת שֶׁבּוֹ, בְּאֹפֶן כִּי כָּל חֵלֶק מֵהַנִּזְכָּר נִתְחַלֵּק לַסֵּדֶר הַנִּזְכָּר. כֵּיצַד: הִנֵּה חֵלֶק הַיְחִידָה דַּאֲצִילוּת נֶחֱלָק לְתַרְיַ"ג אֵבָרִים וְגִידִים,

Limbs and Sinews, and each one of them is called One Root. The same goes for Chayah, Neshamah, Ruach, and Nefesh of Atzilut. Each aspect of them is divided into 613 Roots. So too, each part of the Five Partzufim of Briyah is divided into 613 Roots, and they are all called Neshamah of Briyah, as mentioned earlier. The same [applies] for every part of the Five Partzufim of Yetzirah, in the way mentioned above. The same for all of the Five Partzufim of Asiyah in a similar way, as mentioned earlier. It is even possible that each part will further subdivide, and that was all caused by the Sin of Adam and the other Created Beings.

To understand this matter, we will explain one part of them, from which you can apply to the rest, and we will begin from the Nukva of Asiyah. The Nukva of Asiyah includes 613 Limbs and Sinews, and they are called 613 Major Roots, meaning to say that it cannot be less than that. Each one of these Roots has no less than 613 Sparks, and each Spark is called One Complete Soul. And they are called 613 Major Sparks.

> Each Root includes 613 Sparks.

Due to a blemish, they can further subdivide. The 613 Major Roots can be further divided up to 600,000 Minor Roots but no more. However, they can be less than that. Also each Major Root is not necessarily subdivided to the same number as another Root. It is all relative to the blemish. One Major Root could subdivide into 1,000 Minor Roots and another to 100 [Minor Roots,] and so on. However, the 613 Major Roots collectively cannot be subdivided into more than 600,000 Minor Roots.

> Each Root can divide up to 600,000 Minor Roots, depending on the blemish.

The same way [applies to] the 613 Sparks in each and every Root of the 613 Major Roots because each Spark will subdivide into some [smaller] Sparks. However, a Major Spark can divide into 1,000 Minor Sparks or to 100 [Sparks,] and so on. However, all of the 613 Major Sparks collectively cannot be subdivided into more than 600,000 Minor Sparks.

> 613 Major Sparks can divide up to 600,000 Minor Sparks.

וְכָל אֵבָר אוֹ גִּיד מֵהֶם נִקְרָא שֹׁרֶשׁ א'. וְכֵן הַחַיָּה, אוֹ הַנְּשָׁמָה, אוֹ הָרוּחַ, אוֹ הַנֶּפֶשׁ דַּאֲצִילוּת, כָּל בְּחִינָה מֵהֶם נִתְחַלְּקָה לְתַרְיַ"ג שָׁרָשִׁים. וְכֵן כָּל בְּחִינָה מֵחֲמִשָּׁה פַּרְצוּפֵי הַבְּרִיאָה נִתְחַלְּקָה לְתַרְיַ"ג שָׁרָשִׁים, וְכֻלָּם נִקְרָאִים נְשָׁמָה דִּבְרִיאָה כַּנִּזְכָּר לְעֵיל. וְכֵן כָּל בְּחִינָה מֵחֲמִשָּׁה פַּרְצוּפֵי הַיְצִירָה עַל דֶּרֶךְ הַנִּזְכָּר. וְכֵן כָּל ה' פַּרְצוּפֵי הָעֲשִׂיָּה עַל דֶּרֶךְ הַנִּזְכָּר. וְעוֹד אֶפְשָׁר שֶׁיִּתְחַלְּקוּ כָּל חֵלֶק מֵהַנִּזְכָּר חִלּוּק יוֹתֵר פְּרָטִי, וְזֶה הָיָה עַל יְדֵי חֶטְאוֹ שֶׁל אָדָם הָרִאשׁוֹן וּשְׁאָר הַנִּבְרָאִים.

כָּל שֹׁרֶשׁ כּוֹלֵל תַּרְיַ"ג נִיצוֹצוֹת

וּלְהָבִין הָעִנְיָן נְבָאֵר חֵלֶק אֶחָד מֵהֶם, וּמִמֶּנּוּ תַּקִּישׁ לְכָל הַשְּׁאָר, וְנַתְחִיל מִן נוּקְבָא דַּעֲשִׂיָּה. הִנֵּה נוּקְבָא דַּעֲשִׂיָּה כּוֹלֶלֶת תַּרְיַ"ג אֵיבָרִים וְגִידִים, וְאֵלּוּ נִקְרָאִים תַּרְיַ"ג שָׁרָשִׁים גְּדוֹלִים, ר"ל שֶׁפָּחוֹת מִזֶּה אִי אֶפְשָׁר לִהְיוֹת, וְכָל שֹׁרֶשׁ מֵאֵלּוּ אֵינוֹ פָּחוֹת מִתַּרְיַ"ג נִיצוֹצוֹת, שֶׁכָּל נִיצוֹץ נִקְרָא נְשָׁמָה אַחַת שְׁלֵמָה, וְנִקְרָאִים תַּרְיַ"ג נִיצוֹצוֹת גְּדוֹלִים.

כָּל שֹׁרֶשׁ גָּדוֹל יָכוֹל לְהִתְחַלֵּק עַד ס' רִבּוֹא שָׁרָשִׁים קְטַנִּים, וְהַכֹּל לְפִי הַפְּגָם

וְהִנֵּה עַל יְדֵי הַפְּגָם יִתְחַלְּקוּ הִתְחַלְּקוּת יוֹתֵר פְּרָטִי. וְהוּא, כִּי תַּרְיַ"ג שָׁרָשִׁים גְּדוֹלִים יִתְחַלְּקוּ עַד ס' רִבּוֹא שָׁרָשִׁים קְטַנִּים וְלֹא יוֹתֵר, אֲבָל פָּחוֹת מִזֶּה אֶפְשָׁר לִהְיוֹת, וְגַם אֵינוֹ מֻכְרָח שֶׁכָּל שֹׁרֶשׁ גָּדוֹל יִתְחַלֵּק לְחֶשְׁבּוֹן שָׁוֶה בְּשֹׁרֶשׁ חֲבֵרוֹ, כִּי הַכֹּל לְפִי הַפְּגָם. וְיֵשׁ שֹׁרֶשׁ גָּדוֹל שֶׁיִּתְחַלֵּק לְאֶלֶף שָׁרָשִׁים קְטַנִּים, וְיֵשׁ לְמֵאָה וְכַיּוֹצֵא בָּזֶה. הָאֻמְנָם בִּבְחִינַת כָּל הַתַּרְיַ"ג שָׁרָשִׁים גְּדוֹלִים בְּיַחַד אִי אֶפְשָׁר שֶׁיִּתְחַלְּקוּ לְיוֹתֵר מִס' רִבּוֹא שָׁרָשִׁים קְטַנִּים.

תַּרְיַ"ג נִיצוֹצוֹת גְּדוֹלִים יְכוֹלִים לְהִתְחַלֵּק עַד ס' רִבּוֹא נִיצוֹצוֹת קְטַנִּים

וְעַל דֶּרֶךְ זֶה בְּנִיצוֹצוֹת הַתַּרְיַ"ג שֶׁבְּכָל שֹׁרֶשׁ וְשֹׁרֶשׁ מִן תַּרְיַ"ג שָׁרָשִׁים גְּדוֹלִים, כִּי כָּל נִיצוֹץ מֵהֶם יִתְחַלֵּק לְכַמָּה נִיצוֹצוֹת. הָאֻמְנָם יֵשׁ נִיצוֹץ גָּדוֹל שֶׁיִּתְחַלֵּק לְאֶלֶף נִיצוֹצוֹת קְטַנִּים, וְיֵשׁ לְמֵאָה, וְכַיּוֹצֵא בָּזֶה. הָאֻמְנָם כָּל תַּרְיַ"ג הַנִּיצוֹצוֹת הַגְּדוֹלִים בִּכְלָלוּתָם יַחַד אֵינָן מִתְחַלְּקִים לְיוֹתֵר מִס' רִבּוֹא נִיצוֹצוֹת קְטַנִּים.

You also need to know that the entire collective of the 613 Major Roots of Nukva of Asiyah are subdivided [in this way]. First, there is One Soul, a father for all, which is Adam, who includes them all. Afterwards, they are all included within the three Patriarchs: Abraham, Isaac, and Jacob. Then, they are all divided into twelve tribes, and then they are divided into 70 Souls. Then, these 70 Souls subdivide up to 600,000 Major Sparks. So too, each and every one of the 613 Major Roots becomes a Partzuf on its own, which includes 613 and subdivides in the aforementioned way, to a maximum of 600,000 Minor Sparks.

Each of the 613 Roots subdivide in the same way as the collective 613 Roots.

This is how: Adam included all of the 613 Major Roots in the Complete Partzuf of Nukva of Asiyah. Now, the Limb that is the Left Shoulder of Adam is one Major Root, and it is a complete Partzuf that subdivides into no more than 70 Minor Roots. These 70 [Minor] Roots include all of the 613 Limbs and Sinews of this Partzuf, and all of these 70 Minor Roots subdivide into 600,000 Minor Sparks.

The Left Shoulder Limb of Adam is one Major Root called the Root of Cain.

Indeed, Cain includes this entire Major Root, which includes 70 Minor Roots made of 600,000 Minor Sparks, and he is similar to the [structure of] Adam. Included in this Major Root are the three Patriarchs that include the whole [Root], then 12 tribes, then 70 Souls, and then they subdivide to 600,000 Minor [Roots].

This Root subdivides into three Patriarchs, 12 tribes, 70 souls, and 600,000.

Now we will explain in detail the 70 Minor Roots. We just explained that all of them, together, divide into 600,000 Minor Sparks but each Root does not necessarily have the same number of Sparks as the others. Nevertheless the common denominator among them is that each one of these Roots divide into 613 Sparks that are more Internal and fundamental, and they are the Torah Scholars of this Root. Around them extend branches, which are the business people and the simple people. These have no specific number, as mentioned.

Each of the 70 Minor Roots divide to 613 Internal Sparks.

בְּדֶרֶךְ שֶׁכְּלָלוּת תַּרְיַ"ג הַשָּׁרָשִׁים נִפְרָטִים, כָּךְ כָּל שֹׁרֶשׁ מֵהַתַּרְיַ"ג נִפְרָט

עוֹד צָרִיךְ שֶׁתֵּדַע, כִּי כְּמוֹ שֶׁכָּל כְּלָלוּת תַּרְיַ"ג שָׁרָשִׁים גְּדוֹלִים שֶׁבְּנוּקְבָא דַּעֲשִׂיָּה, הֵם נִפְרָטִים בְּדֶרֶךְ זֶה. כִּי תְּחִלָּה יֵשׁ נְשָׁמָה אַחַת, אָב לְכֻלָּן, וְהוּא אָדָם הָרִאשׁוֹן כּוֹלֵל כֻּלָּן, וְאַחַר כָּךְ נִכְלָלוֹת כֻּלָּן בְּג' אָבוֹת: אַבְרָהָם, יִצְחָק וְיַעֲקֹב. וְאַחַר כָּךְ נִכְלָלוֹת כֻּלָּן לִשְׁנֵים עָשָׂר שְׁבָטִים, וְאַחַר כָּךְ נֶחֱלָקִים לְע' נֶפֶשׁ. וְאַחַר כָּךְ אֵלּוּ הָע' נֶפֶשׁ נֶחֱלָקִים עַד ס' רִבּוֹא נִיצוֹצוֹת גְּדוֹלוֹת. כָּךְ כָּל שֹׁרֶשׁ מֵהַתַּרְיַ"ג הַגְּדוֹלִים נַעֲשֶׂה פַּרְצוּף כּוֹלֵל תַּרְיַ"ג, וְיִתְחַלֵּק עַל דֶּרֶךְ הַנִּזְכָּר עַד ס' רִבּוֹא נִיצוֹצוֹת קְטַנּוֹת.

אֵבַר הַכָּתֵף הַשְּׂמָאלִית שֶׁבָּאָדָם הוּא שֹׁרֶשׁ אֶחָד שֶׁנִּקְרָא שֹׁרֶשׁ קַיִן

כֵּיצַד: הִנֵּה אָדָם הָיָה כּוֹלֵל כָּל תַּרְיַ"ג שָׁרָשִׁים גְּדוֹלִים שֶׁבְּפַרְצוּף שָׁלֵם דְּנוּקְבָא דַּעֲשִׂיָּה, וְהִנֵּה אֵבַר הַכָּתֵף הַשְּׂמָאלִי שֶׁבָּאָדָם הוּא שֹׁרֶשׁ אֶחָד גָּדוֹל, וְהוּא פַּרְצוּף שָׁלֵם מִתְחַלֵּק לְע' שָׁרָשִׁים קְטַנִּים וְלֹא יוֹתֵר, וְאֵלּוּ ע' שָׁרָשִׁים כּוֹלְלִים כָּל תַּרְיַ"ג אֵיבָרִים וְגִידִים שֶׁבְּזֶה הַפַּרְצוּף, וְכָל אֵלּוּ הָע' שָׁרָשִׁים קְטַנִּים נֶחֱלָקִים לְס' רִבּוֹא נִיצוֹצוֹת קְטַנִּים.

הַשֹּׁרֶשׁ הַזֶּה מִתְחַלֵּק לְג' אָבוֹת, י"ב שְׁבָטִים, ע' נֶפֶשׁ וְס' רִבּוֹא

וְאָמְנָם קַיִן הוּא כּוֹלֵל כָּל שֹׁרֶשׁ הַגָּדוֹל הַזֶּה, הַכּוֹלֵל הָע' שָׁרָשִׁים קְטַנִּים מִס' רִבּוֹא נִיצוֹצוֹת קְטַנִּים, וְהוּא כְּדִמְיוֹן אָדָם הָרִאשׁוֹן. וְיֵשׁ בַּשֹּׁרֶשׁ הַגָּדוֹל הַזֶּה שְׁלֹשָׁה אָבוֹת כּוֹלְלִים כֻּלּוֹ, וְאַחַר כָּךְ י"ב שְׁבָטִים, וְאַחַר כָּךְ ע' נֶפֶשׁ, וְאַחַר כָּךְ נֶחֱלָקִים לְס' רִבּוֹא קְטַנִּים.

כָּל שֹׁרֶשׁ מֵהָע' שָׁרָשִׁים הַקְּטַנִּים מִתְחַלֵּק לְתַרְיַ"ג נִיצוֹצוֹת פְּנִימִיִּים

וְעַתָּה נְבָאֵר פְּרָט הָע' שָׁרָשִׁים הַקְּטַנִּים. הִנֵּה נִתְבָּאֵר, שֶׁכֻּלָּם יַחַד יִתְחַלְּקוּ לְס' רִבּוֹא נִיצוֹצִים קְטַנִּים, אֲבָל כָּל שֹׁרֶשׁ מֵהֶם אֵינוֹ מֻכְרָח שֶׁיִּהְיֶה חֶשְׁבּוֹן נִיצוֹצוֹתָיו כַּחֲבֵרוֹ, אַךְ הַצַּד הַשָּׁוֶה שֶׁבָּהֶן הֵם כִּי כָּל שֹׁרֶשׁ מֵהֶן יִתְחַלֵּק לְתַרְיַ"ג נִיצוֹצוֹת פְּנִימִיִּים וְעִקָּרִיִּים, וְהֵם הַתַּלְמִידֵי חֲכָמִים אֲשֶׁר בַּשֹּׁרֶשׁ הַהוּא, וּמֵהֶם מִתְפַּשְּׁטִים סְבִיבוֹתֵיהֶם עֲנָפִים, וְהֵם בַּעֲלֵי בָּתִּים וְעַמֵּי הָאָרֶץ, וּבְאֵלּוּ אֵין מִסְפָּר קָבוּעַ כַּנִּזְכָּר.

This is its explanation: Of the 70 Minor Roots that are in the Left Shoulder Limb named after Cain, which are all one Major Root in Adam, one of them is the Heel Limb that is in the Left Leg of the general Partzuf of the Root of Cain. In that Minor Root, there are 613 Sparks, which are all Torah Scholars, and around them extend all the rest of the Sparks of Souls of human beings: Precept performers, merchants, and simpletons, all of which do not have a set number, as mentioned, since the only necessity is that all of the Sparks of the 70 Minor Roots, which are in one Major Root, will not exceed 600,000 Minor Sparks.

Torah Scholars are Internal, and Precept performers, merchants and simpletons are External.

Also know that every Limb is made up of Flesh, small Sinews, and Bones. The Sinews in the Limbs are not included in the 365 Major Sinews. So the 613 Sparks that are in this Heel, which are the Sparks of the Torah Scholars, are divided into the three mentioned Parts, which are Flesh, Sinews, and Bones. In this same way, the rest of the Sparks of the Precept performers and so on, as mentioned earlier, also divide into the mentioned three Parts.

Each Limb includes Flesh, Sinews, and Bones.

Their order is first the Flesh, above it come the Sinews, and above those two are the Bones for the marrow within them and not for themselves. Thus is the concept of the Partzuf of the Nukva of Asiyah explained, since it is entirely included in Adam. You can extrapolate from this to all the rest of the details, up to Arich [Anpin] of Atzilut.

We will now explain the matter of the connection of man's Soul to all of the Worlds, as our sages explained (Midrash Rabbah, Shemot 40), concerning the verse: "Where were you when the land was established?" (Job 38:4) [For example], someone who is a Spark of one kind of Soul, from the specific Sparks of the Left Heel Limb—which is one Minor Root of the Seventy Minor Roots of the Major Root, which is the Left Shoulder Limb of the Partzuf of Adam from the Aspect of Nukva of [the World of] Asiyah—is also attached to that specific place in the Partzuf of Zeir Anpin of Asiyah, and in the Partzuf of Ima of Asiyah, up to the top of all of the levels in the Heel of the

The connection of man's Soul to all of the Worlds.

תַּלְמִידֵי חֲכָמִים מִבִּפְנִים, וּבַעֲלֵי מִצְוֹת וְסוֹחֲרִים וְעַמֵּי הָאָרֶץ מִבַּחוּץ

וְזֶה בֵּאוּרוֹ: הִנֵּה אֶחָד מִן הָע' שָׁרָשִׁים קְטַנִּים שֶׁבְּאֵבֶר כָּתֵף הַשְּׂמָאלִי הַנִּקְרָא עַל שֵׁם קַיִן, שֶׁכֻּלָּן הֵם שֹׁרֶשׁ אֶחָד גָּדוֹל אֲשֶׁר בְּאָדָם הָרִאשׁוֹן, הִנֵּה שֹׁרֶשׁ א' מֵאֵלּוּ הָע' הוּא אֵבֶר הֶעָקֵב שֶׁבָּרֶגֶל הַשְּׂמָאלִי שֶׁל הַפַּרְצוּף הַכּוֹלֵל כָּל שֹׁרֶשׁ קַיִן. וּבְזֶה הַשֹּׁרֶשׁ הַקָּטָן יֵשׁ בּוֹ תַּרְיַ"ג נִיצוֹצוֹת, שֶׁכֻּלָּן תַּלְמִידֵי חֲכָמִים, וּסְבִיבוֹתֵיהֶן מִתְפַּשְּׁטִין כָּל שְׁאָר נִיצוֹצוֹת נִשְׁמוֹת בְּנֵי אָדָם, בַּעֲלֵי מִצְוֹת, וְסוֹחֲרִים, וְעַמֵּי הָאָרֶץ, וּלְאֵלּוּ אֵין מִסְפָּר קָבוּעַ כַּנִּזְכָּר, כִּי אֵין הֶכְרֵחַ רַק שֶׁכָּל נִיצוֹצוֹת שִׁבְעִים הַשָּׁרָשִׁים הַקְּטַנִּים שֶׁבַּשֹּׁרֶשׁ הָאֶחָד הַגָּדוֹל לֹא יִהְיוּ יוֹתֵר מִס' רִבּוֹא נִיצוֹצוֹת קְטַנִּים.

כָּל אֵבֶר כָּלוּל מִבָּשָׂר, גִּידִים וַעֲצָמוֹת

גַּם דַּע, כִּי כָּל אֵבֶר כָּלוּל מִבָּשָׂר, וְגִידִים קְטַנִּים, וַעֲצָמוֹת, וְאֵין הַגִּידִים שֶׁבָּאֵיבָרִים מִכְּלַל הַשְּׁסָ"ה גִּידִים הַגְּדוֹלִים, וְנִמְצָא כִּי הַתַּרְיַ"ג נִיצוֹצוֹת הַתַּלְמִידֵי חֲכָמִים שֶׁיֵּשׁ בְּזֶה הֶעָקֵב הֵם נֶחֱלָקִים בְּג' חֲלָקִים הנז', שֶׁהֵם: בָּשָׂר וְגִידִים וַעֲצָמוֹת. וְכֵן עַל דֶּרֶךְ זֶה שְׁאָר נִיצוֹצוֹת שֶׁל בַּעֲלֵי מַעֲשֶׂה וְכוּ', כַּנִּזְכָּר לְעֵיל, נֶחֱלָקִים בִּשְׁלֹשָׁה חֲלָקִים הנז'.

וְסֵדֶר מַעֲלָתָם הוּא, בָּרִאשׁוֹנָה הַבָּשָׂר, וּלְמַעְלָה מִמֶּנָּה הַגִּידִין, וּלְמַעְלָה מִשְּׁנֵיהֶן הֵן הָעֲצָמוֹת, לִבְחִינַת הַמֹּחַ שֶׁבְּתוֹכָן וְלֹא הֵם בְּעַצְמָם. וַהֲרֵי נִתְבָּאֵר עִנְיַן פַּרְצוּף נוּקְבָא דַּעֲשִׂיָּה, כִּי כֻּלּוֹ הָיָה נִכְלָל בְּאָדָם, וּמִזֶּה תַּקִּישׁ לְכָל שְׁאָר הַפְּרָטִים עַד אֲרִיךְ דַּאֲצִילוּת.

עִנְיַן אֲחִיזַת נִשְׁמַת הָאָדָם בְּכָל הָעוֹלָמוֹת

וְעַתָּה נְבָאֵר עִנְיַן אֲחִיזַת נִשְׁמַת הָאָדָם בְּכָל הָעוֹלָמוֹת כֻּלָּם, וּכְמ"שׁ זַ"ל עַל פָּסוּק "אֵיפֹה הָיִיתָ בְּיָסְדִי אָרֶץ". הִנֵּה מִי שֶׁיִּהְיֶה נִיצוֹץ נִשְׁמָתוֹ מִן אֶחָד מֵהַנִּיצוֹצוֹת הַפְּרָטִיּוֹת שֶׁבְּאֵבֶר הֶעָקֵב שְׂמָאלִי, שֶׁהוּא שֹׁרֶשׁ קָטָן א' מִן הָע' שָׁרָשִׁים קְטַנִּים שֶׁבַּשֹּׁרֶשׁ הַגָּדוֹל, שֶׁהוּא אֵבֶר כָּתֵף הַשְּׂמָאלִי שֶׁל פַּרְצוּף אָדָם הָרִאשׁוֹן מִבְּחִינַת נוּקְבָא דַּעֲשִׂיָּה, הִנֵּה גַּם יִהְיֶה נֶאֱחָז בַּמָּקוֹם הַהוּא עַצְמוֹ בְּפַרְצוּף ז"א דַּעֲשִׂיָּה, וּבְפַרְצוּף אִמָּא דַּעֲשִׂיָּה, עַד רוּם הַמַּעֲלוֹת, שֶׁהוּא בְּעָקֵב שֶׁל רֶגֶל שְׂמָאלִי, שֶׁהוּא הַשֹּׁרֶשׁ הַקָּטָן

Left Leg, which is one Minor Root of the Seventy Minor Roots that are in one Major Root, which is the Left Shoulder Limb of Arich Anpin of [the World of] Atzilut. And all of these Parts are called One Soul.

This individual ascends and acquires all of his Parts, from their end to their Head, as mentioned. First, he takes his part in the Nukva of Asiyah, which is the mentioned Heel and is called Nefesh of Nefesh. Similarly, he ascends and acquires until his part in Arich [Anpin] of Asiyah in the Aspect of the Heel, as mentioned earlier, and then he completes all the Parts of his Nefesh that are from the World of Asiyah. The same applies to his Ruach from Yetzirah, and so on, until he ascends to acquire his Part from Arich Anpin of Atzilut that relates to the mentioned Heel, completing his Yechidah of the World of Atzilut, and finally completing his Soul in all of its Parts. This is the ultimate detail of the acquisition of the Part of his Soul.

However, in general there is another concept. Though we explained that only the Spark of one's Nefesh is called the specific and main Soul of the person, also all of the individual Sparks of Souls that are divided within the mentioned Heel—which is the Heel of the entire Partzuf within the Major Root called Cain, which is the Left Shoulder Limb of Adam—are all called One Complete Major Soul. As mentioned earlier, there are 613 Major Souls in each and every one of the Major Roots. Thus, the entire mentioned Heel is one of the 613 Major Souls that are in the Root of the Left Shoulder Limb that is called a Major Root. Later on, we will explain the benefit of this matter.

> The entire Major Root is called One Complete Major Soul.

Now that we have clearly explained the Aspects of the Souls and where they are attached, we can explain the laws governing them. Know that a person cannot be called Complete until he corrects and merits to take the Yechidah of Arich Anpin of Atzilut in his life, as mentioned earlier. However, one who has achieved acquiring only the entire aspect of Asiyah is considered as if he merited taking a complete Nefesh from the entire World

> The laws governing the Souls

הָאֶחָד מִן הָע' שָׁרָשִׁים קְטַנִּים שֶׁבְּשֹׁרֶשׁ אֶחָד גָּדוֹל, שֶׁהוּא אֵבֶר כָּתֵף הַשְּׂמָאלִי שֶׁל א"א דַּאֲצִילוּת. וְכָל אֵלּוּ הַחֲלָקִים נִקְרָאִים נְשָׁמָה אַחַת.

וְהָאָדָם הַזֶּה עוֹלֶה וְלוֹקֵחַ חֲלָקָיו כֻּלָּם מִסּוֹפָן לְרֹאשָׁן כַּנִּזְכָּר, כִּי תְּחִלָּה לוֹקֵחַ חֶלְקוֹ שֶׁבְּנוּקְבָא דַּעֲשִׂיָּה, שֶׁהוּא הֶעָקֵב הַנִּזְכָּר, וְנִקְרָא נֶפֶשׁ שֶׁבְּנֶפֶשׁ, וְכֵן עוֹלֶה וְנוֹטֵל עַד חֶלְקוֹ שֶׁבַּאֲרִיךְ דַּעֲשִׂיָּה בִּבְחִינַת הֶעָקֵב הַנִּזְכָּר, וְאָז נִשְׁלָם בְּכָל חֶלְקֵי נַפְשׁוֹ שֶׁמֵּעוֹלָם הָעֲשִׂיָּה. וְעַל דֶּרֶךְ זֶה בְּרוּחוֹ שֶׁמִּן הַיְצִירָה וְכוּ', עַד שֶׁעוֹלֶה לָקַחַת חֶלְקוֹ שבא"א דַּאֲצִילוּת בִּבְחִינַת הֶעָקֵב הַנִּזְכָּר, וְנִשְׁלָם בּוֹ הַיְחִידָה שֶׁלּוֹ מֵעוֹלָם הָאֲצִילוּת, וְנִגְמַר תַּשְׁלוּם נִשְׁמָתוֹ בְּכָל חֲלָקֶיהָ. וְהִנֵּה זֶהוּ תַּכְלִית פְּרָט אֲחִיזַת חֵלֶק נִשְׁמָתוֹ בִּפְרָטֵי פְּרָטוּת.

כָּל הַשֹּׁרֶשׁ הַגָּדוֹל בִּכְלָלוּתוֹ נִקְרָא נְשָׁמָה אַחַת שְׁלֵמָה גְּדוֹלָה

וְאָמְנָם דֶּרֶךְ כְּלָלוּת יֵשׁ עוֹד עִנְיָן אַחֵר, וְהוּא, כִּי הֲגַם שֶׁנִּתְבָּאֵר שֶׁנִּיצוֹץ נֶפֶשׁ הָאָדָם עַצְמוֹ הִיא לְבַדָּהּ נִקְרֵאת נִשְׁמַת הָאָדָם לְבַדּוֹ פְּרָטִיִּית וְעִקָּרִיִּית, הִנֵּה גַּם כָּל נִיצוֹצוֹת הַנְּשָׁמוֹת פְּרָטִיּוֹת שֶׁנִּתְחַלְּקוּ בְּזֶה הֶעָקֵב הַנִּזְכָּר, שֶׁהוּא עָקֵב שֶׁל כְּלָלוּת כָּל הַפַּרְצוּף שֶׁבַּשֹּׁרֶשׁ הַגָּדוֹל הַנִּקְרָא קַיִן, שֶׁהוּא אֵבֶר הַכָּתֵף הַשְּׂמָאלִי שֶׁל אָדָם הָרִאשׁוֹן, כֻּלָּם נִקְרָאִים יַחַד נְשָׁמָה אַחַת שְׁלֵמָה גְּדוֹלָה, כַּנִּזְכָּר שֶׁתַּרְיַ"ג נְשָׁמוֹת גְּדוֹלוֹת יֵשׁ בְּכָל שֹׁרֶשׁ מֵהַגְּדוֹלִים, כִּי הִנֵּה כָּל הֶעָקֵב הַנִּזְכָּר הוּא אֶחָד מִן תַּרְיַ"ג נְשָׁמוֹת גְּדוֹלוֹת שֶׁיֵּשׁ בְּשֹׁרֶשׁ אֵבֶר הַכָּתֵף שְׂמָאלִי שֶׁנִּקְרָא שֹׁרֶשׁ גָּדוֹל, וּלְקַמָּן נְבָאֵר תּוֹעֶלֶת הָעִנְיָן הַזֶּה.

מִשְׁפַּט הַנְּשָׁמוֹת

וְאַחַר שֶׁנִּתְבָּאֵר הֵיטֵב בְּחִינַת הַנְּשָׁמוֹת וּמְקוֹם אֲחִיזָתָן, נְבָאֵר עַתָּה מִשְׁפְּטֵיהֶן. דַּע, כִּי אֵין הָאָדָם נִקְרָא שָׁלֵם עַד שֶׁיְּתַקֵּן בְּחַיָּיו וְיִזְכֶּה עַד שֶׁיִּקַּח יְחִידָה דא"א דַּאֲצִילוּת כַּנִּזְכָּר לְעֵיל. וְאָמְנָם מִי שֶׁלֹּא זָכָה כִּי אִם לִקַּח כָּל ה' בְּחִינוֹת דַּעֲשִׂיָּה, הִנֵּה זֶה הָאִישׁ זָכָה לִקַּח נֶפֶשׁ שְׁלֵמָה

of Asiyah. The same applies to all of the other Parts, until he will be totally completed, as mentioned.

How we correct and how we blemish.

The correction of man depends on many variables, such as performing all of the Positive Precepts, and occupying himself with the Torah, and so on, as will be explained. According to how much he performs, that is how much he merits to complete his correction and acquires all the Parts of the Soul. And when he sins, Heaven forbid, and transgresses the 365 Negative Precepts, so too will be the extent of the blemish in the different Parts of his Soul, even though he performed many Positive Precepts.

We correct or blemish only the place our Soul is attached to.

Know that the matter of correction or its opposite, which is the blemish, applies only to the specific place where his Soul is attached and not to any other places. It follows the principle mentioned earlier, where the essence of correction or blemish applies to the place to which his Soul is attached, that is the specific Spark. However, also the Sparks that are close to him he corrects or blemishes. This is how: If whoever is from the Left Heel in the Partzuf of the Left Shoulder Limb called the Root of Cain corrects, he causes a correction in all of the Sparks of this mentioned Heel. And if he blemishes, he causes a blemish in all of them, even though they have already completely corrected what they need [to correct].

A Spark of Soul is not complete until all the Sparks in the Root are complete.

Concerning each and every specific Spark, they are not considered complete and fully corrected until every Spark of this Heel, big or small, is absolutely complete, since they collectively form this Heel, which is called One Major Spark of Soul, as mentioned earlier. Therefore none of these Sparks, even if one of them is Samuel the Prophet, are considered complete unless all the Sparks of this Heel finish to be corrected, even the lowest of them all. Therefore all of them come to assist this blemished Spark in this world to be corrected. But the rest of the Sparks of the Left Shoulder Limb have no correction or blemish at all as a result of the Sparks of this Heel.

מִכְלָלוּת כָּל עוֹלַם הָעֲשִׂיָּה, וְעַל דֶּרֶךְ זֶה בְּכָל שְׁאָר הַחֲלָקִים עַד שֶׁיִּהְיֶה שָׁלֵם לְגַמְרֵי כַּנִּזְכָּר.

אֵיךְ מְתַקְּנִים וְאֵיךְ פּוֹגְמִים

וְהִנֵּה תִּקּוּן הָאָדָם תָּלוּי בִּדְבָרִים רַבִּים, כְּמוֹ בַּעֲשִׂיַּת כָּל מִצְוַת עֲשֵׂה וּבְעֵסֶק הַתּוֹרָה וְכוּ', כְּמוֹ שֶׁיִּתְבָּאֵר. וּכְפִי מַה שֶּׁיַּרְבֶּה בָּהֶם כָּךְ יְשַׁלֵּם תִּקּוּנוֹ, לִזְכּוֹת לָקַחַת כָּל חֶלְקֵי נִשְׁמָתוֹ. וְכַאֲשֶׁר חַס וְשָׁלוֹם יֶחֱטָא וְיַעֲבֹר עַל שְׁסָ"ה מִצְוֹת לֹא תַעֲשֶׂה, כָּךְ יִהְיֶה הַפְּגָם שֶׁיִּפְגֹּם בְּחֶלְקֵי נִשְׁמָתוֹ, גַּם אִם עָשָׂה מִצְוֹת עֲשֵׂה הַרְבֵּה.

מְתַקְּנִים וּפוֹגְמִים רַק בִּמְקוֹם אֲחִיזַת נִשְׁמָתֵנוּ

וְדַע, כִּי עִנְיַן הַתִּקּוּן אוֹ הֶפְכּוֹ שֶׁהוּא הַפְּגָם, הַכֹּל הוּא בִּמְקוֹם אֲחִיזַת נִשְׁמָתוֹ בִּלְבַד וְלֹא בִּשְׁאָר מְקוֹמוֹת. וְגַם זֶה הוּא עַל דֶּרֶךְ הנז"ל, כִּי עִקַּר הַתִּקּוּן אוֹ הַפְּגָם הַהוּא בִּמְקוֹם אֲחִיזַת נִשְׁמָתוֹ, שֶׁהוּא נִיצוֹץ הַפְּרָטִי. הָאֻמְנָם גַּם בְּכָל הַנִּיצוֹצוֹת שֶׁהֵם קְרוֹבָיו הוּא מְתַקֵּן אוֹ פּוֹגֵם. כֵּיצַד: הִנֵּה מִי שֶׁיִּהְיֶה מִן הֶעָקֵב שְׂמָאלִי, שֶׁבְּפַרְצוּף אֵבַר הַכָּתֵף הַשְּׂמָאלִי הַנִּקְרָא שֹׁרֶשׁ קַיִן, אִם יְתַקֵּן הִנֵּה גּוֹרֵם תִּקּוּן בְּכָל נִיצוֹצוֹת הֶעָקֵב הַנִּזְכָּר, וְאִם יִפְגֹּם גּוֹרֵם פְּגָם בְּכֻלָּן, אַף עַל פִּי שֶׁהֵם כְּבָר תִּקְּנוּ כָּל צָרְכָּם לְגַמְרֵי.

נִיצוֹץ נְשָׁמָה לֹא נִקְרָא שָׁלֵם עַד שֶׁיִּשְׁלְמוּ כָּל הַנִּיצוֹצוֹת שֶׁבַּשֹּׁרֶשׁ

וְהַנּוֹגֵעַ לְנִיצוֹצוֹתָם הַפְּרָטִיּוֹת, דְּכָל אַחַת מֵהֶן אֵינָן נִקְרָאִים שְׁלֵמִים וּמְתֻקָּנִים לְגַמְרֵי עַד אֲשֶׁר לֹא יִשָּׁאֵר שׁוּם נִיצוֹץ קָטָן אוֹ גָּדוֹל מִכָּל נִיצוֹצֵי הֶעָקֵב, כִּי אִם שָׁלֵם לְגַמְרֵי, כִּי הֵם כָּל הֶעָקֵב הַזֶּה נִקְרָא נִיצוֹץ נְשָׁמָה גְּדוֹלָה אַחַת כַּנִּזְכָּר לְעֵיל. וְלָכֵן כָּל הַנִּיצוֹצוֹת הָהֵם, אֲפִלּוּ יִהְיֶה שְׁמוּאֵל הַנָּבִיא אֶחָד מֵהֶן, לֹא נִקְרָא שָׁלֵם עַד שֶׁיִּשְׁלְמוּ כָּל הַנִּיצוֹצוֹת שֶׁל זֶה הֶעָקֵב לְתַקֵּן, אֲפִלּוּ הַגָּרוּעַ שֶׁבְּכֻלָּם. וְלָכֵן כֻּלָּם בָּאִים לְסַיֵּעַ אֶת הַנִּיצוֹץ הַפָּגוּם בָּעוֹלָם הַזֶּה לְתַקְּנוֹ. הָאֻמְנָם שְׁאָר נִיצוֹצוֹת כָּל אֵבַר הַכָּתֵף הַשְּׂמָאלִי אֵין לָהֶם לֹא תִּקּוּן וְלֹא פְּגָם מֵחֲמַת נִיצוֹצוֹת זֶה הֶעָקֵב כְּלָל.

The general principle derived is that each and every Root of the Minor Roots within every Limb, which is called a Major Root of the 613 Major Roots within the Partzuf of Adam, is called One Major Soul, and they all assist each other, as mentioned.

An individual Spark influences the entire Root.

However, one blemish does not affect all the Parts in all of the Worlds, as we mentioned before, but there is a type of transgression that blemishes his Nefesh from the side of Asiyah and there is one that blemishes the part of his Ruach that is in Yetzirah, and so on, as is known. And when his individual Spark blemishes Asiyah, all of the Sparks of this Heel in Asiyah will also have a blemish, as mentioned, and likewise in the rest of the Worlds. Obviously, the main punishment and reward only apply to this individual Spark, yet the abundance that flows to all of the Sparks of that Heel will diminish due to the blemish of this individual Spark.

Correction and blemish in detail

Now we will explain the correction and the blemish in details. We will begin with the correction of the Nefesh of the World of Asiyah because it is the lowest of them all, and it is this [Nefesh] that enters a person upon birth, when it all begins, since you already know that no upper Part enters until the lower one completes its correction. At first, the correction of all of the Parts of the entering Nefesh of Asiyah needs to be complete, and afterwards the Parts of the Ruach of Yetzirah start to enter him, and when that is completed the Neshamah of Briyah will enter, and so on, until all of them are complete. However, the different terms and conditions applying to this matter will be explained further in this Gate, the Eighth Gate: the Gate of Reincarnations.

The correction of the Soul is through performing the Precepts.

Know that the entire correction of an individual to merit the Nefesh of Asiyah is by performing the Positive Precepts, which are 248. And all of the blemishes relate either to the lack of performing them or to the violation of one of the 365 Negative Precepts because dealing with the Torah is for acquiring the Ruach of Yetzirah, as will be explained.

הַכְּלָל הָעוֹלֶה, כִּי כָּל שֹׁרֶשׁ וְשֹׁרֶשׁ מֵהַשָּׁרָשִׁים הַקְּטַנִּים שֶׁבְּכָל אֵבָר הַנִּקְרָא שֹׁרֶשׁ גָּדוֹל מִתַּרְיַ"ג שָׁרָשִׁים גְּדוֹלִים שֶׁבְּפַרְצוּף אָדָם הָרִאשׁוֹן, הִנֵּה כָּל הַשֹּׁרֶשׁ הַקָּטָן הַהוּא נִקְרָא נְשָׁמָה אַחַת גְּדוֹלָה, וְכֻלָּם מְסַיְּעִים זֶה לָזֶה כַּנִּזְכָּר.

נִיצוֹץ פְּרָטִי מַשְׁפִּיעַ עַל כָּל הַשֹּׁרֶשׁ

וְאָמְנָם לֹא פְּגַם אֶחָד פּוֹגֵם בְּכָל הַחֲלָקִים אֲשֶׁר בְּכָל הָעוֹלָמוֹת כַּנִּזְכָּר לְעֵיל, אֲבָל יֵשׁ חֵטְא שֶׁפּוֹגֵם בְּנַפְשׁוֹ אֲשֶׁר מִצַּד הָעֲשִׂיָּה, וְיֵשׁ פּוֹגֵם בְּחֵלֶק רוּחוֹ אֲשֶׁר בִּיצִירָה וְכוּ', כַּנּוֹדָע. וּבִהְיוֹת נִיצוֹץ פְּרָטִי שֶׁלּוֹ פּוֹגֵם בַּעֲשִׂיָּה, גַּם כָּל נִיצוֹצֵי הֶעָקֵב הנז' שֶׁבַּעֲשִׂיָּה יֵשׁ בָּהֶם פְּגַם כָּמוֹהוּ כַּנִּזְכָּר, וְכֵן בִּשְׁאָר הָעוֹלָמוֹת. אֲבָל פָּשׁוּט שֶׁעִקַּר הָעֹנֶשׁ אוֹ הַשָּׂכָר אֵינוֹ אֶלָּא אֶל הַנִּיצוֹץ הַפְּרָטִי הַזֶּה, אֶלָּא שֶׁהַשֶּׁפַע הַנִּמְשָׁךְ בְּעָקֵב הַהוּא מִתְמַעֵט בְּכָל נִיצוֹצוֹתָיו מֵחֲמַת פְּגַם זֶה הַנִּיצוֹץ הַפְּרָטִי.

תִּקּוּן וּפְגַם הַנֶּפֶשׁ בִּפְרָטוּת

וְעַתָּה נְבָאֵר הַתִּקּוּן וְהַפְּגַם בִּפְרָטוּת. וְנַתְחִיל בִּבְחִינַת תִּקּוּן הַנֶּפֶשׁ אֲשֶׁר מֵעוֹלַם הָעֲשִׂיָּה, כִּי הִיא הַיּוֹתֵר תַּחְתּוֹנָה מִן הַכֹּל, וְהִיא הַנִּכְנֶסֶת בָּאָדָם בְּעֵת לֵדָתוֹ תְּחִלַּת הַכֹּל. כִּי כְּבָר יָדַעְתָּ כִּי אֵין חֵלֶק עֶלְיוֹן נִכְנָס עַד יִשְׁתַּלֵּם תִּקּוּן הַתַּחְתּוֹן, כִּי תְּחִלָּה צָרִיךְ שֶׁיֻּשְׁלַם תִּקּוּן כְּנִיסַת כָּל חֶלְקֵי הַנֶּפֶשׁ דַּעֲשִׂיָּה, וְאַחַר כָּךְ יַתְחִיל לְהִכָּנֵס בּוֹ חֶלְקֵי הָרוּחַ שֶׁבִּיצִירָה, וּכְשֶׁיֻּשְׁלַם יִכָּנֵס הַנְּשָׁמָה דִּבְרִיאָה וְכוּ', עַד תַּשְׁלוּם הַכֹּל. וְאָמְנָם הַתְּנָאִים וְהַחִלּוּקִים שֶׁיֵּשׁ בְּעִנְיָן זֶה נִתְבָּאֵר בְּשַׁעַר זֶה ש"ח שַׁעַר הַגִּלְגּוּל.

תִּקּוּן נֶפֶשׁ הוּא ע"י קִיּוּם הַמִּצְוֹת

דַּע, כִּי כָּל תִּקּוּן הָאָדָם לְשֶׁיִּזְכֶּה אֶל נֶפֶשׁ שֶׁל עֲשִׂיָּה, הוּא עַל יְדֵי קִיּוּם מִצְוֹת עֲשֵׂה שֶׁהֵם רְמַ"ח. וְכָל הַפְּגָם הוּא אוֹ בְּחֶסְרוֹן קִיּוּמָם, אוֹ בְּעָבְרוֹ עַל אַחַת מִשְׁסָ"ה לֹא תַּעֲשֶׂה. כִּי עֵסֶק הַתּוֹרָה הוּא לִקְנוֹת הָרוּחַ שֶׁבִּיצִירָה, כְּמוֹ שֶׁיִּתְבָּאֵר.

Know that every individual is required to perform all of the 613 Precepts (see the Fifth Introduction). If one [Precept] is missing, his Soul will be lacking to the extent of the missing Precepts.

The 248 Positive Precepts are divided into five types. The First: These are the Precepts that a person is prevented from performing, like Precepts pertaining to the times when the Temple existed, such as the Offerings, and so on. For those, an individual is not required to reincarnate again in order to perform, since there is no use in coming back. However, when the Temple will be built he will perform them.

Five divisions in the 248 Positive Precepts. The first is Precepts that one is prevented from performing.

The Second: These are the Precepts that a person is able to perform, such as Tzitzit, Tefillin, and so on, and if he did not perform them, it is inevitable that he will return many times, as needed, to complete all of them. So an individual who already reincarnated and performed some Precepts, it is enough in this Reincarnation to perform only the Precepts that he lacks, which he never before performed. And know that when he reincarnates for that, he might also sin and face many transgressions.

The second is Precepts that one is able to perform.

The Third: These are Precepts that one is not obligated to perform, unless the opportunity presents itself, such as Terumot (Priestly Dues), Ma'asrot (Tithings) and the Precept of Shilu'ach haKen (the Sending from the Nest), the pursuit of which is not mandatory. Nevertheless, he is required to reincarnate in order to perform them, and since he reincarnated just for them he is assured not to transgress in this Second Reincarnation.

The third is Precepts that are only obligated if the opportunity presented itself.

The Fourth: These are Precepts that one is not able to perform unless God put it in his hands, such as Pidyon haBen (the Redemption of the First Born), Yibum (Levirate Marriage), and Chalitzah (Levirate Divorce). Or a Get (Divorce Document), as one is not obligated to divorce her unless she is displeasing to him, as is known, since divorce is considered a "grievous crisis in the eyes of the Creator... and the altar sheds tears because of him." (Tractate Sanhedrin 22a)

The fourth is Precepts that one is able to perform only if God puts it in his hands.

וְדַע, כִּי הָאָדָם צָרִיךְ שֶׁיְּקַיֵּם כָּל הַתַּרְיַ"ג מִצְוֹת. וְאִם חָסֵר אַחַת מֵהֶם, עֲדַיִן נַפְשׁוֹ חֲסֵרָה כְּפִי שִׁעוּר הַמִּצְוֹת שֶׁחָסְרוּ מִמֶּנּוּ.

ה' חֲלָקוֹת בְּרְמַ"ח הַמִּצְוֹת. הָא' הֵן הַמִּצְוֹת שֶׁהָאָדָם נִמְנָע מִלְּקַיְּמָן

וְאָמְנָם הָרְמַ"ח מִצְוֹת עֲשֵׂה נֶחֱלָקִים לַחֲמִשָּׁה חֲלָקוֹת: א', הֵם הַמִּצְוֹת אֲשֶׁר הָאָדָם נִמְנָע מִלְּקַיְּמָם כְּגוֹן מִצְוֹת הַתְּלוּיוֹת בָּאָרֶץ, שֶׁבֵּית הַמִּקְדָּשׁ הָיָה קַיָּם, כְּמוֹ הַקָּרְבָּנוֹת וְכַיּוֹצֵא בָּהֶן. וְאֵלּוּ אֵין הָאָדָם חוֹזֵר בְּגִלְגּוּל לְקַיְּמָם, כִּי מַה תּוֹעֶלֶת יֵשׁ בְּגִלְגּוּל, אָמְנָם כְּשֶׁיִּבָּנֶה בֵּית הַמִּקְדָּשׁ יְקַיְּמֵם.

הַב' הֵן הַמִּצְוֹת שֶׁיָּכוֹל הָאָדָם לְקַיְּמָן

הַב', הֵם הַמִּצְוֹת שֶׁיָּכוֹל הָאָדָם לְקַיְּמָם, כְּמוֹ צִיצִית וּתְפִלִּין וְכַיּוֹצֵא. וְאִלּוּ אִם לֹא קִיְּמָם, צָרִיךְ בְּהֶכְרֵחַ שֶׁיַּחֲזֹר לְהִתְגַּלְגֵּל פְּעָמִים רַבּוֹת עַד יַשְׁלִים אֶת כֻּלָּן, בְּאֹפֶן כִּי מִי שֶׁכְּבָר נִתְגַּלְגֵּל וְקִיֵּם קְצָת מִצְוֹת דַּי לוֹ בְגִלְגּוּלוֹ זֶה כְּשֶׁקִּיֵּם הַמִּצְוֹת הַחֲסֵרוֹת מִמֶּנּוּ, שֶׁלֹּא קִיְּמָם מֵעוֹלָם כְּלָל. וְדַע, כִּי כְּשֶׁיִּתְגַּלְגֵּל עַל כָּךְ אֶפְשָׁר שֶׁיֶּחֱטָא וְיָבוֹאוּ עַל יָדוֹ עֲבֵרוֹת.

הַג' הֵן הַמִּצְוֹת שֶׁהֵן חוֹבָה רַק אִם הֵן בָּאוֹת לְיָדוֹ

ג', הֵן הַמִּצְוֹת שֶׁאֵינָם חוֹבָה עָלָיו לְקַיְּמָם אֶלָּא אִם כֵּן בָּאָה לְיָדוֹ, כְּגוֹן תְּרוּמוֹת וּמַעַשְׂרוֹת וְשִׁלּוּחַ הַקֵּן, שֶׁאֵינוֹ מְחֻיָּב לִרְדֹּף אַחֲרֵיהֶם, אֵלּוּ גַּם כֵּן מֻכְרָח הוּא שֶׁיִּתְגַּלְגֵּל לְקַיְּמָם, אָמְנָם כֵּיוָן שֶׁלֹּא הֻצְרַךְ לְהִתְגַּלְגֵּל אֶלָּא לְסִבָּה זוֹ מֻבְטָח הוּא שֶׁלֹּא יֶחֱטָא בְּזֶה הַגִּלְגּוּל הַב'.

הַד' הֵן הַמִּצְוֹת שֶׁאֶפְשָׁר לְקַיְּמָן רַק כַּאֲשֶׁר הָאֱלֹהִים אִנָּה לְיָדוֹ

הַד', הֵם מִצְוֹת שֶׁאֵין יְכֹלֶת בְּיָדוֹ לְקַיְּמָם אִם לֹא כַּאֲשֶׁר הָאֱלֹהִים אִנָּה לְיָדוֹ, כְּמוֹ פִּדְיוֹן הַבֵּן, וְיִבּוּם, וַחֲלִיצָה אוֹ גֵּט, שֶׁאֵינוֹ מְחֻיָּב לְגָרְשָׁהּ אֶלָּא אִם כֵּן לֹא תִמְצָא חֵן בְּעֵינָיו כַּנּוֹדָע, לְפִי שֶׁקָּשִׁים גֵּרוּשִׁין וְכוּ', וּמִזְבֵּחַ מוֹרִיד עָלָיו דְּמָעוֹת.

These kinds [of Precepts] are different in that if they did not present themselves he is not required to reincarnate. However, he will come in the form of an Ibur for a short period to perform them. Immediately afterwards, he leaves the world and goes away. But, if the opportunities presented themselves and he did not perform them, then he will be required to. However, I [Rav Chaim Vital] did not learn from my teacher [the Ari] if he is also assured that he will not transgress, as in the Third type [of Precepts].

Also concerning the rest of the Precepts, specifically those that one is not obligated to pursue, such as Ma'akeh (Building a Railing on a Roof), Shilu'ach haKen (the Sending from the Nest), and so on, if he wished to perform them but did not have the ability to do so—such as, if he was poor and unable to purchase a house to build a railing—then I am not clear whether we call this unavoidable whereby an Ibur will suffice or a whole Reincarnation is required.

In another place, we wrote that it seems that he is exempt from reincarnating and the secret of an Ibur would be sufficient. However, we can say that he does reincarnate but the Creator will surely provide him with that Precept and give him the ability to perform it.

The Fifth [type] is a specific Precept to Procreate and Multiply, which is one of the Precepts an individual must pursue and perform, and one has the ability to perform it. This is the most stringent of all the Precepts. For whoever dies without having children and did not perform [the Precept of Procreating], Reincarnation is not enough because all others who reincarnate due to a lack of a Precept, as mentioned earlier, each and every one of their bodies will rise and live at the time of the Resurrection, receiving the Sparks of their Soul according to the performance of the Precepts while in that body.

The fifth is the Precept to Procreate and Multiply.

But for one who dies childless, all the Sparks of his Soul will enter into the second body, which he reincarnates into in the

וְאֵלּוּ וְכַיּוֹצֵא בָּהֶם יֵשׁ בָּהֶם חִלּוּק, כִּי אִם לֹא נִזְדַּמְּנוּ לוֹ אֵינוֹ חוֹזֵר לְהִתְגַּלְגֵּל, אֲבָל יָבֹא בְּסוֹד הָעִבּוּר לְבַד לְפִי שָׁעָה עַד אֲשֶׁר יְקַיֵּם אוֹתָם, וְתֵכֶף מִסְתַּלֵּק וְהוֹלֵךְ לוֹ. אֲבָל אִם בָּאוּ לְיָדוֹ וְלֹא קִיְּמָם אָז מֻכְרָח הוּא לְהִתְגַּלְגֵּל, אֲבָל לֹא קִבַּלְתִּי מִמּוֹרִי זַ"ל אִם מֻבְטָח לוֹ שֶׁלֹּא יֶחֱטָא כְּעִנְיַן הַחִלּוּק הַשְּׁלִישִׁי אִם לָאו.

גַּם נִסְתַּפַּקְתִּי בְּעִנְיַן שְׁאָר הַמִּצְוֹת, וּבִפְרָט בְּאוֹתָם שֶׁאֵינוֹ מְחֻיָּב לִרְדֹּף אַחֲרֵיהֶם, כְּמוֹ מַעֲקֶה וְשִׁלּוּחַ הַקֵּן וְכַיּוֹצֵא, אִם רָצָה לְקַיְּמָם אֶלָּא שֶׁלֹּא הָיָה בְּיָדוֹ יְכֹלֶת לְקַיְּמָם, כְּגוֹן שֶׁהָיָה עָנִי וְלֹא יָכֹל לִקְנוֹת בַּיִת לַעֲשׂוֹת מַעֲקֶה, אִם נֹאמַר שֶׁזֶּה נִקְרָא אָנוּס וְיַסְפִּיק לוֹ עִבּוּר, אוֹ אִם יִצְטָרֵךְ גִּלְגּוּל גָּמוּר.

וּבְמָקוֹם אַחֵר כָּתַבְנוּ, שֶׁנִּרְאֶה שֶׁנִּפְטַר מִן הַגִּלְגּוּל וְיַסְפִּיק לוֹ סוֹד הָעִבּוּר. אַךְ אֶפְשָׁר לוֹמַר שֶׁיִּתְגַּלְגֵּל אֶלָּא שֶׁהַשֵּׁם יִתְבָּרַךְ יַזְמִין לוֹ בְּוַדַּאי הַמִּצְוָה הַהִיא וְיִתֵּן לוֹ יְכֹלֶת לְקַיְּמָהּ.

הַה' הִיא מִצְוַת פְּרִיָּה וּרְבִיָּה

הַחֲמִישִׁית הִיא מִצְוָה פְּרָטִיּית, וְהִיא לִפְרוֹת וְלִרְבּוֹת, וְהִיא מֵהַמִּצְוֹת שֶׁמְּחֻיָּב הָאָדָם לִרְדֹּף לְקַיְּמָהּ וְגַם יֵשׁ יְכֹלֶת בְּיָדוֹ לְקַיְּמָהּ, וְזוֹ הִיא חֲמוּרָה מִכָּל הַמִּצְוֹת, וְהוּא, כִּי מִי שֶׁמֵּת בְּלֹא בָּנִים וְלֹא קִיֵּם אוֹתָהּ לֹא דַּי בְּמַה שֶּׁיִּתְגַּלְגֵּל, אֶלָּא שֶׁשְּׁאָר הַמִּתְגַּלְגְּלִין עַל חֶסְרוֹן אֵיזֶה מִצְוָה כַּנִּזְכָּר לְעֵיל הִנֵּה כָּל גּוּף וְגוּף מֵהֶם יָקוּם וְיִחְיֶה בִּזְמַן הַתְּחִיָּה, וְיִכָּנֵס בּוֹ נִיצוֹצוֹת נִשְׁמָתוֹ כְּפִי שִׁעוּר הַמִּצְוֹת שֶׁקִּיֵּם בִּהְיוֹתוֹ בְּאוֹתוֹ גּוּף.

אֲבָל זֶה שֶׁמֵּת בְּלֹא בָּנִים, כָּל חֶלְקֵי נִיצוֹצוֹת נִשְׁמָתוֹ יִכָּנְסוּ בַּגּוּף הַשֵּׁנִי שֶׁנִּתְגַּלְגֵּל בּוֹ בְּסוֹד הַיִּבּוּם, וְאָז קִיֵּם מִצְוַת פְּרִיָּה וּרְבִיָּה. אֲבָל

secret of Yibum, and then he can fulfill the Precept to procreate and multiply. However, the first body that did not fulfill it will only receive that first Spirit that he gave his wife when he married her in that first intercourse, as is known.

The Sixth [type] is a specific Precept, and it is to Deal with the Torah, which is equivalent to all of the other Precepts combined, because "...the study of Torah is equal to them all." (Mishnah Peah 1:1) It contains four interpretations, known by the acronym PaRDeS: Peshat (Literal), Remez (Hint), Derash (Homiletic Interpretation), Sod (Secret). One must toil and deal with all of them as much as his mental capacity can handle, and search for a master to teach him. If he is lacking in one of these four, relative to his potential, he will need to reincarnate.

The sixth is to Deal with the Torah.

You also need to know that an individual must fulfill all 613 Precepts in action as well as speech, as our sages said: "Whomever is occupied with the portion of the Olah (Burnt Offering) is considered as if he actually offered an Olah...," (Tractate Menachot, 10a) and also with thought. If he did not fulfill all of them in these three Aspects, he will reincarnate until he fulfills all of the 613 Precepts in these three Aspects.

Performing the 613 precepts in action, speech, and thought.

Furthermore, know that the 613 Precepts relate to the 613 Limbs and Sinews of Adam, which are called 613 Major Roots, and each and every Limb relates to specific Precepts, as mentioned. In the entire Left Shoulder Limb there are eleven Positive Precepts and fifteen Negative Precepts, and whoever is from this Shoulder is obligated to complete these Precepts more so than the rest of the 613 [Precepts]. I am not completely clear about this matter, since if every individual is obligated to complete all 613 Precepts, as mentioned, so what is the difference in obligation between these specific Precepts in each Limb and the rest of the 613?

The 613 Precepts relate to the 613 Limbs and Sinews, and in each Limb there are specific Precepts.

הַגּוּף הָרִאשׁוֹן שֶׁלֹּא קִיְּמָהּ, אֵין נִכְנָס בָּהּ רַק הַהוּא רוּחָא קַדְמָאָה דְּיָהֵיב בְּאִתְּתֵהּ כְּשֶׁנְּשָׂאָהּ בְּבִיאָה א' כַּנּוֹדָע.

הו' הִיא לַעֲסֹק בַּתּוֹרָה

הַשִּׁשִּׁית הִיא, מִצְוָה פְּרָטִית, וְהִיא לַעֲסֹק בַּתּוֹרָה, וְהִיא שְׁקוּלָה כְּכָל הַמִּצְוֹת כִּי תַּלְמוּד תּוֹרָה כְּנֶגֶד כֻּלָּם. וְיֵשׁ בָּהּ ד' פֵּרוּשִׁים, שֶׁסִּימָנָם פַּרְדֵּ"ס: פְּשָׁט, רֶמֶז, דְּרָשׁ, סוֹד. וְצָרִיךְ לִטְרֹחַ וְלַעֲסֹק בְּכֻלָּם עַד מָקוֹם שֶׁיַּד שִׂכְלוֹ מַגַּעַת, וִיבַקֵּשׁ לוֹ רַב שֶׁיְּלַמְּדֵהוּ, וְאִם חָסֵר אַחַת מֵאַרְבַּעְתָּן כְּפִי הַשָּׂגָתוֹ כַּנִּזְכָּר, יִתְגַּלְגֵּל עַל זֶה.

לְקַיֵּם תַּרְיַ"ג הַמִּצְוֹת בְּמַעֲשֶׂה, דִּבּוּר וּמַחֲשָׁבָה

גַּם צָרִיךְ שֶׁתֵּדַע, כִּי הָאָדָם צָרִיךְ לְקַיֵּם כָּל הַתַּרְיַ"ג מִצְוֹת בְּמַעֲשֶׂה, וְכֵן בְּדִבּוּר, עַל דֶּרֶךְ מַה שֶּׁאָמְרוּ רַזַ"ל "כָּל הָעוֹסֵק בְּפָרָשַׁת עוֹלָה, כְּאִלּוּ הִקְרִיב עוֹלָה" וְכוּ', וְכֵן בְּמַחֲשָׁבָה. וְאִם לֹא קִיֵּם כֻּלָּם בִּשְׁלֹשָׁה בְּחִינוֹת אֵלּוּ, יִתְגַּלְגֵּל עַד שֶׁיְּקַיְּמֵם כָּל הַתַּרְיַ"ג מִצְוֹת בִּשְׁלֹשָׁה בְּחִינוֹת אֵלּוּ.

הַתַּרְיַ"ג מִצְוֹת מִתְחַלְּקוֹת בְּתַרְיַ"ג אֵיבָרִים וְגִידִים, וּבְכָל אֵבֶר יֵשׁ מִצְוֹת פְּרָטִיּוֹת

עוֹד דַּע, כִּי הַתַּרְיַ"ג מִצְוֹת מִתְחַלְּקוֹת בְּתַרְיַ"ג אֵיבָרִים וְגִידִים שֶׁל אָדָם הָרִאשׁוֹן, שֶׁנִּקְרָאִים תַּרְיַ"ג שָׁרָשִׁים גְּדוֹלִים, וּבְכָל אֵבֶר וְאֵבֶר מֵהֶם יֵשׁ מִצְוֹת פְּרָטִיּוֹת, כַּנִּזְכָּר בְּהַקְדָּמָה י"ז כִּי בְּכָל אֵבֶר הַכָּתֵף הַשְּׂמָאלִי יֵשׁ אַחַד עָשָׂר מִצְוֹת עֲשֵׂה וְט"ו מִצְוֹת לֹא תַעֲשֶׂה, וְכָל מִי שֶׁהוּא מִן הַכָּתֵף הַזֶּה מְחֻיָּב לְהַשְׁלִים אֵלּוּ הַמִּצְוֹת יוֹתֵר מִכָּל שְׁאָר הַתַּרְיַ"ג. וְלֹא נִתְבָּרֵר לִי הֵיטֵב עִנְיָן זֶה, כִּי כֵּיוָן שֶׁכָּל אָדָם מְחֻיָּב לְהַשְׁלִים כָּל הַתַּרְיַ"ג מִצְוֹת כַּנִּזְכָּר לְעֵיל, מַה הוּא הַחִיּוּב הַמְשֻׁנֶּה שֶׁיֵּשׁ בֵּין אֵלּוּ הַמִּצְוֹת הַפְּרָטִיּוֹת שֶׁבְּכָל אֵבֶר אֶל שְׁאָר הַתַּרְיַ"ג כֻּלָּם.

I also heard [of a case] from my teacher where the rest of the Sparks of the Root of one's Soul that preceded him have already performed all of the Precepts is not comparable to [a case where] the preceding Sparks of an individual did not perform those Precepts that he also did not perform, and I do not know the difference between the two. Thus, we have now explained the concept of fulfilling the Positive Precepts.

If the sparks that came before him fulfilled or did not fulfill the Precepts.

Now we will explain the concept of the Negative Precepts. Know that there are some Negative Precepts that Teshuvah and Yom Kippur can atone for, and there are those that also need pain to acheive atonement.

Negative Precepts.

However, there are serious transgressions, such as [those whose penalties are] Karet (Severed from Life) and Death by the Court of Heaven, and so forth, which are only atoned for at death. There is a distinction between them. If the transgression is not one of those where the bodies become eliminated and do not resurrect, as our sages mentioned (Talmud, Sanhedrin 90a), and those who have no part in the World to Come—the infidels and the heretics, and so on—then that Nefesh will reincarnate to correct the transgression, and the first body becomes eliminated and lost, as mentioned. If it is not from this Aspect, then the first body is not lost, and that Nefesh reincarnates in the other, second body, together with another Spark from his Root that enters, which is the master of that body. The reincarnated [Nefesh] gets corrected there with it, and [the Nefesh] is called a "guest" and not the "master of the house."

Negative Precepts that only death atones for.

Also know that if an individual entraps his friend to commit a transgression that requires a Reincarnation but he himself did not transgress, he will nevertheless have to come back as an Ibur along with the reincarnated [friend] until he corrects the transgression. Only then will his entrapper be able to depart from there.

Entrapment.

אִם הַנִּיצוֹצוֹת שֶׁקָּדְמוּ אֵלָיו קִיְּמוּ אוֹ לֹא קִיְּמוּ הַמִּצְוֹת

גַּם שָׁמַעְתִּי מִמּוֹרִי זַ"ל, כִּי אֵינוֹ דוֹמֶה מִי שֶׁשְּׁאָר הַנִּיצוֹצוֹת שֶׁהֵם מִן שֹׁרֶשׁ נַפְשׁוֹ אֲשֶׁר קָדְמוּ אֵלָיו קִיְּמוּ כָּל הַמִּצְוֹת, לְמִי שֶׁהַנִּיצוֹצוֹת הַקּוֹדְמוֹת אֵלָיו לֹא קִיְּמוּ גַּם הֵם אֵלּוּ הַמִּצְוֹת שֶׁלֹּא קִיֵּם גַּם הוּא, וְלֹא יָדַעְתִּי מַה הוּא הַחִלּוּק שֶׁיֵּשׁ בֵּין זֶה לָזֶה. וַהֲרֵי נִתְבָּאֵר עִנְיַן קִיּוּם הַמִּצְוֹת עֲשֵׂה.

עִנְיַן מִצְוֹת לֹא תַעֲשֶׂה

וּנְבָאֵר עִנְיַן מִצְוֹת לֹא תַעֲשֶׂה. דַּע, כִּי יֵשׁ מִצְוֹת לֹא תַעֲשֶׂה שֶׁתְּשׁוּבָה וְיוֹם הַכִּפּוּרִים מְכַפְּרִים, וְיֵשׁ שֶׁצָּרִיךְ גַּם כֵּן יִסּוּרִין לְכַפְּרָם.

מִצְוֹת לֹא תַעֲשֶׂה שֶׁרַק מָוֶת מְכַפֵּר עֲלֵיהֶן

אֲבָל יֵשׁ עֲבֵרוֹת חֲמוּרוֹת, כְּמוֹ כָּרֵתוֹת וּמִיתוֹת בֵּית דִּין וְכַיּוֹצֵא, שֶׁאֵינָם מִתְכַּפְּרִים עַד שֶׁיָּמוּתוּ. וְיֵשׁ בְּאֵלּוּ חִלּוּק, כִּי אִם הִיא עֲבֵרָה שֶׁאֵינָהּ מֵאוֹתָן שֶׁגּוּפוֹ כָּלֶה וְאֵינוֹ קָם בִּתְחִיַּת הַמֵּתִים, כמ"ש ז"ל וְאֵלּוּ שֶׁאֵין לָהֶם חֵלֶק לָעוֹלָם הַבָּא הַמִּינִים וְהָאֶפִּיקוֹרְסִים וְכוּ', הִנֵּה הַנֶּפֶשׁ הַזֹּאת תִּתְגַּלְגֵּל לְתַקֵּן מַה שֶּׁחָטָא, וְגוּפוֹ הָרִאשׁוֹן כָּלֶה וְנֶאֱבַד כַּנִּזְכָּר. וְאִם אֵינָהּ מִבְּחִינָה זוֹ, הִנֵּה הַגּוּף הָרִאשׁוֹן אֵינוֹ נֶאֱבַד, אָמְנָם הַנֶּפֶשׁ הַהִיא מִתְגַּלְגֶּלֶת בְּגוּף שֵׁנִי בְּהִצְטָרְפוּת אֵיזֶה נִיצוֹץ אַחֵר מִשָּׁרְשׁוֹ שֶׁנִּכְנָס שָׁם, שֶׁהוּא בַּעַל הַגּוּף הַהוּא, וְשָׁם נִתְקַן זֶה הַמְגֻלְגָּל עִמּוֹ הַנִּקְרָא אוֹרֵחַ, וְלֹא בַּעַל הַבַּיִת.

הַמַּחֲטִיא אֶת חֲבֵרוֹ

גַּם דַּע, כִּי הָאָדָם הַמַּחֲטִיא לַחֲבֵרוֹ בְּאֵיזוֹ עֲבֵרָה שֶׁצָּרִיךְ גִּלְגּוּל, אֲבָל הוּא עַצְמוֹ לֹא חָטָא, יָבֹא בְּעִבּוּר עִם הַמִּתְגַּלְגֵּל עַד יְתַקֵּן הַחֵטְא, וְאָז זֶה שֶׁהֶחֱטִיאוֹ יִסְתַּלֵּק מִשָּׁם.

Know that it is not enough for the individual himself to correct the specific Parts to where his Nefesh is attached Above, but also all the Parts of Asiyah, Yetzirah, and so on. This supports what I wrote here where even though there are specific Precepts in each Limb, nevertheless, one needs to complete all of the 613 Precepts.

The need to correct all parts of Atzilut, Briyah, Yetzirah and Asiyah.

However, in my humble opinion, it seems that this should be interpreted in a different way. If, for example, an individual's Nefesh is from the Nukva of Asiyah, it will not be sufficient for him to correct that Aspect alone, and thus the Aspect of his Ruach from Nukva of Yetzirah will enter him. Rather, he will need to also correct all the Parts of the Nefesh that are related to his Part in Asiyah, such as Nefesh from Malchut of Zeir Anpin of Asiyah, and from Malchut of Ima and Aba, and of Arich [Anpin] of Asiyah because all of these are the Parts of his complete Nefesh, which are: Nefesh, Ruach, Neshamah, Chayah, and Yechidah that are in Asiyah. They are all called the Complete Nefesh of Asiyah.

Another way is to correct all Parts of the Nefesh in the World of Asiyah, which are all called the Complete Nefesh of Asiyah.

Then can he begin to acquire the Nefesh that is in the Ruach of Yetzirah of his portion. Otherwise, if he had to be required to perfect the entire Asiyah it would mean that there would not be anything in the world but one single Nefesh. This also proves that an individual is only required to correct the Minor Root from where he is quarried.

Now we will explain the concept of the Ruach and the Neshamah, even though it was explained earlier. The Correction of the Ruach of Yetzirah takes place by appropriately dealing with the Torah For Its Own Sake, [which includes] the Oral Torah, Mishnah, and Talmud, and so on. The Correction of the Neshamah of Briyah depends on knowing the inner secrets and mysteries of the Torah in the wisdom of the Zohar.

Acquiring the Ruach though Torah For Its Own Sake, and the Neshamah through knowing the secrets.

In another place, we wrote that one who performs a Positive Precept without intention corrects the World of Asiyah, which is Nefesh. And one who deals with the Torah without intention

Another way to correct Nefesh, Ruach, and Neshamah.

הַצֹּרֶךְ לְתַקֵּן אֶת כָּל חֶלְקֵי אבי"ע

וְדַע, כִּי לֹא דַּי לָאָדָם לְתַקֵּן פְּרָטִיּוּת אֲחִיזַת נַפְשׁוֹ לְמַעְלָה, רַק כָּל חֶלְקֵי הָעֲשִׂיָּה וְהַיְצִירָה וְכוּ', וְזֶה מְסַיֵּעַ לְמַה שֶּׁכָּתַבְתִּי פֹּה, שֶׁאַף עַל פִּי שֶׁיֵּשׁ מִצְוֹת פְּרָטִיּוֹת בְּכָל אֵבָר, צָרִיךְ שֶׁיַּשְׁלִים כָּל הַתַּרְיַ"ג מִצְוֹת.

אֹפֶן אַחֵר – לְתַקֵּן אֶת כָּל בְּחִינוֹת הַנֶּפֶשׁ בְּעוֹלַם עֲשִׂיָּה, וְכֻלָּן נִקְרָאִים נֶפֶשׁ דַּעֲשִׂיָּה שְׁלֵמָה

אָמְנָם נִרְאֶה לַעֲנִיּוּת דַּעְתִּי פֵּרוּשׁ הַדְּבָרִים בְּאֹפֶן אַחֵר, וְהוּא, כִּי אִם נֶפֶשׁ הָאָדָם הִיא דֶּרֶךְ מָשָׁל מִנּוּקְבָא דַעֲשִׂיָּה, לֹא יַסְפִּיק לוֹ כַּאֲשֶׁר יְתַקֵּן בְּחִינָה הַהִיא לְבַדָּהּ, ועי"כ יִכָּנֵס בּוֹ בְּחִינַת הָרוּחַ שֶׁלּוֹ, שֶׁהִיא מִנּוּקְבָא דִּיצִירָה. אֶלָּא צָרִיךְ שֶׁיְּתַקֵּן גַּם כָּל חֶלְקֵי הַנֶּפֶשׁ שֶׁהֵם מֵחֶלְקוֹ שֶׁל עֲשִׂיָּה, כְּגוֹן נֶפֶשׁ מִמַּלְכוּת ז"א דַעֲשִׂיָּה, וּמִמַּלְכוּת דְּאִמָּא וְאַבָּא וַאֲרִיךְ דַּעֲשִׂיָּה, כִּי כָּל אֵלּוּ הֵם חֶלְקֵי נַפְשׁוֹ בִּשְׁלֵמוּת, שֶׁהֵם נרנח"י שֶׁבַּעֲשִׂיָּה, וְכֻלָּן נִקְרָאִים נֶפֶשׁ דַּעֲשִׂיָּה שְׁלֵמָה.

וְאָז יַתְחִיל לִקְנוֹת נֶפֶשׁ שֶׁבְּרוּחַ דִּיצִירָה שֶׁבְּחֶלְקוֹ, דְּאִם לֹא כֵן אֶלָּא שֶׁצָּרִיךְ שֶׁיַּשְׁלִים כָּל הָעֲשִׂיָּה בִּכְלָלוּתָהּ, אִם כֵּן אֵין בָּעוֹלָם רַק נֶפֶשׁ אַחַת לְבַדָּהּ. וְגַם זֶה מוֹכִיחַ כִּי אֵין צֹרֶךְ לָאָדָם לְתַקֵּן רַק שֹׁרֶשׁ הַקָּטָן אֲשֶׁר מִמֶּנּוּ חֻצַּב.

קְנִיַּת הָרוּחַ ע"י תּוֹרָה לִשְׁמָהּ, וְהַנְּשָׁמָה ע"י יְדִיעַת הַסּוֹדוֹת

וְעַתָּה נְבָאֵר עִנְיַן הָרוּחַ וְהַנְּשָׁמָה. וּכְבָר נִתְבָּאֵר עִנְיָנָם לְמַעְלָה, כִּי תִּקּוּן הָרוּחַ דִּיצִירָה הוּא עַל יְדֵי עֵסֶק הַתּוֹרָה כְּהִלְכָתָהּ לִשְׁמָהּ בַּתּוֹרָה שֶׁבְּעַל פֶּה, מִשְׁנָה וְתַלְמוּד וְכוּ'. וְתִקּוּן הַנְּשָׁמָה דִּבְרִיאָה תָּלוּי בִּידִיעַת סוֹדוֹת וְרָזֵי הַתּוֹרָה הַפְּנִימִיִּים בְּחָכְמַת הַזֹּהַר.

אֹפֶן אַחֵר לְתַקֵּן נר"ן

וּבְמָקוֹם אַחֵר כָּתַבְנוּ, כִּי הָעוֹשֶׂה מִצְוַת עֲשֵׂה בְּלִי כַּוָּנָה, מְתַקֵּן עוֹלַם הָעֲשִׂיָּה שֶׁהִיא נֶפֶשׁ. וְהָעוֹסֵק בַּתּוֹרָה בְּלִי כַּוָּנָה, מְתַקֵּן הַיְצִירָה שֶׁהִיא

corrects Yetzirah, which is Ruach. And one who performs a Precept or deals with the Torah with intention corrects Briyah, which is Neshamah.

In another place, I wrote that the thought and cleaving to the Yud-Hei-Vav-Hei of SaG (יוד הי ואו הי), Alef-Hei-Yud-Hei Yud-Hei-Vav (אהיה יהו) and Eheyeh Asher Eheyeh (אהיה אשר אהיה) are for the benefit of the Neshamah that comes from Briyah; dealing with the Torah in the form of speech is beneficial to the Ruach that is from Yetzirah; and performing practical Precepts, specifically those that relate to walking, such as Visiting the Sick and Escorting Guests or the Dead, will benefit the Nefesh that is from Asiyah.

A benefit for the Nefesh, Ruach, and Neshamah.

In my humble opinion, this is what appears to be the truth regarding the Reincarnation. The Nefesh can become complete and ascend to its place under two conditions: The First is called the Correction to Complete the Nefesh, which is the performance of all the 248 Positive Precepts. The Second is the Correction of the Blemishes of the Nefesh, if it transgressed any of the 365 Negative Precepts. And it is known that the Ruach cannot enter the body until the Nefesh is complete in the two aforementioned Parts.

How to complete the Nefesh.

Thus, if that Nefesh—which is one individual Spark that cannot be further divided, since if it were less than that it would not be called a Complete Nefesh—became completed by the two conditions mentioned, it is now called a Complete Nefesh that is ready to receive the Ruach. If later on the individual transgressed, the blemish would not damage the Nefesh but only the Ruach.

The Second [case] is, even though it completed all 248 Positive Precepts, yet committed a transgression that prevents the Resurrection of the Dead from that body, this Nefesh will reincarnate in a second body by itself, and there it will correct the blemish of that transgression, since the Positive Precepts are already performed. Afterwards, at the time of the Resurrection,

A transgression that prevents the body from resurrecting.

הָרוּחַ. וְהָעוֹשֶׂה מִצְוָה אוֹ הָעוֹסֵק בַּתּוֹרָה בְּכַוָּנָה, מְתַקֵּן בְּרִיאָה שֶׁהִיא נְשָׁמָה.

תּוֹעֶלֶת לנר"ן

וּבְמָקוֹם אַחֵר כָּתַבְתִּי, כִּי הַמַּחֲשָׁבָה וְהִתְדַּבְּקוּת בַּהֲוָיָ"ה דס"ג, וּבְאהי"ה יה"ו, וּבְאֶהְיֶ"ה אֲשֶׁר אֶהְיֶ"ה, הֵן תּוֹעֶלֶת הַנְּשָׁמָה הַבָּאָה מִן בְּרִיאָה. וְעֵסֶק הַתּוֹרָה בְּדִבּוּר, הוּא תּוֹעֶלֶת הָרוּחַ שֶׁמִּן הַיְצִירָה. וְקִיּוּם מִצְוֹת מַעֲשִׂיּוֹת, וּבִפְרָט הַתְּלוּיִם בַּהֲלִיכַת הָרַגְלַיִם, כְּגוֹן בִּקּוּר חוֹלִים וּלְוָיַת אוֹרְחִים וּמֵתִים, תּוֹעֶלֶת הַנֶּפֶשׁ שֶׁמִּן הָעֲשִׂיָּה.

אֵיךְ מַשְׁלִימִים אֶת הַנֶּפֶשׁ

וְהַנִּרְאֶה לַעֲנִיּוּת דַּעְתִּי בֶּאֱמֶת בְּעִנְיַן הַגִּלְגּוּל הוּא זֶה, הִנֵּה הַנֶּפֶשׁ לְשֶׁתִּהְיֶה שְׁלֵמָה לַעֲלוֹת אֶל מְקוֹמָהּ, הוּא עַל יְדֵי שְׁנֵי תְּנָאִים: הָאֶחָד הוּא הַנִּקְרָא תִּקּוּן שְׁלֵמוּת הַנֶּפֶשׁ, וְהוּא קִיּוּם כָּל הָרְמַ"ח מִצְוֹת עֲשֵׂה. וְהַשֵּׁנִי הוּא תִּקּוּן פְּגַם הַנֶּפֶשׁ, אִם עָשְׂתָה אֵיזוֹ עֲבֵרָה מִשְּׁסָ"ה מִצְוֹת לֹא תַעֲשֶׂה. וְנוֹדַע כִּי אֵין הָרוּחַ נִכְנָס בַּגּוּף עַד שֶׁתִּשְׁתַּלֵּם הַנֶּפֶשׁ בִּשְׁנֵי חֲלָקִים הַנִּזְכָּרִים.

וְהִנֵּה אִם הַנֶּפֶשׁ הַהִיא, שֶׁהִיא נִיצוֹץ אֶחָד פְּרָטִי שֶׁאִי אֶפְשָׁר לוֹ לְהִתְחַלֵּק יוֹתֵר, כִּי בְּפָחוֹת מִזֶּה אֵינֶנּוּ נִקְרֵאת נֶפֶשׁ גְּמוּרָה, אִם הִשְׁלִימָה בִּשְׁנֵי הַתְּנָאִים הנז' כְּבָר נִקְרֵאת נֶפֶשׁ שְׁלֵמָה, מוּכֶנֶת לְקַבֵּל אֶת הָרוּחַ. וְאַחַר כָּךְ אִם יֶחֱטָא הָאָדָם, אֵין הַפְּגַם הַהוּא פּוֹגֵם בַּנֶּפֶשׁ כִּי אִם בָּרוּחַ.

אִם עוֹבֵר עַל עֲבֵרָה שֶׁמּוֹנַעַת תְּחִיַּת הַמֵּתִים מֵהַגּוּף

הַשֵּׁנִי הוּא, אַף עַל פִּי שֶׁהִשְׁלִימָה כָּל הָרְמַ"ח מִצְוֹת עֲשֵׂה, אִם עָשְׂתָה עֲבֵרָה מֵאוֹתָם הַמּוֹנְעוֹת תְּחִיַּת הַמֵּתִים מֵאוֹתוֹ הַגּוּף, תִּתְגַּלְגֵּל הַנֶּפֶשׁ הַזּוֹ בְּגוּף שֵׁנִי הִיא לְבַדָּהּ, וְשָׁם תְּתַקֵּן פְּגַם הָעֲבֵרָה הנז', כִּי הַמִּצְוֹת כְּבָר עֲשָׂאָתַן, וְאַחַר כָּךְ בְּעֵת הַתְּחִיָּה תִּכָּנֵס בְּזֶה הַגּוּף הַשֵּׁנִי, וְהַגּוּף

it will enter in the second body, and the first body will be obliterated from the world. All the more so, it will be the same if it did not complete all 248 Positive Precepts in the first body.

The Third [case] is as follows: If it did not complete all 248 Positive Precepts in the first body and did not become blemished through any transgression, or it did become blemished through a transgression that is not one of those that erase the body during the time of the Resurrection of the Dead, then it will entirely reincarnate by itself in an actual Reincarnation in a second body.

> A Nefesh that did not complete in the first body will reincarnate in a second body.

Afterwards, during the Resurrection, that Nefesh will split into Parts because no Part of them can be considered to be a Complete Nefesh, as mentioned earlier. And those Parts that performed the Positive Precepts that were ready for them in the first body will return there during the Resurrection, since those Positive Precepts were performed there. Nevertheless, those Parts had to reincarnate in the second body, since they are not One Complete Nefesh and they also need to be present in the second body while performing the remaining missing Precepts.

> At the Resurrection, the first body receives the Parts it corrected in its lifetime.

If [that Nefesh] transgressed any transgression while in the first body, it will become corrected now in the second body, and it feels the pain and the sorrow of death along with him. And the Parts that performed the Positive Precepts that the second body lacked will rise with the second body at the time of the Resurrection, as they were performed in it. If a transgression damaged in the second body, its consequences do not involve those prior Parts at all. If this second body completed performing all 248 Positive Precepts and also was not blemished by any transgression, then the entire Ruach will enter it while it is still alive. Then after the Resurrection the entire Ruach, together with some Parts of the Nefesh, will enter the second body.

> The second body must correct what the first body did not yet correct.

The Fourth [case] is: If a Nefesh completed all 248 Positive Precepts in the first body but became blemished in a minor way, as mentioned earlier, it will then reincarnate in the second body

> Double Reincarnation.

הָרִאשׁוֹן יִמָּחֶה מִן הָעוֹלָם. וּמִכָּל שֶׁכֵּן שֶׁיִּהְיֶה כֵּן אִם לֹא הִשְׁלִימָה כָּל רְמַ"ח מִצְוֹת עֲשֵׂה בַּגּוּף הָרִאשׁוֹן.

נֶפֶשׁ שֶׁלֹּא הִשְׁלִימָה בַּגּוּף הָא' תִּתְגַּלְגֵּל בְּגוּף שֵׁנִי

וְהַשְּׁלִישִׁי הוּא, אִם לֹא הִשְׁלִימָה כָּל רְמַ"ח מִצְוֹת עֲשֵׂה בַּגּוּף הָרִאשׁוֹן, וְלֹא נִפְגְּמָה בְּשׁוּם עֲבֵרָה, אוֹ גַּם אִם נִפְגְּמָה בְּאֵיזוֹ עֲבֵרָה שֶׁאֵינָהּ מֵאוֹתָן הָעֲבֵרוֹת שֶׁגּוּפוֹ כָּלֶה בִּתְחִיַּת הַמֵּתִים, כִּי אָז תִּתְגַּלְגֵּל הִיא לְבַדָּהּ כֻּלָּהּ בְּגוּף שֵׁנִי גִּלְגּוּל מַמָּשׁ.

בְּעֵת הַתְּחִיָּה הַגּוּף הָא' מְקַבֵּל אֶת אוֹתָם הַחֲלָקִים שֶׁתִּקֵּן בְּחַיָּיו

וְאַחַר כָּךְ בְּעֵת הַתְּחִיָּה תִּתְחַלֵּק הַנֶּפֶשׁ הַהִיא לַחֲלָקִים, עִם הֱיוֹת כִּי אֵין שׁוּם חֵלֶק מֵהֶם נִקְרָא נֶפֶשׁ גְּמוּרָה כַּנִּזְכָּר לְעֵיל. וְאוֹתָן הַחֲלָקִים שֶׁעָשׂוּ הַמִּצְוֹת עֲשֵׂה הַנְּכוֹנִים לָהֶם בַּגּוּף הָא', יַחְזְרוּ שָׁם בְּעֵת הַתְּחִיָּה, כִּי בּוֹ נִתְקַיְּמוּ הַמִּצְוֹת הָהֵם. וְאַף עַל פִּי כֵן הֻצְרְכוּ לְהִתְגַּלְגֵּל הַחֲלָקִים הָהֵם בַּגּוּף הַשֵּׁנִי, כִּי אֵינָן נֶפֶשׁ אַחַת גְּמוּרָה, וּצְרִיכִין לְהִמָּצֵא גַּם הֵם בְּגוּף שֵׁנִי בְּקִיּוּם שְׁאָר הַמִּצְוֹת הַחֲסֵרוֹת.

וְאִם עָבְרָה אֵיזֶה עֲבֵרָה בַּגּוּף הָרִאשׁוֹן, יְתַקְּנוּהוּ עַתָּה בַּגּוּף הַשֵּׁנִי, וְסוֹבֶלֶת יִסּוּרִין וְצַעַר מִיתָה עִמּוֹ, וְהַחֲלָקִים שֶׁעָשׂוּ הַמִּצְוֹת שֶׁחָסְרוּ בְּגוּף הַשֵּׁנִי יָקוּמוּ בַּגּוּף הַשֵּׁנִי בִּזְמַן הַתְּחִיָּה, כִּי בּוֹ נַעֲשׂוּ. וְאִם אֵיזוֹ עֲבֵרָה נִפְגְּמָה בַּגּוּף הַשֵּׁנִי, אֵין עָנְשָׁהּ נוֹגֵעַ כְּלָל לַחֲלָקִים הָרִאשׁוֹנִים. וְאִם זֶה הַגּוּף הַשֵּׁנִי הִשְׁלִים תַּשְׁלוּם הָרְמַ"ח מִצְוֹת עֲשֵׂה וְגַם לֹא נִפְגַּם בְּשׁוּם עֲבֵרָה, אָז יִכָּנֵס בּוֹ גַּם כָּל הָרוּחַ בְּחַיָּיו, וְכֵן אַחַר הַתְּחִיָּה יִכָּנֵס כָּל הָרוּחַ עִם קְצָת חֶלְקֵי הַנֶּפֶשׁ בַּגּוּף הַשֵּׁנִי.

גִּלְגּוּל כָּפוּל

הָרְבִיעִי הוּא, אִם הִשְׁלִימָה הַנֶּפֶשׁ כָּל רְמַ"ח מִצְוֹת עֲשֵׂה בַּגּוּף הָרִאשׁוֹן, וְנִפְגְּמָה בְּאֵיזוֹ עֲבֵרָה קַלָּה כַּנִּזְכָּר, כִּי אָז תִּתְגַּלְגֵּל בַּגּוּף הַשֵּׁנִי עִם נֶפֶשׁ אַחֶרֶת חֲדָשָׁה, וְזֶה נִקְרָא גִּלְגּוּל כָּפוּל. וְאָז תְּקַבֵּל צַעַר

together with another new Nefesh. This is called a Double Reincarnation. And if it will experience pain and death, [it will be] due to its own transgression and not for transgressions that were done in the second body. However, it reaps the benefits of the Positive Precepts that are performed in the second body, and at the time of the Resurrection it will return to the first body, while the second body will take the new Nefesh, since it is its main one. Know that this new Nefesh will not reincarnate with the original one unless it is from its own actual Root and unless these two Sparks of Nefesh are actually from the same Root.

Also know that this Reincarnation of the first Nefesh is called an Ibur to some degree, since it does not receive the consequences of the transgressions of the second body and it is also destined to return to the first body at the time of the Resurrection. This is the same concept as the Third case, where some Parts of the Nefesh that have already been corrected reincarnate along with its remaining Parts in the second body. Therefore the Aspect of the Reincarnation of the corrected Parts are called an Ibur to some degree, for the mentioned reason.

An Ibur that is like a Reincarnation.

In my humble opinion, it seems that in this Fourth case the original Nefesh does not undergo a full Reincarnation, except for the time that it needs to dwell there until the completion of the blemish of the first body, since then it suffers the pains and afflictions of the second body. When it becomes completed, it will leave while [the second body] is still alive and then it will ascend. However, if its punishment only becomes complete through death it stays there until it experiences the sorrow of the death of the second body. Therefore this concept is called an Ibur that resembles a Reincarnation.

The same with the Third case. The original Parts dwell in the secret of a Complete Reincarnation, until the missing Precepts are performed. When they will be completed, they will leave while [the second body is] still alive. However, if they were not completed, it will stay there until he dies.

יִסּוּרִין וּמִיתָה עַל עֹנֶשׁ עֲבֵרָה שֶׁלָּהּ, וְלֹא עַל עֹנֶשׁ עֲבֵרוֹת הַנַּעֲשִׂין בַּגּוּף הַב'. אַךְ בַּמִּצְוֹת הַנַּעֲשׂוֹת בַּגּוּף הַב' יֵשׁ לָהּ שָׂכָר, וּבְעֵת הַתְּחִיָּה הִיא תַּחֲזֹר לַגּוּף הָא', וְהַגּוּף הַב' יִקַּח הַנֶּפֶשׁ הַחֲדָשָׁה, כִּי הִיא הָעִקָּרִית שֶׁלּוֹ. וְדַע, כִּי זֹאת הַנֶּפֶשׁ הַחֲדָשָׁה, אִם לֹא תִּהְיֶה מִשָּׁרְשֵׁי הַנֶּפֶשׁ הָרִאשׁוֹנָה מַמָּשׁ לֹא תִּתְגַּלְגֵּל עִמָּהּ, אֶלָּא אִם כֵּן יִהְיוּ ב' נִיצוֹצוֹת נְפָשׁוֹת הָאֵלּוּ שְׁתֵּיהֶן מִשֹּׁרֶשׁ אֶחָד מַמָּשׁ.

עִבּוּר הַדּוֹמֶה לְגִלְגּוּל

גַּם דַּע, כִּי זֶה הַגִּלְגּוּל שֶׁל הַנֶּפֶשׁ הָרִאשׁוֹנָה נִקְרָא עִבּוּר בְּצַד מָה, כֵּיוָן שֶׁאֵינָהּ נוֹטֶלֶת עֹנֶשׁ עַל הָעֲבֵרוֹת הַגּוּף הַב', וְגַם כִּי סוֹפָהּ לָשׁוּב בִּתְחִיָּה בַּגּוּף הָרִאשׁוֹן. וְזֶה הָעִנְיָן עַצְמוֹ בַּחֲלֻקָּה הַג', וְהִיא בְּהִתְגַּלְגֵּל קְצָת חֶלְקֵי הַנֶּפֶשׁ שֶׁכְּבָר נִתְקְנוּ עִם שְׁאָר חֲלָקֶיהָ בַּגּוּף הַב', כִּי בִּבְחִינַת גִּלְגּוּלֵי הַחֲלָקִים שֶׁנִּתְקְנוּ יִקָּרֵא עִבּוּר לַסִּבָּה הַנִּזְכֶּרֶת בְּצַד מָה.

וְנִרְאֶה לַעֲנִיּוּת דַּעְתִּי, כִּי בְּזוֹ הַחֲלֻקָּה הַד' אֵינֶנָּה גִּלְגּוּל גָּמוּר לַנֶּפֶשׁ הָא', רַק כָּל זְמַן שֶׁצְּרִיכָה לָשֶׁבֶת שָׁם עַד תַּשְׁלוּם הַפְּגָם שֶׁל הַגּוּף הָרִאשׁוֹן, כִּי אָז סוֹבֶלֶת הַצַּעַר וְהַיִּסּוּרִין שֶׁל הַגּוּף הַב'. וּכְשֶׁהִשְׁלִימָה, תֵּצֵא בְּחַיָּיו וְתֵלֵךְ לְמַעְלָה, וְאִם לֹא הִשְׁלִים עָנְשָׁהּ רַק עִם הַמִּיתָה, תֵּשֵׁב שָׁם עַד תִּסְבֹּל צַעַר מִיתַת גּוּף הַשֵּׁנִי, וְלָכֵן עִנְיָן זֶה נִקְרָא עִבּוּר הַדּוֹמֶה לְגִלְגּוּל.

וְכֵן הָעִנְיָן בַּחֲלֻקָּה הַשְּׁלִישִׁית, כִּי הַחֲלָקִים הָרִאשׁוֹנִים יוֹשְׁבוֹת בְּסוֹד גִּלְגּוּל גָּמוּר עַד יְקַיְּמוּ מִצְוֹת הַחֲסֵרוֹת, וּכְשֶׁיַּשְׁלְמוּ, יֵצְאוּ לָהֶם בְּעוֹדוֹ בַּחַיִּים. וְאִם לֹא הִשְׁלְמוּ, תֵּשֵׁב שָׁם עַד שֶׁיָּמוּת.

From another place, it seems that there is another distinction in the aforementioned two cases. When these Precepts that are missing from the Nefesh were not performed earlier by any of the Sparks that belong to the Root of this Nefesh, then he will need to come as a Complete Reincarnation until the day of death. If they were performed previously by the Sparks that preceded him, then this mentioned Reincarnation that is [also] called an Ibur will suffice. And in another place it was explained that for the need of performing a Precept, an Ibur will also suffice.

What would require a Reincarnation that is called an Ibur?

[Rav] Shmuel [Vital] said, "All of this I collected from a bundle of writings of my father, my teacher, [Rav Chaim Vital] and it is the sifted fine flour from all the discourses concerning the Reincarnation of the Souls, explained clearly."

מָתַי יֵשׁ צֹרֶךְ לְגִלְגּוּל שֶׁנִּקְרָא עִבּוּר

וּמִמָּקוֹם אַחֵר נִרְאֶה חִלּוּק אַחֵר בִּשְׁתֵּי הַחֲלֻקּוֹת הנז', כִּי כַּאֲשֶׁר אֵלּוּ הַמִּצְוֹת הַחֲסֵרוֹת מִזּוֹ הַנֶּפֶשׁ עֲדַיִן לֹא קִיְּמוּם שׁוּם נִיצוֹץ מִן הַנִּיצוֹצוֹת שֶׁקָּדְמוּ אֵלָיו, וְהֵם מִשֹּׁרֶשׁ נַפְשׁוֹ, צָרִיךְ שֶׁיָּבֹא בְּגִלְגּוּל גָּמוּר עַד יוֹם הַמִּיתָה, וְאִם נִתְקַיְּמוּ עַל יְדֵי הַנִּיצוֹצוֹת שֶׁקָּדְמוּ אֵלָיו דַּי לוֹ הַגִּלְגּוּל הַנִּזְכָּר שֶׁנִּקְרָא עִבּוּר. וּבְמָקוֹם אַחֵר נִתְבָּאֵר כִּי גַּם לְצֹרֶךְ קִיּוּם מִצְוָה יַסְפִּיק עִבּוּר.

(אָמַר שְׁמוּאֵל: כָּל זֶה לִקַּטְתִּי מִלִּקּוּטֵי בָּתַר לִקּוּטֵי, מֵהָעֲמָרִים אֲשֶׁר עִמֵּר אַבָּא מָארִי זַ"ל, וְהוּא סֹלֶת מְנֻפָּה מִכָּל דְּרוּשֵׁי גִּלְגּוּלֵי הַנְּשָׁמוֹת בַּאֵר הֵיטֵב).

TWELFTH
INTRODUCTION

About the New and Old Souls. We already explained earlier that in the beginning, all of the Souls were included in Adam, and when he transgressed, his Limbs fell off and his stature diminished. We explained the meaning of this matter that the Souls descended into the depths of the Klipot and only some of them remained within him, which is the secret of the 100 *amot* (cubits) [that stayed in Adam after the fall], as our sages said concerning the verse: "...and laid Your palm upon me." (Psalm 139:5)

New and Old Souls divide to five levels.

Within Adam were included some New Souls that never came to the world, and these are called Truly New Souls. [This is the First Level of Souls] Subordinate to them is another level, which are the Souls that remained included within him and did not fall from him. They are also called New, but not in relation to the aforementioned Souls. When these Souls of the Second Level reincarnate in a body—after Adam's death and their separation from him—they are still called New. The reason for it is because the creation of Adam was in the aspect of a Supernal Unification of Back-to-Back. Therefore, until it comes back in the Aspect of a Supernal Unification of Face-to-Face, it will be called the first time it enters the world, and it will be called New.

First Level: Souls that never came to the world. Second Level: Souls that remained in Adam after the Sin.

If, even after the death of Adam, that Soul did not merit to come another time into the world except in the aspect of the Unification of Back-to-Back, nevertheless it will be called the first time it enters the world, even though it did not come through a Unification of Face-to-Face, since now it already enters after the death of Adam.

הַקְדָּמָה י"ב

נְשָׁמוֹת חֲדָשׁוֹת וִישָׁנוֹת נֶחֱלָקוֹת לְחָמֵשׁ מַדְרֵגוֹת

בְּעִנְיַן נְשָׁמוֹת הַחֲדָשׁוֹת וְהַיְשָׁנוֹת, כְּבָר נִתְבָּאֵר לְמַעְלָה כִּי כָּל הַנְּשָׁמוֹת כֻּלָּם הָיוּ בַּתְּחִלָּה כְּלוּלוֹת בְּאָדָם הָרִאשׁוֹן, וּכְשֶׁחָטָא נָשְׁרוּ אֵיבָרָיו וְנִתְמַעֲטָה קוֹמָתוֹ. וּבֵאַרְנוּ פֵּרוּשׁ עִנְיָן זֶה, שֶׁהוּא שֶׁיָּרְדוּ הַנְּשָׁמוֹת אֶל עִמְקֵי הַקְּלִפּוֹת וְלֹא נִשְׁתַּיְּרוּ בּוֹ אֶלָּא קְצָתָם, שֶׁהוּא סוֹד מֵאָה אַמּוֹת, כְּמוֹ שֶׁאָמְרוּ רַזַ"ל עַל פָּסוּק "וַתָּשֶׁת עָלַי כַּפֶּכָה".

מַדְרֵגָה א': נְשָׁמוֹת שֶׁלֹּא בָּאוּ לָעוֹלָם. מַדְרֵגָה ב': נְשָׁמוֹת שֶׁנִּשְׁאֲרוּ בְּאָדָם הָרִאשׁוֹן אַחַר שֶׁחָטָא

וְהִנֵּה בְּאָדָם הָרִאשׁוֹן הָיוּ כְּלוּלוֹת קְצָת נְשָׁמוֹת חֲדָשׁוֹת שֶׁלֹּא בָּאוּ לָעוֹלָם, וְאֵלּוּ נִקְרָאוֹת נְשָׁמוֹת חֲדָשׁוֹת אֲמִתִּיּוֹת. וּלְמַטָּה מֵהֶם הָיְתָה מַדְרֵגָה אַחֶרֶת, וְהֵם הַנְּשָׁמוֹת שֶׁנִּשְׁתַּיְּרוּ כְּלוּלוֹת בּוֹ וְלֹא נָשְׁרוּ מִמֶּנּוּ, וְאֵלּוּ נִקְרָאוֹת גַּם כֵּן חֲדָשׁוֹת, אֲבָל לֹא כְּעֵרֶךְ הָרִאשׁוֹנוֹת הנז"ל. וְהִנֵּה כַּאֲשֶׁר אֵלּוּ הַנְּשָׁמוֹת שֶׁמִּמַּדְרֵגָה ב' יָבֹאוּ בְּגוּף בְּגִלְגּוּל אַחַר שֶׁמֵּת אָדָם הָרִאשׁוֹן וְנִפְרְדוּ מִמֶּנּוּ, עֲדַיִן אָז יִקְרְאוּ חֲדָשׁוֹת. וְהַטַּעַם הוּא, לְפִי שֶׁיְּצִירַת אָדָם הָרִאשׁוֹן הָיְתָה בִּבְחִינַת זִוּוּג עֶלְיוֹן אָחוֹר בְּאָחוֹר, וְלָכֵן עַד שֶׁתַּחֲזוֹר לָבֹא הַנְּשָׁמָה הַהִיא בִּבְחִינַת זִוּוּג עֶלְיוֹן דְּפָנִים בְּפָנִים, אָז תִּקָּרֵא פַּעַם א' שֶׁבָּאָה לָעוֹלָם, וְנִקְרֵאת חֲדָשָׁה.

וְאִם גַּם אַחַר מִיתַת אָדָם הָרִאשׁוֹן לֹא זָכְתָה הַנְּשָׁמָה הַהִיא לָבֹא פַּעַם אַחֶרֶת בָּעוֹלָם אֶלָּא בִּבְחִינַת זִוּוּג אָחוֹר בְּאָחוֹר, עִם כָּל זֶה תִּקָּרֵא עַתָּה פַּעַם א' שֶׁבָּאָה לָעוֹלָם אַף עַל פִּי שֶׁלֹּא בָּאָה עַל יְדֵי זִוּוּג פָּנִים בְּפָנִים, לְפִי שֶׁכְּבָר בָּאָה עַתָּה אַחַר מִיתַת אָדָם הָרִאשׁוֹן.

Below this level there is a Third Level, and it is from the Souls that remained within Adam, which he transmitted to his sons, Cain and Abel, when they were born. This level is equivalent to the Second Level because even while they were in Cain and Abel they were not there in the Aspect of a first time, since they did not enter Cain and Abel after Adam's death. Rather, while he was alive he transmitted them to [Cain and Abel]. Therefore their existence within Cain and Abel is not considered to even be the first time but rather it is as if they are still included in Adam.

Third Level: Souls that remained in Adam that he bestowed to Cain and Abel.

When Cain and Abel died, if these Souls returned to the world, even if they entered in a form of a Unification of Back-to-Back, it is then called the first time that they enter the world and will be called New. From then on, if it dies and [the Soul] returns to the world, it is then called Reincarnated. However, even though its rule is the same as the Second Level, nevertheless, in other Aspects these Souls that are included in Cain and Abel are less than the Souls that remained in Adam himself and are not considered as New as they are.

After that there is a Fourth Level, inferior to them all. They are the Souls that fell off of Adam himself to the depths of the Klipot, as they are called Old. Even in the first time they come to the world after falling into the Klipot they are called Reincarnated Old Souls. And after that there is a Fifth Level, inferior to them all, and they are the Souls that come into the body of the Converts after they convert.

Fourth Level: Souls that fell to the Klipot.
Fifth Level: Souls of Converts.

Indeed, all of the aforementioned levels descended to the Klipot, except for the First Level, whose [Souls] are called Truly New. But all the other levels descended to the Klipot, and in this Aspect they are equal. Yet there is still a difference in them; they are not equal in the level of their descension. Those [Souls] that remained in Adam that are called the Second Level only have one blemish, as they were damaged by the Sin of Adam. Those [Souls] that he transmitted to his sons Cain and Abel— which are the Third Level—have two blemishes: the blemish of

All the levels except for the First fell to the Klipot.

מַדְרֵגָה ג': נְשָׁמוֹת שֶׁנִּשְׁתַּיְּרוּ בְּאָדָם הָרִאשׁוֹן שֶׁהוֹרִישׁ לְקַיִן וְהֶבֶל בְּחַיָּיו

וְאַחַר מַדְרֵגָה זוֹ יֵשׁ עוֹד מַדְרֵגָה שְׁלִישִׁית תַּחְתֶּיהָ, וְהִיא מֵהַנְּשָׁמוֹת שֶׁנִּשְׁתַּיְּרוּ בְּאָדָם הָרִאשׁוֹן שֶׁמֵּהֶם הוֹרִישׁ אָדָם לְקַיִן וְהֶבֶל בָּנָיו כְּשֶׁנּוֹלְדוּ, וּמַדְרֵגָה זוֹ שָׁוָה אֶל הַמַּדְרֵגָה הַב', כִּי גַּם בִּהְיוֹתָם בְּקַיִן וְהֶבֶל אֵינָם שָׁם בִּבְחִינַת פַּעַם א', כֵּיוָן שֶׁלֹּא בָּאוּ בְּקַיִן וְהֶבֶל אַחַר מִיתַת אָדָם אֶלָּא בְּחַיָּיו הִנְחִילָם לָהֶם, לָכֵן אֵין הֱיוֹתָם כְּלָלוֹת בְּקַיִן וְהֶבֶל נֶחְשֶׁבֶת אֲפִלּוּ לְפַעַם א', אֶלָּא הֲרֵי הֵם כְּאִלּוּ עֲדַיִן הָיוּ כְּלוּלוֹת בְּאָדָם.

וְכַאֲשֶׁר מֵתוּ קַיִן וְהֶבֶל, אִם יַחְזְרוּ נְשָׁמוֹת אֵלּוּ לָבֹא בָּעוֹלָם, אֲפִלּוּ שֶׁיָּבֹאוּ מִבְּחִינַת זִוּוּג אָחוֹר בְּאָחוֹר תִּקָּרֵא אָז פַּעַם א' שֶׁבָּאָה בָּעוֹלָם, וְנִקְרֵאת חֲדָשָׁה. וּמִשָּׁם וָאֵילָךְ אִם תָּמוּת וְתַחֲזֹר לָבֹא בָּעוֹלָם אָז נִקְרֵאת מְגֻלְגֶּלֶת. אַךְ אַף עַל פִּי שֶׁדִּינָם שָׁוֶה אֶל הַמַּדְרֵגָה הַב', עִם כָּל זֶה בִּבְחִינוֹת אֲחֵרוֹת הֵם גְּרוּעוֹת אֵלּוּ הַנְּשָׁמוֹת שֶׁנִּכְלְלוּ בְּקַיִן וְהֶבֶל מֵהַנְּשָׁמוֹת שֶׁנִּשְׁתַּיְּרוּ בְּאָדָם עַצְמוֹ, וְאֵינָם נִקְרָאִים כָּל כָּךְ חֲדָשׁוֹת כְּמוֹתָם.

מַדְרֵגָה ד': נְשָׁמוֹת שֶׁנָּפְלוּ לְעִמְקֵי הַקְּלִפּוֹת.
מַדְרֵגָה ה': נִשְׁמוֹת הַגֵּרִים

וְאַחֲרֶיהָ מַדְרֵגָה רְבִיעִית גְּרוּעָה מִכֻּלָּם, וְהֵם הַנְּשָׁמוֹת שֶׁנָּשְׁרוּ מֵאָדָם הָרִאשׁוֹן אֶל עִמְקֵי הַקְּלִפּוֹת, כִּי אֵלּוּ יְשָׁנוֹת נִקְרָאוֹת. וַאֲפִלּוּ בְּפַעַם א' שֶׁבָּאוּ לָעוֹלָם אַחַר שֶׁנָּפְלוּ בַּקְּלִפּוֹת, נִקְרָאוֹת נְשָׁמוֹת יְשָׁנוֹת מְגֻלְגָּלוֹת. וְאַחֲרֶיהָ מַדְרֵגָה ה' גְּרוּעָה מִכֻּלָּן, וְהֵם נִשְׁמוֹת הַבָּאוֹת בְּגוּפֵי הַגֵּרִים הַמִּתְגַּיְּרִים.

כָּל הַמַּדְרֵגוֹת חוּץ מֵהָרִאשׁוֹנָה יָרְדוּ אֶל הַקְּלִפּוֹת

וְאָמְנָם כָּל הַמַּדְרֵגוֹת הנז"ל יָרְדוּ אֶל הַקְּלִפּוֹת, חוּץ מִן הַמַּדְרֵגָה הָרִאשׁוֹנָה שֶׁהֵם הַנִּקְרָאוֹת חֲדָשׁוֹת אֲמִתִּיּוֹת, אֲבָל שְׁאָר הַמַּדְרֵגוֹת כֻּלָּן יָרְדוּ אֶל הַקְּלִפּוֹת, וְזֶהוּ הַצַּד הַשָּׁוֶה שֶׁבָּהֶם. אֶלָּא שֶׁעֲדַיִן יֵשׁ בָּהֶם חִלּוּק וְאֵינָן שָׁוִים בְּמַדְרֵגַת נְפִילָתָן, וְהוּא, כִּי אוֹתָן שֶׁנִּשְׁתַּיְּרוּ בְּאָדָם הַנִּקְרָאוֹת מַדְרֵגָה שְׁנִיָּה, אֵין בָּהֶם רַק פְּגָם אֶחָד שֶׁנִּפְגְּמוּ בְּחֶטְאוֹ שֶׁל אָדָם. וְאוֹתָן שֶׁהִנְחִיל לְקַיִן וְהֶבֶל בָּנָיו, וְהֵם הַמַּדְרֵגָה הַג', יֵשׁ בָּהֶם

the Sin of Adam and their own blemish of Cain and Abel who also transgressed, as mentioned in Tikunei HaZohar, Sixty-Ninth Tikkun.

Know that when the time comes for Souls to depart from the Klipot to come to this world, they first need to come as a fetus within the belly of Malchut, the Supernal Female, to be purified and cleansed from the muck of the impurity of the filth of the Klipot that got stuck to them while being there. However, the time of their stay there is not the same, because according to the level of the Soul, that will determine its ability and merit to stay in the Full Belly until it will be completely purified and rejuvenated.

The cleansing of the Souls in the Belly of Malchut.

We will now explain the order of these Five mentioned Levels. The First Level [of Souls], which are the Souls that are called Truly New, can stay as a Fetus in the Belly of Malchut for 12 months, and then they descend into a body in this world. Therefore, demonstrating this we find pregnancies in women that are 12 months [long], as mentioned in the Talmud (Tractate Yevamot 80b) about [a woman whose husband went overseas and her pregnancy] lasted twelve months and Rava Tosfa'a rendered the child fit.

The First Level can stay for 12 months.

The Second Level [of Souls], which are the Souls that remained in Adam and are called not Truly New, have the ability to stay in the Belly of Malchut for only nine months and then come into the world. The Third Level [of Souls], which are the Souls of Cain and Abel that are also considered somewhat New, are not like the First or Second Levels, as they have two kinds of blemish. They can stay within the Belly of Malchut for only seven months.

The Second Level – nine months. The Third Level – seven months.

[Regarding] the Fourth Level [of Souls], which is the rest of the Souls that fell from Adam and descended into the Klipot, even though they got out of there and came down to this world for the first [time], they are considered like the other first levels that come for the second time. They are all called Reincarnated

The Fourth Level – 40 days.

שְׁנֵי פְּגָמִים, פְּגַם חֶטְאוֹ שֶׁל אָדָם וּפְגַם עַצְמָן שֶׁל קַיִן וְהֶבֶל, כִּי גַּם חָטְאוּ, כַּנִּזְכָּר בְּסֵפֶר הַתִּקּוּנִין תִּקּוּן ס"ט.

נִקְיוֹן הַנְּשָׁמוֹת בִּמְעֵי הַמַּלְכוּת

וְדַע, כִּי כַּאֲשֶׁר הִגִּיעַ זְמַן צֵאת הַנְּשָׁמָה מִתּוֹךְ הַקְּלִפּוֹת לָבֹא בָּעוֹלָם הַזֶּה, הֵם צְרִיכוֹת בַּתְּחִלָּה לָבֹא בְּעִבּוּר בִּמְעֵי הַמַּלְכוּת נְקֵבָה הָעֶלְיוֹנָה, כְּדֵי לְהִטָּהֵר וּלְהִנָּקוֹת שָׁם מֵחֶלְאַת טֻמְאַת זֻהֲמַת הַקְּלִפּוֹת, אֲשֶׁר נִתְעָרְבוּ בָּהּ בִּהְיוֹתָהּ בְּתוֹכָן. וְאָמְנָם זְמַן שֶׁהִיָּתָם שָׁם אֵינוֹ שָׁוֶה, כִּי כְּפִי גֶּדֶר הַנְּשָׁמָה כָּךְ יִהְיֶה לָהּ כֹּחַ וּזְכוּת לְהִתְעַכֵּב שָׁם בַּבֶּטֶן הַמְּלֵאָה עַד תִּזְדַּכֵּךְ לְגַמְרֵי וְתִתְחַדֵּשׁ.

הַנְּשָׁמוֹת שֶׁבַּמַּדְרֵגָה הָא' יְכוֹלוֹת לְהִשְׁתַּהוֹת י"ב חֳדָשִׁים

וּנְבָאֵר סֵדֶר הַחֲמִשָּׁה מַדְרֵגוֹת הנז': הִנֵּה הַמַּדְרֵגָה הָרִאשׁוֹנָה, שֶׁהֵם הַנְּשָׁמוֹת הַנִּקְרָאִים חֲדָשׁוֹת אֲמִתִּיּוֹת, יְכוֹלוֹת לְהִשְׁתַּהוֹת בְּסוֹד הָעִבּוּר בְּבֶטֶן הַמַּלְכוּת י"ב חֳדָשִׁים, וְאַחַר כָּךְ יוֹרְדוֹת בְּגוּף בָּעוֹלָם הַזֶּה. וְלָכֵן דֻּגְמַת זֶה מָצִינוּ עִבּוּר בְּאִשָּׁה שֶׁל י"ב חֳדָשִׁים, כַּנִּזְכָּר בַּגְּמָרָא בְּמַעֲשֶׂה דְּאִשְׁתְּהֵי תְּרֵיסַר יַרְחֵי, וְאַכְשַׁר רַבָּה תּוֹסְפָאָה.

מַדְרֵגָה הַב' – ט' חֳדָשִׁים. מַדְרֵגָה הַג' – ז' חֳדָשִׁים

וְהַמַּדְרֵגָה הַב', וְהֵם הַנְּשָׁמוֹת שֶׁנִּשְׁתַּיְּרוּ בְּאָדָם וְנִקְרָאוֹת חֲדָשׁוֹת וְלֹא לְגַמְרֵי, אֵין בָּהֶם כֹּחַ לְהִשְׁתַּהוֹת בִּמְעֵי הַמַּלְכוּת רַק ט' חֳדָשִׁים בִּלְבַד, וְאַחַר כָּךְ בָּאוֹת לָעוֹלָם. וְהַמַּדְרֵגָה הַג', וְהֵם נִשְׁמוֹת קַיִן וְהֶבֶל, אֲשֶׁר גַּם הֵם חֲדָשׁוֹת בְּצַד מָה אֶלָּא שֶׁאֵינָם לֹא כָּרִאשׁוֹנוֹת וְלֹא כַּשְּׁנִיּוֹת לְפִי שֶׁיֵּשׁ בָּהֶם ב' מִינֵי פְּגַם, הִנֵּה אֵלּוּ אֵין בָּהֶם יְכֹלֶת לְהִשְׁתַּהוֹת בִּמְעֵי הַמַּלְכוּת רַק שִׁבְעָה חֳדָשִׁים בִּלְבַד.

מַדְרֵגָה הַד' – מ' יוֹם

וְהַמַּדְרֵגָה הַד', וְהִיא שְׁאָר הַנְּשָׁמוֹת שֶׁנִּשְׁרוּ מִן אָדָם הָרִאשׁוֹן וְיָרְדוּ אֶל הַקְּלִפּוֹת, אַף עַל פִּי שֶׁיָּצְאוּ מִשָּׁם וְיָרְדוּ וּבָאוּ לָעוֹלָם הַזֶּה בְּפַעַם א', הֲרֵי הֵם כִּשְׁאָר מַדְרֵגוֹת הָרִאשׁוֹנוֹת הַבָּאוֹת בְּפַעַם שְׁנִיָּה, וְכֻלָּם נִקְרָאוֹת נְשָׁמוֹת יְשָׁנוֹת מְגֻלְגָּלוֹת כַּנִּזְכָּר, וְלָכֵן בֵּין אֵלּוּ שֶׁמִּמַּדְרֵגָה

Old Souls, as mentioned. Therefore both those of the Fourth Level who come for the first time and those from the first Levels who come for the second time, from then on all stay in the Belly of Malchut for only 40 days, corresponding to the formation of the Fetus, and then immediately they descend to the world.

The Fifth Level [of Souls], which are the Souls of the Converts, can stay in the Belly of Malchut for only three days, like the duration of the sperm being absorbed, and then they come to this world. Know that according to the extent of time delayed in Malchut in the secret of a Fetus, so will be the extent of their illumination and purification from the muck of the Klipot.

The Fifth Level – three days.

הָרְבִיעִית בְּבוֹאָם בְּפַעַם רִאשׁוֹנָה, וּבֵין אוֹתָם שֶׁמִּמַּדְרֵגוֹת הָרִאשׁוֹנוֹת בְּבוֹאָם בְּפַעַם שֵׁנִית, וּמִשָּׁם וְאֵילָךְ כָּל אֵלּוּ הֵם אֵינָם מִתְעַכְּבוֹת בְּבֶטֶן הַמַּלְכוּת רַק מ' יוֹם כְּנֶגֶד יְצִירַת הַוָּלָד, וְאַחַר כָּךְ תֵּכֶף יוֹרְדוֹת בָּעוֹלָם.

מַדְרֵגָה הַה' – שְׁלֹשָׁה יָמִים

וְהַמַּדְרֵגָה הַה', וְהֵם נִשְׁמוֹת הַגֵּרִים, אֵינָם יְכוֹלוֹת לְהִתְעַכֵּב בְּבֶטֶן הַמַּלְכוּת רַק שְׁלֹשָׁה יָמִים בִּלְבַד, כְּדֵי קְלִיטַת זֶרַע, וְאַחַר כָּךְ בָּאוֹת בָּעוֹלָם הַזֶּה. וְדַע, כִּי כְּפִי יִתְרוֹן זְמַן עִכּוּבָם בְּסוֹד הָעִבּוּר תּוֹךְ הַמַּלְכוּת, כָּךְ יִתְרוֹן גֹּדֶל הֶאָרָתָם וְזִכּוּכָם מֵחֶלְאַת הַקְּלִפּוֹת.

THIRTEENTH
INTRODUCTION

[This Introduction] also relates to what was just said. Know another Introduction: When all of these Souls depart from the Klipot to ascend to the Holiness in the secret of a Fetus, as mentioned, they can only depart through the prayers of the Israelites. Only then can they depart and ascend to the Holiness in the secret of Mayin Nukvin (Female Waters), as is known. Or they can also depart through a Yichud (Unification) that a Tzadik in this world meditates upon, as we explained in *Sha'ar Ruach Hakodesh* ("Gate of Divine Inspiration") about the Yichudim and their explanation. They can also depart through a Precept that an individual in this world performs.

Souls are extracted from the Klipot through prayers, meditations, and Precepts.

Know that there are Souls that descend to the depths of the Klipot due to a certain blemish existing in the Lower Beings or because of a blemish caused by their own transgressions when they were in this world. Then, if at that point, a Soul is ready to ascend and depart from the Klipot and be a Fetus in the Belly of Malchut to be corrected there, as mentioned, then that Soul in Malchut has the ability to grab those damaged Souls before they descend to the Klipot and lift them up from their place and bring them with it to the Belly of Malchut in the secret of a Fetus, where they all get their correction. After that they will enter the [physical] world.

A Soul in the Belly of Malchut can grab and elevate a blemished Soul.

The idea is that while the Soul is in the Belly of Malchut, it always elevates Mayin Nukvin (Female Waters) upward, and by the power of these Mayin Nukvin that it elevates it can elevate that mentioned Soul along with them [the Female Waters]. However, this can only happen if it imparts a bit of a Spirit to dwell in it. Meaning, the Original Soul that is in Malchut imparts some power from itself into the blemished Soul, which becomes clothed in that Spirit and is corrected by it. This Spirit

The first Soul gives Spirit and power to the blemished Soul.

הַקְדָּמָה י"ג

נְשָׁמוֹת יוֹצְאוֹת מֵהַקְּלִפּוֹת עַל יְדֵי תְּפִלּוֹת, יִחוּדִים וּמִצְוֹת

וְגַם הִיא נִקְשֶׁרֶת עִם הָאָמוּר, וְזֶה לְשׁוֹנוֹ: גַּם דַּע הַקְדָּמָה אַחֶרֶת, וְהִיא, כִּי כָּל אֵלּוּ הַנְּשָׁמוֹת כַּאֲשֶׁר יוֹצְאוֹת מִתּוֹךְ הַקְּלִפּוֹת לַעֲלוֹת אֶל הַקְּדֻשָּׁה בְּסוֹד הָעִבּוּר כַּנִּזְכָּר, אֵינָם יוֹצְאוֹת אֶלָּא עַל יְדֵי תְּפִלּוֹתֵיהֶם שֶׁל יִשְׂרָאֵל, כִּי אָז הֵם יוֹצְאוֹת וְעוֹלוֹת אֶל הַקְּדֻשָּׁה בְּסוֹד מ"ן כַּנּוֹדָע, אוֹ גַּם כֵּן יוֹצְאוֹת עַל יְדֵי אֵיזֶה יִחוּד שֶׁמְּיַחֵד הָאִישׁ הַצַּדִּיק בָּעוֹלָם הַזֶּה, כַּמְבֹאָר אֶצְלֵנוּ בְּשַׁעַר רוּחַ הַקֹּדֶשׁ, מְצִיאוּת הַיִּחוּדִים וְעִנְיָנָם. אוֹ יוֹצְאוֹת עַל יְדֵי אֵיזוֹ מִצְוָה שֶׁיַּעֲשֶׂה הָאָדָם בָּעוֹלָם הַזֶּה.

נְשָׁמָה בִּמְעֵי הַמַּלְכוּת יְכוֹלָה לֶאֱחֹז בִּנְשָׁמָה פְּגוּמָה וּלְהַעֲלוֹתָהּ

וְדַע, כִּי יֵשׁ נְשָׁמוֹת שֶׁעַל יְדֵי אֵיזֶה פְּגָם שֶׁיֵּשׁ בַּתַּחְתּוֹנִים, אוֹ מֵחֲמַת פְּגָם שֶׁיֵּשׁ בָּהֶם עַצְמָם שֶׁחָטְאוּ בַּתְּחִלָּה בִּהְיוֹתָם בָּעוֹלָם הַזֶּה, וְעַל יְדֵי זֶה הֵם יוֹרְדוֹת בְּעִמְקֵי הַקְּלִפּוֹת, וְאִם אָז נִזְדַּמְּנָה יְצִיאַת וַעֲלִיַּת אֵיזוֹ נְשָׁמָה מִתּוֹךְ הַקְּלִפָּה לְהִתְעַבֵּר בִּמְעֵי הַמַּלְכוּת וּלְהִתָּקֵן שָׁם כַּנִּזְכָּר, יֵשׁ יְכֹלֶת בְּאוֹתָהּ נְשָׁמָה שֶׁבַּמַּלְכוּת לֶאֱחֹז אוֹתָם הַנְּשָׁמוֹת שֶׁהֵם פְּגוּמוֹת קֹדֶם שֶׁיֵּרְדוּ אֶל הַקְּלִפּוֹת וּלְהַעֲמִידָם מִמְּקוֹמָם, וּלְהַחֲזִירָם עִמָּהּ לְמַעְלָה בִּמְעֵי הַמַּלְכוּת בְּסוֹד הָעִבּוּר, וְשָׁם יִתְקְנוּ כֻּלָּם, וְאַחַר כָּךְ יָבוֹאוּ בָּעוֹלָם.

הַנְּשָׁמָה הָרִאשׁוֹנָה נוֹתֶנֶת רוּחַ וְכֹחַ לַנְּשָׁמָה הַפְּגוּמָה

וְהָעִנְיָן הוּא, כִּי בִּהְיוֹת הַנְּשָׁמָה בִּמְעֵי הַמַּלְכוּת, תָּמִיד הִיא שָׁם מַעֲלָה מַיִין נוּקְבִין לְמַעְלָה, וּבְכֹחַ אוֹתָם הַמַּיִן נוּקְבִין שֶׁהִיא מַעֲלָה יְכוֹלָה לְהַעֲלוֹת עִמָּם לְאוֹתָהּ הַנְּשָׁמָה כַּנִּזְכָּר. אָמְנָם אִי אֶפְשָׁר זֶה אִם לֹא עַל יְדֵי שֶׁיַּנִּיחַ קְצַת רוּחָא וְיַשְׁדִּי בְּגַוָּהּ. פֵּרוּשׁ, שֶׁהַנְּשָׁמָה הָרִאשׁוֹנָה שֶׁהִיא בְּמַלְכוּת, נוֹתֶנֶת כֹּחַ אֶחָד מִמֶּנָּה בְּאוֹתָהּ נְשָׁמָה הַפְּגוּמָה, וְהִיא

remains always attached to it [the blemished Soul] until the time of Resurrection, at which point they separate from each other.

Also know that if this Soul that was a Fetus in the Belly of Malchut is from the level of Souls that stay as a Fetus for 12 months, it has the ability and the power to have the blemished Soul stay like it for 12 months, even though it is from the lowest level of them all, which is the Soul of the Converts that can only stay for a maximum of three days.

How long the blemished Soul stays in the Belly of Malchut.

In a similar way, if the first [Soul] is from the level of nine or seven months, and the other [blemished Soul] is of a lesser [level], from the Aspect of 40 days or three days, then it will stay as it does, nine months or seven months. If it was the opposite, where the first [Soul] that holds back the other is from the level of nine months and the second [blemished Soul] that is held back [in pregnancy] by it is from the level of 12 months, then both stay for 12 months. The principle is that it always goes after the best and most benefiting option.

It always goes after the best and most benefiting option.

But I am not sure in which manner I heard it from my teacher. Take the following example: A New Soul that is from the level of Cain and Abel, whose period is seven months, and it keeps together with it another Soul that is from the level [of Souls] that were left within Adam, whose period is nine months, but it is an Old Soul that came twice to the world. Let us say that, since this second Soul is from the level of nine months and now it is held back to be corrected by the first one, then even though it is from [the level of] seven months, both stay nine months.

Does it go after the most benefitting option even with an Old Soul?

Also know that sometimes one Soul will keep another Soul from descending into the Klipot, as mentioned, which happens through leaving a Spirit in it, as mentioned. Afterwards, through the power of their partnership together they will have the power to keep a third Soul from descending into the Klipot. This can happen through the second Soul giving one Spirit to the third Soul and the first Soul will also give a Spirit to the

One Soul can assist a second, and the second to the third, up to ten Souls.

מִתְלַבֶּשֶׁת בְּהַהִיא רוּחָא וְנִתְקְנָה עַל יָדָהּ, וְזֶה הָרוּחַ נִשְׁאָר תָּמִיד קָשׁוּר עִמָּהּ עַד זְמַן הַתְּחִיָּה, וְאָז מִתְפָּרְשִׁים זֶה מִזֶּה.

כַּמָּה זְמַן הַנְּשָׁמָה הַפְּגוּמָה עוֹמֶדֶת בִּמְעֵי הַמַּלְכוּת

גַּם דַּע, כִּי אִם אוֹתָהּ הַנְּשָׁמָה שֶׁהָיְתָה מְעֻבֶּרֶת בְּבֶטֶן הַמַּלְכוּת הִיא מִמַּדְרֵגַת אוֹתָם הַנְּשָׁמוֹת שֶׁעוֹמְדוֹת בְּעִבּוּר י"ב חֳדָשִׁים, יֵשׁ בָּהּ יְכֹלֶת וְכֹחַ שֶׁגַּם אוֹתָהּ הַנְּשָׁמָה הַפְּגוּמָה שֶׁעִבְּבָה עִמָּהּ תַּעֲמֹד כָּמוֹהָ י"ב חֹדֶשׁ, אֲפִלּוּ שֶׁאֵינָהּ אֶלָּא מִמַּדְרֵגָה הַגְּרוּעָה שֶׁבְּכֻלָּם, שֶׁהִיא נִשְׁמַת הַגֵּרִים, שֶׁאֵינָם מִתְעַכְּבוֹת רַק שְׁלֹשָׁה יָמִים.

לְעוֹלָם אָזְלִינַן בָּתַר רַוְחָא וְעִלּוּיָא דְּמִלְּתָא

וְכֵן אִם הָרִאשׁוֹנָה הִיא מִמַּדְרֵגַת ט' אוֹ ז' חֳדָשִׁים, וְאַחֶרֶת הִיא גְּרוּעָה יוֹתֵר שֶׁהִיא מִבְּחִינַת מ' יוֹם אוֹ ג' יָמִים, תַּעֲמֹד כָּמוֹהָ ט' חֳדָשִׁים אוֹ ז' חֳדָשִׁים. וְאִם הַדָּבָר הוּא לְהֶפֶךְ, שֶׁהָרִאשׁוֹנָה הַמְעַכֶּבֶת אֶת הָאַחֶרֶת אֵינָהּ אֶלָּא מִמַּדְרֵגָה ט' חֳדָשִׁים, וְהַב' שֶׁנִּתְעַכְּבָה עַל יָדָהּ הִיא מִמַּדְרֵגַת י"ב חֹדֶשׁ, אָז שְׁתֵּיהֶם עוֹמְדוֹת י"ב חֹדֶשׁ, בְּאֹפֶן שֶׁלְּעוֹלָם אָזְלִינַן בָּתַר רַוְחָא וְעִלּוּיָא דְּמִלְּתָא.

הַאִם הוֹלְכִים אַחֲרֵי רַוְחָא וְעִלּוּיָא דְּמִלְּתָא אֲפִלּוּ עִם נְשָׁמָה יְשָׁנָה

וְהִנֵּה אֲנִי מְסֻפָּק בָּזֶה אֵיךְ שָׁמַעְתִּי מִמּוֹרִי זַ"ל, וְהַמָּשָׁל בָּזֶה, כִּי אִם הַנְּשָׁמָה הַחֲדָשָׁה שֶׁהָיְתָה מִמַּדְרֵגַת קַיִן וְהֶבֶל, שֶׁזְּמַנָּהּ שִׁבְעָה חֳדָשִׁים, וְעִכְּבָה עִמָּהּ נְשָׁמָה אַחֶרֶת שֶׁהָיְתָה מִמַּדְרֵגַת אָדָם הָרִאשׁוֹן שֶׁנִּשְׁתַּיְּרוּ בּוֹ, שֶׁהָיְתָה זְמַנָּהּ ט' חֳדָשִׁים, אֶלָּא שֶׁהָיְתָה נְשָׁמָה יְשָׁנָה, שֶׁבָּאָה שְׁנֵי פְּעָמִים לָעוֹלָם. אִם נֹאמַר, שֶׁכֵּיוָן שֶׁזּוּ הַנְּשָׁמָה הַשְּׁנִיָּה הִיא מִמַּדְרֵגַת ט' חֳדָשִׁים, אִם כֵּן עַתָּה שֶׁנִּתְעַכְּבָה וְנִתְקְנָה עַל יְדֵי הָרִאשׁוֹנָה, אִם כֵּן גַּם אִם זוֹ הַנְּשָׁמָה תִּהְיֶה מִשִּׁבְעָה חֳדָשִׁים, גַּם שְׁתֵּיהֶם מִתְעַכְּבִים ט' חֳדָשִׁים.

נְשָׁמָה א' יְכוֹלָה לַעֲזֹר לִנְשָׁמָה ב', וּב' לְג', עַד עֶשֶׂר נְשָׁמוֹת

גַּם דַּע, כִּי יֶאֱרַע לִפְעָמִים שֶׁנְּשָׁמָה אַחַת תְּעַכֵּב נְשָׁמָה אַחֶרֶת מִלֵּירֵד אֶל הַקְּלִפּוֹת כַּנִּזְכָּר, וְזֶה עַל יְדֵי דְּשָׁדֵי חַד רוּחָא בְּגַוָּהּ כַּנִּזְכָּר, וְאַחַר כָּךְ מִכֹּחַ שִׁתּוּפָם יַחַד, יִהְיֶה כֹּחַ בִּשְׁתֵּיהֶם לְעַכֵּב עוֹד נְשָׁמָה שְׁלִישִׁית אַחֶרֶת מִלֵּרֵד אֶל הַקְּלִפּוֹת, וְזֶה עַל יְדֵי דְּשָׁדֵי הַנְּשָׁמָה הַשֵּׁנִית בִּשְׁלִישִׁית חַד רוּחָא, וְגַם הַנְּשָׁמָה הָא' שָׁדֵי חַד רוּחָא בִּשְׁלִישִׁית. וְעַל דֶּרֶךְ זֶה אֶפְשָׁר עַד עֶשֶׂר נְשָׁמוֹת, זוֹ קְשׁוּרָה בְּזוֹ, עַד שֶׁנִּמְצָא כִּי

third. In this way it can go on until ten Souls, one connected to the other, until it is found that the tenth Soul has within it one Spirit from the first Soul and one Spirit from each of the other nine Souls previous to it.

Thus, we find that the first one [Soul] has nine Spirits within the nine Souls under it, and the second one has eight Spirits, and so on. And the tenth one [Soul] only has its own force, and there is no one beneath it that will receive a Spirit from it.

Thus, all of the nine lower Souls will be subordinate to the first one because it is like a father to all of them, and guides and corrects them all through that Spirit that it gives to each and every one of them. As a result it [the first Soul] will take part in every Precept that each and every one of the nine perform, and it is obligated to guide them to a good path, and it will take its share when they benefit. However, they do not partake in his actions and therefore are not obligated to guide him. Nevertheless, all of the following eight are subordinate to the second Soul and it is not subordinate to them. The same process is applied to the rest of them.

The first is like a father and guide to the rest.

This is the secret of what our sages said (Tractate Bava Metzia 108a), which is brought by the Rambam (Maimonides) in the Laws of Neighbors (*Hilchot Sh'chenim*), Chapter 3, saying: "Five gardens that receive water from one spring; if [the aquaduct of] the spring is impaired, all [the owners of the gardens] must fix it with [the owner of] the first garden." This matter is explained in this way: know that every single Tzadik in the world has two Souls, as cited in the Zohar, beginning of the portion of Noach in the Tosefta (Verse 13), explaining the verse: "These are the generations of Noah, Noah..." (Genesis 6:9) and also, "Moses, Moses..." (Exodus 3:4), "Samuel, Samuel..." (Samuel 1 3:10) and so forth, two times. (The following section until the end of this Introduction is taken from the Gate of Rav Shimon Bar Yochai's Articles, portion of Noach, and it belongs here).

Every Tzadik has two Souls.

בַּנְּשָׁמָה הָעֲשִׂירִית יֵשׁ בָּהּ חַד רוּחָא מִן הַנְּשָׁמָה הָא', וְכֵן חַד רוּחָא מִן כָּל אֶחָד מִשְּׁאָר הַט' נְשָׁמוֹת שֶׁקָּדְמוּ אֶל זוֹ הָעֲשִׂירִית.

וּכְפִי זֶה נִמְצָא, כִּי הָרִאשׁוֹנָה יֵשׁ לָהּ ט' רוּחָן בְּט' נְשָׁמוֹת שֶׁתַּחְתֶּיהָ, וְהַב' יֵשׁ לָהּ ח' רוּחָן וְכוּ', וְהָעֲשִׂירִית אֵין לָהּ רַק כֹּחַ שֶׁבָּהּ, וְאֵין תַּחְתֶּיהָ מִי שֶׁקִּבְּלָה מִמֶּנָּה רוּחָא כְּלָל.

הָרִאשׁוֹנָה הִיא כְּדִמְיוֹן אָב וּמַדְרִיךְ לְכֻלָּם

וְנִמְצָא גַּם כֵּן כִּי כָּל הַט' נְשָׁמוֹת אַחֲרוֹנוֹת מְשֻׁעְבָּדוֹת אֶל הָרִאשׁוֹנָה, כִּי הִיא אֲלֵיהֶם כְּדִמְיוֹן אָב לְכֻלָּם, וְהוּא מַדְרִיךְ וּמְתַקֵּן לְכֻלָּם עַל יְדֵי הַהוּא רוּחָא דְּשָׁדֵי בְּגַוָּהּ דְּכָל חָדָא וַחֲדָא מִנַּיְהוּ, וְכֵיוָן שֶׁכֵּן נִמְצָא שֶׁהוּא נוֹטֵל חֵלֶק עִם כָּל הַט' בְּכָל הַמִּצְוֹת שֶׁהֵם עוֹשִׂים, וְהוּא מְחֻיָּב לְהַדְרִיכָם בְּדֶרֶךְ טוֹבָה, וּבְטוֹבָתָם יִקַּח גַּם הוּא חֶלְקוֹ. אֲבָל הֵם אֵינָם נוֹטְלִים חֵלֶק בְּמַעֲשָׂיו, וְלָכֵן אֵינָם מְחֻיָּבִים לְהַדְרִיכוֹ. וְעַל דֶּרֶךְ זֶה הַשְּׁנִיָּה כָּל הַשְּׁמוֹנֶה נְשָׁמוֹת שֶׁאַחֲרֶיהָ מְשֻׁעְבָּדוֹת לָהּ וְהִיא אֵינָהּ מְשֻׁעְבֶּדֶת לָהֶם, וְכֵן עַל דֶּרֶךְ זֶה בְּכֻלָּם.

לְכָל צַדִּיק יֵשׁ שְׁתֵּי נְשָׁמוֹת

וְזֶהוּ סוֹד מ"ש חֲזַ"ל, וֶהֱבִיאוֹ הָרַמְבַּ"ם ז"ל בְּהִלְכוֹת שְׁכֵנִים פ"ג וְזֶה לְשׁוֹנוֹ, "הֵ' גִּנּוֹת הַמִּסְתַּפְּקוֹת מַיִם מִמַּעְיָן א', וְנִתְקַלְקֵל הַמַּעְיָן, כֻּלָּם מְתַקְּנוֹת עִם הָעֶלְיוֹנָה" וְכוּ'. וּבֵאוּר הָעִנְיָן הוּא כָּךְ הוּא, דַּע, כִּי אֵין לְךָ צַדִּיק וְצַדִּיק שֶׁבָּעוֹלָם שֶׁאֵין לוֹ שְׁתֵּי נְשָׁמוֹת, כַּנִּזְכָּר בְּזֹהַר רֵישׁ פָּרָשַׁת נֹחַ בְּתוֹסֶפְתָּא, עַל פָּסוּק "אֵלֶּה תּוֹלְדֹת נֹחַ נֹחַ", וְכֵן "מֹשֶׁה מֹשֶׁה", "שְׁמוּאֵל שְׁמוּאֵל" וְכוּ', תְּרֵין זִמְנִין.

This is the explanation of that Tosefta: Know that every individual has two Aspects of the Soul. The first is an Internal Soul that is in the body of the individual, which comes with the individual, and the second is a Soul in the aspect of a Tzelem [Shadow Image] that is called Surrounding Light, which remains Above in the Supernal World and stands above the head of the individual. It stands as a conduit on the head of the individual, so that the individual can ascend upward through that Soul.

Man has an Inner Soul and a Surrounding Soul that hovers over his head.

When the Internal Soul of the individual sins, Heaven forbid, it gradually descends into the Klipot, according to the severity of its transgression. When he eventually becomes a Complete Rasha, then the entire Internal Soul descends into the Klipot, and the Soul that acts as a Surrounding Tzelem must now enter within the individual, thus leaving him without a Tzelem over his head. As is mentioned in the Tikunei haZohar, Seventieth Tikkun, in the secret of: "...and uncovered his feet and lay down" (Ruth 3:7); that his Soul goes down to his feet.

When we sin, the Inner goes to the Klipot and the Tzelem enters the body.

It is found that the two Souls fell from their level and from their place. It is also found that this individual only has one Soul, as the other one descended and became entrenched in the Klipot. This is the secret of: "...that Soul shall be cut off from his people" (Leviticus 7:27), as it is cut off from the individual and it descends to the Klipot. This is not the case with the Tzadik, as he has two Souls: one Above in the secret of Surrounding Light, and one within him internally. This is the meaning of what it says in the [Zohar] portion of Noach, concering: "...Noah. Noah..." (Genesis 6:9) where every Tzadik has two Spirits.

Why Tzadikim have two Souls.

Now, through this Surrounding Soul that the first Soul has, which is in each of the ten mentioned Souls, comes all the Light and abundance that needs to come down to those ten Souls, from the Aspect of the Spirit it gives them, and everything is transferred through it. Then because of this Light that is drawn to them through there, the portion of theirs that it partakes of goes into the Internal Soul. Therefore it [the Internal Soul]

The Soul in the Belly of Malchut supports and influences the other Souls via the Surrounding Soul.

יֵשׁ לָאָדָם נְשָׁמָה פְּנִימִית וּנְשָׁמָה מַקֶּפֶת הָעוֹמֶדֶת עַל רֹאשׁ הָאָדָם

(שַׁעַר מַאַמְרֵי רַשְׁבִּ"י, פָּרָשַׁת נֹחַ) וְזֶה בֵּאוּר הַתּוֹסֶפְתָּא הַהִיא. דַּע, כִּי לְכָל אָדָם יֵשׁ ב' בְּחִינוֹת נְשָׁמָה: הָאַחַת הִיא נְשָׁמָה פְּנִימִית שֶׁבְּתוֹךְ גּוּף הָאָדָם, וְזוֹ בָּאָה עִם הָאָדָם. הַשֵּׁנִית הִיא נְשָׁמָה בִּבְחִינַת צֶלֶם, הַנִּקְרֵאת אוֹר מַקִּיף, וְזוֹ נִשְׁאֶרֶת לְמַעְלָה בָּעוֹלָם הָעֶלְיוֹן וְעוֹמֶדֶת עַל רֹאשׁ הָאָדָם. וְזוֹ עוֹמֶדֶת בִּבְחִינַת צִנּוֹר אֶחָד עַל רֹאשׁ הָאָדָם, שֶׁיָּכוֹל הָאָדָם לַעֲלוֹת לְמַעְלָה עַל יְדֵי הַנְּשָׁמָה הַהִיא.

כְּשֶׁחוֹטְאִים, הַפְּנִימִית יוֹרֶדֶת לַקְּלִפּוֹת וְהַצֶּלֶם נִכְנָס בִּפְנִימִיּוּת הָאָדָם

וְכַאֲשֶׁר חַס וְשָׁלוֹם הַנְּשָׁמָה הַפְּנִימִית שֶׁבָּאָדָם הִיא חוֹטֵאת, וְיוֹרֶדֶת מְעַט מְעַט לְמַטָּה וְנִכְנֶסֶת בְּתוֹךְ הַקְּלִפּוֹת כְּפִי עֶרֶךְ עֲוֹנוֹתָיו. וְכַאֲשֶׁר יֻשְׁלַם לִהְיוֹת רָשָׁע גָּמוּר אָז תֵּרֵד כָּל הַנְּשָׁמָה הַפְּנִימִית כֻּלָּהּ לְתוֹךְ הַקְּלִפּוֹת, וְאָז תִּצְטָרֵךְ הַנְּשָׁמָה שֶׁבְּסוֹד צֶלֶם מַקִּיף לִכָּנֵס בִּפְנִימִיּוּת הָאָדָם, וְנִשְׁאַר בְּלִי צֶלֶם עַל רֹאשׁוֹ. וְכַנִּזְכָּר בְּסֵפֶר הַתִּקּוּנִין בְּתִקּוּן ע' (דַּף קלב:) בְּסוֹד "וַתְּגַל מַרְגְּלֹתָיו וַתִּשְׁכָּב", דְּנְחִיתַת נִשְׁמְתֵיהּ לְרַגְלוֹי כוּ'.

לָמָּה לַצַּדִּיקִים יֵשׁ שְׁתֵּי נְשָׁמוֹת

וְנִמְצָא כִּי שְׁתֵּי הַנְּשָׁמוֹת יָרְדוּ מִמַּעֲלָתָן וּמִמְּקוֹמָן. גַּם נִמְצָא, שֶׁאֵין עַתָּה אֶל הָאָדָם הַזֶּה רַק נְשָׁמָה אַחַת, כִּי הָאַחֶרֶת יָרְדָה וְטָבְעָה בַּקְּלִפּוֹת. וְזֶהוּ סוֹד "וְנִכְרְתָה הַנֶּפֶשׁ הַהִיא", כִּי נִכְרֶתֶת מִן הָאָדָם וְיוֹרֶדֶת לְתוֹךְ הַקְּלִפּוֹת. מַה שֶּׁאֵין כֵּן הַצַּדִּיק, שֶׁיֵּשׁ לוֹ תְּרֵין נִשְׁמָתִין: חַד לְעֵלָּא בְּסוֹד אוֹר מַקִּיף, וְחַד בְּגַוֵּהּ בִּבְחִינַת פְּנִימִי. וזמו"ש בְּפָרָשַׁת נֹחַ בְּעִנְיַן "נֹחַ נֹחַ", שֶׁכָּל צַדִּיק יֵשׁ לוֹ תְּרֵין רוּחָן כוּ'.

הַנְּשָׁמָה בִּמְעֵי הַמַּלְכוּת עוֹזֶרֶת וּמַשְׁפִּיעָה לַנְּשָׁמוֹת הָאֲחֵרוֹת דֶּרֶךְ הַנְּשָׁמָה הַמַּקֶּפֶת

וְהִנֵּה דֶּרֶךְ אוֹתָהּ הַנְּשָׁמָה הַמַּקֶּפֶת שֶׁיֵּשׁ אֶל הַנְּשָׁמָה הָרִאשׁוֹנָה שֶׁבְּכָל עֶשֶׂר הַנְּשָׁמוֹת הַנִּזְכָּר, מִשָּׁם נִמְשָׁךְ כָּל הָאוֹר וְהַשֶּׁפַע הַצָּרִיךְ לֵירֵד לְאוֹתָן הָעֶשֶׂר נְשָׁמוֹת מִצַּד הַהוּא רוּחָא דִּלֵיהּ בְּגַוַּיְהוּ, וְהַכֹּל עוֹבֵר דֶּרֶךְ שָׁם, וְאָז מֵאוֹתוֹ הָאוֹר הַנִּמְשָׁךְ לָהֶם דֶּרֶךְ שָׁם נִמְשָׁךְ מֵאוֹתוֹ הַחֵלֶק שֶׁהוּא נוֹטֵל עִמָּהֶם מִשֶּׁלָּהֶם וְנִכְנָס בַּנְּשָׁמָה הַפְּנִימִית, וְלָכֵן הוּא מֻכְרָח לְהִשְׁתַּדֵּל לְתַקְּנָם וּלְהַדְרִיכָם כְּדֵי שֶׁיִּטֹּל חֵלֶק עִמָּהֶם.

must strive to correct and guide them, so that it can partake of them. But concerning the Internal Soul of the first Soul, the other nine Souls do not have part in it at all, and therefore they do not take part in the Precepts that the aforementioned first Internal Soul performs.

You also need to know another matter concerning the coming of these Souls to the world. Know that even though the first Soul preceded them in entering the Belly of Malchut as a Fetus, concerning the timing of the Souls emerging into the world it is possible for them to be first. This is the explanation of the matter: Know that after the Soul was as a Fetus in Malchut, there can be a Soul that after its time as a Fetus, immediately descends to a body in this world, and there can be one that descends to the World of Briyah and is delayed there, serving in front of the Holy One, blessed be He, as the rest of the angels there. Then after a period of time or when an individual in the world performs a prayer, Precept or some merit, it will descend and enter a body in this physical world.

After being a Fetus in Malchut some Souls stay to serve like the Angels.

This is the secret of: "...As the Lord lives, [the God of Israel] whom I serve..." (I Kings 17:1) that was said about Elijah. This is brought up in Zohar, Acharei Mot 218; study there. The idea is that when the Soul of Elijah came out of being a Fetus in Malchut of Atzilut, it did not immediately descend to a body in this physical world but it was delayed in the World of Briyah, and he stood there and served in the Name of the Lord his God, just like the rest of the angels that are there.

Elijah the Prophet was delayed in the World of Briyah and served as an Angel.

There can also be a Soul that descends to the World of Yetzirah and is delayed there in the same mentioned way until it is time for it to descend to this world, and there can also be one that descends to the World of Asiyah in this world. It is found that they all come out from the secret of the Fetus in Malchut of Atzilut, just that this one stays in Briyah, this one in Yetzirah and this one in Asiyah. All this depends on the actions of the Lower Beings in this physical world. There is a prayer or a Precept that only has the power to extract a Soul from the

It all depends on the actions of the Lower Beings.

אֲבָל בַּנְּשָׁמָה הַפְּנִימִית שֶׁל זוֹ הַנְּשָׁמָה הָרִאשׁוֹנָה אֵין לְתֵשַׁע נְשָׁמוֹת הָאֲחֵרוֹת חֵלֶק עִמָּהּ כְּלָל, וְלָכֵן הֵם אֵינָם נוֹטְלִים חֵלֶק בַּמִּצְוֹת שֶׁעוֹשָׂה הַנְּשָׁמָה הַפְּנִימִית הָרִאשׁוֹנָה הַנִּזְכָּר.

אַחֲרֵי זְמַן הָעִבּוּר בְּמַלְכוּת יֵשׁ נְשָׁמוֹת שֶׁנִּשְׁאָרוֹת לְשָׁרֵת כִּשְׁאָר הַמַּלְאָכִים

עוֹד צָרִיךְ שֶׁתֵּדַע עִנְיָן אַחֵר בִּמְצִיאוּת בִּיאַת הַנְּשָׁמוֹת הָאֵלּוּ בָּעוֹלָם הַזֶּה. דַּע, כִּי אַף עַל פִּי שֶׁהַנְּשָׁמָה הָרִאשׁוֹנָה קָדְמָה אֲלֵיהֶם בִּבְחִינַת הָעִבּוּר בִּמְעֵי הַמַּלְכוּת, עִם כָּל זֶה בִּמְצִיאוּת זְמַן יְצִיאַת הַנְּשָׁמוֹת בָּעוֹלָם הַזֶּה אֶפְשָׁר שֶׁיִּקַּדְּמוּ הֵם. וּבֵאוּר הָעִנְיָן הוּא, דַּע, כִּי אַחַר שֶׁהַנְּשָׁמָה הָיְתָה בְּסוֹד הָעִבּוּר בְּמַלְכוּת, יֵשׁ נְשָׁמָה שֶׁתֵּכֶף אַחַר זְמַן עִבּוּרָהּ יוֹרֶדֶת בְּגוּף בָּעוֹלָם הַזֶּה. וְיֵשׁ שֶׁיּוֹרֶדֶת בְּעוֹלַם הַבְּרִיאָה וּמִתְעַכֶּבֶת שָׁם, וְעוֹמֶדֶת וּמְשָׁרֶתֶת לִפְנֵי הקב"ה כִּשְׁאָר הַמַּלְאָכִים אֲשֶׁר שָׁם. וְאַחַר כָּךְ לִזְמַן קָצוּב, אוֹ כַּאֲשֶׁר יִזְדַּמֵּן שׁוּם תְּפִלָּה אוֹ מִצְוָה אוֹ אֵיזֶה זְכוּת שֶׁל אֵיזֶה אָדָם בָּעוֹלָם הַזֶּה, תֵּרֵד וְתָבֹא בְּגוּף בָּעוֹלָם הַזֶּה.

אֵלִיָּהוּ הַנָּבִיא נִתְעַכֵּב בְּעוֹלַם הַבְּרִיאָה וְשֵׁרֵת כְּמַלְאָךְ

וְזֶהוּ סוֹד "חַי ה' אֲשֶׁר עָמַדְתִּי לְפָנָיו" הַנִּזְכָּר בְּאֵלִיָּהוּ זָכוּר לַטּוֹב, וְהֵבִיא זֶה בְּסֵפֶר הַזֹּהַר בְּפָרָשַׁת אַחֲרֵי מוֹת בְּדַף ס"ח ע"ש. וְהָעִנְיָן הוּא, כִּי אֵלִיָּהוּ זָכוּר לַטּוֹב, כַּאֲשֶׁר נַפְשׁוֹ יָצְתָה מִסּוֹד הָעִבּוּר בְּמַלְכוּת דַּאֲצִילוּת, לֹא יָרְדָה תֵּכֶף בְּגוּף בָּעוֹלָם הַזֶּה אֲבָל נִתְעַכְּבָה בְּעוֹלַם הַבְּרִיאָה, וְעָמַד וְשֵׁרֵת שָׁם בְּשֵׁם ה' אֱלֹהָיו כְּכָל שְׁאָר הַמַּלְאָכִים אֲשֶׁר שָׁם.

הַכֹּל תָּלוּי כְּפִי מַעֲשֵׂי הַתַּחְתּוֹנִים

וְיֵשׁ נְשָׁמָה שֶׁיּוֹרֶדֶת עַד עוֹלַם הַיְצִירָה, וּמִתְעַכֶּבֶת שָׁם עַל דֶּרֶךְ הַנִּזְכָּר עַד בֹּא זְמַן רִדְתָּהּ בָּעוֹלָם הַזֶּה. וְיֵשׁ שֶׁיּוֹרֶדֶת עַד הָעֲשִׂיָּה בָּעוֹלָם הַזֶּה. וְנִמְצָא כִּי כֻּלָּם יוֹצְאוֹת מִסּוֹד הָעִבּוּר מִמַּלְכוּת דַּאֲצִילוּת, רַק שֶׁזּוֹ נִשְׁאֲרָה בִּבְרִיאָה, וְזוֹ בִּיצִירָה, וְזוֹ בַּעֲשִׂיָּה. וְכָל זֶה תָּלוּי כְּפִי מַעֲשֵׂי הַתַּחְתּוֹנִים בָּעוֹלָם הַזֶּה, כִּי יֵשׁ תְּפִלָּה אוֹ מִצְוָה שֶׁאֵין בָּהּ כֹּחַ רַק לְהוֹצִיא הַנְּשָׁמָה שֶׁבְּתוֹךְ הַקְּלִפּוֹת וּלְהַעֲלוֹתָהּ עַד הַמַּלְכוּת שֶׁל אֲצִילוּת בְּסוֹד הָעִבּוּר כַּנִּזְכָּר. וְיֵשׁ תְּפִלָּה יוֹתֵר נְכוֹנָה וּמְקֻבֶּלֶת לִפְנֵי הַשֵּׁם יִתְבָּרַךְ וְיֵשׁ בָּהּ כֹּחַ לְהוֹרִידָהּ עַד גּוּף בָּעוֹלָם הַזֶּה. וְיֵשׁ תְּפִלָּה

Klipot and elevate it until the Malchut of Atzilut in the secret of the Fetus, as mentioned, and there is a prayer that is more correct and accepted by the Creator that has the power to bring it down to a body in this world. There is also a prayer that only brings it down until Briyah or Yetzirah, as mentioned. This does not depend on the quality of the Soul itself, but only on the actions of the Lower Beings who relate to the Root of those Souls.

Drawing a Soul to his child.

Similarly, according to the individual himself who performs that Precept or prayer, so will be his ability to draw down a Soul to his child born to him, one that will be closer to him according to the Aspect of the Root of his Soul, and the other Soul will stay Above until it has a redeemer that is closer to it. However, it [this Soul] being delayed longer than another [Soul] does not depend on the superiority of the Soul or its inferiority.

A Soul that is delayed in a certain World is clothed by that World.

Know that a Soul that descends to a body in this world immediately after it emerges from being a Fetus in the Malchut of Atzilut, without any stops or delay in other Worlds, definitely has a greater advantage since it is not clothed by any other world, as it only passes through it. But a Soul that is delayed in one of the Worlds is clothed in that World from the clothing of that World, and when it later descends to the physical world it descends clothed in that clothing. There is also another difference, in that the one Soul that is delayed in Briyah is incomparable to one that is delayed in Yetzirah, since the clothing of Briyah is a lot thinner and more refined than the clothing of Yetzirah, and so too the one of Yetzirah is purer than that one of Asiyah.

שֶׁאֵינוֹ מוֹרִידָה רַק עַד הַבְּרִיאָה אוֹ הַיְצִירָה כַּנִּזְכָּר. וְזֶה אֵינוֹ תָּלוּי בְּעֵרֶךְ גֶּדֶר הַנְּשָׁמָה בְּעַצְמָהּ, רַק כְּפִי פְּעֻלּוֹת הַתַּחְתּוֹנִים הַמִּתְיַחֲסוֹת אֶל שֹׁרֶשׁ הַנְּשָׁמוֹת הָהֵם.

לְהַמְשִׁיךְ נְשָׁמָה בִּבְנוֹ

וְכֵן כְּפִי הָאָדָם בְּעַצְמוֹ הַפּוֹעֵל הַמִּצְוָה אוֹ הַתְּפִלָּה הַהִיא, כָּךְ יוּכַל לִהְיוֹת כֹּחַ בְּיָדוֹ לְהַמְשִׁיךְ נְשָׁמָה אַחַת בִּבְנוֹ הַנּוֹלָד לוֹ, אוֹתָהּ נְשָׁמָה שֶׁתִּהְיֶה יוֹתֵר קְרוֹבָה אֵלָיו כְּפִי בְּחִינַת שֹׁרֶשׁ נִשְׁמָתוֹ, וְהַנְּשָׁמָה הָאַחֶרֶת תִּשָּׁאֵר לְמַעְלָה עַד יִהְיֶה לָהּ גּוֹאֵל הַקָּרוֹב אֵלֶיהָ יוֹתֵר. אָמְנָם אֵין זֶה תָּלוּי בְּמַעֲלַת הַנְּשָׁמָה הַהִיא אוֹ בְּפַחִיתוּתָהּ לְהִתְעַכֵּב יוֹתֵר מֵחֲבֶרְתָּהּ.

נְשָׁמָה שֶׁמִּתְעַכֶּבֶת בְּאֵיזֶה עוֹלָם מִתְלַבֶּשֶׁת בְּאוֹתוֹ הָעוֹלָם

וְדַע, כִּי הַנְּשָׁמָה הַיּוֹרֶדֶת בְּגוּף בָּעוֹלָם הַזֶּה, תֵּכֶף אַחַר צֵאתָהּ מִסּוֹד הָעִבּוּר מִמַּלְכוּת דַּאֲצִילוּת בְּלִי הֶפְסֵק עִכּוּב זְמַן בִּשְׁאָר הָעוֹלָמוֹת, זוֹ וַדַּאי יֵשׁ לָהּ יִתְרוֹן מַעֲלָה, לְפִי שֶׁזּוֹ אֵינָהּ מִתְלַבֶּשֶׁת בְּשׁוּם עוֹלָם אַחֵר וְאֵינָהּ עוֹבֶרֶת בּוֹ רַק דֶּרֶךְ מַעֲבָר בִּלְבַד. אַךְ הַנְּשָׁמָה הַמִּתְעַכֶּבֶת בְּאֵיזוֹ עוֹלָם הִנֵּה הִיא מִתְלַבֶּשֶׁת בְּאוֹתוֹ עוֹלָם מֵעֵין לְבוּשׁ הָעוֹלָם הַהִיא, וּכְשֶׁאַחַר כָּךְ תֵּרֵד בָּעוֹלָם הַזֶּה אֵינָהּ יוֹרֶדֶת אֶלָּא מְלֻבֶּשֶׁת תּוֹךְ הַלְּבוּשׁ הַהוּא. וְגַם יֵשׁ חִלּוּק אַחֵר, כִּי אֵינוֹ דּוֹמֶה הַמִּתְעַכֵּב בִּבְרִיאָה אֶל הַמִּתְעַכֵּב בִּיצִירָה, כִּי לְבוּשׁ הַבְּרִיאָה זַךְ וְדַק מְאֹד מִן לְבוּשׁ הַיְצִירָה, וְכֵן שֶׁל הַיְצִירָה זַךְ מִשֶּׁל הָעֲשִׂיָּה.

However, sometimes the Soul that is delayed and clothed in a certain World can be greater in value than the Soul that descends immediately to the physical world without any interruptions, since the quarry of its level is greater than the other. Except that in that Soul itself there is a difference, since if it itself will descend instantly it will be brighter than if it would have been delayed in a World, be clothed and then descend to the physical world.

וְאָמְנָם לִפְעָמִים הַנְּשָׁמָה הַמִּתְעַכֶּבֶת מִתְלַבֶּשֶׁת בְּאוֹתוֹ עוֹלָם שֶׁיִּהְיֶה, תִּהְיֶה יוֹתֵר גְּדוֹלָה בְּמַעֲלָה מִן הַנְּשָׁמָה הַיּוֹרֶדֶת בְּרֶגַע תֵּכֶף בָּעוֹלָם הַזֶּה בְּלִי הֶפְסֵק בֵּנְתַיִם, לְפִי שֶׁמַּחְצַב מַדְרֵגָתָהּ גָּדוֹל מִן הָאַחֶרֶת. אֶלָּא שֶׁבַּנְּשָׁמָה עַצְמָהּ יֵשׁ בָּהּ שִׁנּוּי, כִּי אִם הִיא עַצְמָהּ תֵּרֵד בְּרֶגַע תִּהְיֶה יוֹתֵר מְאִירָה מִכַּאֲשֶׁר תִּתְעַכֵּב בְּאֵיזֶה עוֹלָם וְתִתְלַבֵּשׁ, וְאַחַר כָּךְ תֵּרֵד בָּעוֹלָם הַזֶּה.

FOURTEENTH
INTRODUCTION

A short [introduction] about Reincarnation. Know, that even though you find written by us in many places that one reincarnates into someone else and then into another, and so on, do not mistakenly say that the first Soul itself always reincarnates. Rather, the idea is that there are endless variations of Roots that the Souls of human beings can be divided into, and in one Root there are endless Sparks of Souls. In each and every Reincarnation a few of these Sparks get corrected, and those Sparks that have not been corrected are reincarnated again to be corrected. Those that have already corrected do not need to reincarnate and they ascend to and stand in their appropriate level.

Sparks of Souls that did not correct come back, and those that did correct elevate to their rightful place.

With this, you will [be able to] understand what I informed you about previously concerning Nadav and Avihu (Twenty-Seventh Introduction) where they reincarnated many times, as was explained in the verse: "Let a double portion of your spirit be upon me." (II Kings 2:9) Nadav and Avihu were first [incarnated] in Elijah of blessed memory, and afterwards they were [incarnated] in Elisha, aside from other Reincarnations. The idea is that Nadav and Avihu are One Root of Soul, and endless individual Sparks of Souls are connected to them, and in every Reincarnation some Sparks and Parts of this Root became corrected. The Sparks that were not yet corrected are those that Elisha wanted to take from Elijah because the ones that had been corrected already ascended to their appropriate level.

The Root of the Soul of Nadav and Avihu, and their Sparks.

Elisha was a combination of two Aspects because even though the Main Spark of his Soul was from the Root of Yosef Hatzadik [Joseph the Righteous], as is explained by us, nevertheless he was mixed with the Root of Nadav and Avihu, who are from the Aspect of Cain. As we already explained, he was named Elisha

Elisha contained a mixture of Cain's Root, and asked from Elijah those Sparks that were not yet corrected.

הַקְדָּמָה י"ד

נִיצוֹצוֹת נְשָׁמָה שֶׁלֹּא נִתְקְנוּ חוֹזְרִים לְהִתְגַּלְגֵּל, וְאוֹתָם שֶׁנִּתְקְנוּ עוֹלִים וְעוֹמְדִים בַּמַּדְרֵגָה הָרְאוּיָה לָהֶם

הַקְדָּמָה אַחַת בְּעִנְיַן הַגִּלְגּוּלִים. דַּע, כִּי אַף עַל פִּי שֶׁתִּמְצָא כָּתוּב אֶצְלֵנוּ בִּמְקוֹמוֹת רַבִּים כִּי פְלוֹנִי נִתְגַּלְגֵּל בִּפְלוֹנִי, וְאַחַר כָּךְ בִּפְלוֹנִי וְכוּ', אַל תִּטְעֶה לוֹמַר כִּי הַנְּשָׁמָה הָרִאשׁוֹנָה עַצְמָהּ הִיא הַמִּתְגַּלְגֶּלֶת תָּמִיד. אֲבָל הָעִנְיָן הוּא, כִּי הִנֵּה כַּמָּה שָׁרָשִׁים לְאֵין קֵץ נִתְחַלְּקוּ נִשְׁמוֹת בְּנֵי אָדָם, וּבְשֹׁרֶשׁ אֶחָד מֵהֶם יֵשׁ כַּמָּה נִיצוֹצוֹת נְשָׁמוֹת לְאֵין קֵץ, וּבְכָל גִּלְגּוּל וְגִלְגּוּל נִתְקָנִים קְצָת נִיצוֹצוֹת מֵהֶם, וְאוֹתָם נִיצוֹצוֹת שֶׁלֹּא נִתְקְנוּ חוֹזְרִים לְהִתְגַּלְגֵּל לְהִתָּקֵן. וְאוֹתָם שֶׁכְּבָר נִתְקְנוּ אֵינָם מִתְגַּלְגְּלִים, אָמְנָם עוֹלִים וְעוֹמְדִים בַּמַּדְרֵגָה הָרְאוּיָה לָהֶם.

שֹׁרֶשׁ נִשְׁמַת נָדָב וַאֲבִיהוּא וְנִיצוֹצוֹתֵיהֶם

וּבָזֶה תָּבִין מַה שֶּׁהוֹדַעְתִּיךָ בְּעִנְיַן נָדָב וַאֲבִיהוּ כַּמָּה פְּעָמִים נִתְגַּלְגְּלוּ, וּכְמוֹ שֶׁנִּתְבָּאֵר בְּפָסוּק "וִיהִי נָא פִּי שְׁנַיִם בְּרוּחֲךָ אֵלָי", כִּי נָדָב וַאֲבִיהוּ הָיוּ תְּחִלָּה בְּאֵלִיָּהוּ זָכוּר לַטּוֹב, וְאַחַר כָּךְ הָיוּ בֶּאֱלִישָׁע, מִלְּבַד כַּמָּה גִּלְגּוּלִים אֲחֵרִים. וְהָעִנְיָן הוּא, כִּי נָדָב וַאֲבִיהוּ הֵם שֹׁרֶשׁ נְשָׁמָה אַחַת, וּתְלוּיִים בָּהֶם נִשְׁמוֹת נִיצוֹצוֹת פְּרָטִיּוֹת לְאֵין קֵץ, וּבְכָל גִּלְגּוּל הָיוּ נִתְקָנִים כַּמָּה נִיצוֹצוֹת וַחֲלָקִים מִן הַשֹּׁרֶשׁ הַהוּא, וְאוֹתָם נִיצוֹצוֹת שֶׁעֲדַיִן לֹא נִתְקְנוּ הֵם הָיוּ אֲשֶׁר בִּקֵּשׁ אֱלִישָׁע לִקְחָם מִן אֵלִיָּהוּ, כִּי אוֹתָם שֶׁנִּתְקְנוּ עָלוּ בְּמַדְרֵגָתָם הָרָאוּי לָהֶם.

הָיָה בֶּאֱלִישָׁע עֵרוּב מִן שֹׁרֶשׁ קַיִן, וּבִקֵּשׁ מֵאֵלִיָּהוּ אֶת אוֹתָם הַנִּיצוֹצוֹת שֶׁעֲדַיִן לֹא נִתְקְנוּ

וְלִהְיוֹת כִּי אֱלִישָׁע הָיָה מְעֹרָב בִּשְׁתֵּי בְּחִינוֹת, כִּי אַף עַל פִּי שֶׁעִקַּר נִיצוֹץ נִשְׁמָתוֹ הָיָה מִשֹּׁרֶשׁ יוֹסֵף הַצַּדִּיק כַּמְבֹאָר אֶצְלֵנוּ, עִם כָּל זֶה הָיָה בוֹ עֵרוּב מִן שֹׁרֶשׁ נָדָב וַאֲבִיהוּ, שֶׁהֵם מִבְּחִינַת קַיִן. וּכְמוֹ שֶׁהוֹדַעְנוּךָ כִּי נִקְרָא אֱלִישָׁע, לְהוֹרוֹת כִּי בְּקַיִן כְּתִיב "וְאֶל קַיִן וְאֶל

to indicate that regarding Cain it says: "And He did not accept [*lo sha'ah*] Cain nor his offering..." (Genesis 4:5) because of his sin, and when Elisha corrected the sin of Cain, he was then named Elisha because God accepted [*sha'ah*] him and received him. And the letters of *lo sha'ah* (לא שעה; did not accept) became *Eli sha'ah* (אלי שעה; my God accepted me).

Since [Elisha] originally had that Spark from the Root of Cain he also wanted those Sparks of Nadav and Avihu to join him, as it is written: "Let a double portion of your spirit be upon me." (II Kings 2:9) He only merited them because of that Spark of Cain that was in him originally, as mentioned. From this you can extrapolate to and understand all the Reincarnations in the world, as the reincarnated ones are not necessarily the first ones, but they are Aspects of their Sparks that were not yet corrected.

It is not the first one himself that actually reincarnates in a second body.

מִנְחָתוֹ לֹא שָׁעָה" מִפְּנֵי חֶטְאוֹ, וּבֶאֱלִישָׁע שֶׁנִּתְקַן חֶטְאוֹ שֶׁל קַיִן נִקְרָא אֱלִישָׁע, כִּי הקב"ה שָׁעָה לוֹ וְקִבְּלוֹ. וְאוֹתִיּוֹת לֹא שָׁעָה, נֶהְפְּכוּ וְנַעֲשׂוּ אֵלִ"י שָׁעָ"ה.

אֵין הָרִאשׁוֹן עַצְמוֹ בָּא בְּגִלְגּוּל בְּגוּף שֵׁנִי

וּבַעֲבוּר כִּי הָיָה לוֹ אוֹתוֹ הַנִּיצוֹץ מִן שֹׁרֶשׁ קַיִן בַּתְּחִלָּה, לָכֵן רָצָה שֶׁגַּם אֵלּוּ הַנִּיצוֹצוֹת שֶׁל נָדָב וַאֲבִיהוּא שֶׁיִּתְחַבְּרוּ עִמּוֹ, כְּמוֹ שֶׁאוֹמֵר הַכָּתוּב "וִיהִי נָא פִּי שְׁנַיִם בְּרוּחֲךָ אֵלָי", וְזָכָה לָהֶם מֵחֲמַת אוֹתוֹ נִיצוֹץ שֶׁל קַיִן שֶׁהָיָה בּוֹ מִתְּחִלָּה כַּנִּזְכָּר. וּמִזֶּה תַּקִּישׁ וְתָבִין לְכָל הַגִּלְגּוּלִים שֶׁבָּעוֹלָם, כִּי אֵין הָרִאשׁוֹנִים מַמָּשׁ אוֹתָם הַמִּתְגַּלְגְּלִים אֶלָּא הֵם בְּחִינוֹת נִיצוֹצוֹת שֶׁלָּהֶם שֶׁלֹּא נִתְקְנוּ בַּתְּחִלָּה.

FIFTEENTH
INTRODUCTION

In this [Introduction], we will explain the reason why we find great Tzadikim who are the children of Completely Wicked people, as we find with Abraham, who was the son of Terach, a great idolatrous priest who made idols and sold them to the whole world to make people transgress. With this we will explain why the Klipot are so passionate about pushing people to transgress, to the extent that they caused the destruction of the Holy Temple, the exile of His Shechinah among the nations, and anger the Creator who created them.

Why the Klipot are passionate to make people sin.

Know that the secret of this matter is that due to the Sin of Adam, all of the Souls fell to the depths of the Klipot. The Klipot are the residue of filth and waste that was left over after being sorted out of the Holiness at the death of the Kings of Edom, as is explained by us. These Klipot themselves are called "the Level of Death" (Zohar, Chayei Sarah 70), whereas the Holiness is "a Living God, and an everlasting King…." (Jeremiah 10:10) Therefore they chase after Holiness that is called Life to be nourished and get vitality from it.

The Klipot are called Death and the Holiness is called Life.

As long as Holiness is in them they are alive and sustained by it. When the Holiness is not within them, they are dead without any vitality and abundance. Therefore they strive after Holiness and cause the Holy Soul of humans to sin, since then they cause the Holiness and that Soul to enter their domain, and thus they live and are nourished.

The Klipot nourish from the Holiness.

This is because the Holy Soul cannot be cut off from the place of Holiness because the Creator "…devises plans so that the banished one…'—even a small Spark of a Holy Soul—"…will not be banished from Him" (II Samuel 14:14), and from the place of His Holiness He sustains and maintains the flow of

The Holy Soul is always connected to Holiness.

הַקְדָּמָה ט"ו

לָמָּה הַקְּלִפּוֹת מִתְאַוִּים לְהַחֲטִיא אֶת הָאָדָם

וּבָהּ יִתְבָּאֵר טַעַם, לָמָּה מָצִינוּ הֱיוֹת צַדִּיקִים גְּדוֹלִים בְּנֵי רְשָׁעִים גְּמוּרִים. וּכְמוֹ שֶׁמָּצִינוּ בְּאַבְרָהָם, שֶׁהָיָה בֶּן תֶּרַח, כֹּמֶר גָּדוֹל וְעוֹשֶׂה פְּסִילִים לְמְכֹּר לְכָל הָעוֹלָם וּלְהַחֲטִיאָם. וּבָזֶה יִתְבָּאֵר לָמָּה הַקְּלִפּוֹת מִתְאַוִּים כָּל כָּךְ לְהַחֲטִיא אֶת הָאָדָם, עַד כִּי גָּרְמוּ לְהַחֲרִיב בֵּית הַמִּקְדָּשׁ, וּלְהַגְלוֹת שְׁכִינָתוֹ יִתְבָּרַךְ בֵּין הַגּוֹיִם, וּלְהַכְעִיס אֶת הַשֵּׁם יִתְבָּרַךְ אֲשֶׁר בְּרָאָם.

הַקְּלִפּוֹת נִקְרָאִים מָוֶת, וְהַקְּדֻשָּׁה נִקְרֵאת חַיִּים

וְסוֹד הָעִנְיָן, דַּע, כִּי עַל יְדֵי חֶטְאוֹ שֶׁל אָדָם הָרִאשׁוֹן נָפְלוּ כָּל הַנְּשָׁמוֹת לְתוֹךְ עִמְקֵי הַקְּלִפּוֹת. וְהִנֵּה הַקְּלִפּוֹת הֵם שִׁיּוּרֵי הַזֻּהֲמָא וְהַפְּסֹלֶת שֶׁנִּבְרַר מִן הַקְּדֻשָּׁה בְּמִיתַת הַמְּלָכִים שֶׁל אֱדוֹם, כַּמְבֹאָר אֶצְלֵנוּ. וְהַקְּלִפּוֹת הָאֵלּוּ הֵם בְּעַצְמָם הַנִּקְרָאִים בְּשֵׁם דַּרְגָּא דְּמוֹתָא. אֲבָל הַקְּדֻשָּׁה הִיא אֱלֹהִים חַיִּים וּמֶלֶךְ עוֹלָם, וְלָכֵן הֵם רוֹדְפִים אַחַר הַקְּדֻשָּׁה הַנִּקְרֵאת חַיִּים כְּדֵי לָזוּן וְלִחְיוֹת מִמֶּנָּה.

הַקְּלִפּוֹת נִזּוֹנִים מֵהַקְּדֻשָּׁה

וּבְעוֹד שֶׁהַקְּדֻשָּׁה בְּתוֹכָם הֵם חַיִּים וְנִזּוֹנִים מִמֶּנָּה, וּכְשֶׁאֵין קְדֻשָּׁה בְּתוֹכָם הֵם מֵתִים וְאֵין לָהֶם חִיּוּת וְשֶׁפַע, וְלָכֵן הֵם טוֹרְחִים אַחַר הַקְּדֻשָּׁה וּמַחֲטִיאִים אֶת נִשְׁמַת הָאָדָם הַקְּדוֹשָׁה, כִּי אָז גּוֹרְמִים אֶל הַקְּדֻשָּׁה וְאֶל אוֹתָהּ הַנְּשָׁמָה שֶׁתִּכָּנֵס בִּרְשׁוּתָם, וְהֵם חַיִּים וְנִזּוֹנִים עַל יָדָהּ.

נְשָׁמָה קְדוֹשָׁה תָּמִיד נִקְשֶׁרֶת בַּקְּדֻשָּׁה

לְפִי שֶׁהַנְּשָׁמָה הַקְּדוֹשָׁה אִי אֶפְשָׁר לָהּ לְהִכָּרֵת מִמְּקוֹם הַקְּדֻשָּׁה, כִּי הַבּוֹרֵא יִתְבָּרַךְ "חָשַׁב מַחֲשָׁבוֹת לְבִלְתִּי יִדַּח מִמֶּנּוּ נִדָּח", אֲפִלּוּ נִיצוֹץ קָטָן שֶׁל נְשָׁמָה קְדוֹשָׁה, וּמִמְּקוֹם קָדְשָׁתוֹ יִתְבָּרַךְ מַשְׁפִּיעַ וּמַמְשִׁיךְ מָזוֹן אֶל אוֹתָם הַנְּשָׁמוֹת שֶׁבְּתוֹךְ הַקְּלִפּוֹת הָהֵם, וּמֵאוֹתוֹ

nourishment to these Souls that are within the Klipot, and from that abundance the Klipot are also sustained. Therefore they pursue people to cause them to transgress like one who pursues and toils to get his sustenance, "A thief is not despised when he steals to fill his Soul, for he is hungry." (Proverbs 6:30)

When the Holy Temple was destroyed, the Shechinah was exiled to be within the Klipot because the Souls that were exiled among them do not have the strength and the ability to exit from them, since they became blemished through their transgressions, so therefore His Shechinah—about Whom it is said: "For the Lord your God is a consuming fire..." (Deuteronomy 4:24)—enters among them to collect those Sparks of Souls that are within them. She [the Shechinah] sorts them out, elevates them to the place of Holiness, renews them and brings them down to this world in human bodies.

The Shechinah enters among the Klipot to gather Sparks of Souls.

With this you will clearly understand the secret of the exile of the Shechinah. From the day that the Holy Temple was destroyed this is His work, until His work is complete: to collect all the Souls that fell among the Klipot of "a Faithless Man (*Adam Bliya'al*)" (Proverbs 6:12) and became intermingled in him from Head to Toe. Until He finishes collecting even those that fell to the Feet, Messiah will not be revealed and Israel will not be redeemed. As we explained in Zohar, Pekudei 740 [which says]: "When the feet reach the feet, about that time it is written: 'And His feet shall stand on that day upon the Mount of Olives....'" (Zachariah 14:4)

Until all the Souls are collected, Mashiach will not be revealed.

However, the Shechinah does not collect them except through the actions of the Lower Beings and their prayers, in the secret of: "Give strength to God." (Psalms 68:35) To the extent of the actions of the Lower Beings so is the extent of the extraction of those Sparks and Souls. If all of Israel would do complete Teshuvah, His Shechinah would have the power to extract all the Souls out of there in one moment. However, our transgressions exhaust Her power, as it is written: "You have exhausted the Rock that gave birth to you." (Deuteronomy 32:18)

We give strength to the Shechinah to collect Sparks.

הַשֶּׁפַע נִזּוֹנִים גַּם הַקְּלִפּוֹת, וְלָכֵן רוֹדְפִים לְהַחֲטִיא הָאָדָם כְּאֶחָד הָרוֹדֵף וְטוֹרֵחַ אַחַר מְזוֹנוֹתָיו, וְ"לֹא יָבוּזוּ לַגַּנָּב כִּי יִגְנוֹב לְמַלֵּא נַפְשׁוֹ כִּי יִרְעָב".

הַשְּׁכִינָה נִכְנֶסֶת בֵּין הַקְּלִפּוֹת כְּדֵי לְלַקֵּט נִיצוֹצוֹת נְשָׁמוֹת

וְהִנֵּה כַּאֲשֶׁר נֶחֱרַב בֵּית הַמִּקְדָּשׁ גָּלְתָה שְׁכִינָה בֵּין הַקְּלִפּוֹת, לְפִי שֶׁהַנְּשָׁמוֹת שֶׁגָּלוּ בֵּינֵיהֶם אֵין בָּהֶם כֹּחַ וִיכֹלֶת לָצֵאת מִתּוֹכָם, כֵּיוָן שֶׁנִּפְגְּמוּ בְּחֶטְאָם. וע"כ שְׁכִינָתוֹ יִתְבָּרַךְ, אֲשֶׁר עָלֶיהָ נֶאֱמַר "כִּי ה' אֱלֹהֶיךָ אֵשׁ אֹכְלָה הוּא", נִכְנֶסֶת בֵּינֵיהֶם כְּדֵי לְלַקֵּט אוֹתָם נִיצוֹצוֹת נְשָׁמוֹת אֲשֶׁר בְּתוֹכָם, וּמְבָרֶרֶת אוֹתָם וּמַעֲלָה אוֹתָם לִמְקוֹם הַקְּדֻשָּׁה, וּמְחַדְּשָׁם, וּמוֹרִידָם בָּעוֹלָם הַזֶּה בְּגוּפוֹת הָאֲנָשִׁים.

עַד שֶׁיִּגְמֹר לְלַקֵּט כָּל הַנְּשָׁמוֹת אֵין הַמָּשִׁיחַ נִגְלֶה

וּבָזֶה תָּבִין הֵיטֵב סוֹד גָּלוּת שְׁכִינָה. וּמִיּוֹם שֶׁנֶּחֱרַב הַבַּיִת זוֹ מְלַאכְתּוֹ יִתְבָּרַךְ, עַד שֶׁיְּכַלֶּה מְלַאכְתּוֹ לִלְקֹט כָּל הַנְּשָׁמוֹת שֶׁנָּפְלוּ בִּקְלִפַּת הָאָדָם בְּלִיַּעַל וְנִתְעָרְבוּ בּוֹ מֵרֹאשׁוֹ וְעַד רַגְלָיו, וְעַד שֶׁיִּגְמֹר לְלַקֵּט אֲפִלּוּ אוֹתָם שֶׁנָּפְלוּ עַד הָרַגְלַיִם אֵין הַמָּשִׁיחַ נִגְלֶה וְאֵין יִשְׂרָאֵל נִגְאָלִים, כַּמְבֹאָר אֶצְלֵנוּ בְּסֵפֶר הַזֹּהַר בְּפָרָשַׁת פְּקוּדֵי וְזֶה לְשׁוֹנוֹ, כַּד מָטוּ רַגְלִין בְּרַגְלִין, כְּדֵין כְּתִיב "וְעָמְדוּ רַגְלָיו בַּיּוֹם הַהוּא עַל הַר הַזֵּיתִים".

אָנוּ נוֹתְנִים כֹּחַ לַשְּׁכִינָה לְלַקֵּט נִיצוֹצוֹת

וְאָמְנָם אֵין הַשְּׁכִינָה מְלַקֶּטֶת אוֹתָם אֶלָּא עַל יְדֵי מַעֲשֵׂה הַתַּחְתּוֹנִים וּתְפִלּוֹתֵיהֶם, בְּסוֹד "תְּנוּ עֹז לֵאלֹהִים". וּכְפִי גֶּדֶר מַעֲשֵׂה הַתַּחְתּוֹנִים כָּךְ גֶּדֶר הוֹצָאוֹת הַנִּיצוֹצוֹת הָהֵם. וְאִלּוּ כָּל יִשְׂרָאֵל הָיוּ שָׁבִים בִּתְשׁוּבָה גְּמוּרָה, הָיָה כֹּחַ בִּשְׁכִינָתוֹ יִתְבָּרַךְ לְהוֹצִיא כָּל הַנְּשָׁמוֹת מִשָּׁם בְּרֶגַע אֶחָד, אֲבָל חַטֹּאתֵנוּ מַתִּישִׁים כֹּחָהּ, וּכְמוֹ שֶׁאוֹמֵר הַכָּתוּב "צוּר יְלָדְךָ תֶּשִׁי".

When the Souls finish exiting from there, the Shechinah will also be able to exit, and the vitality of the Klipot will depart and they will die, "And all evil will dissipate like smoke" (Rosh Hashanah Prayer). This is the secret of the verse: "Death will be swallowed up forever..." (Isaiah 25:8), meaning that the Klipot that are called Death will cease and will be swallowed up instantly because of the removal of the Shechinah from them, along with all the Sparks of Souls that are among them, as mentioned previously.

"Death will be swallowed up forever" (Isaiah 25:8)

Let us return to the subject. While the Shechinah is within them they will surely be nourished, provided for and given life, and the Shechinah is exiled within them only because of the Souls. Therefore their entire goal is to draw the Souls to them and delay them from exiting so that [the Klipot] will be able to live and sustain themselves through them. To the extent of the value of the Soul is the extent of the value of the abundance that will be drawn into them. Therefore, when there is a very precious Soul, they do not let it exit from them, and their entire mission is to contaminate and desecrate the Soul through every possible means so that [the Soul] will be delayed with them indefinitely.

The Klipot are sustained by the Holy Souls in them.

Sometimes, they fear that a great Tzadik may perform a great Precept and will be able to extract that Soul out of their possession and draw it into his sperm through intercourse with his wife in Holiness. Therefore, when they observe a Wicked person who is completely blemished, they make great effort and prosecute that Soul in front of the Creator to put it in his contaminated sperm instead, so that through this that Soul will become even more corrupted than before and will be completely blemished. Through this, it will go back to their possession so damaged that it could never again exit from them.

The scheme of the Klipot.

However the Holy One, blessed be He, "...devises plans so that the banished one will not be banished from Him" (II Samuel 14:14) and especially this Pure and Superior Soul. Then He listens to their voice and brings [the Soul] into that evil place. Now that the Soul is out of their possession the Holy One,

How the Creator tricks the Klipot.

בִּלַּע הַמָּוֶת לָנֶצַח

וְכַאֲשֶׁר יִכְלוּ כָּל הַנְּשָׁמוֹת מִלָּצֵאת מִשָּׁם, אָז גַּם שְׁכִינָתוֹ יִתְבָּרֵךְ תֵּצֵא מִשָּׁם, וְיִסְתַּלֵּק חִיּוּתָם וְיָמוּתוּ הַקְּלִפּוֹת, וְהָרִשְׁעָה כֻּלָּהּ בְּעָשָׁן תִּכְלֶה, וְזֶהוּ סוֹד פָּסוּק "בִּלַּע הַמָּוֶת לָנֶצַח" וְגוֹ'. שֶׁהַקְּלִפּוֹת הַנִּקְרָאוֹת מָוֶת יִכְלוּ וְיִבָּלְעוּ כְּרֶגַע מִסִּבַּת הִסְתַּלְּקוּת שְׁכִינָתוֹ יִתְבָּרֵךְ מִתּוֹכָם, וְכָל נִיצוֹצוֹת נְשָׁמוֹת אֲשֶׁר בֵּינֵיהֶם כַּנִּזְכָּר.

הַקְּלִפּוֹת מִתְפַּרְנְסוֹת מֵהַנְּשָׁמוֹת הַקְּדוֹשׁוֹת שֶׁבְּתוֹכָן

וְנַחֲזֹר לָעִנְיָן, כִּי בִּהְיוֹת הַשְּׁכִינָה בְּתוֹכָם מֻכְרָח הוּא שֶׁיְּקַבְּלוּ מָזוֹן וְשֶׁפַע וְחִיּוּת, וְאֵין הַשְּׁכִינָה גּוֹלָה בֵּינֵיהֶם אֶלָּא לְסִבַּת הַנְּשָׁמוֹת, וְלָכֵן כָּל מְגַמָּתָם לְהַמְשִׁיךְ הַנְּשָׁמוֹת בְּתוֹכָם וּלְעַכְּבָם שֶׁלֹּא יֵצְאוּ, כְּדֵי שֶׁיִּחְיוּ וְיִתְפַּרְנְסוּ עַל יָדָם. וְהִנֵּה כְּפִי גֹּדֶל עֵרֶךְ הַנְּשָׁמָה כָּךְ גֹּדֶל עֵרֶךְ הַשֶּׁפַע הַנִּמְשָׁךְ לָהֶם. וְלָכֵן בִּהְיוֹת אֵיזוֹ נְשָׁמָה יְקָרַת הָעֵרֶךְ אֵינָם מְנִיחִים אוֹתָהּ לָצֵאת מִתּוֹכָם, וְכָל מְגַמָּתָם לְטַנְּפָהּ וּלְטַמְּאָהּ בְּכָל הַבָּא מִיָּדָם כְּדֵי לְעַכְּבָהּ אֶצְלָם תָּמִיד.

תַּחְבּוּלַת הַקְּלִפּוֹת

וְלִפְעָמִים שֶׁהֵם מִתְיָרְאִים אוּלַי אֵיזֶה צַדִּיק גָּדוֹל יַעֲשֶׂה אֵיזֶה מִצְוָה גְּדוֹלָה, וְיִהְיֶה יְכֹלֶת בְּיָדוֹ לְהוֹצִיא אוֹתָהּ הַנְּשָׁמָה מִתּוֹכָם וּלְהַמְשִׁיכָהּ בְּטִפַּת זַרְעוֹ בְּהִזְדַּוְּגוֹ בִּקְדֻשָּׁה עִם אִשְׁתּוֹ. וְלָכֵן בִּרְאוֹתָם אֵיזֶה רָשָׁע פָּגוּם בְּתַכְלִית טוֹרְחִים הַרְבֵּה וּמְקַטְרְגִים לִפְנֵי הַשֵּׁם יִתְבָּרֵךְ עַל הַנְּשָׁמָה הַהִיא לְהַכְנִיסָהּ בְּטִפַּת זַרְעוֹ הַמְּזֹהֶמֶת, כְּדֵי שֶׁעַל יְדֵי כָּךְ תִּתְקַלְקֵל הַנְּשָׁמָה הַהִיא יוֹתֵר מִבַּתְּחִלָּה וְתִפָּגֵם בְּתַכְלִית, וְעַל יְדֵי כָּךְ תַּחֲזֹר לְיָדָם פְּגוּמָה מְאֹד וְלֹא תֵּצֵא עוֹד מִתּוֹכָם.

אֵיךְ הַקָּדוֹשׁ בָּרוּךְ הוּא מְרַמֶּה הַקְּלִפּוֹת

וְהִנֵּה הקב"ה חוֹשֵׁב מַחֲשָׁבוֹת לְבִלְתִּי יִדַּח מִמֶּנּוּ נִדָּח, וּבִפְרָט זוֹ הַנְּשָׁמָה הַטְּהוֹרָה וְהַמְּעֻלָּה, וְאָז שׁוֹמֵעַ לְקוֹלָם וּמַכְנִיסָהּ בַּמָּקוֹם הָרַע הַהוּא, וְכֵיוָן שֶׁיָּצְתָה מִתַּחַת יָדָם הקב"ה עוֹזֵר אוֹתָהּ וְהִיא מִתְנַעֶרֶת

blessed be He, assists it, and it shakes off the dirt of the scalding of its transgression and impurity from itself and purifies its actions like a gem that is polished up and shows its brilliance in front of the eyes of all.

Not only does this Soul get corrected but also his father that birthed him merits to do Teshuvah through his son, as we explained before concerning Job who was a Reincarnation of Terach, Abraham's father, who did Teshuvah through his son Abraham. The Creator tricks the Klipot, as He "...devises plans so that the banished one will not be banished from Him." (II Samuel 14:14)

מֵעֲפַר שְׂרֵפַת חַטָּאתָהּ וְטֻמְאָתָהּ, וּמַכְשֶׁרֶת מַעֲשֶׂיהָ, כְּמַרְגָּלִית הַמִּתְרַחֶצֶת וּמַרְאָה זַכּוּתָהּ לְעֵינֵי הַכֹּל.

וְלֹא דַי כִּי אוֹתָהּ הַנְּשָׁמָה נִתְקֶנֶת, אֶלָּא אֲזַי גַּם הָרָשָׁע אָבִיו שֶׁהוֹלִידוֹ זוֹכֶה עַל יְדֵי בְּנוֹ וְחוֹזֵר בִּתְשׁוּבָה, עַל דֶּרֶךְ שֶׁנִּתְבָּאֵר אֶצְלֵנוּ בְּעִנְיַן אִיּוֹב שֶׁהָיָה גִּלְגּוּל תֶּרַח אֲבִי אַבְרָהָם, אֲשֶׁר שָׁב בִּתְשׁוּבָה עַל יְדֵי בְּנוֹ אַבְרָהָם. והקב"ה מְרַמֶּה בַּקְּלִפּוֹת, כִּי "חָשַׁב מַחֲשָׁבוֹת לְבִלְתִּי יִדַּח מִמֶּנּוּ נִדָּח".

SIXTEENTH
INTRODUCTION

[This Introduction] explains that every individual whose Soul is New is required to perform all of the 613 Precepts. Know that anyone who is a New Soul needs to perform all of the 613 Precepts. It is known that there are some Roots into which all of the Souls in the world are subdivided, and each and every Root of those is one Limb of the Souls of Adam, as will be explained. Each and every one of those Roots subdivides into endless Sparks of Souls, as will be explained. Thus, each and every one of those Sparks needs to perform all of the 613 Precepts if it is New, since each Limb includes all 248 Limbs, as is known. However, one who is not New but rather reincarnated and came back to this world, is now required to complete only those Precepts that he lacks, which he did not perform in a prior Incarnation.

New Souls need to fulfil all 613 Precepts.

With this you will understand what we find in the Talmud, where a particular sage was more careful in one specific Precept than the other Precepts, and another sage was [more] careful in a different Precept. We also find that one Amora asked his friend "With what was your father especially careful?" (Tractate Shabbat 118b) and his friend answered him that he was careful about Tzitzit, Tefilin, and so forth. This appears to be contradicting the Mishnah that says: "Be careful with a light Precept as much as a serious one." (Pirkei Avot 2:1)

However, the secret of this matter is that each and every sage was meticulous with the specific Precept that he was missing from a previous Reincarnation, either in its entirety or a particular aspect of it. This is also the secret of what we find in the Talmud that so-and-so chose for himself certain virtues, while so-and-so chose other virtues. As it says: "they asked so-and-so [Rav Nechunia ben Hakana], 'What is your longevity due to?' And he answered, 'I never insisted on retribution...'"

Being diligent about Precepts lacking from a previous lifetime.

הַקְדָּמָה ט"ז

נְשָׁמוֹת חֲדָשׁוֹת צְרִיכוֹת לְקַיֵּם כָּל תַּרְיַ"ג מִצְוֹת

וּבָהּ יִתְבָּאֵר שֶׁכָּל מִי שֶׁנִּשְׁמָתוֹ חֲדָשָׁה, צָרִיךְ לְקַיֵּם כָּל תַּרְיַ"ג מִצְוֹת. דַּע, כִּי כָּל מִי שֶׁהוּא נְשָׁמָה חֲדָשָׁה, צָרִיךְ לְקַיֵּם כָּל הַתַּרְיַ"ג מִצְוֹת. וְנוֹדָע, כִּי יֵשׁ כַּמָּה שָׁרָשִׁים מְחֻלָּקִים בָּהֶם כָּל הַנְּשָׁמוֹת שֶׁבָּעוֹלָם, וְכָל שֹׁרֶשׁ מֵהֶם הוּא אֵבֶר א' מֵאֵבְרֵי נִשְׁמַת אָדָם הָרִאשׁוֹן, כְּמוֹ שֶׁיִּתְבָּאֵר. וְכָל שֹׁרֶשׁ מֵהֶם מִתְחַלֵּק לְנִיצוֹצוֹת נְשָׁמוֹת לְאֵין קֵץ, כְּמוֹ שֶׁיִּתְבָּאֵר. וְהִנֵּה כָּל נִיצוֹץ וְנִיצוֹץ מֵהֶם צָרִיךְ, אִם הוּא חָדָשׁ, לְקַיֵּם כָּל הַתַּרְיַ"ג מִצְוֹת, לְפִי שֶׁאֵין אֵבֶר שֶׁאֵינוֹ כָּלוּל מִכָּל רַמַ"ח אֵיבָרִים כַּנּוֹדָע, אֲבָל מִי שֶׁאֵינוֹ חָדָשׁ אֶלָּא נִתְגַּלְגֵּל וְחָזַר בָּעוֹלָם הַזֶּה, אֵין צָרִיךְ שֶׁיַּשְׁלִים עַתָּה רַק אוֹתָם הַמִּצְוֹת הַחֲסֵרוֹת מִמֶּנּוּ שֶׁלֹּא קִיְּמָם בַּגִּלְגּוּל הָא' שֶׁקָּדַם.

וּבָזֶה יִתְבָּאֵר לְךָ מַה שֶּׁמָּצִינוּ בַּתַּלְמוּד, כִּי חָכָם פְּלוֹנִי הָיָה זָהִיר בְּמִצְוָה פְּרָטִית יוֹתֵר מִשְּׁאָר הַמִּצְוֹת, וְחָכָם א' הָיָה זָהִיר בְּמִצְוָה אַחֶרֶת. וּכְמוֹ שֶׁמָּצִינוּ שֶׁהָיָה שׁוֹאֵל אָמוֹרָא פְּלוֹנִי לַחֲבֵרוֹ "אָבוּךְ בְּמַאי הֲוָה זָהִיר טְפֵי", וַחֲבֵרוֹ הֱשִׁיבוֹ שֶׁהָיָה זָהִיר בְּצִיצִית אוֹ בִּתְפִלִּין וְכַיּוֹצֵא בָּזֶה. וּכְפִי הַנִּרְאֶה שֶׁזֶּה הוֹרֵס אֶת הַמִּשְׁנָה הָאוֹמֵר "וֶהֱוֵי זָהִיר בְּמִצְוָה קַלָּה כְּבַחֲמוּרָה" וְכוּ'.

לִהְיוֹת זָהִיר בְּמִצְוֹת שֶׁחֲסֵרוֹת לוֹ מִגִּלְגּוּל קוֹדֵם

אֲבָל סוֹד הָעִנְיָן הוּא, כִּי כָּל חָכָם וְחָכָם הָיָה זָהִיר בְּאוֹתָהּ הַמִּצְוָה שֶׁהָיְתָה חֲסֵרָה מִמֶּנּוּ בַּגִּלְגּוּל הַקּוֹדֵם, אוֹ כֻּלָּהּ אוֹ פְּרָט מִפְּרָטֶיהָ. וְגַם ז"ס מַה שֶּׁמָּצִינוּ בַּתַּלְמוּד כִּי פְּלוֹנִי הָיָה בּוֹרֵר לוֹ מִדּוֹת אֵלּוּ וּפְלוֹנִי מִדּוֹת אֲחֵרוֹת, כמ"ש "שָׁאֲלוּ לִפְלֹנִי בַּמֶּה הֶאֱרַכְתָּ יָמִים. אָמַר לָהֶם,

(Tractate Megilah 28a) because every person chooses virtues according to the Aspect of his Reincarnation.

However, an individual whose previous Sparks of Souls from the Root of his Soul performed all of the 613 Precepts—even though this Spark now did not perform them—is not comparable to one where even his previous Sparks did not perform them, as will be explained in the following Introductions, with the help of God.

A missed opportunity to perform a Precept.

Know that concerning the Precepts that a person has the ability to perform, if the opportunity to perform them presented itself to him and he did not perform or if he had the ability to perform them but did not, he has to reincarnate until he performs it.

Precepts that can only be performed if the Creator provides the opportunity.

However, there is a distinction regarding Precepts that a person does not have the ability to perform unless God puts it in his hands, such as Redemption of the Firstborn, Yibum, Chalitzah, Get, and so forth. If the Creator puts it in his hands to perform one of them and he did not, his verdict is the same as the first ones who have to reincarnate to perform it. But if it did not come to his hands he does not have to reincarnate due to these Precepts. Instead, he returns in the form of an Ibur in a person whose hands it did come to and he performs them [together with this person as in Ibur]. Then he goes back to his place when he finishes doing them.

Precepts that cannot be performed in our time.

The third aspect includes the Precepts that are impossible to perform in our time, such as the Offerings and the like. Yet we just explained that a person must perform all of the 613 Precepts and keep reincarnating until he performs them all, and in our present time he will not reincarnate to perform them since there is no ability to perform them. However, after the Coming of Messiah, when the Holy Temple will be built—soon in our time, Amen—then they will come back in an actual Reincarnation to perform them. This is what Rav Yishmael ben Elishah, the High Priest, alluded to when he tilted the candle on the night of Shabbat and said, "I will write in my notebook

מִיָּמַי לֹא עָבַרְתִּי עַל מִדּוֹתַי" וְכוּ', כִּי כָּל אֶחָד בּוֹרֵר לוֹ מִדּוֹת כְּפִי בְּחִינַת גִּלְגּוּלוֹ.

וְאָמְנָם אֵינוֹ דּוֹמֶה מִי שֶׁהַנִּיצוֹצוֹת הַנְּשָׁמוֹת הַקּוֹדְמוֹת אֵלָיו בְּשֹׁרֶשׁ נִשְׁמָתוֹ קִיְּמוּ כָּל תַּרְיַ"ג מִצְוֹת, אַף עַל פִּי שֶׁזֶּה הַנִּיצוֹץ עַתָּה שֶׁלֹּו לֹא קִיְּמָם, לְמִי שֶׁהַנִּיצוֹצוֹת הַקּוֹדְמוֹת אֵלָיו גַּם הֵם לֹא קִיְּמוּם. וּכְמוֹ שֶׁיִּתְבָּאֵר בַּדְּרוּשִׁים הַבָּאִים בְּעֶזְרַת הַשֵּׁם.

אִם בָּאָה לְיָדוֹ מִצְוָה וְלֹא קִיְּמָהּ

וְדַע, כִּי הַמִּצְוֹת שֶׁיָּכוֹל הָאָדָם לְקַיְּמָם, וּבָאָה לְיָדוֹ אֵיזוֹ מִצְוָה מֵהֶם וְלֹא קִיְּמָהּ, אוֹ אִם הָיָה יְכֹלֶת בְּיָדוֹ לַעֲשׂוֹתָהּ וְלֹא עָשָׂה, מֻכְרָח הוּא שֶׁיִּתְגַּלְגֵּל עַד שֶׁיְּקַיְּמָהּ.

מִצְוֹת שֶׁיָּכוֹל לְקַיְּמָן רַק אִם הָאֱלֹהִים אִנָּה לְיָדוֹ

וְאָמְנָם הַמִּצְוֹת שֶׁאֵין יְכֹלֶת בָּאָדָם לְקַיְּמָם אִם לֹא כַּאֲשֶׁר הַשֵּׁם יִתְבָּרַךְ אִנָּה לְיָדוֹ, כְּמוֹ פִּדְיוֹן הַבֵּן, וְיִבּוּם, וַחֲלִיצָה, וְגֵט, וְכַיּוֹצֵא בָּזֶה. יֵשׁ בָּזֶה חִלּוּק, כִּי אִם הַשֵּׁם יִתְבָּרַךְ אִנָּה לְיָדוֹ אַחַת מֵהֶם וְלֹא קִיְּמָהּ, דִּינוֹ כְּדִין הָרִאשׁוֹנִים, שֶׁיִּתְגַּלְגֵּל בְּהֶכְרֵחַ לְקַיְּמָהּ. אֲבָל אִם לֹא בָּאָה לְיָדוֹ, אֵינֶנּוּ מְחֻיָּב גִּלְגּוּל עַל מִצְוֹת הָאֵלּוּ, אֲבָל יָבֹא בְּסוֹד עִבּוּר בְּאֵיזֶה אָדָם שֶׁבָּאוּ לְיָדוֹ וִיקַיֵּם אוֹתָם, וְאַחַר כָּךְ יֵלֵךְ לוֹ וְיַחֲזֹר לִמְקוֹמוֹ כְּכַלּוֹתוֹ לַעֲשׂוֹתָם.

מִצְוֹת שֶׁאִי אֶפְשָׁר לְקַיְּמָן בַּזְּמַן הַזֶּה

וְאָמְנָם הַבְּחִינָה הַשְּׁלִישִׁית, וְהֵם הַמִּצְוֹת שֶׁהוּא מִן הַנִּמְנָע לְקַיְּמָם בַּזְּמַן הַזֶּה, כְּמוֹ מִצְוַת הַקָּרְבָּנוֹת וְכַיּוֹצֵא בָּזֶה, וְהִנֵּה נִתְבָּאֵר שֶׁהָאָדָם מֻכְרָח לְקַיֵּם כָּל הַתַּרְיַ"ג מִצְוֹת וּלְהִתְגַּלְגֵּל עַד שֶׁיְּקַיֵּם כֻּלָּם, וְאָמְנָם בַּזְּמַן הַזֶּה לֹא יִתְגַּלְגֵּל לְקַיְּמָם כֵּיוָן שֶׁאֵין יְכֹלֶת לְקַיְּמָם. אָמְנָם אַחַר בִּיאַת הַמָּשִׁיחַ שֶׁיִּבָּנֶה בֵּית הַמִּקְדָּשׁ בִּמְהֵרָה בְיָמֵינוּ אָמֵן, אָז יִתְגַּלְגְּלוּ בְּגִלְגּוּל מַמָּשׁ כְּדֵי לְקַיְּמָם, וְאֶל זֶה רָמַז ר' יִשְׁמָעֵאל בֶּן אֱלִישָׁע כֹּהֵן

that when the Holy Temple will be built I will bring a fat Sin offering." (Tractate Shabbat 12b)

There is a distinction concerning this aforementioned matter regarding someone who was lazy in performing a non-obligatory Precept, [un]like the Shema Reading, Tefilin, and similar to it [which are obligatory], but rather it is a Precept that one does not need to pursue, like Shilu'ach haKen (the Sending from the Nest), as it is written: "...if it happens that a bird's nest will be before you...." (Deuteronomy 22:6) Or if he does not have a house and is unable to build a railing, and similar to these, because he was not that motivated to seek out their performance, he is thus obligated to reincarnate, as mentioned. However, he is assured that he will not transgress in that Reincarnation.

If he was lazy in performing a non-obligatory Precept, he reincarnates and is assured that he will not sin.

However, if the opportunity to perform that Precept did appear and he did not want to perform it, then he is required to reincarnate, and when he reincarnates he is not assured as before that he will not transgress. Nevertheless one who reincarnates due to performing a transgression will surely transgress, as we have explained in earlier Introductions.

You also need to know that a person needs to perform the 613 Precepts in action, speech, and thought, as our sages commented on the verse: "This is the law of the burnt-offering, of the meal-offering...," (Leviticus 7:37) [and] "Anyone who engages in the Torah, it is as though he sacrificed a burnt offering...." (Tractate Menachot 110a) What they meant with this is that a person needs to perform all of the 613 Precepts in speech, and so too in thought. If he did not perform all 613 Precepts in the three mentioned Aspects, he will have to reincarnate until he completes them. Also know that a person is obligated to engage with the Torah in four levels, represented by the acronym PaRDeS, which stands for Peshat (Literal), Remez (Allegory), Derash (Homily) and Sod (Secret), and one needs to reincarnate until he completes them.

Completing the Precepts in action, speech, and thought, and dealing with the Torah in all four levels.

גָּדוֹל כְּשֶׁהִטָּה אֶת הַנֵּר בְּלֵילֵי שַׁבָּת, שֶׁאָמַר "אֶכְתֹּב עַל פִּנְקָסִי לִכְשֶׁיִּבָּנֶה בֵּית הַמִּקְדָּשׁ אָבִיא חַטָּאת שְׁמֵנָה".

אִם לֹא נִזְהַר לִרְדֹּף אַחֲרֵי מִצְוָה שֶׁאֵינָהּ חוֹבָה, יִתְגַּלְגֵּל וּמֻבְטָח שֶׁלֹּא יֶחֱטָא

וְהִנֵּה יֵשׁ חִלּוּק אַחֵר בְּעִנְיָן הַנִּזְכָּר, וְהוּא, כִּי מִי שֶׁנִּתְעַצֵּל מִלְּקַיֵּם אֵיזוֹ מִצְוָה שֶׁאֵינָהּ חוֹבָה, כְּמוֹ הַקְּרִיאַת שְׁמַע וְהַתְּפִלִּין וְכַיּוֹצֵא בָּזֶה, אָמְנָם הִיא מִצְוָה שֶׁאֵינוֹ מְחֻיָּב לִרְדֹּף אַחֲרֶיהָ, כְּמוֹ שִׁלּוּחַ הַקֵּן דִּכְתִיב בָּהּ "כִּי יִקָּרֵא קַן צִפּוֹר" וְכוּ', אוֹ שֶׁלֹּא הָיָה לוֹ בַּיִת וְכוּ' וְנִמְנַע מִלַּעֲשׂוֹת מַעֲקֶה וְכַיּוֹצֵא בְּאֵלּוּ, כִּי לֹא נִזְדָּרֵז לְחַפֵּשׂ אַחֲרֵיהֶם וּלְקַיְּמָם, הִנֵּה הָאִישׁ הַזֶּה מְחֻיָּב גִּלְגּוּל כַּנִּזְכָּר, אֲבָל מֻבְטָח הוּא שֶׁלֹּא יֶחֱטָא בַּגִּלְגּוּל הַזֶּה.

אֲבָל אִם בָּאָה לְיָדוֹ הַמִּצְוָה וְנִזְדַּמְּנָה לוֹ וְלֹא רָצָה לְקַיְּמָהּ, וְהִנֵּה הוּא מְחֻיָּב גִּלְגּוּל, וּכְשֶׁיִּתְגַּלְגֵּל אֵינֶנּוּ מֻבְטָח כְּמוֹ הָרִאשׁוֹן שֶׁלֹּא יֶחֱטָא. אֲבָל מִי שֶׁנִּתְגַּלְגֵּל עַל שֶׁעָבַר אֵיזוֹ עֲבֵרָה, זֶה יֶחֱטָא בְּוַדַּאי, כַּמְבֹאָר בַּדְּרוּשִׁים שֶׁקָּדְמוּ.

צָרִיךְ לְהִתְגַּלְגֵּל עַד שֶׁיַּשְׁלִים הַמִּצְוֹת בְּמַעֲשֶׂה, דִּבּוּר וּמַחֲשָׁבָה, וְשֶׁיַּעֲסֹק בַּתּוֹרָה בְּד' מַדְרֵגוֹת

עוֹד צָרִיךְ שֶׁתֵּדַע, כִּי הָאָדָם צָרִיךְ לְקַיֵּם כָּל הַתַּרְיַ"ג מִצְוֹת בְּמַעֲשֶׂה וּבְדִבּוּר וּבְמַחֲשָׁבָה, וכמ"ש רַזַ"ל עַל פָּסוּק "זֹאת הַתּוֹרָה לָעֹלָה וְלַמִּנְחָה" וְכוּ', "כָּל הָעוֹסֵק בְּפָרָשַׁת עוֹלָה, כְּאִלּוּ הִקְרִיב עוֹלָה" וְכוּ'. וְכִוְּנוּ בָּזֶה שֶׁהָאָדָם מְחֻיָּב לְקַיֵּם כָּל הַתַּרְיַ"ג מִצְוֹת בְּדִבּוּר, וְכֵן עַל דֶּרֶךְ זֶה בְּמַחֲשָׁבָה. וְאִם לֹא קִיֵּם כָּל הַתַּרְיַ"ג בִּשְׁלֹשָׁה בְּחִינוֹת הנז', מְחֻיָּב לְהִתְגַּלְגֵּל עַד שֶׁיַּשְׁלִים אוֹתָם. עוֹד דַּע, כִּי הָאָדָם מְחֻיָּב לַעֲסֹק בַּתּוֹרָה בְּד' מַדְרֵגוֹת שֶׁסִּימָנָם פַּרְדֵּ"ס, וְהֵם: פְּשָׁט, רֶמֶז, דְּרַשׁ, סוֹד, וְצָרִיךְ שֶׁיִּתְגַּלְגֵּל עַד שֶׁיַּשְׁלִים כֻּלָּם.

SEVENTEENTH
INTRODUCTION

[This Introduction] is connected with what was [previously] said concerning "...a person is obligated to engage with the Torah in its four levels." Know that the total number of all the Souls is no more than 600,000. The Torah is the Root of the Souls of Israel because from it they were hewn and in it they are Rooted. Therefore in the Torah there are 600,000 interpretations, all of which are according to Peshat; 600,000 in Remez; 600,000 in Derash; and 600,000 in Sod.

The Torah is the Root of the Israelite Souls.

It is found that one Israelite Soul is formed from each and every interpretation of the 600,000 interpretations. In the Future to Come, each and every Israelite will obtain a complete understanding of the entire Torah according to the interpretation that corresponds to the Root of his Soul since he was created and came into being through that specific interpretation, as was mentioned. So too in the Garden of Eden, after the individual passes, he will obtain all of this.

One Israelite Soul is created from every interpretation of the Torah.

The same happens every night when the individual is asleep and deposits his Soul, which departs and ascends Above. Whoever merits to ascend Above is taught there the interpretation that corresponds to the Root of his Soul. However, his actions that day will dictate what he will be taught that night, whether a specific verse or a specific portion, as that verse shines within him more than on the other days. On another night, a different verse will shine in his Soul, according to his actions of that day, all according to the interpretation that the Root of his Soul is connected to.

When the Soul ascends at night, they teach it the exact interpretation that belongs to it.

Each and every evening, my teacher would look at his students standing in front of him and see in them which verse shone more in each individual, from the Aspect of the revelation of

The Ari could see which verse would shine in his students.

הַקְדָּמָה י"ז

הַתּוֹרָה הִיא שֹׁרֶשׁ נִשְׁמוֹת יִשְׂרָאֵל

וְהִיא מְקֻשֶּׁרֶת עִם הָאָמוּר, שֶׁהָאָדָם מְחֻיָּב לַעֲסֹק בַּתּוֹרָה בְּאַרְבָּעָה מַדְרֵגוֹת שֶׁבָּהּ, וְהִיא זֹאת: דַּע, כִּי כְּלָלוּת כָּל הַנְּשָׁמוֹת הֵם ס' רִבּוֹא וְלֹא יוֹתֵר. וְהִנֵּה הַתּוֹרָה הִיא שֹׁרֶשׁ נִשְׁמוֹת יִשְׂרָאֵל, כִּי מִמֶּנָּה חֻצְּבוּ וּבָהּ נִשְׁרְשׁוּ. וְלָכֵן יֵשׁ בַּתּוֹרָה ס' רִבּוֹא פֵּרוּשִׁים, וְכֻלָּם כְּפִי הַפְּשָׁט. וְס' רִבּוֹא בְּרֶמֶז, וְס' רִבּוֹא בִּדְרָשׁ, וְס' רִבּוֹא בְּסוֹד.

מִכָּל פֵּרוּשׁ הַתּוֹרָה נִתְהַוָּה נְשָׁמָה אַחַת שֶׁל יִשְׂרָאֵל

וְנִמְצָא, כִּי מִכָּל פֵּרוּשׁ מִן הַס' רִבּוֹא פֵּרוּשִׁים, מִמֶּנּוּ נִתְהַוָּה נְשָׁמָה אַחַת שֶׁל יִשְׂרָאֵל, וְלֶעָתִיד לָבֹא כָּל אֶחָד וְאֶחָד מִיִּשְׂרָאֵל יַשִּׂיג לָדַעַת כָּל הַתּוֹרָה כְּפִי אוֹתוֹ הַפֵּרוּשׁ הַמְכֻוָּן עִם שֹׁרֶשׁ נִשְׁמָתוֹ, אֲשֶׁר עַל יְדֵי הַפֵּרוּשׁ הַהוּא נִבְרָא וְנִתְהַוָּה כַּנִּזְכָּר. וְכֵן בְּגַן עֵדֶן אַחַר פְּטִירַת הָאָדָם יַשִּׂיג כָּל זֶה.

כְּשֶׁהַנְּשָׁמָה עוֹלָה בַּלַּיְלָה מְלַמְּדִים אוֹתָהּ אוֹתוֹ הַפֵּרוּשׁ הַשַּׁיָּךְ לָהּ

וְכֵן בְּכָל לַיְלָה כַּאֲשֶׁר הָאָדָם יָשֵׁן, וּמַפְקִיד נַפְשׁוֹ וְיוֹצְאָה מִמֶּנּוּ וְעוֹלָה לְמַעְלָה, הִנֵּה מִי שֶׁזּוֹכֶה לַעֲלוֹת לְמַעְלָה מְלַמְּדִים לוֹ שָׁם אוֹתוֹ הַפֵּרוּשׁ שֶׁבּוֹ תָּלוּי שֹׁרֶשׁ נִשְׁמָתוֹ. וְאָמְנָם הַכֹּל כְּפִי מַעֲשָׂיו בַּיּוֹם הַהוּא, כָּךְ בְּאוֹתָהּ הַלַּיְלָה יְלַמְּדוּהוּ, פָּסוּק אֶחָד אוֹ פָּרָשָׁה פְּלוֹנִית, כִּי אָז מֵאִיר בּוֹ יוֹתֵר הַפָּסוּק הַהוּא מִשְּׁאָר הַיָּמִים. וּבַלַּיְלָה הָאַחֶרֶת יָאִיר בְּנִשְׁמָתוֹ פָּסוּק אַחֵר כְּפִי מַעֲשָׂיו שֶׁל אוֹתוֹ הַיּוֹם, וְכֻלָּם עַל דֶּרֶךְ הַפֵּרוּשׁ הַהוּא אֲשֶׁר תְּלוּיָה בּוֹ שֹׁרֶשׁ נִשְׁמָתוֹ כַּנִּזְכָּר.

הָאֲרִ"י הָיָה רוֹאֶה אֵיזֶה פָּסוּק הָיָה מֵאִיר בְּתַלְמִידָיו

וּמוֹרִי זַ"ל, בְּכָל עֶרֶב וָעֶרֶב הָיָה מִסְתַּכֵּל בְּתַלְמִידָיו הָעוֹמְדִים לְפָנָיו, וְרוֹאֶה בָּהֶם אֵיזֶה פָּסוּק מֵאִיר יוֹתֵר בָּאִישׁ הַהוּא בְּמִצְחוֹ מִצַּד הֶאָרַת

his Soul that illuminated in his forehead. He would explain a little bit of the meaning of that verse to him, according to the interpretation that belonged to his Soul, as mentioned.

Before this individual would fall asleep, he would meditate on the interpretation that [the Ari] explained [a little bit of the meaning of] and he would then read that verse with his mouth so that when his Soul would ascend to be deposited during his sleep, they would further teach him the missing [explanation]. Through this, the Nefesh becomes refined and ascends Above to endless great levels, and other things become revealed to him even though his physical [body] might not recognize it upon waking.

It has already been explained that the 600,000 interpretations of the Torah are all according to the Peshat, and [there are] corresponding [interpretations] in Aggadah, and [there are] corresponding [interpretations] in Kabbalah, and so on, which are alluded to in the acronym PaRDeS, since there is no Israelite Soul that does not include all four of these Aspects. However, some Souls achieves two kinds of interpretations, and some even more.

Every Soul is comprised of Peshat, Remez, Derash, and Sod.

The Soul of Moses achieved all 600,000 interpretations of the Torah, and our sages indicated that he even knew everything that any senior Scholar would reveal in the future. (Tractate Brachot 5a, Tractate Megilah 19b) The reason for this is because his Soul included all 600,000 Souls of Israel, and therefore the rest of the sages of Israel will achieve as many interpretations of the Torah as the Aspects of the Souls that are included within each of them.

Moses achieved all the interpretations since his Soul included all 600,000 Israelite Souls.

Once, a person came to my teacher [the Ari], and he looked at him and told him one matter, which we will write down here so that perhaps from it you may be able to apply and understand other situations concerning the performance of the Precepts. This is what [my teacher] told him:

What the Ari told his student.

נִשְׁמָתוֹ הַמְּאִירָה שָׁם. וְהָיָה מְבָאֵר לוֹ קְצָת מִן הַפֵּרוּשׁ שֶׁל הַפָּסוּק הַהוּא, כְּפִי הַפֵּרוּשׁ הַשַּׁיָּךְ אֶל נִשְׁמָתוֹ כַּנִּזְכָּר.

וְקֹדֶם שֶׁהָיָה יָשֵׁן הָאִישׁ הַהוּא, הָיָה מְכַוֵּן אֶל הַפֵּרוּשׁ הַהוּא שֶׁבֵּאֵר לוֹ קְצָתוֹ, וְהָיָה קוֹרֵא בְּפִיו הַפָּסוּק הַהוּא כְּדֵי שֶׁכַּאֲשֶׁר תַּעֲלֶה נַפְשׁוֹ לְמַעְלָה בְּפִקָּדוֹן בִּשְׁנָתוֹ יְלַמְּדוּהוּ עוֹד תַּשְׁלוּמוֹ. ועי"כ הַנֶּפֶשׁ מִזְדַּכֶּכֶת, וְעוֹלָה לְמַעְלָה מַדְרֵגוֹת גְּדוֹלוֹת לְאֵין קֵץ, וְיִתְגַּלּוּ לוֹ דְּבָרִים אֲחֵרִים, גַּם אִם הַחֹמֶר לֹא יַרְגִּישׁ בָּהֶם כְּשֶׁיָּקִיץ.

כָּל נְשָׁמָה כְּלוּלָה מִפְּשָׁט, רֶמֶז, דְּרָשׁ וְסוֹד

וּכְבָר נִתְבָּאֵר, כִּי ס' רִבּוֹא פֵּרוּשֵׁי הַתּוֹרָה הֵם כֻּלָּם כְּפִי הַפְּשָׁט, וּכְנֶגְדָּם בָּאַגָּדָה, וּכְנֶגְדָּם בַּקַּבָּלָה וְכוּ', הַנִּרְמָזִים בְּרָאשֵׁי תֵּבוֹת פַּרְדֵּס, לְפִי שֶׁאֵין נְשָׁמָה מִיִּשְׂרָאֵל שֶׁאֵינָהּ כְּלוּלָה מִד' בְּחִינוֹת אֵלּוּ. וְאָמְנָם יֵשׁ נְשָׁמָה שֶׁמַּשִּׂיגָה שְׁנֵי מִינֵי פֵרוּשִׁים, וְיֵשׁ יוֹתֵר וְיוֹתֵר.

מֹשֶׁה הִשִּׂיג כָּל הַפֵּרוּשִׁים לְפִי שֶׁנִּשְׁמָתוֹ הָיְתָה כּוֹלֶלֶת כָּל ס' רִבּוֹא נִשְׁמוֹת יִשְׂרָאֵל

וְהִנֵּה נִשְׁמָתוֹ שֶׁל מֹשֶׁה רַבֵּנוּ ע"ה הָיְתָה מַשֶּׂגֶת כָּל ס' רִבּוֹא פֵּרוּשִׁים שֶׁבַּתּוֹרָה, וכמ"ש רַזַ"ל שֶׁיָּדַע אֲפִלּוּ כָּל מַה שֶׁתַּלְמִיד וָתִיק עָתִיד לְחַדֵּשׁ, וְטַעַם הַדָּבָר הוּא, לְפִי שֶׁנִּשְׁמָתוֹ הָיְתָה כּוֹלֶלֶת כָּל ס' רִבּוֹא נִשְׁמוֹת יִשְׂרָאֵל, וְלָכֵן גַּם שְׁאָר חַכְמֵי יִשְׂרָאֵל יַשִּׂיגוּ כָּל כָּךְ פֵּרוּשִׁים בַּתּוֹרָה כְּפִי בְּחִינוֹת הַנְּשָׁמוֹת הַנִּכְלָלוֹת בּוֹ.

מָה הָאֲרִ"י אָמַר לְתַלְמִידוֹ

וְהִנֵּה פַּעַם אַחַת בָּא אִישׁ אֶחָד לִפְנֵי מוֹרִי זַ"ל, וְנִסְתַּכֵּל בּוֹ וְאָמַר לוֹ עִנְיָן אֶחָד, וְנִכְתְּבֵהוּ פֹּה, אוּלַי מִמֶּנּוּ תּוּכַל לְהַקִּישׁ וּלְהָבִין אֵיזֶה עִנְיָן אַחֵר בְּעִנְיַן קִיּוּם הַמִּצְוֹת. וְזֶה מַה שֶּׁאָמַר לוֹ:

Know that among all of the Precepts, there are Male and Female in both the Positive Precepts and the Negative Precepts." (This is explained in greater detail in the Thirty-Eighth Inroduction.) Indeed, each and every Limb of the 248 Limbs of the Soul of Adam is composed of Flesh, Sinews, and Bones, as is known. The Flesh and the Bones are the Positive Precepts of that Limb, and the Sinews are the Negative Precepts. Later on it will be explained that these Sinews included in the Limbs are not like the other Sinews, which are 365 in number, as will be explained later on with God's help.

Male and Female Precepts.

[My teacher] told him that the Root of the quarry of his Soul is from the left Shoulder Limb of Adam, from the aspect of the Partzuf of Leah that stands behind him. The amount of Precepts in this Limb called the Left Shoulder is 11, like the numerical value of Vav-Hei, which are the last two letters of the Yud-Hei-Vav-Hei. They equal the numerical value of *katef* (כתף; shoulder; 500) by a way of multiplying called Striking (*Haka'ah*; Multiplying). This is how: Strike Vav [spelled out as Vav-Yud-Vav; ויו; 22] times Hei [spelled out as Hei-Yud; הי; 15], and that is 330. Vav [spelled out as Vav-Vav; וו; 12] times Hei [spelled out as Hei-Yud; הי; 15] is 180, thus 510. Subtract 11, like the number of Vav-Hei (וה), and with the entirety itself you get 500, like the numerical value of katef (כתף; shoulder).

In the Left Shoulder Limb there are 11 Positive Precepts and 15 Negative Precepts.

However, the number of the Negative Precepts in the Shoulder Limb is 15, like the number of the first two letters of Yud-Hei-Vav-Hei, which are Yud-Hei; and as the sages said: "Yud-Hei (יה; 15) plus *Sh'mi* (My Name; 350); (Exodus 3:15) equals 365, and Vav-Hei (וה; 11) plus *Zichri* (237; My Memorial)' (Ibid.) equals 248." (Zohar Beresheet A 195) These two letters also equal the numerical value of *katef* (shoulder; 500), in this way: Yud [spelled out as Yud-Vav-Dalet; 20 ;יוד] times Hei [spelled out as Hei-Yud; הי; 15] equals 300, and Yud [spelled out as Yud-Vav-Dalet; 20 ;יוד] times Hei [spelled out as Hei-Hei; הה; 10] equals 200, thus totaling 500, like the numerical value of *katef* (shoulder).

מִצְוֹת זְכָרִים וּנְקֵבוֹת

דַּע, כִּי הַמִּצְוֹת כֻּלָּם יֵשׁ בָּהֶם זְכָרִים וּנְקֵבוֹת, בֵּין בְּמִצְוֹת עֲשֵׂה בֵּין בְּמִצְוֹת לֹא תַעֲשֶׂה. וְאָמְנָם אֵין לְךָ אֵבֶר מֵרְמַ"ח אֵבְרֵי נִשְׁמַת אָדָם הָרִאשׁוֹן שֶׁאֵינוֹ כָּלוּל מִבָּשָׂר וְגִידִים וַעֲצָמוֹת כַּנּוֹדָע, וְאָמְנָם הַבָּשָׂר וְהָעֲצָמוֹת הֵם מִצְוֹת עֲשֵׂה שֶׁבָּאֵבֶר הַהוּא, וְהַגִּידִים הֵם מִצְוֹת לֹא תַעֲשֶׂה. וּלְקַמָּן יִתְבָּאֵר בעהי"ת שֶׁאֵין הַגִּידִים אֵלּוּ שֶׁבִּכְלָלוּת הָאֵבָרִים, כְּאוֹתָם הַגִּידִים הָאֲחֵרִים שֶׁמִּסְפָּרָם שְׁסָ"ה גִּידִים, כַּנּוֹדָע לְקַמָּן בע"ה.

בְּאֵבֶר הַכָּתֵף הַשְּׂמָאלִית יֵשׁ י"א מִצְוֹת עֲשֵׂה וְט"ו מִצְוֹת לֹא תַעֲשֶׂה

וְאָמַר לוֹ, כִּי שֹׁרֶשׁ מַחְצַב נִשְׁמָתוֹ הִיא בְּאֵבֶר הַכָּתֵף הַשְּׂמָאלִי שֶׁל אָדָם הָרִאשׁוֹן, מִבְּחִינַת פַּרְצוּף לֵאָה הָעוֹמֶדֶת שָׁם מֵאֲחוֹרָיו. וּמִסְפַּר הַמִּצְוֹת אֲשֶׁר בָּאֵבֶר הַזֶּה הַנִּקְרָא כָּתֵף שְׂמָאלִי הֵם י"א מִצְוֹת עֲשֵׂה, כְּמִנְיַן ו"ה, שֶׁהֵם ב' אוֹתִיּוֹת אַחֲרוֹנוֹת שֶׁל הַהֲוָיָ"ה, וְהֵם בְּגִימַטְרִיָּא כָּתֵף בְּאֹפֶן זֶה הַנִּקְרָא הַבָּאָה, כֵּיצַד: תַּכֶּה וָי"ו פְּעָמִים הֵ"י, הֵם ש"ל, וָ"ו פְּעָמִים הֵ"י הֵם ק"ף, הֲרֵי תק"י, תָּסִיר מֵהֶם י"א כְּמִסְפַּר ו"ה, יִשָּׁאֵר עִם הַכְּלָלוּת ת"ק, כְּמִנְיַן כָּתֵף.

וְאָמְנָם מִסְפַּר מִצְוֹת לֹא תַעֲשֶׂה שֶׁבְּאֵבֶר הַכָּתֵף הֵם ט"ו, כְּמִנְיַן שְׁנֵי אוֹתִיּוֹת הָרִאשׁוֹנוֹת שֶׁל הֲוָיָ"ה שֶׁהֵם י"ה, וכמ"ש חֲזַ"ל י"ה עִם שְׁמִי שְׁסָ"ה, ו"ה עִם זִכְרִי רְמַ"ח. וְגַם שְׁנֵי אוֹתִיּוֹת אֵלּוּ הֵם בְּגִימַטְרִיָּא כָּתֵף, בְּאֹפֶן זֶה: יוּ"ד פְּעָמִים הֵ"י, הֵם ש'. יוּ"ד פְּעָמִים הֵ"ה, הֵם ר'. הֲרֵי ת"ק, כְּמִנְיַן כָּתֵף.

However, the ten Negative Precepts alluded to in the letter Yud (י; 10) are Male, and the remaining five that are alluded to in the first letter Hei (ה; 5) are Female. The six Positive Precepts alluded to in the letter Vav (ו; 6) are Male, and the five that are alluded to in the last letter Hei (ה; 5) are Female.

I did not get the explanation about the ten Male Negative Precepts from my teacher.

Dividing the Precepts to Male and Female.

However, these are the five Female Negative Precepts that are in the first letter Hei (ה), as follows:

1. "You shall not murder..." (Exodus 20:13), which includes not embarrassing your fellow man in public, since "[his face] turns from red to white" (Tractate Bava Metzia 58b), and thus it is as if he spills blood.
2. "You shall not steal..." (Leviticus 19:11) is a warning about [stealing] money.
3. "...You shall not cook a kid in its mother's milk." (Exodus 23:19)
4. "You shall not eat *chelev* (a specific animal fat)...." (Leviticus 3:17)
5. "...You shall not eat blood." (Leviticus 3:17)

The six [Male] Positive Precepts in the letter Vav (ו) are as follows:
1. "...that your brother may live with you." (Leviticus 25:36), which is close to the Precept of Tzedakah (Charity), and the meaning of [this Precept] is that you shall find [a way] to allow your fellow man to live together with you and make a living.
2. To eat *Ma'aser Sheni* (Second Tithe) in Jerusalem. (Deuteronomy 14:23)
3. "...you shall create a railing on your roof...." (Deuteronomy 22:8)
4. "...'Be fruitful and multiply and fill the land....'" (Genesis 1:28)

וְאָמְנָם עֶשֶׂר מִצְוֹת לֹא תַעֲשֶׂה, הָרְמוּזִים בָּאוֹת י', הֵם זְכָרִים. וְהַחֲמִשָּׁה הַנִּרְמָזִים בְּאוֹת ה' רִאשׁוֹנָה, הֵם נְקֵבוֹת. וְהַשֵּׁשׁ מִצְוֹת עֲשֵׂה הָרְמוּזִים בָּאוֹת ו', הֵם זְכָרִים. וְהַחֲמִשָּׁה הַנִּרְמָזִים בְּאוֹת ה' אַחֲרוֹנָה, הֵם נְקֵבוֹת.

חֲלֻקַּת הַמִּצְוֹת לִזְכָרִים וּנְקֵבוֹת

וְהִנֵּה הָעֶשֶׂר מִצְוֹת לֹא תַעֲשֶׂה הַזְּכָרִים, לֹא קִבַּלְתִּים מִמּוֹרִי זַ"ל.

וְאֵלּוּ הֵם הַשְּׁאָר הַחֲמִשָּׁה מִצְוֹת לֹא תַעֲשֶׂה הַנְּקֵבוֹת שֶׁבְּאוֹת ה' רִאשׁוֹנָה, הֵם אֵלּוּ:

א', "לֹא תִרְצָח", וּבִכְלָלָהּ שֶׁלֹּא לְהַלְבִּין פְּנֵי חֲבֵרוֹ בָּרַבִּים, דְּאָזֵיל סֻמָּקָא וְאָתֵי חִוָּרָא, וַהֲרֵי הוּא כְּאִלּוּ שׁוֹפֵךְ דָּמִים.

ב', "לֹא תִּגְנֹבוּ", שֶׁהוּא אַזְהָרַת מָמוֹן.

ג', "לֹא תְבַשֵּׁל גְּדִי בַּחֲלֵב אִמּוֹ".

ד', לֹא תֹאכַל חֵלֶב.

ה', "לֹא תֹאכַל דָּם".

וְשֵׁשׁ מִצְוֹת עֲשֵׂה שֶׁבָּאוֹת ו', הֵם אֵלּוּ:

א', "וְחֵי אָחִיךָ עִמָּךְ", וְהִיא קְרוֹבָה לְמִצְוַת צְדָקָה, וּבֵאוּרוֹ שֶׁתְּבַקֵּשׁ הַמְּצָאָה לְאָחִיךָ, שֶׁיּוּכַל לִחְיוֹת עִמְּךָ וּלְהִתְפַּרְנֵס.

ב', לֶאֱכֹל מַעֲשֵׂר שֵׁנִי בִּירוּשָׁלַיִם.

ג', "וְעָשִׂיתָ מַעֲקֶה לְגַגֶּךָ".

ד', "פְּרוּ וּרְבוּ וּמִלְאוּ אֶת הָאָרֶץ".

5. To circumcise the son, and specifically one's own son. (Genesis 17:11)

6. Love your fellow man as yourself...." (Leviticus 19:18)

The five Female Positive Precepts in the final letter Hei (ה) are as follows:

1. Lending money to the poor, and a mnemonical sign for it is: "If (im) you lend money to My people...." (Exodus 22:24) Do not read "if" as im (אִם), but rather as em (אֵם) (mother).

2. The Precept of *Tzitzit*, which includes placing it over the shoulder, as the Root of the mentioned Nefesh is from the Shoulder.

3. "If you chance upon a bird's nest..." (Deuteronomy 22:6), and a mnemonical sign is "You shall surely chase away the mother...." (Ibid. 22:7)

4. To release on the seventh year (*Shmitah*). (Leviticus 25:4)

5. Remembering the exodus from Egypt. (Deuteronomy 5:15)

Also know that an individual who is not engaged in the Torah blemishes the Sefirah of Tiferet of each of the Four Worlds—Atzilut, Briyah, Yetzirah, and Asiyah—since the Torah is in the Tiferet of each World. Indeed, it has four levels, and their acronym is PaRDeS, which is Peshat (Literal), Remez (Allegory), Derash (Homiletic Interpretation) and Sod (Secret). Whoever merits acquiring the depths of all four can achieve the completion of all of the levels, and about him it is said: "...that will be done with he who awaits Him." (Isaiah 64:3)

Being lazy in the study of Torah damages the Tiferet of each World.

However, one who does not even want to engage with the Peshat of the Torah and the Scripture blemishes Tiferet of Asiyah. One who does not want to bring proofs to illustrate a point (Remez) blemishes Tiferet of Yetzirah. One who did not deal with the Homiletical interpretations (Derash) blemishes Tiferet of Briyah. And one who did not deal with the secrets of the Torah (Sod) blemishes Tiferet of Atzilut.

ה', לָמוּל אֶת הַבֵּן, וּבִפְרָט בְּנוֹ עַצְמוֹ שֶׁל הָאָדָם.

ו', "וְאָהַבְתָּ לְרֵעֲךָ כָּמוֹךָ".

וַחֲמִשָּׁה מִצְוֹת עֲשֵׂה הַנְּקֵבוֹת שֶׁבָּאוֹת ה' אַחֲרוֹנָה, הֵם אֵלּוּ:

א', הַלְוָאָה לְעָנִי, וְסִימָנָךְ "אִם כֶּסֶף תַּלְוֶה אֶת עַמִּי", אַל תִּקְרֵי אִם אֶלָּא אֵם בְּצֵירֵי.

ב', מִצְוַת צִיצִית, וּבִכְלָלָהּ לִתְנָהּ עַל הַכָּתֵף, לְפִי שֶׁשֹּׁרֶשׁ הַנֶּפֶשׁ הַנִּזְכָּר הִיא מִן הַכָּתֵף.

ג', "כִּי יִקָּרֵא קַן צִפּוֹר", וְסִימָנָךְ "שַׁלֵּחַ תְּשַׁלַּח אֶת הָאֵם".

ד', לְהַשְׁמִיט בַּשְּׁבִיעִית.
ה', לִזְכֹּר יְצִיאַת מִצְרַיִם.

הִתְרַשְּׁלוּת בְּעֵסֶק הַתּוֹרָה פּוֹגֶמֶת בְּתִפְאֶרֶת שֶׁבְּכָל עוֹלָם

גַּם דַּע, כִּי הָאָדָם שֶׁאֵינוֹ עוֹסֵק בַּתּוֹרָה פּוֹגֵם בִּסְפִירַת הַתִּפְאֶרֶת שֶׁבְּכָל עוֹלָם מִד' עוֹלָמוֹת אבי"ע, כִּי הַתּוֹרָה הִיא בְּתִפְאֶרֶת שֶׁבְּכָל עוֹלָם. הָאֻמְנָם יֵשׁ בָּהּ ד' מַדְרֵגוֹת וְסִימָנָם פַּרְדֵּ"ס, וְהֵם: פְּשָׁט, רְאָיָה, דְּרָשׁ, סוֹד. וּמִי שֶׁזָּכָה לֵירֵד לְעֹמֶק אַרְבַּעְתָּם זוֹכֶה לְסוֹף כָּל הַמַּעֲלוֹת, וְעָלָיו נֶאֱמַר "יַעֲשֶׂה לִמְחַכֵּה לוֹ".

הָאֻמְנָם מִי שֶׁלֹּא רָצָה לַעֲסֹק אֲפִלּוּ בִּפְשָׁטֵי הַתּוֹרָה וְהַמִּקְרָא פּוֹגֵם בְּתִפְאֶרֶת שֶׁבַּעֲשִׂיָּה, וּמִי שֶׁלֹּא רָצָה לְהָבִיא רְאָיָה לַדָּבָר פּוֹגֵם בְּתִפְאֶרֶת שֶׁבִּיצִירָה, וּמִי שֶׁלֹּא עָסַק בִּדְרָשׁוֹת הַתּוֹרָה פּוֹגֵם בְּתִפְאֶרֶת שֶׁבִּבְרִיאָה, וּמִי שֶׁלֹּא עָסַק בְּסוֹדוֹת הַתּוֹרָה פּוֹגֵם בְּתִפְאֶרֶת שֶׁבַּאֲצִילוּת.

EIGHTEENTH
INTRODUCTION

This is what I heard form others in the name of my teacher. I have already informed you that there are Four Worlds, and their order is: Atzilut, Briyah, Yetzirah and Asiyah. Each and every one of these Four Worlds is composed of all four of them, in the following manner: In the World of Atzilut, Aba is called Atzilut, Ima [is called] Briyah, Zeir Anpin [is called] Yetzirah and Nukva [is called] Asiyah. This same [substructure] appears in each and every World. However, the level of Arich Anpin is not mentioned, since it is so concealed. [Rav Brandwein's commentary: "because Arich Anpin is the secret of Keter and is hinted by the spike of the letter Yud."]

There are Four Worlds, and each one is composed of all Four.

Know that from the World of Atzilut emerge the Soul, from Briyah [emerge] Holy Spirits (Ruchin Kadishin), from Yetzirah [emerge] Angels, and from Asiyah [emerge] Ofanim (lit. Wheels). [Rav Brandwein's commentary: "Neshamot are the aspect of the World of Briyah, Ruchin are the aspect of the World of Yetzirah, and Nefashot are the aspect of the World of Asiyah. The meaning of 'from the World of Atzilut emerge Neshamot' is that from the World of Atzilut the Neshamot are bestowed to Briyah, and 'from Briyah emerge Ruchin' means that the Ruchot that are in Yetzirah are bestowed there from the World of Briyah. From the Unification of Zeir Anpin and Nukva of Atzilut the Neshamot are bestowed to the Righteous who stand in Briyah, and from the Unification of Zeir Anpin and Nukva of Briyah the Ruchot are bestowed to those who stand in Yetzirah."]

Neshamot, Ruchin, Angels, and Ofanim.

הַקְדָמָה י"ח

יֶשְׁנָם ד' עוֹלָמוֹת, וְכָל עוֹלָם כָּלוּל מֵאַרְבַּעְתָּם

וְזֶהוּ מַה שֶׁשָּׁמַעְתִּי מִזּוּלָתִי בְּשֵׁם מוֹרִי זַ"ל. כְּבָר הוֹדַעְתִּיךָ כִּי ד' עוֹלָמוֹת הֵם, וְסִדְרָם אבי"ע. וְהִנֵּה כָּל עוֹלָם וְעוֹלָם מֵאֵלּוּ הַד' כָּלוּל מֵאַרְבַּעְתָּם בְּאֹפֶן זֶה: כִּי בְּעוֹלָם הָאֲצִילוּת אַבָּא נִקְרָא אֲצִילוּת, וְאִמָּא בְּרִיאָה, וז"א יְצִירָה, וְנוּקְבָא עֲשִׂיָּה, וְעַל דֶּרֶךְ זֶה בְּכָל עוֹלָם מֵהֶם. הָאָמְנָם בְּחִינַת א"א, לִהְיוֹתוֹ נֶעְלָם מְאֹד, אֵינוֹ נִזְכָּר. (הָרַב בְּרַנְדְוַויְן: כִּי אֲרִיךְ אַנְפִּין הוּא סוֹד כֶּתֶר, וְנִרְמָז בְּקוֹצוֹ שֶׁל הַי'.)

נְשָׁמוֹת, רוּחִין, מַלְאָכִים וְאוֹפַנִּים

וְדַע, כִּי מִן עוֹלַם אֲצִילוּת יוֹצְאוֹת נְשָׁמוֹת, וּמִן הַבְּרִיאָה רוּחִין קַדִּישִׁין, וּמִן הַיְצִירָה מַלְאָכִים, וּמִן הָעֲשִׂיָּה אוֹפַנִּים. (הָרַב בְּרַנְדְוַויְן: נְשָׁמוֹת הֵן בְּחִינַת עוֹלַם הַבְּרִיאָה, רוּחִין הֵם בְּחִינַת עוֹלַם הַיְצִירָה, נְפָשׁוֹת הֵן בְּחִינַת עוֹלַם עֲשִׂיָּה. וּפֵרוּשׁ הַדְּבָרִים, מֵעוֹלַם אֲצִילוּת נְשָׁמוֹת, הוּא שֶׁמֵּעוֹלַם אֲצִילוּת מֻשְׁפָּעוֹת הַנְּשָׁמוֹת לִבְרִיאָה. וּמִבְּרִיאָה רוּחִין, הַיְנוּ הָרוּחוֹת שֶׁהֵם בִּיצִירָה מֻשְׁפָּעִים שָׁם מֵעוֹלַם הַבְּרִיאָה. כִּי מִזִּוּוּג זְעֵיר וְנוּקְבָא דַאֲצִילוּת מֻשְׁפָּע נְשָׁמוֹת לַצַּדִּיקִים הָעוֹמְדִים בִּבְרִיאָה, וּמִזִּוּוּג זְעֵיר וְנוּקְבָא דִבְרִיאָה מֻשְׁפָּע רוּחוֹת לְהָעוֹמְדִים בִּיצִירָה.)

The terrestrial man includes all of the mentioned Worlds. In the beginning he merits the Nefesh of Asiyah, and if he does not merit the Ruach because he transgressed and blemished the Nefesh and caused it to go into the Klipot through his actions, we say to him: "The mosquito preceded you and is superior to you" (Tractate Sanhedrin 38a) because the mosquito did not do an action to damage Above and put itself in the Klipot. However, if he did not transgress with his Nefesh, he is then in the secret of the Ofanim.

If one damages his Nefesh, they say, 'The mosquito preceded you." (Tractate Sanhedrin 38a)

However, you need to know that sometimes there is only a Nefesh in the individual, and yet he is considered to be more elevated and important than one who has a Ruach. The explanation to this matter is as follows: Each and every World contains all of the Four [Worlds]. It is found that even the Nefesh of Asiyah contains the four Aspects of Nefesh, Ruach, Neshamah and Neshamah of Neshamah, all of which are from Asiyah, and all are called Nefesh alone, in a general sense.

Sometimes, [in a case where] an individual is from the Aspect of Neshamah of Asiyah, once he starts to shine and correct a little, the aspect of the Neshamah of the general Ruach of Yetzirah is instantly illuminated within him, even though it has not completely been vested in him yet. As I have already informed you, it is actually impossible for the Ruach of Yetzirah to be completely clothed in the individual until his Nefesh is completely corrected in every part of Asiyah. However, only a glimmer shines within him. [Compare this to] an individual who is from the aspect of Nefesh of Asiyah and who also has within him Nefesh from Yetzirah, called Nefesh of Ruach, as we mentioned. This individual is surely lower than the first.

When one corrects his Neshamah of Asiyah, the Ruach from Yetzirah shines in him but is not permanent.

Also know that an individual can obtain up to the Nefesh of the World of Atzilut, which is from Malchut of Atzilut, and so even higher than all the Aspects of Atzilut. And know that if this individual merits having a Ruach from Yesod of Atzilut, he will be called "...the Man of God..." (Deuteronomy 33:1) "the Husband of the Matron," (Zohar Vayetze 35) about whom it is

One who attains Ruach of Yesod of Atzilut is called the Husband of the Matron.

אִם פָּגַם בְּנַפְשׁוֹ אוֹמְרִים לוֹ יַתּוּשׁ קְדָמְךָ

וְהִנֵּה הָאָדָם הַתַּחְתּוֹן כּוֹלֵל כָּל הָעוֹלָמוֹת הַנִּזְכָּר, וּבַתְּחִלָּה זוֹכֶה לְנֶפֶשׁ דַּעֲשִׂיָּה, וְאִם לֹא זָכָה אֶל הָרוּחַ מִפְּנֵי שֶׁחָטָא וּפָגַם אֶת הַנֶּפֶשׁ וְהִכְנִיסָהּ עַל יְדֵי מַעֲשָׂיו בְּתוֹךְ הַקְּלִפּוֹת, אוֹמְרִים לוֹ "יַתּוּשׁ קְדָמְךָ וּמְעֻלֶּה מִמְּךָ", מִפְּנֵי שֶׁהַיַּתּוּשׁ לֹא עָשָׂה מַעֲשֶׂה פָּגוּם לְמַעְלָה כְּדֵי שֶׁיִּכָּנֵס בַּקְּלִפּוֹת. אֲבָל אִם לֹא חָטָא בַּנֶּפֶשׁ הַהִיא, אָז הוּא בְּסוֹד אוֹפַנִּים.

וְאָמְנָם צָרִיךְ שֶׁתֵּדַע, כִּי לִפְעָמִים יִהְיֶה בָּאָדָם נֶפֶשׁ בִּלְבַד, וְיִהְיֶה יוֹתֵר חָשׁוּב וּמְעֻלֶּה מִמִּי שֶׁיֵּשׁ בּוֹ רוּחַ. וְהָעִנְיָן הוּא בְּמַה שֶּׁנִּתְבָּאֵר, כִּי כָּל עוֹלָם וְעוֹלָם כָּלוּל מֵאַרְבַּעְתָּם (הָרַב בְּרַנְדְוַיְן: צָרִיךְ לוֹמַר כִּי בְּכָל עוֹלָם וְעוֹלָם כְּלוּלִים בּוֹ כָּל הַד'). וְנִמְצָא כִּי גַּם הַנֶּפֶשׁ דַּעֲשִׂיָּה כְּלוּלָה מִבְּחִינַת נר"ן וּנְשָׁמָה לִנְשָׁמָה, וְאַרְבַּעְתָּם מִן הָעֲשִׂיָּה, וְכֻלָּם נִקְרָאִים נֶפֶשׁ בִּלְבַד דֶּרֶךְ כְּלָלוּת.

כְּשֶׁאָדָם מְתַקֵּן נְשָׁמָה דַּעֲשִׂיָּה מֵאִיר בּוֹ רוּחַ מִיצִירָה, אַךְ לֹא מִתְלַבֵּשׁ לְגַמְרֵי

וְהִנֵּה לִפְעָמִים אָדָם א' שֶׁיִּהְיֶה מִבְּחִינַת נְשָׁמָה דַּעֲשִׂיָּה, וְכֵיוָן שֶׁהִתְחִיל לְהָאִיר וּלְהִתָּקֵן קְצָת תֵּכֶף מְאִירָה בּוֹ בְּחִינַת הַנְּשָׁמָה שֶׁל כְּלָלוּת הָרוּחַ דִּיצִירָה, אַף עַל פִּי שֶׁעֲדַיִן לֹא נִתְלַבְּשָׁה בּוֹ מַמָּשׁ לְגַמְרֵי, כִּי כְּבָר הוֹדַעְתִּיךָ שֶׁאִי אֶפְשָׁר שֶׁהָרוּחַ שֶׁבִּיצִירָה יִתְלַבֵּשׁ מַמָּשׁ לְגַמְרֵי בָּאָדָם אֶלָּא עַד שֶׁיְּתַקֵּן נַפְשׁוֹ בְּכָל חֶלְקֵי הָעֲשִׂיָּה לְגַמְרֵי, אֲבָל מֵאִיר בּוֹ הֶאָרָה בִּלְבַד. וְיִהְיֶה אָדָם א' שֶׁהוּא מִבְּחִינַת נֶפֶשׁ דַּעֲשִׂיָּה, וְיֵשׁ בּוֹ גַּם כֵּן נֶפֶשׁ מִן הַיְצִירָה הַנִּקְרָא נֶפֶשׁ שֶׁל הָרוּחַ כַּנִּזְכָּר, וְאָדָם זֶה בְּוַדַּאי שֶׁהוּא גָּרוּעַ מִן הָרִאשׁוֹן.

מִי שֶׁמַּשִּׂיג רוּחַ דִּיסוֹד דַּאֲצִילוּת נִקְרָא בַּעְלָהּ דְּמַטְרוֹנִיתָא

גַּם דַּע, כִּי יֵשׁ אָדָם שֶׁיּוּכַל לְהַשִּׂיג עַד נֶפֶשׁ מֵעוֹלַם הָאֲצִילוּת, וְהוּא מִמַּלְכוּת דַּאֲצִילוּת. וְכֵן יוֹתֵר מִלְמַעְלָה מִכָּל בְּחִינוֹת אֲצִילוּת. וְדַע, כִּי אִם יִזְכֶּה הָאָדָם לִהְיוֹת בּוֹ רוּחַ מִן הַיְסוֹד דַּאֲצִילוּת, יִהְיֶה

said: "...righteous, ruling in the fear of God." (II Samuel 23:3) See Tractate Moed Katan 16b.

In the same way that there is a Tzadik that, upon leaving this world, ascends in the secret of Mayin Nukvin (Female Water) into Malchut of Atzilut, so too there is a Tzadik that ascends in the secret of Mayin Duchrin (Male Waters) into Yesod of Atzilut.

With this you will understand what is written in Zohar, Terumah 740, concerning the verse: "Light is sown for the righteous...." (Psalms 97:11), meaning, Light that has already been sown. The idea is that after the Destruction [of the Holy Temple], Zeir Anpin separated from Malchut, and the Supernal Gardener, which is Yesod, does not sow His Garden anymore. Rather, His Garden is sowed by itself from the after-growths that went out and grew there in the beginning, and from them it once again sprouts. The after-growths are the Souls of the Righteous, and before the Destruction, the Gardener sowed them in the Supernal Garden, where they sprouted.

Since the Destruction, the Supernal Gardner does not sow His Garden.

And when they [Souls of the Righteous] depart again from this world, they return to ascend to there in the secret of Mayin Nukvin, or to Yesod, which is the Upper Gardener, in the secret of Mayin Duchrin. And from them, [the garden] grows again. This is the secret of the verse: "Light is sown for the righteous..." (Psalms 97:11), [meaning] that these Lights were previously sown in the Supernal Garden, and they themselves are the ones who return and are replanted, and this is not a new seed. Understand this well.

When Tzadikim depart, they ascend to Malchut or Yesod.

Moreover, know that an individual who only deals with the performance of the Precepts merits the Nefesh that is called Asiyah, and no more. He is likened to a husband who travelled across the sea, leaving his wife hungry, thirsty, and without clothing. She is likened to the Shechinah Who dwells in exile and Whose home is destroyed, and She dwells in the darkness of exile. So too is the Nefesh of an individual when it is without

Nefesh without Ruach is like an exiled woman sitting alone in the dark.

238

נִקְרָא אִישׁ הָאֱלֹהִים, בַּעְלָהּ דְּמַטְרוֹנִיתָא, וְעָלָיו נֶאֱמַר "צַדִּיק מוֹשֵׁל יִרְאַת אֱלֹהִים".

כִּי כְּמוֹ שֶׁיֵּשׁ צַדִּיק אֶחָד אֲשֶׁר בִּפְטִירָתוֹ עוֹלֶה בְּסוֹד מַיִין נוּקְבִין בְּמַלְכוּת דַּאֲצִילוּת, כֵּן יֵשׁ צַדִּיק שֶׁעוֹלֶה בְּסוֹד מַיִין דְּכוּרִין בִּיסוֹד דַּאֲצִילוּת.

מִזְּמַן הַחֻרְבָּן הַגַּנָּן אֵינוֹ זוֹרֵעַ גִּנָּתוֹ

וּבָזֶה תָּבִין מ"ש בַּזֹּהַר בְּפָרָשַׁת תְּרוּמָה דַּף קס"ו ע"ב בְּפָסוּק "אוֹר זָרֻעַ לַצַּדִּיק", אוֹר שֶׁכְּבָר נִזְרַע, וְהָעִנְיָן הוּא, כִּי אַחַר הַחֻרְבָּן נִתְפָּרְדוּ זְעֵיר מִנּוּקְבֵיהּ, וְהַגַּנָּן הָעֶלְיוֹן יְסוֹד, אֵינֶנּוּ זוֹרֵעַ גִּנָּתוֹ, אָמְנָם גִּנָּתוֹ מְצַמַּחַת מֵאֵלֶיהָ מִן הַסְּפִיחִים שֶׁיָּצְאוּ וְצָמְחוּ בָּהּ מִתְּחִלָּה, וּמֵהֶם חוֹזֶרֶת וְצוֹמַחַת. וְהִנֵּה הַסְּפִיחִים הֵם נִשְׁמוֹת הַצַּדִּיקִים, אֲשֶׁר טֶרֶם הַחֻרְבָּן זְרָעָם הַגַּנָּן בַּגִּנָּה הָעֶלְיוֹנָה וְצָמְחוּ בָּהּ.

כְּשֶׁהַצַּדִּיקִים נִפְטָרִים הֵם עוֹלִים אוֹ לְמַלְכוּת אוֹ לִיסוֹד

וְכַאֲשֶׁר חוֹזְרִים וְנִפְטָרִים מִן הָעוֹלָם הַזֶּה, חוֹזְרִים לַעֲלוֹת שָׁם בָּהּ בְּסוֹד מַיִין נוּקְבִין, אוֹ בִּיסוֹד שֶׁהוּא הַגַּנָּן הָעֶלְיוֹן בְּסוֹד מַיִין דְּכוּרִין, וּמֵהֶם חוֹזֶרֶת וְצוֹמַחַת. וְזֶהוּ סוֹד פָּסוּק "אוֹר זָרֻעַ לַצַּדִּיק", שֶׁכְּבָר הָאוֹרוֹת הָאֵלּוּ נִזְרְעוּ בַּתְּחִלָּה בַּגִּנָּה הָעֶלְיוֹנָה, וְהֵם עַצְמָם שֶׁחוֹזְרִים וְנִזְרָעִים, וְאֵין זֶה זֶרַע חָדָשׁ, וְהָבֵן זֶה.

נֶפֶשׁ בְּלִי רוּחַ דּוֹמָה לְאִשָּׁה שֶׁיּוֹשֶׁבֶת בַּחֹשֶׁךְ בַּגָּלוּת

עוֹד דַּע, כִּי אִם הָאָדָם מִתְעַסֵּק בַּעֲשִׂיַּת הַמִּצְוֹת בִּלְבַד, הִנֵּה הוּא זוֹכֶה אֶל נֶפֶשׁ הַנִּקְרָא עֲשִׂיָּה וְלֹא יוֹתֵר. וְהוּא דּוֹמֶה לְאִשָּׁה שֶׁהָלַךְ בַּעְלָהּ לִמְדִינַת הַיָּם, וְהִנִּיחָהּ עֲרֻמָּה רְעֵבָה וּצְמֵאָה, וְהִיא דּוֹמָה אֶל הַשְּׁכִינָה הַיּוֹשֶׁבֶת בַּגָּלוּת, וּבֵיתָהּ נֶחֱרַב וְיוֹשֶׁבֶת בַּגָּלוּת בַּחֹשֶׁךְ, כָּךְ

the Ruach, its husband, having neither Light nor the intelligence to acquire knowledge.

If this individual further makes the effort to also engage with the Torah and constantly learns, contemplates, and repeats his studies in the Oral Torah Laws, and always engages with it For Its Own Sake, then he will merit the Ruach that is from Yetzirah. Then it is likened to a woman whose husband has arrived and now lives with her in her home permanently, providing her with clothing, food, and drink, so that she returns to her previous elevated state. So too, is this individual when the Ruach enters him and dwells within his Nefesh, as his Nefesh will then be filled with the Spirit of Wisdom, and his Nefesh will ascend from Asiyah to Yetzirah.

Torah study For Its Own Sake draws down Ruach from Yetzirah.

If this individual puts in even more effort and occupies himself with the Hidden Wisdom and the Secrets of the Torah, he will then also merit the Neshamah, which is from Briyah, and the Neshamah will shine within his Ruach, adding wisdom to his wisdom and elevation to his status. Then he is called a Complete Person, about whom it is said: "And God created man in His image...." (Genesis 1:27)

Studying the secrets of the Torah draws down Neshamah from Briyah.

The secret of this matter is that while the individual has only a Nefesh, he has no abundance except from the Name Alef-Dalet-Nun-Yud (אדני; 65) alone. And when he occupies himself with the Torah For Its Own Sake, he also merits the Ruach that comes from the Name Yud-Hei-Vav-Hei (יהוה; 26). And when he occupies himself with the Secrets of the Torah, he also merits Neshamah, and he draws upon himself abundance and strength from the Name Alef-Hei-Yud-Hei (אהיה; 21).

Nefesh – Alef-Dalet-Nun-Yud. Ruach – Yud-Hei-Vav-Hei. Neshamah – Alef-Hei-Yud-Hei.

When these three Names combine within the person, they sum up to the numerical value of Yud-Bet-Kof (*yabok*; 112), and then it is said about him: "God will save us. The King will answer us the day we call out (*Adonai hoshia hamelech <u>y</u>a'anenu <u>b</u>eyom <u>k</u>orenu*; יַעננו בְיום קְראנו)" (Psalms 20:10), [which is the] acronym Yud-Bet-Kof (*yabok*; יב"ק; 112). Then the individual

The secret of Yabok.

נֶפֶשׁ הָאָדָם בֶּהֱיוֹתָהּ בִּלְתִּי הָרוּחַ שֶׁהִיא בַּעְלָהּ, אֵין לָהּ לֹא אוֹר וְלֹא שֵׂכֶל לְהַשְׂכִּיל.

עֵסֶק בַּתּוֹרָה לִשְׁמָהּ מוֹשֵׁךְ רוּחַ מִן הַיְצִירָה

וְאִם יִשְׁתַּדֵּל עוֹד הָאָדָם הַזֶּה לַעֲסֹק גַּם בַּתּוֹרָה, וְלוֹמֵד וְהוֹגֶה וְשׁוֹנֶה בָּהּ תָּמִיד בְּתוֹרָה שֶׁבְּעַל פֶּה, וְעוֹסֵק תָּמִיד לִשְׁמָהּ בָּהּ, אָז יִזְכֶּה גַּם אֶל הָרוּחַ שֶׁהוּא מִן הַיְצִירָה. וְאָז יִדְמֶה לְאִשָּׁה שֶׁבָּא בַּעְלָהּ, וְדָר עִמָּהּ בְּבֵיתָהּ תָּמִיד, וּמַלְבִּישָׁהּ, וּמַאֲכִילָהּ, וּמַשְׁקָהּ, וְחוֹזֶרֶת לְמַעֲלָתָהּ. כָּךְ הָאָדָם הַזֶּה, כְּשֶׁיָּבֹא בּוֹ הָרוּחַ וְיִשְׁרֶה תּוֹךְ נַפְשׁוֹ, אָז תִּתְמַלֵּא נַפְשׁוֹ בְּרוּחַ חָכְמָה וְתִתְעַלֶּה נַפְשׁוֹ מֵעֲשִׂיָּה לִיצִירָה.

עֵסֶק בְּסוֹדוֹת הַתּוֹרָה מוֹשֵׁךְ נְשָׁמָה מִן הַבְּרִיאָה

וְאִם יִשְׁתַּדֵּל עוֹד הָאָדָם הַזֶּה וְיַעֲסֹק בַּחָכְמָה הַנֶּעְלֶמֶת וּבְסוֹדוֹת הַתּוֹרָה, אָז יִזְכֶּה גַּם אֶל הַנְּשָׁמָה, שֶׁהִיא מִן הַבְּרִיאָה, וְתָאִיר הַנְּשָׁמָה בָּרוּחַ שֶׁבּוֹ, וְתוֹסִיף מַעֲלָה עַל מַעֲלָתוֹ וְחָכְמָה עַל חָכְמָתוֹ, וְאָז נִקְרָא אָדָם שָׁלֵם, אֲשֶׁר עָלָיו נֶאֱמַר "וַיִּבְרָא אֱלֹהִים אֶת הָאָדָם בְּצַלְמוֹ".

נֶפֶשׁ, אדנ"י. רוּחַ, יהו"ה. נְשָׁמָה, אהי"ה

וְסוֹד הָעִנְיָן הוּא, כִּי בִּהְיוֹת בָּאָדָם נֶפֶשׁ לְבַדָּהּ, אֵין לוֹ הַשְׁפָּעָה אֶלָּא מִשֵּׁם אדנ"י בִּלְבַד. וּכְשֶׁיַּעֲסֹק בַּתּוֹרָה לִשְׁמָהּ, זוֹכֶה גַּם לְרוּחַ הַבָּא מִשֵּׁם יהו"ה. וּכְשֶׁיַּעֲסֹק בְּסוֹדוֹת הַתּוֹרָה, זוֹכֶה גַּם לִנְשָׁמָה, וְיִמָּשֵׁךְ עָלָיו כֹּחַ וְהַשְׁפָּעָה גַּם מִשֵּׁם אהי"ה.

סוֹד יַבּ"ק

וּבְהִתְחַבֵּר בָּאָדָם שְׁלֹשָׁה שֵׁמוֹת אֵלּוּ, יַעֲלוּ בְּגִימַטְרִיָּא יַבּ"ק. וְאָז יֵאָמֵר עָלָיו "ה' הוֹשִׁיעָה הַמֶּלֶךְ יַעֲנֵנוּ בְיוֹם קָרְאֵנוּ", רָאשֵׁי תֵּבוֹת יַבּ"ק, וְאָז יִהְיֶה הָאָדָם בְּנֶפֶשׁ מִן עֲשִׂיָּה, וְרוּחַ מִן יְצִירָה, וּנְשָׁמָה מִן בְּרִיאָה. וְאִם יְתַקֵּן עַצְמוֹ יוֹתֵר אָז יִהְיוּ לוֹ שְׁלָשְׁתָּן מִן הַיְצִירָה. וְאִם

will have a Nefesh from Asiyah, a Ruach from Yetzirah, and a Neshamah from Briyah. If he further corrects himself, he will then have all three from Yetzirah. If he further corrects himself, [all] three will be from Briyah, and if he corrects himself to the utmost, he can have all three from Atzilut.

[Concerning] the concept of the Created Beings, know that there are four elements that are labeled: Alef-Reish-Mem-Ayin (ארמ"ע), which is the [Hebrew] acronym for Fire (Esh; אש), Wind [or air] (Ruach; רוח), Water (Mayim; מים), and Earth (Afar; עפר). They themselves are the four letters of the Yud-Hei-Vav-Hei, as explained in the beginning of Zohar, Vaera 34.

The four elements.

From these four elements, which are alluded to in the four letters of the Yud-Hei-Vav-Hei, all the Created Beings of this world were created and came into being. The element that is more dominant than the other elements in a particular creature is the difference between that creature and the others. However, you already know that the four letters of the Yud-Hei-Vav-Hei can have twelve permutations. In the same manner, the permutations multiply differently from each other, from one level to another, and from one number to another, until they form 600,000 combinations based on the vowels in them, as is known.

These 600,000 combinations have Aspects related to their numbers in the four elements, and this is how the four elements had the ability to compose and give birth to creatures that are endlessly different from each other, although they are all from the aspect of the four elements alone. But the differences between them depend on the specific element that is dominant in that creature, as mentioned earlier, and this is like what the Rambam wrote [in Mishneh Torah] in the Laws of the Foundations of the Torah (Chapter 3:10, 4:2).

The difference of every being is determined by the dominant element.

יְתַקֵּן עַצְמוֹ בְּיוֹתֵר, יִהְיוּ הַשְּׁלֹשָׁה מִן בְּרִיאָה. וְאִם יְתַקֵּן עַצְמוֹ בְּיוֹתֵר, יִהְיוּ לוֹ כָּל הַשְּׁלֹשָׁה מִן הָאֲצִילוּת.

ד' יְסוֹדוֹת

עִנְיַן הַנִּבְרָאִים: דַּע, כִּי ד' יְסוֹדוֹת הֵם, וְסִימָנָם ארמ"ע, ר"ת אֵשׁ, רוּחַ, מַיִם, עָפָר. וְהֵם הֵם עַצְמָם אַרְבַּע אוֹתִיּוֹת הַהֲוָיָ"ה, כַּמְבֹאָר בְּזֹהַר רֵישׁ פָּרָשַׁת וָאֵרָא.

וּמֵהָאַרְבָּעָה יְסוֹדוֹת אֵלּוּ שֶׁהֵם רְמוּזִים בְּאַרְבַּע אוֹתִיּוֹת הַהֲוָיָ"ה, מֵהֶם נִתְהַוּוּ וְנִבְרְאוּ כָּל הַבְּרוּאִים שֶׁבָּעוֹלָם הַזֶּה. וּכְפִי הַיְסוֹד שֶׁנִּתְגַּבֵּר בַּנִּבְרָא הַהוּא עַל שְׁאָר הַיְסוֹדוֹת, כָּךְ הָיָה הַשִּׁנּוּי שֶׁמִּן הַנִּבְרָא הַהוּא אֶל זוּלָתוֹ. וְאָמְנָם יָדַעְתָּ, כִּי ד' אוֹתִיּוֹת הַהֲוָיָ"ה מִצְטָרְפִים בְּי"ב צֵרוּפִים, וְעַל דֶּרֶךְ זֶה הוֹלְכִים וּמִתְרַבִּים הַצֵּרוּפִים, מְשֻׁנִּים זֶה מִזֶּה, מִמַּדְרֵגָה אֶל מַדְרֵגָה וּמִמִּסְפָּר אֶל מִסְפָּר, עַד שֶׁהֵם מִסְפַּר ס' רִבּוֹא צֵרוּפִים עַל יְדֵי הַנְּקֻדּוֹת שֶׁבָּהֶם, כַּנּוֹדָע.

שִׁנּוּי כָּל נִבְרָא הוּא כְּפִי כֹּחַ הַיְסוֹד הַגּוֹבֵר בּוֹ

וּמֵהַצֵּרוּפִים הַשִּׁשִּׁים רִבּוֹא הַנִּזְכָּרִים יֵשׁ בְּחִינוֹתֵיהֶם כְּמִסְפָּרָם בְּאַרְבַּע הַיְסוֹדוֹת, וע"כ הָיָה כֹּחַ בְּאַרְבַּע הַיְסוֹדוֹת לְהַרְכִּיב וּלְהוֹלִיד נִבְרָאִים מְשֻׁנִּים זֶה מִזֶּה לְאֵין קֵץ, וְכֻלָּם מִבְּחִינַת אַרְבַּע הַיְסוֹדוֹת בִּלְבַד. אָמְנָם שִׁנּוּיֵיהֶם הוּא כְּפִי כֹּחַ הַיְסוֹד הַגּוֹבֵר בַּנִּבְרָא הַהוּא כַּנִּזְכָּר לְעֵיל, וכמ"ש הָרַמְבַּ"ם בְּהִלְכוֹת יְסוֹדֵי הַתּוֹרָה.

Each of the Limbs of the Souls of humans contain all four elements with all its 600,000 permutations, as mentioned. Therefore Souls are divided into different Parts according to their different permutations. Each and every part has a complete Partzuf called Adam (Man). This division goes on endlessly. With this, you can understand the secret of Reincarnation, which is the Reincarnation of the different Parts and their coming [to this world], each one in its appropriate time. Understand this well.

The Souls divide according to the division of elements and permutations.

וְהַנְּשָׁמוֹת שֶׁל בְּנֵי אָדָם שֶׁהֵם מֵאַרְבַּע הַיְסוֹדוֹת בְּכָל אֵיבָרֶיהָ, יֵשׁ בְּכָל אֶחָד הָאַרְבָּעָה יְסוֹדוֹת בְּכָל הַצֵּרוּפִים שִׁשִּׁים רִבּוֹא הַנִּזְכָּר, וע"כ הַנְּשָׁמוֹת מִתְחַלְּקוֹת לְכַמָּה חֲלָקִים כְּפִי הַצֵּרוּפִים, וְכָל חֵלֶק וְחֵלֶק יֵשׁ בּוֹ פַּרְצוּף שָׁלֵם הַנִּקְרָא אָדָם. וְהַחִלּוּק הַזֶּה מִתְחַלֵּק לְאֵין קֵץ. וּבָזֶה תָּבִין סוֹד הַגִּלְגּוּל, שֶׁהוּא גִּלְגּוּל הַחֲלָקִים וּבִיאָתָם כָּל אֶחָד בַּזְּמַן הָרָאוּי לוֹ, וְהָבֵן זֶה.

הַנְּשָׁמוֹת מִתְחַלְּקוֹת
לְכַמָּה חֲלָקִים
כְּפִי הִתְחַלְּקוּת
הַיְסוֹדוֹת וְהַצֵּרוּפִים

NINETEENTH
INTRODUCTION

We have already explained in another place about the Roots of the Souls of Angels and Humans and the differences between them, as these [Souls of Angels] emerge from the Supernal Unification of Neshikin (Kisses), and those [Souls of Humans emerge] from the Lower Unification in Yesod. And it has been explained how they are divided into many different levels, study there (Sha'ar haPsukim "Gate of Verses," Portion of Vayera). Thus, there are endless different levels in the Roots of Souls.

Souls of Angels and Souls of humans.

However, many different kinds of Souls were drawn from the Unification of the Upper World and then descended as a result of the Blemish (the Sin of Adam). Their descent is not equal because one descends one level, another [descends] two levels, and so forth. Thus, there are several forms of descents of Souls caused by the Blemish.

Souls that came from a Supernal Unification and descended.

Among them we can find two divisions. The first is that due to the Blemish it descends, and when it comes to this world it emerges from the level it descended to. The second is a Soul whose Root is hewn from that actual place, from which it emerges to come to this world. Therefore their laws are not the same.

Two types of Souls that come from a Supernal Unification.

Concerning a Soul that is from a high level but descended as a result of the Blemish, as mentioned, an example for this is if it is from the World of Atzilut but because of the Blemish it descends all the way down to the World of Asiyah, and from there it emerges to come into this world in a human body. But depending on his actions, he has the ability to correct and elevate [his Soul] all the way up to Atzilut and come from there, from that Unification of Atzilut, and will be included there while still alive, thus not having to reincarnate to be corrected.

A Soul that descended due to the Blemish can elevate depending on man's action.

הַקְדָּמָה י"ט

נִשְׁמוֹת הַמַּלְאָכִים וְנִשְׁמוֹת בְּנֵי אָדָם

כְּבָר בֵּאַרְנוּ בְּמָקוֹם אַחֵר, בִּדְרוּשׁ שֹׁרֶשׁ נִשְׁמוֹת הַמַּלְאָכִים וּבְנֵי אָדָם מָה הֶפְרֵשׁ יֵשׁ בֵּינֵיהֶם, כִּי אֵלּוּ יוֹצְאִים מִזִּוּוּג הַנְּשִׁיקִין הָעֶלְיוֹן, וְאֵלּוּ מִזִּוּוּג הַתַּחְתּוֹן שֶׁבִּיסוֹד. וּבָזֶה נִתְבָּאֵר לְכַמָּה מַדְרֵגוֹת נִתְחַלְּקוּ, וְעַיֵּן שָׁם. וְנִמְצְאוּ כַּמָּה מַדְרֵגוֹת שׁוֹנוֹת יֵשׁ בְּשָׁרְשֵׁי הַנְּשָׁמוֹת עַד אֵין קֵץ.

נְשָׁמוֹת שֶׁנִּמְשְׁכוּ מִזִּוּוּג עֶלְיוֹן וְיָרְדוּ לְמַטָּה

וְאָמְנָם כַּמָּה וְכַמָּה מִינֵי נְשָׁמוֹת נִמְשְׁכוּ מִזִּוּוּג הָעוֹלָם הָעֶלְיוֹן וְיָרְדוּ לְמַטָּה עַל יְדֵי הַפְּגָם, וְאֵין יְרִידָתָם שָׁוָה, כִּי זוֹ יוֹרֶדֶת מַדְרֵגָה אַחַת, וְזוֹ שְׁתַּיִם וְכוּ', וְהֵם כַּמָּה מִינֵי יְרִידוֹת שֶׁיּוֹרְדוֹת הַנְּשָׁמוֹת עַל יְדֵי הַפְּגָם.

ב' מִינֵי נְשָׁמוֹת שֶׁבָּאוֹת מִזִּוּוּג הָעֶלְיוֹן

וְהִנֵּה נִמְצְאוּ בָּהֶם ב' חֲלָקִים: הָאַחַת הוּא, הַנְּשָׁמָה שֶׁשֹּׁרֶשׁ מַחְצָבָהּ הוּא לְמַעְלָה, אֶלָּא שֶׁבַּעֲבוּר הַפְּגָם יָרְדָה לְמַטָּה, וּכְשֶׁבָּאָה בָּעוֹלָם הַזֶּה יוֹצְאָה מִתּוֹךְ הַמַּדְרֵגָה שֶׁלְּמַטָּה אֲשֶׁר יָרְדָה לְשָׁם. הַב' הוּא, שֶׁהַנְּשָׁמָה אֲשֶׁר מַחְצַב שָׁרְשָׁהּ הוּא בַּמָּקוֹם הַהוּא עַצְמוֹ, אֲשֶׁר מִשָּׁם יוֹצְאוֹת לָבֹא בָּעוֹלָם הַזֶּה. וְלָכֵן אֵין דִּינֵיהֶם שָׁוֶה.

הַנְּשָׁמָה שֶׁיָּרְדָה מֵחֲמַת הַפְּגָם יְכוֹלָה לַעֲלוֹת כְּפִי מַעֲשָׂיו שֶׁל הָאָדָם

כִּי הַנְּשָׁמָה שֶׁשָּׁרְשָׁהּ לְמַעְלָה, הַמָּשָׁל בָּזֶה אִם הִיא מֵעוֹלַם הָאֲצִילוּת, וְעַל יְדֵי הַפְּגָם יָרְדָה עַד עוֹלַם הָעֲשִׂיָּה, וּמִשָּׁם יָצְאָה לָבוֹא בָּעוֹלָם הַזֶּה בְּגוּף הָאָדָם, הִנֵּה כְּפִי מַעֲשָׂיו יֵשׁ בּוֹ יְכֹלֶת לְהִתָּקֵן וְלַעֲלוֹת עַד הָאֲצִילוּת, וְיָבֹא מִשָּׁם מֵאוֹתוֹ הַזִּוּוּג דַּאֲצִילוּת, וְיָכְלַל עַד שָׁם בְּחַיִּים חַיָּתוֹ, וְאֵין צָרִיךְ לְהִתְגַּלְגֵּל כְּדֵי לְהִתָּקֵן.

However the main aspect of this correction is either at night when [a person] deposits his Soul before sleep by saying: "*Beyadcha afkid ruchi...* (In Your hand I will deposit my Ruach...)" (Psalms 31:6) as then his Soul will ascend to a higher Unification and can return as a new creation, in the secret of: "...new every morning...." (Lamentations 3:23) It can likewise elevate from level to level, until it reaches its actual Root, thus becoming completed. Or during the day in the secret of Nefilat Apayim (Prostration) with the intention of the verse: "...to You, Lord, I will lift up my Nefesh..." (Psalms 25:1) it can ascend from level to level, according to his actions, up to its actual Root, as mentioned.

The correction of Beyadcha afkid ruchi. (Psalms 31:6)

Its elevation is during the daytime through the Nefilat Apayim (Prostration) of Shacharit, as mentioned, because this is the time of the Unification of Yaakov and Rachel, who is called *Akeret HaBayit* (Main Lady of the House) because She is the tenth Sefirah of Atzilut and is the main Sefirah of all the Ten Sefirot of Atzilut, as it is explained by us.

Elevation during the day in the Unification of Yaakov and Rachel.

However, the elevation of the Soul that is Rooted Below and now, through its good deeds, desires to ascend higher than the place of its Root is not as great in comparison to the one Rooted Above that descended and now returns to elevate. Therefore it can only ascend at night through the verse: "In Your Hand, I will deposit my Ruach..." (Psalms 31:6) since that is the time of the Unification of Yaakov and Leah, who is not part of the Ten Sefirot, but rather is the aspect of the back of the Malchut of Tevunah, as is known.

A soul that is rooted below can only ascend at night in the Unification of Yaakov and Leah.

However, a similar aspect with all of the Souls is their ability, through their actions, to ascend from level to level endlessly, and all this can only happen if the person has the intention to do so and puts his heart into it.

Scribe's Note: Rabbi Shmuel Vital said, "Since I mentioned the topic of the angels, I would like to write a small introduction to this subject. Know that the angels from Briyah have greater

תִּקּוּן "בְּיָדְךָ אַפְקִיד רוּחִי"

וְאָמְנָם עִקַּר תִּקּוּן זֶה הוּא, אוֹ בַּלַּיְלָה בְּעֵת פִּקְדוֹן נַפְשׁוֹ, בְּאָמְרוֹ בְּעֵת הַשְּׁכִיבָה "בְּיָדְךָ אַפְקִיד רוּחִי" וְגוֹ', כִּי אָז תַּעֲלֶה נִשְׁמָתוֹ בְּזִוּוּג יוֹתֵר עֶלְיוֹן, וְחוֹזֵר לָצֵאת מִשָּׁם בְּרִיָּה חֲדָשָׁה, בְּסוֹד "חֲדָשִׁים לַבְּקָרִים". וְכֵן יָכוֹל לַעֲלוֹת מִמַּדְרֵגָה לְמַדְרֵגָה עַד שֶׁיַּעֲלֶה עַד שָׁרְשׁוֹ מַמָּשׁ וְיִשְׁתַּלֵּם. אוֹ בַּיּוֹם בְּסוֹד נְפִילַת אַפַּיִם, בְּכַוָּנַת פָּסוּק "אֵלֶיךָ ה' נַפְשִׁי אֶשָּׂא", יְכוֹלָה לַעֲלוֹת מִמַּדְרֵגָה לְמַדְרֵגָה כְּפִי מַעֲשָׂיו עַד שָׁרְשׁוֹ מַמָּשׁ, כַּנִּזְכָּר.

עֲלִיָּה בַּיּוֹם בְּזִוּוּג יַעֲקֹב וְרָחֵל

וְהִנֵּה הַנְּשָׁמָה שֶׁהִיא לְמַעְלָה אֶלָּא שֶׁיָּרְדָה לְמַטָּה מֵחֲמַת הַפְּגָם כַּנִּזְכָּר, וַעֲלִיָּתָהּ הִיא בַּיּוֹם עַל יְדֵי נְפִילַת אַפַּיִם דְּשַׁחֲרִית כַּנִּזְכָּר, כִּי אָז הוּא זִוּוּג יַעֲקֹב בְּרָחֵל, הַנִּקְרֵאת עֲקֶרֶת הַבַּיִת, כִּי הִיא הַסְּפִירָה הָעֲשִׂירִית שֶׁבַּאֲצִילוּת, וְהִיא עִקָּרִית מִכְּלַל הָעֶשֶׂר סְפִירוֹת דַּאֲצִילוּת, כַּמְבֹאָר אֶצְלֵנוּ.

נְשָׁמָה שֶׁשָּׁרְשָׁהּ לְמַטָּה יְכוֹלָה לַעֲלוֹת רַק בַּלַּיְלָה, זִוּוּג יַעֲקֹב וְלֵאָה

אֲבָל הַנְּשָׁמָה שֶׁשָּׁרְשָׁהּ לְמַטָּה, אֶלָּא שֶׁעַתָּה עַל יְדֵי מַעֲשֶׂיהָ הַטּוֹבִים רוֹצָה לַעֲלוֹת לְמַעְלָה מִמְּקוֹם שָׁרְשָׁהּ, אֵין עֲלִיָּתָהּ גְּדוֹלָה כַּעֲלִיַּת מִי שֶׁשָּׁרְשׁוֹ לְמַעְלָה וְיוֹרֵד וְחוֹזֵר לַעֲלוֹת, וְלָכֵן אֵינָהּ יְכוֹלָה לַעֲלוֹת אֶלָּא בַּלַּיְלָה, עַל יְדֵי פָּסוּק "בְּיָדְךָ אַפְקִיד רוּחִי" כַּנִּזְכָּר, כִּי אָז הוּא זִוּוּג יַעֲקֹב בְּלֵאָה, שֶׁאֵינָהּ מִכְּלַל הי"ס, אֶלָּא בִּבְחִינַת אֲחוֹרַיִם דְּמַלְכוּת שֶׁל הַתְּבוּנָה, כַּנּוֹדָע.

אֲבָל הַצַּד הַשָּׁוֶה שֶׁבְּכָל הַנְּשָׁמוֹת הוּא, כִּי כֻּלָּם יְכוֹלוֹת עַל יְדֵי מַעֲשֵׂיהֶם לַעֲלוֹת מִמַּדְרֵגָה לְמַדְרֵגָה עַד אֵין קֵץ, וְכָל זֶה אִם יָשִׂים אֵלָיו לִבּוֹ וִיכַוֵּן לְכָךְ.

הַגָּהָה - אָמַר שְׁמוּאֵל, אַגַּב שֶׁהִזְכַּרְתִּי עִנְיַן הַמַּלְאָכִים, אֶכְתֹּב הַקְדָּמָה קְטַנָּה עַל עִנְיָן הַנִּזְכָּר, וז"ל: דַּע, כִּי הַמַּלְאָכִים דִּבְרִיאָה גְּדוֹלָה מַעֲלָתָם עַל נִשְׁמַת הַצַּדִּיקִים, שֶׁהֵם מֵעוֹלַם הַיְצִירָה. ועד"ז

excellence than the Souls of the Righteous that are from the World of Yetzirah. In the same way, angels from Yetzirah are greater than the Souls from Asiyah. However, the Souls from Briyah are greater than the angels of Briyah itself, and definitely more than the angels of Yetzirah. And so too regarding Yetzirah and Asiyah. This way also applies to its details because the Souls of Keter of Briyah are greater than the angels of Keter of Briyah. However, the angels of Keter of Briyah are greater than the Souls of Chochmah of Briyah. And the same applies to all other specific details endlessly."

מַלְאָכִים דִּיצִירָה גְּדוֹלִים מִנְּשָׁמוֹת דַּעֲשִׂיָּה. אֲבָל הַנְּשָׁמוֹת שֶׁל בְּרִיאָה גְּדוֹלוֹת מִמַּלְאָכִים דִּבְרִיאָה עַצְמָהּ, ומכ"ש מִמַּלְאָכִים דִּיצִירָה. ועד"ז בִּיצִירָה וַעֲשִׂיָּה. גַּם דֶּרֶךְ פְּרָט הוּא ע"ד הַנִּזְכָּר, כִּי הַנְּשָׁמוֹת דְּכֶתֶר דִּבְרִיאָה גְּדוֹלִים מִמַּלְאָכִים דְּכֶתֶר דִּבְרִיאָה. אָמְנָם הַמַּלְאָכִים דְּכֶתֶר דִּבְרִיאָה גְּדוֹלִים מִנְּשָׁמוֹת דְּחָכְמָה דִּבְרִיאָה. ועד"ז בְּכָל שְׁאָר הַפְּרָטִים לְאֵין קֵץ.

TWENTIETH
INTRODUCTION

[Concerning] the matter of a person's Soulmate. We have already explained earlier (in the Eighth and Ninth Introductions) whether or not the Laws of Reincarnation apply to women as they do to men. Know that our sages said in first chapter of [Tractate] Sotah [commenting] on the verse: "God returns the solitary ones homeward, and brings out the chained ones with their bindings" (Psalms 68:7) that there is a first pairing and a second one.

First and second pairing.

When it says that it is as difficult to unite them as the splitting of the Red Sea, this applies to the second pairing. Know that we cannot interpret literally the concept of the first and second pairing because some of the second pairings are better than the first, as we witness with our own eyes every day. Rather, the explanation of this matter will be understood by what is written in the Saba DeMishpatim (Zohar, Mishpatim 224), commenting on the verse: "If he is married, his wife leaves together with him." (Exodus 21:3) The idea is: know that when a person is new, meaning that this is the first time he has come to this world, then his Soulmate is born with him, as is known. When the time arrives for him to marry her, she will be there for him immediately, without any effort at all.

The soulmate of a New Soul appears without much effort.

But if this person transgressed in some way, thereby requiring Reincarnation but he is one of those of whom it is written: "...his wife leaves together with him," as mentioned in the Saba DeMishpatim [Zohar, Mishpatim] that his Soulmate reincarnates together with him for his benefit, and when the time comes for this person to marry her she will not be there for him immediately but only after great effort. Since he reincarnated due to some transgression, there are prosecutors

If he sinned, his Soulmate only appears after much effort.

הַקְדָּמָה כ'

זווג א' וב'

עִנְיַן בַּת זוּגוֹ שֶׁל אָדָם: כְּבָר בֵּאַרְנוּ לְעֵיל, אִם מִשְׁפַּט הַגִּלְגּוּל נוֹהֵג בְּנָשִׁים כְּבַאֲנָשִׁים אוֹ לָאו. וְדַע, כִּי הִנֵּה רַזַ"ל אָמְרוּ בְּפֶרֶק קַמָּא דְּסוֹטָה עַל פָּסוּק "אֱלֹהִים מוֹשִׁיב יְחִידִים בַּיְתָה מוֹצִיא אֲסִירִים בַּכּוֹשָׁרוֹת", כִּי יֵשׁ זִווּג א' וב'.

בַּת זוּגוֹ שֶׁל נְשָׁמָה חֲדָשָׁה מִזְדַּמֶּנֶת לוֹ בְּלִי טֹרַח

ומ"ש וְקָשֶׁה לְזַוְּגָם כִּקְרִיעַת יַם סוּף, אַיְרֵי בְּזִווּג ב'. דַּע, כִּי אֵין הֲבָנַת זִווּג א' וב' כִּפְשָׁטוֹ, כִּי כַּמָּה זִווּגִים שְׁנִיִּים הֵם טוֹבִים מִן הָרִאשׁוֹנִים, כְּמוֹ שֶׁרָאִינוּ בְּעֵינֵינוּ מַעֲשִׂים בְּכָל יוֹם. אֲבָל בֵּאוּר הָעִנְיָן הוּא יוּבַן, במ"ש הַסָּבָא דְּמִשְׁפָּטִים בַּזֹּהַר, עַל פָּסוּק "אִם בַּעַל אִשָּׁה הוּא וְיָצְאָה אִשְׁתּוֹ עִמּוֹ". וְהָעִנְיָן הוּא, דַּע, כִּי כַּאֲשֶׁר הָאָדָם הוּא חָדָשׁ, רוֹצֶה לוֹמַר כִּי אָז הִיא הַפַּעַם הָרִאשׁוֹנָה שֶׁבָּא בָּעוֹלָם הַזֶּה, וְאָז בַּת זוּגוֹ נוֹלֶדֶת עִמּוֹ כַּנּוֹדָע, וּכְשֶׁיַּגִּיעַ זְמַן לְקִיחָתוֹ אוֹתָהּ מִזְדַּמֶּנֶת לוֹ כְּרֶגַע, בְּלִי שׁוּם טֹרַח כְּלָל וְעִקָּר.

אִם חָטָא, בַּת זוּגוֹ מִזְדַּמֶּנֶת לוֹ אַחַר טֹרַח גָּדוֹל

וְאָמְנָם אִם הָאָדָם הַזֶּה חָטָא אֵיזֶה חֵטְא וְהֻצְרַךְ לְהִתְגַּלְגֵּל בְּסִבָּתוֹ, אֶלָּא שֶׁהוּא מֵאוֹתָם שֶׁכָּתוּב בָּהֶם "וְיָצְאָה אִשְׁתּוֹ עִמּוֹ", כַּנִּזְכָּר בְּסָבָא דְּמִשְׁפָּטִים, שֶׁמְּגַלְגְּלִים גַּם לְבַת זוּגוֹ שֶׁתַּחֲזֹר לְהִתְגַּלְגֵּל עִמּוֹ לְטוֹבָתוֹ, הִנֵּה הָאָדָם הַזֶּה כְּשֶׁיַּגִּיעַ זְמַן לְקִיחָתוֹ אוֹתָהּ אֵינָהּ מִזְדַּמֶּנֶת לוֹ כְּרֶגַע, אֶלָּא אַחַר טֹרַח גָּדוֹל, לְפִי שֶׁכֵּיוָן שֶׁנִּתְגַּלְגֵּל עַל סִבַּת אֵיזֶה

Above who wish to withhold her from him, and they instigate fights between them.

About this [situation] the [sages] said that it is as difficult to unite them as the Splitting of the Red Sea. This is in the way we mentioned, as this is called a Second Pairing, meaning that she is his real Soulmate but she was already originally paired with him once, and now in this Reincarnation it is called a Second Pairing, since the woman herself is the first one but the pairing is the second [time]. This is why it is not called "Second Pair" but "Second Pairing," which refers to a second pairing and not a [second] woman.

With this, it becomes clear to you why sometimes an individual marries a woman immediately without effort or struggle at all, and sometimes he can marry her only after great disagreements to the point of hating her, although after he marries her they live in peace and tranquility. [Such a case] indicates that this is a Complete Pairing, since it is a second-time pairing because if she was not his Soulmate there would be no peace between them after he married her.

If she is his Soulmate there will not be quarrels after the marriage.

The truth is that Reincarnation applies to men and not to women because women receive their penalty in Gehenom in the World to Come, unlike men who study Torah, as mentioned in other Introductions.

Reincarnation applies to men.

Scribe's Note: Rav Shmuel Vital says: This is a secret that I am concealing, regarding the verse: "All these God will do twice and three times [with a man]" (Job 33:29), which is the secret of Reincarnation, and about it is said: "with a man," which is the man and not the woman.

עָוֹן, יֵשׁ מְקַטְרְגִים עָלָיו לְמַעְלָה וְרוֹצִים לִמְנֹעַ אוֹתָהּ מִמֶּנּוּ, וּמַכְנִיסִים בֵּינֵיהֶם קְטָטוֹת.

וְעַל זֶה אָמְרוּ, קָשֶׁה לְזַוְּגָם כִּקְרִיעַת יַם סוּף, וְהוּא בָּאֹפֶן הַנִּזְכָּר, כִּי הוּא נִקְרָא זִוּוּג שֵׁנִי, רוֹצֶה לוֹמַר שֶׁהִיא בַּת זוּגוֹ הָאֲמִתִּית, אֶלָּא שֶׁכְּבָר נִזְדַּוְּגָה לוֹ פַּעַם אַחֶרֶת בַּתְּחִלָּה, וְעַתָּה בְּזֶה הַגִּלְגּוּל נִקְרָא זִוּוּג שֵׁנִי, כִּי הָאִשָּׁה הִיא עַצְמָהּ רִאשׁוֹנָה, אֲבָל הַזִּוּוּג הוּא שֵׁנִי. וְלָזֶה לֹא אָמְרוּ זִוּוּג שֵׁנִית אֶלָּא זִוּוּג שֵׁנִי, שֶׁחוֹזֵר אֶל הַזִּוּוּג וְלֹא אֶל אִשָּׁה.

אִם הִיא בַּת זוּגוֹ לֹא יִהְיֶה קְטָטָה אַחַר הַנִּישּׂוּאִין

וּבָזֶה יִתְבָּאֵר לְךָ, אֵיךְ לִפְעָמִים נוֹשֵׂא הָאָדָם אִשָּׁה בְּרֶגַע בְּלִי שׁוּם טֹרַח וּקְטָטָה כְּלָל, וְלִפְעָמִים אֵינוֹ נוֹשֵׂא אִשָּׁה אֶלָּא עַל יְדֵי קְטָטוֹת גְּדוֹלוֹת עַד שֶׁיִּשְׂנָאֶהָ, וְאַחַר שֶׁנְּשָׂאָהּ הֵם בְּשָׁלוֹם וּבְשַׁלְוָה, וְזֶה יוֹרֶה עַל הֱיוֹת זִוּוּג גָּמוּר, אֶלָּא שֶׁהִיא זִוּוּג פַּעַם ב'. וְאִלּוּ לֹא הָיְתָה בַּת זוּגוֹ לֹא הָיָה שָׁלוֹם בֵּינֵיהֶם אַחַר שֶׁנְּשָׂאָהּ אוֹתָהּ.

הַגִּלְגּוּל הוּא בַּאֲנָשִׁים

וְהִנֵּה הָאֱמֶת הוּא, כִּי הַגִּלְגּוּל בַּאֲנָשִׁים וְלֹא בְּנָשִׁים, כִּי הַנָּשִׁים מְקַבְּלוֹת עָנְשָׁן בַּגֵּיהִנֹּם בָּעוֹלָם הַבָּא, מַה שֶּׁאֵין כֵּן בַּאֲנָשִׁים הַלּוֹמְדִים תּוֹרָה, כַּנִּזְכָּר בִּדְרוּשִׁים אֲחֵרִים.

הַגָּהָה: אָמַר שְׁמוּאֵל, וְזֶהוּ סוֹד כָּמוּס עִמָּדִי בְּפָסוּק "הֶן כָּל אֵלֶּה יִפְעַל אֵל פַּעֲמַיִם שָׁלוֹשׁ", וְהוּא סוֹד הַגִּלְגּוּל, וְנֶאֱמַר בּוֹ "עִם גָּבֶר", זֶהוּ הָאָדָם וְלֹא הָאִשָּׁה.

The reason for this is that the secret of Reincarnation is in the letter Vav (ו; 6), which is the Six Corners (Lower Six Sefirot) of which it is said: "Six years he will work...." (Exodus 21:2) And as is mentioned in the Zohar portion of Pinchas (verse 46) in The Faithful Shepherd that the letter Yud represents a wheel (*galgal*; גלגל), and with the letter Vav it becomes Reincarnation (*Gilgul*; גלגול).

Reincarnation is the secret of the letter Vav.

Scribe's Note: Rav Shmuel Vital says, "It seems in my humble opinion that the letter Yud mentioned here is the last Yud of Alef-Dalet-Nun-Yud, and therefore the Reincarnation that he mentioned equals 66, which is Alef-Dalet-Nun-Yud (65) plus its entirety."

However, "...in the seventh..." (Exodus 21:2), which corresponds to the Female Malchut, there is no Reincarnation, as it says "...in the seventh he shall go free, without payment." (Ibid.) Nevertheless, sometimes even a woman reincarnates, [specifically] when it is due to the husband who needs to reincarnate and they bring his wife with him, as is mentioned in the Saba DeMishpatim [Zohar, Mishpatim], about the verse: "...if he is married, his wife leaves together with him." (Exodus 21:3)

Sometimes the woman reincarnates due to the husband.

Also know that concerning one who was a Torah scholar and was great and exceptional in his generation due to his wisdom but transgressed and came back in a Reincarnation, there are two types of transgressions for which his wisdom will now disappear from him so that no wisdom will be recognized in him at all.

There are sins that cause the Torah scholar to forget his wisdom.

Also know that all of the great Torah Scholars in this present generation are the Aspect of the people of the Generation of the Desert, about whom it was said: "As in the days when you came out of Egypt, I will show them wonders" (Micah 7:15) and as is explained by us concerning the verse: "...behold you shall lie down with your fathers and... will rise...." (Deuteronomy 31:16) This is the reason why their wives rule over them, since in their

All the Torah Scholars in this generation are related to the generation of the desert.

גִּלְגּוּל הוּא סוֹד אוֹת ו'

וְטַעַם לָזֶה, כִּי סוֹד הַגִּלְגּוּל הוּא בָּאוֹת ו', שֶׁהוּא שֵׁשׁ קְצָווֹת, שֶׁבָּהֶם נֶאֱמַר "שֵׁשׁ שָׁנִים יַעֲבֹד", וְכַנִּזְכָּר בַּזֹּהַר בְּפָרָשַׁת פִּנְחָס בְּרַעְיָא מְהֵימְנָא כִּי אוֹת י' הוּא גַּלְגַּל, וְעִם אוֹת ו' נַעֲשֵׂית גִּלְגּוּל.

הַגָּהָה: אָמַר שְׁמוּאֵל, נִרְאֶה לַעֲנִיּוּת דַּעְתִּי, כִּי אוֹת י' הַנִּזְכֶּרֶת כָּאן הִיא אוֹת י' אַחֲרוֹנָה שֶׁל אֲדֹנָי, וְלָכֵן גִּלְגּוּל דְּקָאָמַר בְּגִימַטְרִיָּא סו', וְהוּא אֲדֹנָי עִם הַכּוֹלֵל.

לִפְעָמִים הָאִשָּׁה מִתְגַּלְגֶּלֶת לְסִבַּת בַּעְלָהּ

אֲבָל בַּשְּׁבִיעִית, שֶׁהִיא הַנְּקֵבָה מַלְכוּת, אֵין בָּהּ גִּלְגּוּל, כמ"ש "וּבַשְּׁבִעִת יֵצֵא לַחָפְשִׁי חִנָּם". וְאָמְנָם לִפְעָמִים גַּם הָאִשָּׁה מִתְגַּלְגֶּלֶת כַּאֲשֶׁר הוּא סִבַּת בַּעְלָהּ, שֶׁהֻצְרַךְ לְהִתְגַּלְגֵּל וּמְבִיאִין אִשְׁתּוֹ עִמּוֹ, כַּנִּזְכָּר בְּסָבָא דְּמִשְׁפָּטִים בְּפָסוּק "אִם בַּעַל אִשָּׁה הוּא וְיָצְאָה אִשְׁתּוֹ עִמּוֹ".

יֵשׁ מִינֵי עֲוֹנוֹת שֶׁיִּגְרְמוּ לְחָכְמַת תַּלְמִיד חָכָם לְהִתְעַלֵּם

גַּם דַּע, כִּי מִי שֶׁהָיָה תַּלְמִיד חָכָם וְהָיָה גָּדוֹל וּמֻפְלָא בְּחָכְמָתוֹ, וְחָטָא וְחָזַר בְּגִלְגּוּל, הִנֵּה יֵשׁ מִינֵי עֲוֹנוֹת אֲשֶׁר לְסִבָּתָם יִגְרְמוּ לוֹ שֶׁתִּתְעַלֵּם חָכְמָתוֹ מִמֶּנּוּ עַתָּה, וְלֹא נִכֶּרֶת בּוֹ חָכְמָה כְּלָל.

כָּל הַבַּעֲלֵי תּוֹרָה בַּדּוֹר הַזֶּה הֵם בְּחִינַת אַנְשֵׁי דּוֹר הַמִּדְבָּר

גַּם דַּע, כִּי כָּל הַבַּעֲלֵי תּוֹרָה אֲשֶׁר בַּדּוֹר הַזֶּה הָאַחֲרוֹן הֵם בְּחִינַת אַנְשֵׁי דּוֹר הַמִּדְבָּר, שֶׁעֲלֵיהֶם נֶאֱמַר "כִּימֵי צֵאתְךָ מֵאֶרֶץ מִצְרָיִם אַרְאֶנּוּ נִפְלָאוֹת", וְכַמְבֹאָר אֶצְלֵנוּ לְקַמָּן בְּפָסוּק "הִנְּךָ שֹׁכֵב עִם אֲבֹתֶיךָ וְקָם" וְגוֹ'. וְזֶהוּ הַטַּעַם שֶׁנְּשׁוֹתֵיהֶם מוֹשְׁלוֹת עֲלֵיהֶם, לְפִי שֶׁבִּימֵיהֶם עָשׂוּ

days the Mixed Multitude made the calf and they did not object but the women did not want to give their golden nose rings for the calf, and therefore their wives now rule over them.

Also know that if in one generation there are two Souls from the same Root in two brothers or two friends, they will naturally hate and denounce each other without [even] knowing because "Even though they do not see, their *mazal* does see." (Tractate Megillah 3a) This is because each one wants to draw from that Root more than the other. And they are jealous of each other by nature.

Two brothers or friends from the same Root.

Therefore if they were to achieve the knowledge that they are both from the same Root through Ruach Hakodesh (Divine Inspiration), then surely they would love each other. Know that this only applies while they are both alive in this world. However, the Souls of the Righteous that have already died passionately crave to correct, improve, and complete the correction of the Souls living in this world that are from their [own] Root, since then they have no action of the living that they can be jealous of to say they want to correct more than them. As it says: "…there is no action or calculation… in the grave, where you are going." (Ecclesiastes 9:10) On the contrary, they derive great benefit from the good deeds of the living who are from their Root.

There is no jealousy in Souls that have already passed.

Also know, as was previously explained in other Introductions, that because of the sin of Cain and Abel, all the Souls became intermingled within the Klipot. This is called the mixture of good with evil. From that point forward, the Souls continue to be sorted out from the Klipot, just as good silver is separated from the dross. This refinement continues until all the Souls that fell into the 248 Limbs of the "…faithless man (*adam bliya'al*)…" (Proverbs 6:12) have completed their process of refinement, until the end of its Stature completes its refinement, which is until the bottom of the Feet of the Adam of Holiness, from out of the Feet of the Adam of the Klipah. Our sages alluded to this in Zohar, Pekudei 740 [which says]: "When the feet reach the

Cain and Abel caused the intermingling of Good and Evil, Soul and Klipot.

הָעֵרֶב רַב אֶת הָעֵגֶל וְלֹא מִחוּ בָּהֶם, אֲבָל הַנָּשִׁים לֹא רָצוּ לָתֵת נִזְמֵי הַזָּהָב לָעֵגֶל, וּלְכָךְ הֵם מוֹשְׁלוֹת עַתָּה עֲלֵיהֶם נְשֵׁיהֶם.

ב' אַחִים אוֹ חֲבֵרִים מִשֹּׁרֶשׁ א'

גַּם דַּע, כִּי אִם יִמָּצְאוּ בְּדוֹר אֶחָד ב' נְשָׁמוֹת מִשֹּׁרֶשׁ אֶחָד, בִּשְׁנֵי אַחִים אוֹ בִּשְׁנֵי חֲבֵרִים, יִהְיוּ שְׁנֵיהֶם שׂוֹנְאִים וּמְקַטְרְגִים זֶה לָזֶה בְּטִבְעָם, לְפִי שֶׁזֶּה חָפֵץ לִינֹק מִן הַשֹּׁרֶשׁ הַהוּא יוֹתֵר מֵחֲבֵרוֹ, וְהֵם מְקַנְּאִים זֶה לָזֶה בְּטִבְעָם בְּלִי יְדִיעָה, דאע"ג דְּאִינְהוּ לָא חָזוּ מַזָּלַיְהוּ חָזֵי.

אֵין קִנְאָה לַנְּשָׁמוֹת שֶׁכְּבָר נִפְטְרוּ

וְלָכֵן אִם יַשִּׂיגוּ לָדַעַת בְּרוּחַ הַקֹּדֶשׁ כִּי שְׁנֵיהֶם מִשֹּׁרֶשׁ א', אָז וַדַּאי יִהְיוּ אוֹהֲבִים זֶה לָזֶה. וְדַע, כִּי אֵין זֶה אֶלָּא כַּאֲשֶׁר הֵם שְׁנֵיהֶם בַּחַיִּים בָּעוֹלָם הַזֶּה. אֲבָל הַנְּשָׁמוֹת שֶׁל הַצַּדִּיקִים שֶׁכְּבָר מֵתוּ, הֵם חוֹשְׁקִים וּתְאֵבִים מְאֹד לְתַקֵּן וּלְהֵיטִיב וּלְהַשְׁלִים תִּקּוּן הַנְּשָׁמוֹת אֲשֶׁר בַּחַיִּים בָּעוֹלָם הַזֶּה אוֹתָם שֶׁהֵם מִן הַשֹּׁרֶשׁ שֶׁלָּהֶם, כִּי אָז אֵין לָהֶם מַעֲשֶׂה כְּדֵי שֶׁיְּקַנְּאוּ בַּחַיִּים לוֹמַר שֶׁהֵם רוֹצִים לְהַשְׁלִים יוֹתֵר מֵהֶם. כְּמוֹ שֶׁנֶּאֱמַר, "כִּי אֵין מַעֲשֶׂה וְחֶשְׁבּוֹן בִּשְׁאוֹל אֲשֶׁר אַתָּה הֹלֵךְ שָׁמָּה" וְגוֹ', וְאַדְּרַבָּה יֵשׁ לָהֶם תּוֹעֶלֶת גָּדוֹל בְּמַעֲשִׂים טוֹבִים שֶׁל הַחַיִּים אֲשֶׁר הֵם מִן שָׁרְשָׁם.

קַיִן וְהֶבֶל גָּרְמוּ עִרְבּוּב טוֹב בְּרָע, נְשָׁמוֹת בִּקְלִפּוֹת

גַּם דַּע, כִּי כְּבָר נִתְבָּאֵר בִּדְרוּשִׁים אֲחֵרִים, כִּי עַל יְדֵי חֶטְאָם שֶׁל קַיִן וְהֶבֶל נִתְעָרְבוּ כָּל הַנְּשָׁמוֹת בְּתוֹךְ הַקְּלִפּוֹת, וְזֶה נִקְרָא עֵרוּב דְּטוֹב בְּרַע. וּמֵאָז וְהֵילָךְ הוֹלְכִים וּמִתְבָּרְרִים הַנְּשָׁמוֹת מִתּוֹךְ הַקְּלִפּוֹת כְּצֵרוּף הַכֶּסֶף הַטּוֹב מִן הַסִּיגִים, וְהַבֵּרוּר הַזֶּה נִמְשָׁךְ עַד אֲשֶׁר יָשְׁלְמוּ לְהִתְבָּרֵר כָּל הַנְּשָׁמוֹת שֶׁנָּפְלוּ בִּרְמַ"ח אֵיבָרִים שֶׁל אָדָם הַבְּלִיַּעַל, עַד שֶׁיֻּשְׁלַם לְהִתְבָּרֵר עַד סִיּוּם קוֹמָתוֹ, שֶׁהוּא עַד סוֹף רַגְלָיו שֶׁל אָדָם דִּקְדֻשָּׁה, מִתּוֹךְ רַגְלָיו דְּאָדָם דִּקְלִפָּה, אֲשֶׁר לָזֶה רָמְזוּ רַזַ"ל בַּזֹּהַר

feet, about that time it is written: '...and His feet shall stand on that day....'" (Zachariah 14:4)

When all the Souls become completely sorted out, there will be no more need for actions to remove the dross, which is Adam of the Klipah, because it will collapse by itself and be swallowed up, not to be seen and not to be found. This is because the Holiness, which is life, will be separated from the dross, which is called death, and then they will have no more vitality at all, and they will dissipate like smoke. This is like it says: "Death will be swallowed up forever (*bila hamavet lanetzach*)." (Isaiah 25:8) [However,] it will not be swallowed up until all the Souls have been sorted out. Therefore the acronym of *bila hamavet lanetzach* בלע המות לנצח is Hevel (הבל; Abel), to allude that once the Reincarnation of Abel is completed, which is Moses who reincarnates in every generation to sort out all the Souls from the dross, then once it is finished, the Messiah will come, and then "Death will be swallowed up forever." (Isaiah 25:8)

Separating and sorting the dross from the Souls.

With this you will understand what scripture says: "... behold you shall lie down with your fathers and... will rise...." (Deuteronomy 31:16) This is one of the verses that have dual meanings (Talmud, Yoma, 52): The word *vekam* (and rise) can apply to the first or second part of the verse (meaning, "...lie down with your fathers... and rise..." at the Resurrection or "...lie down with your fathers and this nation will rise and go astray..."), and both are correct.

[This is] because in the future, Moses himself will come back in a Reincarnation in the last generation and will then rise, and this is: "...behold you shall lie down with your fathers... and rise...." (Ibid.) Also in the last generation the entire Generation of the Desert will reincarnate along with the Mixed Multitude, which is "...and this nation will rise...." (Ibid.)

Moses is destined to return.

פָּרָשַׁת פְּקוּדֵי, עַד דְּמָטוּ רַגְלִין בְּרַגְלִין, כְּדֵין כְּתִיב "וְעָמְדוּ רַגְלָיו בַּיּוֹם הַהוּא".

הַפְרָדַת הַסִּיגִים וּבֵרוּרָם מֵהַנְּשָׁמוֹת

וְכֵיוָן שֶׁיִּתְבָּרְרוּ כָּל הַנְּשָׁמוֹת לְגַמְרֵי, אָז אֵין אָדָם דִּקְלִפָּה שֶׁהוּא הַסִּיגִים צְרִיכִים לַהֲסִירָם עַל יְדֵי מַעֲשֶׂה, כִּי מֵאֵלָיו יִפֹּל וְיִבְלַע בְּבַל יֵרָאֶה וּבַל יִמָּצֵא, כִּי הַקְּדֻשָּׁה שֶׁהִיא הַחַיִּים הֻבְדְּלָה מִן הַסִּיגִים הַנִּקְרָאִים מָוֶת, וְאֵין לָהֶם עוֹד חִיּוּת כְּלָל, וּבְעָשָׁן יִכְלוּ, וזש"ה "בִּלַּע הַמָּוֶת לָנֶצַח" וְגוֹ', כִּי לֹא יְבֻלַּע עַד שֶׁיִּתְבָּרְרוּ כָּל הַנְּשָׁמוֹת כֻּלָּם. לָכֵן בר"ת 'בִּלַּע 'הַמָּוֶת 'לָנֶצַח נִרְמַז הֶבֶל, לִרְמֹז כִּי עַד שֶׁיְּשַׁלֵּם גִּלְגּוּלוֹ שֶׁל הֶבֶל, שֶׁהוּא מֹשֶׁה רַבֵּנוּ ע"ה הַמִּתְגַּלְגֵּל בְּכָל דּוֹר וָדוֹר לְבָרֵר כָּל הַנְּשָׁמוֹת מִתּוֹךְ הַסִּיגִים, וּכְשֶׁיִּכְלוּ אָז יָבֹא הַמָּשִׁיחַ, וְאָז "בִּלַּע הַמָּוֶת לָנֶצַח".

וּבָזֶה תָּבִין מש"ה "הִנְּךָ שֹׁכֵב עִם אֲבֹתֶיךָ וְקָם", וְהוּא אֶחָד מִן הַמִּקְרָאוֹת שֶׁאֵין לָהֶם הֶכְרֵעַ. (הַגָּהָה - אָמַר שְׁמוּאֵל, לְאַפּוּקֵי מִמַּאן דְּפָרֵשׁ שֶׁאֵין לָהֶם הֶכְרֵעַ, ר"ל אֵינִי יָכוֹל לְהַכְרִיעַ אִם נִדְרָשׁ לְפָנָיו אוֹ לְאַחֲרָיו). פֵּרוּשׁ: כִּי מִלַּת וְקָם נִמְשֶׁכֶת לְפָנָיו וּלְאַחֲרָיו, וּשְׁנֵיהֶם אֱמֶת.

עָתִיד מֹשֶׁה לַחֲזֹר

כִּי הִנֵּה עָתִיד מֹשֶׁה עַצְמוֹ לַחֲזֹר בְּגִלְגּוּל בְּדָרָא בָּתְרָאָה וְאָז יָקוּם, וְזֶהוּ "הִנְּךָ שֹׁכֵב וְקָם". גַּם אָז בְּדָרָא בָּתְרָאָה יִתְגַּלְגְּלוּ כָּל דּוֹר הַמִּדְבָּר עִם הָעֵרֶב רַב, וְזֶהוּ "וְקָם הָעָם הַזֶּה" וְגוֹ'.

The idea is that there is no generation in which Moses is not [incarnated], in the secret of: "The sun rises and the sun sets..." (Ecclesiastes 1:5) [and] "...a generation goes and a generation comes..." (Ecclesiastes 1:4) in order to correct that generation. Also the entire Generation of the Exodus, along with the Mixed Multitude, will all reincarnate in the Last Generation, "...as in your days exiting the land of Egypt." (Micah 7:15)

Moses, the Generation of the Desert, and the Mixed Multitude will return in the Final Generation.

Also Moses will rise among them because they are all from the secret of Da'at: Moses, the Generation of the Exodus and the Mixed Multitude, as is explained by us concerning the portion of Shemot. And this is what it says later: "...where he will come there (shamah; שמה)..." (Deuteronomy 31:16) since Moses (משה) will reincarnate with them, as mentioned.

This is the secret of why all the Torah Scholars in this Generation are controlled by their wives, since [the wives] are from the time of the Generation of the Desert and did not give their nose rings for the calf, whereas the men transgressed and gave their nose rings for the calf.

The control of the women over the men.

Furthermore, know that due to the Sin of Adam, all of the Souls became a mixture of good and evil. Therefore it sometimes happens that some good from the Nefesh of a Tzadik becomes mixed within a Wicked person, and some evil from a Wicked person gets mixed within the Tzadik. With this you will understand the verse that says: "...there is a Tzadik who achieves according to the deeds of the wicked...." (Ecclesiastes 8:14) There are Tzadikim who perform a specific transgression and fail in ways that a Wicked person does not. And vice versa: there are completely Wicked people who perform specific Precepts perfectly, being meticulous about them their entire lives.

Every Soul has good and evil, even the Righteous and Wicked.

From this you can also understand the concept of a Tzadik Gamur (Completely Righteous person), a Rasha Gamur (Completely Wicked person), and a Beinoni (Middling). It all depends on the Parts of good Sparks within him, and on the amount of Parts of evil Sparks within him. Moreover, the way

The desire for good and evil deeds indicate the individual Sparks, whether good or evil.

מֹשֶׁה, דּוֹר הַמִּדְבָּר וְהָעֵרֶב רַב יַחְזְרוּ בַּדּוֹר הָאַחֲרוֹן

וְהָעִנְיָן הוּא, כִּי אֵין לְךָ דּוֹר וָדוֹר שֶׁמֹּשֶׁה רַבֵּנוּ ע"ה אֵינוֹ בְּתוֹכוֹ בְּסוֹד "וְזָרַח הַשֶּׁמֶשׁ וּבָא הַשָּׁמֶשׁ", "דּוֹר הֹלֵךְ וְדוֹר בָּא", כְּדֵי לְתַקֵּן אֶת הַדּוֹר הַהוּא. וְגַם דּוֹר הַמִּדְבָּר עַצְמוֹ, עִם הָעֵרֶב רַב, כֻּלָּם יִתְגַּלְגְּלוּ בְּדָרָא בָּתְרָאָה, "כִּימֵי צֵאתְךָ מֵאֶרֶץ מִצְרָיִם".

וְגַם מֹשֶׁה יָקוּם בְּתוֹכָם, כִּי כֻּלָּם הֵם מִסּוֹד הַדַּעַת: מֹשֶׁה, וְדוֹר הַמִּדְבָּר, וְגַם הָעֵרֶב רַב, כַּמְבֹאָר אֶצְלֵנוּ בְּפָרָשַׁת שְׁמוֹת. וזש"ה אַחַר כָּךְ "אֲשֶׁר הוּא בָא שָׁמָּה", וְהֵם אוֹתִיּוֹת מֹשֶׁה, כִּי מֹשֶׁה יִתְגַּלְגֵּל עִמָּהֶם כַּנִּזְכָּר.

שְׁלִיטַת הַנָּשִׁים עַל הָאֲנָשִׁים

וְזֶהוּ סוֹד שֶׁהַתַּלְמִידֵי חֲכָמִים שֶׁבַּדּוֹר הַזֶּה הַנָּשִׁים שׁוֹלְטוֹת עֲלֵיהֶם, לְפִי שֶׁהֵם מִזְּמַן דּוֹר הַמִּדְבָּר, שֶׁהֵן לֹא נָתְנוּ נִזְמֵיהֶן לָעֵגֶל, וְהָאֲנָשִׁים חָטְאוּ וְנָתְנוּ נְזָמִים לָעֵגֶל.

לְכָל נְשָׁמָה יֵשׁ טוֹב וָרָע, אֲפִלּוּ צַדִּיקִים וּרְשָׁעִים

עוֹד דַּע, כִּי כָּל הַנְּשָׁמוֹת עַל יְדֵי חֶטְאוֹ שֶׁל אָדָם הָרִאשׁוֹן נִתְעָרְבוּ טוֹב בְּרַע, וְלָכֵן לִפְעָמִים יִהְיֶה שֶׁקְּצָת טוֹב שֶׁבְּנֶפֶשׁ הַצַּדִּיק נִתְעָרֵב בָּרָשָׁע, וּקְצָת רַע שֶׁל הָרָשָׁע נִתְעָרֵב בַּצַּדִּיק. וּבָזֶה תָּבִין מש"ה "אֲשֶׁר יֵשׁ צַדִּיקִים שֶׁמַּגִּיעַ (אֲשֶׁר מַגִּיעַ) אֲלֵהֶם כְּמַעֲשֵׂה הָרְשָׁעִים" וְכוּ'. כִּי כַּמָּה צַדִּיקִים יֵשׁ שֶׁהֵם עוֹבְרִים אֵיזוֹ עֲבֵרָה פְּרָטִית, וְנִכְשָׁלִים בְּמַה שֶּׁלֹּא יִכָּשֵׁל רָשָׁע אַחֵר. וְכֵן לְהֶפֶךְ, כַּמָּה רְשָׁעִים גְּמוּרִים עוֹשִׂים קְצָת מִצְוֹת פְּרָטִיּוֹת בְּתַכְלִית עֲשִׂיָּתָם וְנִזְהָרִים בָּהֶם כָּל יְמֵיהֶם.

הָרָצוֹן לְמִצְוֹת וַעֲבֵרוֹת מוֹרֶה עַל הַנִּיצוֹצוֹת הַפְּרָטִיִּים, אִם טוֹב וְאִם רַע

גַּם תָּבִין בָּזֶה עִנְיַן צַדִּיק גָּמוּר, וְרָשָׁע גָּמוּר, וּבֵינוֹנִי. כִּי הַכֹּל תָּלוּי כְּפִי חֶלְקֵי נִיצוֹצֵי הַטּוֹב שֶׁבּוֹ, וּכְפִי מִסְפַּר חֶלְקֵי נִיצוֹצֵי הָרַע שֶׁבּוֹ. וְעוֹד, כִּי אָפְנֵי הָעֲבֵרוֹת אוֹ הַמִּצְוֹת שֶׁעוֹשִׂים הֵם כְּפִי עֶרֶךְ בְּחִינַת הַנִּיצוֹצוֹת שֶׁבּוֹ, וּמֵאֵיזֶה אֵבֶר וְשֹׁרֶשׁ הֵם, אִם טוֹב וְאִם רַע, כָּךְ הֵם חוֹשְׁקִים

they perform the transgressions or Precepts corresponds to the value of the Aspects of Sparks within them and which Limb and Root they are from. Whether good or bad, so will they want and crave to perform those Precepts or transgressions, even more than others, and they will constantly chase after them.

Helping the Wicked to repent.

For this reason, [the sages of] the Zohar stressed that "an individual needs to chase the Wicked person and give him merit, as if he is running for his own life." (Zohar, Terumah 41) The idea is that when a Tzadik pursues a Wicked person in order to purify him, maybe that Wicked person possesses those Good Sparks that were lost from you, and his Evil Sparks were given to you. Thus, by you both uniting together with desire and love, all of the Good within him will be removed and transferred to you, and then you will be complete with all the Good, and he will be complete with all the Evil. This is the secret of: "A Tzadik receives his share and his friend's share of the Garden of Eden, while a Wicked person receives his share and his friend's share in Gehenom." (Talmud Chagigah 15a)

This is [also] the meaning of the verse: "If your enemy is hungry, feed him bread...." (Proverbs 25:21) And as our sages said concerning: "If you see the donkey that belongs to someone who hates you..." (Exodus 23:5) this verse speaks about a Wicked person who is allowed to be hated (Tractate Pesachim 113b), as it says: "Those who hate You, God, I will hate." (Psalms 139:21) It says that if your enemy is hungry feed him bread, meaning that due to the good Spark within him, he passionately craves to perform Good, so [you should] feed him bread—the bread of Torah and Precepts—and purify him because through this the "coals," which are the Sparks of Evil within you, "...you will heap on his head..." (Proverbs 25:22) and they will connect to him and be removed from you.

וּתְאֵבִים אֶל הַמִּצְוֹת אוֹ אֶל הָעֲבֵרוֹת הָהֵם יוֹתֵר מִזּוּלָתָם וְרוֹדְפִים תָּמִיד אַחֲרֵיהֶם.

לְהַחֲזִיר רָשָׁע בִּתְשׁוּבָה

וְהִנֵּה לְסִבָּה זוֹ הֶחְמִירוּ בְּסֵפֶר הַזֹּהַר, שֶׁצָּרִיךְ הָאָדָם "לְמִרְדַּף בָּתַר חַיָּבַיָּא, וּלְמִזְכֵּה לֵהּ כְּמַאן דְּרָדֵיף בָּתַר חַיָּיו" וְכוּ', וְהָעִנְיָן הוּא, כִּי בִּרְדֹף הַצַּדִּיק אַחַר הָרָשָׁע לְזַכּוֹתוֹ, אוּלַי הָרָשָׁע הַהוּא יֵשׁ בּוֹ אוֹתָם נִיצוֹצוֹת טוֹבוֹת שֶׁנֶּאֶבְדוּ מִמְּךָ, וְנִיצוֹצוֹתָיו הָרָעוֹת נִתְּנוּ לְךָ, וְעַל יְדֵי שֶׁתִּתְחַבְּרוּ יַחַד בְּחֵשֶׁק וְאַהֲבָה אָז הַטּוֹב שֶׁבּוֹ יוּסַר מִמֶּנּוּ וְיִתְחַבֵּר עִמְּךָ וְיַחֲזֹר לְשָׁרְשׁוֹ עַל יְדֵי שֶׁאַתָּה מְזַכֶּה אוֹתוֹ, וְנִיצוֹצוֹת הָרַע שֶׁבְּךָ יוּסְרוּ מִמְּךָ וְיִתְּנוּ בּוֹ. וְאָז אַתָּה נִשְׁלָם בְּכָל הַטּוֹב, וְהוּא נִשְׁלָם בְּכָל הָרַע. וְזֶהוּ סוֹד "צַדִּיק נוֹטֵל חֶלְקוֹ וְחֵלֶק חֲבֵרוֹ בְּגַן עֵדֶן, רָשָׁע נוֹטֵל חֶלְקוֹ וְחֵלֶק חֲבֵרוֹ בַּגֵּיהִנֹּם".

וזש"ה "אִם רָעֵב שֹׂנַאֲךָ הַאֲכִלֵהוּ לָחֶם". וכמ"ש זַ"ל עַל פָּסוּק "כִּי תִרְאֶה חֲמוֹר שֹׂנַאֲךָ", אֵין הַכָּתוּב מְדַבֵּר אֶלָּא בְּאָדָם רָשָׁע שֶׁמֻּתָּר לְשָׂנְאוֹ, כְּמוֹ שֶׁאוֹמֵר הַכָּתוּב "הֲלֹא מְשַׂנְאֶיךָ ה' אֶשְׂנָא". וְאָמַר "אִם רָעֵב שֹׂנַאֲךָ", מֵחֲמַת נִיצוֹץ טוֹב שֶׁבּוֹ, וּמִתְאַוֶּה וְרָעֵב לַעֲשׂוֹת טוֹבָה, "הַאֲכִלֵהוּ לָחֶם" לֶחֶם הַתּוֹרָה וּמִצְוֹת, וּתְזַכֵּהוּ, כִּי עַי"ב "גֶחָלִים", שֶׁהֵם נִיצוֹצֵי הָרַע שֶׁבְּךָ, "אַתָּה חֹתֶה עַל רֹאשׁוֹ". וְיִתְחַבְּרוּ עִמּוֹ וְיוּסְרוּ מִמְּךָ.

As the verse says: "The scapegoat carried all of their sins to the land of doom." (Leviticus 16:21) Thus, his good Sparks will be removed from him and the Creator will complete them for you. It is found that you are complete with goodness and he is complete with evil. As our sages said: "Do not read 'and the Lord will reward (*yeshalem*) you,' (Proverbs 25:22) but rather 'complete (*yashlim*) it for you.'" (Tractate Sukkah 52a) Since the Creator is good, His Name is not mentioned together with evil when it says: "…for *you* will heap coals of fire upon his head…." (Proverbs 25:21) However, referring to the good, it does mention His Name saying, "…and the Lord (Adonai) will reward you," (Ibid.) as mentioned, since it is He Who does this good favor.

וּכְמוֹ שֶׁאוֹמֵר הַכָּתוּב "וְנָשָׂא הַשָּׂעִיר עָלָיו אֶת כָּל עֲוֹנֹתָם". וְנִיצוֹצֵי הַטּוֹב שֶׁבּוֹ יוּסְרוּ מִמֶּנּוּ, וַה' יַשְׁלִימֵם בְּךָ, וְנִמְצָא שֶׁאַתָּה שָׁלֵם בַּטּוֹב וְהוּא שָׁלֵם בָּרַע. וכמ"ש זַ"ל, אַל תִּקְרֵי "יְשַׁלֶּם לָךְ" אֶלָּא יַשְׁלִימֵהוּ לָךְ. וּלְפִי שֶׁהַשֵּׁם יִתְבָּרַךְ טוֹב אֵינוֹ מַזְכִּיר שְׁמוֹ עַל הָרָעָה, כְּמוֹ שֶׁאוֹמֵר הַכָּתוּב "כִּי גֶחָלִים אַתָּה חֹתֶה עַל רֹאשׁוֹ". אֲבָל עַל הַטּוֹב הִזְכִּיר שְׁמוֹ, כְּמוֹ שֶׁאוֹמֵר הַכָּתוּב "וַה' יְשַׁלֶּם לָךְ", כַּנִּזְכָּר, כִּי הוּא הָעוֹשֶׂה הַטּוֹב הַזֶּה.

TWENTY-FIRST INTRODUCTION

This Introduction addresses the matters of Teshuvah and Reincarnation. Know that Teshuvah is in Ima, and Reincarnation is in Aba. Therefore whoever transgresses and does Teshuvah, the Supernal Ima called Teshuvah has the ability to correct the blemish of that individual, and this suffices.

Teshuvah is in Ima and Reincarnation is in Aba.

But if he does not do Teshuvah, then he will need to come back in a Reincarnation to correct his transgression. This happens through Aba, as it is called Thought, as is known, and about it is said: "...devises plans (lit. thinks thoughts) so that the banished one will not be banished from Him." (II Samuel 14:14) [Aba] is the one who brings him back in a Reincarnation for his correction.

If he did not do Teshuvah, he needs to reincarnate.

We will now explain the concepts of Teshuvah. Although we already started to explain the eight Parts of Teshuvah in the Sixth Introduction, now we will explain it in a different way. In [this Introduction] we will explain the saying of Rabbi Matyah ben Charash in the last chapter of [Tractate] Yoma (page 86a), concerning the four Parts of Atonement [of] an individual who had transgressed a Positive Precept.

Four Parts of Atonement.

The general concept is that Teshuvah (תשובה) is Tashuv-Hei (תשוב ה) [which means "the returning of the Hei"]. This idea is [understood] by what I informed you [about previously] that man includes all the Worlds, and even though he did not yet merit them all except for the Nefesh of Asiyah, nevertheless he is prepared to receive them all once he corrects his actions, and this is all dependant on the individual. According to his actions, so will he be able to achieve, either from Yetzirah, Briyah, or Atzilut. This is the secret of the verse: "...Who forms the human spirit within him" (Zachariah 12:1), about which

Man is composed of all the Worlds.

הַקְדָּמָה כ"א

תְּשׁוּבָה בְּאִמָּא וְגִלְגּוּל בְּאַבָּא

עִנְיְנֵי הַתְּשׁוּבָה וְהַגִּלְגּוּל: דַּע, כִּי הַתְּשׁוּבָה הִיא בְּאִמָּא, וְהַגִּלְגּוּל בְּאַבָּא. וְלָכֵן כָּל מִי שֶׁחָטָא, אִם יַעֲשֶׂה תְּשׁוּבָה אָז אִמָּא עִלָּאָה הַנִּקְרֵאת תְּשׁוּבָה יֵשׁ בְּיָדָהּ לְתַקֵּן פְּגַם הָאָדָם, וּבָזֶה יַסְפִּיק.

אִם לֹא עָשָׂה תְּשׁוּבָה צָרִיךְ לְהִתְגַּלְגֵּל

אֲבָל אִם לֹא עָשָׂה תְּשׁוּבָה, אָז צָרִיךְ שֶׁיִּתְגַּלְגֵּל בְּגִלְגּוּל לְתַקֵּן עֲוֹנוֹ, וְזֶה עַל יְדֵי אַבָּא, כִּי הוּא הַנִּקְרָא מַחֲשָׁבָה כַּנּוֹדָע, וְעָלָיו נֶאֱמַר "וְחָשַׁב מַחֲשָׁבוֹת לְבִלְתִּי יִדַּח מִמֶּנּוּ נִדָּח", וְהוּא הַמַּחֲזִירוֹ בְּגִלְגּוּל לְתַקְּנוֹ.

ד' חִלּוּקֵי כַּפָּרָה

וּנְבָאֵר עַתָּה עִנְיְנֵי הַתְּשׁוּבָה, עִם שֶׁכְּבָר הִתְחַלְנוּ לְבָאֵר חֶלְקֵי הַתְּשׁוּבָה שֶׁהֵם שְׁמֹנָה בְּהַקְדָּמָה שִׁשִּׁית. וְעַתָּה נְבָאֵר בְּאֹפֶן אַחֵר, וּבוֹ יִתְבָּאֵר מַאֲמַר ר' מַתְיָא בֶּן חָרָשׁ זַ"ל בְּפֶרֶק בָּתְרָא דְּיוֹמָא בְּעִנְיַן ד' חִלּוּקֵי כַּפָּרָה, עָבַר אָדָם עַל מִצְוַת עֲשֵׂה וְכוּ'.

הָאָדָם כָּלוּל מִכָּל הָעוֹלָמוֹת

וְהִנֵּה כְּלָלוּת הָעִנְיָן הוּא, כִּי תְּשׁוּבָה ר"ל: תָּשׁוּב ה'. וְהָעִנְיָן הוּא בְּמַה שֶּׁהוֹדַעְתִּיךָ כִּי הָאָדָם כָּלוּל מִכָּל הָעוֹלָמוֹת, וְאַף עַל פִּי שֶׁלֹּא זָכָה עֲדַיִן אֶל כֻּלָּם, רַק אֶל נֶפֶשׁ דַּעֲשִׂיָּה, עִם כָּל זֶה מוּכָן הוּא לְקַבֵּל אֶת כֻּלָּם לִכְשֶׁיִּתַּקֵּן מַעֲשָׂיו, וְזֶה תָּלוּי בְּיַד הָאָדָם, כְּפִי מַעֲשָׂיו כָּךְ יַשִּׂיג מִיצִירָה,

the sages said that the Nefesh of man grows inside of him. Understand this well.

However, there is a great difference between someone who merits one [Nefesh] as opposed to the other [among those levels]. We already informed you about another matter; that the Nefesh of a person is made up of 248 Limbs and 365 Sinews, as are the Ruach and the Neshamah. When a person transgresses, he blemishes a specific Limb of the Nefesh, Ruach, or Neshamah. According to what he has within him will be the degree of the blemish. If he has Nefesh, he blemishes the Nefesh; if Ruach, then Ruach; and if Neshamah, then Neshamah.

Man damages according to what he has within him.

In the same way, the greater the Nefesh of the individual, the greater the strength of his [Evil] Inclination. And as our sages said: "He who is greater than his friend also has a greater [Evil] Inclination." (Tractate Sukkah 52a) This idea is as follows: You already know that "...one opposite the other did God make..." (Ecclesiastes 7:14), and just as there are Atzilut, Briyah, Yetzirah, and Asiyah with Seven Chambers in each World from the Aspect of Holiness, so are there in the Aspect of the Klipot. This is the secret of: "The wicked watches the righteous..." (Psalms 37: 32) because he wants to imitate Holiness like an ape in front of a man.

The greater the Soul, the greater his Inclination.

With this you will understand the severity of the Sin of Adam that caused a corruption and blemish in all the Worlds until the end of all generations. The reason is, as we just said, that according to the greatness of the Soul, so will be the extent of the blemish that it causes.

Adam corrupted until the end of all generations.

The same applies to people who are completely righteous and pious, such as Rav Yochanan ben Zakkai, where a light transgression [on his part] is considered more severe than multiple transgressions of others. According to this it is found that one who has a Nefesh of Asiyah can only cause a blemish in Asiyah, since his reach is until there and no more. Similarly,

A light sin for a Tzadik is more severe than the sins of others.

אוֹ מִבְּרִיאָה, אוֹ מֵאֲצִילוּת. וְזֶהוּ סוֹד פָּסוּק "וַיִּצֶר רוּחַ אָדָם בְּקִרְבּוֹ", שארז"ל שֶׁהַנֶּפֶשׁ שֶׁל אָדָם נִגְדֶּלֶת בִּהְיוֹתָהּ בְּתוֹכוֹ, וְהָבֵן זֶה.

אָדָם פּוֹגֵם כְּפִי מַה שֶּׁיֵּשׁ בּוֹ

וְאָמְנָם הֶפְרֵשׁ גָּדוֹל יֵשׁ בֵּין הַזּוֹכֶה לָזֶה אוֹ לָזֶה, וְהוּא, כִּי הִנֵּה הוֹדַעְנוּךָ כְּלָל אֶחָד, כִּי נֶפֶשׁ הָאָדָם כְּלוּלָה בְּרְמַ"ח אֵיבָרִים שֶׁלָּהּ וּבִשְׁסָ"ה גִּידִים שֶׁבָּהּ. וְכֵן הָרוּחַ אוֹ הַנְּשָׁמָה. וְהִנֵּה כְּשֶׁהָאָדָם חוֹטֵא הוּא פּוֹגֵם בְּאֵיבָר פְּרָטִי מֵאֵבְרֵי הַנֶּפֶשׁ, אוֹ הָרוּחַ, אוֹ הַנְּשָׁמָה. וּכְפִי מַה שֶּׁיֵּשׁ בּוֹ כָּךְ הוּא גֹּדֶל חֶטְאוֹ: אִם יֵשׁ לוֹ נֶפֶשׁ, פּוֹגֵם בְּנֶפֶשׁ, אִם רוּחַ בְּרוּחַ, וְאִם נְשָׁמָה בִּנְשָׁמָה.

כְּפִי גְּדֻלַּת הַנֶּפֶשׁ כָּךְ גֹּדֶל יִצְרוֹ

וְכֵן עַל דֶּרֶךְ זֶה, כְּפִי גְּדֻלַּת הַנֶּפֶשׁ הָאָדָם כָּךְ הוּא גְּדֻלַּת תֹּקֶף יִצְרוֹ, וכמ"ש ז"ל "כָּל הַגָּדוֹל מֵחֲבֵרוֹ, יִצְרוֹ גָּדוֹל הֵימֶנּוּ". וְהָעִנְיָן בְּמַה שֶּׁיָּדַעְתָּ כִּי "גַּם אֶת זֶה לְעֻמַּת זֶה עָשָׂה הָאֱלֹהִים", וּכְמוֹ שֶׁיֵּשׁ אבי"ע וְשִׁבְעָה הֵיכָלוֹת בְּכָל עוֹלָם מֵהֶם מִבְּחִינַת הַקְּדֻשָּׁה, כֵּן יֶשְׁנָם בִּבְחִינַת הַקְּלִפּוֹת. וְזֶהוּ סוֹד "צוֹפֶה רָשָׁע לַצַּדִּיק", כִּי רוֹצֶה לְהִדָּמוֹת אֶל הַקְּדֻשָּׁה כְּקוֹף בִּפְנֵי אָדָם.

אָדָם הָרִאשׁוֹן קִלְקֵל עַד סוֹף כָּל הַדּוֹרוֹת

וּבָזֶה תָּבִין תֹּקֶף חֹמֶר חֶטְאוֹ שֶׁל אָדָם הָרִאשׁוֹן, שֶׁגָּרַם קִלְקוּל וּפְגָם בְּכָל הָעוֹלָמוֹת עַד סוֹף כָּל הַדּוֹרוֹת. וְהַסִּבָּה הִיא עִם מַה שֶּׁאָמַרְנוּ, כִּי כְּפִי תֹּקֶף גְּדֻלַּת נִשְׁמָתוֹ כָּךְ תֹּקֶף הַפְּגָם שֶׁפָּגַם.

חֵטְא קַל אֵצֶל צַדִּיקִים חָמוּר יוֹתֵר מֵחֲטָאוֹת שֶׁל אֲחֵרִים

וְכֵן עַל דֶּרֶךְ זֶה בְּצַדִּיקִים וַחֲסִידִים גְּמוּרִים כְּגוֹן רַבִּי יוֹחָנָן בֶּן זַכַּאי, כִּי חֵטְא קַל אֶצְלוֹ הוּא חָמוּר מִכַּמָּה חֲטָאוֹת שֶׁל אֲחֵרִים. וְנִמְצָא כְּפִי זֶה, כִּי מִי שֶׁיֵּשׁ לוֹ נֶפֶשׁ מִן הָעֲשִׂיָּה אֵינוֹ פּוֹגֵם רַק בָּעֲשִׂיָּה בִּלְבַד, כִּי עַד

when he does Teshuvah, his correction is in Asiyah, which is the place he blemished.

And I have already informed you that the four letters of Yud-Hei-Vav-Hei split into the Four Worlds: Atzilut, Briyah, Yetzirah and Asiyah. And in each letter there is one Yud-Hei-Vav-Hei. They are: The letter Yud, and a Yud-Hei-Vav-Hei of AV (72) in Atzilut; the letter Hei, and a Yud-Hei-Vav-Hei of SaG (63) in Briyah; the letter Vav, and a Yud-Hei-Vav-Hei of MaH (45) in Yetzirah; and the letter Hei, and a Yud-Hei-Vav-Hei of BaN (52) in Asiyah.

Yud-Hei-Vav-Hei corresponds to Atzilut, Briyah, Yetzirah, Asiyah.

Atzilut	Briyah	Yetzirah	Asiyah
י	ה	ו	ה
יוד הי ויו הי	יוד הי ואו הי	יוד הא ואו הא	יוד הה וו הה

It is found that he who transgresses blemishes, in a way, all Four mentioned Worlds and also His Great Name. This is the secret of the verse: "They went out and saw the corpses of the people who rebelled against Me…" (Isaiah 66:24), meaning "My actual Name," each according to the level of his Soul, as we explained. In the same manner, when he does Teshuvah he does a correction in the four letters of His actual Great Name.

A sin blemishes all letters of the Tetragrammaton.

This is the secret of the four types of Atonement and Teshuvah for the four kinds of transgressions. It is found that the four kinds of transgressions blemish the four letters of the Yud-Hei-Vav-Hei (יהוה) and that the four kinds of Teshuvah and Atonement go back and correct the four letters of the Yud-Hei-Vav-Hei. Having finished this introduction, we will now explain the meaning of this saying. This is its explanation: the first [type of Teshuvah] is "If one violates a Positive Precept [and repents], he is forgiven even before he moves." (Tractate Yoma 86a)

Four types of Atonement for the correction of the four letters of Yud-Hei-Vav-Hei.

שָׁם הַשָּׁגַת יָדוֹ וְלֹא יוֹתֵר. וְעַל דֶּרֶךְ זֶה גַּם כֵּן כַּאֲשֶׁר יָשׁוּב בִּתְשׁוּבָה הוּא מְתַקֵּן בַּעֲשִׂיָּה, שֶׁהוּא הַמָּקוֹם אֲשֶׁר פָּגַם.

יהו"ה נֶגֶד אבי"ע

וּכְבָר הוֹדַעְתִּיךָ, כִּי ד' אוֹתִיּוֹת שֶׁל הֲוָיָ"ה מִתְחַלְּקוֹת בְּד' עוֹלָמוֹת אבי"ע, וּבְכָל אוֹת מֵהֶם יֵשׁ הֲוָיָ"ה אַחַת, וְהֵם: אוֹת י' וַהֲוָיָ"ה אַחַת דְּע"ב, בַּאֲצִילוּת. וְאוֹת ה' וַהֲוָיָ"ה אַחַת דְּס"ג, בִּבְרִיאָה. וְאוֹת ו' וַהֲוָיָ"ה דְּמ"ה, בִּיצִירָה. וְאוֹת ה' וַהֲוָיָ"ה דְּב"ן, בַּעֲשִׂיָּה.

עשיה	יצירה	בריאה	אצילות
ה	ו	ה	י
יוד הה וו הה	יוד הא ואו הא	יוד הי ואו הי	יוד הי ויו הי

כָּל הַחוֹטֵא פּוֹגֵם בְּכָל אוֹתִיּוֹת הֲוָיָ"ה

נִמְצָא, כָּל הַחוֹטֵא פּוֹגֵם כִּבְיָכוֹל בְּד' עוֹלָמוֹת הַנִּזְכָּרִים, וְגַם בִּשְׁמוֹ הַגָּדוֹל יִתְבָּרֵךְ. וְזֶהוּ סוֹד פָּסוּק "וְיָצְאוּ וְרָאוּ בְּפִגְרֵי הָאֲנָשִׁים הַפֹּשְׁעִים בִּי", פֵּרוּשׁ: בִּשְׁמִי מַמָּשׁ, כָּל אֶחָד כְּפִי מַדְרֵגַת נַפְשׁוֹ, כְּמוֹ שֶׁבֵּאַרְנוּ. וְעַל דֶּרֶךְ זֶה כְּשֶׁשָּׁב בִּתְשׁוּבָה מְתַקֵּן בִּשְׁמוֹ הַגָּדוֹל מַמָּשׁ, בְּאַרְבָּעָה אוֹתִיּוֹתָיו.

ד' חִלּוּקֵי כַּפָּרָה נֶגֶד תִּקּוּן ד' אוֹתִיּוֹת הֲוָיָ"ה

וְזֶהוּ סוֹד אַרְבָּעָה חִלּוּקֵי כַּפָּרָה וּתְשׁוּבָה לְד' מִינֵי חֲטָאוֹת. נִמְצָא, כִּי הָאַרְבָּעָה חֲטָאוֹת פּוֹגְמִים בְּאַרְבָּעָה אוֹתִיּוֹת הַהֲוָיָ"ה, וְאַרְבָּעָה מִינֵי הַתְּשׁוּבוֹת וְהַכַּפָּרוֹת חוֹזְרִים לְתַקֵּן אַרְבָּעָה אוֹתִיּוֹת הֲוָיָ"ה. וְאַחַר שֶׁהִקְדַּמְנוּ לְךָ הַהַקְדָּמוֹת הַנִּזְכָּרוֹת, נְבָאֵר עַתָּה לְשׁוֹן הַמַּאֲמָר, וְזֶה עִנְיָנוֹ: הָא' הוּא, "עָבַר אָדָם עַל מִצְוַת עֲשֵׂה, לֹא זָז מִשָּׁם עַד שֶׁמּוֹחֲלִים לוֹ" וְכוּ'.

But before we explain this we will first give another Introduction. Know that Teshuvah (תשובה) is Tashuv-Hei (תשוב ה) [the returning of the letter Hei], and there are four kinds of Teshuvah. Sometimes Asiyah, which is the Lower Hei, descends to the Upper Three of the Ten Sefirot of the Klipah, and this is called the Exile of the Shechinah. If the transgression is more severe, the individual can, through his transgression, cause Asiyah to descend further to the middle three of the Klipot. If it is even more severe, he lowers it to the Lower Three of the Klipah. And if the transgression is more severe, he lowers it to the Evil Malchut, the tenth of the Ten Sefirot of the Klipot. These are the four Aspects of the Exile of the Shechinah, which is Asiyah descending into the Klipot.

Four Aspects of the Exile of the Shechinah.

However, the one who blemishes Yetzirah, Briyah, or Atzilut does not cause them to descend to the Klipot, since the Klipot are positioned below the World of Asiyah. Rather it happens in a different manner, which has the same four levels that were mentioned, as follows: Yetzirah descends to Asiyah, in its Upper Three [Sefirot], or sometimes to the middle three, or sometimes to the Lower Three, and sometimes to Malchut of Asiyah.

Four levels in the descent of Yetzirah to Asiyah.

These are the four levels of the descent of Yetzirah into Asiyah, and they are also called the Exile of the World of Yetzirah because it has descended from its intense Holiness to the lesser Holiness of Asiyah.

The Exile of the World of Yetzirah.

In the same manner, these four levels apply to the descent of Briyah to Yetzirah, which is called the Exile of Briyah, and so too with the descent of Atzilut to Briyah, which is called the Exile of Atzilut, in the actual four types of levels that were mentioned. All of these together are called the Exile of the Shechinah. The emerging principle is that there are four categories, and each one includes four types. Meaning, there are Four Worlds, and corresponding to them are four general types of Teshuvah, and within each World there are four specific types of Teshuvah.

The Exile of the Worlds of Briyah and Atzilut.

ד' בְּחִינוֹת גָּלוּת הַשְּׁכִינָה

וְקֹדֶם שֶׁנְּבָאֵר עִנְיָנוֹ נַחֲזוֹר לְהַקְדִּים הַקְדָּמָה אַחֶרֶת. וְהָעִנְיָן הוּא, דַּע, כִּי תְּשׁוּבָה ר"ל: תָּשׁוּב ה'. וְאַרְבָּעָה מִינֵי תְּשׁוּבוֹת הֵם, לְפִי שֶׁלִּפְעָמִים תֵּרֵד הָעֲשִׂיָּה, שֶׁהִיא ה' תַּתָּאָה, אֶל שְׁלֹשָׁה רִאשׁוֹנוֹת שֶׁל י' סְפִירוֹת דִּקְלִפָּה, וְזֶה נִקְרָא גָּלוּת שְׁכִינָה. וְאִם הַחֵטְא יוֹתֵר חָמוּר, יוֹרִיד הָאָדָם בְּחֶטְאוֹ אֶת הָעֲשִׂיָּה בִּשְׁלֹשָׁה אֶמְצָעִיּוֹת שֶׁל הַקְּלִפּוֹת. וְאִם יוֹתֵר חָמוּר, יוֹרִידֶנָּה בִּשְׁלֹשָׁה תַּחְתּוֹנוֹת שֶׁל הַקְּלִפָּה. וְאִם הַחֵטְא יוֹתֵר חָמוּר, יוֹרִידֶנָּה בְּמַלְכוּת הָרִשְׁעָה הָעֲשִׂירִית שֶׁבְּי' סְפִירוֹת שֶׁל הַקְּלִפּוֹת. הֲרֵי הֵם ד' בְּחִינוֹת שֶׁל גָּלוּת שְׁכִינָה שֶׁהִיא הָעֲשִׂיָּה, הַיּוֹרֶדֶת בְּתוֹךְ הַקְּלִפּוֹת.

אַרְבָּעָה מַדְרֵגוֹת בִּירִידַת הַיְצִירָה בַּעֲשִׂיָּה

אָמְנָם מִי שֶׁפּוֹגֵם בִּיצִירָה, אוֹ בִּבְרִיאָה, אוֹ בַּאֲצִילוּת, אֵינוֹ גּוֹרֵם שֶׁיּוֹרְדִין אֶל הַקְּלִפּוֹת, כִּי הַקְּלִפּוֹת לְמַטָּה מֵעוֹלַם הָעֲשִׂיָּה עוֹמְדוֹת, אֲבָל הוּא בְּאֹפֶן אַחֵר וּבוֹ אַרְבָּעָה מַדְרֵגוֹת הַנִּזְכָּרוֹת מַמָּשׁ, וְהוּא, כִּי הַיְצִירָה יוֹרֶדֶת בַּעֲשִׂיָּה, בִּשְׁלֹשָׁה רִאשׁוֹנוֹת שֶׁבָּהּ. וְלִפְעָמִים בִּשְׁלֹשָׁה אֶמְצָעִיּוֹת. וְלִפְעָמִים בִּשְׁלֹשָׁה תַּחְתּוֹנוֹת. וְלִפְעָמִים בְּמַלְכוּת שֶׁל עֲשִׂיָּה.

גָּלוּת עוֹלַם הַיְצִירָה

וַהֲרֵי הֵם אַרְבָּעָה מַדְרֵגוֹת בִּירִידַת הַיְצִירָה בַּעֲשִׂיָּה, וְגַם הֵם נִקְרָאִים גָּלוּת אֶל עוֹלַם הַיְצִירָה, יַעַן יָרַד מִקְּדֻשָּׁתוֹ הַחֲמוּרָה אֶל קְדֻשָּׁה קַלָּה שֶׁבַּעֲשִׂיָּה.

גָּלוּת הַבְּרִיאָה וְהָאֲצִילוּת

וְעַל דֶּרֶךְ זֶה ד' מַדְרֵגוֹת אֵלוּ בִּירִידַת הַבְּרִיאָה בַּיְצִירָה, וְנִקְרָא גָּלוּת הַבְּרִיאָה. וְעַל דֶּרֶךְ זֶה בִּירִידַת הָאֲצִילוּת אֶל הַבְּרִיאָה, וְנִקְרָא גָּלוּת הָאֲצִילוּת, בְּאַרְבָּעָה מִינֵי מַדְרֵגוֹת עַצְמָן הַנִּזְכָּרוֹת. וְכָל אֵלוּ נִקְרָאִים גָּלוּת שְׁכִינָה. הַכְּלָל הָעוֹלֶה, כִּי אַרְבָּעָה סוּגִים הֵם, וְכָל סוּג כָּלוּל מֵאַרְבַּע מִינִים. פֵּרוּשׁ: כִּי אַרְבָּעָה עוֹלָמוֹת הֵם, וּכְנֶגְדָּן יֵשׁ אַרְבָּעָה מִינֵי תְּשׁוּבוֹת כּוֹלְלוֹת, וּבְכָל עוֹלָם מֵהֶן יֵשׁ אַרְבָּעָה מִינֵי תְּשׁוּבָה פְּרָטִית.

We will start to explain the first [category] from which the other four will be understood.

First kind of Atonement: One who transgressed a Negative Precept and blemished Asiyah.

The First [Aspect] is [based on] an individual who transgressed by not performing a Positive Precept and then did Teshuvah. In this case he blemishes the World of Asiyah. When he does Teshuvah, "...he does not move from there until he is immediately forgiven" (Tractate Yoma 86a) because the transgression of not performing a Positive Precept causes the descent of Malchut of Asiyah and the separation of the Hei [Malchut] from Tiferet [Vav], and it descends only into the Upper Three of the Klipot.

First Aspect: Returning Malchut to Tiferet.

But when he does Teshuvah, it is easy to raise Her from there, and She is immediately corrected, as I have informed you that the Upper Three of the Klipot actually return to be [part of] Holiness. They are the secret of what our sages said: "...like [the river] Jordan, which took from this one and gave to the other." (Tractate Bava Metzia 22a) Therefore, immediately when he does Teshuvah, Malchut of Asiyah, which is the Hei, ascends to its rightful place and reconnects with Tiferet. This is called Teshuvah (תשובה), Tashuv-Hei (תשוב-ה; the return of the Hei). This is one Aspect within Asiyah itself.

Second Aspect: Returning Tiferet to Binah.

The Second Aspect in Asiyah itself is if he also separated Tiferet from Binah in a manner that caused Asiyah to descend to the middle Three Sefirot of the Klipah, according to his transgression with the Positive Precept. When he does Teshuvah, it is also considered Teshuvah (תשובה), Tashuv-Hei (תשוב-ה; the return of the Hei) because the Lower Hei returns all the way to the Upper Hei, which is Binah, and then Tiferet also ascends with it.

Third Aspect: returning Binah to its place.

The Third Aspect in Asiyah itself is if he transgressed with a Positive Precept in a manner that also blemished Binah, causing it to descend, and Asiyah then descends to the last three of the Klipah. When he repents, it is also considered Teshuvah (תשובה), Tashuv-Hei (תשוב-ה; the return of the Hei) because Teshuvah, which is Binah, also descends as far as Malchut.

וְנַתְחִיל לְבָאֵר הָרִאשׁוֹנָה, וּמִמֶּנָּה יִתְבָּאֲרוּ כָּל אַרְבָּעָה אֲחֵרוֹת, וְזֶה הַחִלִּי לְבָאֵר.

חִלּוּק כַּפָּרָה א': מִי שֶׁעָבַר עַל מִצְוַת עֲשֵׂה וּפָגַם בַּעֲשִׂיָּה

הָא' הוּא, "אִם עָבַר אָדָם עַל מִצְוַת עֲשֵׂה" וְכוּ', כִּי הִנֵּה אָז הוּא פּוֹגֵם בְּעוֹלַם הָעֲשִׂיָּה, וּכְשֶׁשָּׁב בִּתְשׁוּבָה "לֹא זָז מִשָּׁם עַד שֶׁמּוֹחֲלִין לוֹ מִיָּד", לְפִי שֶׁעַל יְדֵי מַה שֶּׁעָבַר עַל מִצְוַת עֲשֵׂה גָּרַם לְהוֹרִיד מַלְכוּת הָעֲשִׂיָּה, וּלְהַפְרִיד הַהֵ"א מִן הַתִּפְאֶרֶת, וְיוֹרְדוֹת בִּשְׁלֹשָׁה רִאשׁוֹנוֹת שֶׁל הַקְּלִפּוֹת בִּלְבַד.

בְּחִינָה א': לְהַחֲזִיר מַלְכוּת לְתִפְאֶרֶת

וּכְשֶׁשָּׁב בִּתְשׁוּבָה, בְּנָקֵל הוּא לְהַעֲלוֹתָהּ מִשָּׁם, וְתֵכֶף נִתְקֶנֶת. כְּמוֹ שֶׁהוֹדַעְתִּיךָ, כִּי הַשְּׁלֹשָׁה רִאשׁוֹנוֹת דִּקְלִפָּה לִפְעָמִים הֵם עַצְמָן חוֹזְרוֹת לִהְיוֹת קְדֻשָּׁה. וְהֵם סוֹד מ"ש רַזַ"ל, "וְכֵן יַרְדֵּן שֶׁנָּטַל מִזֶּה וְנָתַן לְזֶה". וְלָכֵן תֵּכֶף בְּשׁוּבוֹ בִּתְשׁוּבָה עוֹלָה מַלְכוּת דַּעֲשִׂיָּה שֶׁהִיא הַהֵ"א לְמַעְלָה לִמְקוֹמָהּ, וְחוֹזֶרֶת לְהִתְחַבֵּר עִם הַתִּפְאֶרֶת, וְזֶה נִקְרָא תְּשׁוּבָה: תָּשׁוּב ה'. וַהֲרֵי זוֹ בְּחִינָה אַחַת בָּעֲשִׂיָּה עַצְמָהּ.

בְּחִינָה ב': לְהַחֲזִיר תִּפְאֶרֶת לְבִינָה

בְּחִינָה ב' בָּעֲשִׂיָּה עַצְמָהּ, הוּא אִם הִפְרִיד גַּם הַתִּפְאֶרֶת מִן בִּינָה בְּאֹפֶן שֶׁגָּרַם שֶׁיָּרְדָה הָעֲשִׂיָּה עַד שְׁלֹשָׁה אֶמְצָעִיּוֹת דִּקְלִפָּה, כְּפִי מַה שֶּׁחָטָא בְּמִצְוַת עֲשֵׂה. וּכְשֶׁשָּׁב בִּתְשׁוּבָה גַּם כֵּן הָוֵי תְּשׁוּבָה: תָּשׁוּב ה', כִּי תָּשׁוּב ה' תַּתָּאָה עַד ה' עִלָּאָה בִּינָה, וְאָז יַעֲלֶה גַּם הַתִּפְאֶרֶת עִמָּהּ.

בְּחִינָה ג': לְהַחֲזִיר בִּינָה לִמְקוֹמָהּ

בְּחִינָה ג' בָּעֲשִׂיָּה עַצְמָהּ, וְהוּא, אִם חָטָא בְּמִצְוַת עֲשֵׂה בְּאֹפֶן שֶׁפָּגַם גַּם בְּבִינָה וְגָרַם לְהוֹרִידָהּ, וְיָרְדָה הָעֲשִׂיָּה עַד שְׁלֹשָׁה אַחֲרוֹנוֹת דִּקְלִפּוֹת, וּכְשֶׁיָּשׁוּב גַּם כֵּן הָוֵי תְּשׁוּבָה: תָּשׁוּב ה', כִּי הַתְּשׁוּבָה שֶׁהִיא

Then Malchut and Tiferet return because through the descent of Binah they reunite, and this is Teshuvah.

Fourth Aspect: Returning Chochmah and Binah to Keter.

The Fourth Aspect is if he transgressed with a Positive Precept in a manner that also blemished Chochmah, separating it from Keter. When he does Teshuvah, it is also considered the return of the Hei because the Upper Hei, Binah, returns to Keter, and then Chochmah also ascends with it. With this, the first kind of Atonement has been explained.

Second kind of Atonement: One who transgressed a Negative Precept and blemished Yetzirah.

The second kind of Atonement applies to an individual who transgressed with a Negative Precept and does Teshuvah [for it], as then "Teshuvah suspends and Yom HaKippurim atones," (Tractate Yoma 86a) because then his transgression blemished Tiferet and Yetzirah, separating Malchut and causing the departure of the Six Corners. But when he repents, Malchut returns to its place through the secret of Teshuvah (תשובה), Tashuv-Hei (תשוב-ה; the return of the Hei).

However, Malchut wants to ascend above its place and join up there in the void between the Six Corners [and Malchut] but cannot do so, and it is found it is in suspension until the Lights of Briyah arrive, called Yom HaKippurim, and then it ascends up there. This is: "Teshuvah suspends and Yom HaKippurim atones." (Ibid.) Also in this there are four Aspects, like we mentioned with Asiyah but they are all in the secret of the descent of Yetzirah to Asiyah, and not into the Klipot, as we mentioned above.

Third kind of Atonement: One who transgressed and deserves *karet*, and blemished Briyah

The third kind of Atonement is if an individual's transgression is of those that have incurred the penalty of *karet* (to be cut off), where he blemished in Briyah, and then if he repents, both Teshuvah and Yom HaKippurim are suspended, in the way that was mentioned. This is because both Malchut and Tiferet cannot re-ascend to their places until sufferings from Aba and Ima come and cleanse this transgression, in the secret of the verse: "The Lord (*Yah*; יה; Yud-Hei) chastised me with suffering..." (Psalms 118:18), which is Aba and Ima in the

בִּינָה גַּם כֵּן תֵּרֵד עַד הַמַּלְכוּת, וְאָז יַחְזְרוּ מַלְכוּת וְתִפְאֶרֶת, כִּי עַל יְדֵי יְרִידַת הַבִּינָה תְּגָרֵם חִבּוּרָם, וְזֶהוּ תְּשׁוּבָה.

בְּחִינָה ד': לְהַחֲזִיר בִּינָה וְחָכְמָה לְכֶתֶר

בְּחִינָה ד', וְהִיא, אִם חָטָא בְּמִצְוַת עֲשֵׂה בְּאֹפֶן שֶׁפָּגַם גַּם בְּחָכְמָה וְהִפְרִידָהּ מִן הַכֶּתֶר, וְאָז כְּשֶׁיָּשׁוּב בִּתְשׁוּבָה הָוֵי גַּם כֵּן תְּשׁוּבָה: כִּי תָּשׁוּב ה' עִלָּאָה בִּינָה אֶל הַכֶּתֶר, וְאָז גַּם חָכְמָה יַעֲלֶה עִמָּהּ. וַהֲרֵי נִתְבָּאֵר חִלּוּק כַּפָּרָה הָא'.

חִלּוּק כַּפָּרָה ב': מִי שֶׁעָבַר עַל מִצְוַת לֹא תַעֲשֶׂה וּפָגַם בִּיצִירָה

חִלּוּק כַּפָּרָה הַב' הוּא, אִם עָבַר אָדָם עַל מִצְוַת לֹא תַעֲשֶׂה, כִּי אָז "תְּשׁוּבָה תּוֹלָה, וְיוֹם הַכִּפּוּרִים מְכַפֵּר", כִּי אָז בְּחֶטְאוֹ פּוֹגֵם בִּיצִירָה בְּתִפְאֶרֶת, וְנִפְרְדָה הַמַּלְכוּת וְנִסְתַּלְּקוּ גַּם הַשֵּׁשׁ קְצָווֹת. וּכְשֶׁשָּׁב בִּתְשׁוּבָה, אָז הַמַּלְכוּת חוֹזֶרֶת לִמְקוֹמָהּ בְּסוֹד תְּשׁוּבָה: תָּשׁוּב ה'.

אָמְנָם אוֹתָם הַשֵּׁשׁ קְצָווֹת, הֶחָלָל שֶׁיֵּשׁ בֵּינֵיהֶם רוֹצָה הִיא לַעֲלוֹת שָׁם לְמַעְלָה מִמְּקוֹמָהּ לְהִתְחַבֵּר עִמָּהֶם, וְאֵינָהּ יְכוֹלָה עֲדַיִן לַעֲלוֹת שָׁם, וְנִמְצֵאת תְּלוּיָה עַד שֶׁיָּבוֹאוּ אוֹרוֹת הַבְּרִיאָה, הַנִּקְרָא יוֹם הַכִּפּוּרִים, וְאָז עוֹלָה עַד שָׁם. וְזֶהוּ "תְּשׁוּבָה תּוֹלָה, וְיוֹם הַכִּפּוּרִים מְכַפֵּר". וְגַם בָּזֶה יֵשׁ ד' בְּחִינוֹת שֶׁזָּכַרְנוּ בַּעֲשִׂיָּה, אֶלָּא שֶׁכֻּלָּן הֵם בְּסוֹד יְרִידַת הַיְצִירָה אֶל הָעֲשִׂיָּה וְלֹא בַּקְּלִפּוֹת, כַּנִּזְכָּר לְעֵיל.

חִלּוּק כַּפָּרָה ג': מִי שֶׁעָבַר בְּחַיָּבֵי כְּרִיתוֹת וּפָגַם בִּבְרִיאָה

חִלּוּק כַּפָּרָה הַג' הוּא, אִם עָבַר בְּחַיָּבֵי כְּרִיתוֹת פָּגַם בִּבְרִיאָה, וְאָז כְּשֶׁיָּשׁוּב בִּתְשׁוּבָה וְיוֹם הַכִּפּוּרִים תּוֹלִין עַל דֶּרֶךְ הַנִּזְכָּר, כִּי תִּפְאֶרֶת וּמַלְכוּת שְׁנֵיהֶם אֵינָם יְכוֹלִים לַעֲלוֹת לְמַעְלָה מִמְּקוֹמָם עַד אֲשֶׁר יָבוֹאוּ יִסּוּרִין מִן או"א וִימָרְקוּ הֶעָוֹן הַהוּא, בְּסוֹד "יַסֹּר יִסְּרַנִּי יָּהּ",

secret of the verse: "From the straits I called the Lord (*Yah*; יה; Yud-Hei)..." (Psalms 118:5), since troubles and sufferings come from them. Also here there are four Aspects, as mentioned.

The fourth kind of Atonement is when an individual commits *Chillul HaShem* (Desecration of the Name of God). In this case, the blemish is in Atzilut, which is called the World of Life, as there is no death there at all. But [this blemish] causes death in this Realm of Eternal Life. Therefore Teshuvah and Yom HaKippurim are both suspended since none of the three Worlds can ascend from its place, in the same way we mentioned earlier, until the day of death, which is measure for measure and it cleanses the transgression completely. This also contains the four Aspects that were mentioned earlier.

Fourth kind of Atonement: For *Chillul HaShem*, which damages Atzilut

We will now explain the differences between *chet* (sin), *avon* (iniquity), and *pesha* (transgression). Know that a *pesha* is where the individual recognizes his Master and yet purposely rebels against Him to anger him. This causes the Klipot to take all that abundance (*shefa*; שפע), in exchange for the transgression (*pasha*; פשע), and they do not share it with the Lower Beings, the Israelites, at all.

The difference between *pesha* and *avon*.

An *avon* (iniquity) is when one acts on his desires, without the intention to spite but he eats forbidden foods to satisfy his appetite. This causes the Klipot to also take the abundance that descends. However, after they take it they go back to bring down that abundance they took and give us some, as this is the secret of Exile, as is known.

With this you will understand two statements of our sages in the last chapter of Tractate Yoma page 86b. One says: "Great is Teshuvah, as the malicious [transgressions] become as unintentional ones." This refers to a transgression with malicious intent called a *pesha*. At first, he caused the Klipot to take all the abundance for themselves. But now through Teshuvah, even though the Klipot took all the abundance, he

Teshuvah for transgressions – the malicious ones become unintentional.

שֶׁהוּא או"א. וּבְסוֹד "מִן הַמֵּצַר קָרָאתִי יָ"הּ", כִּי מֵהֶם הַצָּרוֹת וְהַיִּסּוּרִין. וְגַם פֹּה יֵשׁ אַרְבָּעָה בְּחִינוֹת כַּנִּזְכָּר.

חִלּוּק כַּפָּרָה ד': מִי שֶׁעָבַר עַל חִלּוּל ה' וּפָגַם בָּאֲצִילוּת

הַחִלּוּק כַּפָּרָה הַד' הוּא, אִם עָבַר עַל חִלּוּל ה', כִּי אָז פּוֹגֵם בָּאֲצִילוּת הַנִּקְרָא עוֹלַם הַחַיִּים, שֶׁאֵין שָׁם מָוֶת כְּלָל, וְגָרַם מָוֶת בְּעוֹלַם הַחַיִּים הַנִּצְחִיִּים, וְלָכֵן תְּשׁוּבָה וְיוֹם הַכִּפּוּרִים וְיִסּוּרִין תּוֹלִין, כִּי אֵין אֶחָד מִשְּׁלֹשָׁה עוֹלָמוֹת יָכוֹל לַעֲלוֹת לְמַעְלָה מִמְּקוֹמוֹ עַל דֶּרֶךְ הנז"ל עַד יוֹם הַמִּיתָה, מִדָּה כְּנֶגֶד מִדָּה, וְהִיא מְמָרֶקֶת הַכַּפָּרָה לְגַמְרֵי, וְגַם בָּזֶה יֵשׁ ד' בְּחִינוֹת הנז"ל.

הַהֶבְדֵּל בֵּין פֶּשַׁע לְעָוֹן

וְעַתָּה נְבָאֵר גַּם כֵּן הַשִּׁנּוּי שֶׁיֵּשׁ בֵּין חֵטְא וְעָוֹן וָפֶשַׁע. דַּע, כִּי הַפֶּשַׁע הוּא כַּאֲשֶׁר הָאָדָם יוֹדֵעַ אֶת רִבּוֹ וּמְכַוֵּן לִמְרֹד בּוֹ לְהַכְעִיס, וְאָז גּוֹרֵם שֶׁהַקְּלִפּוֹת יִקְחוּ כָּל הַשֶּׁפַ"ע הַהוּא תְּמוּרַת הַפֶּשַׁ"ע, וְאֵינָם נוֹתְנִים כְּלָל מִמֶּנּוּ אֶל הַתַּחְתּוֹנִים, יִשְׂרָאֵל.

וְעָוֹן הוּא, כַּאֲשֶׁר עוֹשֶׂה כִּרְצוֹנוֹ, אֶלָּא שֶׁאֵינוֹ לְהַכְעִיס רַק שֶׁאוֹכֵל נְבֵלוֹת לְתֵאָבוֹן, וְאָז גּוֹרֵם שֶׁהַקְּלִפּוֹת יִקְחוּ גַּם כֵּן הַשֶּׁפַע הַיּוֹרֵד, אָמְנָם אַחַר שֶׁלּוֹקְחִים אוֹתוֹ חוֹזְרִים הֵם וּמוֹרִידִים מִן הַשֶּׁפַע הַהוּא שֶׁלָּקְחוּ וְנוֹתְנִים לָנוּ קְצָת, כִּי ז"ס הַגָּלוּת כַּנּוֹדָע.

תְּשׁוּבָה לִפְשָׁעִים – שֶׁזְּדוֹנוֹת נַעֲשִׂין לוֹ כִּשְׁגָגוֹת

וּבָזֶה תָּבִין ב' מַאַמְרֵי רַזַ"ל בְּמַסֶּכֶת יוֹמָא פֶּרֶק בָּתְרָא, חַד אָמַר "גְּדוֹלָה תְּשׁוּבָה שֶׁזְּדוֹנוֹת נַעֲשִׂין לוֹ כִּשְׁגָגוֹת", כִּי זֶה מְדַבֵּר בְּזָדוֹן הַנִּקְרָא פֶּשַׁע, שֶׁבַּתְּחִלָּה גָּרַם שֶׁהַקְּלִפּוֹת הָיוּ לוֹקְחִים כָּל הַשֶּׁפַע כֻּלּוֹ לְעַצְמָם, וְעַתָּה עַל יְדֵי הַתְּשׁוּבָה גָּרַם שֶׁהֲגַם שֶׁהַקְּלִפּוֹת יִקְחוּ

causes the Klipot themselves to return, to bring down to us of that abundance after they took it for themselves.

Another [statement] says: "Malicious [transgressions] become as merits," which refers to *avon* (iniquity) where he only sins for self-gratification, as then through Teshuvah he causes the Klipot to take none of the abundance for themselves, and he completely prevents them from taking even that abundance that they originally took.

Teshuvah for iniquities – the malicious ones become merits.

כָּל הַשֶּׁפַע, עִם כָּל זֶה חוֹזְרִים וּמוֹרִידִים לָנוּ מִן הַשֶּׁפַע הַהוּא עַל יְדֵי עַצְמָם, אַחַר שֶׁלְּקָחוּהוּ לְעַצְמָם.

תְּשׁוּבָה לַעֲוֹנוֹת – זְדוֹנוֹת נַעֲשִׂין כִּזְכֻיּוֹת

וּמִי שֶׁאָמַר שֶׁזְּדוֹנוֹת נַעֲשִׂין כִּזְכֻיּוֹת, הָוֵי בְּעָוֹן, שֶׁאֵינוֹ חוֹטֵא אֶלָּא לְתֵאָבוֹן, כִּי אָז כְּשֶׁשָּׁב בִּתְשׁוּבָה גּוֹרֵם שֶׁהַקְּלִפּוֹת לֹא יִקְחוּ מִן הַשֶּׁפַע הַיּוֹרֵד כְּלָל לְעַצְמָם, וּמֹנַע מֵהֶם אֲפִלּוּ הַשֶּׁפַע שֶׁהָיוּ לוֹקְחִים לְעַצְמָם.

TWENTY-SECOND INTRODUCTION

[This Introduction] speaks about the Punishment of the Souls of Wicked people, their Reincarnations, and what they will be reincarnated into. Now I will write a little bit about the punishments of the Souls of the Wicked in this world, who reincarnate and come [back] in many Reincarnations to atone for their transgressions. Know that there is almost no individual on Earth who can escape these Reincarnations. And know that after evil people die, they enter Gehenom and receive their punishment there, and [their sins] are atoned. Their judgment lasts 12 months.

The punishment of the Wicked in Gehenom lasts 12 months.

But there are Wicked people about whom it is said: "...but He will hurl away the Soul of your enemies, as one shoots a stone from the sling." (1 Samuel 25:29) They do not even merit entering Gehenom after they die to cleanse their transgressions. Rather, their Soul is thrust from place to place, in unnatural Reincarnations, until their sins are polished a little bit so that they can later enter Gehenom for 12 months and achieve complete atonement [there]. There is no set time for these. Sometimes they can continue reincarnating for 20, 100, or 1000 years, depending on the extent of the transgression they performed in this world.

There are Wicked people who are not yet worthy of Gehenom and require unnatural Reincarnations.

However, the fire (lit. light) of Gehenom does not affect Tzadikim and Torah Scholars, as it is written about Elisha Acher (Elisha the Other): "He should not be judged because he was involved in the Torah study...." (Tractate Chagigah 15b) Therefore they need to come to this world as a Reincarnation to cleanse any transgression they have, "For there is no righteous person on Earth who does good and never sins." (Ecclesiastes 7:20)

The fire of Gehenom does not affect the Tzadikim.

הַקְדָּמָה כ"ב

עֹנֶשׁ הָרְשָׁעִים בַּגֵּיהִנֹּם י"ב חֹדֶשׁ

מְדַבֶּרֶת בְּעִנְיַן עֹנֶשׁ הַנְּשָׁמוֹת שֶׁל הָרְשָׁעִים, וְגִלְגּוּלֵיהֶם, וּבְאֵיזֶה דָּבָר מִתְגַּלְגְּלִים. וְעַתָּה אֶכְתֹּב מְעַט בְּעִנְיַן עֹנֶשׁ הַנְּשָׁמוֹת שֶׁל הָרְשָׁעִים בָּעוֹלָם הַזֶּה, שֶׁמִּתְגַּלְגְּלִים וּבָאִים בְּכַמָּה מִינֵי גִלְגּוּלִים לְכַפֵּר עֲוֹנָם. וְדַע, כִּי כִּמְעַט אֵין אָדָם בָּאָרֶץ אֲשֶׁר יִמָּלֵט מִגִּלְגּוּלִים אֵלּוּ. וְדַע, כִּי הִנֵּה הָרְשָׁעִים אַחַר מִיתָתָם נִכְנָסִים בַּגֵּיהִנֹּם, וּמְקַבְּלִים שָׁם עָנְשָׁם, וּמִתְכַּפֵּר לָהֶם. וּמִשְׁפָּטָם י"ב חֹדֶשׁ.

יֵשׁ רְשָׁעִים שֶׁאֵינָם מוּכָנִים עֲדַיִן לַגֵּיהִנֹּם וּצְרִיכִים גִּלְגּוּלִים מְשֻׁנִּים

וְיֵשׁ רְשָׁעִים שֶׁכָּתוּב בָּהֶם "וְאֵת נֶפֶשׁ אוֹיְבֶךָ יְקַלְּעֶנָּה בְּתוֹךְ כַּף הַקָּלַע", וְאֵינָם זוֹכִים לִכָּנֵס לַגֵּיהִנֹּם אַחַר פְּטִירָתָם לְמָרֵק עֲוֹנָם, אָמְנָם נַפְשָׁם הוֹלֶכֶת מִדְּחִי אֶל דֶּחִי בְּגִלְגּוּלִים מְשֻׁנִּים עַד יְמָרֵק עָנְשׁוֹ קְצָת וְיוּכַל לִכָּנֵס אַחַר כָּךְ בַּגֵּיהִנֹּם י"ב חֹדֶשׁ לְהִתְכַּפֵּר לְגַמְרֵי. וּלְאֵלּוּ אֵין זְמַן קָצוּב, כִּי לִפְעָמִים יֵלְכוּ בַּגִּלְגּוּלִים הָהֵם עֶשְׂרִים שָׁנִים, אוֹ מֵאָה, אוֹ אֶלֶף, וְהַכֹּל תָּלוּי כְּפִי עֵרֶךְ הָעֲוֹנוֹת שֶׁעָשָׂה תְּחִלָּה בָּעוֹלָם הַזֶּה.

אוּר גֵּיהִנֹּם לֹא שׁוֹלֵט בַּצַּדִּיקִים

אָמְנָם הַצַּדִּיקִים וְהַתַּלְמִידֵי חֲכָמִים, אֵין אוּר גֵּיהִנֹּם שׁוֹלֶטֶת בָּהֶם, כמ"ש ז"ל עַל אֱלִישָׁע אַחֵר "לֹא מֵידָן לִידַיְנֵיהּ דַּעֲסַק בְּתוֹרָה" וְכוּ', וְלָכֵן הֵם צְרִיכִים לְהִתְגַּלְגֵּל בָּעוֹלָם הַזֶּה לְמָרֵק אֵיזֶה חֵטְא אֲשֶׁר לָהֶם, "כִּי אָדָם אֵין צַדִּיק בָּאָרֶץ אֲשֶׁר יַעֲשֶׂה טּוֹב וְלֹא יֶחֱטָא".

After departing from this world, a Tzadik is ready to ascend higher to greater levels in the World to Come. However, this does not happen all at once. Rather, immediately after his departure, they punish him to cleanse his more severe transgressions, after which he will be brought to a higher place. When the time comes for him to ascend to an even higher place, he will again be punished, this time to cleanse transgressions that are lighter than the first ones. Then he will ascend to a second, higher level.

The Tzadik always elevates from level to level, and for each elevation he needs cleansing.

After this, he will again be further punished for details of Precepts that are like a hairsbreadth (se'ara; שערה), in the secret of: "...and a great storm (nisara; נשערה) raging around Him." (Psalms 50:3) Then they will elevate him to his true place that is appropriate for him. Later we will elaborate on the reality of these punishments and their explanation.

King David and Daniel needed to be informed that they will rest in the World to Come.

Completely righteous people, such as King David and Daniel [the Prophet], had to be informed by the Creator Himself that they will rest in the World to Come and not require these punishments or Reincarnations. As King David said, "Had I not trusted that I would see the goodness of God in the land of the living..." (Psalms 27:13) and "One thing I ask of the Lord... that one I shall seek: to dwell in the house of the Lord all the days of my life...." (Psalms 27:4) Then he was informed by Abigail the Prophetess who said, "...the Soul of my lord is bound up in the bundle of life...." (1 Samuel 25:29) Daniel was also informed: "And you go to the end and rest and rise...." (Daniel 12:13)

Nevertheless, we find in the Midrash HaNe'elam of the handwritten Zohar (Zohar Chadash, Lech Lecha 82) concerning the verse: "...for all the good that God did for David, His servant, and His Nation, Israel," (1 Kings 8:66) that David sat in the World to Come for seven years after his death before being brought into the Upper Jerusalem.

Concerning Samuel the Prophet—who is considered to be equal to Moses and Aaron—we also find that when Saul raised

הַצַּדִּיק תָּמִיד עוֹלֶה מִמַּדְרֵגָה לְמַדְרֵגָה, וּלְכָל עֲלִיָּה הוּא צָרִיךְ מֵרוּק חֲטָאִים

וְהִנֵּה הַצַּדִּיק אַחַר פְּטִירָתוֹ מִן הָעוֹלָם הַזֶּה הוּא מְעֻתָּד וּמוּכָן לַעֲלוֹת בְּמַעֲלוֹת גְּדוֹלוֹת בָּעוֹלָם הַבָּא, אֲבָל לֹא בְּפַעַם אַחַת, הָאֻמְנָם תֵּכֶף אַחַר פְּטִירָתוֹ יַעֲנִישׁוּהוּ לְמָרֵק הָעֲוֹנוֹת הַיּוֹתֵר חֲמוּרִים אֲשֶׁר לוֹ, וְאָז יַכְנִיסוּהוּ בִּמְחִצָּה אַחַת בְּמַעֲלָה. וּבְהַגִּיעַ תּוֹר עֲלִיָּתוֹ לִמְחִצָּה יוֹתֵר עֶלְיוֹנָה, יַחְזְרוּ לְהַעֲנִישׁוֹ לְמָרֵק הַחֲטָאִים הַיּוֹתֵר קַלִּים מִן הָרִאשׁוֹנִים, וְאָז יַעֲלֶה בַּמַּדְרֵגָה הַשֵּׁנִית יוֹתֵר עֶלְיוֹנָה.

דָּוִד הַמֶּלֶךְ וְדָנִיֵּאל הֻצְרְכוּ לְהִתְבַּשֵּׂר שֶׁיָּנוּחוּ בָּעוֹלָם הַבָּא

אַחַר כָּךְ יַחְזְרוּ לְהַעֲנִישׁוֹ עוֹד עַל דִּקְדּוּקֵי מִצְוֹת שֶׁהֵם כְּחוּט הַשַּׂעֲרָה, בְּסוֹד "וּסְבִיבָיו נִשְׂעֲרָה מְאֹד", וְאָז יַעֲלוּהוּ בִּמְחִצָּתוֹ הָאֲמִתִּית הָרְאוּיָה אֵלָיו. וּלְקַמָּן יִתְבָּאֵר מְצִיאוּת עֳנָשִׁים הָאֵלּוּ אֵיךְ עִנְיָנָם.

וְהִנֵּה הַצַּדִּיקִים גְּמוּרִים כְּדָוִד הַמֶּלֶךְ ע"ה וּכְדָנִיֵּאל, הֻצְרְכוּ לְהִתְבַּשֵּׂר מֵאִתּוֹ יִתְבָּרַךְ שֶׁיָּנוּחוּ בָּעוֹלָם הַבָּא וְלֹא יִצְטָרְכוּ לָעֳנָשִׁים וְגִלְגּוּלִים הָאֵלֶּה, וּכְמ"שׁ דָּוִד הַמֶּלֶךְ ע"ה "לוּלֵא הֶאֱמַנְתִּי לִרְאוֹת בְּטוּב ה' בְּאֶרֶץ חַיִּים" וְגוֹ'. וְאָמַר "אַחַת שָׁאַלְתִּי מֵאֵת ה' אוֹתָהּ אֲבַקֵּשׁ שִׁבְתִּי בְּבֵית ה' כָּל יְמֵי חַיַּי" וְגוֹ'. וְנִתְבַּשֵּׂר עַל יְדֵי אֲבִיגַיִל הַנְּבוּאָה, בְּאָמְרָהּ "וְהָיְתָה נֶפֶשׁ אֲדֹנִי צְרוּרָה בִּצְרוֹר הַחַיִּים" וְגוֹ'. גַּם דָּנִיֵּאל נִתְבַּשֵּׂר "וְאַתָּה לֵךְ לַקֵּץ וְתָנוּחַ וְתַעֲמֹד".

וְעִם כָּל זֶה מָצִינוּ בְּמִדְרָשׁ הַנֶּעְלָם שֶׁל הַזֹּהַר בִּכְתִיבַת יָד, בְּפָסוּק "עַל כָּל הַטּוֹבָה אֲשֶׁר עָשָׂה ה' לְדָוִד וּלְיִשְׂרָאֵל עַמּוֹ", שֶׁיָּשַׁב דָּוִד הַמֶּלֶךְ עָלָיו הַשָּׁלוֹם שִׁבְעָה שָׁנִים אַחַר פְּטִירָתוֹ, קֹדֶם שֶׁהִכְנִיסוּהוּ בִּירוּשָׁלַיִם שֶׁל מַעְלָה.

גַּם מָצִינוּ בִּשְׁמוּאֵל הַנָּבִיא שָׁקוּל כְּמֹשֶׁה וְאַהֲרֹן, כְּשֶׁהֶעֱלָהוּ שָׁאוּל בָּאוֹב שֶׁאָמַר "לָמָּה הִרְגַּזְתַּנִי לְהַעֲלוֹת", וארז"ל שֶׁנִּתְיָרֵא אוּלַי הָיָה

him using a necromancer, he said: "...'Why did you disturb me to raise me up?'...." (1 Samuel 28:15) Our sages explained that he feared it was the great Day of Judgment. (Midrash Rabba, Vayikra 26:7) It seems that even though one is judged at the time of his passing, there are still other judgments and punishments.

Rav Yochanan ben Zakkai, who did not leave one Mishnah or one Midrash [unlearned], was also crying at the time of his departure from this world, as mentioned in Tractate Berachot (28b). And what will the other Tzadikim do, knowing that they are not similar to them, and surely the rest of humanity whose transgressions are many? We cannot elaborate in a place they say to be concise.

It has already been several times that I was with my teacher [the Ari] walking in a field, and he would say to me, "Here is an individual whose name is such and such, and although he was a Tzadik and a Torah Scholar, he is now reincarnated into this rock or this plant, or something similar to it because of a certain transgression that he performed during his lifetime," as will be explained later. My teacher [the Ari] never knew that person from before. We would inquire afterwards about the deceased and find that his words were real and true. We cannot elaborate on these matters, since no book can contain them.

The Ari would see Souls that required unnatural Reincarnations.

Sometimes, he would look from a distance of 500 amot (cubits) [around 800 feet] at a certain grave that was among 20,000 others, and he would see the Soul of the deceased individual who was buried there standing on that grave. He would tell us, "In that grave is buried so and so and his name is such and such, and they gave him such and such punishment for such and such sin." We would then investigate that person and find his words to be true. There are many great [stories] like this that the mind cannot fathom.

The Ari would see the Souls of the dead on their graves.

יוֹם הַדִּין הַגָּדוֹל. כַּנִּרְאֶה שֶׁאַף שֶׁכְּבָר עָמַד לְדִין בְּעֵת פְּטִירָתוֹ, עֲדַיִן יֵשׁ דִּינִים וְעֳנָשִׁים אֲחֵרִים.

גַּם רַבָּן יוֹחָנָן בֶּן זַכַּאי, שֶׁלֹּא הִנִּיחַ מִקְרָא וּמִשְׁנָה וְכוּ', וּבְיוֹם מִיתָתוֹ הָיָה בּוֹכֶה כַּנִּזְכָּר בְּמַסֶּכֶת בְּרָכוֹת, וּמַה יַּעֲשׂוּ שְׁאָר הַצַּדִּיקִים שֶׁאֵינָם דּוֹמִים אֲלֵיהֶם, וּמִכָּל שֶׁכֵּן שְׁאָר בְּנֵי הָאָדָם בַּעֲווֹנוֹתֵינוּ הָרַבִּים, וְאֵין לְהַאֲרִיךְ בְּמָקוֹם שֶׁרָאוּי לְקַצֵּר.

הָאֲרִ"י הָיָה רוֹאֶה נְשָׁמוֹת שֶׁהֻצְרְכוּ לְהִתְגַּלְגֵּל בְּגִלְגּוּלִים מְשֻׁנִּים

וּכְבָר כַּמָּה פְּעָמִים הָיִיתִי עִם מוֹרִי ז"ל הוֹלֵךְ בַּשָּׂדֶה, וְהָיָה אוֹמֵר לִי, הִנֵּה אִישׁ אֶחָד הַנִּקְרָא בְּשֵׁם כָּךְ, וְהוּא צַדִּיק וְתַלְמִיד חָכָם, וּלְסִבַּת עָוֹן אֶחָד פְּלוֹנִי שֶׁעָשָׂה בְּחַיָּיו הוּא עַתָּה מִתְגַּלְגֵּל תּוֹךְ הָאֶבֶן הַדּוֹמֵם הַזֶּה, אוֹ תּוֹךְ הַצּוֹמֵחַ הַזֶּה, וְכַיּוֹצֵא בוֹ, וּכְמוֹ שֶׁיִּתְבָּאֵר לְקַמָּן. וּמֵעוֹלָם לֹא הִכִּיר בּוֹ מוֹרִי ז"ל, וְהָיִינוּ חוֹקְרִים אַחַר הַנִּפְטָר הַהוּא, וּמָצָאנוּ דְּבָרָיו כֵּנִים וַאֲמִתִּיִּים, וְאֵין לְהַאֲרִיךְ בַּדְּבָרִים הָאֵלֶּה כִּי לֹא יְכִילֵם סֵפֶר.

הָאֲרִ"י הָיָה רוֹאֶה אֶת נַפְשׁוֹת הַמֵּתִים עַל קִבְרֵיהֶם

וְלִפְעָמִים הָיָה מִסְתַּכֵּל מֵרָחוֹק ת"ק אַמָּה בְּקֶבֶר אֶחָד שֶׁבֵּין עֶשְׂרִים אֶלֶף קְבָרִים אֲחֵרִים, וְהָיָה רוֹאֶה נֶפֶשׁ הַמֵּת הַנִּקְבָּר שָׁם עוֹמֵד עַל הַקֶּבֶר הַהוּא, וְהָיָה אוֹמֵר לָנוּ הַקֶּבֶר הַהוּא קָבוּר בּוֹ אִישׁ פְּלוֹנִי שֶׁשְּׁמוֹ פְּלוֹנִי, וּמַעֲנִישִׁים אוֹתוֹ עֹנֶשׁ פְּלוֹנִי עַל עָוֹן פְּלוֹנִי. וְהָיִינוּ חוֹקְרִים עַל הָאִישׁ הַהוּא וּמָצָאנוּ דְּבָרָיו אֲמִתִּיִּים, וְכָאֵלֶּה רַבּוֹת וּגְדוֹלוֹת לֹא יְכִילֵם רַעְיוֹן.

We will return now to the topic of our Introduction. After a person dies, they make him pay back [for] what he sinned before he enters Gehenom. There are many forms of punishment, all of which are called a Reincarnation. Meaning, he will reincarnate in an inanimate, plant, animal or human. Most people cannot escape these types of Reincarnation. And the reason is that he cannot receive his punishment unless he is materialized in a body and Soul. Then when he reincarnates there he suffers and feels that pain, and thus his transgressions are atoned for.

The suffering experienced in unnatural Reincarnations cleanses transgressions.

However, according to the extent of the individual's transgression so will be the types of his Reincarnation, whether in a plant, animal, and so forth. Therefore even among Tzadikim and Torah Scholars, some will reincarnate in this manner, since during their lifetime a transgression came to their hands, one that justifies the extent of the punishment of that Reincarnation.

After that, they ascend to their appropriate level, as the transgressions must be erased. The Holy One, blessed be He, does not concede [nor does He waive any debts] because "... His works are perfect and His ways are just....." (Deuteronomy 32:4) Even though someone is a Complete Tzadik, [the Creator] will not accept a bribe from him in the form of a Precept, as our sages said. (Tractate Bava Kama, 50a) Not only that, but when they wish to elevate him to a higher level, they then bring him back to reincarnate in the mentioned Reincarnations, assuming there is still a transgression left to cleanse that would warrant this kind of Reincarnation.

Transgressions must be erased because the Creator does not overlook things.

One time, I was with my teacher and he told me that he saw with his own eyes a man from the time of the generation of the Tannaim (Kabbalists of the First and Second centuries C.E.) who was reincarnated in a female goat because he had intimate relations by the light of a candle. It is known that this can cause epileptic children, and it turned out that he caused his children to be epileptic and to die young. It is [thus] considered as if he actually shed blood, and moreover, shed the blood of his own children.

An incident where the Ari saw a Soul of a man from the Tannaic period.

סֶבֶל הַצַּעַר בְּגִלְגּוּלִים מְשֻׁנִּים מְכַפֵּר עֲוֹנוֹת

וְנַחֲזוֹר אֶל הַדְּרוּשׁ שֶׁלָּנוּ, כִּי הִנֵּה אַחַר פְּטִירַת הָאָדָם נִפְרָעִים מִמֶּנּוּ עַל חַטֹּאתָיו קֹדֶם שֶׁיַּכְנִיסוּהוּ בַּגֵּיהִנֹּם בְּהַרְבֵּה מְצִיאִיּוֹת שֶׁל עֹנֶשׁ, וְכֻלָּם נִקְרָאִים גִּלְגּוּלִים. רוֹצֶה לוֹמַר: כִּי יִתְגַּלְגֵּל אוֹ בְּדוֹמֵם, אוֹ בְּצוֹמֵחַ, אוֹ בְּחַי, אוֹ בְּחַי מְדַבֵּר. וְכִמְעַט רֹב בְּנֵי הָאָדָם לֹא יִמָּלְטוּ מִלְּהִתְגַּלְגֵּל בְּגִלְגּוּלִים אֵלֶּה. וְהַטַּעַם הוּא, כִּי אֵינוֹ יָכוֹל לְקַבֵּל עָנְשׁוֹ עַד שֶׁיִּהְיֶה מְגֻשָּׁם בַּגּוּף וּבַנֶּפֶשׁ, וְאָז בְּהִתְגַּלְגְּלוֹ שָׁם סוֹבֵל וּמַרְגִּישׁ הַצַּעַר הַהוּא, ועי"כ מִתְכַּפְּרִים עֲוֹנוֹתָיו.

וְאָמְנָם כְּפִי עֵרֶךְ חֵטְא הָאָדָם כָּךְ בְּחִינַת אֹפֶן גִּלְגּוּלוֹ, אִם בְּצוֹמֵחַ, אִם בְּחַי וְכוּ'. וְלָכֵן אֲפִלּוּ הַצַּדִּיקִים וְהַתַּלְמִידֵי חֲכָמִים יֵשׁ קְצָתָם אֲשֶׁר מִתְגַּלְגְּלִים עַל דֶּרֶךְ הַנִּזְכָּר, מֵחֲמַת שֶׁבְּחַיֵּיהֶם בָּא לְיָדָם אֵיזֶה עָוֹן הַצּוֹדֵק כְּפִי עֹנֶשׁ הַגִּלְגּוּל הַהוּא.

הָעֲוֹנוֹת חַיָּבִים לְמָחֵק כִּי הקב"ה אֵינוֹ וַתְּרָן

וְאַחַר כָּךְ עוֹלִים בַּמַּעֲלָה הָרְאוּיָה לָהֶם, כִּי בְּהֶכְרֵחַ הֶעָוֹן צָרִיךְ לְהִמָּחֵק, והקב"ה אֵינוֹ וַתְּרָן, כִּי הוּא "תָּמִים פָּעֳלוֹ, כִּי כָל דְּרָכָיו מִשְׁפָּט", אע"פ שֶׁהוּא צַדִּיק גָּמוּר לֹא יְקַבֵּל מִמֶּנּוּ שֹׁחַד עַל מִצְוָה כמ"ש זַ"ל. וְלֹא עוֹד אֶלָּא שֶׁגַּם כְּשֶׁיִּרְצוּ לְהַעֲלוֹתוֹ בְּמַדְרֵגָה יוֹתֵר עֶלְיוֹנָה, חוֹזְרִים וּמִתְגַּלְגְּלִים אוֹתוֹ בַּגִּלְגּוּלִים הַנִּזְכָּרִים, אִם עֲדַיִן נִשְׁאַר לָהֶם לְמָרֵק אֵיזֶה עָוֹן שֶׁצָּרִיךְ גִּלְגּוּל כָּזֶה.

מַעֲשֶׂה שֶׁהָאֲרִ"י רָאָה נֶפֶשׁ אָדָם אֶחָד מִזְּמַן הַתַּנָּאִים

וּפַעַם אַחַת הָיִיתִי עִם מוֹרִי זַ"ל, וא"ל כִּי הָיָה רוֹאֶה בְּעֵינָיו אִישׁ אֶחָד מִזְּמַן דּוֹר הַתַּנָּאִים מְגֻלְגָּל בְּעֵז אַחַת נְקֵבָה, לְסִבַּת שֶׁהָיָה מְשַׁמֵּשׁ מִטָּתוֹ לְאוֹר הַנֵּר, וְנוֹדַע דְּהָוְיָין לֵהּ בָּנִים נִכְפִּים, וְנִמְצָא שֶׁגָּרַם לְבָנָיו שֶׁיִּהְיוּ נִכְפִּים וְשֶׁיָּמוּתוּ בְּקַטְנוּתָם, וַהֲרֵי זֶה שׁוֹפֵךְ דָּמִים מַמָּשׁ, וְלֹא עוֹד אֶלָּא שֶׁשּׁוֹפֵךְ דַּם בָּנָיו.

Another time, he told us that he saw with his own eyes a great scholar from the previous generation, a few years back, for whom the time had now come to ascend to a higher grade than he had been at previously. Therefore at that very moment, he saw with his eyes that they returned to punish him on small details of Precepts, as we explained earlier, in order to elevate him to that higher level because to the extent they want to elevate him is [the extent] he needs to be more refined, even regarding details in a Precept that are as thin as a hairsbreadth, as mentioned earlier.

An incident where the Ari saw the Soul of a sage whose time came to ascend to a higher grade.

Among the things he was being punished for at that time were twofold: First, for being distracted from his Tefillin while he was reciting the words: "May it be Your will that we may not toil in vain, and may we not give birth to *behalah* (panic)," as we say after the Uva Letzion Prayer (in Shacharit). And because while he was focusing on that prayer, he took his mind off of the Tefilin, and he was punished for this slight detail. So what would one do if he does not have intention in his prayer or on the Tefilin on his head?

First stringency: he took his mind off the Tefilin.

He was also punished because on one Shabbat he went out to the Public Domain and some dirt entered his shoes, and he unintentionally carried it for four cubits in the Public Domain. With this you will understand that the righteous have no rest in the World to Come, as our sages said (Tractate Berachot 64a) about the verse: "They go from strength to strength...." (Psalms 84:8) The reason is that for each and every level they elevate to they need a new cleansing, as mentioned earlier.

Second stringency: he walked in the public domain with sand in his sandals.

It is now appropriate to explain the matter of these Reincarnations. It was already explained by us (*Mevo She'arim* "Entrance to the Gates," Gate Two, Section Three, Chapter 8) that all the Worlds were created from the sorting out of those Seven Kings who ruled in the land of Edom and died. The purest [Parts] were sorted in the World of Atzilut, and the following one was sorted for the sake of the World of Briyah; the following one, for Yetzirah; and the one after that, for Asiyah.

The Worlds were created from the sorting out of the seven kings who died.

מַעֲשֶׂה שֶׁהָאֲרִ"י רָאָה נֶפֶשׁ חָכָם אֶחָד שֶׁהִגִּיעַ זְמַנּוֹ לַעֲלוֹת לְמְחִצָּה עֶלְיוֹנָה יוֹתֵר

וּפַעַם אַחֶרֶת אָמַר לִי, שֶׁהָיָה רוֹאֶה בְּעֵינָיו חָכָם אֶחָד גָּדוֹל מִדּוֹר שֶׁלְּפָנֵינוּ זֶה כַּמָּה שָׁנִים, שֶׁהִגִּיעַ זְמַנּוֹ לְהַעֲלוֹתוֹ עַתָּה לִמְחִצָּה יוֹתֵר עֶלְיוֹנָה מִמַּה שֶּׁהָיָה בַּתְּחִלָּה, וְלָכֵן עַתָּה בְּעֵת הַהִיא עַצְמָהּ רָאָה בְּעֵינָיו שֶׁחָזְרוּ לְהַעֲנִישׁוֹ עַל דִּקְדּוּקֵי מִצְוֹת קַלּוֹת כַּנִּזְכָּר לְעֵיל, כְּדֵי לְהַעֲלוֹתוֹ אֶל הַמַּעֲלָה הַגְּדוֹלָה הַהִיא, כִּי כְּפִי עֵרֶךְ הַמַּעֲלָה שֶׁמַּעֲלִים אוֹתוֹ צָרִיךְ שֶׁיִּזְדַּכֵּךְ יוֹתֵר, אֲפִלּוּ בְּדִקְדּוּקֵי מִצְוֹת כְּחוּט הַשַּׂעֲרָה, כַּנִּזְכָּר לְעֵיל.

דִּקְדּוּק א': שֶׁהֵסִיחַ עַצְמוֹ מִן הַתְּפִלִּין

וּמִכְּלַל הַדְּבָרִים שֶׁהָיָה נֶעֱנָשׁ אָז, הָיָה לִשְׁתֵּי סִבּוֹת: הָאַחַת, עַל שֶׁהֵסִיחַ עַצְמוֹ מִן הַתְּפִלִּין, בְּאָמְרוֹ "יְהִי רָצוֹן מִלְּפָנֶיךָ שֶׁלֹּא נִיגַע לָרִיק וְלֹא נֵלֵד לַבֶּהָלָה", כְּמוֹ שֶׁאוֹמְרִים אַחַר קְדֻשַּׁת וּבָא לְצִיּוֹן, וְלִהְיוֹתוֹ מְכַוֵּן בַּתְּפִלָּה הַהִיא הֵסִיחַ דַּעְתּוֹ מִן הַתְּפִלִּין, וְנֶעֱנַשׁ עַל זֶה הַדִּקְדּוּק הַקַּל. וּמַה יַּעֲשֶׂה מִי שֶׁאֵינוֹ מְכַוֵּן בִּתְפִלָּתוֹ וְלֹא בַּתְּפִלִּין שֶׁעַל רֹאשׁוֹ.

דִּקְדּוּק ב': הָלַךְ עִם חוֹל בַּנְּעָלַיִם בִּרְשׁוּת הָרַבִּים

גַּם נֶעֱנַשׁ, לְפִי שֶׁיּוֹם שַׁבָּת אַחַת יָצָא לִרְשׁוּת הָרַבִּים, וְנִכְנַס מְעַט עָפָר תּוֹךְ מִנְעָלוֹ, וְהָלַךְ בּוֹ אַרְבַּע אַמּוֹת בִּרְשׁוּת הָרַבִּים בְּלִי כַּוָּנָה. וּבָזֶה תָּבִין כִּי אֵין מְנוּחָה אֶל הַצַּדִּיקִים בָּעוֹלָם הַבָּא, כמ"ש ז"ל עַל פָּסוּק "יֵלְכוּ מֵחַיִל אֶל חָיִל". וְהַטַּעַם הוּא, כִּי בְּכָל מַדְרֵגָה וּמַדְרֵגָה שֶׁעוֹלִים צְרִיכִים מֵרוּק מֵחָדָשׁ, כַּנִּזְכָּר לְעֵיל.

הָעוֹלָמוֹת נִבְרְאוּ מִבֵּרוּרֵי ז' הַמְּלָכִים שֶׁמֵּתוּ

וְרָאוּי עַתָּה לְבָאֵר מָה עִנְיַן גִּלְגּוּלִים אֵלּוּ. הִנֵּה נִתְבָּאֵר אֶצְלֵנוּ, כִּי כָּל הָעוֹלָמוֹת כֻּלָּם נִבְרְאוּ מִבֵּרוּר אוֹתָם ז' מַלְכֵי אֱדוֹם אֲשֶׁר מֵתוּ, וְהַיּוֹתֵר זַךְ הֻבְרַר בְּעוֹלַם הָאֲצִילוּת, וְאַחֲרָיו הֻבְרַר לְצֹרֶךְ עוֹלַם הַבְּרִיאָה, וְאַחֲרָיו לִיצִירָה, וְאַחֲרָיו לַעֲשִׂיָּה.

The purest [part] in Asiyah is Man, who was sorted out first; following that, Animals that do not speak; then the Vegetable [Kingdom]; and afterwards, the Inanimate [Kingdom]. A Tzadik, through his actions and through the Precepts he performs when he eats, and similar to it, has the ability to further sort out from part of the Inanimate, elevating it to the Vegetable, Animal, or even Human [Kingdoms], as we explain further in *Sha'ar HaMitzvot* ("Gate of Precepts") portion of Ekev, regarding the Precept of Birkat haMazon (Grace After Meals).

> The Tzadikim have the power to further sort out from the Inanimate, Vegetable, and Animal.

But a Wicked person causes just the opposite through his actions, as they go down and do not elevate. There are types of transgressions that can cause the human Part to go down until the Inanimate Aspect, and there are ones [that cause the human Part to go down] until the Vegetable [Kingdom], and there are ones [that cause the human Part to go down] to the non-speaking Animal [Kingdom].

> The Wicked causes Sparks to go down.

Therefore, corresponding to this there is a Wicked person who reincarnates into an inanimate rock after he dies, according to what he sinned in his lifetime, and there is a Wicked person who reincarnates into a plant, and there is a Wicked person who reincarnates in certain animals, since due to his sins "...he is likened to the beasts that perish." (Psalms 49:13) They stand on the same level and have affinity with each other.

> Depending on what he sinned in his lifetime that is where he reincarnates.

Those who are reincarnated in such an Incarnation will remain there indefinitely until the transgression that caused the Reincarnation into a plant is cleansed. When his time is finished, he will ascend and be reincarnated into an animal. When his time is finished, he will be reincarnated as an actual human being.

However this Reincarnation into a human being can happen in one of two ways. The first relates to Souls of Wicked people, who do not merit to enter into Gehenom after death. They enter into the bodies of people who live in this world and [they] talk and tell everything that happened to them there, as is known,

> Reincarnation in a human being as a Dibuk.

יֵשׁ כֹּחַ בַּצַּדִּיק לְבָרֵר עוֹד מֵהַדּוֹמֵם, הַצּוֹמֵחַ וְהַחַי

וְהַיּוֹתֵר זַךְ שֶׁבַּעֲשִׂיָּה הוּא הָאָדָם. וְהֻבְרַר תְּחִלָּה, וְאַחֲרָיו הַחַי בְּלִי מְדַבֵּר, וְאַחֲרָיו הַצּוֹמֵחַ, וְאַחֲרָיו הַדּוֹמֵם. וְאָמְנָם הַצַּדִּיק עַל יְדֵי מַעֲשָׂיו וְעַל יְדֵי הַמִּצְוֹת שֶׁעוֹשֶׂה בַּאֲכִילָתוֹ וְכַיּוֹצֵא, יֵשׁ כֹּחַ לְבָרֵר עוֹד מֵחֵלֶק הַדּוֹמֵם, לְהַעֲלוֹתוֹ אֶל הַצּוֹמֵחַ, וְאֶל הַחַי, וְאֶל הָאָדָם, כַּמְבֹאָר אֶצְלֵנוּ בְּשַׁעַר הַמִּצְוֹת בפ' עֵקֶב, בְּמִצְוַת בִּרְכַּת הַמָּזוֹן.

הָרָשָׁע מוֹרִיד הַנִּיצוֹצוֹת לְמַטָּה

וְאָמְנָם הָרָשָׁע עַל יְדֵי מַעֲשָׂיו גּוֹרֵם לְהֶפֶךְ, שֶׁמּוֹרִידִים וְלֹא מַעֲלִים. וְיֵשׁ מִינֵי עֲוֹנוֹת שֶׁגּוֹרְמִים שֶׁחֵלֶק הָאָדָם יֵרֵד עַד בְּחִינַת הַדּוֹמֵם, וְיֵשׁ עַד הַצּוֹמֵחַ, וְיֵשׁ עַד הַחַי בְּלִי מְדַבֵּר.

כְּפִי מַה שֶּׁחָטָא בְּחַיָּיו כָּךְ מִתְגַּלְגֵּל בדצח"מ

וְלָכֵן כְּנֶגֶד זֶה, יֵשׁ רָשָׁע שֶׁאַחַר מוֹתוֹ מִתְגַּלְגֵּל בְּאֶבֶן דּוֹמֵם, כְּפִי מַה שֶּׁחָטָא בְּחַיָּיו, וְיֵשׁ רָשָׁע שֶׁמִּתְגַּלְגֵּל בְּצוֹמֵחַ, וְיֵשׁ שֶׁמִּתְגַּלְגֵּל בְּבַעֲלֵי חַיִּים, כִּי עַל יְדֵי עֲוֹנָם "נִמְשַׁל כַּבְּהֵמוֹת נִדְמוּ", וּבְמַעֲלָה אַחַת הֵם עוֹמְדִים וְנִדְמִים זֶה לָזֶה.

וְהִנֵּה אֵלּוּ הַמִּתְגַּלְגְּלִים הַגִּלְגּוּלִים אֵלּוּ יוֹשְׁבִים שָׁם זְמַן קָצוּב, עַד יִמָּרֵק עֲוֹנוֹ אֲשֶׁר גָּרַם לוֹ לְהִתְגַּלְגֵּל שָׁם בַּדּוֹמֵם, וּכְשֶׁיְּשַׁלֵּם מֵרוּק הַהוּא יַעֲלֵהוּ מֵאוֹתָהּ הַמַּדְרֵגָה עַד מַדְרֵגַת הַצּוֹמֵחַ, וְיִתְגַּלְגֵּל עוֹד בָּהּ זְמַן קָצוּב עַד יִמָּרֵק עֲוֹנוֹ שֶׁגָּרַם לוֹ לְהִתְגַּלְגֵּל שָׁם בַּצּוֹמֵחַ. וְכִכְלוֹת זְמַנּוֹ עוֹלֶה וּמִתְגַּלְגֵּל בְּבַעַל חַי, וְכִכְלוֹת זְמַנּוֹ עוֹלֶה וּמִתְגַּלְגֵּל בְּאָדָם מַמָּשׁ.

גִּלְגּוּל בְּאָדָם – דִּבּוּק

וְאָמְנָם עִנְיָן זֶה הַגִּלְגּוּל שֶׁמִּתְגַּלְגֵּל בְּאָדָם, הוּא בְּאַחַת מִב' פָּנִים: הָא' הוּא עִנְיַן אֵלּוּ הַנְּשָׁמוֹת שֶׁל הָרְשָׁעִים אַחַר שֶׁמֵּתוּ וְלֹא זָכוּ לִכָּנֵס

may the Merciful One save us (see the Story of a Spirit, at the end of the book).

The second is that they enter a person in the form of an Ibur, as mentioned in previous Introductions, and they cleave to him in a much-concealed manner. Then, if that person transgresses, this Soul that entered as an Ibur takes control over him, causing him to transgress [further] and inciting him towards an evil path. As we explained in previous Introductions, just like when a Tzadik's Soul enters an individual as an Ibur he helps him improve, so too the Soul of a Wicked person incites him to become evil.

Reincarnation in a human being as an Ibur.

We already explained this matter that one who enters an individual as an Ibur sometimes does it for his own benefit to help him correct himself, namely the one entering as an Ibur, and sometimes it is for the benefit of the individual so that that Soul can assist him to improve. These two Aspects also exist in the Ibur of the Soul of the Wicked person that has entered an individual. It can be for the benefit of the Ibur Soul because this individual [his host] is a Tzadik or the individual is a Wicked person and that Soul comes as an Ibur to strengthen his wickedness, until he is lost from the world, Heaven forbid.

An Ibur for his own benefit or for the benefit of others, whether to help or obstruct.

Thus, when the Soul that reincarnates in a human in one of these two mentioned ways completes his designated time there, and his transgressions are atoned for, he is then able to come to this world in a form of a True Reincarnation and will be born into a body like other humans.

Returning to the subject, it is appropriate for you to know that the ones who reincarnate in the [Kingdoms of the] Inanimate, Vegetable, and so on, do not have the power to ascend from there and be corrected at any time because "To everything there is a season, and a time to every purpose...." (Ecclesiastes 3:1) However, these are the times for their ascent:

לַגֵּיהִנֹּם, נִכְנָסִים בְּגוּפוֹת בְּנֵי אָדָם הַחַיִּים בָּעוֹלָם הַזֶּה, וּמְדַבְּרִים וּמְסַפְּרִים כָּל הַקּוֹרוֹת אוֹתָם שָׁם כַּנּוֹדָע, רַחֲמָנָא לִישֵׁזְבַן.

גִּלְגּוּל בְּאָדָם – עִבּוּר

וְהַב' הוּא, כִּי הֵם מִתְעַבְּרִים בְּאָדָם בְּסוֹד הָעִבּוּר, כַּנִּזְכָּר לְעֵיל בַּדְּרוּשִׁים שֶׁקָּדְמוּ, וּמִתְדַּבְּקִים בּוֹ בְּהֶסְתֵּר גָּדוֹל, וְאָז אִם הָאָדָם הַהוּא יַכְשִׁיר מַעֲשָׂיו טוֹבִים, גּוֹרֵם אֶל הַנֶּפֶשׁ הַהִיא שֶׁל הָרָשָׁע שֶׁנִּתְעַבֵּר בּוֹ שֶׁיִּתְקַן עַל יָדוֹ וְיִזְדַּכֵּךְ. וְאִם חַס וְשָׁלוֹם הָאָדָם הַהוּא יֶחֱטָא, מִתְגַּבֵּר עָלָיו נֶפֶשׁ הַהִיא הַמִּתְעַבֶּרֶת בּוֹ וּמַחֲטִיאוֹ, וּמְסִיתוֹ לְדֶרֶךְ רַע, עַל דֶּרֶךְ מַה שֶּׁנִּתְבָּאֵר אֶצְלֵנוּ בַּדְּרוּשִׁים הַקּוֹדְמִים, שֶׁכַּאֲשֶׁר נִשְׁמַת הַצַּדִּיק מִתְעַבֶּרֶת בְּאָדָם מְסַיְּעוֹ לְהֵטִיב, כָּךְ נֶפֶשׁ הָרָשָׁע מְסִיתוֹ לְהַרְשִׁיעַ.

עִבּוּר לְתוֹעֶלֶת עַצְמוֹ וּלְתוֹעֶלֶת זוּלָתוֹ, בֵּין לְהֵיטִיב אוֹ לְהַרְשִׁיעַ

וּכְבָר נִתְבָּאֵר אֶצְלֵנוּ עִנְיָן זֶה, כִּי לִפְעָמִים הַמִּתְעַבֵּר בְּאָדָם הוּא לְתוֹעֶלֶת עַצְמוֹ, כְּדֵי לְהִתָּקֵן עַצְמוֹ הַמִּתְעַבֵּר עַצְמוֹ. וְלִפְעָמִים הוּא לְתוֹעֶלֶת הָאָדָם, כְּדֵי שֶׁהַנֶּפֶשׁ הַהִיא תְּסַיְּעֵהוּ לְהֵיטִיב. וּב' בְּחִינוֹת אֵלּוּ יֶשְׁנָם גַּם בְּנֶפֶשׁ הָרָשָׁע הַמִּתְעַבֵּר בְּאָדָם, אוֹ יִהְיֶה לְתוֹעֶלֶת הַנֶּפֶשׁ הַמִּתְעַבֶּרֶת, לְפִי שֶׁהָאָדָם הַזֶּה הוּא צַדִּיק, אוֹ יִהְיֶה הָאָדָם רָשָׁע וְתִתְעַבֵּר בּוֹ הַנֶּפֶשׁ הַהִיא לְהַחֲזִיקוֹ בְּרִשְׁעָתוֹ, עַד יְאַבְּדֵהוּ מִן הָעוֹלָם חַס וְשָׁלוֹם.

וְהִנֵּה אַחַר שֶׁנֶּפֶשׁ הַמִּתְגַּלְגֵּל בְּאָדָם בְּאֶחָד מִב' פָּנִים הַנִּזְכָּר, הִשְׁלִים זְמַנּוֹ הַקָּצוּב לוֹ לַעֲמֹד שָׁם וְנִתְכַּפְּרוּ עֲוֹנוֹתָיו, אָז יוּכַל לָבֹא אַחַר כָּךְ בָּעוֹלָם הַזֶּה בְּגִלְגּוּל גָּמוּר אֲמִתִּי, וְיִוָּלֵד בְּגוּף בָּעוֹלָם הַזֶּה כִּשְׁאָר בְּנֵי אָדָם.

וְנַחֲזֹר לָעִנְיָן, כִּי רָאוּי שֶׁתֵּדַע כִּי לֹא בְּכָל זְמַן יֵשׁ כֹּחַ אֶל הַמְּגֻלְגָּלִים הַנִּז' בְּדוֹמֵם וּבְצוֹמֵחַ וְכוּ', לַעֲלוֹת מִשָּׁם וּלְהִתָּקֵן, כִּי "לַכֹּל זְמָן וְעֵת לְכָל חֵפֶץ". אָמְנָם זֶהוּ זְמַן עֲלִיָּתָם:

Know that whoever has been reincarnated into the Inanimate, and it was decreed that he stays for a specific number of years, when the time arrives for him to ascend from the Inanimate and [he is] to be reincarnated to the level of the Vegetable [Kingdom], he can only ascend during the four middle months of the 12 months of the year, which are Av (Leo), Elul (Virgo), Tishrei (Libra), and Cheshvan (Scorpio). If the set time to ascend is achieved during these four months, then he will ascend. Otherwise, he will have to wait another year until these four middle months come around again.

The times for reincarnating out of the Inanimate, Vegetable, and Animal.

The time for them to ascend from the Vegetable [Kingdom] to the Animal [Kingdom] is in the first four months, which are Nissan (Aries), Iyar (Taurus), Sivan (Gemini), and Tammuz (Cancer). The time for them to ascend from the Animal [Kingdom] to the Human [Kingdom] is in the last four months, which are Kislev (Sagittarius), Tevet (Capricorn), Shevat (Aquarius), and Adar (Pisces).

However, even though the order of their ascent occurs in the aforementioned way—Inanimate to Vegetable, Vegetable to Animal, and Animal to Human—sometimes the reincarnated [Soul] can ascend two levels at the same time. For example, if someone has been reincarnated first in the Inanimate, which is soil, and an animal eats grass mixed with some of the soil containing this reincarnated Soul, so now the Soul will reincarnate in this animal, ascending two levels at once, from Inanimate to Animal.

Sometimes one can ascend two levels at once.

Another way is if the Soul reincarnated into the Vegetable [Kingdom], such as vegetables or the fruits of a tree, and man eats them, it is found that the reincarnated [Soul] ascended from Vegetable to Human, which is two levels at once. Sometimes, a reincarnated [Soul] can ascend all the levels at once, from Inanimate to Human. An example would be if a human eats cooked food with some soil mixed in it, and in that soil was a reincarnated [Soul], it is found that it ascended from Inanimate to Human.

זְמַנֵּי עֲלִיַּת הַגִּלְגּוּלִים מדצח"מ

דַּע, כִּי מִי שֶׁנִּתְגַּלְגֵּל בְּדוֹמֵם וְגָזְרוּ עָלָיו זְמַן קָצוּב שֶׁל כָּךְ וְכָךְ שָׁנִים, הִנֵּה כַּאֲשֶׁר יַגִּיעַ זְמַן עֲלִיָּתוֹ מִן הַדּוֹמֵם לְהִתְגַּלְגֵּל בְּמַדְרֵגַת הַצּוֹמֵחַ, אֵינוֹ עוֹלֶה רַק בְּאַרְבָּעָה חֳדָשִׁים הָאֶמְצָעִיִּים שֶׁבְּי"ב חָדְשֵׁי הַשָּׁנָה, וְהֵם: אָב, אֱלוּל, תִּשְׁרֵי, חֶשְׁוָן. וְאִם זְמַן הַקָּצוּב לָהֶם לַעֲלוֹת נִשְׁלָם בְּאַרְבָּעָה חֳדָשִׁים אֵלּוּ, עוֹלֶה. וְאִם לָאו, צָרִיךְ לְהַמְתִּין עַד שָׁנָה הָאַחֶרֶת בְּאַרְבָּעָה חֳדָשִׁים אֶמְצָעִיִּים הנז' אֲשֶׁר בָּהּ.

וּזְמַן עֲלִיָּתָם מִן הַצּוֹמֵחַ אֶל הַחַי הוּא בְּאַרְבָּעָה חֳדָשִׁים רִאשׁוֹנִים, שֶׁהֵם: נִיסָן, אִיָּר, סִיוָן, תַּמּוּז. וּזְמַן עֲלִיָּתָם מִן הַחַי אֶל הָאָדָם הוּא בְּד' חֳדָשִׁים אַחֲרוֹנִים, שֶׁהֵם: כִּסְלֵו, טֵבֵת, שְׁבָט, אֲדָר.

לִפְעָמִים יַעֲלֶה הַמְּגֻלְגָּל שְׁתֵּי מַדְרֵגוֹת יַחַד

וְאָמְנָם אַף עַל פִּי שֶׁסֵּדֶר עֲלִיָּתָם הוּא עַל דֶּרֶךְ הַנִּזְכָּר, מִן הַדּוֹמֵם אֶל הַצּוֹמֵחַ, וּמִן הַצּוֹמֵחַ אֶל הַחַי, וּמִן הַחַי אֶל הַמְדַבֵּר, הִנֵּה לִפְעָמִים יַעֲלֶה הַמְגֻלְגָּל שְׁתֵּי מַדְרֵגוֹת יַחַד, כְּמוֹ מִי שֶׁנִּתְגַּלְגֵּל בִּתְחִלָּתוֹ בְּדוֹמֵם שֶׁהוּא הֶעָפָר, וְתָבֹא אֵיזוֹ בְּהֵמָה וְתֹאכַל עֵשֶׂב וּבוֹ מְעֹרָב מְעַט עָפָר אֲשֶׁר בּוֹ הָיָה מְגֻלְגָּל הַנֶּפֶשׁ הַהִיא, וְהִנֵּה עַתָּה נֶפֶשׁ זוֹ נִתְגַּלְגְּלָה בַּבְּהֵמָה הַהִיא וְעָלָה ב' מַדְרֵגוֹת יַחַד, שֶׁהוּא מִן הַדּוֹמֵם אֶל הַבַּעַל חַי.

אוֹ בְּאֹפֶן אַחֵר, כִּי אִם יִהְיֶה מְגֻלְגָּל בְּצוֹמֵחַ, שֶׁהוּא הַיְּרָקוֹת וּפֵרוֹת הָאִילָן, וְיֹאכְלֵם הָאָדָם, נִמְצָא כִּי הַמְגֻלְגָּל הַהוּא עָלָה מִן הַצּוֹמֵחַ אֶל הָאָדָם, וְהֵם ב' מַדְרֵגוֹת בְּיַחַד. וְלִפְעָמִים יַעֲלֶה הַמְגֻלְגָּל כָּל הַמַּדְרֵגוֹת בְּפַעַם אַחַת, שֶׁהוּא מִן הַדּוֹמֵם לְאָדָם, כְּגוֹן הֲרֵי שֶׁאָדָם אָכַל מְעַט עָפָר שֶׁנִּתְעָרֵב בְּתוֹךְ הַתַּבְשִׁיל, וּבְאוֹתוֹ עָפָר הָיָה מְגֻלְגָּל אֶחָד, נִמְצָא שֶׁעָלָה מִן הַדּוֹמֵם לָאָדָם.

Know that one who reincarnates in water or salt, it is not considered to be [of the] Inanimate [Kingdom], but rather [of the] Vegetable [Kingdom]. The reason is that water is considered to be living, flowing, and gushing, and not inanimate like soil. And salt is made from water and is therefore considered also [of the] Vegetable [Kingdom]. This is what our sages said in Tractate Shabbat: "The one who quarries salt [on Shabbat] is considered to be a reaper," (Tractate Shabbat 73b) and it is well known that reaping applies only to plants.

Water and salt are considered Vegetable.

The concept of reincarnated beings was explained in many places, as is mentioned concerning the verse: "Rescue my Nefesh from the sword, my Yechidah from the clutches of a dog." (Psalms 22:21) Our sages also gave us a hint when they said, "Even if the head of the bull is in the feeding basket, run to the roof and be very careful... because when one sees a black bull during the month of Nissan, one should run from it and go up to the roof because the Satan dances between his horns." (Tractate Berachot 33a)

Seeing a black bull during the month of Nissan.

The idea is that the bull, which is Harsh Judgment, is susceptible to have a Soul reincarnated in it even more so than other beasts. Therefore one should run away from it, which is not the case with other beasts. Since we learned earlier that the best time for a reincarnated [Soul] to ascend from the Vegetable to the Animal [Kingdom] begins from Nissan onwards, therefore during the month of Nissan when that Wicked person reincarnates in it, there is a chance that this Evil addition of the Ibur of the Wicked [person] may harm one who crosses its path.

However, after [the bull] becomes accustomed to the [Ibur] it will cause no harm. Therefore the main concern is in the first month of his ascent, which is the month of Nissan, when the bull, through eating the grass—Vegetable—receives the Reincarnation of the Wicked person that was originally in that vegetation. The matter of Yunus and Yumbrus, the sons of Bilaam the Wicked, who made the calf in the month of Tammuz, has already been explained in *Sha'ar HaPsukim* ("Gate

מַיִם וּמֶלַח נִבְחָנִים לְצוֹמֵחַ

וְדַע, כִּי הַמְּגֻלְגָּל בְּמַיִם וּבְמֶלַח אֵינָם נִקְרָאִים דּוֹמֵם רַק צוֹמֵחַ, וְהַטַּעַם הוּא, לְפִי שֶׁהַמַּיִם הֵם חַיִּים וְנִגָּרִים וְנוֹבְעִים וְאֵינָם דּוֹמְמִים כְּמוֹ הֶעָפָר. וְהַמֶּלַח נַעֲשֶׂה מִן הַמַּיִם, וְלָכֵן נִקְרָא גַּם הוּא צוֹמֵחַ. וז"ש רַזַ"ל בְּמַסֶּכֶת שַׁבָּת, הַנּוֹטֵל מֶלַח מִן הַמַּחְצָב שֶׁלּוֹ חַיָּב מִשּׁוּם קוֹצֵר, וְיָדוּעַ כִּי אֵין קְצִירָה אֶלָּא בְּצוֹמֵחַ.

עִנְיַן הָרוֹאֶה שׁוֹר שָׁחֹר בִּימֵי נִיסָן

וְהִנֵּה עִנְיַן אֵלּוּ הַמְּגֻלְגָּלִים נִתְבָּאֵר עִנְיָנָם בִּמְקוֹמוֹת רַבִּים, וְכַנִּזְכָּר בְּפָסוּק "הַצִּילָה מֵחֶרֶב נַפְשִׁי מִיַּד כֶּלֶב יְחִידָתִי". גַּם רַזַ"ל רָמְזוּ זֶה בְּאָמְרָם "רֵישׁ תּוֹרָא בְּדִקוּלָא סְלֵק לְאַגְרָא" וְכוּ', כִּי הָרוֹאֶה שׁוֹר שָׁחֹר בִּימֵי נִיסָן, יִבְרַח מִמֶּנּוּ וְיַעֲלֶה לַגַּג, מִפְּנֵי שֶׁהַשָּׂטָן מְרַקֵּד בֵּין קַרְנָיו.

וְהָעִנְיָן הוּא, כִּי הַשּׁוֹר שֶׁהוּא דִּינָא קַשְׁיָא, יוֹתֵר מוּכָן לְהִתְגַּלְגֵּל בּוֹ הַנֶּפֶשׁ יוֹתֵר מִשְּׁאָר הַבְּהֵמוֹת, וְלָכֵן יִבְרַח מִמֶּנּוּ, מַה שֶּׁאֵין כֵּן בִּשְׁאָר הַבְּהֵמוֹת. וּלְפִי שֶׁקָּדַם לָנוּ שֶׁאֵין זְמַן עֲלִיַּת הַמְּגֻלְגָּל בְּצוֹמֵחַ לְבַעַל חַי אֶלָּא מִנִּיסָן וְאֵילָךְ, לָכֵן בְּיוֹמֵי נִיסָן, שֶׁאָז נִכְנָס בּוֹ הַמְּגֻלְגָּל הָרָשָׁע הַהוּא, אוּלַי עַל יְדֵי תּוֹסֶפֶת הָעִבּוּר הַהוּא חָרַע יַזִּיק לְמִי שֶׁיִּפְגַּע בּוֹ.

אֲבָל אַחַר שֶׁהֻרְגַּל בּוֹ אֵינוֹ מַזִּיק, וְלָכֵן אֵין קְפִידָא אֶלָּא בְּחֹדֶשׁ הָא' לַעֲלִיָּתוֹ, הוּא חֹדֶשׁ נִיסָן, שֶׁהַשּׁוֹר בְּאָכְלוֹ הָעֵשֶׂב הַצּוֹמֵחַ נִתְגַּלְגֵּל בּוֹ הָרָשָׁע הַהוּא, שֶׁהָיָה בִּתְחִלָּה בַּצּוֹמֵחַ הַהוּא. וּכְבָר נִתְבָּאֵר אֶצְלֵנוּ בְּשַׁעַר הַפְּסוּקִים בְּעִנְיַן יוֹנוּס וְיוֹמְבְּרוּס, בְּנֵי בִּלְעָם הָרָשָׁע, שֶׁעָשׂוּ אֶת הָעֵגֶל בְּחֹדֶשׁ תַּמּוּז, וְעָלָיו נֶאֱמַר "בְּתַבְנִית שׁוֹר אֹכֵל עֵשֶׂב", וְעַיֵּן שָׁם.

of Verses") where it is said: "[They exchanged their glory] for the likeness of an ox that eats grass." (Psalms 106:20)

The concept of one who reincarnates in the Inanimate is clarified through the case of Naval the Carmelite, of whom it is written: "...his heart died within him and he was a stone." (1 Samuel 25:37) The secret of this matter is understood by what we have learned, where Lavan was reincarnated into Bilaam, and later into Naval the Carmelite.

Lavan, Bilaam, and Naval.

Bilaam the Wicked was a snake charmer, and his power was mainly through his mouth, to curse people. When Bilaam was killed he reincarnated into a stone, which is the level of the Inanimate [Kingdom], to atone for the spells using his mouth, as mentioned. Later on, when he reincarnated into Naval the Carmelite, it was his first time back in this world to be corrected. When the incident of [Naval] cursing King David occurred, and he said "... 'Who is David? Who is this son of Jesse?'...." (1 Samuel 25:10) King David wanted to kill him because he had come to rectify the evil speech of Bilaam, and [instead,] added more crime and again sinned with his speech by cursing David, King of Israel.

Bilaam reincarnated as a stone to atone for casting spells with his mouth.

At this point, Naval remembered and knew that he had previously been reincarnated into a stone in order to correct the evil speech of Bilaam, but now he had returned to his [ancestor's] erroneous ways. Thus "...his heart died within him..." (1 Samuel 25:37) when he remembered that he was originally a stone, as mentioned. Therefore it does not say "he became" but rather "he was a stone." (Ibid.) Naval was a man of great stature, so it is no wonder how he knew this. It is also possible that he had been informed by a prophet or a wise man. It could also be that "his *mazal* saw it, even though he did not see it." (Tractate Sanhedrin 94a)

Naval died when he remembered he was a stone after his incarnation as Bilaam.

The concept of Reincarnation into the Inanimate is also alluded to in the verse: "For a stone will cry out from the wall..." (Habakkuk 2:11) as there are ones who reincarnate in a stone of

(הַגָּהָה - וּבְמָקוֹם אַחֵר מָצָאתִי כָּתוּב מִשֵּׁם מהרח"ו זַ"ל, כִּי עֵשֶׂב רָאשֵׁי תֵּבוֹת שִׁבְעָה עָשָׂר בְּתַמּוּז).

לָבָן, בִּלְעָם וְנָבָל

וְעִנְיַן הַמִּתְגַּלְגֵּל בְּדוֹמֵם נִתְבָּאֵר בְּעִנְיַן נָבָל הַכַּרְמְלִי, שֶׁכָּתוּב בּוֹ "וַיָּמָת לִבּוֹ בְּקִרְבּוֹ וְהוּא הָיָה לְאָבֶן". וְסוֹד הָעִנְיָן יוּבַן בְּמַה שֶּׁבֵּאַרְנוּ לְעֵיל, כִּי לָבָן נִתְגַּלְגֵּל בְּבִלְעָם וְאַחַר כָּךְ בְּנָבָל הַכַּרְמְלִי.

בִּלְעָם הִתְגַּלְגֵּל בְּדוֹמֵם לְכַפֵּר לְחִישָׁתוֹ בְּפִיו

וְהִנֵּה בִּלְעָם הָרָשָׁע הָיָה לִקְרַאת נְחָשִׁים, וְאֵין כֹּחוֹ אֶלָּא בְּפִיו לְקַלֵּל בְּנֵי אָדָם, וּכְשֶׁנֶּהֱרַג בִּלְעָם נִתְגַּלְגֵּל בְּאֶבֶן אַחַת, שֶׁהִיא בְּחִינַת דּוֹמֵם, לְכַפֵּר לְחִישָׁתוֹ בְּפִיו כַּנִּזְכָּר. וּכְשֶׁנִּתְגַּלְגֵּל אַחַר כָּךְ בְּנָבָל הַכַּרְמְלִי, כִּי אָז הָיְתָה תְּחִלַּת בִּיאָתוֹ בָּעוֹלָם הַזֶּה לְהִתָּקֵן, הִנֵּה כְּשֶׁאֵרַע אוֹתוֹ הַמַּעֲשֶׂה שֶׁחֵרֵף אֶת דָּוִד וְאָמַר "מִי דָוִד וּמִי בֶן יִשָׁי" וְגוֹ', וְרָצָה דָּוִד לְהָרְגוֹ, יַעַן כִּי בָּא לְתַקֵּן דִּבּוּר הָרַע שֶׁל בִּלְעָם וְהוֹסִיף פֶּשַׁע, וְחָזַר וְחָטָא בְּדִבּוּר לְקַלֵּל אֶת דָּוִד מֶלֶךְ יִשְׂרָאֵל.

נָבָל מֵת כְּשֶׁנִּזְכַּר שֶׁהוּא הָיָה לְאֶבֶן אַוֶוֶ י גִלְגּוּלוֹ בְּבִלְעָם

וְאָז זָכַר נָבָל וְיָדַע כִּי בַּתְּחִלָּה נִתְגַּלְגֵּל בְּאֶבֶן לְתַקֵּן הַדִּבּוּר שֶׁל בִּלְעָם, וְעַתָּה חָזַר לְקִלְקוּלוֹ, וְלָכֵן "וַיָּמָת לִבּוֹ בְּקִרְבּוֹ" בְּזָכְרוֹ כִּי הוּא הָיָה לְאֶבֶן בַּתְּחִלָּה כַּנִּזְכָּר, וְלָכֵן לָא כְּתִיב וַיְהִי, אֶלָּא "וְהוּא הָיָה לְאָבֶן". וְהִנֵּה נָבָל הָיָה אָדָם גָּדוֹל, וְאֵין תֵּימָא אֵיךְ יָדַע זֶה. גַּם אֶפְשָׁר שֶׁהִגִּיד לוֹ אֵיזֶה נָבִיא אוֹ חָכָם. גַּם אֶפְשָׁר דְּמַזָּלֵהּ חָזֵי, אע"ג דְּאִיהוּ לָא חָזֵי.

גַּם עִנְיַן הַגִּלְגּוּל בְּדוֹמֵם נִרְמָז אֶצְלֵנוּ בְּפָסוּק "כִּי אֶבֶן מִקִּיר תִּזְעָק", כִּי יֵשׁ מְגֻלְגָּלִים בְּאֶבֶן שֶׁבַּקִּיר שֶׁהִיא דּוֹמֵם, אוֹ בְּ"כָפִיס מֵעֵץ" שֶׁהוּא

a wall, which is Inanimate, or "...and the beam out of the timber shall answer it," (Ibid.) which is Vegetable. From there they cry out due to the great punishment they have there. We will futher explain a few other verses, with God's help.

Explaining some types of Reincarnation.

Now we will explain some types of Reincarnations. Know that he who speaks evil speech or similar to it will be reincarnated in an inanimate stone, as we explained (in the Twenty-Ninth Introduction) regarding Naval, about whom it is written: "... he was a stone," since instead of speaking he is now Inanimate (*domem*; lit. silent).

One who feeds carcasses (unkosher meat) to Israelites will be reincarnated in a leaf of a tree, which is of the Vegetable [kingdom]. Then his punishment is that the wind beats the leaf back and forth, never allowing it to rest. When the set time for him is over, the leaf becomes detached from the tree, withers [*novel*], and falls to the ground. This for him is similar to literal death, as it is cut off and uprooted from the world.

This is the secret of the verse: "...the leaf has withered (*navel*; נבל)..." (Jeremiah 8:13) since whoever feeds a carcass (*nevelah*; נבלה) to the Israelites will be reincarnated into a leaf that withers to the ground. This is also the secret of: "For you will be like a terebinth tree with withered leaves...." (Isaiah 1:30) Sometimes, after that leaf withers, [the Soul] returns to be reincarnated in another leaf, which also withers many times, similar to how an individual reincarnates in this world many times, according to the appropriate punishment.

The punishment of reincarnating as water.

There are those who are reincarnated into water, which is also [of the] Vegetable [Kingdom], as mentioned earlier. They are the following: Whoever spills blood in this world will then be reincarnated into water, and the sign for it is [in the verse]: "[You shall surely not eat the blood;] you shall pour it upon the earth like water." (Deuteronomy 12:16) Also, it is said: "Whoever sheds the blood of a human, by a human being shall his [own] blood be shed...." (Genesis 9:6)

צוֹמֵחַ, וּמִשָּׁם זוֹעֲקִים מֵרֹב הָעֹנֶשׁ אֲשֶׁר לָהֶם שָׁם, וְעוֹד יִתְבָּאֲרוּ קְצָת פְּסוּקִים אֲחֵרִים עַתָּה בע"ה.

בֵּאוּר קְצָת מִינֵי מְגֻלְגָּלִים

וְהִנֵּה נְבָאֵר עַתָּה קְצָת מִינֵי מְגֻלְגָּלִים: דַּע, כִּי הַמְדַבֵּר לָשׁוֹן הָרָע וְכַיּוֹצֵא בוֹ מִתְגַּלְגֵּל בְּאֶבֶן דּוֹמֵם, כְּמוֹ שֶׁבֵּאַרְנוּ בְּעִנְיַן נָבָל, שֶׁכָּתוּב בּוֹ וַיְהִי לְאָבֶן ("וְהוּא הָיָה לְאָבֶן"), כִּי תְּמוּרַת הַדִּבּוּר הוּא דוֹמֵם.

וְהַמַּאֲכִיל נְבֵלוֹת לְיִשְׂרָאֵל מִתְגַּלְגֵּל בַּעֲלֵה הָאִילָן, וְהוּא הַצּוֹמֵחַ, וְאָז עָנְשׁוֹ הוּא שֶׁהָרוּחַ מַכָּה בֶּעָלֶה הַהוּא וּמַחֲזִירָתוֹ לְכָאן וּלְכָאן, וְאֵין לוֹ מְנוּחָה. וּכְשֶׁנִּשְׁלָם זְמַן הַקָּצוּב לוֹ נֶעֱקֶרֶת הֶעָלֶה הַהִיא מִן הָאִילָן, וְנֹבֶלֶת וְנוֹפֶלֶת לָאָרֶץ. וְזֶהוּ כְּדֻגְמַת מִיתָה מַמָּשׁ אֶצְלוֹ, שֶׁנִּכְרֶתֶת וְנֶעֱקָר מִן הָעוֹלָם.

וְזֶהוּ סוֹד פָּסוּק "וְהֶעָלֶה נָבֵל", כִּי מִי שֶׁמַּאֲכִיל נְבֵלוֹת לְיִשְׂרָאֵל מִתְגַּלְגֵּל בְּעָלֶה הַנֹּבֶלֶת לָאָרֶץ. גַּם ז"ס "כִּי תִהְיוּ כְּאֵלָה נֹבֶלֶת עָלֶהָ". וְלִפְעָמִים כִּי אַחַר שֶׁהֶעָלֶה הַזּוֹ נֹבֶלֶת, חוֹזֵר לְהִתְגַּלְגֵּל בְּעָלֶה אַחֶרֶת, וְגַם הִיא נֹבֶלֶת עַד כַּמָּה פְּעָמִים, עַל דֶּרֶךְ הָאָדָם שֶׁמִּתְגַּלְגֵּל בָּעוֹלָם הַזֶּה כַּמָּה פְּעָמִים כְּפִי הָעֹנֶשׁ הָרָאוּי לוֹ.

עֹנֶשׁ הַמִּתְגַּלְגֵּל בְּמַיִם

וְיֵשׁ שֶׁמִּתְגַּלְגְּלִים בְּמַיִם, וְהֵם גַּם כֵּן נִקְרָאִים צוֹמֵחַ כַּנִּזְכָּר לְעֵיל, וְהֵם אֵלּוּ: מִי שֶׁשָּׁפַךְ דָּמִים בָּעוֹלָם הַזֶּה מִתְגַּלְגֵּל בְּמַיִם, וְסִימָנָךְ "עַל הָאָרֶץ תִּשְׁפְּכֶנּוּ כַּמָּיִם", וְנֶאֱמַר "שֹׁפֵךְ דַּם הָאָדָם בָּאָדָם דָּמוֹ יִשָּׁפֵךְ".

His punishment is that he is placed under a waterfall where water falls upon him constantly. He wants to rise and stand up but the water constantly brings him down and he has no rest; he constantly swirls in circles under the flow of the water. This is also alluded to in the verse: "For we shall die, like water spilled on the ground...." (II Samuel 14:14)

Also, whoever [commits a sin that warrants] death by choking but was not punished by a court of law Below [in this world] is to be reincarnated in water where he constantly chokes, as mentioned.

One who commits adultery.

One who commits adultery with a married woman, punishable by strangulation, will reincarnate into a millstone on which wheat is placed and is ground by the water that turns the millstone. That is where that man and woman are, in the secret of: "Then let my wife grind for another man...." (Job 31:10)

One who degrades hand-washing.

Also, the one who degrades the importance of Netilat Yadayim (Washing of the Hands) reincarnates into water, which is the secret of the verse: "Then the malicious waters would have surged across our Soul. Blessed is the Lord Who did not present us as prey for their teeth." (Psalms 124:5-6) The acronym of נתננו טרף לשניהם "...did not present us as prey for their teeth" is נטל (*natal*; washed). And if you connect it with the word שלא (*shelo*; who did not), it will be שלא נטל (*shelo natal*; who did not wash). The idea being that our soul could be judged by the malicious waters, as mentioned earlier, where they place him under a waterfall because he did not wash his hands. This is the secret of what our sages said: "One who eats [bread] without Netilat Yadayim will be uprooted from the world" (Tractate Sotah 4b) and is judged by water, as mentioned before.

[The same verse] alludes to the opposite, where the acronym of שלא נתננו טרף לשניהם "...Who did not present us as prey for their teeth," (Ibid.) is שנטל (*shenatal*; who did wash) since because we washed our hands we will not be "...prey to the teeth" (Ibid.) of the malicious waters mentioned earlier.

וְעָנְשׁוֹ הוּא שֶׁעוֹמֵד בְּקִלּוּחַ הַמַּיִם, וְשָׁם הַמַּיִם מְקַלְּחִים עָלָיו תָּמִיד, וְהוּא רוֹצֶה לָקוּם וְלַעֲמֹד וְהַמַּיִם מַפִּילִים אוֹתוֹ בְּכָל רֶגַע, וְאֵין לוֹ מְנוּחָה כְּלָל, וְתָמִיד הוּא מִתְגַּלְגֵּל סָבִיב בִּמְקוֹם קִלּוּחַ הַמַּיִם הָהֵם. גַּם נִרְמָז זֶה בְּפָסוּק "כִּי מוֹת נָמוּת וְכַמַּיִם הַנִּגָּרִים אַרְצָה".

גַּם כָּל מִי שֶׁמִּיתָתוֹ בְּחֶנֶק וְלֹא נֶעֱנַשׁ בְּבֵית דִּין שֶׁל מַטָּה מִתְגַּלְגֵּל בְּמַיִם, וְשָׁם נֶחֱנָק בְּכָל רֶגַע כַּנִּזְכָּר.

הַבָּא עַל אֵשֶׁת אִישׁ

וְהִנֵּה הַבָּא עַל אֵשֶׁת אִישׁ, אֲשֶׁר מִיתָתוֹ בְּחֶנֶק, מִתְגַּלְגֵּל בְּתוֹךְ הָרֵחַיִם שֶׁנּוֹתְנִים בָּהֶם הַחִטִּים, שֶׁטּוֹחֲנִים עַל יְדֵי הַמַּיִם הַמְגַלְגְּלִים הָרֵחַיִם, וְשָׁם נִדּוֹנִים שְׁנֵיהֶם הָאִישׁ וְהָאִשָּׁה הַהִיא, בְּסוֹד "תִּטְחַן לְאַחֵר אִשְׁתִּי".

הַמְזַלְזֵל בִּנְטִילַת יָדַיִם

גַּם הַמְזַלְזֵל בִּנְטִילַת יָדַיִם מִתְגַּלְגֵּל בְּמַיִם, וְזֶהוּ סוֹד פָּסוּק "אֲזַי עָבַר עַל נַפְשֵׁנוּ הַמַּיִם הַזֵּדוֹנִים בָּרוּךְ ה' שֶׁלֹּא נְתָנָנוּ טֶרֶף לְשִׁנֵּיהֶם". כִּי הִנֵּה רָאשֵׁי תֵּבוֹת "נְתָנָנוּ טֶרֶף לְשִׁנֵּיהֶם" הוּא נָטַל, וְאִם תְּחַבְּרֵם עִם תֵּבַת "שֶׁלֹּא" יִהְיֶה שֶׁלֹּא נָטַל. וְהָעִנְיָן כִּי נַפְשֵׁנוּ תִּדּוֹן בַּמַּיִם הַזֵּידוֹנִים כַּנִּזְכָּר לְעֵיל, שֶׁמְּקַלְּחִין עָלָיו כַּאֲשֶׁר לֹא נָטַל יָדָיו. וְזֶהוּ סוֹד מ"ש ז"ל "הָאוֹכֵל בְּלֹא נְטִילַת יָדַיִם נֶעֱקָר מִן הָעוֹלָם", וְנִדּוֹן בְּמַיִם כַּנִּזְכָּר.

גַּם מִמֵּילָא רָמַז לְהֶפֶךְ וְאָמַר, בָּרוּךְ ה' "שֶׁנָּטַל", רָאשֵׁי תֵּבוֹת "שֶׁלֹּא נְתָנָנוּ טֶרֶף לְשִׁנֵּיהֶם", כִּי עַל יְדֵי שֶׁנָּטַלְנוּ יָדֵינוּ לֹא נְתָנָנוּ טֶרֶף

Therefore, "Blessed is the Lord…" (Ibid.) who did not make us as the people who do not wash their hands.

Also, a person who does not recite Birkot haNehenin (Blessings made on Pleasurable Items, like food) and degrades them "… robs his father and mother…" and "…is the comrade of the Destroyer" (Proverbs 28:24), and he too will be reincarnated into water.

Reincarnating into animals.

And there are those who reincarnate in animals. A leader who acts haughtily toward the congregation will be reincarnated in a bee, as Rav Nachman bar Yitzchak said: "Arrogance is not appropriate for women. One was named Karkushta (Aramaic: a female rat) and the other was named Ziburta (Aramaic: a bee)." (Talmud, Megilah 14b) These [women] are Deborah (Hebrew: a bee) the Prophetess, (Judges 4-5) who lorded over Barak and sent for him rather than going to him, and similarly, Hulda (Hebrew: a female rat) the Prophetess, who showed contempt for King Zedekiah by saying, "… 'Say to the man who sent you to me…'" (II Kings 22:15) as alluded to by our sages.

Reincarnating into a bee.

Within their words, [our sages] alluded that a [queen] bee is prideful, and therefore does not perform any work. She is also very talkative, as her mouth is not silent, even for a second. Therefore a leader who lords over the public as well as one who speaks inappropriately will reincarnate into a bee, which has these two traits.

Each one of these Reincarnations come with a herald and policeman.

Know that every single reincarnated Being and every Soul that is punished in the Upper Court has in front of it a herald [angel] who continually announces his punishment and sins, during his entire time that he is reincarnated and punished there, as mentioned. Also he has a policeman who punishes him according to his appropriate punishment or reincarnates him in the appropriate Reincarnation. For example, one who is reincarnated into water, that policeman always stands over to push him down into the water every moment, until the allotted time is up.

לִשְׁנֵיהֶם שֶׁל הַמַּיִם הַזֵּדוֹנִים הנז"ל, וְלָכֵן בָּרוּךְ ה' שֶׁלֹּא עֲשָׂאָנוּ כְּמוֹ הָרְשָׁעִים, שֶׁאֵינָם נוֹטְלִים יְדֵיהֶם.

גַּם מִי שֶׁאֵינוֹ מְבָרֵךְ בִּרְכֹּת הַנֶּהֱנִין וּמְזַלְזֵל בָּהֶם, "גּוֹזֵל אָבִיו וְאִמּוֹ חָבֵר הוּא לְאִישׁ מַשְׁחִית", וְגַם הוּא מִתְגַּלְגֵּל בְּמַיִם.

גִּלְגּוּל בְּבַעֲלֵי חַיִּים

וְיֵשׁ מִי שֶׁמִּתְגַּלְגְּלִים בְּבַעֲלֵי חַיִּים. וְהִנֵּה הַפַּרְנָס הַמִּתְגָּאֶה עַל הַצִּבּוּר יִתְגַּלְגֵּל בִּדְבוֹרִים, וכמ"ש רַב נַחְמָן בַּר יִצְחָק, "לָא יָאָה יְהִירוּתָא לִנְשֵׁי, חֲדָא שְׁמָהּ כַּרְכּוּשְׁתָּא, וַחֲדָא שְׁמָהּ זִבּוּרְתָּה". וְהֵם דְּבוֹרָה הַנְּבִיאָה, שֶׁנִּתְגָּאֵית עַל בָּרָק, וְשָׁלְחָה אַחֲרָיו לְקָרְאוֹ וְהִיא לֹא רָצְתָה לָלֶכֶת אֶצְלוֹ. גַּם חֻלְדָּה הַנְּבִיאָה בָּזְתָה לְצִדְקִיָּהוּ הַמֶּלֶךְ וְאָמְרָה "אִמְרוּ לָאִישׁ אֲשֶׁר שָׁלַח אֶתְכֶם אֵלָי", כמ"ש זַ"ל.

גִּלְגּוּל בִּדְבוֹרָה

וְהִנֵּה בְּתוֹךְ דִּבְרֵיהֶם רָמְזוּ כִּי דְּבוֹרָה הִיא בַּעֲלַת גַּאֲוָה וְלָכֵן אֵינָהּ עוֹשָׂה מְלָאכָה, וְגַם הִיא דַּבְּרָנִית כִּי בְּכָל שָׁעָה לֹא תִּשְׁקֹט פִּיהָ. וְלָכֵן הַפַּרְנָס הַמִּתְגָּאֶה עַל הַצִּבּוּר, וְכֵן מִי שֶׁמְּדַבֵּר דְּבָרִים שֶׁלֹּא כַּהֹגֶן, שְׁנֵיהֶם מִתְגַּלְגְּלִים בִּדְבוֹרָה, שֶׁיֵּשׁ בָּהּ ב' מִדּוֹת אֵלּוּ.

יֵשׁ לְכָל אֵלּוּ הַמִּתְגַּלְגְּלִים כָּרוֹז וְשׁוֹטֵר

וְדַע, כִּי אֵין לְךָ שׁוּם אֶחָד מֵאֵלּוּ הַמִּתְגַּלְגְּלִים כַּנִּזְכָּר, אוֹ שׁוּם נְשָׁמָה שֶׁנֶּעֱנֶשֶׁת בְּבֵית דִּין שֶׁל מַעְלָה, שֶׁאֵין לְפָנָיו כָּרוֹז אֶחָד שֶׁמַּכְרִיז עָנְשׁוֹ וַעֲוֹנוֹ תָּמִיד בְּכָל הַזְּמַן הַהוּא שֶׁהוּא מִתְגַּלְגֵּל שָׁם, אוֹ שֶׁנֶּעֱנָשׁ שָׁם כַּנִּזְכָּר, וְאֵינוֹ זָז מֵאֶצְלוֹ. גַּם יֵשׁ עִמּוֹ שׁוֹטֵר אֶחָד, שֶׁמַּעֲנִישׁ אוֹתוֹ בְּאוֹתוֹ עֹנֶשׁ הָרָאוּי לוֹ, אוֹ שֶׁמְּגַלְגְּלוֹ בְּאוֹתוֹ הַגִּלְגּוּל הָרָאוּי לוֹ, כְּגוֹן מִי שֶׁנִּתְגַּלְגֵּל בְּמַיִם הִנֵּה הַשּׁוֹטֵר הַהוּא עוֹמֵד עָלָיו תָּמִיד לְהַפִּילוֹ בַּמַּיִם בְּכָל רֶגַע, עַד זְמַן הַקָּצוּב לוֹ.

In addition, for the majority of the reincarnated or punished [Souls], there is a court that constantly judges them during their punishment or Reincarnation, and they change the punishment from time to time, from one punishment to another, according to their appropriate judgment and sentence.

The courthouse for unnatural Reincarnations.

[Rav] Shmuel [Vital] said: "I have found additional compilations of writings related to this matter, and even though it is within the words (writings) of the Rav [Rav Chaim Vital], it appears that they are not from the mouth of my teacher, the Rav, the great provider [the Ari], as [Rav Chaim Vital] wrote them. Nevertheless, I have not avoided introducing these to you, so here they are:"

Other Reincarnations.

This is what I found in the notebook of Rav Eliezer haLevi, and in my humble opinion, it seems that they are, without a doubt, not from my teacher [the Ari].

One who has intercourse with an animal reincarnates into a bat; with a woman during her menstrual period, into a non-Israelite female; with a married woman, into a male donkey; with his mother, into a female donkey; with a man, into a rabbit or a hare, depending on his sin, whether he was active or passive. One who has sexual relations with his daughter-in-law will be reincarnated into a female mule; with a non-Israelite, into an Israelite prostitute; with his stepmother, into a camel.

One who has relations with his brother's wife will reincarnate into a male mule; with his sister or half-sister, into a stork (*chasidah*; חסידה) and the stork's companions will kill it, as our sages have said (Midrash Tehilim, ch. 104). This is the secret of the verse: "A man who shall take his sister, the daughter of his father or the daughter of his mother... it is [dis]graceful (*chesed*; חסד)...." (Leviticus 20:17) The same applies to one who has relations with his mother-in-law. One who has relations with beasts, animals or birds will be reincarnated into a raven. One who always looks at nakedness and glances at them will be reincarnated into a red kite (a bird of prey called *ra'ah*, which

בֵּית דִּין לְגִלְגּוּלִים מְשַׁנִּים

גַּם רֹב הַמִּתְגַּלְגְּלִים אוֹ הַנֶּעֱנָשִׁים כַּנִּזְכָּר, יֵשׁ לִפְנֵיהֶם בֵּית דִּין שֶׁדָּנִים אוֹתוֹ בְּעֵת גִּלְגּוּלוֹ אוֹ עָנְשׁוֹ, וּמְשַׁנִּים אֶת עָנְשׁוֹ מֵעֵת לְעֵת מֵעֹנֶשׁ זֶה אֶל עֹנֶשׁ אַחֵר, כְּעֵין הַדִּין וְהַמִּשְׁפָּט הָרָאוּי לוֹ.

עוֹד גִּלְגּוּלִים אֲחֵרִים

אָמַר שְׁמוּאֵל: עוֹד מָצָאתִי לִקּוּטִים קְרוֹבִים אֶל הַנִּזְכָּר, וְאַף עַל פִּי שֶׁבְּתוֹךְ דִּבְרֵי הָרַב זַ"ל נִרְאֶה שֶׁאֵינָם מִפִּי מוֹרִי הָרַב זַ"ל, הַמַּשְׁבִּיר בַּר הַגָּדוֹל זלה"ה, כַּאֲשֶׁר כָּתַב הוּא כֵּן, עִם כָּל זֶה לֹא נִמְנַעְתִּי מִלְּהַצִּיגָם לְפָנֶיךָ, וְזֶה לְשׁוֹנוֹ.

זֶה מָצָאתִי בְּקוּנְטְרֵס הָרַב אַבְרָהָם הַלֵּוִי. וְנִרְאֶה לַעֲנִיּוּת דַּעְתִּי בְּלִי סָפֵק שֶׁאֵינוֹ מִמּוֹרִי זַ"ל.

הַבָּא עַל הַבְּהֵמָה, יִתְגַּלְגֵּל בַּעֲטַלֵּף. הַבָּא עַל הַנִּדָּה, יִתְגַּלְגֵּל בְּגוֹיָה. עַל אֵשֶׁת אִישׁ, בַּחֲמוֹר. עַל אִמּוֹ, בְּאָתוֹן נְקֵבָה. עַל הַזָּכָר, בְּשָׁפָן אוֹ בְּאַרְנֶבֶת, כְּפִי מַה שֶּׁחָטָא בּוֹעֵל אוֹ נִבְעָל. עַל כַּלָּתוֹ, יִתְגַּלְגֵּל בְּפִרְדָּה. עַל הַגּוֹיָה, בִּקְדֵשָׁה יְהוּדִית. עַל אֵשֶׁת אָבִיו, בְּגָמָל.

עַל אֵשֶׁת אָחִיו, בְּפֶרֶד זָכָר. עַל אֲחוֹתוֹ בַּת אָבִיו אוֹ בַּת אִמּוֹ, בַּחֲסִידָה, וְיַהַרְגוּהָ חֲבֵרוֹתֶיהָ כמ"ש זַ"ל. וְזֶהוּ סוֹד פָּסוּק "וְאִישׁ אֲשֶׁר יִקַּח אֶת אֲחֹתוֹ בַּת אָבִיו אוֹ בַת אִמּוֹ חֶסֶד הוּא". וְכֵן הַבָּא עַל חֲמוֹתוֹ. הַשּׁוֹכֵב עִם בְּהֵמָה, חַיָּה וָעוֹף, יִתְגַּלְגֵּל בְּעוֹרֵב. הַמִּסְתַּכֵּל תָּמִיד בַּעֲרָיוֹת וּמַבִּיט

means "to see"), which can see further than all other birds. All of this applies if the individual does not do Teshuvah."

Rabbi Shmuel Vital says more: "The next Introduction (the Twenty-Fourth Introduction) is copied from *Sha'ar Ma'amrei RaZaL* ("Gate of the Sayings of our Sages," page 29). Nevertheless, I did not want to remove it from here since this is its correct place, which is about the rewards of the Souls of the Tzadikim. [Therefore] I added it right after [the Twenty-Third Introduction, about] Chibut haKever (Beating in the Grave)."

בָּהֶן, יִתְגַּלְגֵּל בְּרָאָה, שֶׁרוֹאָה לְמֵרָחוֹק יוֹתֵר מִכָּל הָעוֹפוֹת. וְכָל זֶה אִם לֹא עָשָׂה תְּשׁוּבָה.

אָמַר שְׁמוּאֵל: עוֹד הַקְדָּמָה זֹאת כְּבָר הֶעְתַּקְתִּי אוֹתָהּ בְּשַׁעַר מַאַמְרֵי רַזַ"ל בְּסוֹפוֹ, וְעִם כָּל זֶה לֹא רָצִיתִי מִלַּהֲסִירָהּ מִכָּאן, שֶׁהוּא מְקוֹמָהּ הָאֲמִתִּי, וְהוּא בִּשְׂכַר נִשְׁמוֹת הַצַּדִּיקִים, וְאַחַרְתִּיהָ עַד אַחַר חִבּוּט הַקֶּבֶר.

TWENTY-THIRD INTRODUCTION

Concerning the Concept of the Punishment of Chibut haKever (Beating in the Grave), It is already known that in *Pirkei DeRabbi Eliezer* ("Chapters of Rabbi Eliezer") in the article of Chibut haKever (Beating in the Grave) our sages tell how the angel comes to the [person's] grave and asks him, "What is your name?" and [the person] then answers, "It is revealed and known in front of the Almighty that I do not know my name...." No doubt we should wonder what the purpose of this question is, and also why he would forget his name, and how this matter adds to or detracts from his punishment.

An Angel stands on the grave of the deceased and asks for his name.

Indeed, know that all the Souls were included in Adam before his sin, as we have explained several times. When he sinned, his Limbs, which are those Souls that were part of him, were severed from him and fell into the depths of the Klipot, and only an Aspect of 100 *amah* (cubits) was left in Adam, as we explained in its place (*Sha'ar HaPsukim* "Gate of Verses," Portion of Beresheet, Discourse 3).

The Souls fell to the Klipot.

Not all Souls are equal, since the blemishes are not equal. The Limbs that were found to be more attached to the Sin of Adam fell into the Klipot deeper than the place the other Limbs fell to, since they were more distant from that blemish. So it is obvious that not all Souls are equal, since there could be a Soul that craved and desired that specific sin more than another Soul. It is found that the extent of the Soul's damage determines the place it falls to in the depths of the Klipot.

Not all Souls fell equally.

As you know, the idea is that: "...God has created one with its opposite...." (Ecclesiastes 7:14) Just as there is an Adam of Holiness, there is a corresponding "Faithless Man (*Adam Bliya'al*)" (Proverbs 6:12) in the Klipot, which also has 248

Adam of Holiness and *Adam Bliya'al* of the Klipah.

הַקְדָּמָה כ"ג

מַלְאָךְ עוֹמֵד עַל קֶבֶר הַנִּפְטָר וְשׁוֹאֵל לִשְׁמוֹ

וְהִיא בְּעִנְיַן עֹנֶשׁ חִבּוּט הַקֶּבֶר: כְּבָר נוֹדַע מ"ש רַזַ"ל בְּמַאֲמַר פִּרְקֵי חִבּוּט הַקֶּבֶר, אֵיךְ בָּא עָלָיו הַמַּלְאָךְ עַל קִבְרוֹ וְשׁוֹאֵל לוֹ מַה שְּׁמְךָ, וּמְשִׁיבוֹ גָּלוּי וְיָדוּעַ לְפָנָיו יִתְבָּרַךְ שֶׁאֵינִי יוֹדֵעַ שְׁמִי וְכוּ'. וּבְלִי סָפֵק יֵשׁ לִתְמֹהַּ מַה צֹּרֶךְ לִשְׁאֵלָה זוֹ, וְגַם לָמָּה הוּא שׁוֹכֵחַ שְׁמוֹ, וּמַה מַּעֲלֶה וּמַה מּוֹרִיד עִנְיָן זֶה בִּמְצִיאוּת עָנְשׁוֹ.

הַנְּשָׁמוֹת נָפְלוּ לְעִמְקֵי הַקְּלִפּוֹת

הָאֻמְנָם דַּע, כִּי כָּל הַנְּשָׁמוֹת כֻּלָּם הָיוּ כְּלוּלוֹת בְּאָדָם הָרִאשׁוֹן קֹדֶם שֶׁחָטָא, כְּמוֹ שֶׁבֵּאַרְנוּ כַּמָּה פְּעָמִים, וְכַאֲשֶׁר חָטָא נָשְׁרוּ אֵיבָרָיו מִמֶּנּוּ, שֶׁהֵם אוֹתָם הַנְּשָׁמוֹת שֶׁהָיוּ כְּלוּלוֹת בּוֹ, וְנָפְלוּ לְעִמְקֵי הַקְּלִפּוֹת, וְלֹא נִשְׁאַר בּוֹ בְּאָדָם הָרִאשׁוֹן רַק בְּחִינַת מֵאָה אַמָּה, כַּמְבֹאָר אֶצְלֵנוּ בִּמְקוֹמוֹ.

לֹא כָּל הַנְּשָׁמוֹת נָפְלוּ בְּשָׁוֶה

וְהִנֵּה לֹא כָּל הַנְּשָׁמוֹת שָׁווֹת, כִּי אֵין הַפְּגָמִים שָׁוִים, כִּי הָאֵיבָרִים אֲשֶׁר נִמְצְאוּ יוֹתֵר נֶאֱחָזִים בְּאוֹתוֹ הַחֵטְא שֶׁחָטָא אָדָם הָרִאשׁוֹן הֵם נָפְלוּ לְתוֹךְ הַקְּלִפָּה יוֹתֵר בְּעֹמֶק מִן הַמָּקוֹם שֶׁנָּפְלוּ שְׁאָר הָאֵיבָרִים, שֶׁהָיוּ יוֹתֵר רְחוֹקִים מִן הַפְּגָם הַהוּא, כִּי וַדַּאי הוּא שֶׁאֵין כָּל הַנְּשָׁמוֹת שָׁווֹת, כִּי יֵשׁ נְשָׁמָה שֶׁנִּתְאַוֵּית וְחָשְׁקָה יוֹתֵר בַּחֵטְא הַהוּא מִנְּשָׁמָה אַחֶרֶת. וְנִמְצָא כִּי כְּפִי עֵרֶךְ בְּחִינַת פְּגַם הַנְּשָׁמָה, כָּךְ בְּחִינַת מְקוֹם נְפִילָתָהּ בְּעִמְקֵי הַקְּלִפּוֹת.

אָדָם דִּקְדֻשָּׁה וְאָדָם בְּלִיַּעַל דִּקְלִפָּה

וְהָעִנְיָן הוּא, בְּמַה שֶּׁתֵּדַע, כִּי "גַּם אֶת זֶה לְעֻמַּת זֶה עָשָׂה הָאֱלֹהִים", וּכְמוֹ שֶׁיֵּשׁ אָדָם הָרִאשׁוֹן דִּקְדֻשָּׁה, כֵּן יֵשׁ אָדָם בְּלִיַּעַל בַּקְּלִפּוֹת, וְיֵשׁ בּוֹ רְמַ"ח אֵיבָרִים וּשְׁסָ"ה גִּידִים. וּכְפִי הָאֵיבָרִים שֶׁחָטְאוּ בְּאָדָם

Limbs and 365 Sinews. The Limbs that sinned as part of Adam, each according to its Aspect, correspond to the same Limbs in *Adam Bliya'al*, which took those Souls that fell off Adam [of Holiness] and enveloped them in those Klipot, and Garments were made from those Klipot that correspond to the level of their place.

This is because all His ways are just and like a straight line without confusion. Each Soul fell only according to its level to a specific Limb in *Adam Bliya'al* [Faithless Man] that it is similar to. It is found that when all those Souls who were clothed with Holy Garments prior to their sin fell off Adam and fell into the Klipot, they lost their adornment and their glorious Garments and instead donned Garments of gloom, which are the Klipot.

It is found that every Soul has an Aspect of the Klipah that serves as its associated Garment, according to its Aspect and the level of its sin when it was included in Adam when he sinned, as mentioned. This Klipah wraps [the Soul] and winds around it all the days of its life, since the Soul is Holy and metaphysical and it is clothed within that filthy Klipah.

> Every Soul has an associated Klipah.

This is the secret of the verse: "Rather, it is your own iniquities that separate you [from your God]...." (Isaiah 59:2) This Klipah that surrounds [the Soul] resulted from the iniquity, clothes him, and separates the Soul from the Creator from Whom it was hewn, and the Light that was extended from the Creator to [the Soul] ceases to be extended and illuminate in it.

> The Klipah obstructs the Soul from the Creator's Light.

This concept is alluded to by our sages who teach us that "the snake came unto Eve and infused her with filth." (Tractate Avodah Zarah 22b) [The snake] did the same with Adam and with all of his offspring for [generations to come] after him until the days of Messiah. No man is saved from [the snake], since everyone was included in Adam when he sinned. This is an Aspect that all Souls share equally, even those that died only because of the advice of the snake, as they had the infusion of the aforementioned filth.

> No human is saved from the filth of the snake.

הָרִאשׁוֹן, כָּךְ כְּפִי בְּחִינָתָם גַּם כֵּן אוֹתָם הָאֵיבָרִים כַּיּוֹצֵא בָּהֶם אֲשֶׁר בְּאָדָם בְּלִיַּעַל, לָקְחוּ אוֹתָם הַנְּשָׁמוֹת שֶׁנִּשְׁאֲרוּ מֵאָדָם הָרִאשׁוֹן וְנִתְלַבְּשׁוּ בְּתוֹךְ הַקְּלִפּוֹת הָהֵם, וְנַעֲשָׂה לָהֶם לְבוּשִׁים מֵאוֹתָם הַקְּלִפּוֹת אֲשֶׁר כַּיּוֹצֵא בָּהֶם מִמַּדְרֵגַת מְקוֹמָם.

כִּי כָּל דְּרָכָיו יִתְבָּרַךְ מִשְׁפָּט בְּקַו הַיֹּשֶׁר וְלֹא בְּעִרְבּוּבְיָא, רַק כָּל נְשָׁמָה נָפְלָה כְּפִי מַדְרֵגָתָהּ בְּאֵבָר א' מִן הָאָדָם הַבְּלִיַּעַל הַדּוֹמֶה אֵלֶיהָ. וְנִמְצָא כִּי כָּל אוֹתָם הַנְּשָׁמוֹת שֶׁנִּשְׁאֲרוּ מֵאָדָם, שֶׁהָיוּ מְלֻבָּשׁוֹת בְּבִגְדֵי קֹדֶשׁ קֹדֶם שֶׁחָטְאוּ, וְעַתָּה בְּנָפְלָם בְּתוֹךְ הַקְּלִפּוֹת הִתְנַצְּלוּ מֵעֶדְיָם וּבִגְדֵי תִּפְאַרְתָּם וְלָבְשׁוּ לְבוּשֵׁי קַדְרוּת שֶׁהֵם הַקְּלִפּוֹת.

יֵשׁ לְכָל נְשָׁמָה קְלִפָּה הַמְיֻחֶסֶת לָהּ

וְנִמְצָא כְּפִי זֶה, כִּי אֵין לְךָ נְשָׁמָה שֶׁאֵין לָהּ בְּחִינַת קְלִפָּה אַחַת הֶעָשׂוּי לָהּ כְּעֵין מַלְבּוּשׁ הַמְיֻחָס לָהּ כְּפִי בְּחִינָתָהּ וּמַדְרֵגַת חֶטְאָהּ, בִּהְיוֹתָהּ כְּלוּלָה בְּאָדָם הָרִאשׁוֹן כְּשֶׁחָטָא כַּנִּזְכָּר, וְאוֹתָהּ הַקְּלִפָּה מַלְבֶּשֶׁת אוֹתָהּ וּמְלַפַּפְתָּהּ כָּל יְמֵי חַיֶּיהָ מִסָּבִיב לָהּ, לְפִי שֶׁהַנְּשָׁמָה הִיא קְדוֹשָׁה וְרוּחָנִית וּמִתְלַבֶּשֶׁת תּוֹךְ הַקְּלִפָּה הַמְזֹהֶמֶת הַהִיא.

הַקְּלִפָּה מַפְסֶקֶת בֵּין הַנְּשָׁמָה לְאוֹרוֹ יִתְבָּרַךְ

וְזֶהוּ סוֹד פָּסוּק "כִּי אִם עֲוֹנֹתֵיכֶם הָיוּ מַבְדִּלִים" וְכוּ', כִּי אוֹתָהּ הַקְּלִפָּה הַנַּעֲשֵׂית מִפְּנֵי הֶעָוֹן, מַלְבִּישָׁתוֹ וּמַבְדֶּלֶת בֵּין הַנְּשָׁמָה אֶל ה' אֱלֹהֶיהָ שֶׁמִּמֶּנָּה חֻצְּבָה, וְהָאוֹר הַנִּמְשָׁךְ אֵלֶיהָ מֵאִתּוֹ יִתְבָּרַךְ אֵינוֹ נִמְשָׁךְ וּמֵאִיר בָּהּ מֵחֲמַת קְלִפָּתָהּ אֲשֶׁר סוֹבֶבֶת עָלֶיהָ.

אֵין אָדָם נִצּוֹל מִזֻּהֲמַת הַנָּחָשׁ

וְעִנְיָן זֶה נִרְמַז בְּמ"שׁ זַ"ל "מְלַמֵּד שֶׁבָּא נָחָשׁ עַל חַוָּה וְהִטִּיל בָּהּ זֻהֲמָא" וְכוּ', וְגַם עַל הָאָדָם וְעַל כָּל זַרְעוֹ הַבָּאִים אַחֲרָיו עַד יְמוֹת הַמָּשִׁיחַ, וְאֵין אָדָם נִצּוֹל מִמֶּנָּה, לְפִי שֶׁכֻּלָּם הָיוּ אָז כְּלוּלִים בְּאָדָם הָרִאשׁוֹן כְּשֶׁחָטָא. וְזֶהוּ הַצַּד הַשָּׁוֶה שֶׁבְּכָל הַנְּשָׁמוֹת, אֲפִלּוּ בְּאוֹתָם שֶׁמֵּתוּ בְּעֶטְיוֹ שֶׁל נָחָשׁ, הָיָה בָּהֶם הַטָּלַת זֻהֲמָא הַנִּזְכָּר.

However, they are not all equal. There are differences between them, as mentioned earlier. Every Soul became blemished according to the level of, and closeness to, Adam's sin. Know that all sins and transgressions that a person performs on his own, besides that which Adam committed, obviously draw upon himself the Klipah and filth of the snake, according to the level of his sin.

Every individual sin draws a Klipah and filth.

However, it all depends on the person's Teshuvah because through Teshuvah he can repel from himself the filth that latched onto him due to his transgressions, even if they are major sins. But the filth and the Klipah that latched onto all the Souls when Adam sinned does not depend on Teshuvah; rather, the person must die, and then by death that blemish will get corrected.

Through Teshuvah he can repel from himself the filth.

Even though the Creator accepted Adam's Teshuvah and his transgression was atoned for, the filth and the Klipah that latched onto him when he transgressed were only removed and separated from him after death. The reason for this is because the transgression that Adam committed was very serious, for various reasons, [and] this is not the place to explain.

We cannot remove the filth of the snake, rather every one must die.

This is the secret of those who died due to the advice of the snake (Tractate Shabbat 55b, and Zohar Beresheet B 308), which are: Benjamin [son of Jacob], Jesse [father of King David], Chileab [also known as Daniel; King David's second son with Abigail], Levi [son of Jacob], and Joshua ben Nun, who did not participate in the Sin of the Calf, as is mentioned in Zohar Ki Tisa 112. Even though they did not transgress at all, the Klipah and filth that latched onto them at the Sin of Adam did not separate from them until after their death. This is the secret of them [the sages] saying, "They died due to the advice of the snake," (Tractate Shabbat 55b) meaning, due to the filth that the snake infused into Adam and Eve.

Those who died due to the advice of the snake.

כָּל חֵטְא פְּרָטִי מַמְשִׁיךְ קְלִפָּה וְזֻהֲמָה

הַאֻמְנָם לֹא כֻּלָּם שָׁוִים וְיֵשׁ הֶפְרֵשׁ בֵּינֵיהֶם כַּנִּזְכָּר לְעֵיל, כִּי כָּל נְשָׁמָה נִפְגְּמָה כְּפִי מַדְרֵגָהּ וְקֵרוּבָהּ אֶל הַחֵטְא שֶׁחָטָא אָדָם הָרִאשׁוֹן. וְדַע, כִּי כָּל הַחֲטָאִים וְהָעֲוֹנֹת שֶׁחוֹטֵא כָּל אָדָם בִּפְנֵי עַצְמוֹ, זוּלַת מַה שֶּׁחָטָא אָדָם הָרִאשׁוֹן, וַדַּאי הוּא שֶׁהָאָדָם מַמְשִׁיךְ עָלָיו קְלִיפָּה וְזֻהֲמַת הַנָּחָשׁ, כְּפִי עֵרֶךְ חֶטְאוֹ.

עַל יְדֵי הַתְּשׁוּבָה יָכוֹל לִדְחוֹת מֵעָלָיו הַזֻּהֲמָה

הַאֻמְנָם הַכֹּל תָּלוּי בִּתְשׁוּבַת הָאָדָם, כִּי עַל יְדֵי הַתְּשׁוּבָה יָכוֹל לִדְחוֹת מֵעָלָיו הַזֻּהֲמָה הַהִיא שֶׁנִּדְבְּקָה בּוֹ עַל יְדֵי חַטֹּאתָיו, אֲפִלּוּ אִם הֵם חֲטָאִים גְּדוֹלִים. אֲבָל הַזֻּהֲמָה וְהַקְּלִפָּה שֶׁנִּדְבְּקָה בְּכָל הַנְּשָׁמוֹת כַּאֲשֶׁר חָטָא אָדָם הָרִאשׁוֹן, אֵינוֹ תָּלוּי בִּתְשׁוּבָה, וּמֻכְרָח הוּא לָמוּת, וְאַחַר כָּךְ יְתֻקַּן הַפְּגָם הַהוּא עַל יְדֵי הַמִּיתָה.

אִי אֶפְשָׁר לְהָסִיר אֶת זֻהֲמַת הַנָּחָשׁ, אֶלָּא כָּל אֶחָד צָרִיךְ לָמוּת

וְאַף עַל פִּי שֶׁהקב"ה קִבֵּל גַּם תְּשׁוּבַת אָדָם הָרִאשׁוֹן וְנִתְכַּפֵּר לוֹ עֲוֹנוֹ, עִם כָּל זֶה הַזֻּהֲמָה וְהַקְּלִפָּה שֶׁנִּדְבַּק בּוֹ כְּשֶׁחָטָא לֹא הוּסַר וְנִפְרַד מִמֶּנּוּ אֶלָּא אַחַר הַמִּיתָה, וְטַעַם הַדָּבָר הוּא, לְפִי שֶׁחֶטְאוֹ שֶׁל אָדָם הָיָה גָּדוֹל עַד מְאֹד מִכַּמָּה סִבּוֹת, אֵין מָקוֹם זֶה לְבָאֲרָם.

אוֹתָם שֶׁמֵּתוּ בְּעֶטְיוֹ שֶׁל נָחָשׁ

וְזֶהוּ סוֹד אוֹתָם שֶׁמֵּתוּ בְּעֶטְיוֹ שֶׁל נָחָשׁ, שֶׁהֵם בִּנְיָמִין, וְיִשַׁי, וְכִלְאָב, וְלֵוִי, וִיהוֹשֻׁעַ בִּן נוּן שֶׁלֹּא חָטָא בַּעֲוֹן הָעֵגֶל כַּנִּזְכָּר בְּזֹהַר פָּרָשַׁת תִּשָּׂא, שֶׁאַף עַל פִּי שֶׁלֹּא הָיָה לָהֶם שׁוּם חֵטְא כְּלָל, עִם כָּל זֶה אוֹתָהּ קְלִפָּה וְזֻהֲמָה שֶׁנִּדְבְּקָה בָּהֶם בְּחֶטְאוֹ שֶׁל אָדָם לֹא נִפְרְדָה מֵהֶם עַד אַחַר הַמִּיתָה. וְזֶהוּ סוֹד אָמְרָם זַ"ל שֶׁמֵּתוּ בְּעֶטְיוֹ שֶׁל נָחָשׁ, ר"ל: בִּשְׁבִיל זֻהֲמַת הַנָּחָשׁ שֶׁהִטִּיל בְּאָדָם וְחַוָּה.

Nevertheless, we need to explain why death separates the Klipah from a person. Know that the Holiness is called Life, as it is said: "See, I have placed before you the life and the good..." (Deuteronomy 30:15) and it is written: "But you who cleave to your God, you are all alive today" (Deuteronomy 4:4) since it is the Creator who gives sustenance and nourishment to all His Created Beings. However, the Sitra Achra (Other Side) that removes the abundance and vitality from the Created Beings, is called Death, as the verse continues: "...and the death and the evil." (Deuteronomy 30:15)

Why death separates the Klipah from a person.

Thus, the individual who transgresses draws upon himself the Sitra Achra that is called Death, and therefore that Klipah is not separated from the person until after death, since then the person is buried and his flesh decays in the soil, thus separating the Klipah that latched onto him due to the filth the snake injected in Eve and in Adam.

With this you will understand the following concept of Chibut haKever (Beating in the Grave), which is: Right after a person dies and is buried in the soil of the earth, four angels immediately arrive and lower the bottom of the grave, deepening it to create a space in the grave [that is] the height of the person who is buried there, as it is said in *Masechet Chibut haKever* (Tractate of the Beating in the Grave) [brought in *Resheet Chochmah* "Beginning of Wisdom" Gate of Fear Chapter 12], and you should study it there.

Chibut haKever.

Then they return his Nefesh to his body, as it was during his lifetime. The reason for this is because the Klipah is still latched and tied to [both] the Nefesh and the body, and it does not separate from them. It is therefore necessary for the Nefesh to return to be together with the body. Then the aforementioned angels hold him, each one taking one side, and just like a Talit (Prayer Shawl) is held by the edges and shaken to remove the dust attached to it, they shake him and beat him with sticks of fire until the Klipah becomes completely separated from him. Therefore it is called the Beating in the Grave, just like a person

The removal of the Klipah from the Soul.

לָמָּה הַמִּיתָה מַפְרֶדֶת הַקְּלִפָּה מִן הָאָדָם

וְאָמְנָם צָרִיךְ לְבָאֵר טַעַם לָמָּה הַמִּיתָה מַפְרֶדֶת הַקְּלִפָּה מִן הָאָדָם. דַּע, כִּי הַקְּדֻשָּׁה נִקְרֵאת חַיִּים, כְּמוֹ שֶׁנֶּאֱמַר "רְאֵה נָתַתִּי לְפָנֶיךָ אֶת הַחַיִּים וְאֶת הַטּוֹב", וּכְתִיב "וְאַתֶּם הַדְּבֵקִים בַּה' אֱלֹהֵיכֶם חַיִּים כֻּלְּכֶם הַיּוֹם", לְפִי שהקב"ה נוֹתֵן שֶׁפַע וּמָזוֹן לְכָל בְּרוּאָיו. אֲבָל הַסִּטְרָא אַחֲרָא, שֶׁמְּסַלְּקִים הַשֶּׁפַע וְהַחִיּוּת מִן הַנִּבְרָאִים, נִקְרָא מָוֶת, כְּמוֹ שֶׁנֶּאֱמַר "וְאֶת הַמָּוֶת וְאֶת הָרָע".

וְהִנֵּה הָאִישׁ הַחוֹטֵא מַמְשִׁיךְ עָלָיו סִטְרָא אַחֲרָא הַנִּקְרָא מָוֶת, וְלָכֵן אֵין הַקְּלִפָּה הַהִיא נִפְרֶדֶת מִן הָאָדָם אֶלָּא אַחַר הַמִּיתָה, כִּי אָז נִקְבָּר הָאָדָם וּבְשָׂרוֹ מִתְעַכֵּל בֶּעָפָר, וְנִפְרָד מִמֶּנּוּ הַקְּלִפָּה שֶׁנִּדְבְּקָה בּוֹ בְּזֻהֲמַת הַנָּחָשׁ שֶׁהֵטִיל בְּחַוָּה וּבְאָדָם.

עִנְיַן חִבּוּט הַקֶּבֶר

וּבָזֶה תָּבִין עִנְיַן חִבּוּט הַקֶּבֶר מָה עִנְיָנוֹ. וְהוּא, כִּי אַחַר מִיתַת הָאָדָם וְאַחֲרֵי קְבוּרָתוֹ בַּעֲפַר הָאָרֶץ, אָז תֵּכֶף וּמִיָּד בָּאִים ד' מַלְאָכִים וּמַשְׁפִּילִים קַרְקַע הַקֶּבֶר וּמַעֲמִיקִים אוֹתוֹ לְמַטָּה, וְנִשְׁאָר חָלָל בַּקֶּבֶר כְּשִׁעוּר קוֹמַת הָאָדָם הַנִּקְבָּר שָׁם, כַּנִּזְכָּר בַּמִּדְרָשׁ פֶּרֶק חִבּוּט הַקֶּבֶר, וְעַיֵּן שָׁם.

הַפְרָדַת הַקְּלִפָּה מֵהַנְּשָׁמָה

וְאָז מַחֲזִירִים נַפְשׁוֹ בְּגוּפוֹ כְּמוֹ בְּחַיָּיו, וְהַטַּעַם הוּא, לְפִי שֶׁהַקְּלִפָּה הִיא דְּבוּקָה עֲדַיִן וּקְשׁוּרָה עִם הַנֶּפֶשׁ וְעִם הַגּוּף וְאֵינֶנָּה נִפְרֶדֶת מֵהֶם, וְלָכֵן צָרִיךְ שֶׁיַּחֲזִירוּ נַפְשׁוֹ בְּגוּפוֹ יַחַד. וְאָז הַמַּלְאָכִים הַנִּזְכָּרִים אוֹחֲזִים בּוֹ כָּל אֶחָד מִקָּצֵהוּ, וּמְנַעֲרִים אוֹתוֹ, וְחוֹבְטִים אוֹתוֹ בְּמַקְלוֹת שֶׁל אֵשׁ, בְּדֶרֶךְ שֶׁאוֹחֲזִים בְּטַלִּית בִּשְׁתֵּי קְצוֹתֶיהָ וּמְנַעֲרִים אוֹתָהּ מִן הָאָבָק הַנִּדְבָּק בָּהּ, עַד שֶׁנִּפְרָד מִמֶּנָּה הַקְּלִפָּה הַהִיא לְגַמְרֵי, וְלָכֵן נִקְרָא

beats his Talit and shakes it. And thus, there is a need to deepen the grave to create a space in which to shake and beat the person.

However, not everyone is the same because Tzadikim distanced themselves from their Evil Inclination during their lifetime, and they humble themselves and beat themselves by the sufferings they endure and through their Torah and Precepts that sap the strength of man. It is found that when the day comes for them to depart this world and receive Chibut haKever, they do not require much sorrow, and just a minor *chibut* (beating) will be sufficient to separate [the Klipah] from them.

> The Tzadikim beat themselves in their lifetime through Torah and embracing pain.

This is not so concerning Wicked people. On the contrary, through their pleasures in this world they strengthen the attachment of the Klipah to their body and Soul. We find this to be the secret of why no one can be saved from Chibut haKever, as mentioned in this Introduction about Chibut haKever.

> Pleasure in physicality strengthens the Klipah

Concerning those who died due to the advice of the snake, we explained earlier that there is no other cure to separate [the Klipah] other than through death and Chibut haKever, except for those who are mentioned in this Introduction of Chibut haKever, due to a specific Precept that is a remedy for this. However, everyone else requires Chibut haKever, although there is a difference between a great beating and a minor [one], as mentioned. Each and every person bears his torment according to the level of his Klipah and the strength of its adhesion.

> Each person bears his torment according to his Klipah.

However, concerning those who are saved from Chibut haKever, as mentioned, although those remedial Precepts separate the Klipot from them without pain after their death, they will still have to die, as we mentioned earlier concerning those who died due to the advice of the snake.

> We can be saved from Chibut haKever but not from death.

I heard from my teacher that whoever is buried on Shabbat Eve (Friday) after the fifth hour of the day, including the fifth hour, does not experience Chibut haKever because the Holiness of Shabbat separates the Klipah from him without the pain

> Whoever is buried on Friday afternoon is saved from Chibut haKever.

חִבּוּט הַקֶּבֶר, כְּאָדָם שֶׁחוֹבֵט טַלִּיתוֹ וּמְנַעֲרָהּ. וע"כ צָרִיךְ לְהַעֲמִיק הַקֶּבֶר, כְּדֵי שֶׁיִּהְיֶה מְקוֹם חָלָל לְנַעֲרוֹ וּלְחָבְטוֹ.

הַצַּדִּיקִים חוֹבְטִים עַצְמָם בְּחַיֵּיהֶם עַל יְדֵי תּוֹרָה וְקַבָּלַת יִסּוּרִים

וְאָמְנָם לֹא כָּל הָאֲנָשִׁים שָׁוִים, כִּי הַצַּדִּיקִים אֲשֶׁר בְּחַיֵּיהֶם נִתְרַחֲקוּ מִן הַיֵּצֶר הָרָע, וְהָיוּ מַכְנִיעִים עַצְמָם וְחוֹבְטִים עַצְמָם בְּיִסּוּרִין הַבָּאִים עֲלֵיהֶם, וְגַם עַל יְדֵי הַתּוֹרָה הַמַּתֶּשֶׁת כֹּחוֹ שֶׁל אָדָם, עַד שֶׁנִּמְצָא שֶׁכְּשֶׁהִגִּיעַ זְמַנָּם לִפָּטֵר מִן הָעוֹלָם וּלְקַבֵּל חִבּוּט הַקֶּבֶר אֵין צְרִיכִים צַעַר גָּדוֹל, כִּי בַּחֲבָטָה כָּל שֶׁהִיא מַסְפִּיק לָהֶם לְהַפְרִידָהּ מֵהֶם.

הַתַּעֲנוּגִים הַגַּשְׁמִיִּים מְחַזְּקִים אֶת הַקְּלִפָּה

מַה שֶּׁאֵין כֵּן בָּרְשָׁעִים, שֶׁאַדְּרַבָּה עַל יְדֵי תַּעֲנוּגֵיהֶם בָּעוֹלָם הַזֶּה הֵם מְקַשְּׁרִים וּמַחֲזִיקִים יוֹתֵר אֶת הַקְּלִפָּה בְּגוּפָם וּבְנַפְשָׁם. וְנִמְצָא כִּי ז"ס לָמָּה אֵין אָדָם נִצּוֹל מֵחִבּוּט הַקֶּבֶר, כַּנִּזְכָּר בְּפֶרֶק חִבּוּט הַקֶּבֶר.

כָּל אֶחָד סוֹבֵל עָנְשׁוֹ כְּפִי מַדְרֵגַת קְלִפָּתוֹ

וּכְמוֹ שֶׁבֵּאַרְנוּ לְעֵיל בְּאוֹתָם שֶׁמֵּתוּ בְּעֶטְיוֹ שֶׁל נָחָשׁ, שֶׁאֵין לָהֶם תַּקָּנָה לְהַפְרִידָהּ זוּלַת עַל יְדֵי הַמִּיתָה וְחִבּוּט הַקֶּבֶר, זוּלָתִי אוֹתָם הַנִּזְכָּרִים שָׁם בְּפֶרֶק חִבּוּט הַקֶּבֶר עַל יְדֵי אֵיזוֹ מִצְוָה הַסְּגֻלִּית לָזֶה הַדָּבָר, אֲבָל כָּל שְׁאָר בְּנֵי אָדָם כֻּלָּם צְרִיכִים חִבּוּט הַקֶּבֶר, אֶלָּא שֶׁיֵּשׁ הֶפְרֵשׁ בֵּין חִבּוּט רַב לִמְעַט כַּנִּזְכָּר, וְכָל א' וְא' הוּא סוֹבֵל עָנְשׁוֹ כְּפִי מַדְרֵגַת קְלִפָּתוֹ וּכְפִי עֹצֶם דְּבֵקוּתָהּ.

אֶפְשָׁר לְהִנָּצֵל מֵחִבּוּט הַקֶּבֶר אֲבָל לֹא מֵהַמָּוֶת

וְאָמְנָם אַף אוֹתָם הַנִּצּוֹלִים מֵחִבּוּט הַקֶּבֶר כַּנִּזְכָּר, הִנֵּה אוֹתָם הַמִּצְוֹת הַסְּגֻלִּיּוֹת לָזֶה כַּנִּזְכָּר הֵם הַמַּפְרִידוֹת אֶת הַקְּלִפּוֹת מֵהֶם בְּלִי צַעַר אַחַר מִיתָתָם, אֲבָל מֻכְרָח הוּא שֶׁיָּמוּתוּ, כַּנִּזְכָּר לְעֵיל בְּעִנְיַן שֶׁמֵּתוּ בְּעֶטְיוֹ שֶׁל נָחָשׁ.

הַנִּקְבָּר בְּעֶרֶב שַׁבָּת נִצּוֹל מֵחִבּוּט הַקֶּבֶר

וְשָׁמַעְתִּי מִמּוֹרִי זַ"ל, כִּי כָּל הַנִּקְבָּר בְּעֶרֶב שַׁבָּת אַחַר חָמֵשׁ שָׁעוֹת בַּיּוֹם, וְהַשָּׁעָה חֲמִישִׁית בִּכְלָל, אֵינוֹ רוֹאֶה חִבּוּט הַקֶּבֶר, כִּי קְדֻשַּׁת שַׁבָּת מַפְרִיד הַקְּלִפָּה מִמֶּנּוּ בְּלִי צַעַר חִבּוּט הַקֶּבֶר. וְזֶהוּ סוֹד "יוֹם

of Chibut haKever. This is the secret of: "...the Sixth Day (*Yom haShishi*)" (Genesis 1:21) with an extra Hei (ה) because from the fifth hour of Friday on, the Holiness of Shabbat already illuminates.

This will explain the reason the Wicked people forget their names, as mentioned earlier. It was explained earlier that every Soul in this world has a Garment of Klipah [made] from the filth of the snake, and this Klipah is the secret of the Evil Inclination that enters man the day he is born because through Adam's Sin the Evil Inclination became Rooted and stuck to him, and that Klipah [became intermingled] with that Soul from the time of the Sin of Adam onward, to the point that the Klipah and the Soul were both almost like one dough made of fine flour and bran, completely tied together.

The Neshamah and the Klipah became as one dough made of fine flour and bran.

With this you will understand the secret of why the Evil Inclination has so much power to divert man to lead him in evil ways, since it is completely the "master of the house" within the human body, as mentioned.

Thus we have explained that not all of the Klipot are the same, since each and every Klipah is a Spark of an Evil Soul from the Sitra Achra (Other Side) from an individual Limb of the 248 Limbs of the impure Faithless Man (*Adam Bliya'al*), in the same way we have explained in previous Introductions regarding the Sparks of Holy Souls that each and every one is from a Spark of an individual Limb in the Holy Supernal Adam.

Every Klipah is a Spark of an Evil Soul from the Other Side.

Just as each and every Holy Soul has a known name, corresponding to the Limb from which it was hewn, as our sages commented on the verse: "He who puts desolation (*shamot*) in the earth." (Psalms 46:9) [by saying] "Do not read *shamot* but rather *shemot* (names)" (Talmud, Brachot 6b) so too, each and every Spark from the Klipah has a known name in and of itself. It is found that the Evil Inclination of this person is not the same as the Evil Inclination of another person.

Every spark from the Klipah has a known name.

הַשִּׁשִּׁי" בְּהֵא יְתֵרָה, כִּי מִשָּׁעָה חֲמִישִׁית שֶׁל יוֹם הַשִּׁשִּׁי וּלְמַעְלָה כְּבָר קְדֻשַּׁת שַׁבָּת מְאִירָה אָז.

הַנְּשָׁמָה עִם הַקְּלִפָּה נַעֲשׂוּ כְּעִסָּה אַחַת מְעֹרֶבֶת מֹסֶלֶת וְסֻבִּין

וּבָזֶה יִתְבָּאֵר עִנְיַן טַעַם, לָמָּה הָרְשָׁעִים שׁוֹכְחִים אֶת שְׁמָם כַּנִּזְכָּר לְעֵיל. הִנֵּה נִתְבָּאֵר לְמַעְלָה, כִּי אֵין שׁוּם נְשָׁמָה בָּעוֹלָם שֶׁאֵין לָהּ לְבוּשׁ אֶחָד שֶׁל קְלִפָּה מִזֻּהֲמַת הַנָּחָשׁ, וְאוֹתָהּ הַקְּלִפָּה הִיא סוֹד הַיֵּצֶר הָרָע הַנִּכְנָס בָּאָדָם מִיּוֹם שֶׁנּוֹלָד, כִּי הִנֵּה עַל יְדֵי חֶטְאוֹ שֶׁל אָדָם הָרִאשׁוֹן נִשְׁתָּרֵשׁ וְנִדְבַּק עִמּוֹ הַיֵּצֶר הָרָע וְהַקְּלִפָּה הַהִיא עִם אוֹתָהּ הַנְּשָׁמָה מֵעֵת שֶׁחָטָא אָדָם הָרִאשׁוֹן וְאֵילָךְ, עַד שֶׁכִּמְעַט נַעֲשׂוּ שְׁנֵיהֶם, הַנְּשָׁמָה וְהַקְּלִפָּה, כְּעִסָּה אַחַת מְעֹרֶבֶת מֹסֶלֶת וְסֻבִּין, קְשׁוּרִים יַחַד בְּתַכְלִית.

וּבָזֶה תָּבִין סִבָּה, לָמָּה יֵשׁ כָּל כָּךְ כֹּחַ בְּיֵצֶר הָרָע לְהַטּוֹת הָאָדָם וּלְהַנְהִיגוֹ בְּדֶרֶךְ רַע, לְפִי שֶׁהוּא בַּעַל הַבַּיִת גָּמוּר תּוֹךְ גּוּף הָאָדָם כַּנִּזְכָּר.

כָּל קְלִפָּה הִיא נִיצוֹץ נֶפֶשׁ רָעָה מִסִּטְרָא אַחֲרָא

וְהִנֵּה נִתְבָּאֵר כִּי אֵין כָּל הַקְּלִפּוֹת שָׁווֹת, כִּי כָּל קְלִפָּה וּקְלִפָּה הִיא נִיצוֹץ נֶפֶשׁ רָעָה מִסִּטְרָא אַחֲרָא, מֵאֵבֶר פְּרָטִי שֶׁבִּרְמַ"ח אֵבְרֵי אָדָם הַבְּלִיַּעַל הַטָּמֵא, עַל דֶּרֶךְ מַה שֶּׁנִּתְבָּאֵר בַּדְּרוּשִׁים שֶׁקָּדְמוּ בְּעִנְיַן נִיצוֹצוֹת נִשְׁמוֹת הַקְּדֻשָּׁה, שֶׁכָּל אַחַת וְאַחַת הִיא מִנִּיצוֹץ אֵבֶר פְּרָטִי שֶׁבָּאָדָם הָעֶלְיוֹן הַקָּדוֹשׁ.

כָּל נִיצוֹץ שֶׁבַּקְּלִפָּה יֵשׁ לָהּ שֵׁם יָדוּעַ

וּכְמוֹ שֶׁנְּשָׁמוֹת הַקְּדוֹשׁוֹת כָּל אַחַת וְאַחַת יֵשׁ לָהּ שֵׁם יָדוּעַ כְּפִי בְּחִינַת הָאֵבָר שֶׁמִּמֶּנּוּ חֻצְּבָה, וּכְמוֹ שארז"ל עַל פָּסוּק "לְכוּ חֲזוּ מִפְעֲלוֹת ה' אֲשֶׁר שָׂם שַׁמּוֹת בָּאָרֶץ", אַל תִּקְרֵי שַׁמּוֹת אֶלָּא שֵׁמוֹת. כָּךְ כָּל נִיצוֹץ וְנִיצוֹץ שֶׁבַּקְּלִפָּה יֵשׁ לָהּ שֵׁם יָדוּעַ בִּפְנֵי עַצְמוֹ. וְנִמְצָא כִּי הַיֵּצֶר הָרָע שֶׁבָּאִישׁ הַזֶּה אֵינוֹ כְּעֵין הַיֵּצֶר הָרָע שֶׁל הָאִישׁ הָאַחֵר.

It is found that when man is born and his father and mother call him whatever name comes to their mind, it is not random or by coincidence. Rather, the Creator placed in their mouth the name that is necessary for this Soul, as the verse quoted earlier [stated]: "...He who established names in the earth" (Psalms 46:9) corresponding to the place of the Limb within the Supernal Adam from which it was hewn. This name is registered Above in the Throne of Glory, as it is known. This is why our sages said, "the name influences" (Tractate Berachot 7b), and this is the reason Rabbi Yehoshua ben Korcha and Rabbi Meir would analyze names. (Talmud, Yoma 83b)

The names of individuals are not random or by coincidence.

Now, "...God has made everything with its opposite..." (Ecclesiastes 7:14) so just as there is a predetermined name for the Holy Soul in a person, which is the name his father and mother give him at the time of circumcision, as is known, so too there is a predetermined name of the Klipah, which is the Evil Inclination that enters the person from the day he is born. It is found that every person has two names: one from the side of Holiness and one from the side of the Klipah.

Every person has a name from the Holy Side and a name from the side of the Klipah.

If a person, while alive in this world, was able to achieve and know the name of the Klipah within him, he would be able to find out where it was hewn from and in which Aspect of the Faithless Man (*Adam Bliya'al*) it is. With this, he would know the place of his blemish and the correction he requires, and he would be able to correct that blemish easily. With this, the Klipah would easily separate from him during his lifetime, and there will be no need at all to separate it from him through Chibut haKever.

The importance of knowing the name of our Klipah.

Therefore, when a Righteous man passes, they do not ask him what is his name from the Sitra Achra (Other Side), since [the Righteous] toil and endure afflictions during their lifetime to separate the Klipah from themselves, as mentioned earlier, and it completes its separation very easily by the Beating in the Grave.

The Tzadikim know the name of their Klipah.

שְׁמוֹת בְּנֵי אָדָם אֵינָם בְּאַקְרַאי וּבְהִזְדַּמֵּן

וְנִמְצָא כִּי כַּאֲשֶׁר הָאָדָם נוֹלָד, וְקוֹרְאִים לוֹ אָבִיו וְאִמּוֹ שֵׁם אֶחָד הָעוֹלֶה בְּדַעְתָּם, אֵינוֹ בְּאַקְרַאי וּבְהִזְדַּמֵּן כִּי אִם הקב"ה מֵשִׂים בְּפִיו הַשֵּׁם הַהוּא הַמֻּכְרָח אֶל הַנְּשָׁמָה הַהִיא, כְּמוֹ שֶׁנֶּאֱמַר "אֲשֶׁר שָׂם שַׁמּוֹת בָּאָרֶץ", כְּפִי מְקוֹם הָאֵבֶר שֶׁבָּאָדָם הָעֶלְיוֹן אֲשֶׁר מִמֶּנּוּ חֻצַּב, וְהַשֵּׁם הַזֶּה נִרְשָׁם לְמַעְלָה בְּכִסֵּא הַכָּבוֹד כַּנּוֹדָע, וְלָכֵן ארז"ל "שְׁמָא גָּרֵים". גַּם זֶהוּ טַעַם אֶל ר' יְהוֹשֻׁעַ בֶּן קָרְחָה וְרַבִּי מֵאִיר דַּהֲווּ בָּדְקֵי בִּשְׁמָא.

לְכָל אָדָם יֵשׁ שֵׁם מִצַּד הַקְּדֻשָּׁה וְשֵׁם מִצַּד הַקְּלִפָּה

וְהִנֵּה "גַּם אֶת זֶה לְעֻמַּת זֶה עָשָׂה הָאֱלֹהִים", וּכְמוֹ שֶׁיֵּשׁ שֵׁם קָבוּעַ אֶל הַנְּשָׁמָה הַקְּדוֹשָׁה אֲשֶׁר בָּאָדָם, וְהוּא הַשֵּׁם שֶׁקּוֹרְאִים לוֹ אָבִיו וְאִמּוֹ בְּעֵת שֶׁנִּמּוֹל כַּנּוֹדָע, כָּךְ יֵשׁ שֵׁם אַחֵר קָבוּעַ לְאוֹתוֹ נִיצוֹץ שֶׁל הַקְּלִפָּה, שֶׁהוּא הַיֵּצֶר הָרָע הַנִּכְנָס בָּאָדָם מִיּוֹם שֶׁנּוֹלָד. וְנִמְצָא שֶׁכָּל אָדָם יֵשׁ לוֹ שְׁנֵי שֵׁמוֹת, אֶחָד מִצַּד הַקְּדֻשָּׁה וְאֶחָד מִצַּד הַקְּלִפָּה.

הַחֲשִׁיבוּת לָדַעַת אֶת שֵׁם הַקְּלִפָּה אֲשֶׁר בָּנוּ

וְהִנֵּה אִם הָאָדָם בִּהְיוֹתוֹ בַּחַיִּים בָּעוֹלָם הַזֶּה הָיָה יָכוֹל לְהַשִּׂיג וְלָדַעַת מַה שֵּׁם הַקְּלִפָּה הַהִיא אֲשֶׁר בּוֹ, הָיָה יָכוֹל לַחְקֹר מֵהֵיכָן נֶחְצְבָה, וּבְאֵיזֶה בְּחִינָה הִיא בְּאָדָם הַבְּלִיַּעַל, וְעַי"כ הָיָה יוֹדֵעַ מְקוֹם הַפְּגַם וּמְצִיאוּת תִּקּוּנוֹ הַצָּרִיךְ לוֹ, וְהָיָה יָכוֹל לְתַקֵּן הַפְּגַם הַהוּא בְּנָקֵל, וְעַי"כ הָיְתָה הַקְּלִפָּה הַהִיא נִפְרֶדֶת מִמֶּנּוּ לְגַמְרֵי בְּחַיָּיו, וְלֹא הָיָה צָרִיךְ לְהַפְרִידָהּ מִמֶּנּוּ עַל יְדֵי חִבּוּט הַקֶּבֶר כְּלָל.

הַצַּדִּיקִים יוֹדְעִים אֶת שֵׁם קְלִפָּתָם

וְלָכֵן כְּשֶׁנִּפְטָר הָאָדָם הַצַּדִּיק, אֵינָם שׁוֹאֲלִים מִמֶּנּוּ מַה שְּׁמוֹ מִסִּטְרָא אַחֲרָא, כִּי כֵּיוָן שֶׁבְּחַיֵּיהֶם טָרְחוּ וְסָבְלוּ יִסּוּרִין לְהַפְרִיד מֵעֲלֵיהֶם הַקְּלִפָּה הַהִיא כַּנַּ"ל, וּבְקַלּוּת גָּדוֹל נִגְמֶרֶת לְהִפָּרֵד עַל יְדֵי חִבּוּט הַקֶּבֶר.

However, the Wicked person who, on the contrary, caused it to tightly tie to him requires great beating and punishment through Chibut haKever to separate it from him. Had he come to know his name from the Sitra Achra during his lifetime, he would have easily corrected the matter in his lifetime. Therefore they get beaten intensely for not knowing this name, as mentioned, and for not striving to discover it during their lifetime, as they did not want to toil with their actions like the righteous toiled.

The Wicked do not know the name of their Klipah, and they need a beating to remove it.

[Rav] Shmuel [Vital] said: "I found another very good introduction concerning Chibut haKever that says the following: 'This is the concept of Chibut haKever and its explanation, and it was already explained earlier, study there. However, it was explained there that the Sin of Adam caused a mixture of good and evil in all Souls, as we have already explained concerning Cain and Abel. This is the secret of the verse: "And Adam called them by names…" (Genesis 2:20) because just as he called [them names] from the side of the Holy Souls, so too he called them [names] from the side of the names of the Klipah. When Adam sinned with the Tree of Knowledge of Good and Evil, he caused that just like a Nefesh from the quarry of Holiness is hewn for an individual, so too a Nefesh from the level of the Klipah is hewn for an individual.

A Nefesh from the Holiness and a Nefesh from the Klipah.

Indeed, I already informed you that in the World of Asiyah, Evil overcomes Good and they are also intermingled. In Yetzirah, they are equal and intermingled. And in Briyah, good overcomes evil and they are not intermingled.

The influence Evil has in Atzilut, Briyah, Yetzirah, and Asiyah.

There are people who have a Nefesh from Malchut of Asiyah of the Klipah, and there are those who have the Nefesh, Ruach, and Neshamah from the Klipot. However, those who did not act as wickedly, meaning they had not yet been given a Neshamah from the Klipot, their correction will not be as frustrating, and through Teshuvah they can be corrected.

If he did not get a Neshamah from the Klipot, he can correct by doing Teshuvah.

הָרְשָׁעִים אֵינָם יוֹדְעִים אֶת שֵׁם קְלִפָּתָם וּצְרִיכִים חִבּוּט כְּדֵי לְהַפְרִידָהּ

אֲבָל הָרָשָׁע, שֶׁאַדְּרַבָּא גָּרַם לְקָשְׁרָהּ בְּחֹזֶק גָּדוֹל בּוֹ, צְרִיכִים מַכּוֹת וַעֲנָשִׁים גְּדוֹלִים לְהַפְרִידָהּ מִמֶּנּוּ בְּחִבּוּט הַקֶּבֶר. וְאִלּוּ הָיָה יוֹדֵעַ בְּחַיָּיו שְׁמוֹ דְּמִסְטְרָא אַחֲרָא, הָיָה מְתַקֵּן הַדָּבָר בְּחַיָּיו בְּקַלּוּת גָּדוֹל, וְלָכֵן מַכִּים אוֹתָם הַכָּאוֹת נִמְרָצוֹת, עַל שֶׁאֵינָם יוֹדְעִים אוֹתוֹ הַשֵּׁם כַּנִּזְכָּר, וְלֹא חָקְרוּ לָדַעַת אוֹתוֹ בְּחַיֵּיהֶם, כֵּיוָן שֶׁלֹּא רָצוּ לִטְרֹחַ בְּמַעֲשֵׂיהֶם כְּדֶרֶךְ שֶׁטָּרְחוּ הַצַּדִּיקִים.

נֶפֶשׁ מֵהַקֹּדֶשׁ וְנֶפֶשׁ מֵהַקְּלִפָּה

אָמַר שְׁמוּאֵל: עוֹד מָצָאתִי הַקְדָּמָה אַחֶרֶת בְּעִנְיַן חִבּוּט הַקֶּבֶר טוֹבָה מְאֹד, וְזֶה לְשׁוֹנוֹ: עֹנֶשׁ חִבּוּט הַקֶּבֶר מָה עִנְיָנוֹ. וּכְבָר נִתְבָּאֵר אֶצְלֵנוּ, ועי"ש. וְאָמְנָם נִתְבָּאֵר שָׁם, כִּי עַל יְדֵי חֶטְאוֹ שֶׁל אָדָם גָּרַם עֵרוּב טוֹב בְּרַע בְּכָל הַנְּשָׁמוֹת כֻּלָּם, וּכְמוֹ שֶׁנִּתְבָּאֵר זֶה לְמַעְלָה בְּעִנְיַן קַיִן וְהֶבֶל. וְהִנֵּה ז"ס פָּסוּק "וַיִּקְרָא הָאָדָם שֵׁמוֹת לְכָל" וְגוֹ', כִּי כְּמוֹ אֲשֶׁר קָרָא לָהֶם שֵׁמוֹת מִצַּד נִשְׁמוֹת הַקְּדֻשָּׁה, כָּךְ קָרָא לָהֶם שֵׁמוֹת מִצַּד הַנְּשָׁמוֹת שֶׁל הַקְּלִפָּה, לְפִי שֶׁכְּשֶׁחָטָא הָאָדָם בְּעֵץ הַדַּעַת טוֹב וָרָע, גָּרַם כִּי כְּמוֹ שֶׁחוֹצְבִים נֶפֶשׁ לָאָדָם מִמַּחְצַב הַקְּדֻשָּׁה, כָּךְ חוֹצְבִים לוֹ נֶפֶשׁ מִמַּחְצַב הַקְּלִפּוֹת.

כַּמָּה הָרַע גּוֹבֵר באבי"ע

וְאָמְנָם כְּבָר הוֹדַעְתִּיךָ, כִּי בַּעֲשִׂיָּה, הָרַע גּוֹבֵר עַל הַטּוֹב וְגַם כִּי הֵם מְעֹרָבִים. וּבִיצִירָה, הֵם שָׁוִים וּמְעֹרָבִים. וּבִבְרִיאָה, הַטּוֹב גּוֹבֵר עַל הָרַע וְאֵינָם מְעֹרָבִים.

אִם לֹא קִבֵּל נְשָׁמָה מֵהַקְּלִפּוֹת יָכוֹל לְהִתָּקֵן ע"י תְּשׁוּבָה

וְהִנֵּה יֵשׁ אֲנָשִׁים שֶׁיֵּשׁ לָהֶם נֶפֶשׁ מִמַּלְכוּת דַּעֲשִׂיָּה שֶׁבַּקְּלִפָּה, וְיֵשׁ מִי שֶׁיֵּשׁ לוֹ נר"ן מֵהַקְּלִפּוֹת. וְאָמְנָם מִי שֶׁלֹּא הִרְשִׁיעַ כָּל כָּךְ, כִּי עֲדַיִן לֹא נִתַּן בּוֹ נְשָׁמָה מֵהַקְּלִפּוֹת, אֵין תִּקְוָתָם מַפַּח נֶפֶשׁ, וְעַל יְדֵי תְּשׁוּבָה יְכוֹלִים לְהִתָּקֵן.

When they reincarnate in this world and receive their punishment, they will be like Yerovam ben Nevat and his friends (Tractate Sanhedrin 90a) who do not have a portion in the World to Come, which means that their Souls would ascend in the Aspect of Mayin Nukvin by the Supernal Unification (Zivug) of Aba and Ima, which is called the World to Come. However, they can only ascend in the Aspect of Mayin Nukvin by the Zivug of Zeir Anpin and Nukva.

However someone who has Nefesh, Ruach, and Neshamah from the Klipot must have their bones rot and their flesh eaten. This is the secret of Ruth and Orpah, since Orpah returned "...to her people and her gods...." (Ruth 1:15) This is also the secret of the verse: "The fool folds his arms and eats of his own flesh" (Ecclesiastes 4:5), which refers to the Ruach, and they destroy themselves. And to separate that Nefesh from them, the matter of Chibut haKever is needed, where they beat him to separate that Nefesh from them.

Removing Nefesh, Ruach, and Neshamah of the Klipot from the Soul.

Even in the land of Israel, there is a minor degree of Chibut haKever (Beating in the Grave), since those who are born in the land of Israel are already separated to some extent from them. And this matter depends on the actions of man, whether good or bad.

Know that one who is zealous concerning matters of Heaven, our sages have said about him: "A man issues a warning to his wife only if a Spirit of purity entered him." (Tractate Sotah 3a) However, one who is zealous concerning matters of the world is from them [the Klipot], since it is zeal that is drawn from the Externals. Therefore his bones rot, as is written in Tractate Shabbat (152b) about Rav Achai bar Yoshiya regarding the verse: "...jealousy rots the bones." (Proverbs 14:30) Indeed, one who is zealous about matters of the world, his bones will rot and a moth will devour them.

Zeal for spiritual matters, and jealousy for physical matters.

וְכַאֲשֶׁר יִתְגַּלְגְּלוּ בָּעוֹלָם הַזֶּה וִיקַבְּלוּ עָנְשָׁם, יִהְיוּ כְּדִמְיוֹן יָרָבְעָם בֶּן נְבָט וַחֲבֵרָיו שֶׁאֵין לָהֶם חֵלֶק לָעוֹלָם הַבָּא, שֶׁהוּא שֶׁיַּעֲלוּ נִשְׁמוֹתֵיהֶם לְמַעְלָה בִּבְחִינַת מ"ן בְּזִוּוּג הָעֶלְיוֹן שֶׁל או"א, הַנִּקְרָא עוֹלָם הַבָּא, אָמְנָם יַעֲלוּ בִּבְחִינַת מ"ן בְּזִוּוּג זו"ן.

הַפְרָדַת נר"ן דִּקְלִפָּה מֵהַנְּשָׁמָה

אֲבָל מִי שֶׁיֵּשׁ לוֹ נר"ן מִן הַקְּלִפּוֹת, צָרִיךְ שֶׁיִּתְרַקְּבוּ עַצְמוֹתֵיהֶם וְיֹאכְלוּ אֶת בְּשָׂרָם. וְזֶהוּ סוֹד רוּת וְעָרְפָּה, כִּי עָרְפָּה שָׁבָה אֶל עַמָּהּ וְאֶל אֱלֹהֶיהָ. וְזֶה גַּם כֵּן סוֹד פָּסוּק "הַכְּסִיל חֹבֵק אֶת יָדָיו וְאֹכֵל אֶת בְּשָׂרוֹ", שֶׁהוּא הָרוּחַ, וּמְכַלִּין עַצְמָן וּכְדֵי לְהַפְרִיד מֵהֶם הַנֶּפֶשׁ הַהִיא, לָכֵן הֻצְרַךְ עִנְיַן חִבּוּט הַקֶּבֶר, שֶׁחוֹבְטִים אוֹתָם כְּדֵי לְהַפְרִיד מֵהֶם הַנֶּפֶשׁ הַהִיא.

וַאֲפִלּוּ בְּאֶרֶץ יִשְׂרָאֵל יֵשׁ מְעַט מֵאֵלּוּ, לְפִי שֶׁהַנּוֹלָדִים בְּאֶרֶץ יִשְׂרָאֵל מֵהֶם בָּא בְּפֵרוּד, וְדָבָר זֶה תָּלוּי כְּפִי מַעֲשֵׂה הָאָדָם, אִם לְטוֹב אוֹ לְרָע.

קִנְאָה בְּמִלֵּי דִּשְׁמַיָּא וְקִנְאָה בְּמִלֵּי דְּעָלְמָא

וְדַע, כִּי כָּל מִי שֶׁיֵּשׁ לוֹ קִנְאָה בְּמִלֵּי דִּשְׁמַיָּא, עָלָיו אָמְרוּ רַזַ"ל "אֵין אָדָם מְקַנֵּא לְאִשְׁתּוֹ, אֶלָּא אִם כֵּן נִכְנַס בּוֹ רוּחַ טָהֳרָה". אֲבָל מִי שֶׁיֵּשׁ לוֹ קִנְאָה בְּמִלֵּי דְּעָלְמָא, הוּא מֵהֶם, לְפִי שֶׁהִיא קִנְאָה הַנִּמְשֶׁכֶת מִן הַחִיצוֹנִים, וְעַל כֵּן עַצְמוֹתֵיהֶם מַרְקִיבִים. וכמ"ש בְּמַסֶּכֶת שַׁבָּת עַל ר' אַחַאי בַּר יֹאשִׁיָּה, עַל פָּסוּק "וּרְקַב עֲצָמוֹת קִנְאָה". אָמְנָם הַמְקַנֵּא בְּמִלֵּי דְּעָלְמָא עַצְמוֹתָיו מַרְקִיבִין וְהָעָשׁ אוֹכְלָם.

The secret of this matter is that there are 370 Lights in Holiness, as I informed you, and when they become 378 Lights they equal the numerical value of *chashmal* (electrum; חשמל; 378) and *malbush* (garment; מלבוש; 378), because these 378 Lights become like a Garment covering and enveloping the four Worlds of Atzilut, Briyah, Yetzirah, and Asiyah. As a result, the Externals do not have control over those Lights.

The 370 Lights of Holiness.

It is known that there are four Garments that envelop the four Worlds of Atzilut, Briyah, Yetzirah, and Asiyah, and each one is denser than the next. The one of Asiyah is the densest of them all, since the main grasp of the Klipot is there, so it requires the densest [covering] of them all.

Just as there are 370 (Shin-Ayin; ש"ע) Lights in Holiness, so too there are [370 Lights] in the Externals, and they are called in reverse: *Ash* (Ayin-Shin; עש; moth). This is the secret of the verse: "For the moth (*ash*) shall eat them up like a garment...." (Isaiah 51:8) "...as a moth (*ash*) will devour them" (Isaiah 50:9) and it devours and rots the bones of the dead.

The 370 of the Externals are called "moth."

Similarly, we have a worm (*tola*; תולע) from the side of Holiness, in the secret of: "...and worm-crimson (*tola'at shani*)..." (Exodus 26:1) and in the secret of: "Fear not, worm (*tola'at*) of Jacob..." (Isaiah 41:14) and it is the name Aleph-Bet-Gimel Yud-Tav-Tzadi (אבג"ית ץ), which equals the numerical value of *tola* (תולע; worm; 506). This [name] is the secret of Chesed, among the seven Names of the Name of Mem-Bet (42), and it is the Kohen, thus "...and he gave (*venatan*) to the Kohen the shoulder, the cheeks, and the stomach." (Deuteronomy 18:3) And the word *venatan* (ונתן; 506) equals the same numerical value as the mentioned Name [Mem-Bet]. It is also the same numerical value as *shor* (ox; שור; 506), about which the Gemara said: "a black ox during the days of Nissan," (Berachot 33a) since it is the Name of Mem-Bet (42), which is strong Gevurah [Judgment].

The worm of Holiness.

ש"ע נְהוֹרִין דִּקְדֻשָּׁה

וְסוֹד הַדָּבָר בְּמָה שֶׁהוֹדַעְתִּיךָ, כִּי ש"ע נְהוֹרִין הֵם בִּקְדֻשָּׁה, וּכְשֶׁנַּעֲשִׂים שע"ח נְהוֹרִין אָז הֵם בְּגִימַטְרִיָּא חַשְׁמַ"ל וּמַלְבּוּ"שׁ, כִּי הוּא נַעֲשֶׂה כְּמִין מַלְבּוּשׁ וְכִסּוּי מַקִּיף עַל ד' עוֹלָמוֹת אבי"ע, מֵאֵלּוּ הַשע"ח נְהוֹרִין. ועי"כ אֵין הַחִצוֹנִים שׁוֹלְטִים בְּאוֹתָם הָאוֹרוֹת.

וְנוֹדַע הוּא כִּי ד' מַלְבּוּשִׁים הֵם לְד' מַלְבּוּשֵׁי עוֹלָמוֹת אבי"ע. וְכָל אֶחָד עָב מֵחֲבֵרוֹ, וְשֶׁל הָעֲשִׂיָּה עָב מִכֻּלָּם, לְפִי שֶׁשָּׁם עִקַּר אֲחִיזַת הַקְּלִפּוֹת, וְצָרִיךְ שֶׁיִּהְיֶה עָב בְּיוֹתֵר מֵהַשְּׁאָר.

ש"ע בַּחִיצוֹנִים הַנִּקְרָאִים עָשׁ

וְהִנֵּה כְּמוֹ שֶׁיֵּשׁ ש"ע נְהוֹרִין בַּקְּדֻשָּׁה יֶשְׁנוֹ בַּחִיצוֹנִים, וְנִקְרָאִים בְּהִפּוּךְ ע"ש, וְזֶהוּ סוֹד פָּסוּק "כִּי כַבֶּגֶד יֹאכְלֵם עָשׁ", "עָשׁ יֹאכְלֵם", וְהוּא הָאוֹכֵל וּמַרְקִיב עַצְמוֹת הַמֵּת.

תּוֹלָע דִּקְדֻשָּׁה

גַּם כְּמוֹ שֶׁיֵּשׁ תּוֹלָע בִּקְדֻשָּׁה, בְּסוֹד "וְתוֹלַעַת שָׁנִי", וּבְסוֹד "אַל תִּירְאִי תּוֹלַעַת יַעֲקֹב", וְהוּא שֵׁם אבגית"ץ, שֶׁהוּא בְּגִימַטְרִיָּא תּוֹלָע, וְהוּא סוֹד הַחֶסֶד שֶׁבְּז' שְׁמוֹת בֶּן מ"ב, וְהוּא הַכֹּהֵן, וְזֶהוּ "וְנָתַ"ן לַכֹּהֵן הַזְּרֹעַ וְהַלְּחָיַיִם" וְכוּ', וּמִלַּת וְנָתַן בְּגִימַטְרִיָּא שֵׁם הַנִּזְכָּר. גַּם הוּא בְּגִימַטְרִיָּא שׁוֹ"ר, שֶׁעָלָיו נֶאֱמַר בַּגְּמָרָא שׁוֹ"ר שָׁחוֹר בְּיוֹמֵי דְּנִיסָן, לְפִי שֶׁהוּא שֵׁם בֶּן מ"ב, שֶׁהוּא גְּבוּרָה חֲזָקָה.

Correspondingly, there is a worm (*tola*; 506) of the Klipot that eats the flesh of the dead in the grave, and of which it is said: "The fool folds his arms and eats his own flesh" (Ecclesiastes 4:5) about which it is said: "...although they have become red as worm-crimson they will become as white as wool." (Isaiah 1:18)

The worm of the Klipah.

Indeed, whoever was a Tzadik in this world can correct everything during his lifetime, similar to Rav Achai bar Yoshiya, who was never jealous about worldly matters, which is jealousy that extends from the Klipot. Therefore, when he died, he was unaffected by the *tola* (worm) or the *ash* (moth) of the Externals. As King David says: "...my flesh, too, will rest safely" (Psalms 16:9) until you find that there were already those four who, although they died, died only because of the advice of the snake, as we explained their matter earlier.

The worm and the moth do not affect the Tzadikim since they do not have jealousy for physical matters.

תּוֹלַע דִּקְלִפָּה

וְאָמְנָם יֵשׁ כְּנֶגְדּוֹ בַּקְּלִפּוֹת תּוֹלָע הָאוֹכֵל בְּשַׂר הַמֵּת בַּקֶּבֶר, אֲשֶׁר עָלָיו נֶאֱמַר "הַכְּסִיל חֹבֵק אֶת יָדָיו וְאֹכֵל אֶת בְּשָׂרוֹ", וְעָלָיו נֶאֱמַר "אִם יַאְדִּימוּ כַתּוֹלָע כַּצֶּמֶר יִהְיוּ".

הַתּוֹלָע וְהָעָשׁ לֹא שׁוֹלְטִים בַּצַּדִּיקִים שֶׁאֵין לָהֶם קִנְאָה בְּמִלֵּי דְעָלְמָא

הַאָמְנָם מִי שֶׁהָיָה צַדִּיק בָּעוֹלָם הַזֶּה יָכוֹל לְתַקֵּן הַכֹּל בִּהְיוֹתוֹ בְּחַיִּים בָּעוֹלָם הַזֶּה, כְּדִמְיוֹן רַב אַחַאי בַּר יֹאשִׁיָּה שֶׁלֹּא הָיְתָה בּוֹ קִנְאָה בְּמִלֵּי דְעָלְמָא, שֶׁהִיא קִנְאָה הַנִּמְשֶׁכֶת מִן הַקְּלִפּוֹת, וְלָכֵן לֹא שָׁלְטוּ בּוֹ בְּמִיתָתוֹ לֹא הַתּוֹלָ"ע וְלֹא הָעָ"שׁ הַחִיצוֹנִים. וּבְדָוִד הַמֶּלֶךְ ע"ה שֶׁאָמַר "אַף בְּשָׂרִי יִשְׁכֹּן לָבֶטַח", עַד שֶׁתִּמְצָא שֶׁכְּבָר נִמְצְאוּ אוֹתָם הָאַרְבָּעָה שֶׁאַף עַל פִּי שֶׁמֵּתוּ לֹא מֵתוּ אֶלָּא בְּעֶטְיוֹ שֶׁל נָחָשׁ, וּכְמוֹ שֶׁנִּתְבָּאֵר עִנְיָנָם אֶצְלֵנוּ.

TWENTY-FOURTH
INTRODUCTION

[This Introduction] discusses the reward of the Souls of the Tzadikim. Even though I have already written this in *Sha'ar Ma'amrei RaZaL* ("Gate of the Sayings of our Sages"), which is its appropriate place, study it there, nevertheless I copied it again here as I found it. It says the following: Having spoken about the retribution upon the Souls of Wicked people, we will now discuss briefly about the reward of the Souls of the Tzadikim. This will explain a distinction found in the words of our sages in various statements. Sometimes in their words it mentions: "So-and-so has a portion in the World to Come," or "He is a son of the World to Come," or "He is welcome to the life of the World to Come."

The reward of the Souls of the Tzadikim.

Here are the specifics: Know that after the Soul of a Tzadik leaves this world, if he is not subject to punishment because he was Completely Righteous, there are three groups concerning this [situation]:

Three groups of Tzadikim.

The First Group are those who, in the exact moment of their passing from this world, and also after their passing, always ascend in the secret of Supernal Mayin Nukvin (Female Waters) to the Yesod of Supernal Ima, Binah, which is called the World to Come, as is known. There they awaken that Supernal Unification (Zivug), and Aba couples with Ima. This group is called the Sons of the World to Come. Meaning, just like Zeir Anpin that is called Son of Supernal Ima is the only one Who elevates in the secret of Mayin Nukvin until Aba and Ima and couples them, so too this Tzadik is called Son of the World to Come, which is Supernal Ima, and he alone causes that Supernal Zivug.

Sons of the World to Come: one who ascends as Mayin Nukvin to Yesod of Ima and awakens a Zivug.

הַקְדָּמָה כ"ד

עִנְיַן שְׂכַר נִשְׁמוֹת הַצַּדִּיקִים

מְדַבֶּרֶת בְּעִנְיַן שְׂכַר הַנְּשָׁמוֹת שֶׁל הַצַּדִּיקִים. וְאַף עַל פִּי שֶׁכְּבָר הֶעְתַּקְתִּיהָ בְּשַׁעַר מַאַמְרֵי רַזַ"ל כִּי שָׁם מְקוֹמָהּ הָאֲמִתִּי וְעַיֵּן שָׁם, עִם כָּל זֶה חָזַרְתִּי וְהֶעְתַּקְתִּיהָ פֹּה כְּמוֹ שֶׁמְּצָאתִיהָ, וְזֶה לְשׁוֹנוֹ: וְהִנֵּה אַחַר שֶׁדִּבַּרְנוּ בְּעֹנֶשׁ נִשְׁמוֹת הָרְשָׁעִים, נְדַבֵּר קְצָת בִּשְׂכַר נִשְׁמוֹת הַצַּדִּיקִים. וּבָזֶה יִתְבָּאֵר חִלּוּק א', שֶׁמָּצִינוּ בְּדִבְרֵי רַזַ"ל מַאֲמָרִים שׁוֹנִים. כִּי פְּעָמִים נִזְכַּר בְּדִבְרֵיהֶם פְּלוֹנִי יֵשׁ לוֹ חֵלֶק לָעוֹלָם הַבָּא, אוֹ הֲרֵי הוּא בֶּן הָעוֹלָם הַבָּא, אוֹ הֲרֵי הוּא מְזֻמָּן לְחַיֵּי הָעוֹלָם הַבָּא.

ג' כִּתּוֹת צַדִּיקִים

וְזֶה עִנְיַן פִּרְטוּתָם: דַּע, כִּי אַחַר פְּטִירַת נִשְׁמַת הַצַּדִּיק מִן הָעוֹלָם הַזֶּה, אִם אֵינוֹ בַּר עֳנָשִׁין כִּי הוּא צַדִּיק גָּמוּר, הִנֵּה יֵשׁ בָּהֶם שְׁלֹשָׁה כִּתּוֹת.

בֶּן הָעוֹלָם הַבָּא – שֶׁעוֹלֶה במ"ן בִּיסוֹד אִמָּא וּמְעוֹרֵר זִווּג

כַּת אַחַת הִיא, שֶׁבְּאוֹתָהּ שָׁעָה עַצְמָהּ שֶׁנִּפְטָרִים מִן הָעוֹלָם, וְגַם אַחַר פְּטִירָתָם, תָּמִיד הֵם עוֹלִים בְּסוֹד מ"ן עִלָּאִין, בִּיסוֹד אִמָּא עִלָּאָה בִּינָה הַנִּקְרֵאת עוֹלָם הַבָּא כַּנּוֹדָע, וְשָׁם מְעוֹרְרִים זִווּג הָעֶלְיוֹן הַהוּא, וּמִזְדַּוֵּג אַבָּא בְּאִמָּא. וְכַת זוֹ נִקְרֵאת בְּנֵי הָעוֹלָם הַבָּא. פֵּרוּשׁ: כְּמוֹ שז"א הַנִּקְרָא בֶּן אִמָּא עִלָּאָה, הוּא לְבַדּוֹ עוֹלֶה בְּסוֹד מ"ן עַד או"א וּמְזַוְּגָם, כֵּן הַצַּדִּיק הַזֶּה נִקְרָא בֶּן הָעוֹלָם הַבָּא, שֶׁהִיא אִמָּא עִלָּאָה, וְהוּא לְבַדּוֹ גּוֹרֵם הַזִּווּג הָעֶלְיוֹן הַהוּא.

The Second Group, which is inferior to the first one, is as follows: There is a Tzadik who is not worthy of ascending alone to awaken the Zivug of Aba and Ima. Rather, he needs to join and connect to a Soul of another Tzadik of a higher [level] than his, and through him he will be able to awaken that Supernal Zivug. It is about these that our sages said: "All of Israel have a share in the World to Come." (Tractate Sanhedrin 90a) This is because all of the fit Israelites, even if they are not Completely Righteous, have a small share by joining with other Souls to ascend to the Supernal Zivug of the World to Come. However, on their own, they are not Sons of the World to Come, like a son who enters his father's house alone, without the need for anyone to bring him up to [the father].

Has a share in the World to Come: one who awakens a Zivug in Aba and Ima with the joint effort of a higher Soul.

The Third Group is greater than the two [previously] mentioned groups, and about these it says: "He is welcome to the Life of the World to Come." This concept relates to the primary World to Come, which is not what follows the person's death but rather refers to the future, about which it is written: "...the light of the moon will be like the light of the sun...." (Isaiah 30:26)

Welcomed to the Life of the World to Come: of future times.

The idea is that at that time, Aba and Ima will return again to ascend as a Fetus (Ibur) inside Arich Anpin, as it was during the creation of the world. And it is known that the whole [purpose] of the returning to [the stage of] Ibur is to renew Their Mochin, and through this They [Aba and Ima] will have the strength to increase the light of the moon to be like the light of the sun, which are Zeir Anpin and Nukva.

The renewal of the Mochin of Aba and Ima

Those Mochin are called the Life of the World to Come since they are Their life, as is known that the Mochin are called the Life of the King, in the secret of [the verse]: "Anyone who places Tefilin will lengthen his days, as it says: 'Lord, on them they will live...' (Isaiah 38:16)" (Tractate Menachot 44a) because they are the same Life [force] that are drawn to the World to Come, which is Ima.

יֵשׁ לוֹ חֵלֶק לָעוֹלָם הַבָּא – שֶׁמְּעוֹרֵר זִוּוּג בְּאוּ"א בְּהִצְטָרְפוּת נְשָׁמָה עֶלְיוֹנָה מִמֶּנּוּ

הַכַּת הַב', גְּרוּעָה מִזּוֹ הָרִאשׁוֹנָה, וְהוּא, כִּי יֵשׁ צַדִּיק שֶׁאֵינוֹ כְּדַאי הוּא לְבַדּוֹ לַעֲלוֹת וּלְעוֹרֵר זִוּוּג אוּ"א, אֲבָל צָרִיךְ שֶׁיִּצְטָרֵף וְיִתְחַבֵּר עִם נִשְׁמַת צַדִּיק אַחֵר עֶלְיוֹן מִמֶּנּוּ, וּבְאֶמְצָעוּתוֹ יְעוֹרֵר הַזִּוּוּג הַהוּא הָעֶלְיוֹן, וְעַל כַּיּוֹצֵא בְּאֵלּוּ אָמְרוּ רַזַ"ל "כָּל יִשְׂרָאֵל יֵשׁ לָהֶם חֵלֶק לָעוֹלָם הַבָּא". כִּי כָּל יִשְׂרָאֵל הַכְּשֵׁרִים, אַף עַל פִּי שֶׁאֵינָם מִן הַצַּדִּיקִים הַגְּמוּרִים, יֵשׁ לָהֶם חֵלֶק מוּעָט, בְּהִצְטָרְפָם עִם שְׁאָר הַנְּשָׁמוֹת, לַעֲלוֹת עַד זִוּוּג הָעוֹלָם הַבָּא הָעֶלְיוֹן. אֲבָל הֵם אֵינָם לְבַדָּם בְּנֵי הָעוֹלָם הַבָּא, כְּבֶן בַּיִת הָעוֹלֶה לְבֵית אָבִיו יְחִידִי בְּלִי שִׁתּוּף אִישׁ אַחֵר שֶׁיַּעֲלֵהוּ אֶצְלוֹ.

מְזֻמָּן לְחַיֵּי הָעוֹלָם הַבָּא – לֶעָתִיד לָבוֹא

הַכַּת הַג', גְּדוֹלָה מִשְּׁתֵּי הַכִּתּוֹת הנז', וְעַל אֵלּוּ נֶאֱמַר מְזֻמָּן לְחַיֵּי עוֹלָם הַבָּא. וְהָעִנְיָן הוּא, כִּי זֶה מְדַבֵּר לָעוֹלָם הַבָּא הָעִקָּרִי, שֶׁאֵינוֹ אַחַר פְּטִירַת הָאָדָם, אֶלָּא מְדַבֵּר לֶעָתִיד לָבֹא, שֶׁאָז כְּתִיב "וְהָיָה אוֹר הַלְּבָנָה כְּאוֹר הַחַמָּה".

הִתְחַדְּשׁוּת הַמֹּחִין שֶׁל אוּ"א

וְהָעִנְיָן הוּא, כִּי אָז יַחְזְרוּ אוּ"א פַּעַם אַחֶרֶת לַעֲלוֹת בְּסוֹד הָעִבּוּר בְּתוֹךְ אֲרִיךְ אַנְפִּין, כְּמוֹ שֶׁהָיָה בְּעֵת בְּרִיאַת הָעוֹלָם. וְנוֹדַע, כִּי כָּל חֲזָרַת הָעִבּוּר הוּא לְחַדֵּשׁ הַמֹּחִין שֶׁלָּהֶם, ועי"כ יִהְיֶה בָּהֶם כֹּחַ לְהַגְדִּיל אוֹר הַלְּבָנָה כְּאוֹר הַחַמָּה שֶׁהֵם זו"ן.

וְהִנֵּה הַמֹּחִין הָהֵם נִקְרָאִים חַיֵּי הָעוֹלָם הַבָּא, כִּי הֵם הַחִיּוּת שֶׁלָּהֶם כַּנּוֹדָע, כִּי הַמֹּחִין נִקְרָאִים חַיֵּי הַמֶּלֶךְ בְּסוֹד מ"ש זַ"ל הַמֵּנִיחַ תְּפִלִּין מַאֲרִיךְ יָמִים, שֶׁנֶּאֱמַר "ה' עֲלֵיהֶם יִחְיוּ", כִּי הֵם הַחַיִּים הַנִּמְשָׁכִים אֶל הָעוֹלָם הַבָּא שֶׁהִיא אִמָּא.

Therefore concerning one who, at that time is worthy and fitting to ascend in the secret of Mayin Nukvin up to Arich Anpin to awaken the Supernal Zivug in Arich Anpin for the sake of the Ibur of the Mochin of Aba and Ima, it is said: "He is welcome to the Life of the World to Come."

With this you will understand the matter of Samuel the Prophet when he said, "...'Why did you disturb me to raise me up?'...." (1 Samuel 28:15) He was afraid of the great Day of Judgment in the Future to Come. And although he knew that he was considered to be a Son of the World to Come, he still questioned whether he was worthy to be of those who are welcome to the Life of the World to Come.

Tzadikim that are worthy of awakening a Zivug in Arich Anpin.

Furthermore, there is a Fourth Group, and they are those who are mentioned in Tractate Sanhedrin, Chapter Chelek 91a, which says: "These have no part at all in the World to Come: three kings and four ordinary people...." Even though these people will suffer their punishment, they are not even included in the lesser Second Group, which are those who have a part in the World to Come after their death with the assistance of other Souls. These ones do not ascend at all to the World to Come to awaken Mayin Nukvin in the Zivug of Aba and Ima. Rather, they remain Below in the secret of Mayin Nukvin in Malchut, Nukvah of Zeir Anpin, and not beyond.

Those who do not have a share in the World to Come only awaken a Zivug in Zeir Anpin and Nukva.

וְלָכֵן מִי שֶׁיִּהְיוּ אָז כְּדַאי וְהָגוּן לַעֲלוֹת בְּסוֹד מ"ן לְמַעְלָה בַּאֲרִיךְ אַנְפִּין, לְעוֹרֵר הַזִּוּוּג הָעֶלְיוֹן שֶׁבַּאֲרִיךְ אַנְפִּין לְצֹרֶךְ עִבּוּר הַמֹּחִין שֶׁל או"א, עָלָיו נֶאֱמַר שֶׁהוּא מְזֻמָּן לְחַיֵּי הָעוֹלָם הַבָּא.

צַדִּיקִים שֶׁרְאוּיִים לְעוֹרֵר זִוּוּג בַּאֲרִיךְ אַנְפִּין

וּבָזֶה תָּבִין עִנְיַן שְׁמוּאֵל הַנָּבִיא שֶׁאָמַר "לָמָּה הִרְגַּזְתַּנִי לְהַעֲלוֹת", שֶׁנִּתְיָרֵא מִיּוֹם הַדִּין הַגָּדוֹל לֶעָתִיד לָבֹא, שֶׁאַף עַל פִּי שֶׁכְּבָר יָדַע שֶׁהוּא מִבְּנֵי עוֹלָם הַבָּא, עֲדַיִן הָיָה מְסֻפָּק אִם הָיָה כְּדַאי לִהְיוֹת מִן הַמְזֻמָּנִים לְחַיֵּי עוֹלָם הַבָּא.

אֵלּוּ שֶׁאֵין לָהֶם חֵלֶק לָעוֹלָם הַבָּא – רַק מְעוֹרְרִים זִוּוּג זו"ן

עוֹד יֵשׁ כַּת רְבִיעִית, וְהֵם אוֹתָם הַמְפֹרָשִׁים בְּמַסֶּכֶת סַנְהֶדְרִין פֶּרֶק חֵלֶק, "וְאֵלּוּ שֶׁאֵין לָהֶם חֵלֶק לָעוֹלָם הַבָּא, שְׁלֹשָׁה מְלָכִים וְד' הֶדְיוֹטוֹת" וְכוּ'. כִּי אֵלּוּ, אַף עַל פִּי שֶׁיִּסְבְּלוּ עָנְשָׁם אֵינָם אֲפִלּוּ מִן הַכַּת הַשֵּׁנִית הַיּוֹתֵר גְּרוּעָה, שֶׁהִיא אֲשֶׁר יֵשׁ לָהֶם חֵלֶק לָעוֹלָם הַבָּא אַחַר פְּטִירָתָם בְּסִיּוּעַ נְשָׁמוֹת אֲחֵרוֹת, כִּי אֵלּוּ אֵינָם עוֹלִים כְּלָל לָעוֹלָם הַבָּא לְעוֹרֵר מ"ן בְּזִוּוּג או"א, אָמְנָם נִשְׁאָרִים לְמַטָּה בְּסוֹד מ"ן שֶׁבְּמַלְכוּת נוּקְבָא דז"א וְלֹא יוֹתֵר.

TWENTY-FIFTH INTRODUCTION

The Mountains, Hills, and Springs.

Concerning the creation of Mountains, Hills, Springs, and where they are alluded to, it says the following: I saw it right to bring here one lesson from my teacher concerning the concept of the mountains and the hills that the Creator created in this world, and also about the springs. Know that just as the Upper Earth namely Malchut that is called Bat-Sheva (Daughter of Seven) is divided into seven parts, for this reason, so too the Lower Earth is divided into seven climates [continents], as is known. (Zohar Vayikra 141)

Everything Below has a corresponding Minister Above.

Within all the divisions on this [Lower] Earth, everything has a Minister Above who is in charge of it. Therefore the great tall mountains of this Earth have different Ministers Above for each and every one of them. Depending how tall a mountain Below is than another mountain, so will be the height and value of one Lower Minister over the Minister of another mountain smaller than it, as known. This is because the Heavens are similar to the Lower Earth in all actions and resemblances.

The growth or diminishment of the mountains is based on the level of their Minister Above.

Know that from the time of the creation of the world onward, these mountains have grown bigger each day. However, their growth is not noticeable. Conversely, there are mountains that have become smaller and shorter, as our sages mention concerning the land of Israel, which was once 400 parasangs, but it shook and shrank. (Tractate Gittin 57a) And there are some mountains that grow bigger and stronger, and this is based on the level of the Minister in charge of them Above in Heaven, and based on the growth or the lessening of His power.

Sometimes the Minister of [a particular] mountain completely loses his stature; then the corresponding lower mountain [Below on Earth] assigned to him loses its greatness but not its

הַקְדָּמָה כ"ה

עִנְיַן הֶהָרִים, הַגְּבָעוֹת וְהַמַּעְיָנוֹת

בְּעִנְיַן בְּרִיאַת הֶהָרִים וְהַגְּבָעוֹת וְהַמַּעְיָנוֹת וְהֵיכָן רוֹמְזִים, וְזֶה לְשׁוֹנוֹ: וְרָאִיתִי לְהָבִיא פֹּה דְּרוּשׁ אֶחָד מִמּוֹרִי זַ"ל, בְּעִנְיַן הֶהָרִים וְהַגְּבָעוֹת שֶׁבָּרָא הַבּוֹרֵא יִתְבָּרַךְ בָּעוֹלָם הַזֶּה. וְכֵן בְּעִנְיַן הַמַּעְיָנוֹת. דַּע, כִּי כְּמוֹ שֶׁהָאָרֶץ הָעֶלְיוֹנָה נֶחֱלֶקֶת לְשִׁבְעָה חֲלָקִים, שֶׁהִיא הַמַּלְכוּת, הַנִּקְרֵאת לְסִבָּה זוֹ בַּת שֶׁבַע, כֵּן הָאָרֶץ הַתַּחְתּוֹנָה הַזֹּאת נֶחֱלֶקֶת לְז' אַקְלִימִים כַּנּוֹדָע.

אֵין דָּבָר לְמַטָּה שֶׁאֵין כְּנֶגְדּוֹ לְמַעְלָה שַׂר מְמֻנֶּה

וְכֵן כָּל חֶלְקֵי הָאָרֶץ הַזּוֹ וַאֲשֶׁר בָּהּ, אֵין דָּבָר בָּהּ לְמַטָּה שֶׁאֵין כְּנֶגְדּוֹ לְמַעְלָה שַׂר מְמֻנֶּה עַל הַדָּבָר הַהוּא. וְהִנֵּה הֶהָרִים הַגְּדוֹלִים הַגְּבוֹהִים אֲשֶׁר בָּאָרֶץ הַזֹּאת, יֵשׁ עֲלֵיהֶם שָׂרִים מְחֻלָּקִים עַל כָּל אֶחָד מֵהֶם לְמַעְלָה, וּכְעֵרֶךְ גַּבְהוּת הָהָר הַתַּחְתּוֹן עַל הָהָר הָאַחֵר, כָּךְ עֵרֶךְ גַּבְהוּת וּמַעֲלַת הַשַּׂר שֶׁל הָהָר הַזֶּה הַתַּחְתּוֹן עַל הַשַּׂר שֶׁל הָהָר הָאַחֵר הַנָּמוּךְ מִמֶּנּוּ. כַּנּוֹדָע, כִּי הַשָּׁמַיִם הֵם בְּכָל פְּעֻלּוֹתָם וְדִמְיוֹנֵיהֶם דּוֹמִים אֶל הָאָרֶץ הַזּוֹ הַתַּחְתּוֹנָה.

גְּדִילַת הֶהָרִים וּמִעוּטָם הֵם כְּפִי מַעֲלַת הַשַּׂר שֶׁעֲלֵיהֶם לְמַעְלָה

וְדַע, כִּי הֶהָרִים הָאֵלּוּ בְּכָל יוֹם וָיוֹם מֵעֵת בְּרִיאַת הָעוֹלָם וְאֵילָךְ הוֹלְכִים וּגְדֵלִים, אֲבָל אֵין הַגִּדּוּל נִכָּר בָּהֶם. וְכֵן לְהֶפֶךְ, יֵשׁ הָרִים שֶׁמִּתְמַעֲטִים וּמַנְמִיכִין עַל דֶּרֶךְ מ"ש זַ"ל בְּעִנְיַן אֶרֶץ יִשְׂרָאֵל, שֶׁהָיְתָה ת' פַּרְסָה, וְנִזְדַּעְזְעָה וְנִתְקַצְּרָה. וְיֵשׁ הָרִים שֶׁגְּדֵלִים וּמִתְגַּבְּהִים, וְדָבָר זֶה הוּא כְּפִי מַעֲלַת וְגִדּוּל הַשַּׂר שֶׁעֲלֵיהֶם לְמַעְלָה בַּשָּׁמַיִם, אוֹ כְּפִי מִעוּט כֹּחוֹ.

וְלִפְעָמִים שֶׁהַשַּׂר שֶׁל הָהָר הַהוּא שֶׁלְּמַעְלָה מִתְבַּטֵּל לְגַמְרֵי מִמַּעֲלָתוֹ, וְאָז גַּם הָהָר שֶׁלּוֹ הַתַּחְתּוֹן מִתְבַּטֶּלֶת מַעֲלָתוֹ וְלֹא מְצִיאוּתוֹ, וְהוּא

[physical] existence. This is because it adheres to and combines with another mountain, and it is nullified and becomes indistinguishable.

Sometimes it will be the exact opposite, where some of the governance of the Minister of that mountain is taken away, and his dominion is divided; half of it is given to another Minister and the other half will remain with him. Then, also down Below, the mountain under his dominion is cracked open and divided into two. Thus, we sometimes see large boulders that have actually been cracked open into two, with no soil to be found in the middle. Only the boulder itself is divided and cracked open into two parts.

Concerning the springs, they correspond to the Aspects of Springs of Mayin Nukvin (Female Waters) that are in the Upper Earth, Malchut. Corresponding to them are the springs on this [physical] Earth that are Aspects of Mayin Nukvin and that ascend from under the ground up to the face of the Earth.

Springs resemble Female Waters.

However, the rain that falls upon the Earth is the Aspect of Mayin Duchrin (Male Waters). Thus, it is found that for every spring Below on Earth, there is a corresponding Supernal Light in the Upper Earth that raises Mayin Nukvin (Female Waters) from Malchut to Zeir Anpin for the duration of the flow of that spring Below. When any spring or well Below on Earth dries up or becomes blocked, its power Above also dries up and no longer elevates Mayin Nukvin.

Rain resembles Male Waters.

Sometimes you also see that it renews, and a spring or a source of Living Water comes out from the well Below that did not exist there before. This indicates that a Supernal Light Above has also been renewed or that then there is a Soul that raises Mayin Nukvin from the Female to Zeir Anpin.

The renewal of a water source indicates a new Light Above.

344

כִּי הוּא מִתְדַּבֵּק וּמִתְחַבֵּר עִם הַר אַחֵר וּמִתְבַּטֵּל בּוֹ, וְאֵינוֹ נִכָּר בִּפְנֵי עַצְמוֹ.

וְלִפְעָמִים יִהְיֶה הַדָּבָר לְהֶפֶךְ, כִּי הַשַּׂר שֶׁל הָהָר הַהוּא מְסִירִים מִמֶּנּוּ קְצָת מֶמְשַׁלְתּוֹ, וְנֶחֱלֶקֶת מֶמְשַׁלְתּוֹ, וְנִתְּנָה חֶצְיָהּ לְשַׂר אַחֵר וְחֶצְיָהּ נִשְׁאֶרֶת אֵלָיו, וְאָז גַּם לְמַטָּה אוֹתוֹ הָהָר שֶׁהָיָה תַּחַת מֶמְשַׁלְתּוֹ נִבְקָע וְנֶחֱלָק לִשְׁנַיִם. וְלָכֵן תֵּרָאֶה לִפְעָמִים סֶלַע גָּדוֹל שֶׁנִּבְקָע לִשְׁנַיִם מַמָּשׁ, וְאֵין בַּבְּקִיעָה הַהִיא עָפָר אַחֵר הַחוֹלֵק בָּאֶמְצַע, רַק הַסֶּלַע עַצְמוֹ נֶחֱלָק וְנִבְקָע לִשְׁתֵּי בְּקִיעוֹת.

הַמַּעְיָנוֹת הֵם כְּעֵין מַיִין נוּקְבִין

וְעִנְיַן הַמַּעְיָנוֹת, הֵם כְּנֶגֶד הַבְּחִינוֹת שֶׁל הַמַּעְיָנוֹת שֶׁל מ"ן שֶׁיֵּשׁ בָּאָרֶץ הָעֶלְיוֹנָה מַלְכוּת, וּכְנֶגְדָּם לְמַטָּה הַמַּעְיָנוֹת שֶׁבָּאָרֶץ הַזֹּאת הֵם בְּחִינַת מ"ן עוֹלִין מִן הַתְּהוֹם לְמַעְלָה, עַל פְּנֵי כָּל הָאָרֶץ.

הַגְּשָׁמִים הֵם כְּעֵין מַיִין דּוּכְרִין

אֲבָל הַגְּשָׁמִים הַיּוֹרְדִים עַל הָאָרֶץ מִן הַגְּשָׁמִים הֵם בְּחִינַת מ"ד. וְנִמְצָא כִּי אֵין לְךָ מַעְיָן לְמַטָּה בַּקַּרְקַע שֶׁאֵין כְּנֶגְדּוֹ לְמַעְלָה בָּאָרֶץ הָעֶלְיוֹנָה אוֹר אֶחָד עֶלְיוֹן הַמַּעֲלֶה מ"ן מִן הַמַּלְכוּת אֶל ז"א כָּל יְמֵי הֶמְשֵׁךְ הַמַּעְיָן הַתַּחְתּוֹן. וְכַאֲשֶׁר אֵיזֶה מַעְיָן אוֹ בְּאֵר מַיִם לְמַטָּה בָּאָרֶץ נִסְתָּם וְיָבֵשׁ גַּם כֹּחוֹ לְמַעְלָה נִתְיַבֵּשׁ, וְאֵינוֹ מַעֲלֶה מ"ן.

הִתְחַדְּשׁוּת מְקוֹר מַיִם מוֹרָה עַל הִתְחַדְּשׁוּת אוֹר עֶלְיוֹן

גַּם לִפְעָמִים תֵּרָאֶה שֶׁנִּתְחַדֵּשׁ מֵחָדָשׁ, וְיָצָא מַעְיָן אוֹ מְקוֹר מַיִם חַיִּים מִן הַבְּאֵר לְמַטָּה, מַה שֶּׁלֹּא הָיָה מִתְּחִלָּה, וְזֶה יוֹרֶה כִּי גַּם לְמַעְלָה נִתְחַדֵּשׁ אֵיזֶה אוֹר עֶלְיוֹן, אוֹ אֵיזוֹ נְשָׁמָה הַמַּעֲלָה אָז מ"ן מִן הַנְּקֵבָה אֶל ז"א.

Concerning the trees on this Earth, there is also a Minister Above assigned to each one. When that [Minister] falls, the [tree] dries up. Moreover, every time a leaf falls from a tree Below, also an Upper Force is lacking in the Supernal Minister Above at that time. From what I just wrote to you, you will be able to apply and understand many wonderful things on your own, if you have intelligent eyes.

The Ministers appointed over the trees.

הַשָּׂרִים הַמְמֻנִּים עַל הָאִילָנוֹת

גַּם בְּעִנְיַן הָאִילָנוֹת שֶׁבָּאָרֶץ הַזֹּאת יֵשׁ עַל כָּל אֶחָד שַׂר לְמַעְלָה, וּכְשֶׁזֶּה נוֹפֵל זֶה מִתְיַבֵּשׁ. וְלֹא עוֹד, אֶלָּא שֶׁבְּכָל פַּעַם שֶׁנּוֹפְלִים עֲלֵי הָאִילָן לְמַטָּה, גַּם אֵיזֶה כֹּחַ עֶלְיוֹן חָסֵר מִן הַשַּׂר שֶׁעָלָיו לְמַעְלָה בָּעֵת הַהִיא. וּמִמַּה שֶּׁכָּתַבְתִּי לְךָ עַתָּה, תּוּכַל לְהַקִּישׁ וּלְהָבִין מִדַּעְתְּךָ דְּבָרִים נִפְלָאִים אִם עֵינֵי שֵׂכֶל לְךָ.

TWENTY-SIXTH
INTRODUCTION

Concerning the Souls. Know that there is no Soul in the entire world that will be naked, Heaven forbid, without a Garment in which it is clothed in this world. The concept of this Garment is alluded to in Zohar, Mishpatim 70, in the words of Rav Yeva Saba [Saba deMishpatim], reflecting on the verse: "...her food, her clothing and her conjugal rights..." (Exodus 21:10) and the verse: "...he has no right to sell her to other people, for he has dealt deceitfully (*bevigdo*; בבגדו) with her." (Exodus 21:8)

The Garment of the Soul.

Now we will explain the concept of this Garment that the Soul has. Everything that happened to Joseph the Righteous in this world with the wife of Potiphar, his master, where ten Drops of semen were emitted "from his toenails," (Tractate Sotah 36b) as the verse says: "...and the arms of his hands were made supple (lit. scattered)..." (Genesis 49:24) also happened Above with the Supernal Joseph the Righteous, which is the Sefirah of Yesod. When those ten Drops, ten Sparks of Holy Souls, left the Upper Male Yesod in vain and were not received by the Supernal Female's womb, the Klipot took hold of these Souls.

Ten Drops were emitted in vain from the Supernal Yesod.

I have already informed you that there are many Aspects of Partzufim (Spiritual Structures) Above that come from Zeir Anpin and Nukva, and in each of those Partzufim there is an Aspect of Yesod. It is found that from every Aspect of Yesod that there is Above, Sparks of Souls were emitted in vain, and the Klipot grabbed them because all of the Yesods are alluded to in Joseph the Righteous. Thus there are five Aspects of Zivug Above, and from each of their Yesods Sparks were emitted, as mentioned.

Five aspects of Zivugim and Sparks were emitted from each.

הַקְדָּמָה כ"ו

עִנְיַן לְבוּשׁ הַנְּשָׁמָה

וְהִיא מְדַבֶּרֶת בְּעִנְיְנֵי הַנְּשָׁמוֹת: דַּע, כִּי אֵין שׁוּם נְשָׁמָה בָּעוֹלָם שֶׁתִּהְיֶה חַס וְשָׁלוֹם עֲרֻמָּה מִבְּלִי לְבוּשׁ אֶחָד, שֶׁבּוֹ מִתְלַבֶּשֶׁת בָּעוֹלָם הַזֶּה. וְעִנְיַן הַלְּבוּשׁ הַזֶּה נִרְמָז בַּזֹּהַר בְּפָרָשַׁת מִשְׁפָּטִים בְּדִבְרֵי ר' יֵיבָא סָבָא, עַל פָּסוּק "שְׁאֵרָהּ כְּסוּתָהּ וְעֹנָתָהּ", וְעַל פָּסוּק "לֹא יִמְשֹׁל לְמָכְרָהּ בְּבִגְדוֹ בָהּ".

עֶשֶׂר טִפּוֹת יָצְאוּ לְבַטָּלָה מֵהַיְסוֹד הָעֶלְיוֹן

וּנְבָאֵר עַתָּה מָה עִנְיַן הַלְּבוּשׁ הַזֶּה שֶׁיֵּשׁ אֶל הַנְּשָׁמָה. הִנֵּה כָּל מַה שֶּׁאֵרַע לְיוֹסֵף הַצַּדִּיק בָּעוֹלָם הַזֶּה עִם אֲדוֹנָתוֹ אֵשֶׁת פּוֹטִיפֶרַע, שֶׁיָּצְאוּ י' טִפּוֹת זֶרַע מִבֵּין צִפָּרְנֵי רַגְלָיו, כְּמוֹ שֶׁאוֹמֵר הַכָּתוּב "וַיָּפֹזּוּ זְרֹעֵי יָדָיו". כְּמוֹ כֵן אֵרַע לְמַעְלָה בְּיוֹסֵף הַצַּדִּיק הָעֶלְיוֹן, שֶׁהוּא סְפִירַת הַיְסוֹד. וְכַאֲשֶׁר יָצְאוּ אוֹתָם עֶשֶׂר טִפּוֹת וְנִיצוֹצוֹת נְשָׁמוֹת קְדוֹשׁוֹת מִן הַיְסוֹד הָעֶלְיוֹן הַזָּכָר לְבַטָּלָה, וְלֹא נִתְקַבְּלוּ בְּרֶחֶם הַנְּקֵבָה הָעֶלְיוֹנָה, נֶאֶחְזוּ הַקְּלִפּוֹת בְּאוֹתָם הַנְּשָׁמוֹת.

ה' בְּחִינוֹת זוּוּגִים, וּמִכֻּלָּם יָצְאוּ נִיצוֹצוֹת

וּכְבָר הוֹדַעְתִּיךָ כַּמָּה בְּחִינוֹת פַּרְצוּפִים יֵשׁ לְמַעְלָה תְּלוּיִים בְּזו"ן, וּבְכָל הַפַּרְצוּפִים הָהֵם יֵשׁ בָּהֶם בְּחִינַת הַיְסוֹד שֶׁבָּהֶם. וְנִמְצָא כִּי מִכָּל בְּחִינוֹת יְסוֹד שֶׁיֵּשׁ לְמַעְלָה, יָצְאוּ מִמֶּנּוּ נִיצוֹצוֹת נְשָׁמוֹת לְבַטָּלָה, וְנֶאֶחְזוּ בָּהֶם הַקְּלִפּוֹת, כִּי כָּל הַיְסוֹדוֹת נִרְמָזִים בְּיוֹסֵף הַצַּדִּיק. וְהִנֵּה חָמֵשׁ בְּחִינוֹת זִוּוּגִים יֵשׁ שָׁם לְמַעְלָה, וּמִכָּל יְסוֹד מֵהֶם יָצְאוּ נִיצוֹצוֹת כַּנִּזְכָּר.

This is their order, according to the importance of their levels.

The First Zivug is Zeir Anpin that is called Yisrael with his female counterpart called Rachel. The time for this Zivug takes place during the Musaf of Shabbat, as at this time Rachel expands to the full length of Zeir Anpin—exactly like him—and then they couple together through the real Yesod of Zeir Anpin.

The Second Zivug is the Zivug of Yaakov with Rachel, and its time is in the Shacharit of the regular weekdays. He couples with her through his real Yesod.

The Third Zivug is the Zivug of Yaakov and Leah after midnight, as then they both grow and extend to the entire length of Zeir Anpin due to the first Yesod within him.

The Fourth Zivug is the Zivug of Yisrael with Leah, in the Minchah of the regular weekdays. She only extends to the size of his upper half, up to his chest, and then he couples with her through the Yesod that Zeir Anpin originally had when he was only in the Aspect of Six Corners [Sefirot], as is explained by us regarding the prayers.

The Fifth Zivug is the Zivug of Yaakov with Leah during the Arvit of the regular weekdays, which occurs at the upper half of Zeir Anpin, and then it is through the other Yesod. (See Gate of Meditations, Volume I, Discourses of the Night, Discourse 2)

Thus, we have five kinds of Zivug, and they have five kinds of Yesod. From all of these types of Yesod, Drops of semen were emitted. Indeed, these Drops are the secret of the Garments of the Souls. Know that these Garments always stay stuck to the Souls, and this Garment does not ever separate from the Soul that is within it, even after the Resurrection [of the Dead]. Know that this is also the case with other kinds of Garments that the rest of the Souls take.

וְזֶה סִדְרָם כְּפִי מַעֲלַת דַּרְגָּתָם:

זִוּוּג א' הוּא ז"א הַנִּקְרָא יִשְׂרָאֵל, עִם נוּקְבֵיהּ הַנִּקְרֵאת רָחֵל, וּזְמַן זִוּוּג זֶה הוּא בְּמוּסַף דְּשַׁבָּת, כִּי אָז רָחֵל נִגְדֶּלֶת כְּכָל אֹרֶךְ ז"א מַמָּשׁ כָּמוֹהוּ, וְאָז מִזְדַּוְּגִים יַחַד עַל יְדֵי הַיְסוֹד הָאֲמִתִּי שֶׁל ז"א. זִוּוּג א': יִשְׂרָאֵל עִם רָחֵל

זִוּוּג ב' הוּא זִוּוּג יַעֲקֹב עִם רָחֵל, וּזְמַנּוֹ בְּשַׁחֲרִית שֶׁל יְמֵי הַחֹל, וְהוּא מִזְדַּוֵּג עִמָּהּ עַל יְדֵי הַיְסוֹד שֶׁלּוֹ הָאֲמִתִּי. זִוּוּג ב': יַעֲקֹב עִם רָחֵל

זִוּוּג ג' הוּא זִוּוּג יַעֲקֹב עִם לֵאָה, אַחַר חֲצוֹת הַלַּיְלָה, וְאָז שְׁנֵיהֶם נִגְדָּלִים וּמִתְפַּשְּׁטִים כְּאֹרֶךְ כָּל ז"א כֻּלּוֹ, עַל יְדֵי מְצִיאוּת יְסוֹד אַחֵר שֶׁבּוֹ. זִוּוּג ג': יַעֲקֹב עִם לֵאָה

זִוּוּג ד' הוּא זִוּוּג יִשְׂרָאֵל עִם לֵאָה, בְּמִנְחָה דִּימֵי הַחֹל, וְהִיא אֵינָהּ מִתְפַּשֶּׁטֶת רַק בְּשִׁעוּר חֶצְיוֹ הָעֶלְיוֹן, שֶׁהוּא עַד הֶחָזֶה שֶׁלּוֹ, וְאָז הוּא מִזְדַּוֵּג עִמָּהּ בַּיְסוֹד שֶׁהָיָה לוֹ בַּתְּחִלָּה אֶל ז"א, בִּהְיוֹתוֹ בִּבְחִינַת שֵׁשׁ קְצָווֹת בִּלְבַד, כַּמְבֹאָר אֶצְלֵנוּ בְּעִנְיַן הַתְּפִלּוֹת. זִוּוּג ד': יִשְׂרָאֵל עִם לֵאָה

זִוּוּג ה' הוּא זִוּוּג יַעֲקֹב עִם לֵאָה, בִּתְפִלַּת עַרְבִית דִּימֵי הַחֹל, וְהוּא בַּחֲצִי הָעֶלְיוֹן שֶׁל ז"א, וְאָז הוּא עַל יְדֵי בְּחִינַת יְסוֹד אַחֵר. זִוּוּג ה': יַעֲקֹב עִם לֵאָה

הֲרֵי מָנִינוּ חֲמִשָּׁה מִינֵי זִוּוּגִים, וְלָהֶם חֲמִשָּׁה מִינֵי יְסוֹדוֹת, וּמִכָּל אֵלּוּ הַיְסוֹדוֹת יָצְאוּ טִפּוֹת קֶרִי, וְאָמְנָם אֵלּוּ הַטִּפּוֹת הֵם סוֹד לְבוּשֵׁי הַנְּשָׁמוֹת. וְדַע, כִּי לְבוּשִׁים הָאֵלּוּ תָּמִיד נִשְׁאָרִים דְּבֵקִים עִם הַנְּשָׁמוֹת, וְאֵין הַלְּבוּשׁ הַזֶּה נִפְרָד מִן הַנְּשָׁמָה שֶׁבְּתוֹכוֹ לְעוֹלָם, אֲפִלּוּ אַחַר הַתְּחִיָּה. וְדַע, כִּי גַּם כֵּן הוּא בְּכָל מִינֵי הַלְּבוּשִׁים שֶׁלּוֹקְחוֹת שְׁאָר הַנְּשָׁמוֹת. הַטִּפּוֹת הֵם סוֹד לְבוּשֵׁי הַנְּשָׁמוֹת

Now we will explain all of these Five Aspects (Zivug).

The First Aspect (Zivug), which is the most elevated Zivug of them all, is the Zivug of Yisrael with Rachel, and it has two Aspects, unlike the other [types of] Zivug. The true Yesod of Yisrael, which couples with Rachel, has within it five Chasadim and five Gevurot that are drawn from the Mochin of Ima, and also Chasadim and Gevurot from the Mochin of Aba, because the Yesod of Aba that is clothed within Zeir Anpin extends and reaches all the way to the end of Yesod of Zeir Anpin itself.

First Zivug includes five Chasadim and five Gevurot from Aba and from Ima.

The ten Gevurot, which are five from Aba and five from Ima, are the Aspect of the Ten Martyrs, whose Souls were clothed in these Droplets. The five Gevurot of Aba are: Rabbi Akiva, Rabban Shimon ben Gamliel, Rabbi Yishvav the Scribe, Rabbi Yishmael ben Elisha the High Priest, and Rabbi Yehuda ben Baba. In my humble opinion, it seems that this is their actual order because Rabbi Akiva is the Chesed of the Gevurot, Rabban Shimon ben Gamliel is the Gevurah of the Gevurot, and so on.

The ten Gevurot from Aba and Ima are the Aspect of the Ten Martyrs.

It should not surprise you that Rabbi Akiva's Soul is from the Root of Cain, which is from Ima, as mentioned elsewhere, while the Garment of his Soul is from Aba, and in the same manner with respect to each of the others, according to the way they are. Know that there is no stringency in this. The reason is, as we already explained elsewhere, that the Chasadim of Ima are clothed within the Yesod of Aba, and there they are called the Gevurot of Aba. Moreover, they are all intermingled while they are within the Yesod, and therefore Yosef has closeness to all of the tribes, since he is from the Aspect of Yesod.

וּנְבָאֵר עַתָּה כָּל אֵלּוּ הַחֲמִשָּׁה בְּחִינוֹת.

זִוּוּג א' כּוֹלֵל ה' חֲסָדִים וְה' גְּבוּרוֹת מֵאַבָּא וּמֵאִמָּא

הַבְּחִינָה א', שֶׁהוּא הַזִּוּוּג הַיּוֹתֵר מְעֻלֶּה שֶׁבְּכֻלָּם, הוּא זִוּוּג יִשְׂרָאֵל עִם רָחֵל. וְהִנֵּה יֵשׁ בּוֹ ב' בְּחִינוֹת, מַה שֶּׁאֵין כֵּן בִּשְׁאָר הַזִּוּוּגִים, וְהוּא, שֶׁבַּיְסוֹד הָאֲמִתִּי שֶׁל יִשְׂרָאֵל שֶׁהוּא הַמִּזְדַּוֵּג עִם רָחֵל יֵשׁ בּוֹ חֲמִשָּׁה חֲסָדִים וַחֲמִשָּׁה גְּבוּרוֹת, הַנִּמְשָׁכִים שָׁם מִמֹּחִין דְּאִמָּא, וְגַם חֲסָדִים וּגְבוּרוֹת מִמֹּחִין דְּאַבָּא. כִּי הִנֵּה הַיְסוֹד דְּאַבָּא הַמִּתְלַבֵּשׁ תּוֹךְ ז"א, הִנֵּה הוּא מַגִּיעַ וּמִתְפַּשֵּׁט עִם סִיּוּם הַיְסוֹד דז"א מַמָּשׁ.

י' גְּבוּרוֹת מאו"א הֵם בְּחִינַת עֲשָׂרָה הֲרוּגֵי מַלְכוּת

וְהִנֵּה הָעֶשֶׂר גְּבוּרוֹת, שֶׁהֵם חֲמִשָּׁה דְּאַבָּא וַחֲמִשָּׁה דְּאִמָּא, הֵם בְּחִינַת עֲשָׂרָה הֲרוּגֵי מַלְכוּת, אֲשֶׁר נִשְׁמוֹתֵיהֶן נִתְלַבְּשׁוּ בְּאֵלּוּ הַטִּפּוֹת. וְהַחֲמִשָּׁה גְּבוּרוֹת דְּאַבָּא הֵם: ר' עֲקִיבָא, וְרַבָּן שִׁמְעוֹן בֶּן גַּמְלִיאֵל, וְר' יְשֵׁבָב הַסּוֹפֵר, ר' יִשְׁמָעֵאל בֶּן אֱלִישָׁע כֹּהֵן גָּדוֹל, וְר' יְהוּדָה בֶּן בָּבָא. וְנִרְאֶה לַעֲנִיּוּת דַּעְתִּי כִּי סִדְרָם הוּא כָּךְ מַמָּשׁ, כִּי ר' עֲקִיבָא הוּא חֶסֶד שֶׁבַּגְּבוּרוֹת, וְרַבָּן שִׁמְעוֹן בֶּן גַּמְלִיאֵל גְּבוּרָה שֶׁבַּגְּבוּרוֹת וְכוּ'.

וְאַל תִּתְמַהּ אִם נִשְׁמַת ר' עֲקִיבָא הוּא מִשֹּׁרֶשׁ קַיִן שֶׁהוּא מֵאִמָּא, כַּנִּזְכָּר בִּדְרוּשִׁים אֲחֵרִים, וּלְבוּשׁ נִשְׁמָתוֹ יִהְיֶה מֵאַבָּא, וְעַל דֶּרֶךְ זֶה בְּכָל אֶחָד וְאֶחָד מֵהָאֲחֵרִים כְּפִי מַה שֶּׁהוּא, וְדַע כִּי אֵין בָּזֶה קְפִידָא, וְהַטַּעַם הוּא, כִּי כְּבָר בֵּאַרְנוּ בְּמָקוֹם אַחֵר אֵיךְ חֲסָדִים דְּאִמָּא הֵם מִתְלַבְּשִׁים בִּיסוֹד אַבָּא, וְשָׁם נִקְרָאִים גְּבוּרוֹת דְּאַבָּא. וְעוֹד, כִּי הִנֵּה הַכֹּל מִתְעָרְבִים בִּהְיוֹתָם בְּתוֹךְ הַיְסוֹד, וְלָכֵן יֵשׁ לְיוֹסֵף קֻרְבָה עִם כָּל הַשְּׁבָטִים לִהְיוֹתוֹ מִבְּחִינַת הַיְסוֹד.

The rest of the Garments of the Souls of the five remaining Martyrs are from the five Gevurot of Ima. Since these mentioned ten are the Garments from the Aspect of the Gevurot and Judgments, therefore they were required to be killed because the Klipot have a firm grasp on the Gevurot, as is known, and specifically on the Drops of semen, like these great and awesome ones.

The ten Chasadim of Aba and Ima are the garments of the Souls of the ten students of Rav Shimon bar Yochai, who are mentioned in Zohar Naso in the Idra Raba Kadisha (Holy Greater Assembly), and in the Tikunei HaZohar. They are his son Rav Elazar, Rav Aba, Rav Yehuda, Rav Yitzchak, and so on.

The ten Chasadim of Aba and Ima are the ten students of Rav Shimon.

Scribe's Note: [Rav] Shmuel [Vital] said: "The words of our teacher need further study, since the students of Rav Shimon were only nine, as is mentioned at the beginning of Zohar, Idra Raba 4: 'We have learned that the friends who were before Rav Shimon were counted. The following were present: one, Rav Elazar, his son; two, Rav Aba; three, Rav Yehuda; four, Rav Yosi bar Yaakov; five, Rav Yitzchak; six, Rav Chizkiyah bar Rav; seven, Rav Chiya; eight, Rav Yosi; and nine, Rav Yeysa....' Furthermore, at the end of the Zohar, Idra Raba 358 it says, 'Rav Shimon called them the Seven Eyes of God. As it says, '... these seven, which are the eyes of the Lord...' (Zechariah 4:10), and it was said about us. Rav Aba said, 'We are six candles that get their Light from the seventh; you [Rabbi Shimon] are the seventh of all of them,' and that is after three of them had already died (Zohar, Idra Raba 353). It says clearly that they are only nine, and if you want to say that with Rav Shimon they are ten, this too cannot be since our teacher already wrote that Rav Shimon bar Yochai himself is the Aspect of Yesod Itself, and not one of the ten Chasadim. This requires further study. Perhaps we can barely explain it by counting Rav Yeysa Zuta together with them, who joined them later, as Rav Aba said to him, 'You will [live] longer than our friend Rav Yeysa....' (Zohar, Shmini 73) Further support to our words is found in Zohar, Terumah 514, which says, 'And I, who will give me... all the more so to

Question of Rav Shmuel Vital: "How are there ten students of Rav Shimon and not nine?"

וּשְׁאָר לְבוּשֵׁי הַנְּשָׁמוֹת חֲמִשָּׁה הֲרוּגֵי מַלְכוּת הַנִּשְׁאָרִים, הֵם מִן חָמֵשׁ גְּבוּרוֹת דְּאִמָּא. וְהִנֵּה לְפִי שֶׁאֵלּוּ הָעֲשָׂרָה הַנִּזְכָּרִים הֵם לְבוּשִׁים מִבְּחִינַת הַגְּבוּרוֹת וְדִינִים, לָכֵן הֻצְרְכוּ לֵהָרֵג, לְפִי שֶׁהַקְּלִפּוֹת הֵם נֶאֱחָזוֹת מְאֹד בַּגְּבוּרוֹת כַּנּוֹדָע, וּבִפְרָט בְּטִפּוֹת קֶרִי כְּמוֹ אֵלֶּה הָעֲצוּמִים וְהַגְּדוֹלִים.

י' חֲסָדִים דאו"א הֵם עֲשָׂרָה תַּלְמִידֵי רַשְׁבִּ"י

וְהָעֲשָׂרָה חֲסָדִים דאו"א הֵם לְבוּשֵׁי הַנְּשָׁמוֹת שֶׁל עֲשָׂרָה תַּלְמִידֵי רַשְׁבִּ"י ע"ה, הַנִּזְכָּר בַּזֹּהַר, וּבָאִדְּרָא רַבָּא קַדִּישָׁא, וּבְסֵפֶר הַתִּקּוּנִין, וְהֵם: רַבִּי אֶלְעָזָר בְּנוֹ, וְרַבִּי אַבָּא, וְרַבִּי יְהוּדָה, וְרַבִּי יִצְחָק וְכוּ'.

שְׁאֵלַת רַבִּי שְׁמוּאֵל וִיטַאל אֵיךְ יֵשׁ לְרַשְׁבִּ"י י' תַּלְמִידִים וְלֹא ט'

(הַגָּהָה: אָמַר שְׁמוּאֵל, צָרִיךְ עִיּוּן בְּדִבְרֵי מוֹרֵנוּ זַ"ל, שֶׁהֲרֵי תַּלְמִידֵי הָרַשְׁבִּ"י ע"ה לֹא הָיוּ זוּלָתִי תִּשְׁעָה בִּלְבַד, כַּאֲשֶׁר נִזְכְּרוּ בִּתְחִלַּת הָאִדְּרָא רַבָּא דַּף קכ"ז ע"ב, וז"ל: "תָּנָא אִתְמְנוּ חַבְרַיָּא קַמֵּהּ דְּרַבִּי שִׁמְעוֹן, וְאִשְׁתְּכַחוּ, ר' אֶלְעָזָר בְּרֵהּ א', ר' אַבָּא ב', ר' יְהוּדָה ג', ר' יוֹסֵי בַּר יַעֲקֹב ד', ר' יִצְחָק ה', ר' חִזְקִיָּה בַּר רַב ו', ר' חִיָּא ז', ר' יוֹסֵי ח', ר' יֵיסָא ט'", וְכוּ' וְכוּ'. וְעוֹד אִיתָא בְּסוֹף הָאִדְּרָא דַּף קמ"ד ע"ב, וז"ל: "וְהָווּ קָארֵי לְהוּ רַבִּי שִׁמְעוֹן, שִׁבְעָה אֲנַן עֵינֵי ה', דִּכְתִיב שִׁבְעָה אֵלֶּה עֵינֵי ה', וַעֲלָן אִתְּמַר. א"ר אַבָּא, אֲנַן שִׁתָּא בּוּצִינֵי דְּנָהֲרָן מִשְּׁבִיעָאָה, אַנְתְּ הוּא שְׁבִיעָאָה דְּכֹלָּא, וְדָא הוּא בָּתַר דְּמִיתוּ אִינְהוּ תְּלָתָא". הֲרֵי מְפֹרָשׁ שֶׁאֵינָם כִּי אִם ט' בִּלְבַד. וְאִם לוֹמַר שֶׁמָּא עִם רַשְׁבִּ"י הֵם עֲשָׂרָה כָּאָמוּר, גַּם זֶה לֹא יִתָּכֵן, שֶׁמּוֹרֵנוּ זַ"ל כְּבָר כָּתַב שֶׁרַשְׁבִּ"י עַצְמוֹ הוּא בְּחִינַת הַיְסוֹד עַצְמוֹ וְאֵינוֹ מִכְּלַל הָעֲשָׂרָה חֲסָדִים, וְצָרִיךְ עִיּוּן. וְאוּלַי נוּכַל לִדְחֹק עַצְמֵנוּ וּלְתָרֵץ, שֶׁמּוֹנֶה עִמָּהֶם אֶת ר' יֵיסָא זוּטָא אֲשֶׁר נִתְחַבֵּר אַחַר כָּךְ עִמָּהֶם, כְּמוֹ שֶׁאָמַר לוֹ ר' אַבָּא ע"ה, "יַתִּיר תֶּהֱוֵא מַר' יֵיסָא חַבְרָנָא" וְכוּ'. עוֹד אִיתָא בְּפָרָשַׁת תְּרוּמָה סַעַד לִדְבָרֵינוּ, וז"ל: "וַאֲנָא מַאן יָהִיב לִי וְכוּ', כָּל שֶׁכֵּן אֲנָא לְמֶהֱוֵי בֵּינַיְכוּ",

be amongst you....' This supports my words that Rav Yeysa completed the counting of ten, not including Rav Shimon bar Yochai, as it seems, in my humble opinion."

Since they are all Aspects of Chasadim they were not required to be killed because the Klipot are not attached to them. However, the three friends that died in the Idra Raba Kadisha, who are: Rav Yosi bar Yaakov, Rav Chizkiyah, and Rav Yeysa, were the Aspect of the three Chasadim of Ima that are revealed and expand within Tiferet, Netzach, and Hod of Zeir Anpin, This is because these [Chasadim] are those who ascend Above to illuminate in Zeir Anpin, as is explained by us. Therefore these three friends left at that point and ascended Above.

However Rav Shimon bar Yochai is the Aspect of Yesod Itself, from which those ten Drops were emitted, and this is why he was required to teach them Torah and to correct them. However, by the ten Gevurot, which are the Ten Martyrs, for them we do not find a specific teacher who taught them all. The reason is [found] in what we explained concerning the secret of the Tefilin that are made according to the opinion of Rabbenu Tam, regarding the verse: "...he who trusts the Lord is surrounded by grace (chesed)." (Psalms 32:10) [There we explained] that the Chasadim of Aba do not stand within the Yesod of Aba, since it is a narrow place. Therefore they exit out and surround the Yesod of Aba from the outside. It is found that all the Chasadim of Aba stand within the Yesod of Ima, which clothes the Yesod of Aba.

Only the Chasadim have a specific teacher, since all the Chasadim stand in the Yesod of Ima.

This is not the case with the Gevurot because they are disjointed, some being in the Yesod of Aba and some being in the Yesod of Ima. Therefore it is impossible to assign, select, and set for them one specific teacher and one Yesod to teach them all.

The Gevurot do not have a specific teacher since they are disjointed.

Know that from my teacher's answer, I could see that this answer is dismissive, since when I challenged this answer suggesting that, if so, they could have had two teachers that corresponded to the two [types of] Yesod, he dismissed my [idea] with words,

בְּדַף קנ"ד ע"א. אִם כֵּן מִכָּאן סַעַד לִדְבָרַי כִּי רַב יֵיסָא הִשְׁלִים מִנְיַן עֲשָׂרָה, מִלְּבַד הָרַשְׁבִּ"י ע"ה כנלע"ד).

וְלִהְיוֹתָם בְּחִינַת חֲסָדִים לֹא הֻצְרְכוּ לֵהָרֵג, לְפִי שֶׁאֵין הַקְּלִפּוֹת נֶאֱחָזוֹת בָּהֶם. וְאָמְנָם הַשְּׁלֹשָׁה חֲבֵרִים שֶׁמֵּתוּ בְּאִדְּרָא רַבָּא קַדִּישָׁא, שֶׁהֵם: ר' יוֹסֵי בַּר יַעֲקֹב, וְר' חִזְקִיָּה, וְר' יֵיסָא, הֵם הָיוּ בְּחִינַת שְׁלֹשָׁה חֲסָדִים שֶׁל אִמָּא הַמְגֻלִּים, הַמִּתְפַּשְּׁטִים בְּתִפְאֶרֶת נֵצַח הוֹד שֶׁל ז"א, כִּי אֵלּוּ הֵם הָעוֹלוֹת לְמַעְלָה לְהָאִיר בִּזְעֵיר אַנְפִּין כַּמְבֹאָר אֶצְלֵנוּ, וְלָכֵן שְׁלֹשָׁה חֲבֵרִים הָהֵם נִסְתַּלְּקוּ אָז וְעָלוּ לְמַעְלָה.

רַק לַחֲסָדִים יֵשׁ רַבִּי מְיֻחָד, כִּי כָּל הַחֲסָדִים עוֹמְדִים תּוֹךְ הַיְסוֹד דְּאִמָּא

וְהִנֵּה רַשְׁבִּ"י ע"ה הוּא בְּחִינַת הַיְסוֹד עַצְמוֹ שֶׁמִּמֶּנּוּ יָצְאוּ אוֹתָם הָעֲשָׂרָה טִפּוֹת, וְלָכֵן הֻצְרַךְ הוּא לְלַמְּדָם תּוֹרָה וּלְתַקְּנָם. הַאָמְנָם בְּעֶשֶׂר הַגְּבוּרוֹת, שֶׁהֵם עֲשָׂרָה הֲרוּגֵי מַלְכוּת, לֹא מָצִינוּ לָהֶם רַבִּי מְיֻחָד שֶׁלִּמֵּד לְכֻלָּם, וְהַטַּעַם הוּא בְּמַה שֶּׁנִּתְבָּאֵר אֶצְלֵנוּ בְּסוֹד הַתְּפִלִּין הַנַּעֲשִׂים כִּסְבָרַת רַבֵּנוּ תָּם ז"ל, עַל פָּסוּק "וְהַבּוֹטֵחַ בַּה' חֶסֶד יְסוֹבְבֶנּוּ", כִּי הַחֲסָדִים שֶׁל אַבָּא אֵינָם עוֹמְדִים בְּתוֹךְ הַיְסוֹד שֶׁל אַבָּא, לְפִי שֶׁהוּא מָקוֹם צַר, וְלָכֵן יָצְאוּ לַחוּץ וּמַקִּיפִין אֶת הַיְסוֹד דְּאַבָּא מִבַּחוּץ, וְנִמְצָא כִּי הַחֲסָדִים דְּאַבָּא וּדְאִמָּא כֻּלָּם עוֹמְדִים תּוֹךְ הַיְסוֹד דְּאִמָּא, הַמַּלְבִּישׁ אֶת יְסוֹד דְּאַבָּא.

הַגְּבוּרוֹת נִפְרָדוֹת וְלָכֵן אֵין לָהֶם רַבִּי מְיֻחָד

מַה שֶּׁאֵין כֵּן בַּגְּבוּרוֹת, כִּי הֵם נִפְרָדוֹת, אֵלּוּ בִּיסוֹד דְּאַבָּא וְאֵלּוּ בִּיסוֹד דְּאִמָּא, וְלָכֵן אִי אֶפְשָׁר לְכַנּוֹת וּלְסַמֵּן וְלִקְבֹּעַ לָהֶם רַבִּי אֶחָד וִיסוֹד אֶחָד מְיֻחָד לְלַמֵּד לְכֻלָּם.

וְדַע, כִּי מִתְּשׁוּבָתוֹ שֶׁל מוֹרִי זלה"ה רָאִיתִי שֶׁאֵין זֶה אֶלָּא דְּחִיָּה בְּעָלְמָא, לְפִי שֶׁאֲנִי הִקְשֵׁיתִי לוֹ עַל טַעַם הַנִּזְכָּר, דְּאִם כֵּן יִהְיוּ לָהֶם ב'

and did not want to answer me. He probably did not want to reveal the need for this, and I do not know the reason.

Know that because these ten students of Rabbi Shimon bar Yochai were from the Aspect of Chasadim, specifically from the highest Zivug of them all, which is Yisrael with Rachel, therefore they merited that all of the secrets of the Torah were clarified and revealed to them without any sorrow. This will not occur again until the generation of King Messiah, as mentioned in a few places in the Zohar. (Zohar, Terumah 421-424)

The reason the secrets were revealed to the students of Rav Shimon.

The Second Zivug is Yaakov with Rachel. It is known that there are not as many Gevurot in Rachel as there are in Leah. Also, since Yaakov is only from the Illumination of the Mochin of Aba, which is within Zeir Anpin, therefore in his Yesod there exist only five Chasadim and five Gevurot of Aba.

Five Chasadim and five Gevurot from Aba.

Thus the Aspect of this Yesod is Rabbenu HaKadosh (Rav Yehudah HaNasi), who organized the Mishnah, and his students in his academy, are the Drops of the Chasadim and the Gevurot that were emitted from [this Aspect of Yesod]. They are: Rav Chiyah, Rav Oshaya, Bar Kappara, Levi bar Sisi, Rav Chanina bar Chama, Rav, and others like them.

Rabbenu HaKadosh and his students.

The Third Zivug in order of importance is Yaakov with Leah, after midnight. At that time, even though Leah has Judgments, since she is now from the Aspect of Leah after midnight, the Judgments within her become sweetened. Furthermore, after midnight she and Yaakov now extend to the entire length of Zeir Anpin. This is not the case with the previous Zivug of Yaakov and Rachel.

After midnight the Judgments are sweetened.

Ten Drops were emitted from the Yesod of this Zivug, which are five Chasadim and five Gevurot of Aba. Therefore in these two types of Zivug—the Second Zivug of Yaakov with Rachel and the Third Zivug of Yaakov with Leah after midnight—murder does not apply, since they are from the Yesod of Yaakov,

There is no killing in the Second and Third Zivug.

מְלַמְּדִים כְּנֶגֶד ב' הַיְסוֹדוֹת, וְדָחָה אוֹתִי בִּדְבָרִים וְלֹא רָצָה לְהָשִׁיב לִי, כַּנִּרְאֶה שֶׁלֹּא רָצָה לְגַלּוֹת כָּל הַצֹּרֶךְ בָּזֶה, וְאֵין אֲנִי יוֹדֵעַ הַסִּבָּה.

סִבַּת גִּלּוּי הַסּוֹדוֹת לְתַלְמִידֵי רַשְׁבִּ"י

וְדַע, כִּי לִהְיוֹת אֵלּוּ הָעֲשָׂרָה תַּלְמִידֵי רַשְׁבִּ"י ע"ה מִבְּחִינַת הַחֲסָדִים, וּבִפְרָט מִן הַזִּווּג הַמְעֻלֶּה שֶׁבְּכֻלָּם, שֶׁהוּא מִיִּשְׂרָאֵל וְרָחֵל, לָכֵן זָכוּ שֶׁנִּתְבָּאֵר וְנִגְלָה לָהֶם כָּל סוֹדוֹת הַתּוֹרָה שֶׁלֹּא מִתּוֹךְ צַעַר כְּלָל, מַה שֶּׁלֹּא יִהְיֶה כֵּן עַד דָּרָא דְּמַלְכָּא מְשִׁיחָא, כַּנִּזְכָּר בַּזֹּהַר בְּכַמָּה מְקוֹמוֹת.

ה' חֲסָדִים וְה' גְּבוּרוֹת מֵאַבָּא

זִווּג ב' שֶׁהוּא יַעֲקֹב בְּרָחֵל. וְנוֹדַע כִּי אֵין כָּל הַדִּינִים מְרֻבִּים בְּרָחֵל כְּמוֹ בְּלֵאָה, וְגַם כִּי יַעֲקֹב הוּא מִן הֶאָרַת הַמֹּחִין דְּאַבָּא בִּלְבַד אֲשֶׁר בְּתוֹךְ ז"א, וְלָכֵן אֵין בַּיְסוֹד שֶׁלּוֹ רַק חֲמִשָּׁה חֲסָדִים וְה' גְּבוּרוֹת שֶׁל אַבָּא בִּלְבַד.

רַבֵּנוּ הַקָּדוֹשׁ וְתַלְמִידָיו

וְהִנֵּה בְּחִינַת הַיְסוֹד הַזֶּה, הוּא רַבֵּנוּ הַקָּדוֹשׁ זַ"ל אֲשֶׁר סִדֵּר הַמִּשְׁנָיוֹת. וְתַלְמִידָיו בְּנֵי יְשִׁיבָתוֹ הֵם טִפּוֹת הַחֲסָדִים וּגְבוּרוֹת שֶׁיָּצְאוּ מִמֶּנּוּ, וְהֵם: ר' חִיָּא, וְר' אוֹשַׁעְיָא, וּבַר קַפָּרָא, וְלֵוִי בַּר סִיסִי, וְר' חֲנִינָא בַּר חָמָא, וְרַב, וְכַיּוֹצֵא בָּהֶם.

אַחַר חֲצוֹת הַלַּיְלָה נִמְתָּקִים הַדִּינִים

זִווּג הַג' כְּפִי סֵדֶר מַעֲלַת הַזִּווּגִים, הוּא יַעֲקֹב עִם לֵאָה, אַחַר חֲצוֹת הַלַּיְלָה, כִּי אָז אַף עַל פִּי שֶׁלֵּאָה יֵשׁ בָּהּ דִּינִים, לִהְיוֹתָהּ עַתָּה מִבְּחִינַת לֵאָה, אַחַר חֲצוֹת לַיְלָה נִמְתָּקִים הַדִּינִים שֶׁבָּהּ. וְעוֹד, כִּי עַתָּה אַחַר חֲצוֹת לַיְלָה הִיא וְיַעֲקֹב מִתְפַּשְּׁטִים בְּכָל אֹרֶךְ ז"א כֻּלּוֹ, מַה שֶּׁאֵין כֵּן בַּזִּווּג הַקּוֹדֵם לָזֶה שֶׁל יַעֲקֹב וְרָחֵל.

בְּזִווּג ב' וְג' אֵין הֲרִיגָה

וְהִנֵּה בִּיסוֹד שֶׁל זִווּג הַזֶּה יָצְאוּ מִמֶּנּוּ עֶשֶׂר טִפּוֹת, שֶׁהֵם חֲמִשָּׁה חֲסָדִים וַחֲמִשָּׁה גְּבוּרוֹת מִן אַבָּא. וְלָכֵן בִּשְׁנֵי הַזִּווּגִים אֵלּוּ, שֶׁהֵם הַזִּווּג הַשֵּׁנִי שֶׁל יַעֲקֹב בְּרָחֵל וּשְׁלִישִׁי שֶׁל יַעֲקֹב בְּלֵאָה דְּאַחַר חֲצוֹת,

which is from the side of the Mochin of Aba and not of Ima, which are Judgments.

Know that there is another Zivug included within this Third Zivug, even though we did not write about it before. It is known that at the darkness before dawn there exists more Mercy compared to the last half of the night (midnight), since it is almost considered daytime then, and that is when the aforementioned Yaakov and Leah return to have a Second Zivug, as mentioned in Zohar, Shemot 160. From this Zivug, only two Drops are emitted. One includes five Chasadim and the other includes five Gevurot. These two Drops are more elevated than the entire ten mentioned above that came from the Zivug after midnight. Thus, they are twelve Drops.

An additional Zivug before dawn and two Drops are emitted from it.

Know that prior to midnight, Yaakov and Leah are [positioned] from the Chest of Zeir Anpin and above, as will be explained later about the Fifth Zivug. After midnight, they lengthen and extend to the entire stature of Zeir Anpin, as mentioned. Therefore the first impression of the first Yesod that Yaakov had prior to midnight is not nullified, since Yaakov and Leah did not return after midnight to be Back-to-Back, which would indicate that their original state was nullified. However, since they are still Face-to-Face, they remain in that state, except that their stature lengthened further and extended all the way down. Therefore what they originally had is not nullified.

The impression of before midnight is not nullified.

It is found that there are another ten Drops that are emitted from the Yesod, which was before midnight, although they were emitted only after midnight. In the same manner, there are another two that came out from there, at the time of the darkness before dawn, and they are more elevated than these ten. However, these second [set of] twelve are of a lower grade than the first twelve. And it is possible that the second [set of] two of the darkness before dawn are included in the first ten, since they are more elevated than the second [set of] ten.

The 12 Drops before midnight and 12 Drops after midnight.

אֵין בָּהֶם הֲרִיגָה, לְפִי שֶׁהֵם מִיסוֹד דְּיַעֲקֹב, שֶׁהוּא מִצַּד מֹחִין דְּאַבָּא, וְאֵינָם דְּאִמָּא שֶׁהֵם דִּינִים.

זִווּג נוֹסָף בְּקַדְרוּתָא דְּצַפְרָא, שֶׁמִּמֶּנּוּ יוֹצְאִים ב' טִפּוֹת

וְדַע, כִּי בְּזֶה הַזִּווּג הַשְּׁלִישִׁי נִכְלָל בּוֹ עוֹד זִווּג אַחֵר, אַף עַל פִּי שֶׁלֹּא כְּתַבְנוּהוּ לְעֵיל, וְהוּא, כִּי נוֹדַע דִּבְקַדְרוּתָא דְּצַפְרָא הוּא יוֹתֵר רַחֲמִים מִמַּה שֶּׁהוּא בַּחֲצוֹת לַיְלָה הָאַחֲרוֹנָה, לְפִי שֶׁכְּבָר אָז כִּמְעַט נִקְרָא יוֹם, וְאָז חוֹזְרִים יַעֲקֹב וְלֵאָה הנז' לְהִזְדַּוֵּג שֵׁנִית, כַּנִּזְכָּר בַּזֹּהַר בְּפָרָשַׁת שְׁמוֹת דַּף י' ע"א. וּמֵהַזִּווּג הַהוּא יוֹצְאִים ב' טִפּוֹת בִּלְבַד, הָא' כּוֹלֶלֶת חֲמִשָּׁה חֲסָדִים, וְהַב' כּוֹלֶלֶת חֲמִשָּׁה גְּבוּרוֹת. וְאֵלּוּ הַשְּׁתֵּי טִפּוֹת הֵם מְעֻלּוֹת יוֹתֵר מִכָּל הָעֲשָׂרָה הנז' שֶׁיָּצְאוּ מִזִּווּג שֶׁלְּאַחַר חֲצוֹת הַלַּיְלָה, וַהֲרֵי הֵם י"ב טִפּוֹת.

הָרֹשֶׁם שֶׁל לִפְנֵי חֲצוֹת לֹא נִתְבַּטֵּל

וְדַע, כִּי הִנֵּה קֹדֶם חֲצוֹת הַלַּיְלָה הָיוּ יַעֲקֹב וְלֵאָה מִן הֶחָזֶה וּלְמַעְלָה שֶׁל ז"א, כְּמוֹ שֶׁיִּתְבָּאֵר בַּזִּווּג הַחֲמִישִׁי לְקַמָּן. וְאַחַר חֲצוֹת הַלַּיְלָה נִתְאָרְכוּ וְנִתְפַּשְּׁטוּ כְּכָל קוֹמַת ז"א כַּנִּזְכָּר. וְלָכֵן רֹשֶׁם הָרִאשׁוֹן שֶׁל הַיְסוֹד הָא', שֶׁהָיָה לְיַעֲקֹב קֹדֶם חֲצוֹת לַיְלָה, לֹא נִתְבַּטֵּל, לְפִי שֶׁלֹּא חָזְרוּ יַעֲקֹב וְלֵאָה אַחַר חֲצוֹת אָחוֹר בְּאָחוֹר, כְּדֵי שֶׁנֹּאמַר שֶׁנִּתְבַּטֵּל בְּחִינָתָם הָרִאשׁוֹנָה. אָמְנָם בִּהְיוֹתָם עֲדַיִן פָּנִים בְּפָנִים נִשְׁאֲרוּ בִּמְצִיאוּתָם, אֶלָּא שֶׁנִּתְאָרֵךְ קוֹמָתָם יוֹתֵר וְנִתְפַּשְּׁטוּ עַד לְמַטָּה, וְלָכֵן מַה שֶּׁהָיָה לָהֶם בַּתְּחִלָּה לֹא נִתְבַּטֵּל.

י"ב טִפּוֹת לִפְנֵי חֲצוֹת וְי"ב טִפּוֹת אַחַר חֲצוֹת

וְנִמְצָא, כִּי יֵשׁ עוֹד עֶשֶׂר טִפּוֹת אֲחֵרוֹת שֶׁיָּצְאוּ מֵהַיְסוֹד, שֶׁהָיָה קֹדֶם חֲצוֹת, אֶלָּא שֶׁלֹּא יָצְאוּ רַק אַחַר חֲצוֹת לַיְלָה. וְכֵן עַל דֶּרֶךְ זֶה יֵשׁ עוֹד שְׁנַיִם אֲחֵרִים הַיּוֹצְאִים מִשָּׁם, מִזְּמַן קַדְרוּתָא דְּצַפְרָא, וְהֵם מְעֻלִּים מִן אֵלּוּ הָעֲשָׂרָה. וְאָמְנָם אֵלּוּ הַי"ב הַשְּׁנִיִּים הֵם גְּרוּעִים בְּמַעֲלָה מִן הַי"ב הָרִאשׁוֹנִים. וְאֶפְשָׁר שֶׁאֵלּוּ הַב' הַשְּׁנִיִּים שֶׁל קַדְרוּתָא דְּצַפְרָא יִכָּלְלוּ עִם הָעֲשָׂרָה הָרִאשׁוֹנִים, לְפִי שֶׁהֵם מְעֻלִּים יוֹתֵר מִן הָעֲשָׂרָה הַשְּׁנִיִּים.

You can look now and see that within this Third Zivug there are included four [types of] Zivug, and from them come twenty-four Drops. All four are called one Zivug, and all of them have one Yesod from which they came out of, since the two Yesods—the one before midnight and the other after midnight—are included within each other, and it is all one Yesod. At the end of this Introduction, we will explain who the twenty-four Drops were and who their teacher was.

Four Zivugs are included in this Third Zivug.

The Fourth Zivug in order of importance is that of Yisrael with Leah in the Minchah of the regular weekdays. Since they stand from the Chest of Zeir Anpin and above, there is no room for the Chasadim and Gevurot to extend. Therefore the Chasadim accumulate in the Right Arm and the Gevurot in the Left Arm. Therefore they are only considered two Drops.

Only two Drops.

Since this Zivug of Minchah is with Leah, which means Harsh Judgments, therefore these Drops were the Aspect of two brothers, Papus and Lulianus, who are called the Martyrs of Lod, as is known. (Talmud, Ta'anit 18b) Their importance grew greater, since they are from the Aspect of Yisrael, and there is no actual recognizable Yesod there. Therefore they do not have a Yesod or a specific teacher.

Papus and Lulianus - the Martyrs of Lod.

The Fifth Zivug is the last one in order of importance. It is [the Zivug of] Yaakov and Leah before midnight. They are Complete Judgments, and they are called the Martyrs of Beitar. Their Yesod and teacher is Rabbi Elazar HaModai, who was killed in Beitar, as is known. (Talmud, Gittin 57a)

The Martyrs of Beitar and Rabbi Elazar HaModai.

Know that there is distinction and difference between these fifty or more Drops, which are included in the five mentioned Zivugs, and the rest of the Souls. These [Souls] have a great and enormous advantage over all of the rest of the Souls. All the rest of the Souls come from the awakening of the Female, where first She is awakened for the Zivug, craving the Male, after which he is also awakened.

All other Souls come from the awakening of the Female.

ד' זִוּוּגִים נִכְלְלוּ בְּזִוּוּג הַג' הַזֶּה

וְהַבֵּט נָא וּרְאֵה כִּי בְּזֶה הַזִּוּוּג הַשְּׁלִישִׁי נִכְלְלוּ בּוֹ אַרְבָּעָה זִוּוּגִים, וּמֵהֶם אַרְבָּעָה וְעֶשְׂרִים טִפּוֹת, וְאַרְבַּעְתָּם נִקְרָאִים זִוּוּג אֶחָד, וּלְכֻלָּם יֵשׁ יְסוֹד אֶחָד שֶׁמִּמֶּנּוּ יָצְאוּ, לְפִי שֶׁשְּׁתֵּי הַיְסוֹדוֹת, אֶחָד שֶׁל קֹדֶם חֲצוֹת וְאֶחָד שֶׁלְּאַחַר חֲצוֹת, זֶה נִכְלָל בָּזֶה, וְהַכֹּל יְסוֹד אֶחָד. וּבְסוֹף הַדְּרוּשׁ הַזֶּה נְבָאֵר מִי הֵם אֵלּוּ הָאַרְבָּעָה וְעֶשְׂרִים טִפּוֹת, וּמִי הוּא הָרַב שֶׁלָּהֶם.

שְׁתֵּי טִפּוֹת בִּלְבַד

זִוּוּג הַד' כְּפִי מַעֲלַת סֵדֶר הַזִּוּוּגִים, הוּא זִוּוּג יִשְׂרָאֵל וְלֵאָה בְּמִנְחָה בִּימֵי הַחֹל. וּלְפִי שֶׁהֵם עוֹמְדִים מִן הֶחָזֶה דז"א וּלְמַעְלָה, אֵין שָׁם מְקוֹם הִתְפַּשְּׁטוּת אֶל הַחֲסָדִים וּגְבוּרוֹת, וְלָכֵן הַחֲסָדִים מִתְקַבְּצִים בִּזְרוֹעַ יָמִין וְהַגְּבוּרוֹת בִּזְרוֹעַ שְׂמֹאל. וְלָכֵן אֵינָם נִקְרָאִים רַק בְּשֵׁם שְׁתֵּי טִפּוֹת לְבַד.

פַּפּוּס וְלוּלְיָאנוּס – הֲרוּגֵי לוֹד

וְלִהְיוֹת הַזִּוּוּג הַזֶּה דְּמִנְחָה עִם לֵאָה, שֶׁהֵם דִּינִים קָשִׁים, לָכֵן הָיוּ טִפּוֹת אֵלּוּ בְּחִינַת ב' הָאַחִים פַּפּוּס וְלוּלְיָאנוּס, הַנִּקְרָאִים הֲרוּגֵי לוֹד כַּנּוֹדָע, וְגָבְרָה מַעֲלָתָם לִהְיוֹתָם מִבְּחִינַת יִשְׂרָאֵל, וְלֹא יֵשׁ שָׁם יְסוֹד נִכָּר מַמָּשׁ, וְלָכֵן אֵין לָהֶם יְסוֹד וְרַבִּי מְיֻחָד.

הֲרוּגֵי בֵּיתָר וְר' אֶלְעָזָר הַמּוֹדָעִי

זִוּוּג הַה', וְהוּא הָאַחֲרוֹן שֶׁבְּכֻלָּם כְּפִי סֵדֶר מַעֲלָתָם, הוּא יַעֲקֹב וְלֵאָה קֹדֶם חֲצוֹת לַיְלָה, וְאֵלּוּ הֵם דִּינִים גְּמוּרִים, וְנִקְרָאִים הֲרוּגֵי בֵּיתָר. וְהַיְסוֹד וְהָרַבִּי שֶׁלָּהֶם הוּא ר' אֶלְעָזָר הַמּוֹדָעִי, אֲשֶׁר נֶהֱרַג שָׁם בְּבֵיתָר כַּנּוֹדָע.

שְׁאָר הַנְּשָׁמוֹת בָּאוֹת מֵהִתְעוֹרְרוּת הַנּוּקְבָא

וְדַע, כִּי יֵשׁ חִלּוּק וְהֶפְרֵשׁ בֵּין אֵלּוּ הַחֲמִשִּׁים טִפּוֹת אוֹ יוֹתֵר, הַנִּכְלָלִים בְּחָמֵשׁ הַזִּוּוּגִים הַנִּזְכָּרִים, וּבֵין כָּל שְׁאָר הַנְּשָׁמוֹת, וְיֵשׁ לְאֵלּוּ מַעֲלָה גְּדוֹלָה וַעֲצוּמָה עַל כָּל שְׁאָר הַנְּשָׁמוֹת, וְהוּא, כִּי כָּל שְׁאָר הַנְּשָׁמוֹת הֵם בָּאִים מִן אִתְעָרוּתָא דְּנוּקְבָא, שֶׁהִיא מִתְעוֹרֶרֶת אֶל הַזִּוּוּג בַּתְּחִלָּה וּמִתְאַוָּה אֶל הַזָּכָר, וְאַחַר כָּךְ מִתְעוֹרֵר הַזָּכָר גַּם הוּא.

However, since the Male did not have an awakening through His own will but is rather awakened by Her, therefore these Drops of Chasadim and Gevurot that are drawn from this Zivug do not extend from the Da'at Itself of the Male, from where His passion is drawn. Rather, they are drawn from the Chasadim and Gevurot that spread within Him down to His Six Corners [Sefirot], as is known, which occurs after these Drops are clothed and delayed while being down there in the Six Corners.

The Drops of the Chasadim and Gevurot come from the Six Corners.

However, these fifty Drops that are in the five mentioned Zivugs are only from the awakening of the Male. The fact that they are Drops of semen indicates that there was a desire from the Male to have a Zivug with the Female, and to share those Drops within Her. He could not find Her, since the Female was, at that point, down in the World of Briyah or similar to it. Then, they were emitted in vain.

The Drops from the 50 Zivugs come from the awakening of the Male.

With this you can better understand the reason for the Drops of semen; how they were in vain. It is found that since these Drops extended from the awakening of the Male Himself, as He was awakened on His own, and an awakening for Zivug is only from the Mo'ach of Da'at, therefore surely these Drops extended from the Mo'ach of Da'at Itself, from the Chasadim and Gevurot that are there. And when they were drawn through His Six Corners they were not delayed or clothed there but simply passed through, and they retained their original purity. Thus, their level is far superior to all the rest of the Souls, to infinity.

An awakening from the Mo'ach of Da'at Itself.

Thus, all that we have said relates to the Garments of the Souls from which the 248 Limbs are made, and the Soul is clothed within them. Know that all of the Garments are from the original Chasadim from the time of the emanation of Zeir Anpin and Nukva, and not from the subsequent Chasadim, as mentioned. And since the Aspect of the Souls of all these aforementioned Garments are also in the same way that was mentioned earlier—from the Aspect of the Mo'ach of Da'at Itself and not from Its spreading down Below—therefore they

The Souls from the Mo'ach of Da'at are clothed in the Garments from the Mo'ach of Da'at.

הַטִּפּוֹת שֶׁל הַחֲסָדִים וּגְבוּרוֹת נִמְשָׁכוֹת מֵהַו' קְצָווֹת

וְהִנֵּה כֵּיוָן שֶׁהַזָּכָר לֹא הָיָה בּוֹ הִתְעוֹרְרוּת מֵרְצוֹנוֹ אֶלָּא שֶׁיִּתְעוֹרֵר עַל יָדָהּ, לָכֵן אוֹתָם הַטִּפּוֹת שֶׁל הַחֲסָדִים וְהַגְּבוּרוֹת הַנִּמְשָׁכוֹת בַּזִּווּג הַהוּא אֵינָם נִמְשָׁכוֹת מִן הַדַּעַת עַצְמוֹ שֶׁל הַזָּכָר, אֲשֶׁר מִשָּׁם נִמְשֶׁכֶת תְּשׁוּקָתוֹ, אָמְנָם נִמְשָׁכוֹת מִן הַחֲסָדִים וְהַגְּבוּרוֹת הַמִּתְפַּשְּׁטִים בּוֹ לְמַטָּה בְּשֵׁשׁ קַצְווֹתָיו כַּנּוֹדָע, אַחַר שֶׁנִּתְלַבְּשׁוּ אוֹתָם הַטִּפּוֹת וְנִתְעַבּוּ שָׁם בִּהְיוֹתָם לְמַטָּה בו"ק.

הַטִּפּוֹת מֵהַה' זִוּוּגִים בָּאוֹת מֵהִתְעוֹרְרוּת הַזָּכָר

אֲבָל אֵלּוּ הַחֲמִשִּׁים טִפּוֹת שֶׁבַּחֲמִשָּׁה הַזִּוּוּגִים הנז', מֵאִתְעָרוּתָא דִּדְכוּרָא אִנּוּן בִּלְבַד, כֵּיוָן שֶׁהֵם טִפּוֹת קֶרִי מוֹרֶה עַל כִּי הַזָּכָר אִוְּתָה נַפְשׁוֹ לְהִזְדַּוֵּג בְּנוּקְבֵיהּ וּלְהַשְׁפִּיעַ בָּהּ טִפּוֹת אֵלּוּ, וְלֹא מְצָאָהּ, יַעַן כִּי נוּקְבֵיהּ הָיְתָה אָז לְמַטָּה בְּעוֹלַם הַבְּרִיאָה אוֹ כַּיּוֹצֵא בָּזֶה, וְאָז יָצְאוּ לְבַטָּלָה.

הִתְעוֹרְרוּת מִמֹּחַ הַדַּעַת עַצְמוֹ

וּבָזֶה תָּבִין הֵיטֵב סִבָּה אֶל טִפּוֹת הַקֶּרִי, אֵיךְ הֵם לְבַטָּלָה. וְנִמְצָא כִּי כֵּיוָן שֶׁטִּפּוֹת אֵלּוּ נִמְשָׁכִים מֵאִתְעָרוּתָא דִּדְכוּרָא עַצְמוֹ, כִּי מֵאֵלָיו נִתְעוֹרֵר, וְהִנֵּה אֵין הִתְעוֹרְרוּת הַזִּוּוּג אֶלָּא מִמֹּחַ הַדַּעַת, וְלָכֵן וַדַּאי כִּי טִפּוֹת אֵלּוּ נִמְשְׁכוּ מִמֹּחַ הַדַּעַת עַצְמוֹ מִן הַחֲסָדִים וּגְבוּרוֹת אֲשֶׁר שָׁם, וּכְשֶׁנִּמְשְׁכוּ דֶּרֶךְ הַשֵּׁשׁ קְצָווֹת שֶׁבּוֹ לֹא נִתְעַבּוּ וְנִתְלַבְּשׁוּ שָׁם, רַק עָבְרוּ דֶּרֶךְ מַעֲבָר לְבַד, וְנִשְׁאֲרוּ בְּזַכּוּתָם הָרִאשׁוֹן, וְלָכֵן מַעֲלָתָם גְּדוֹלָה וַעֲצוּמָה עַל כָּל שְׁאָר הַנְּשָׁמוֹת עַד אֵין קֵץ.

הַנְּשָׁמוֹת מִמֹּחַ הַדַּעַת מִתְלַבְּשׁוֹת בִּלְבוּשִׁים מִמֹּחַ הַדַּעַת

וְהִנֵּה כָּל זֶה שֶׁאָמַרְנוּ הוּא בְּעִנְיַן הַלְּבוּשִׁים שֶׁל הַנְּשָׁמוֹת, אֲשֶׁר מֵהֶם נַעֲשִׂים רְמַ"ח אֵיבָרִים, וְהַנְּשָׁמָה מִתְלַבֶּשֶׁת בְּתוֹכָם. וְדַע, כִּי כָּל הַלְּבוּשִׁים אֵינָם כִּי אִם מֵהַחֲסָדִים הָרִאשׁוֹנִים שֶׁבִּזְמַן אֲצִילוּת זו"ן, וְלֹא מִן הַחֲסָדִים שֶׁל אַחַר כָּךְ כַּנִּזְכָּר. וּלְפִי שֶׁגַּם בְּחִינַת הַנְּשָׁמוֹת שֶׁל כָּל אֵלּוּ הַלְּבוּשִׁים הנז"ל כֻּלָּם הֵם גַּם כֵּן עַל דֶּרֶךְ הַנִּזְכָּר, מִבְּחִינַת מֹחַ

are given these Garments, which are the aforementioned Drops that are from Da'at Itself.

Indeed, even though we have explained that there is a strong connection between all of these aforementioned Drops, nevertheless all this is only referring to the reality of the Drops themselves, which are the Garments. But each of the Souls themselves that are clothed within them are from their own Root, and they are not all from one Root. However, the common factor in them is that they are from the Aspect of the Mo'ach of Da'at Itself Above, however they are not connected together because they are not all from one Root.

There is a connection between all the Garments, but each Soul comes from its own Root.

Also, know that within these Drops, which are the Aspect of Garments, there is the Internal Aspect and the External Aspect because there are Drops that are drawn from the Mochin Themselves that are clothed within the Netzach, Hod, and Yesod of Aba or of Ima, and there are Drops that are drawn from the External Aspects that are the Garments of the mentioned Mochin, and they are the Vessels of Netzach, Hod, and Yesod of Aba and Ima. These two Aspects apply whether to Zeir Anpin or to Yaakov. Indeed, all of these two Aspects are from the Mo'ach of Da'at Itself Above, as mentioned.

There is an Internal and an External Aspect in the Garments.

Know that all of these Drops and Garments mentioned above, which are in the Ten Martyrs—the ten students of Rav Shimon bar Yochai, and the Martyrs of Lod and Beitar—were all from the Internal Aspect, as mentioned earlier. In addition, and corresponding to these, there are other Drops, equal in quantity and level, from the External Aspect. However, my teacher did not explain the matter of those to me, nor who the Tzadikim are who took these Garments.

The Ari did not clarify who are the Tzadikim from the External Aspect.

Know that all of these Aspects of Drops and Garments mentioned earlier are referred to in the words of the Prophets as *She'erit* (Remnant). However, those who are from the Aspect of Yisrael are called Remnant of Israel, as it says "The remnant of Israel will do no iniquity...." (Zephaniah 3:13) Those that

The Drops and Garments are called Remnant.

הַדַּעַת עַצְמוֹ וְלֹא מֵהִתְפַּשְּׁטוּתוֹ לְמַטָּה, לָכֵן נִתְּנוּ לָהֶם אֵלּוּ הַלְּבוּשִׁים שֶׁהֵם הַטִּפּוֹת הנז', אֲשֶׁר הֵם מִן הַדַּעַת עַצְמוֹ.

יֵשׁ קֶשֶׁר בֵּין כָּל הַלְּבוּשִׁים אֲבָל כָּל נְשָׁמָה בָּאָה מֵהַשֹּׁרֶשׁ שֶׁלָּהּ

הָאֻמְנָם אַף עַל פִּי שֶׁבֵּאַרְנוּ כִּי יֵשׁ קֶשֶׁר אַמִּיץ בֵּין כָּל אֵלּוּ הַטִּפּוֹת הנז', עִם כָּל זֶה, כָּל זֶה הוּא בִּמְצִיאוּת הַטִּפּוֹת עַצְמָם, שֶׁהֵם הַלְּבוּשִׁים. אֲבָל הַנְּשָׁמוֹת עַצְמָם הַמִּתְלַבְּשׁוֹת בְּתוֹכָם, כָּל נְשָׁמָה מֵהֶם הִיא מִן הַשֹּׁרֶשׁ שֶׁלָּהּ, וְאֵינָם כֻּלָּם מִן שֹׁרֶשׁ אֶחָד. אָמְנָם הַצַּד הַשָּׁוֶה שֶׁבָּהֶם כִּי כֻּלָּם הֵם מִבְּחִינַת מֹחַ הַדַּעַת עַצְמוֹ לְמַעְלָה, אֲבָל אֵינָם קְשׁוּרוֹת יַחַד כִּי אֵינָם מִשֹּׁרֶשׁ אֶחָד כֻּלָּם.

יֵשׁ בְּחִינַת פְּנִימִיּוּת וְחִיצוֹנִיּוּת בַּלְּבוּשִׁים

גַּם דַּע, כִּי בְּאֵלּוּ הַטִּפּוֹת שֶׁהֵם בְּחִינַת הַלְּבוּשִׁים יֵשׁ בָּהֶם פְּנִימִיּוּת וְחִיצוֹנִיּוּת, כִּי יֵשׁ טִפּוֹת שֶׁנִּמְשָׁכוֹת מִן הַמֹּחִין עַצְמָם הַמְלֻבָּשִׁים תּוֹךְ נה"י דְּאַבָּא אוֹ דְּאִמָּא, וְיֵשׁ טִפּוֹת נִמְשָׁכוֹת מִן הַחִיצוֹנִיּוּת שֶׁהֵם הַלְּבוּשִׁים שֶׁל הַמֹּחִין הנז', וְהֵם הַכֵּלִים שֶׁל נה"י דאו"א. וּשְׁתֵּי בְּחִינוֹת אֵלּוּ שַׁיָּכִים בֵּין בז"א בֵּין בְּיַעֲקֹב. וְאָמְנָם כָּל ב' בְּחִינוֹת אֵלּוּ כֻּלָּם הֵם מִן הַמֹּחַ שֶׁל הַדַּעַת עַצְמוֹ לְמַעְלָה, כַּנִּזְכָּר.

הָאֲרִ"י לֹא בֵּאֵר מִי הֵם הַצַּדִּיקִים מִבְּחִינַת הַחִיצוֹנִיּוּת

וְדַע, כִּי כָּל אֵלּוּ הַטִּפּוֹת וְהַלְּבוּשִׁים הנז"ל, שֶׁהֵם בַּעֲשָׂרָה הֲרוּגֵי מַלְכוּת, וּבַעֲשָׂרָה תַּלְמִידֵי רַשְׁבִּ"י, וּבַהֲרוּגֵי לוּד וּבֵיתָר וְכוּ' כַּנִּזְכָּר לְעֵיל, כֻּלָּם הֵם מִבְּחִינַת הַפְּנִימִיּוּת. וְעוֹד כְּנֶגְדָּם טִפּוֹת אֲחֵרִים וּכְנֶגְדָּם וּכְמִסְפָּרָם, וְהֵם מִבְּחִינַת הַחִיצוֹנִיּוּת. וְאָמְנָם לֹא בֵּאֵר לִי מוֹרִי זַ"ל עִנְיָנָם, מִי הֵם הַצַּדִּיקִים אֲשֶׁר לָקְחוּ הַלְּבוּשִׁים הָאֵלֶּה.

הַטִּפּוֹת וְהַלְּבוּשִׁים מְכֻנִּים שְׁאֵרִית

וְדַע, כִּי כָּל בְּחִינוֹת אֵלּוּ הַטִּפּוֹת וְהַלְּבוּשִׁים הנז"ל הֵם הַנִּקְרָאִים בְּדִבְרֵי הַנְּבִיאִים בִּלְשׁוֹן שְׁאֵרִית. אֶלָּא שֶׁאוֹתָם שֶׁהֵם מִבְּחִינַת יִשְׂרָאֵל נִקְרָאִים שְׁאֵרִית יִשְׂרָאֵל, וּכְמוֹ שֶׁאוֹמֵר הַכָּתוּב "שְׁאֵרִית יִשְׂרָאֵל לֹא יַעֲשׂוּ עַוְלָה" וְגוֹ'. וְאוֹתָם שֶׁהֵם מִן בְּחִינַת יַעֲקֹב נִקְרָאִים

are from the Aspect of Yaakov are called Remnants of Yaakov, as it says "The remnant of Jacob shall be among the nations...." (Michah 5:7) And since there are five Aspects in the five Zivugs mentioned earlier, therefore corresponding to this, "the remnant of Jacob" and "the remnant of Israel" is mentioned in the words of the prophets many times. Also the word *She'ar* (Remnant) is mentioned twice in Scripture: "A remnant (*she'ar*) shall return, a remnant (*she'ar*) of Jacob..." (Isaiah 10:21), corresponding to "The remnant (*she'erit*) of Israel..." (Zephaniah 3:13) and "The remnant (*she'erit*) of Jacob...." (Michah 5:7)

We will now explain who the Drops of the Third Zivug are. Know that even though in the order of importance of these Zivugs, the Drops of the Third Zivug are greater than those of the Fourth and Fifth nevertheless, concerning their manifestation and arrival into this world they are the last of all five Zivugs, and they are destined to arrive in the Final Generation, before the coming of our Messiah, with God's help.

The Drops from the Third Zivug are destined to come in the Final Generation.

Since they are destined to arrive in this Final Exile, therefore their arrival is alluded to in the prophecy of Isaiah the Prophet, in the verse: "The burden of Dumah: One calls to me from Se'ir..." (Isaiah 21:11), and it was already explained in the Zohar that this prophecy was said about the Final Exile.

The explanation is as follows: It is known from Zohar, Bo 130 that [the word] *leyl* (ליל; night;) is before midnight and *lailah* (לילה; night) is after midnight. This alludes to the two different groups mentioned earlier in the Third Zivug, all of which are from the Zivug that takes place after midnight. However, twelve of those [Drops] are included in the first half of the night. Concerning them, Isaiah prophesied that the Shechinah cries out from its exile in Se'ir, which is the exile of Edom, and says to the Creator: "...Watchman, what of the night (*lailah*)?" (Isaiah 21:11) This relates to the first group of twelve Drops, which are those from the Zivug of after midnight, called Lailah. Corresponding to the other group, which are the twelve Drops that were emitted from the Zivug that is included in the first

The Shechinah asks when the Souls of the Third Zivug will come.

שְׁאֵרִית יַעֲקֹב, וּכְמוֹ שֶׁאוֹמֵר הַכָּתוּב "וְהָיָה שְׁאֵרִית יַעֲקֹב בַּגּוֹיִם". וּלְפִי שֶׁיֵּשׁ חֲמִשָּׁה בְּחִינוֹת בַּחֲמִשָּׁה הַזִּוּוּגִים כַּנִּזְכָּר לְעֵיל, לָכֵן כְּנֶגְדָּם נִזְכַּר בְּדִבְרֵי הַנְּבִיאִים פְּעָמִים רַבּוֹת שְׁאֵרִית יִשְׂרָאֵל וּשְׁאֵרִית יַעֲקֹב. גַּם נִזְכַּר ב' פְּעָמִים שְׁאָר בְּפָסוּק "שְׁאָר יָשׁוּב, שְׁאָר יַעֲקֹב", כְּנֶגֶד שְׁאֵרִית יִשְׂרָאֵל וּשְׁאֵרִית יַעֲקֹב.

הַטִּפּוֹת שֶׁל הַזִּווּג הַשְּׁלִישִׁי עֲתִידוֹת לָבוֹא בַּדּוֹר הָאַחֲרוֹן

וּנְבָאֵר עַתָּה, מִי הֵם הַטִּפּוֹת שֶׁל הַזִּווּג הַשְּׁלִישִׁי. דַּע, כִּי אַף עַל פִּי שֶׁכְּפִי סֵדֶר מַעֲלַת הַזִּוּוּגִים אֵלּוּ הַטִּפּוֹת שֶׁל זִוּוּג הַשְּׁלִישִׁי הֵם גְּדוֹלִים מִשֶּׁל הָרְבִיעִי וַחֲמִישִׁי, אָמְנָם לְעִנְיַן תּוֹלַדְתָּם וּבִיאָתָם בָּעוֹלָם הַזֶּה הֵם אַחֲרוֹנִים שֶׁבְּכָל הַחֲמִשָּׁה זִוּוּגִים, וְאֵלּוּ הֵם עֲתִידִים לָבֹא בְּדוֹר אַחֲרוֹן, קֹדֶם בִּיאַת מְשִׁיחֵנוּ בעהי"ת.

וּלְפִי שֶׁהֵם עֲתִידִים לָבֹא בַּגָּלוּת זֶה הָאַחֲרוֹן, לָכֵן נִרְמַז בִּיאָתָם בִּנְבוּאַת יְשַׁעְיָה הַנָּבִיא ע"ה בְּפָסוּק "מַשָּׂא דוּמָה אֵלַי קֹרֵא מִשֵּׂעִיר" וְגוֹ'. וּכְבָר נִתְבָּאֵר בַּזֹּהַר כִּי נְבוּאָה זוֹ נֶאֶמְרָה עַל גָּלוּת זֶה הָאַחֲרוֹן.

הַשְּׁכִינָה שׁוֹאֶלֶת מָתַי יָבוֹאוּ הַנְּשָׁמוֹת שֶׁל זִוּוּג הַג'

וְהָעִנְיָן הוּא בְּמַה שֶּׁנּוֹדַע מִסֵּפֶר הַזֹּהַר בְּפָרָשַׁת בֹּא, כִּי לַיִל הוּא קֹדֶם חֲצוֹת, וְלַיְלָה הוּא לְאַחַר חֲצוֹת. וְהֵם עִנְיַן שְׁתֵּי הַכִּתּוֹת הנז"ל בְּזִוּוּג הַשְּׁלִישִׁי, אֲשֶׁר כֻּלָּם הֵם מִן הַזִּוּוּג שֶׁלְּאַחַר חֲצוֹת הַלַּיְלָה, אֶלָּא שֶׁהַי"ב מֵהֶם הֵם מִכְּלָלוּת חֲצִי הָרִאשׁוֹן שֶׁל הַלַּיְלָה, וַעֲלֵיהֶם נִתְנַבֵּא יְשַׁעְיָה ע"ה שֶׁהַשְּׁכִינָה צוֹעֶקֶת מִתּוֹךְ גָּלוּתָהּ בְּשֵׂעִיר, שֶׁהִיא גָּלוּת אֱדוֹם, וְאוֹמֶרֶת לשי"ת, "שֹׁמֵר מַה מִּלַּיְלָה", שֶׁהֵם הַכַּת הָאַחַת שֶׁל הַי"ב טִפּוֹת שֶׁמִּן הַזִּוּוּג שֶׁלְּאַחַר חֲצוֹת לַיְלָה, הַנִּקְרָא לַיְלָה. וּכְנֶגֶד

part of the night called Leyl, it says: "Watchman, what of the night (*leyl*)?" (Ibid.)

The Holy One, blessed be He, who is called "Watchman," replies to her, as it says, "The Watchman replied: 'Morning came and so did night (*lailah*).'" (Isaiah 21:12) "Morning came" [refers to] those born from the Zivug of the darkness before dawn, which is [called] morning. And corresponding to the twenty [Drops] that are born from the Zivug after midnight it says: "...and so did night (*lailah*)."

He also says: "If you will inquire, inquire..."—meaning that since those twenty four Drops of the two mentioned groups come in the Final Generation, therefore they are required to make great efforts of Teshuvah, supplication, and pleading before the Holy One, blessed be He, to save them from exile and redeem them. Therefore in the verse: "A remnant (*she'ar*) shall return, a remnant (*she'ar*) of Jacob..." (Isaiah 10:21) the word *she'ar* (remnants) is mentioned twice, corresponding to the two mentioned groups, as I wrote above, and study there.

In the Final Generation we need to amplify Teshuvah and prayer.

Scribe's Note: [Rav] Shmuel [Vital] said: "This needs [further] study, since according to this article, the verse [Isaiah 21:11] should say the word *leyl* first. It should have said "Watchman, what of the night (*leyl*)? Watchman, what of the night (*lailah*)?" This requires further and deeper study.

הַכַּת הָאַחֶרֶת, שֶׁהֵם הַי"ב טִפּוֹת שֶׁיָּצְאוּ מִזִּווּג כְּלָלוּת חֲצִי רִאשׁוֹנָה שֶׁל לַיְלָה, הַנִּקְרָא לֵיל, אָמַר "שֹׁמֵר מַה מִּלֵּיל".

והקב"ה, הַנִּקְרָא שׁוֹמֵר, מֵשִׁיב לָהּ, כְּמוֹ שֶׁנֶּאֱמַר "אָמַר שֹׁמֵר אָתָה בֹקֶר וְגַם לָיְלָה", כִּי "אָתָה בֹקֶר" הֵם אוֹתָם הַד' הַנּוֹלָדִים מִזִּווּג קַדְרוּתָא דְּצַפְרָא שֶׁהוּא בֹּקֶר, וּכְנֶגֶד הָעֶשְׂרִים הַנּוֹלָדִים מִזִּווּג שֶׁלְּאַחַר חֲצוֹת אָמַר "וְגַם לָיְלָה".

בַּדּוֹר הָאַחֲרוֹן צְרִיכִים לְהַרְבּוֹת בִּתְשׁוּבָה וּתְפִלָּה

גַּם אָמַר "אִם תִּבְעָיוּן בְּעָיוּ", פֵּרוּשׁ: כִּי לִהְיוֹת אַרְבָּעָה וְעֶשְׂרִים טִפּוֹת אֵלּוּ שֶׁל שְׁתֵּי הַכִּתּוֹת הנז' בָּאִים בְּדָרָא בָּתְרָאָה, לָכֵן צְרִיכִים שֶׁיִּשְׁתַּדְּלוּ לְהַרְבּוֹת בִּתְשׁוּבָה וּבִשְׁאֵלוֹת וּבְתַחֲנוּנִים לִפְנֵי הקב"ה, שֶׁיּוֹשִׁיעֵם מִן הַגָּלוּת וְיִגְאָלֵם. וְלָכֵן בְּפָסוּק "שְׁאָר יָשׁוּב שְׁאָר יַעֲקֹב" נִזְכְּרוּ שְׁתֵּי פְּעָמִים שְׁאָר, כְּנֶגֶד ב' הַכִּתּוֹת הַנִּזְכָּר.

(הַגָּהָה - אָמַר שְׁמוּאֵל, צָרִיךְ עִיּוּן, שֶׁכְּפִי הַדְּרוּשׁ הַזֶּה הָיָה לוֹ הַכָּתוּב לְהַקְדִּים לֵיל בַּתְּחִלָּה, וְהָיָה לוֹ לוֹמַר שֹׁמֵר מַה מִּלֵּיל שֹׁמֵר מַה מִּלַּיְלָה, וְצָרִיךְ עִיּוּן).

TWENTY-SEVENTH
INTRODUCTION

Know that you do not have an individual who does not have a Soul in the Aspect of Inner Light and Surrounding Light, similar to that which we explained concerning the Tzelem of the Mochin of Zeir Anpin. When Nadav and Avihu were born and came into this world, it marked the beginning of the correction of the Root of Cain, of the Second Aspect that he received from Adam, which is the more superior one. All the Souls in the mentioned Root came included there in the Tzelem of Nadav and Avihu, in the form of Surrounding Light over them.

Nadav and Avihu were the beginning of the correction of Cain's Root.

However, all of these Souls were not yet purified, except for the two Sparks of Nadav and Avihu themselves. And all the rest of the Souls of this mentioned Root [of Cain], that came included in the Tzelem of the Surrounding Light of Nadav and Avihu, each and every one of them was intermingled within its own evil Klipah.

The rest of the Souls were included in the Tzelem of Nadav and Avihu.

Whenever another Soul from those that were included in the Tzelem of Nadav and Avihu would be born and come into this world, this Soul would be clean and pure of its Klipah, and all the rest of the Souls of this Root would come included in the Tzelem of this purified Soul, however they would all still be in the clutches of their Klipot. This continues in the same manner. When any other Soul was purified and redeemed from its own Klipah and reincarnates to this world, then all the rest [of the Souls] of this Root that did not become purified yet came included in the Tzelem in the secret of the Surrounding Light of that Soul that was already purified and came into this world.

A Soul that is clean of its Klipah comes to the world with the rest of the souls included in its Tzelem.

הַקְדָּמָה כ"ז

נָדָב וַאֲבִיהוּא הָיוּ הַתְחָלַת תִּקּוּן שֹׁרֶשׁ קַיִן

וְדַע, כִּי אֵין לְךָ אָדָם שֶׁאֵין לוֹ נְשָׁמָה בִּבְחִינַת אוֹר מַקִּיף וְאוֹר פְּנִימִי, דֻּגְמַת מַה שֶּׁנִּתְבָּאֵר אֶצְלֵנוּ בִּדְרוּשׁ הַצֶּלֶם שֶׁל הַמֹּחִין דז"א. וְהִנֵּה, כַּאֲשֶׁר נוֹלְדוּ נָדָב וַאֲבִיהוּא וּבָאוּ לָעוֹלָם, אָז הָיְתָה רֵאשִׁית וְהַתְחָלַת תִּקּוּן שֹׁרֶשׁ קַיִן שֶׁל בְּחִינַת הַב' שֶׁיָּרַשׁ מֵאָדָם הָרִאשׁוֹן שֶׁהִיא הַיּוֹתֵר מְעֻלָּה, וְשָׁם בָּאוּ כְּלוּלוֹת כָּל הַנְּשָׁמוֹת שֶׁבַּשֹּׁרֶשׁ הַנִּזְכָּר בַּצֶּלֶם שֶׁל נָדָב וַאֲבִיהוּא, בִּבְחִינַת אוֹר מַקִּיף עֲלֵיהֶם.

שְׁאָר הַנְּשָׁמוֹת הָיוּ כְּלוּלוֹת בְּצֶלֶם נָדָב וַאֲבִיהוּא

אֲבָל עֲדַיִן לֹא נִטְהֲרוּ כָּל הַנְּשָׁמוֹת הָהֵם, זוּלָתִי שְׁתֵּי נִיצוֹצוֹת נִשְׁמוֹת נָדָב וַאֲבִיהוּא עַצְמָם, וְכָל שְׁאָר הַנְּשָׁמוֹת שֶׁל הַשֹּׁרֶשׁ הַנִּזְכָּר שֶׁבָּאוּ כְּלוּלוֹת שָׁם בְּצֶלֶם אוֹר מַקִּיף שֶׁל נָדָב וַאֲבִיהוּא, כָּל נְשָׁמָה וּנְשָׁמָה מֵהֶם הָיְתָה מְעֹרֶבֶת בְּתוֹךְ קְלִפַּת הָרַע שֶׁלָּהּ.

נְשָׁמָה נְקִיָּה מִקְּלִפָּתָהּ יוֹרֶדֶת לָעוֹלָם עִם שְׁאָר הַנְּשָׁמוֹת הַכְּלוּלוֹת בַּצֶּלֶם שֶׁלָּהּ

וְכַאֲשֶׁר נוֹלְדָה נְשָׁמָה אַחֶרֶת, מֵאוֹתָם שֶׁהָיוּ כְּלוּלוֹת בְּצֶלֶם נָדָב וַאֲבִיהוּא, וּבָאָה בָּעוֹלָם הַזֶּה, אָז אוֹתָהּ הַנְּשָׁמָה הָיְתָה נְקִיָּה וּטְהוֹרָה מִן קְלִפָּתָהּ, וְכָל שְׁאָר הַנְּשָׁמוֹת שֶׁל הַשֹּׁרֶשׁ הַזֶּה בָּאוּ כְּלוּלוֹת בַּצֶּלֶם שֶׁל זוֹ הַנְּשָׁמָה שֶׁנִּטְהֲרָה, וַעֲדַיִן כֻּלָּם נְתוּנוֹת תּוֹךְ קְלִפָּתָם. וְעַל דֶּרֶךְ זֶה נִמְשַׁךְ הַדָּבָר, כִּי הָיְתָה נְשָׁמָה אַחֶרֶת נִטְהֶרֶת וּמִתְגַּלֵּית שָׁם מִתּוֹךְ קְלִפָּתָהּ, וְאָז בָּאָה לָעוֹלָם הַזֶּה, וְכָל הַשְּׁאָר שֶׁל הַשֹּׁרֶשׁ הַזֶּה שֶׁעֲדַיִן לֹא נִטְהֲרוּ הָיוּ בָּאוֹת כְּלוּלוֹת בַּצֶּלֶם, בְּסוֹד אוֹר מַקִּיף שֶׁל הַנְּשָׁמָה שֶׁכְּבָר נִטְהֲרָה וּבָאָה בָּעוֹלָם הַזֶּה.

I have already informed you that the order of the purification of the Souls and their coming into this world is not according to their quality and level, but only according to the circumstance, [namely] according to the merit of the person Below at the moment he drew down that Soul into the Drop of his seed, as explained in previous Introductions. Sometimes the Souls that are greater and more elevated stand in the depths of the Klipot and are unable to exit from there for a long time, until a certain merit that relates to them comes about to take them out, while Souls that are inferior are able to exit from there and come to this world before the others due to a merit that is performed then that relates to them.

The purification of the Souls depends on the merits associated with them.

Sometimes, when a person sins a certain sin in this world, and the Klipot want to destroy and deceive him, they then draw to him a Soul from his own Root that had sunk to the swamp of the depths of the Klipot and is intermingled with many Klipot and Externals. They pull [that Soul] out and draw it from there to be the Aspect of a Tzelem on that person who has sinned so as to cause him to further transgress.

The Klipot can release a Soul to deceive man.

Sometimes, it occurs that this Soul who was brought to him is a great Soul, except that it was sunk in the depths of the Klipot, so much that the Klipot assumed it was already lost among them and will never return to its original form. And the Holy One, blessed be He, helps it and shakes it free from its Klipah, revealing its strength and holiness, and on the contrary, it assists that person to improve [his ways].

The Creator supports the Soul to shake off its Klipah.

This is the secret of the verse: "There is a time when man rules over man to his detriment." (Ecclesiastes 8:9) Meaning, there is a time that the Faithless Man (*Adam Bliya'al*) of the Klipah "rules over man," which is the Holy Soul. However he was wrong in thinking it is in favor of the Klipah. On the contrary, it is to his detriment, as is mentioned in Saba DeMishpatim [Zohar, Mishpatim]. Afterwards, this Soul becomes refined and purified, and it also enters into this world in the way mentioned earlier.

The Klipot intended to harm and the Creator intended it for good.

טָהֳרַת הַנְּשָׁמוֹת הִיא כְּפִי הַזְּכִיּוֹת הַמִּתְיַחֲסוֹת אֲלֵיהֶן

וּכְבָר הוֹדַעְתִּיךָ, כִּי אֵין טָהֳרַת הַנְּשָׁמוֹת וּבִיאָתָם בָּעוֹלָם הַזֶּה כְּפִי סֵדֶר מַעֲלָתָם וּמַדְרֵגָתָם, רַק כְּפִי הַמִּזְדַּמֵּן, כְּפִי זְכִיּוֹת הַשָּׁעָה הַהִיא שֶׁל הָאָדָם הַתַּחְתּוֹן אֲשֶׁר הִמְשִׁיךְ הַנְּשָׁמָה הַהִיא בְּטִפַּת זַרְעוֹ, כַּמְבֹאָר בַּדְּרוּשִׁים הַקּוֹדְמִים. כִּי לִפְעָמִים הַנְּשָׁמוֹת שֶׁהֵם יוֹתֵר גְּבוֹהוֹת וּמְעֻלּוֹת עוֹמְדוֹת בְּעִמְקֵי הַקְּלִפּוֹת, וְאֵינָם יְכוֹלִים לָצֵאת מִשָּׁם עַד זְמַן רַב שֶׁיִּזְדַּמֵּן אֵיזֶה זְכוּת מִתְיַחֵס אֲלֵיהֶם לְהוֹצִיאָם. וְנִשְׁמוֹת הַגְּרוּעוֹת מֵהֶם יוּכְלוּ לָצֵאת מִשָּׁם וְלָבֹא בָּעוֹלָם הַזֶּה קֹדֶם הָאֲחֵרוֹת, לְסִבַּת זְכוּת הַנַּעֲשֶׂה אָז הַמִּתְיַחֵס אֲלֵיהֶם.

הַקְּלִפּוֹת יְכוֹלוֹת לְשַׁחְרֵר נְשָׁמָה כְּדֵי לְהַטְעוֹת אֶת הָאָדָם

וְלִפְעָמִים שֶׁאָדָם אֶחָד בָּא בָּעוֹלָם הַזֶּה וְחוֹטֵא אֵיזֶה חֵטְא, וְרוֹצִים הַקְּלִפּוֹת לְאַבְּדוֹ וּלְהַטְעוֹתוֹ, וְאָז מַמְשִׁיכִים לוֹ נְשָׁמָה אַחַת מִשָּׁרְשׁוֹ שֶׁהָיְתָה טְבוּעָה בְּיָוֵן מְצוּלוֹת הַקְּלִפּוֹת, וּמְעֹרֶבֶת עִם כַּמָּה קְלִפּוֹת וְחִיצוֹנִים, וּמוֹצִיאִין אוֹתָהּ מִשָּׁם, וּמַמְשִׁיכִים אוֹתָהּ בִּבְחִינַת צֶלֶם עַל הָאָדָם הַהוּא שֶׁחָטָא כְּדֵי לְהַחֲטִיאוֹ יוֹתֵר.

הקב"ה עוֹזֵר לַנְּשָׁמָה לְהִתְנַעֵר מִקְּלִפָּתָהּ

וְלִפְעָמִים יֶאֱרַע כִּי הַנְּשָׁמָה הַזֹּאת שֶׁהִמְשִׁיכוּהָ עָלָיו הִיא נְשָׁמָה גְּדוֹלָה, אֶלָּא שֶׁהָיְתָה טְבוּעָה בְּעִמְקֵי הַקְּלִפּוֹת, וְהַקְּלִפּוֹת חָשְׁבוּ כִּי כְּבָר הִיא אֲבוּדָה בֵּינֵיהֶם וְלֹא תָּשׁוּב לְקַדְמוּתָהּ, והקב"ה עוֹזְרָהּ, וּמִתְנַעֶרֶת מִקְּלִפָּתָהּ, וּמַרְאָה כֹּחָהּ וּקְדֻשָּׁתָהּ, וְאַדְּרַבָּה מְסַיַּעַת אֶת הָאָדָם הַהוּא לְהֵיטִיב.

הַקְּלִפּוֹת חָשְׁבוּ לְרָעָה והקב"ה חֲשָׁבָהּ לְטוֹבָה

וְזֶהוּ סוֹד פָּסוּק "עֵת אֲשֶׁר שָׁלַט הָאָדָם בְּאָדָם לְרַע לוֹ", ר"ל: "עֵת אֲשֶׁר שָׁלַט הָאָדָם" הַבְּלִיַּעַל שֶׁל הַקְּלִפָּה, "בְּאָדָם" שֶׁהִיא הַנְּשָׁמָה הַקְּדוֹשָׁה, וְהוּא טָעָה, כִּי חָשַׁב שֶׁהָיְתָה לְטוֹבָתוֹ שֶׁל הַקְּלִפָּה, וְאַדְּרַבָּה הוּא "לְרַע לוֹ", כַּנִּזְכָּר בְּסָבָא דְּמִשְׁפָּטִים. וְאַחַר כָּךְ הַנְּשָׁמָה הַהִיא מִזְדַּכֶּכֶת וְנִטְהֶרֶת, וּבָאָה גַּם הִיא אַחַר כָּךְ בָּעוֹלָם הַזֶּה עַל דֶּרֶךְ הנז"ל.

In short, know that all the Souls became intermingled with good and evil through the Sin of Adam, or of Cain and Abel, and similar to it. Meaning they fell into the depths of the Klipot within *Adam Bliyaal*, and they were hidden there.

When the time comes for one of these Souls to enter a body in this world, due to a merit of a person in this world, as mentioned, it cannot immediately reincarnate into a body in this world as it exits the depths of the Klipot. Rather, it first needs to be included three times in the Aspect of Tzelem and Surrounding Light, over the heads of three consecutive individuals, all of whom come from its Root. Then it enters a body that is born afterwards and exists there in the Aspect of a Soul of Complete Inner Light, which is considered to be its first actual Incarnation. From then on, it will come in as many different Incarnations as it needs to, as is known.

> A Soul needs to be as a Surrounding Light over three individuals.

It sometimes occurs that, while he was included in the Surrounding Light, Tzelem, of the three previous people, they did not completely correct themselves enough at that point. If so, when this individual finally incarnates for his first Incarnation, they will come in a Reincarnation together with him to complete their own correction. However, this body will be named after this new individual who came for his first Reincarnation. The other three are only there as guests, even though they are actually there as a Reincarnation until the day of death.

> Souls that were not fully corrected in a body may return to be as a Tzelem.

Also know that this new individual who reincarnated for the first time has great difficulty overpowering his inclination, even though his Soul could be very high. This is because it is the beginning of his refinement process from the Klipot, since even while he was in the Aspect of Tzelem he was intermingled with his Klipah, as mentioned. For this reason, it is unavoidable that this person will be very sad all of his life and always find himself in deep worries for no reason. However, the real reason for this is that the Klipot bring about depression, as is known.

> One who incarnates for the first time has difficulty overpowering his inclination.

קִצּוּרוֹ שֶׁל דָּבָר, דַּע, כִּי הַנְּשָׁמוֹת כֻּלָּם עַל יְדֵי חֶטְאוֹ שֶׁל אָדָם אוֹ שֶׁל קַיִן וְהֶבֶל וְכַיּוֹצֵא נִתְעָרְבוּ טוֹב בְּרַע, פֵּרוּשׁ: כִּי יָרְדוּ בְּעִמְקֵי הַקְּלִפּוֹת בְּתוֹךְ הָאָדָם הַבְּלִיַּעַל, וְנִתְעַלְּמוּ שָׁם.

נְשָׁמָה צְרִיכָה לִהְיוֹת בִּבְחִינַת אוֹר מַקִּיף עַל רֹאשׁ ג' אֲנָשִׁים

וְכַאֲשֶׁר הִגִּיעַ זְמַן אֵיזוֹ נְשָׁמָה מֵהֶם לָבֹא בְּגוּף בָּעוֹלָם הַזֶּה, מֵחֲמַת זְכִיּוֹת אֵיזֶה אָדָם בָּעוֹלָם הַזֶּה כַּנִּזְכָּר, אִי אֶפְשָׁר לָהּ לְהִתְגַּלְגֵּל תֵּכֶף בְּגוּף בָּעוֹלָם הַזֶּה בְּצֵאתָהּ מֵעִמְקֵי הַקְּלִפּוֹת, אֲבָל צָרִיךְ שֶׁאַחַר שֶׁתֵּצֵא מֵעִמְקֵי הַקְּלִפּוֹת שֶׁתִּכָּלֵל בִּבְחִינַת צֶלֶם וְאוֹר מַקִּיף שְׁלֹשָׁה פְּעָמִים עַל רֹאשׁ שְׁלֹשָׁה אֲנָשִׁים זֶה אַחַר זֶה, שֶׁיִּהְיוּ מִן הַשֹּׁרֶשׁ שֶׁלּוֹ, וְאַחַר כָּךְ תִּכָּנֵס בְּגוּף הַנּוֹלָד אַחַר כָּךְ, וְתִהְיֶה בּוֹ בִּבְחִינַת נְשָׁמָה שֶׁל אוֹר פְּנִימִי גָּמוּר, וְאָז בַּפַּעַם הַזֹּאת נִקְרָא גִּלְגּוּל א' שֶׁלָּהּ, וּמִשָּׁם וָאֵילָךְ תִּתְגַּלְגֵּל גִּלְגּוּלִים אֲחֵרִים כְּפִי הַצֹּרֶךְ, כַּנּוֹדָע.

נְשָׁמוֹת שֶׁלֹּא נִתְקְנוּ כָּרָאוּי בְּגוּף יְכוֹלוֹת לַחֲזֹר לִהְיוֹת כְּצֶלֶם

וְלִפְעָמִים יֶאֱרַע, שֶׁג' אֲנָשִׁים שֶׁקָּדְמוּ לוֹ, שֶׁבָּא הוּא כָּלוּל הוּא בְּצֶלֶם אוֹר מַקִּיף שֶׁלָּהֶם, לֹא נִתְקְנוּ בַּתְּחִלָּה בִּזְמַנָּם בְּכָל הַצֹּרֶךְ, וְאָז כַּאֲשֶׁר יִתְגַּלְגֵּל הָאָדָם הַזֶּה בְּגִלְגּוּל הָא', יִתְגַּלְגְּלוּ גַּם הֵם יַחַד עִמּוֹ לְהַשְׁלִים תִּקּוּנָם. הָאֻמְנָם אֵין הַגּוּף הַזֶּה נִקְרָא אֶלָּא ע"ש הָאָדָם הַזֶּה הֶחָדָשׁ שֶׁנִּתְגַּלְגֵּל פַּעַם א' זוֹ, וְהַשְּׁלֹשָׁה הָאֲחֵרִים הֵם שָׁם כְּאוֹרְחִים אַף עַל פִּי שֶׁהֵם מַמָּשׁ מְגֻלְגָּלִים שָׁם עַד יוֹם הַמִּיתָה.

הַבָּא בְּגִלְגּוּל פַּעַם רִאשׁוֹנָה קָשֶׁה לוֹ לְהַכְנִיעַ אֶת יִצְרוֹ

גַּם דַּע, כִּי הָאִישׁ הַזֶּה הֶחָדָשׁ שֶׁבָּא עַתָּה בְּגִלְגּוּל בְּפַעַם א', יֵשׁ לוֹ טֹרַח גָּדוֹל לְהַכְנִיעַ אֶת יִצְרוֹ, אַף עַל פִּי שֶׁנִּשְׁמָתוֹ תִּהְיֶה גְּבוֹהָה מְאֹד, לְפִי שֶׁזּוֹ הִיא הַתְחָלַת הִזְדַּכְּכוּ מִן הַקְּלִפּוֹת, כִּי אֲפִלּוּ בִּהְיוֹתוֹ בִּבְחִינַת צֶלֶם הָיָה מְעֹרָב בִּקְלִפָּתוֹ כַּנִּזְכָּר. גַּם לַטַּעַם הַזֶּה מֻכְרָח הוּא שֶׁהָאִישׁ הַזֶּה יִהְיֶה עָצֵב מְאֹד כָּל יָמָיו, וְדוֹאֵג בְּקִרְבּוֹ תָּמִיד לְלֹא סִבָּה, אֲבָל הַסִּבָּה הָאֲמִתִּית הִיא כִּי הַקְּלִפּוֹת מֵהֶם הַמְשָׁכַת הָעִצָּבוֹן, כַּנּוֹדָע.

This is the secret of what occurred with King David, who was close to the Creator and yet his inclination overcame him regarding Batsheva and Abigail, which is a great wonder. However the reason is because it was the beginning of his departure from the depths of the Klipot, which is understood by what we previously mentioned. With this you will understand some of the verses King David said regarding himself, "I am sunk in a mire of despair…" (Psalms 69:3) and similar to it.

King David's incarnation was the beginning of his departure from the Klipot.

Know that for this reason, before the Creator, the transgressions of this new individual are not considered as they are for other people since he is still subjugated to the Klipot, and it takes great effort for him to depart from among them. This is the secret of what our sages said: "Had you not been David and he Saul, I would have destroyed many Davids before Saul." (Tractate Mo'ed Katan 16b) Understand this very well.

It sometimes occurs that this new person's Soul is very high and elevated, but he cannot overpower his inclination. Had this not been the case, he could easily become very pious. With this, a great secret will become clear to you: sometimes, a minor transgression of one individual will bring about severe consequences, whereas, a very great transgression by another may go unpunished. This is the secret of: "The Rock, His actions are perfect, and all His ways are just…." (Deuteronomy 32:4) This is enough for those who comprehend. Therefore one should not question the Creator's attributes or even those of the Tzadikim, even if they transgress.

The struggle of the first incarnation of elevated Souls.

Also know that someone who is from the second, more elevated Aspect of Cain, even though he is intermingled with Good and Evil, even though the good in him is very great, he is intermingled with many Evil and filthy Klipot, and there is more Evil in him than Good. The reason for this is because the entire Root of Cain is from the Gevurah, to which the Klipot and the Externals strongly attach themselves.

One who comes from the Root of Cain is mixed with a lot of Evil.

גִּלְגּוּל דָּוִד הַמֶּלֶךְ הָיָה הַתְחָלַת יְצִיאָתוֹ מֵהַקְּלִפּוֹת

וְזֶהוּ טַעַם מַסְפִּיק אֶל דָּוִד הַמֶּלֶךְ ע"ה, יְדִידוֹ יִתְבָּרַךְ, וּמָצִינוּ בּוֹ שֶׁהָיָה יִצְרוֹ מִתְגַּבֵּר עָלָיו בְּבַת שֶׁבַע וּבַאֲבִיגַיִל, וְהוּא פֶּלֶא גָּדוֹל. אֶלָּא הַטַּעַם מוּבָן עִם הַנִּזְכָּר, כִּי אָז הָיְתָה הַתְחָלַת יְצִיאָתוֹ מֵעִמְקֵי הַקְּלִפּוֹת. וּבָזֶה תָּבִין כַּמָּה פְּסוּקִים שֶׁהָיָה אוֹמֵר דָּוִד הַמֶּלֶךְ ע"ה עַל עַצְמוֹ, "טָבַעְתִּי בִּיוֵן מְצוּלָה" וְכוּ', וְכַיּוֹצֵא.

וְדַע כִּי לַטַּעַם הַנִּזְכָּר, אֵין עֲוֹנוֹת הָאִישׁ הַזֶּה הֶחָדָשׁ נֶחְשָׁבִים לְפָנָיו יִתְבָּרַךְ כִּשְׁאָר בְּנֵי אָדָם, לְפִי שֶׁעֲדַיִן הוּא נָתוּן בֵּין הַקְּלִפּוֹת, וְטָרְחוֹ גָּדוֹל לָצֵאת מִתּוֹכָם. וְזֶהוּ סוֹד ארז"ל "אִלְמָלֵא אַתָּה דָּוִד וְהוּא שָׁאוּל, הָיִיתִי מְאַבֵּד כַּמָּה דָּוִד מִפְּנֵי שָׁאוּל", וְהָבֵן זֶה מְאֹד.

טָרְחַת גִּלְגּוּל רִאשׁוֹן שֶׁל נְשָׁמוֹת גְּבוֹהוֹת

וְלִפְעָמִים יֶאֱרַע כִּי הָאִישׁ הַזֶּה הֶחָדָשׁ תִּהְיֶה נִשְׁמָתוֹ מְעֻלָּה וּגְבוֹהָה מְאֹד, וְאֵינוֹ יָכוֹל לְהַכְנִיעַ יִצְרוֹ, וְאִם לֹא כֵּן בְּקַלּוּת גָּדוֹל הָיָה יָכוֹל לִהְיוֹת חָסִיד גָּדוֹל. בָּזֶה יִתְבָּאֵר לְךָ סוֹד נִמְרָץ, כִּי לִפְעָמִים חֵטְא קָטָן שֶׁל אָדָם אֶחָד יֵעָנֵשׁ עָלָיו מְאֹד, וְעָוֹן גָּדוֹל שֶׁל אָדָם אַחֵר אֵינוֹ נֶעֱנָשׁ עָלָיו. וְזֶהוּ סוֹד "הַצּוּר תָּמִים פָּעֳלוֹ כִּי כָל דְּרָכָיו מִשְׁפָּט" וְכוּ', וְדַי בָּזֶה לַמַּשְׂכִּילִים. וְלָכֵן אֵין לְהַרְהֵר אַחַר מִדּוֹתָיו יִתְבָּרַךְ, אַף לֹא אַחַר הַצַּדִּיקִים, אַף אִם יֶחֶטְאוּ.

הַבָּא מִשֹּׁרֶשׁ קַיִן מְעֹרָב עִם הַרְבֵּה רַע

גַּם צָרִיךְ שֶׁתֵּדַע, כִּי מִי שֶׁהוּא מִבְּחִינַת קַיִן הַשֵּׁנִית הַמְעֻלָּה, הִנֵּה עִם הֱיוֹתוֹ מְעֹרָב טוֹב בְּרַע הִנֵּה הַטּוֹב שֶׁבּוֹ גָּדוֹל מְאֹד, אֶלָּא שֶׁהוּא מְעֹרָב בִּקְלִפּוֹת רָעוֹת רַבּוֹת וּמְזֹהָמוֹת, וְהָרַע הוּא מְרֻבֶּה בּוֹ עַל הַטּוֹב, וְהַסִּבָּה הִיא לְפִי שֶׁכָּל שֹׁרֶשׁ קַיִן הוּא מִן הַגְּבוּרוֹת, שֶׁבָּהֶם נֶאֱחָזִים הַקְּלִפּוֹת וְהַחִיצוֹנִים.

TWENTY-EIGHTH
INTRODUCTION

Know that Zeir Anpin has three Mochin, which are Chochmah and Binah, and between them is the third Mo'ach called Da'at, which is composed of Chasadim and Gevurot, the two Crowns. When Adam sinned, he caused the Mo'ach of Da'at to descend between the two Shoulders of Zeir Anpin, within the upper third of Tiferet, which is until the place of the Chest. There the Chasadim separated to the Right Shoulder and the Gevurot to the Left Shoulder.

The Sin of Adam caused the Mo'ach of Da'at to fall between the two Shoulders of Zeir Anpin.

It is known that Cain and Abel were born after Adam sinned. Thus Cain is from those Gevurot of the Left Shoulder after they descended there, as then they do not have such an illumination as when they were Above in the Mo'ach Itself. Thus that is one drawback.

Cain came from the Gevurot of the Left Shoulder.

Another drawback is that had the Da'at been Above, in its place in the Head, the External Aspect of the Nefesh would have been from the Flesh and Bone of the Head itself. For it is known that every Soul has the Internal Aspect and the External Aspect, which is its clothing. It is found that the Internal Aspect, which is from the Gevurot of the Mochin of Da'at, relates to its External Aspect, which is the Bone and the Flesh of the Left side of the Head. But since the Mo'ach of Da'at descended Below, it is found that the Internal Aspect of the Root Soul of Cain is from the Mo'ach of Gevurot of Da'at, and its External Aspect is from the Left Shoulder Limb. As such, they are not considered to be as one [anymore].

The Internal of Cain's Root does not match with the External of Cain's Root.

Thus, they have one drawback corresponding to their Internal Aspect, in that they do not shine now as they would have if they were Above in their place in the Head. A second drawback is in their External Aspect in that they are from a lower place, which

Summarizing the two drawbacks.

הַקְדָּמָה כ"ח

חֵטְא אָדָם גָּרַם לִירִידַת מֹחַ הַדַּעַת בֵּין ב' הַכְּתֵפוֹת שֶׁל זְעֵיר אַנְפִּין

דַּע, כִּי ז"א יֵשׁ לוֹ שְׁלוֹשָׁה מֹחִין, שֶׁהֵם חָכְמָה וּבִינָה, וּבֵינֵיהֶם הַמֹּחַ הַשְּׁלִישִׁי הַנִּקְרָא דַּעַת, הַכָּלוּל מֵחֲסָדִים וּגְבוּרוֹת, תְּרֵין עִטְרִין. וְכַאֲשֶׁר חָטָא אָדָם הָרִאשׁוֹן גָּרַם שֶׁיֵּרֵד מֹחַ הַדַּעַת לְמַטָּה בֵּין ב' הַכְּתֵפוֹת שֶׁל ז"א בַּשְּׁלִישׁ הָעֶלְיוֹן שֶׁל הַתִּפְאֶרֶת, שֶׁהוּא עַד מְקוֹם הֶחָזֶה, וְשָׁם נִפְרְדוּ הַחֲסָדִים בְּכֶתֶף יָמִין וְהַגְּבוּרוֹת בְּכֶתֶף שְׂמֹאל.

קַיִן בָּא מֵהַגְּבוּרוֹת שֶׁבַּכָּתֵף הַשְּׂמָאלִי

וְנוֹדַע, כִּי קַיִן וְהֶבֶל נוֹלְדוּ אַחַר שֶׁחָטָא אָדָם הָרִאשׁוֹן, וְהִנֵּה קַיִן הוּא מִן אֵלּוּ הַגְּבוּרוֹת שֶׁבַּכָּתֵף הַשְּׂמָאלִי אַחַר יְרִידָתָם שָׁם, כִּי אָז אֵין לָהֶם כָּל כָּךְ הֶאָרָה כְּמוֹ בִּהְיוֹתָם לְמַעְלָה בַּמֹּחַ עַצְמוֹ, וַהֲרֵי זֶה גֵּרָעוֹן אֶחָד.

פְּנִימִיּוּת שֹׁרֶשׁ קַיִן לֹא מִתְיַחֶסֶת לְחִיצוֹנִיּוּת שֹׁרֶשׁ קַיִן

עוֹד גֵּרָעוֹן ב', כִּי אִלּוּ הָיָה הַדַּעַת לְמַעְלָה בִּמְקוֹמוֹ בְּרֹאשׁוֹ, הָיָה חִיצוֹנִיּוּת הַנֶּפֶשׁ מִן הָעֶצֶם וְהַבָּשָׂר שֶׁל הָרֹאשׁ עַצְמוֹ, כִּי נוֹדַע שֶׁאֵין נְשָׁמָה שֶׁאֵין בָּהּ פְּנִימִיּוּת וְחִיצוֹנִיּוּת שֶׁהוּא הַלְּבוּשׁ שֶׁלָּהּ. וְנִמְצָא כִּי הַפְּנִימִיּוּת שֶׁהוּא מִן הַגְּבוּרוֹת שֶׁל מֹחַ הַדַּעַת הָיָה מִתְיַחֵס עִם הַחִיצוֹנִיּוּת שֶׁלָּהּ, שֶׁהִיא עֶצֶם וּבָשָׂר שֶׁל הָרֹאשׁ מִצַּד שְׂמֹאל. אֲבָל כֵּיוָן שֶׁיָּרַד מֹחַ הַדַּעַת לְמַטָּה, נִמְצָא כִּי פְּנִימִיּוּת נִשְׁמוֹת שֹׁרֶשׁ שֶׁל קַיִן הֵם מִמֹּחַ הַגְּבוּרוֹת שֶׁבְּדַעַת, וְחִיצוֹנִיּוּתָם הוּא מֵאֵבַר הַכָּתֵף הַשְּׂמָאלִי, וְאֵינָם מִתְיַחֲסִים יַחַד.

סִכּוּם ב' גְּרָעוֹנוֹת

וַהֲרֵי יֵשׁ לָהֶם גֵּרָעוֹן אֶחָד בִּבְחִינַת פְּנִימִיּוּתָם, שֶׁאֵינָם מְאִירִים עַתָּה כְּמוֹ אִלּוּ הָיוּ לְמַעְלָה בִּמְקוֹמָם בָּרֹאשׁ. וְגֵרָעוֹן שֵׁנִי בִּבְחִינַת

is the Shoulder, and not from their rightful Supernal Place, which is from the Skull.

Know that even though in this world a person does not have the power to correct these drawbacks, not even through good deeds, if the person improves his actions in this world, he will then merit that in the future time of the Messiah these blemishes will be corrected and the Da'at will ascend back to its place Above in the Head. Then, the Internal Aspect of these Souls will shine, like at first when they were Above in the Head, and also their External Aspect will then be from the appropriate Supernal Place, which is from the Skull.

It is possible to merit the correction of these two drawbacks in the future time.

Know that concerning their current External Aspect, which is from the Left Shoulder, I am not sure whether my teacher [the Ari] told me that it will also remain at the Time of Messiah— along with the Internal Aspect of the Souls, as mentioned, since they have joined together in this world—or just the opposite.

Also know that just as the Da'at descended between the Shoulders due to the Sin of Adam, so too did the Aspect of the Partzuf of Leah descend behind the Da'at of Zeir Anpin because that was Her original place. Now, after the Sin of Adam, She also descended down to the back of the Shoulders, since we know that Leah comes out of the Malchut of Ima, which is in the Mo'ach of Da'at of Zeir Anpin that is clothed within the Yesod of Ima, as is known.

The Partzuf of Leah also fell to the back of Da'at of Zeir Anpin, behind the Shoulders.

Know that all of these Souls mentioned in these Introductions, such as Rabbi Akiva and others, who were all from the Root of Cain, are all from the Gevurah of Hod of Da'at, which is the fifth Gevurah. Also, all of the Souls that come from the Gevurah of Hod that is in the Da'at of Leah are all close to the Root of Rabbi Akiva, as mentioned, and they are called One Root. Similarly, you can apply this to the Root of Abel, which is from the Chasadim of Da'at.

The Root of Rabbi Akiva comes from the Gevurah of Hod of Da'at.

חִיצוֹנִיּוּתָם, שֶׁהֵם מִמָּקוֹם תַּחְתּוֹן שֶׁהוּא מִן הַכָּתֵף, וְלֹא מִמָּקוֹם הָעֶלְיוֹן הָרָאוּי לָהֶם שֶׁהוּא הַגֻּלְגָּלְתָּא.

אֶפְשָׁר לִזְכּוֹת שֶׁלֶּעָתִיד לָבוֹא יְתֻקְּנוּ ב' גִּרְעוֹנוֹת אֵלּוּ

וְדַע, כִּי אַף עַל פִּי שֶׁבָּעוֹלָם הַזֶּה אֵין כֹּחַ בְּיַד הָאָדָם לְתַקֵּן גִּרְעוֹנוֹת אֵלּוּ, אֲפִלּוּ עַל יְדֵי מַעֲשִׂים טוֹבִים, עִם כָּל זֶה אִם הָאָדָם יֵטִיב מַעֲשָׂיו בָּעוֹלָם הַזֶּה, יִזְכֶּה שֶׁלֶּעָתִיד לָבֹא לִימֵי הַמָּשִׁיחַ בע"ה יְתֻקְּנוּ הַפְּגָמִים הָאֵלֶּה, וְהַדַּעַת יַעֲלֶה לְמַעְלָה בִּמְקוֹמוֹ בָּרֹאשׁ, וְאָז יָאִירוּ פְּנִימִיּוּת הַנְּשָׁמוֹת הנז' כְּמִתְּחִלָּה בִּהְיוֹתָם לְמַעְלָה בָּרֹאשׁ, וְגַם חִיצוֹנִיּוּתָם יִהְיֶה אָז מִמָּקוֹם עֶלְיוֹן הָרָאוּי לָהֶם, שֶׁהוּא מִן הַגֻּלְגָּלְתָּא.

וְדַע, כִּי אֲנִי מְסֻפָּק בְּעִנְיַן הַחִיצוֹנִיּוּת אֲשֶׁר לָהֶם עַתָּה, שֶׁהוּא מִן הַכָּתֵף הַשְּׂמָאלִי, אִם אָמַר לִי מוֹרִי זַ"ל שֶׁיִּשָּׁאֵר גַּם אָז בִּימוֹת הַמָּשִׁיחַ עִם פְּנִימִיּוּת הַנְּשָׁמוֹת הַנִּזְכָּר, כֵּיוָן שֶׁעַתָּה בָּעוֹלָם הַזֶּה נִתְחַבֵּר יַחַד, אוֹ אִם הוּא הֵפֶךְ זֶה.

בְּחִינַת פַּרְצוּף לֵאָה גַּם יָרְדָה מֵאֲחוֹרֵי דַּעַת דז"א לַאֲחוֹרֵי הַכְּתֵפַיִם

גַּם דַּע, כִּי כְּמוֹ שֶׁיָּרַד הַדַּעַת לְמַטָּה בֵּין הַכְּתֵפַיִם בְּחֶטְאוֹ שֶׁל אָדָם הָרִאשׁוֹן, כֵּן יָרְדָה בְּחִינַת פַּרְצוּף לֵאָה מֵאֲחוֹרֵי הַדַּעַת שֶׁל ז"א, כִּי שָׁם הָיְתָה מְקוֹמָהּ תְּחִלָּה, וְעַתָּה אַחַר חֶטְאוֹ שֶׁל אָדָם יָרְדָה גַּם הִיא לְמַטָּה, בַּאֲחוֹר הַכְּתֵפַיִם, כַּנּוֹדָע כִּי לֵאָה יוֹצֵאת מִן הַמַּלְכוּת שֶׁל אִמָּא שֶׁבְּמֹחַ הַדַּעַת שֶׁל ז"א, הַמְּלֻבָּשׁ תּוֹךְ הַיְסוֹד דְּאִמָּא כַּנּוֹדָע.

שֹׁרֶשׁ רַבִּי עֲקִיבָא בָּא מִגְּבוּרַת הַהוֹד שֶׁבְּדַעַת

וְדַע, כִּי כָּל אֵלּוּ הַנְּשָׁמוֹת שֶׁהִזְכַּרְנוּ בִּדְרוּשִׁים אֵלּוּ, שֶׁהֵם כְּמוֹ ר' עֲקִיבָא בֶּן יוֹסֵף וְזוּלָתוֹ שֶׁהֵם אֶחָד מִשֹּׁרֶשׁ קַיִן, כֻּלָּם הֵם מִן גְּבוּרַת הַהוֹד שֶׁבְּדַעַת, שֶׁהִיא הַגְּבוּרָה הַחֲמִשִׁית. וְגַם כָּל הַנְּשָׁמוֹת הַיּוֹצְאוֹת מִגְּבוּרַת הַהוֹד אֲשֶׁר בַּדַּעַת שֶׁל לֵאָה, כֻּלָּם הֵם קְרוֹבִים אֶל שֹׁרֶשׁ שֶׁל ר' עֲקִיבָא כַּנִּזְכָּר, וְנִקְרָאִים שֹׁרֶשׁ אֶחָד. וְעַל דֶּרֶךְ זֶה תַּקִּישׁ בְּשֹׁרֶשׁ הֶבֶל, שֶׁהוּא מִן הַחֲסָדִים שֶׁבְּדַעַת.

[Now we will explain] the matter of the Root of Cain, and from it you [can] infer the Root of Abel. Know that all these Sparks of Souls that branch out from the Root of Cain were all connected to Cain himself. When he sinned, all of these Sparks became intermingled in the Klipot, and all of the most elevated and highest Sparks descended lower than the others, as these fell into the depths of the Klipot. This is because the sin of Cain blemished the Supernal Thought, as mentioned in the Tikunei haZohar, Sixty-Ninth Tikkun.

When Cain sinned, all the Souls rooted in him intermingled with the Klipot.

Thus the place of the Root of the Soul of Rabbi Akiva ben Yosef is the Arms, in the secret of: "...and his hand was holding the heel (*akev*) of Esau..." (Genesis 25:26) as explained in these articles. Sometimes man can lower his hand as far as the heel, and sometimes he can elevate it to the head, unlike the rest of the body parts. Therefore these Arms fell to the depths of the Klipot, all the way down to the Heels.

Man can lower his hand to the Heel or raise it to the Head.

When Rabbi Akiva was murdered, he ascended and elevated to the Supernal Thought, which explains the secret of what the Creator told Moses concerning the murder of Rabbi Akiva: "Be silent. This is how it came up in thought" (Tractate Menachot 29b) to correct the blemish. It is found that all of the Souls that are from the Aspect of these Arms can, through their good deeds, ascend to unlimited lofty levels, more so than other people who preceded them in earlier times. Remember this.

Rabbi Akiva was murdered so he could ascend to the Thought and correct the blemish.

Also know that even if a Soul from the mentioned Root of Cain were to come to this world for the first time, which is then referred to as New, it would still need to complete the Nefesh, Ruach, and Neshama of the blemish that occurred while it was included in the Soul of Cain when he sinned. It needs to correct and complete the Aspect of its portion in the mentioned Root.

A New Soul needs to correct its blemish from when it was included in Cain.

We explained earlier the concept of how the Positive Precepts and Negative Precepts relate to the 248 Limbs of the Soul of Adam, and that every Limb is inclusive of Flesh, Sinews, and Bones. Know that the Bones are the most elevated Aspect,

Bones, Sinews, and Flesh.

כְּשֶׁקַּיִן חָטָא כָּל הַנְּשָׁמוֹת הַתְּלוּיוֹת בּוֹ נִתְעָרְבוּ בַּקְּלִפּוֹת

עִנְיַן שֹׁרֶשׁ קַיִן, וּמִמֶּנּוּ תַּקִּישׁ לְשֹׁרֶשׁ הֶבֶל: דַּע, כִּי כָּל אֵלּוּ הַנִּיצוֹצוֹת שֶׁל נְשָׁמוֹת הַתְּלוּיוֹת בְּשֹׁרֶשׁ קַיִן, כֻּלָּם הָיוּ תְּלוּיִים בּוֹ בְּקַיִן. וְכַאֲשֶׁר חָטָא כָּל הַנִּיצוֹצוֹת הָהֵם נִתְעָרְבוּ בַּקְּלִפּוֹת, וְכָל הַנִּיצוֹצוֹת הַמְעֻלּוֹת וְהַחֲשׁוּבוֹת יָרְדוּ לְמַטָּה יוֹתֵר מִכָּל הַשְּׁאָר, כִּי אֵלּוּ נָפְלוּ לְעִמְקֵי הַקְּלִפּוֹת, לְפִי שֶׁעֲוֹן קַיִן הָיָה פּוֹגֵם בַּמַּחֲשָׁבָה הָעֶלְיוֹנָה, כַּנִּזְכָּר בְּסֵפֶר הַתִּקּוּנִין תִּקּוּן ס"ט.

אֶפְשָׁר לְהַשְׁפִּיל אֶת הַיָּד עַד הֶעָקֵב אוֹ לְהַעֲלוֹתָהּ עַד הָרֹאשׁ

וְהִנֵּה ר' עֲקִיבָא בֶּן יוֹסֵף, מְקוֹם אֲחִיזַת שֹׁרֶשׁ נַפְשׁוֹ הוּא בַּזְּרוֹעוֹת, בְּסוֹד "וְיָדוֹ אֹחֶזֶת בַּעֲקֵב עֵשָׂו", כַּמְבֹאָר בִּדְרוּשִׁים אֵלֶּה. וְהִנֵּה הַיָּד לִפְעָמִים הָאָדָם מַשְׁפִּיל אוֹתָהּ עַד הֶעָקֵב, וְלִפְעָמִים יְכוֹלָה לְהַעֲלוֹתָהּ עַד הָרֹאשׁ, מַה שֶּׁאֵין כֵּן בִּשְׁאָר אֵיבָרִים. וְלָכֵן אֵלּוּ הַזְּרוֹעוֹת נָפְלוּ לְעִמְקֵי הַקְּלִפּוֹת עַד הֶעָקֵב.

ר' עֲקִיבָא נֶהֱרַג כְּדֵי לַעֲלוֹת עַד הַמַּחֲשָׁבָה וּלְתַקֵּן הַפְּגָם

וְכַאֲשֶׁר ר' עֲקִיבָא נֶהֱרַג, נִתְעַלָּה וְעָלָה עַד הַמַּחֲשָׁבָה הָעֶלְיוֹנָה, וְזֶהוּ סוֹד מ"ש הקב"ה לְמֹשֶׁה רַבֵּנוּ ע"ה עַל הֲרִיגַת ר' עֲקִיבָא, "שְׁתֹק, כָּךְ עָלָה בְּמַחֲשָׁבָה", כְּדֵי לְתַקֵּן הַפְּגָם. וְנִמְצָא כִּי כָּל הַנְּשָׁמוֹת שֶׁהֵם מִבְּחִינוֹת אֵלּוּ הַזְּרוֹעוֹת יְכוֹלוֹת עַל יְדֵי מַעֲשֵׂיהֶם הַטּוֹבִים לַעֲלוֹת בְּמַעֲלָה רָמָה וְנִשָּׂאָה לְאֵין קֵץ, יוֹתֵר מִכַּמָּה אֲנָשִׁים שֶׁקָּדְמוּ אֲלֵיהֶם בַּזְּמַנִּים הָרִאשׁוֹנִים, וּזְכֹר זֶה.

נְשָׁמָה חֲדָשָׁה צְרִיכָה לְתַקֵּן מַה שֶּׁנִּפְגְּמָה כְּשֶׁהָיְתָה כְּלוּלָה בְּקַיִן

גַּם דַּע, כִּי אַף עַל פִּי שֶׁאֵיזוֹ נְשָׁמָה מִשֹּׁרֶשׁ קַיִן הַנִּזְכָּר תָּבֹא לָעוֹלָם הַזֶּה בַּפַּעַם הָרִאשׁוֹנָה, שֶׁאָז נִקְרֵאת חֲדָשָׁה, צָרִיךְ לְהַשְׁלִים נַפְשׁוֹ וְרוּחוֹ וְנִשְׁמָתוֹ מִמַּה שֶּׁנִּפְגְּמוּ בִּהְיוֹתָם כְּלוּלוֹת בְּנַפְשׁוֹ שֶׁל קַיִן כְּשֶׁחָטָא, וּצְרִיכָה לְתַקֵּן וּלְהַשְׁלִים בְּחִינַת חֶלְקָהּ אֲשֶׁר בַּשֹּׁרֶשׁ הַנִּזְכָּר.

עֲצָמוֹת, גִּידִים וּבָשָׂר

הִנֵּה נִתְבָּאֵר לְמַעְלָה בְּעִנְיַן הַמִּצְוֹת עֲשֵׂה וּמִצְוֹת לֹא תַעֲשֶׂה, אֵיךְ הֵם תְּלוּיִים בִּרְמַ"ח אֵיבְרֵי נִשְׁמַת אָדָם הָרִאשׁוֹן, וְאֵין לְךָ אֵבֶר שֶׁאֵינוֹ כָּלוּל מִן בָּשָׂר וְגִידִים וַעֲצָמוֹת. וְדַע, כִּי הָעֲצָמוֹת הִיא הַבְּחִינָה הַיּוֹתֵר

from the Aspect of the Marrow inside, and not the Aspect of the Bones themselves. Second in importance are the Sinews, since the life of a person runs through them, which is the blood running through the arteries of the human body. Also, they connect all the Limbs, making them stand as one Stature. The least of the three levels is the Flesh.

In every aspect there are Torah Scholars and simpletons.

Thus in every aspect of these three, which are Flesh, Sinews, and Bones, there are Souls. They are considered to be the Roots of that Aspect, which are the Torah Scholars that are there, and around them extend the Branches, which are the business people, the working class, and the simpletons. This concept applies to each of these three Aspects within each and every Limb. Know that there are Limbs that are long, such as the Arms and Thighs, so then there are large spaces between the Souls that are contained in that Limb. However, regarding the Limb of the Shoulder, or similar to it, all the Torah Scholars that are there are connected together and are incredibly close to each other.

מְעֻלָּה בִּבְחִינַת הַמֹּחַ שֶׁבְּתוֹכוֹ בִּפְנִים, וְלֹא בִּבְחִינַת הָעֲצָמוֹת עַצְמָן. וְאַחֲרָיו בְּמַעֲלָה הֵם הַגִּידִים, יַעַן כִּי חִיּוּת הָאָדָם עוֹבֵר בְּתוֹכָם, שֶׁהוּא הַדָּם הַמִּתְפַּשֵּׁט בְּתוֹךְ הָעוֹרְקִים שֶׁל גּוּף הָאָדָם, וְגַם כִּי הֵם מְקַשְּׁרִים כָּל הָאֵיבָרִים כֻּלָּם וּמַעֲמִידִים אוֹתָם בִּבְחִינַת קוֹמָה אַחַת. וְהַגָּרוּעַ שֶׁבִּשְׁלָשְׁתָּם הוּא הַבָּשָׂר.

בְּכָל בְּחִינָה יֵשׁ תַּלְמִידֵי חֲכָמִים וְעַמֵּי הָאָרֶץ

וְהִנֵּה בְּכָל בְּחִינָה מֵאֵלּוּ הַשְּׁלֹשָׁה, שֶׁהֵם בָּשָׂר וְגִידִים וַעֲצָמוֹת, יֵשׁ בָּהֶם נְשָׁמוֹת הַנִּקְרָאִים שָׁרְשֵׁי הַבְּחִינָה הַהִיא, וְהֵם הַתַּלְמִידֵי חֲכָמִים אֲשֶׁר שָׁם, וּסְבִיבוֹתֵיהֶם נִמְשָׁכִים הָעֲנָפִים, שֶׁהֵם הַבַּעֲלֵי בָּתִּים וּבַעֲלֵי מַעֲשֶׂה וְעַמֵּי הָאָרֶץ. וְעִנְיָן זֶה שַׁיָּךְ בְּכָל בְּחִינָה מֵאֵלּוּ הַשְּׁלֹשָׁה שֶׁבְּכָל אֵבֶר וְאֵבֶר. וְדַע, כִּי יֵשׁ אֵיבָרִים אֲרֻכִּים כְּמוֹ הַזְּרוֹעוֹת וְהַשּׁוֹקַיִם, וְאָז יֵשׁ הֶרְחֵק גָּדוֹל בֵּין הַנְּפָשׁוֹת אֲשֶׁר בָּאֵבֶר הַהוּא בֵּין זוֹ לָזוֹ. אֲבָל מִי שֶׁהוּא מִן אֵבֶר הַכָּתֵף וְכַיּוֹצֵא בוֹ, הִנֵּה כָּל הַתַּלְמִידֵי חֲכָמִים אֲשֶׁר שָׁם מְחֻבָּרִים יַחַד וּקְרוֹבִים זֶה לָזֶה קִרְבָה גְּדוֹלָה.

TWENTY-NINTH INTRODUCTION

Concerning the Creation of Adam and His Offspring. Know that if Adam, who was created on the Sixth Day, had waited and delayed to unite with his wife Eve until the night of Shabbat, all of the Worlds would have been corrected, as I have informed you. However, since on that day, which was a regular weekday, he went to bed and begot children, therefore Cain was born a mixture of good and evil, as we will explain. Furthermore, had Cain not sinned, he would have been the firstborn, and he and his twin sister would have been like Chochmah and Binah, and Abel and his twin sister would have been like Tiferet and Malchut.

In the same way, Esau and Jacob came later and were like Cain and Abel. Had Esau been a Tzadik and proper, he would have had an advantage over Jacob since he was the firstborn in the position of Chochmah, and Jacob in the position of Tiferet. However, since Esau sinned, the birthright was taken from him and Jacob received double—his part and the part of his brother Esau. Therefore he is called Yaakov corresponding to Tiferet, and Yisrael corresponding to Chochmah. With this, you can understand the meaning behind "Isaac loved Esau because prey [venison] was in his mouth...." (Genesis 25:28)

Returning to the topic, when Adam sinned on the eve of Shabbat, due to which the snake had the ability to cast filth into his wife Eve, then Cain and Abel were born with a mixture of Good and Evil. However, there was a difference between them. Cain was mostly Evil with a little bit of Good, whereas Abel was the opposite. This concept is mentioned by us in many places, and I need to inform you about what "mostly" and "a little bit" means, and remember it.

The Sin of Adam and the Sin of Cain.

Esau and Jacob resembled Cain and Abel.

Cain is mostly Evil and Abel is mostly Good.

הַקְדָּמָה כ"ט

חֵטְא אָדָם וְחֵטְא קַיִן

בְּעִנְיַן בְּרִיאַת אָדָם הָרִאשׁוֹן וְתוֹלְדוֹתָיו: דַּע, כִּי אִם אָדָם הָרִאשׁוֹן כַּאֲשֶׁר נִבְרָא בְּיוֹם שִׁשִּׁי, הָיָה מִתְעַכֵּב וּמַמְתִּין מִלְּהִזְדַּוֵּג עִם חַוָּה אִשְׁתּוֹ עַד לֵיל שַׁבָּת, הָיוּ כָּל הָעוֹלָמוֹת נִתְקָנִים כְּמוֹ שֶׁהוֹדַעְתִּיךָ. וּלְפִי שֶׁבּוֹ בַּיּוֹם שֶׁהָיָה חֹל עָלָה לַמִּטָּה וְהוֹלִיד, לָכֵן יָצָא קַיִן מְעֹרָב טוֹב בְּרַע, כְּמוֹ שֶׁיִּתְבָּאֵר. גַּם אִם קַיִן לֹא הָיָה חוֹטֵא, הָיָה הוּא הַבְּכוֹר, וְהָיָה הוּא וּתְאוֹמָתוֹ כְּדֻגְמַת חָכְמָה וּבִינָה, וְהָיוּ הֶבֶל וּתְאוֹמָתוֹ כְּדֻגְמַת תִּפְאֶרֶת וּמַלְכוּת.

עֵשָׂו וְיַעֲקֹב כְּדֻגְמַת קַיִן וְהֶבֶל

וְכֵן עַל דֶּרֶךְ זֶה יָצְאוּ אַחַר כָּךְ עֵשָׂו וְיַעֲקֹב כְּדֻגְמַת קַיִן וְהֶבֶל. וְאִלּוּ הָיָה עֵשָׂו רָאוּי וְצַדִּיק הָיָה לוֹ יִתְרוֹן עַל יַעֲקֹב, כִּי הָיָה הַבְּכוֹר בִּמְקוֹם חָכְמָה וְיַעֲקֹב בִּמְקוֹם תִּפְאֶרֶת. וְכֵיוָן שֶׁחָטָא עֵשָׂו נִטְּלָה מִמֶּנּוּ הַבְּכוֹרָה, וְנָטַל יַעֲקֹב פִּי שְׁנַיִם, חֶלְקוֹ וְחֵלֶק אָחִיו עֵשָׂו, וְלָכֵן נִקְרָא יַעֲקֹב כְּנֶגֶד תִּפְאֶרֶת, וְיִשְׂרָאֵל כְּנֶגֶד חָכְמָה. גַּם בָּזֶה תָּבִין עִנְיַן "וַיֶּאֱהַב יִצְחָק אֶת עֵשָׂו".

קַיִן רֻבּוֹ רַע וְהֶבֶל רֻבּוֹ טוֹב

וְנַחֲזֹר לָעִנְיָן, כִּי כַּאֲשֶׁר חָטָא אָדָם בְּעֶרֶב שַׁבָּת, ועי"כ הָיָה כֹּחַ בַּנָּחָשׁ לְהַטִּיל זֻהֲמָא בְּחַוָּה אִשְׁתּוֹ, וְאָז נוֹלְדוּ קַיִן וְהֶבֶל מְעֹרָבִים מִטּוֹב וָרָע, אַךְ הָיָה שִׁנּוּי בֵּינֵיהֶם, וְהוּא, כִּי קַיִן הָיָה רֻבּוֹ רַע וּמִעוּטוֹ טוֹב, וְהֶבֶל הָיָה לְהֶפֶךְ. וְאָמְנָם זֶה הָעִנְיָן הַזְּכַּר אֶצְלֵנוּ בְּהַרְבֵּה מְקוֹמוֹת, וְצָרִיךְ לְהוֹדִיעֲךָ בֵּאוּרוֹ וּמָה עִנְיַן רֻבּוֹ אוֹ מִעוּטוֹ, וְזָכְרֵהוּ.

Know that Cain had within him Nefesh, Ruach, and Neshamah from Briyah, Yetzirah, and Asiyah of Holiness, and these three became intermingled with the Nefesh, Ruach, and Neshamah in the Klipot of Evil. Abel also had within him Nefesh, Ruach, and Neshamah of Holiness, as mentioned about Cain. However, the Evil mixture of Klipah intermingled only with his Nefesh and Ruach. The Neshamah remained completely Good, without any mixture of Evil. This is the idea of saying "mostly Good with a little bit of Evil," since it was not evenly equal in his three Parts. However, [in the case of] Cain, all three were intermingled Good with Evil.

The Nefesh, Ruach, and Neshamah of Cain intermingled with Evil, and only the Nefesh and Ruach of Abel intermingled with Evil.

We will put the explanation of the Reincarnations of Cain aside for now and explain about the Reincarnation of his brother Abel. As we already explained, a Ruach cannot reincarnate until the Nefesh comes first as a Reincarnation and gets completely corrected. Then, the Ruach comes as a Reincarnation to be corrected. After the correction of the Ruach, the Neshamah reincarnaties. Abel had within him Nefesh and Ruach that were damaged and mixed with Good and Evil but the Neshamah was completely Good.

Then, when it reincarnated in order to correct, the Nefesh first began to reincarnate in accordance with the mentioned order and was given to Adam's son, Seth. Then the Evil within it departed and was given to the evil Bilaam. These two Aspects, the Good and the Evil of the Nefesh that were included in Abel, are alluded to in his name. The Good in it is the Hei of Hevel (הבל; Abel), and this was given to Shet (שת; Seth), as mentioned. This is the secret of: "...You placed (*shatah*; שתה) all things under his feet." (Psalms 8:7) The letters of "you placed" (*shatah*) are Shet (שת) and Hei (ה). You already know that this Psalm was said about Moses, of whom it is said: "...You have made him slightly less than God..." (Psalms 8:6) and he is Seth himself, as we will explain.

The Good of Abel reincarnated as Seth and the Evil was given to Bilaam.

נֶפֶשׁ רוּחַ וּנְשָׁמָה שֶׁל קַיִן נִתְעָרְבוּ בָּרַע, וְרַק נֶפֶשׁ וְרוּחַ שֶׁל הֶבֶל נִתְעָרְבוּ בָּרַע

דַּע, כִּי קַיִן הָיָה בּוֹ נר"ן מבי"ע דִּקְדֻשָּׁה, וּשְׁלֹשָׁה אֵלּוּ נִתְעָרְבוּ בַּקְּלִפּוֹת דְּרַע בנר"ן. אָמְנָם הֶבֶל הָיוּ בּוֹ נר"ן קְדוֹשׁוֹת כַּנִּזְכָּר בְּקַיִן, אָמְנָם תַּעֲרֹבֶת הָרַע שֶׁל הַקְּלִפָּה לֹא נִתְעָרְבָה רַק בְּנֶפֶשׁ וּבְרוּחַ שֶׁבּוֹ, אֲבָל הַנְּשָׁמָה כֻּלָּהּ הָיְתָה טוֹב בְּלִי תַּעֲרֹבֶת רַע. וְזֶה עִנְיַן אָמְרוֹ רֻבּוֹ טוֹב וּמִעוּטוֹ רַע, כִּי לֹא הָיָה שָׁוֶה בְּשָׁוֶה בִּשְׁלֹשָׁה חֲלָקָיו. אָמְנָם קַיִן הָיוּ שְׁלָשְׁתָּם מְעֹרָבִים טוֹב בְּרַע.

וְנַנִּיחַ עַתָּה מִלְּבָאֵר גִּלְגּוּלֵי קַיִן, וּנְבָאֵר גִּלְגּוּל הֶבֶל אָחִיו. כְּבָר נִתְבָּאֵר אֶצְלֵנוּ, כִּי אֵין הָרוּחַ מִתְגַּלְגֵּל עַד אֲשֶׁר תִּתְגַּלְגֵּל הַנֶּפֶשׁ בַּתְּחִלָּה וְתֻשְׁלַם לְהִתָּקֵן, וְאַחַר כָּךְ בָּא הָרוּחַ וּמִתְגַּלְגֵּל לְהִתָּקֵן, וְאַחַר תִּקּוּן הָרוּחַ מִתְגַּלְגֶּלֶת הַנְּשָׁמָה. וְהִנֵּה הֶבֶל הָיוּ בּוֹ נֶפֶשׁ וְרוּחַ מְקֻלְקָלִים וּמְעֹרָבִים רַע בְּטוֹב, אֲבָל הַנְּשָׁמָה הָיְתָה טוֹבָה לְגַמְרֵי.

הַטּוֹב שֶׁל נֶפֶשׁ הֶבֶל הִתְגַּלְגֵּל בְּשֵׁת, וְהָרַע נִתַּן לְבִלְעָם

וְהִנֵּה כַּאֲשֶׁר נִתְגַּלְגֵּל כְּדֵי לְהִתָּקֵן, הִנֵּה הִתְחִילָה הַנֶּפֶשׁ לְהִתְגַּלְגֵּל כַּסֵּדֶר הַנִּזְכָּר, וְנִתְּנָה לְשֵׁת בְּנוֹ שֶׁל אָדָם, וְאָז נִסְתַּלֵּק מִמֶּנָּה הָרַע שֶׁבָּהּ וְנִתְּנָה בְּבִלְעָם הָרָשָׁע. וְהִנֵּה ב' בְּחִינוֹת הָאֵלּוּ, הַטּוֹב וְהָרַע שֶׁל הַנֶּפֶשׁ, שֶׁהָיוּ כְּלוּלִים בְּהֶבֶל, נִרְמְזוּ בִּשְׁמוֹ. כִּי הַטּוֹב שֶׁבָּהּ הִיא ה' שֶׁל הֶבֶל, וְזוֹ נִתְּנָה לְשֵׁת כַּנִּזְכָּר, וְזֶהוּ סוֹד "כֹּל שַׁתָּה תַחַת רַגְלָיו", אוֹתִיּוֹת "שַׁתָּה" הֵם שֵׁת ה', וּכְבָר יָדַעְתָּ כִּי מִזְמוֹר זֶה נֶאֱמַר עַל מֹשֶׁה, שֶׁעָלָיו נֶאֱמַר "וַתְּחַסְּרֵהוּ מְּעַט מֵאֱלֹהִים". וְהִנֵּה הוּא שֵׁת עַצְמוֹ כְּמוֹ שֶׁיִּתְבָּאֵר.

The Evil in the Nefesh of Hevel (הבל; Abel) is represented by the two letters Bet-Lamed (בל), and this is the secret of: "...and laws they do not (*bal*; בל) know...." (Psalms 147:20) The two letters [בל] refer to the Klipot, and these two letters were given to Bilaam, Bet-Lamed (בל) of Bilaam (בלעם).

When the Evil is sorted out of the Good, there is always a bit of Holiness in it.

I have already informed you that even the Evil Aspect, when it becomes refined and sorted out from the Good must, out of necessity, be mixed with some Sparks of Holiness. This is the secret of [how] Bilaam was a prophet, due to these Sparks. This is also the secret of what our sages said that "...he was equal to Moses." (Midrash Raba, Numbers 20) This is because they were from one Aspect because Moses was also from Seth, from his Good part, as will be explained. Therefore the little good that was in Bilaam reincarnated and was given to Naval the Carmelite, and there he began correcting.

Bilaam reincarnated as a stone to correct his evil speech.

Since Bilaam's only power was related to his mouth through evil speech and cursing, therefore when Pinchas killed him he reincarnated into an inanimate rock to correct the evil speech that came from his mouth, which is the opposite of inanimate (*domem*, also: mute), as was explained by us about people who reincarnate into the Inanimate, Vegetable, Animal, and Human Kingdoms.

Naval further corrupted what he damaged as Bilaam.

When Naval held onto his ways and did further damage by speaking evil about King David, saying: "... 'Who is David and who is the son of Jesse?'..." (Samuel I 25:10) and on the contrary repeated corrupting where he had damaged before, not only did he not correct but he corrupted. Therefore it says about him: "...and he became as a stone." (Samuel I 25:37) because his Soul (*mazal*) saw that he was previously reincarnated into an inanimate stone, as mentioned. Now, since he created further damage, "...his heart died within him...." (Ibid.)

וְהָרַע שֶׁבְּנֶפֶשׁ הֶבֶל הֵם שְׁתֵּי אוֹתִיּוֹת ב"ל, וְזֶהוּ סוֹד "וּמִשְׁפָּטִים בַּל יְדָעוּם", כִּי אוֹתִיּוֹת אֵלּוּ מוֹרִים עַל הַקְּלִפּוֹת, וְאֵלּוּ שְׁתֵּי אוֹתִיּוֹת נִתְּנוּ אֶל בִּלְעָם, ב"ל מִן בִּלְעָם. כִּי בְּבִלְעָם נִתְעָרֵב תַּעֲרֹבֶת רַע שֶׁבְּע"מ דַּעֲמָלֵק הַבָּא מִן קַיִן מֵהָרַע שֶׁבּוֹ, וּשְׁנֵיהֶם נִקְרָאִים בִּלְעָם.

כְּשֶׁהָרַע נִבְרָר מִתּוֹךְ הַטּוֹב תָּמִיד יֵשׁ בָּהּ קְצָת קְדֻשָּׁה

וּכְבָר הוֹדַעְתִּיךָ, כִּי אֲפִלּוּ בְּחִינַת הָרַע, כַּאֲשֶׁר מִצְטָרֶפֶת וְנִבְרֶרֶת מִתּוֹךְ הַטּוֹב, בְּהֶכְרֵחַ הוּא שֶׁיִּהְיֶה בָּהּ קְצָת עֵרוּב נִיצוֹצֵי קְדֻשָּׁה, וְזֶהוּ סוֹד בִּלְעָם, שֶׁהָיָה נָבִיא מִכֹּחַ הַנִּיצוֹצוֹת הָאֵלּוּ. גַּם ז"ס שֶׁאָמְרוּ רַזַ"ל שֶׁהָיָה שָׁקוּל כְּמֹשֶׁה, וְזֶה לִהְיוֹתָם מִבְּחִינָה אַחַת, כִּי גַּם מֹשֶׁה הָיָה מִן שֵׁת מֵהַטּוֹב שֶׁבּוֹ, כְּמוֹ שֶׁיִּתְבָּאֵר. וְלָכֵן נִתְגַּלְגֵּל הַטּוֹב הַמּוּעָט שֶׁהָיָה בְּבִלְעָם וְנִתַּן בְּנָבָל הַכַּרְמְלִי, וְשָׁם הִתְחִיל לְהִתָּקֵן.

בִּלְעָם נִתְגַּלְגֵּל בְּאֶבֶן כְּדֵי לְתַקֵּן לָשׁוֹן הָרָע

וּלְפִי שֶׁבִּלְעָם אֵין כֹּחוֹ אֶלָּא בְּפִיו בְּלָשׁוֹן הָרָע וּבִקְלָלוֹת, לָכֵן כְּשֶׁהֲרָגוֹ פִּנְחָס נִתְגַּלְגֵּל בְּאֶבֶן דּוֹמֵם, לְתַקֵּן לָשׁוֹן הָרָע שֶׁהוּא הֵפֶךְ הַדּוֹמֵם. וּכְמוֹ שֶׁנִּתְבָּאֵר אֶצְלֵנוּ גִּלְגּוּלֵי הָאָדָם בְּדוֹמֵם וּבְצוֹמֵחַ וּבְחַי וּבִמְדַבֵּר.

נָבָל הַכַּרְמְלִי הוֹסִיף לְקַלְקֵל מַה שֶּׁפָּגַם בִּהְיוֹתוֹ בִּלְעָם

וְכַאֲשֶׁר נָבָל אָחַז דַּרְכּוֹ, וּפָגַם יוֹתֵר בְּלָשׁוֹן הָרָע עַל דָּוִד הַמֶּלֶךְ ע"ה בְּאָמְרוֹ "מִי דָוִד וּמִי בֶן יִשָׁי" וְכוּ', וְאַדְּרַבָּה חָזַר וְקִלְקֵל אֶת אֲשֶׁר עִוְּתוֹ מִתְּחִלָּה, וְלֹא דַּי שֶׁלֹּא תִּקֵּן אֶלָּא שֶׁקִּלְקֵל, לָכֵן כְּתִיב בּוֹ וַיְהִי לְאָבֶן ("וְהוּא הָיָה לְאָבֶן"), כִּי מַזָּלֵיהּ חָזֵי, מַה שֶּׁנִּתְגַּלְגֵּל תְּחִלָּה וְהָיָה לְאֶבֶן דּוֹמֵם כַּנִּזְכָּר, וְרָאָה שֶׁקִּלְקֵל יוֹתֵר, וְאָז "וַיָּמָת לִבּוֹ בְּקִרְבּוֹ".

Thus it was explained that the Good of the Nefesh of Abel was given to Seth, and there it completely corrected. And the Evil of the Nefesh of Abel, which still had some Sparks of Holiness in it, reincarnated into Bilaam, and then into Naval. Therefore within Naval (נבל) there are the letters Bet- Lamed (בל) from Bilaam (בלעם) and from Hevel [הבל; Abel].

The Ruach of Abel went to Noah and his three sons.

After the Nefesh is completely corrected, then the Ruach can already be corrected. Yet it is known that the Ruach comes from the Six Corners: Chesed, Gevurah, Tiferet, Netzach, Hod, and Yesod. However, its collective is Three Columns: Right, Left, and Central. Thus this Ruach reincarnated into Noah the Righteous, who was the Aspect of the spreading of the Six Corners of Tiferet. Afterwards, when he fathered three sons, the Ruach that includes the Three Columns, as mentioned, reincarnated in the three of them. They are: Yefet corresponding to Chesed, Cham corresponding to Gevurah, and Shem corresponding to Tiferet. This Aspect of Tiferet within Shem is the Aspect of the Sefirah of Tiferet Itself, which also has within it the collective of all Six Corners [Sefirot].

Reincarnation of Cham as Tavi.

However, this Ruach was not corrected, and the Evil within it was not completely sorted out, like the Nefesh was corrected in Seth, as we mentioned. And because it still remained mixed with Good and Evil, therefore from Cham son of Noah emerged Tavi, the servant of Raban Gamliel. Therefore he was called Tavi (טבי) for he was from the Aspect of the Good (*tov*; טוב) that was still mixed with Evil, which was now given to Tavi. (Tractate Berachot 16b)

The Neshamah of Abel that was not mixed with Evil was given to Moses.

Afterwards, the Neshamah reincarnated into Moses. Since there was never within it a mixture of any Evil Klipah, as mentioned earlier, and it was Good without Evil, therefore concerning him it says: "...she saw that he was good..." (Exodus 2:2) unlike the Nefesh and Ruach that were mixed with Good and Evil, as mentioned.

וַהֲרֵי נִתְבָּאֵר, כִּי נֶפֶשׁ הַטּוֹב דְּהֶבֶל נִתְּנָה לְשֵׁת וְשָׁם נִתְקְנָה לְגַמְרֵי, וְנֶפֶשׁ הָרַע דְּהֶבֶל אֲשֶׁר עֲדַיִן הָיוּ בָּהּ קְצָת נִיצוֹצֵי קְדֻשָּׁה נִתְגַּלְגְּלָה בְּבִלְעָם, וְאַחַר כָּךְ בְּנָבָל, וְלָכֵן יֵשׁ בּוֹ בְּנָבָל אוֹתִיּוֹת ב"ל מִבִּלְעָם וְהֶבֶל.

הָרוּחַ שֶׁל הֶבֶל בָּאָה בְּנֹחַ וּבְג' בָּנָיו

וְאַחַר שֶׁנִּתְקְנָה הַנֶּפֶשׁ לְגַמְרֵי, אָז כְּבָר יָכוֹל הָרוּחַ לְהִתָּקֵן. וְאָמְנָם נוֹדַע, כִּי הָרוּחַ בָּא מִשֵּׁשׁ קְצָווֹת: חג"ת נה"י, אֲבָל כְּלָלוּתוֹ הוּא שְׁלֹשָׁה קַוִּים: יָמִין וּשְׂמֹאל וְאֶמְצַע. וְאָמְנָם הָרוּחַ הַזֶּה נִתְגַּלְגֵּל בְּנֹחַ הַצַּדִּיק, וְהוּא בְּחִינַת הִתְפַּשְּׁטוּת הו"ק שֶׁל הַתִּפְאֶרֶת. וְאַחַר כָּךְ כְּשֶׁהוֹלִיד שְׁלֹשָׁה בָּנִים, אָז הָרוּחַ הַכּוֹלֵל שְׁלֹשָׁה קַוִּים כַּנִּזְכָּר נִתְגַּלְגֵּל בִּשְׁלָשְׁתָּם, וְהֵם: יֶפֶת כְּנֶגֶד חֶסֶד, חָם כְּנֶגֶד גְּבוּרָה, שֵׁם כְּנֶגֶד הַתִּפְאֶרֶת. וְזוֹ הַבְּחִינָה שֶׁל הַתִּפְאֶרֶת שֶׁבְּשֵׁם, הִיא בְּחִינַת סְפִירַת הַתִּפְאֶרֶת בְּעַצְמָהּ, אֲשֶׁר גַּם בָּהּ יֵשׁ כְּלָלוּת כָּל הו"ק כַּנּוֹדָע.

גִּלְגּוּל חָם בְּטָבִי

וְאָמְנָם הָרוּחַ הַזֶּה לֹא נִתְקַן וְלֹא הֻבְרַר הָרַע שֶׁבּוֹ לְגַמְרֵי כְּמוֹ שֶׁנִּתְקְנָה הַנֶּפֶשׁ בְּשֵׁת כַּנִּזְכָּר, וְלָכֵן כֵּיוָן שֶׁעֲדַיִן נִשְׁאַר מְעֹרָב מִטּוֹב וָרָע, לָכֵן מִן חָם בֶּן נֹחַ יָצָא טָבִי עַבְדּוֹ שֶׁל רַבָּן גַּמְלִיאֵל, וְלָכֵן נִקְרָא טָבִי, עַל שֵׁם שֶׁהוּא מִבְּחִינַת הַטּוֹב שֶׁהָיְתָה עֲדַיִן מְעֹרֶבֶת בָּרַע, וְעַתָּה נִתְּנָה בְּטָבִי.

נִשְׁמַת הֶבֶל שֶׁלֹּא נִתְעָרְבָה בָּרַע נִתְּנָה בְּמֹשֶׁה רַבֵּנוּ

אַחַר כָּךְ נִתְגַּלְגְּלָה הַנְּשָׁמָה בְּמֹשֶׁה רַבֵּנוּ ע"ה, וּלְפִי שֶׁמֵּעוֹלָם לֹא נִתְעָרֵב בָּהּ שׁוּם קְלִפָּה דְּרַע כַּנִּזְכָּר לְעֵיל, וְהָיָה טוֹב בְּלִי רַע, לָכֵן נֶאֱמַר בּוֹ "וַתֵּרֶא אֹתוֹ כִּי טוֹב הוּא", לְאַפּוֹקֵי הַנֶּפֶשׁ וְהָרוּחַ שֶׁהָיוּ מְעֹרָבִים מִטּוֹב וָרָע כַּנִּזְכָּר.

Indeed, I already informed you that as long as the Nefesh is not completely corrected the Ruach cannot come, and thus the Neshamah cannot come until the Ruach gets corrected. Nevertheless once the Ruach gets corrected, the already corrected Nefesh can now come and join with the corrected Ruach. Therefore, once the Neshamah is corrected, the Nefesh and Ruach that were previously already corrected can come and join with the corrected Neshamah.

The Nefesh and Ruach joined the Neshamah of Moses.

Thus Moses, whose Neshamah was corrected, could now have the already corrected Nefesh and Ruach enter him, as mentioned. Therefore all of the Aspects of the Reincarnations of the Nefesh and Ruach are alluded to in Moshe (משה; Moses) in the following way: the Shin (ש) of Shet (שת; Seth) is in Moshe (משה) and the two letters Shem (שם) [Noah's son] are all in Moshe (משה; Moses), and the Hei (ה) from Hevel (הבל) is in Moshe (משה).

With this you can understand the verse: "See, You say... And You have said, 'I know you by name (*shem*).'" (Exodus 33:12) But this saying cannot be found in any other verse. Rather it alludes to the fact that Shem [the son of Noah] reincarnated into Moses. About him [the verse] alludes to in: "...You have said, 'I *know* you by name (*shem*).'" (Ibid.) Noah, too, reincarnated into him [Moses]. About him does it allude to in: "...and you have *found* grace (*chen*; חן; Chet-Nun) in My eyes" (Exodus 33:13), which are the letters of Noach (נח; Nun-Chet) backwards.

The Aspect of Shem was revealed to Moses.

Since Shem (שם) was revealed in the letters of Moshe (משה) the term "knowing" is used, as it says in the verse: "... 'I *know* you by name (*shem*)'...." (Exodus 33:12) Meaning, it is known and revealed. However, with Noach, whose name is not alluded to in Moshe, "knowing" is not mentioned but rather "finding" is used: "And you have *found* grace (*chen*; חן)..." (Exodus 33:12) as with someone who finds something hidden and concealed. Therefore he repeated this, saying, "If now I have indeed *found* grace (*chen*; חן) in Your eyes, make Your ways *known* to me." (Exodus 33:13) He did not say, "If now You know me by name

וְאָמְנָם כְּבָר הוֹדַעְתִּיךָ, כִּי הֲגַם שֶׁכָּל זְמַן שֶׁאֵין הַנֶּפֶשׁ נִתְקֶנֶת לְגַמְרֵי אֵין הָרוּחַ בָּא עַד שֶׁתִּתָּקֵן הַנֶּפֶשׁ, וְכֵן אֵין הַנְּשָׁמָה בָּאָה עַד שֶׁיִּתָּקֵן הָרוּחַ, הַאָמְנָם אַחַר שֶׁכְּבָר נִתְקַן הָרוּחַ יְכוֹלָה הַנֶּפֶשׁ שֶׁכְּבָר נִתְקְנָה בַּתְּחִלָּה לָבֹא עַתָּה לְהִתְחַבֵּר עִם הָרוּחַ הַנִּתְקָן. וְלָכֵן אַחַר שֶׁנִּתְקְנָה הַנְּשָׁמָה, יְכוֹלִים הַנֶּפֶשׁ וְהָרוּחַ שֶׁכְּבָר נִתְקְנוּ בַּתְּחִלָּה לָבֹא עַתָּה וּלְהִתְחַבֵּר עִם הַנְּשָׁמָה הַנִּתְקֶנֶת.

נֶפֶשׁ וְרוּחַ הִצְטָרְפוּ לְנִשְׁמַת מֹשֶׁה

וְהִנֵּה מֹשֶׁה, שֶׁהַנְּשָׁמָה שֶׁלּוֹ הָיְתָה נִתְקֶנֶת, יָכְלוּ לָבֹא בּוֹ גַּם הַנֶּפֶשׁ וְהָרוּחַ שֶׁכְּבָר נִתְקְנוּ כַּנִּזְכָּר, וְלָכֵן כָּל הַבְּחִינוֹת שֶׁל גִּלְגּוּלֵי הַנֶּפֶשׁ וְהָרוּחַ נִרְמְזוּ בְּמֹשֶׁה בְּאֹפֶן זֶה: כִּי הִנֵּה ש' שֶׁל שֵׁת הִיא בְּמֹשֶׁה, וּשְׁתֵּי אוֹתִיּוֹת שֵׁם כֻּלָּם בְּמֹשֶׁה, וְה' שֶׁל הֶבֶל הִיא בְּמֹשֶׁה.

וּבָזֶה תָּבִין פָּסוּק "רְאֵה אַתָּה אֹמֵר אֵלַי וְכוּ', וְאַתָּה אָמַרְתָּ יְדַעְתִּיךָ בְשֵׁם", וְלֹא נִמְצֵאת אֲמִירָה זוֹ נִזְכֶּרֶת בְּשׁוּם פָּסוּק, אֲבָל יִרְמֹז אֶל הַנִּזְכָּר כִּי שֵׁם נִתְגַּלְגֵּל בְּמֹשֶׁה, וְעָלָיו רָמַז "וְאַתָּה אָמַרְתָּ יְדַעְתִּיךָ בְשֵׁם". גַּם נֹחַ נִתְגַּלְגֵּל בּוֹ, וְעָלָיו רָמַז "וְגַם מָצָאתָ חֵן בְּעֵינָי", הֵם אוֹתִיּוֹת נֹחַ לְמַפְרֵעַ.

בְּחִינַת שֵׁם הָיְתָה גְּלוּיָה לְמֹשֶׁה

וְיַעַן הֱיוֹת שֵׁם נִגְלֶה בְּאוֹתִיּוֹת מֹשֶׁה, הִזְכִּיר בּוֹ יְדִיעָה, "יְדַעְתִּיךָ בְשֵׁם", שֶׁהוּא נוֹדָע וְנִגְלֶה. אֲבָל בְּנֹחַ, שֶׁלֹּא נִרְמַז שְׁמוֹ בְּמֹשֶׁה, לֹא הִזְכִּיר בּוֹ יְדִיעָה אֶלָּא מְצִיאָה, "וְגַם מָצָאתָ חֵן", כְּמִי שֶׁמּוֹצֵא מְצִיאָה טְמוּנָה וְנִסְתֶּרֶת. וְלָכֵן חָזַר וְאָמַר "וְעַתָּה אִם נָא מָצָאתִי חֵן בְּעֵינֶיךָ

(*shem*), and if I found grace" since the Aspect of Shem was already clear to him, as it was already revealed and alluded to in his name.

However, [regarding] the Aspect of Noah [Moses says], "I don't know if it is included in me, as it is not alluded to in my name. Therefore if Noah is also included in me, through: '...I have *found* grace (*chen*; חן) in Your eyes...' which is the exchange of Noah (נח), '...make Your way *known* to me, and I will know You, so that I may find grace (*chen*) in Your eyes.' so that also with respect to Noah I will clearly know that 'I have found grace (*chen*) in Your eyes,' as he is included in me."

Moses asked the Creator if the Aspect of Noah was also included in him.

[Rav] Shmuel [Vital] said: "I have further found scattered compilations here and there regarding these concepts that apply to Adam. I decided to include them here even though they lack relevance at this juncture."

Know that before Adam sinned, he had the entirety of all Four Worlds: Atzilut, Briyah, Yetzirah, and Asiyah, with all Five Aspects of each world, which are: Yechidah, Chayah, Neshamah, Ruach, and Nefesh. After he sinned, some of them left him and returned to their place in the Holiness. This is the First Level. Some of them remained within Adam and the Klipot did not have control over them, and this is the Second Level. Some of them shed off of him and fell into the Klipot; the Male Souls that were in Adam fell into the Male Klipah, and Female Souls that were in Eve fell into the Female Klipah, and this is the Third Level.

Three Aspects departed from Adam when he sinned.

Know that the Second Level is divided into two. The first includes the Souls that remained in Adam for the sake of his own body and the second includes the Souls that remained within him, until his sons Cain and Abel were born and then he bequeathed them [to his sons] and gave [those Souls] over to them.

The Second Level.

הוֹדִעֵנִי" וְכוּ', וְלֹא אָמַר אִם נָא יְדַעְתָּנִי בְּשֵׁם, וְאִם מָצָאתִי חֵן, לְפִי שֶׁבְּחִינַת שֵׁם כְּבָר הָיְתָה פְּשׁוּטָה לוֹ, כֵּיוָן שֶׁנִּרְמְזָה וְנִגְלֵית בִּשְׁמוֹ.

מֹשֶׁה שָׁאַל אֶת הַבּוֹרֵא אִם גַּם בְּחִינַת נֹחַ כָּלוּל בּוֹ

אֲבָל בְּחִינַת נֹחַ אֵינִי יוֹדֵעַ אִם הִיא כְּלוּלָה בִּי, כֵּיוָן שֶׁלֹּא נִרְמַז בִּשְׁמִי, וְלָכֵן אִם גַּם נֹחַ כָּלוּל בִּי ועי"כ מָצָאתִי חֵן בְּעֵינֶיךָ תְּמוּרַת נֹחַ "הוֹדִעֵנִי נָא אֶת דְּרָכֶךָ וְאֵדָעֲךָ לְמַעַן אֶמְצָא חֵן בְּעֵינֶיךָ", כִּי גַּם בְּעִנְיַן נֹחַ תִּהְיֶה לִי יְדִיעָה מְבֹרֶרֶת שֶׁמָּצָאתִי חֵן בְּעֵינֶיךָ לִהְיוֹת נִכְלָל בִּי.

אָמַר שְׁמוּאֵל: עוֹד מָצָאתִי לִקּוּטִים מְפֻזָּרִים, נָעִים וְנָדִים מֵהַדְּרוּשִׁים הנז' בְּאָדָם הָרִאשׁוֹן, וְאָמַרְתִּי לְהַעְתִּיקָם פֹּה אַף עַל פִּי שֶׁאֵין לָהֶם שַׁיָּכוּת כָּל כָּךְ פֹּה, וְזֶה לְשׁוֹנוֹ.

ג' בְּחִינוֹת נִסְתַּלְּקוּ מֵאָדָם כְּשֶׁחָטָא

דַּע, כִּי קֹדֶם שֶׁחָטָא אָדָם הָיָה בּוֹ כְּלָלוּת כָּל ד' עוֹלָמוֹת אבי"ע בְּכָל חֲמִשָּׁה בְּחִינוֹת שֶׁבְּכָל עוֹלָם מֵהֶם, שֶׁהוּא: יְחִידָה, חַיָּה, נְשָׁמָה, רוּחַ, נֶפֶשׁ. וְאַחַר שֶׁחָטָא נִסְתַּלְּקוּ מִמֶּנּוּ קְצָתָם וְחָזְרוּ לִמְקוֹמָם בַּקֹּדֶשׁ, וְזוֹ מַדְרֵגָה אַחַת. וּקְצָתָם נִשְׁאֲרוּ בּוֹ בְּאָדָם וְלֹא שָׁלְטוּ בָּהֶם הַקְּלִפּוֹת, וְזוֹ מַדְרֵגָה שְׁנִיָּה. וּקְצָתָם נָשְׁרוּ מִמֶּנּוּ וְנָפְלוּ לְתוֹךְ הַקְּלִפּוֹת, נִשְׁמוֹת הַזְּכָרִים שֶׁהָיוּ בְּאָדָם נָפְלוּ בַּקְּלִפָּה הַדְּכוּרָא, וְנִשְׁמוֹת הַנְּקֵבוֹת שֶׁהָיוּ בְּחַוָּה נָפְלוּ בַּקְּלִפָּה הַנּוּקְבָא, וְזוֹ מַדְרֵגָה שְׁלִישִׁית.

מַדְרֵגָה הַשְּׁנִיָּה

וְדַע שֶׁהַמַּדְרֵגָה הַשְּׁנִיָּה נֶחְלְקָה לִשְׁתַּיִם: הָא' הִיא, הַנְּשָׁמוֹת שֶׁנִּשְׁאֲרוּ בְּאָדָם לְצֹרֶךְ גּוּפוֹ וְעַצְמוֹ. וְהַשֵּׁנִית הִיא, הַנְּשָׁמוֹת שֶׁנִּשְׁאֲרוּ בּוֹ, אָמְנָם כְּשֶׁנּוֹלְדוּ בָּנָיו קַיִן וְהֶבֶל הִנְחִילָם לָהֶם וְנִתְּנוּ בָּהֶם.

We will now explain the entirety of all three levels in a concise manner, but before that, we must present a few introductions. It is known that the Four Worlds of Atzilut, Briyah, Yetzirah, and Asiyah are called Aba, Ima, Zeir Anpin, and Nukva. It is known that in Aba there is no Klipah attached to it, nor in the Upper Three of Ima, nor in the Keters of Zeir Anpin and Nukva. In their remaining Aspects, the Klipot do have an attachment when people transgress.

Where the Klipot are attached to in Atzilut, Briyah, Yetzirah, and Asiyah.

Now we come to the explanation: All of the aforementioned Aspects that the Klipah do not attach to are called Supernal Splendor (Zihara Ila'ah) of Adam, excluding the aspect of Nefesh in them. It is found that the Aspects of Yechidah, Chayah, Neshamah, and Ruach of the entire World of Atzilut, which is called Aba, as mentioned, together with the Aspect of Aba and Ima of the World of Briyah, which is called Ima, as mentioned, and also the Aspect of the twenty Keters within Zeir Anpin and Nukva of the World of Briyah, and the eighty Keters within Aba and Ima, and Zeir Anpin and Nukva of Yetzirah, and within Aba and Ima, and Zeir Anpin and Nukva, of Asiyah; the total sum is Ten Partzufim, and each Partzuf includes Ten Sefirot, and each Sefirah includes Ten [Sefirot] and has an Aspect of Keter. Thus, we find one hundred Keters within the ten mentioned Partzufim.

Zihara Ila'ah of Adam.

Also every Keter of them includes Ten Sefirot, and the four higher Aspects within it, which are Yechidah, Chayah, Neshamah, and Ruach that are in each Keter of the hundred mentioned Keters are called Supernal Splendor (*Zihara Ila'ah*); and all of these Aspects completely departed from Adam and ascended to their place of Holiness.

So there are two Aspects of Splendor (*Zihara*): The first is Supernal Splendor (*Zihara Ila'ah*) of Atzilut, which is Yechidah, Chayah, Neshamah, and Ruach of the World of Atzilut. The second is the Supernal Splendor (*Zihara Ila'ah*) in the three Worlds of Briyah, Yetzirah, and Asiyah, and this one includes the two Partzufim of Aba and Ima, which are Chayah and

The First Level includes two types of *Zihara Ila'ah*.

הֵיכָן הַקְּלִפּוֹת נֶאֱחָזוֹת באבי"ע

וּנְבָאֵר עַתָּה כְּלָלוּת כָּל הַשְּׁלֹשָׁה מַדְרֵגוֹת הנז"ל בְּקִצּוּר, וְקֹדֶם לָכֵן צָרִיךְ שֶׁנַּקְדִּים כַּמָּה הַקְדָּמוֹת. נוֹדַע, כִּי ד' עוֹלָמוֹת אבי"ע הֵם נִקְרָאִים או"א וזו"ן. וְנוֹדַע, כִּי בְּאַבָּא אֵין שׁוּם קְלִפָּה נֶאֱחֶזֶת בּוֹ, וּבְאִמָּא בְּג' רִאשׁוֹנוֹת שֶׁבָּהּ ובזו"ן בַּכְּתָרִים שֶׁלָּהֶם וּבְכָל שְׁאָר בְּחִינוֹתֵיהֶם יֵשׁ בָּהֶם אֲחִיזַת הַקְּלִפּוֹת כְּשֶׁבְּנֵי אָדָם חוֹטְאִים.

זִיהֲרָא עִלָּאָה דְּאָדָם

וְנָבוֹא אֶל הַבֵּאוּר: הִנֵּה כָּל הַבְּחִינוֹת הנז' שֶׁאֵין הַקְּלִפָּה נֶאֱחֶזֶת בָּהֶם נִקְרֵאת זִיהֲרָא עִלָּאָה דְּאָדָם, זוּלָתִי בְּחִינַת הַנֶּפֶשׁ שֶׁבָּהֶם. וְנִמְצָא, כִּי בְּחִינַת יְחִידָה וְחַיָּה וּנְשָׁמָה וְרוּחַ דְּכָל עוֹלַם הָאֲצִילוּת הַנִּקְרָא אַבָּא כַּנִּזְכָּר, וְכֵן בְּחִינַת או"א שֶׁל עוֹלַם הַבְּרִיאָה הַנִּקְרָא אִמָּא כַּנִּזְכָּר, וְכֵן בְּחִינַת עֶשְׂרִים כְּתָרִים שבזו"ן שֶׁל עוֹלַם הַבְּרִיאָה, וּשְׁמֹנִים כְּתָרִים שבאו"א וזו"ן דִּיצִירָה, ובאו"א וזו"ן דַּעֲשִׂיָּה, סַךְ כֻּלָּם עֲשָׂרָה פַּרְצוּפִים, וְכָל פַּרְצוּף מֵהֶם כָּלוּל מי"ס, וְכָל סְפִירָה מֵהֶם כְּלוּלָה מֵעֶשֶׂר, וְיֵשׁ בָּהּ בְּחִינַת כֶּתֶר, נִמְצָא שֶׁהֵם ק' כְּתָרִים בְּעֶשֶׂר פַּרְצוּפִים הַנִּזְכָּרִים.

וְהִנֵּה גַּם כָּל כֶּתֶר מֵהֶם כָּלוּל מי"ס, וְאַרְבָּעָה בְּחִינוֹת עֶלְיוֹנוֹת שֶׁבּוֹ, שֶׁהֵם: יְחִידָה חַיָּה נְשָׁמָה רוּחַ שֶׁבְּכָל כֶּתֶר מִן ק' כְּתָרִים הַנִּזְכָּר, נִקְרָא זִיהֲרָא עִלָּאָה, וּבְכָל בְּחִינוֹת אֵלּוּ נִסְתַּלְּקוּ לְגַמְרֵי מִן אָדָם וְעָלוּ לִמְקוֹם קְדֻשָּׁתָם.

מַדְרֵגָה א' כּוֹלֶלֶת ב' מִינֵי זִיהֲרָא עִלָּאָה

בְּאֹפֶן שֶׁהֵם ב' בְּחִינוֹת דְּזִיהֲרָא: הָא' הִיא זִיהֲרָא עִלָּאָה דַּאֲצִילוּת, שֶׁהֵם יְחִידָה וְחַיָּה וּנְשָׁמָה וְרוּחַ שֶׁבְּעוֹלַם הָאֲצִילוּת. וְהַב' הִיא זִיהֲרָא עִלָּאָה שֶׁבִּשְׁלֹשָׁה עוֹלָמוֹת בי"ע, וְהִיא כּוֹלֶלֶת כָּל ב' פַּרְצוּפֵי או"א, שֶׁהֵם חַיָּה וּנְשָׁמָה שֶׁל עוֹלַם הַבְּרִיאָה, וְכָל שֶׁכֵּן א"א הַנִּקְרָא יְחִידָה דִּבְרִיאָה. וְכֵן ד' בְּחִינוֹת הַנִּקְרָאוֹת יְחִידָה, חַיָּה, נְשָׁמָה, רוּחַ, שֶׁבְּכָל

Neshamah of the World of Briyah, and definitely Arich Anpin, which is called Yechidah of Briyah; and also the four Aspects called Yechidah, Chayah, Neshamah, and Ruach within each Keter of the one hundred Keters that are in the Ten Partzufim that exists from Zeir Anpin and Nukva of Briyah until the end of Nukva of Asiyah. All of these are called Supernal Splendor (*Zihara Ila'ah*) of the three Worlds of Briyah, Yetzirah, and Asiyah, as mentioned. These two kinds of Splendor (*Zihara*) completely departed from Adam, and this is called the First Level.

The Second Level is also called Supernal Splendor (*Zihara Ila'ah*), which no Klipah attaches to, however since it is of a slightly lesser grade than the First Level it did not depart to completely go back to its place but rather it remained within Adam. This is the Aspect of Nefesh of the World of Atzilut, and this is one Aspect of Atzilut. The Second Aspect is the Nefesh of the one hundred mentioned Keters in the three Worlds Briyah, Yetzirah, and Asiyah. Both [Aspects] remained in Adam, as mentioned, and are called the Second Level.

The Second Level stayed in Adam.

The Third Level excludes the hundred mentioned Keters and includes all the rest of the Sefirot that are in the aforementioned Ten Partzufim, as they all shed off from him [Adam] and descended to the place of the Klipot, as mentioned earlier.

The Third Level.

Now I will write that which I am not certain about, as I did not receive it from my teacher [the Ari], and here it is: I heard from him that this Second Level is divided into two. The First, which is superior, includes the Souls that always remained within the body of Adam himself. The Second, which is inferior to it, includes the Souls that he bequeathed to Cain and Abel when they were born. It could be that the superiority and inferiority mentioned apply only to that Aspect [of the Souls that were given to Cain and Abel at birth]. However, with respect to other Aspects, it is possible that this Second [Aspect] is of a higher grade than the first. I am also in doubt as to which Souls remained within Adam and which were bequeathed to Cain

An uncertainty regarding the Second Level.

כֶּתֶר מִק' כְּתָרִים שֶׁיֵּשׁ בַּעֲשָׂרָה פַּרְצוּפִים שֶׁיֵּשׁ מזו"ן דִּבְרִיאָה עַד סוֹף נוּקְבָא דַּעֲשִׂיָּה, כָּל זֶה נִקְרָא זִיהֲרָא עִלָּאָה שֶׁל שְׁלֹשָׁה עוֹלָמוֹת בי"ע כַּנִּזְכָּר. וּב' מִינֵי זִיהֲרָא עִלָּאָה נִסְתַּלְּקוּ לְגַמְרֵי מִן אָדָם, וְזוֹ נִקְרֵאת מַדְרֵגָה א'.

מַדְרֵגָה הַב' נִשְׁאֲרָה בְּאָדָם

הַמַּדְרֵגָה הַב', גַּם הִיא נִקְרֵאת זִיהֲרָא עִלָּאָה, שֶׁאֵין קְלִפָּה נֶאֱחֶזֶת בָּהּ, אָמְנָם לִהְיוֹת גְּרוּעָה מְעַט מֵהַמַּדְרֵגָה הָרִאשׁוֹנָה לֹא נִסְתַּלְּקָה לַחֲזֹר לִמְקוֹמָהּ לְגַמְרֵי, אָמְנָם נִשְׁאֲרָה בְּאָדָם, וְהִיא בְּחִינַת נֶפֶשׁ דְּעוֹלַם הָאֲצִילוּת, וְזוֹ בְּחִינָה אַחַת דַּאֲצִילוּת. הַבְּחִינָה הַב' הִיא, הַנֶּפֶשׁ שֶׁבְּק' הַכְּתָרִים הַנִּזְכָּרִים שֶׁבִּשְׁלֹשָׁה עוֹלָמוֹת בי"ע, וּשְׁתֵּיהֶם נִשְׁאֲרוּ בְּאָדָם מַמָּשׁ כַּנִּזְכָּר, וְנִקְרָאִים הַמַּדְרֵגָה הַשֵּׁנִית.

מַדְרֵגָה הַג'

הַמַּדְרֵגָה הַג' הִיא, כָּל שְׁאָר הַסְּפִירוֹת שֶׁיֵּשׁ בְּעֶשֶׂר פַּרְצוּפִין הנז', זוּלַת הַמֵּאָה כְּתָרִים הנז', כִּי כֻּלָּם נָשְׁרוּ מִמֶּנּוּ וְיָרְדוּ לִמְקוֹם הַקְּלִפּוֹת, כַּנִּזְכָּר לְעֵיל.

סָפֵק לְגַבֵּי מַדְרֵגָה הַב'

וְעַתָּה אֶכְתֹּב מַה שֶּׁנִּסְתַּפֵּק לִי, כִּי לֹא קִבַּלְתִּי מִמּוֹרִי זַ"ל, וְהוּא זֶה: כִּי הִנֵּה שָׁמַעְתִּי מִמֶּנּוּ, כִּי הַמַּדְרֵגָה הַזּוֹ הַשְּׁנִיָּה, נֶחֱלֶקֶת לִשְׁתַּיִם: הָאַחַת הָעֶלְיוֹנָה הִיא הַנְּשָׁמוֹת שֶׁנִּשְׁאֲרוּ תָּמִיד בְּאָדָם עַצְמוֹ בְּגוּפוֹ. הַשֵּׁנִית הַגְּרוּעָה מִמֶּנָּה, הִיא הַנְּשָׁמוֹת שֶׁהוֹרִישׁ לְקַיִן וְהֶבֶל כְּשֶׁנּוֹלְדוּ. וְאֶפְשָׁר כִּי אֵין עִלּוּי וְגֵרָעוֹן הנז' רַק לְאוֹתָהּ הַבְּחִינָה שֶׁכָּתַבְנוּ, אֲבָל לִבְחִינוֹת אֲחֵרוֹת אֶפְשָׁר שֶׁזֹּאת הַשֵּׁנִית מְעֻלָּה מִן הָרִאשׁוֹנָה. גַּם נִסְתַּפַּקְתִּי מַה

and Abel, and how this Second Level was divided into two, and what is the order of their division.

However, you know what I wrote—that Cain and Abel had two Aspects within them. One, the actual Souls of Cain and Abel, which are from the three Worlds Briyah, Yetzirah, and Asiyah alone, like the rest of the human Souls who are not from the Second Level mentioned. The Second [Aspect] is the second part of the Second Level mentioned, as we wrote, which their father Adam bequeathed to them. It includes the entire Extension of all Four Worlds of Atzilut, Briyah, Yetzirah, and Asiyah—from the end of the Nefesh of the World of Asiyah to the beginning of the Nefesh of the World of Atzilut. This Aspect is of an extremely high level.

Cain and Abel included their Souls and what Adam bequeathed to them.

We also wrote that the two divisions of this Second Level are equal, with only the exception of the First Aspect mentioned there. We also wrote that Cain and Abel took the Nefesh of Atzilut, so it seems that the second part of the Second Level of Cain and Abel is higher and more elevated than the Souls that remained in Adam for himself.

What Adam gave his sons is more elevated than what stayed with him.

We also wrote that the Nefesh of Atzilut did not actually remain in Adam, yet it did not completely depart either. Rather, it remained hovering and floating above Adam's head until Cain and Abel were born and took it, along with the Aspect of their Parts that are in the three Worlds of Briyah, Yetzirah, and Asiyah. We also wrote that after Adam sinned, Chanoch (Enoch) took the Splendor (*Zihara*) of Arich [Anpin], Adam [took] the Splendor (*Zihara*) of Aba, Eve of Ima, Abel of Zeir Anpin, and Cain of Nukva. And I do not know if all of these are in the Parts of Atzilut or in the Parts of Briyah, Yetzirah, and Asiyah. All of this requires further study.

Who took the Zihara Ila'ah after the Sin of Adam?

הֵם הַנְּשָׁמוֹת שֶׁנִּשְׁאֲרוּ בְּאָדָם, וּמַה הֵם הַנְּשָׁמוֹת שֶׁהוֹרִישׁ לְקַיִן וְהֶבֶל, וְאֵיךְ נִתְחַלְּקָה מַדְרֵגָה זוֹ הַשֵּׁנִית לִשְׁתֵּי חֲלָקוֹת, וְכֵיצַד סֵדֶר חֲלֻקָּתָהּ.

קַיִן וְהֶבֶל כְּלָלוּ נִשְׁמוֹתֵיהֶם וּמַה שֶּׁהוֹרִישָׁם אָדָם

וְאָמְנָם יָדַעְתָּ מַה שֶּׁכָּתַבְתִּי, כִּי קַיִן וְהֶבֶל הָיוּ בָּהֶם ב' בְּחִינוֹת, אֶחָד נִשְׁמוֹתֵיהֶם שֶׁל קַיִן וְהֶבֶל עַצְמָם, שֶׁהֵם מג' עוֹלָמוֹת בי"ע לְבַד כִּשְׁאָר נִשְׁמוֹת בְּנֵי אָדָם, שֶׁאֵינָם מֵהַמַּדְרֵגָה הַשֵּׁנִית הַנִּזְכָּר. וְהַשֵּׁנִית הִיא, הַחֵלֶק הַב' מִן הַמַּדְרֵגָה הַב' הַנִּזְכָּר שֶׁכָּתַבְנוּ שֶׁהוֹרִישָׁהּ אָדָם אֲבִיהֶם לָהֶם, וְיֵשׁ בָּהּ כְּלָלוּת הַמְשָׁכַת כָּל ד' עוֹלָמוֹת אבי"ע מִן סוֹף הַנֶּפֶשׁ שֶׁל עוֹלָם הָעֲשִׂיָּה וְעַד תְּחִלַּת הַנֶּפֶשׁ דְּעוֹלָם הָאֲצִילוּת, וְזוֹ הִיא בְּחִינָה מְעֻלָּה מְאֹד מְאֹד.

מַה שֶּׁאָדָם הוֹרִישׁ לְבָנָיו מְעֻלֶּה יוֹתֵר מִמַּה שֶּׁנִּשְׁאַר בּוֹ

גַּם כָּתַבְנוּ, כִּי שְׁתֵּי חֶלְקֵי זוֹ הַמַּדְרֵגָה הַב' שָׁוִים זוּלָתִי לְעִנְיַן בְּחִינָה א' לְבַדָּהּ הַנִּזְכָּר שָׁם. גַּם כָּתַבְנוּ כִּי קַיִן וְהֶבֶל לָקְחוּ נֶפֶשׁ דַּאֲצִילוּת. נִרְאֶה כִּי יוֹתֵר גְּבוֹהָה וּמְעֻלָּה חֵלֶק הַב' מִמַּדְרֵגָה הַב' שֶׁהִיא שֶׁל קַיִן וְהֶבֶל, יוֹתֵר מִנְּשָׁמוֹת שֶׁנִּשְׁתַּיְּרוּ בְּאָדָם לְצֹרֶךְ עַצְמוֹ.

מִי לָקַח אֶת הַזִּיהֲרָא עִלָּאָה אַחֲרֵי חֵטְא אָדָם

גַּם כָּתַבְנוּ, כִּי נֶפֶשׁ דַּאֲצִילוּת לֹא נִשְׁאֲרָה בְּאָדָם מַמָּשׁ, וְגַם לֹא נִסְתַּלְּקָה לְגַמְרֵי, אֲבָל נִשְׁאֲרָה חוֹפֶפֶת וּמְרַחֶפֶת עַל רֹאשׁ אָדָם עַד שֶׁנּוֹלְדוּ קַיִן וְהֶבֶל וּלְקָחוּהָ, וְעוֹד בְּחִינוֹת חֶלְקֵיהֶם אֲשֶׁר בִּשְׁלֹשָׁה עוֹלָמוֹת בי"ע. גַּם כָּתַבְנוּ, כִּי אַחַר שֶׁחָטָא אָדָם לָקַח חֲנוֹךְ זִיהֲרָא דַּאֲרִיךְ, וְאָדָם זִיהֲרָא דְּאַבָּא, וְחַוָּה דְּאִמָּא, וְהֶבֶל דז"א, וְקַיִן דְּנוּקְבָא. וְלֹא יָדַעְתִּי אִם כָּל זֶה הוּא בְּחֶלְקֵי הָאֲצִילוּת אוֹ בְּחֶלְקֵי בי"ע, וְכָל זֶה צָרִיךְ עִיּוּן.

Concerning the Upper Three, which are Arich [Anpin], Aba and Ima of Briyah as mentioned earlier, I did not hear from my teacher [the Ari] who took them; whether it was Adam or his sons Cain and Abel, and all of this requires further study. And in another place I wrote that Moses, who was the Reincarnation of Abel, took them.

Furthermore, I wrote that the Da'at of Zeir Anpin is made up of the two Joints of the two Arms of Arich Anpin, which are attached to the two Shoulders of Arich [Anpin]. These are called the Inheritance that Aba and Ima bequeathed to their children, Zeir Anpin and Nukva. The rest of the four Joints of the two Arms remained for themselves and are called the Inheritance of Aba and Ima. It is known that Cain and Abel came from this Da'at of Zeir Anpin. It is thus found that Adam and Eve, who are called Aba and Ima, took for themselves the Aspect of the mentioned four Joints, from which Chochmah and Binah were made, one set for each of them, and the two Joints that they bequeathed to their children are called Da'at of Zeir Anpin, as mentioned.

Cain and Abel came from Da'at of Zeir Anpin.

Similarly, it seems to be explained in another place that Adam kept the rest of the Mochin for himself, bequeathing only the Da'at to his sons Cain and Abel. Thus, we can say that he bequeathed all the Parts of Da'at to Cain and Abel, from the Da'at of the Nefesh of Atzilut to the Da'at of the Nukva of Asiyah. What was left for Adam himself are the remaining Parts of the Mochin—the Chochmah and Binah within him—which expand throughout all of the Ten Sefirot of his Body.

Chochmah and Binah stayed in Adam.

Similarly, the Chesed and Gevurah of the Da'at that he bequeathed to Cain and Abel also expanded throughout the entire Ten Sefirot of the Body of Zeir Anpin, as is known, as it must be. This can clarify the inferiority of the Souls of Cain and Abel compared to the other Souls that remained in Adam himself, since the main attachment of the Klipot is in Da'at, in the secret of the Tree of Knowledge of Good and Evil (Etz HaDa'at Tov veRa), as we explained. However in their own Aspect, the

The inferiority and superiority of Da'at over Chochmah and Binah.

גַּם בְּעִנְיַן שְׁלֹשָׁה רִאשׁוֹנוֹת, שֶׁהֵם אֲרִיךְ וְאו"א דִּבְרִיאָה כַּנִּזְכָּר לְעֵיל, לֹא שָׁמַעְתִּי מִמּוֹרִי זַ"ל מִי לְקָחָם, אִם אָדָם אִם קַיִן וְהֶבֶל בָּנָיו, וְכָל זֶה צָרִיךְ עִיּוּן. וּבְמָקוֹם אַחֵר כָּתַבְתִּי כִּי מֹשֶׁה רַבֵּנוּ ע"ה שֶׁהוּא גִּלְגּוּל הֶבֶל לְקָחָם.

קַיִן וְהֶבֶל יָצְאוּ מִדַּעַת דִּזְעֵיר אַנְפִּין

עוֹד כָּתַבְתִּי, כִּי דַּעַת דז"א הוּא נַעֲשֶׂה מִתְּרֵין פִּרְקִין דִּשְׁתֵּי זְרוֹעוֹת דא"א, אוֹתָם הַמְחֻבָּרִים בִּתְרֵין כַּתְפִּין דַּאֲרִיךְ, וְאֵלּוּ נִקְרָאִים יְרֻשָּׁה שֶׁהוֹרִישׁוּ או"א לִבְנֵיהֶם זו"ן, וּשְׁאָר ד' פִּרְקִין שֶׁבִּשְׁתֵּי הַזְּרוֹעוֹת נִשְׁאֲרוּ לְעַצְמָם וְנִקְרָאִים אַחְסַנְתָּא דאו"א. וְנוֹדַע, כִּי קַיִן וְהֶבֶל מִזֶּה הַדַּעַת דז"א יָצְאוּ, וְנִמְצָא כִּי אָדָם וְחַוָּה, שֶׁהֵם נִקְרָאִים או"א, לָקְחוּ לְעַצְמָם בְּחִינַת ד' פִּרְקִין הנז', שֶׁמֵּהֶם נַעֲשׂוּ חָכְמָה וּבִינָה כְּפוּלִים לִשְׁנֵיהֶם, וּתְרֵין פִּרְקִין שֶׁהוֹרִישׁוּ לִבְנֵיהֶם הֵם הַנִּקְרָאִים דַּעַת דז"א כַּנִּזְכָּר.

חָכְמָה וּבִינָה נִשְׁאֲרוּ בְּאָדָם

וְכֵן נִרְאֶה בְּפֵרוּשׁ בְּמָקוֹם אַחֵר, כִּי שְׁאָר הַמֹּחִין הִשְׁאִיר אָדָם לְעַצְמוֹ, וְהַדַּעַת לְבַדּוֹ הוּא שֶׁהוֹרִישׁ לְקַיִן וְהֶבֶל בָּנָיו, נִמְצָא שֶׁנּוּכַל לוֹמַר שֶׁכָּל חֶלְקֵי הַדַּעַת הוֹרִישׁ לְקַיִן וְהֶבֶל מִן הַדַּעַת שֶׁבְּנֶפֶשׁ דַּאֲצִילוּת עַד הַדַּעַת דְּנוּקְבָא דַּעֲשִׂיָּה. וּמַה שֶּׁנִּשְׁאַר בְּאָדָם עַצְמוֹ הֵם שְׁאָר חֶלְקֵי הַמֹּחִין חו"ב שֶׁבּוֹ, הַמִּתְפַּשְּׁטִים בְּכָל י' סְפִירוֹת גּוּפוֹ.

גֵּרָעוֹן וְיִתְרוֹן הַדַּעַת מֵחָכְמָה וּבִינָה

כִּי כֵן גַּם הַחֲסָדִים וּגְבוּרוֹת שֶׁל הַדַּעַת שֶׁהוֹרִישׁ לְקַיִן וְהֶבֶל, גַּם הֵם מִתְפַּשְּׁטִים בְּכָל גּוּף ז"א בי"ס שֶׁבּוֹ כַּנּוֹדָע, וְזֶה מֻכְרָח. וּבָזֶה יוּבַן גְּרִיעוּת נִשְׁמוֹת קַיִן וְהֶבֶל מִנְּשָׁמוֹת שֶׁנִּשְׁתַּיְּרוּ בְּאָדָם עַצְמוֹ, לְפִי שֶׁעִקַּר אֲחִיזַת הַקְּלִפּוֹת הוּא בְּדַעַת, בְּסוֹד עֵץ הַדַּעַת טוֹב וָרָע, כַּמְבֹאָר אֶצְלֵנוּ. אֲבָל בִּבְחִינַת עַצְמָם, יוֹתֵר מְאִירוֹת הַנְּשָׁמוֹת הַבָּאוֹת מִן הַדַּעַת מֵהַנְּשָׁמוֹת שֶׁל תְּרֵין מֹחִין חו"ב, כִּי יֵשׁ לָהֶם כַּמָּה לְבוּשִׁים וּמְסַכִּים, כַּנּוֹדָע מִמַּעֲלַת נָדָב וַאֲבִיהוּא עַל אֶלְעָזָר וְאִיתָמָר, כְּמוֹ

THE GATE OF REINCARNATIONS

Souls that are from Da'at shine brighter than the Souls from the two Mochin of Chochmah and Binah, which have many Garments and veils, as is known from the advantage of Nadav and Avihu over Elazar and Itamar, as we wrote elsewhere (*Sha'ar Hapsukim* "Gate of Verses," Portion of Shmini). There we explained the matter of Cain and Abel, together with all the doubts that I had, and also how from the Gevurot, the Crown of Nukva, Cain and all of his Sparks came out as males [and not females]. You should study it well there (*Sha'ar Hapsukim* "Gate of Verses," Portion of Beresheet, page 21).

A small introduction concerning the secret of Yibum, and this is what it says: When a man is required to come in a Reincarnation and die, leaving his wife pregnant, that man later reincarnates when his son is born and enters into the body of that son. This is the secret of Yibum. This is the secret of Abaye the Amora, since he was born after his father's death, and then his own father actually reincarnated within him. That is why he was called Abaye, after his father (*aba*) who came into him as a Reincarnation. In my humble opinion, it seems that this is not from my teacher but rather can be attributed to Rabbi Eliezer HaLevi.

A man who dies and leaves his wife pregnant reincarnates in the son.

A short Introduction: There are Nefeshot that are not from the Aspect of the Root of the Holiness of Shabbat itself but rather from the collective of the Additional of Shabbat, and therefore only have that specific Aspect. Also, they cannot elevate beyond that Aspect, since their Root is based only there.

Souls whose root is from the Additional of Shabbat.

שֶׁכָּתַבְנוּ בְּמָקוֹם אַחֵר, וְשָׁם נִתְבָּאֵר הֵיטֵב עִנְיַן קַיִן וְהֶבֶל בְּכָל אֵלּוּ הַסְּפֵקוֹת שֶׁנִּסְתַּפַּקְתִּי, וְגַם אֵיךְ הַגְּבוּרוֹת שֶׁהֵם עִיטְרָא דְּנוּקְבָא יָצָא מֵהֶם קַיִן וְנִיצוֹצוֹתָיו זְכָרִים, וְעַיֵּן שָׁם הֵיטֵב.

אָדָם שֶׁמֵּת וְאִשְׁתּוֹ מְעֻבֶּרֶת מִתְגַּלְגֵּל בַּבֵּן

הַקְדָּמָה קְטַנָּה בְּסוֹד הַיִּבּוּם, וְזֶה לְשׁוֹנוֹ: הִנֵּה הָאָדָם כַּאֲשֶׁר נִתְחַיֵּב לָבֹא בְּגִלְגּוּל וָמֵת, וְאַחַר כָּךְ נוֹלַד לוֹ בֵּן אַחַר מִיתָתוֹ, שֶׁהִנִּיחַ אִשְׁתּוֹ מְעֻבֶּרֶת, הִנֵּה הָאִישׁ הַהוּא מִתְגַּלְגֵּל וּבָא בְּגוּף הַבֵּן הַהוּא, וְזֶהוּ סוֹד הַיִּבּוּם. וְזֶהוּ סוֹד אַבַּיֵּי הָאָמוֹרָא, כִּי נוֹלַד אַחַר שֶׁמֵּת אָבִיו וְאָז נִתְגַּלְגֵּל בּוֹ אָבִיו מַמָּשׁ, וְלָכֵן נִקְרָא אַבַּיֵּי ע"ש אָבִיו שֶׁנִּתְגַּלְגֵּל בּוֹ. וְנִרְאֶה לַעֲנִיּוּת דַּעְתִּי שֶׁאֵין זֶה מִמּוֹרִי זַ"ל אֶלָּא לְהָרַב אַבְרָהָם הַלֵּוִי זַ"ל.

נְשָׁמוֹת שֶׁשָּׁרְשָׁן מִתּוֹסֶפֶת שַׁבָּת

הַקְדָּמָה קְטַנָּה: יֵשׁ נְפָשׁוֹת שֶׁאֵינָם מִבְּחִינַת שֹׁרֶשׁ קְדֻשַּׁת שַׁבָּת עַצְמוֹ, אֶלָּא מִכְּלָלוּת תּוֹסֶפֶת הַשַּׁבָּת, וְאֵין לָהֶם רַק אוֹתָהּ בְּחִינָה לְבַדָּהּ. גַּם אֵינָהּ יְכוֹלָה לַעֲלוֹת יוֹתֵר מֵאוֹתָהּ בְּחִינָה, כֵּיוָן שֶׁאֵין שָׁרְשָׁהּ אֶלָּא מִשָּׁם.

THIRTIETH
INTRODUCTION

Concerning the Fulfilment of the Precepts, it is as follows: You need to know another thing about the mentioned topic of the fulfillment of the Precepts. Every Limb from the 248 Limbs of the Soul of Adam includes all 248 Limbs, therefore it includes the entire Stature of Adam from Head to Heel. For example, someone who is from the Shoulder Limb, as mentioned earlier, which includes all 248 [Limbs] from the Head to the Heel, and the specific Root of his Soul is in the Heel of that Shoulder, does not need to complete the entire Shoulder and correct all of its blemishes but only the Aspect of the Heel.

Every Limb includes one complete Stature.

However, if a Spark of Soul from the Aspect of this Heel caused a blemish, then all of the Sparks of this Heel are required to correct that blemish for his sake, since all of the Sparks that hang from this Heel are responsible to correct each other's blemishes, for each other. When this Heel completes its correction, there will no longer be a need for any of its Sparks to come as a Reincarnation at all to correct any blemish of the other Sparks of the Shoulder.

All the Sparks in a particular Limb are responsible for each other.

Also know that when a certain Spark of the mentioned Sparks of the Heel performs a transgression of a type that requires Reincarnation to correct that blemish, it will come as a Reincarnation with another Spark, a friend from this Heel, and become corrected with him. However, if the transgression he performed is of the type whereby his body is extinct and cannot rise at the Resurrection of the Dead, then only the Spark that transgressed will have to come as a Reincarnation into another body without a partner, while his first body will be lost and extinct.

Reincarnation with support.

הַקְדָּמָה ל'

כָּל אֵבֶר כּוֹלֵל קוֹמָה אַחַת שְׁלֵמָה

בְּעִנְיַן קִיּוּם הַמִּצְוֹת, וְזֶה לְשׁוֹנוֹ: עוֹד צָרִיךְ שֶׁתֵּדַע בְּעִנְיַן הַנִּזְכָּר שֶׁל קִיּוּם הַמִּצְוֹת, הִנֵּה כָּל אֵבֶר מֵרְמַ"ח אֵבְרֵי נִשְׁמַת אָדָם הָרִאשׁוֹן נִכְלָל בּוֹ כָּל הָרְמַ"ח אֵיבָרִים, וְלָכֵן בּוֹ תָּלוּי כָּל שִׁעוּר קוֹמַת אָדָם אֶחָד, מִן הָרֹאשׁ עַד הֶעָקֵב. הַמָּשָׁל בָּזֶה מִי שֶׁהוּא מֵאֵבֶר הַכָּתֵף כַּנִּזְכָּר לְעֵיל, וְהִנֵּה יֵשׁ בּוֹ כְּלָלוּת רְמַ"ח מִן הָרֹאשׁ וְעַד הֶעָקֵב וְכוּ'. הִנֵּה מִי שֶׁשֹּׁרֶשׁ נִשְׁמָתוֹ הִיא בִּפְרָטִיּוּת הֶעָקֵב שֶׁל הַכָּתֵף הַזֶּה, אֵינוֹ צָרִיךְ לְהַשְׁלִים כָּל הַכָּתֵף וּלְתַקֵּן כָּל הַפְּגָמִים שֶׁבּוֹ רַק בְּחִינַת הֶעָקֵב לְבַדּוֹ.

כָּל הַנִּיצוֹצוֹת בָּאֵבֶר הַפְּרָטִי עֲרֵבִים זֶה לָזֶה

וְאִם אֵיזֶה נִיצוֹץ נְשָׁמָה שֶׁמִּבְּחִינַת הֶעָקֵב הַזֶּה עָשָׂה אֵיזֶה פְּגָם, הִנֵּה כָּל הַנִּיצוֹצוֹת שֶׁל הֶעָקֵב הַזֶּה צְרִיכִים לְתַקֵּן הַפְּגָם הַזֶּה בַּעֲדוֹ, כִּי כָּל הַנִּיצוֹצוֹת הַנִּתְלִים בְּעָקֵב הַזֶּה כֻּלָּם עֲרֵבִים זֶה לָזֶה לְתַקֵּן כָּל אֶחָד מֵהֶם פְּגָם שֶׁל חֲבֵרוֹ, וּכְשֶׁיְּשַׁלֵּם זֶה הֶעָקֵב לְהִתָּקֵן אֵין צָרִךְ לְשׁוּם נִיצוֹץ שֶׁבּוֹ לְהִתְגַּלְגֵּל כְּלָל, לְתַקֵּן שׁוּם פְּגָם שֶׁל שְׁאָר נִיצוֹצוֹת הַכָּתֵף.

גִּלְגּוּל עִם סִיּוּעַ

גַּם דַּע, כִּי כַּאֲשֶׁר אֵיזֶה נִיצוֹץ מֵאֵלּוּ הַנִּיצוֹצוֹת שֶׁל הֶעָקֵב הַנִּזְכָּר עָשָׂה עֲבֵרָה אַחַת, אֲשֶׁר לְסִבָּתָהּ הֻצְרַךְ לְהִתְגַּלְגֵּל לְתַקֵּן הַפְּגָם הַהוּא, הִנֵּה הוּא מִתְגַּלְגֵּל עִם נִיצוֹץ אַחֵר חֲבֵרוֹ שֶׁבְּעָקֵב הַזֶּה וְנִתְקָן עִמּוֹ. אֲבָל אִם הָעֲבֵרָה שֶׁעָשָׂה הִיא מֵאוֹתָם שֶׁלְּסִבָּתָהּ גּוּפוֹ כָּלֶה וְאֵינוֹ קָם בִּתְחִיַּת הַמֵּתִים, הִנֵּה הַנִּיצוֹץ הַהוּא שֶׁחָטָא הוּא לְבַדּוֹ מִתְגַּלְגֵּל בְּלִי שֻׁתָּף בְּגוּף אַחֵר, וְגוּפוֹ הָא' נֶאֱבָד וְכָלֶה.

However, if he has to come as a Reincarnation only to make up for a missing Precept that he was lacking, then he will not be required to come as a Reincarnation with another Spark. Only he himself will come as a Reincarnation into a second body, and so he reincarnates alone in many Reincarnations until he completes all of the 613 Precepts. Then during the Ressurection, all of those bodies that he was reincarnated into will take the part that was perfected in it, and all of them will resurrect. Thus, we have explained another difference between one who reincarnates to complete a Precept and one who reincarnates to correct a blemish of a transgression.

Reincarnation to complete a Precept and Reincarnation to correct a blemish.

Also know that if any Spark of this Heel will complete the correction of its Nefesh, then all Sparks of that Heel that preceded him will now become revealed in him, illuminate in him, shine together in his body, and will assist him in all of his ways in the service of his Creator. If he transgresses, they will depart from him, Heaven Forbid. This is called the secret of the Ibur. And everything depends on his actions; according to the degree or aspect of the Precepts that he performs, so will the mentioned Sparks be revealed in him. And according to the degree of sins he transgresses, or according to their amount, so will the Sparks leave him. Similarly, this applies to the part of the Sparks of the Ruach (if he corrected the Spark of his Ruach), and the same with the Sparks of his Neshamah (if he corrected the Sparks of his Neshamah).

The Ibur of Sparks depends on the actions.

Also know that the weight of his good or bad deeds will determine how close to or [how] distant those Sparks will be from him. Sometimes some Sparks will either be very distant from him or close to him. There are those that will surround him from a distance, and there are those that will surround him closely, hovering over him.

Closeness or distance of the Sparks.

Also know that even if one of the Sparks from the Root of this Heel will be lacking any Precept—requiring Reincarnation with another Spark from its Root—he can only reincarnate with the

Only the most similar Spark to him reincarnates with him.

הַמִּתְגַּלְגֵּל לְהַשְׁלִים מִצְוָה וְהַמִּתְגַּלְגֵּל לְתַקֵּן פְּגָם

הָאֻמְנָם אִם אֵינוֹ מִתְגַּלְגֵּל רַק לְסִבַּת תַּשְׁלוּם אֵיזוֹ מִצְוָה שֶׁחָסֵר מִמֶּנּוּ, אָז אֵינוֹ צָרִיךְ לְהִתְגַּלְגֵּל עִם נִיצוֹץ אַחֵר, רַק הוּא לְבַדּוֹ מִתְגַּלְגֵּל בְּגוּף שֵׁנִי, וְכֵן עַד כַּמָּה גִּלְגּוּלִים הוֹלֵךְ וּמִתְגַּלְגֵּל הוּא לְבַדּוֹ עַד שֶׁיַּשְׁלִים כָּל הַתַּרְיַ"ג מִצְוֹת, וְאָז כָּל אוֹתָם הַגּוּפִים שֶׁנִּתְגַּלְגֵּל בָּהֶם נוֹטֵל לִזְמַן הַתְּחִיָּה אוֹתוֹ הַחֵלֶק הַנִּשְׁלָם בּוֹ, וְכֻלָּם קָמִים בַּתְּחִיָּה. וַהֲרֵי נִתְבָּאֵר כָּאן עוֹד חִלּוּק אֶחָד שֶׁיֵּשׁ בֵּין הַמִּתְגַּלְגֵּל לְהַשְׁלִים מִצְוָה לַמִּתְגַּלְגֵּל לְתַקֵּן פְּגַם עֲבֵרָה.

עִבּוּר הַנִּיצוֹצוֹת הוּא כְּפִי הַמַּעֲשִׂים

גַּם דַּע, כִּי אִם אֵיזֶה נִיצוֹץ שֶׁל זֶה הֶעָקֵב יַשְׁלִים לְתַקֵּן נַפְשׁוֹ, הִנֵּה כָּל הַנִּיצוֹצוֹת שֶׁל הֶעָקֵב הַהוּא אֲשֶׁר קָדְמוּ אֵלָיו יִתְגַּלּוּ עַתָּה בּוֹ וְיָאִירוּ בּוֹ, וְיִהְיוּ מְאִירִים בְּתוֹךְ גּוּפוֹ יַחַד וְיַעַזְרוּהוּ בְּכָל דְּרָכָיו לַעֲבוֹדַת קוֹנוֹ. וְאִם יֶחֱטָא יַחְזְרוּ לְהִסְתַּלֵּק מִמֶּנּוּ חַס וְשָׁלוֹם, וְזֶה נִקְרָא סוֹד הָעִבּוּר. וְהַכֹּל כְּפִי מַעֲשָׂיו, כִּי כְּפִי שִׁעוּר אוֹ בְּחִינַת הַמִּצְוֹת שֶׁעוֹשֶׂה כָּךְ יִתְגַּלּוּ בּוֹ הַנִּיצוֹצוֹת הַנִּזְכָּרִים, וּכְפִי בְּחִינַת הָעֲבֵרוֹת שֶׁעָשָׂה אוֹ כְּשִׁעוּר מִסְפָּרָם יִסְתַּלְּקוּ מִמֶּנּוּ הַנִּיצוֹצוֹת. וְעַל דֶּרֶךְ זֶה בְּחֵלֶק נִיצוֹצוֹת הָרוּחַ, אִם תִּקֵּן נִיצוֹץ רוּחוֹ. וְכֵן בְּנִיצוֹצוֹת הַנְּשָׁמָה, אִם תִּקֵּן נִיצוֹץ נִשְׁמָתוֹ.

קֵרוּב אוֹ רִחוּק הַנִּיצוֹצוֹת

גַּם דַּע, כִּי כְּפִי עֵרֶךְ מַעֲשָׂיו הַטּוֹבִים אוֹ הָרָעִים כָּךְ יִהְיֶה קֵרוּב אוֹ רִחוּק הַנִּיצוֹצוֹת הַנִּזְכָּרִים עִמּוֹ, כִּי לִפְעָמִים יִהְיוּ אֵיזֶה נִיצוֹצוֹת מְרֻחָקִים מִמֶּנּוּ הַרְבֵּה, אוֹ קְרוֹבִים אֵלָיו, וְיֵשׁ שֶׁיִּהְיוּ מַקִּיפִין אוֹתוֹ מֵרָחוֹק, וְיֵשׁ שֶׁיִּהְיוּ מַקִּיפִין אוֹתוֹ בְּסָמוּךְ וְחוֹפְפִים עָלָיו.

רַק הַנִּיצוֹץ הַיּוֹתֵר דּוֹמֶה לוֹ מִתְגַּלְגֵּל עִמּוֹ

גַּם דַּע, כִּי אֲפִלּוּ אִם הַנִּיצוֹצוֹת שֶׁהֵם מִשֹּׁרֶשׁ הֶעָקֵב הַנִּזְכָּר חָסֵר מִנִּיצוֹץ אֶחָד מֵהֶם אֵיזוֹ מִצְוָה, וְצָרִיךְ שֶׁיִּתְגַּלְגֵּל עִם אֵיזֶה נִיצוֹץ

Spark that is most similar to him from all of the Sparks of this Heel, even though they are all from the Root of this Heel.

Also know that if a person causes his friend to transgress, even though they are not from the same Root, they both need to come in a Reincarnation. The one who caused the other to transgress will come as an Ibur in him, and assist him in correcting the original transgression that he caused.

Causing a friend to transgress.

Know that even though we previously explained that every limb of the 248 Limbs of the Soul of Adam is One Root on its own, which includes endless Sparks of Souls, nevertheless you need to know that when Adam, his wife Eve, and his two sons, Cain and Abel, transgressed, all of the Sparks of Souls intermingled with each other. The Sparks of Adam with Cain and Abel, the Sparks of Cain with Adam and Abel, the Sparks of Abel with Adam and Cain, and so on.

After the Sin, all the Sparks were intermingled.

Therefore, sometimes the Nefesh of a person will be from Cain and a Ruach from Adam will enter him, since they intermingled together. The Sparks of Adam, together with the Sparks of Cain, came back many times due to the fusing together of the Ruach from the Aspect of Adam with the Nefesh from the Aspect of Cain. It is similar with regards to the Neshamah with the Ruach and the Nefesh. It is found that if this person completes the correction of the Nefesh in him from the Aspect of Cain until it becomes exactly similar and equal with that Ruach from the Aspect of Adam, then this Ruach will enter and become clothed by this Nefesh, even though they do not come from the same source and type, where one is from Adam and the other from Cain.

The Nefesh, Ruach, and Neshamah can all come from different places.

However, this matter of intermingling will continue until the Coming of the Messiah and Elijah [the Prophet], where from then on everything will return to its Root. The Ruach from the Aspect of Cain will join together with the Nefesh from the Aspect of Cain that is similar to it. The Ruach from the Aspect

At the Coming of Mashiach everything will return to its Root.

414

אַחֵר מִשָּׁרְשׁוֹ, אֵינוֹ מִתְגַּלְגֵּל אֶלָּא עִם הַנִּיצוֹץ הַיּוֹתֵר דּוֹמֶה לוֹ שֶׁבְּכָל נִיצוֹצֵי הֶעָקֵב הַזֶּה, אַף עַל פִּי שֶׁכֻּלָּם הֵם מִשֹּׁרֶשׁ זֶה הֶעָקֵב.

הַמַּחֲטִיא אֶת חֲבֵרוֹ

גַּם דַּע, כִּי אִם אֵיזֶה אָדָם יִגְרֹם לְהַחֲטִיא אֶת חֲבֵרוֹ, אַף עַל פִּי שֶׁאֵין שְׁנֵיהֶם מִשֹּׁרֶשׁ אֶחָד צְרִיכִים שְׁנֵיהֶם לְהִתְגַּלְגֵּל, וְאוֹתוֹ שֶׁהֶחֱטִיאוֹ יִתְעַבֵּר בּוֹ לְסַיְּעוֹ לְתַקֵּן מַה שֶּׁהֶחֱטִיאוֹ בַּתְּחִלָּה.

אַחֲרֵי הַחֵטְא כָּל הַנִּיצוֹצוֹת נִתְעָרְבוּ

דַּע, כִּי אַף עַל פִּי שֶׁנִּתְבָּאֵר לְמַעְלָה כִּי כָּל אֵבֶר שֶׁבִּרְמַ"ח אֵבְרֵי נִשְׁמַת אָדָם הָרִאשׁוֹן הוּא שֹׁרֶשׁ אֶחָד בִּפְנֵי עַצְמוֹ, וּבוֹ נִכְלָלִים נִיצוֹצוֹת נְשָׁמוֹת לְאֵין קֵץ, עִם כָּל זֶה צָרִיךְ שֶׁתֵּדַע כִּי כַּאֲשֶׁר חָטְאוּ אָדָם הָרִאשׁוֹן וְחַוָּה אִשְׁתּוֹ וְקַיִן וְהֶבֶל בָּנָיו, הִנֵּה אָז נִתְעָרְבוּ כָּל נִיצוֹצוֹת הַנְּשָׁמוֹת כֻּלָּם יַחַד זֶה בָּזֶה, נִיצוֹצוֹת שֶׁל אָדָם בְּקַיִן וְהֶבֶל, וְנִיצוֹצוֹת קַיִן בְּאָדָם וְהֶבֶל, וְנִיצוֹצוֹת הֶבֶל בְּאָדָם וְקַיִן, וְכַיּוֹצֵא בָּזֶה.

הַנֶּפֶשׁ וְהָרוּחַ וְהַנְּשָׁמָה יְכוֹלוֹת לָבוֹא מִמְּקוֹמוֹת אֲחֵרִים

וְלָכֵן לִפְעָמִים תִּהְיֶה נֶפֶשׁ הָאָדָם מִן קַיִן וְתִכָּנֵס בּוֹ רוּחַ א' מִן אָדָם הָרִאשׁוֹן, לְפִי שֶׁכְּשֶׁנִּתְעָרְבוּ יַחַד נִיצוֹצוֹת אָדָם עִם נִיצוֹצוֹת קַיִן בָּאוּ פְּעָמִים הַרְבֵּה, שֶׁנִּתְדַּבְּקוּ יַחַד רוּחַ מִבְּחִינַת אָדָם עִם נֶפֶשׁ מִבְּחִינַת קַיִן. וְכֵן כַּיּוֹצֵא בָּזֶה בְּעִנְיַן הַנְּשָׁמָה עִם הָרוּחַ וְהַנֶּפֶשׁ. וְנִמְצָא, כִּי אִם הָאָדָם הַזֶּה הִשְׁלִים לְתַקֵּן אֶת הַנֶּפֶשׁ אֲשֶׁר בּוֹ, שֶׁהִיא מִבְּחִינַת קַיִן, עַד שֶׁתִּהְיֶה דּוֹמָה מַמָּשׁ בִּמְצִיאוּת הַשְׁוָאָה אַחַת עִם הָרוּחַ הַהוּא שֶׁמִּבְּחִינַת אָדָם הָרִאשׁוֹן, הִנֵּה יִכָּנֵס בּוֹ הָרוּחַ הַהוּא וְיִתְלַבֵּשׁ בַּנֶּפֶשׁ הַהִיא אַף עַל פִּי שֶׁאֵין שְׁנֵיהֶם מִמָּקוֹר אֶחָד וּמִסּוּג אֶחָד, כִּי זֶה מֵאָדָם וְזֶה מִן קַיִן.

בְּבִיאַת הַמָּשִׁיחַ כָּל דָּבָר יָשׁוּב לְשָׁרְשׁוֹ

וְאָמְנָם עִנְיַן עֵרוּבִים אֵלּוּ נִמְשָׁכִים עַד בִּיאַת הַמָּשִׁיחַ וְאֵלִיָּהוּ זָכוּר לַטּוֹב, אֲבָל מִשָּׁם וְאֵילָךְ כָּל דָּבָר יָשׁוּב לְשָׁרְשׁוֹ, כִּי הָרוּחַ שֶׁמִּבְּחִינַת קַיִן יִתְחַבֵּר יַחַד עִם הַנֶּפֶשׁ הַדּוֹמָה אֵלָיו אֲשֶׁר מִבְּחִינַת קַיִן, וְהָרוּחַ

of Adam will join with the Nefesh that is specifically similar to it from the Aspect of Adam.

This is the secret of the verse: "Behold, I send you Elijah the Prophet before the coming of the great and awesome day of the Lord. And he shall turn the heart of the fathers to the sons, and the heart of the sons to their fathers...." (Malachi 3:23-24) This means that He will return and bring back each and every one to his specific, appropriate Root. Understand this. The reason for this to be carried out by Elijah is that Elijah was also mixed in the manner mentioned earlier. His Nefesh was from the Aspect of Nadav and Avihu, which are from the Aspect of Cain, as will later be explained. However, his Ruach was from another Aspect, and I did not receive the specifics of this from my teacher, although there are other reasons for this matter.

שֶׁמִּבְחִינַת אָדָם הָרִאשׁוֹן יִתְחַבֵּר עִם הַנֶּפֶשׁ מִבְּחִינַת אָדָם הָרִאשׁוֹן, אוֹתָהּ הַדּוֹמָה אֵלֶיהָ בִּפְרָטוּת.

וְזֶהוּ סוֹד פָּסוּק "הִנֵּה אָנֹכִי שֹׁלֵחַ לָכֶם אֵת אֵלִיָּה הַנָּבִיא לִפְנֵי בּוֹא יוֹם ה' הַגָּדוֹל וְהַנּוֹרָא, וְהֵשִׁיב לֵב אָבוֹת עַל בָּנִים" וְכוּ'. פֵּרוּשׁ: כִּי יַחֲזִיר וְיָשִׁיב כָּל אֶחָד וְאֶחָד לְשָׁרְשׁוֹ הָרָאוּי לוֹ בִּפְרָטוּת, וְהָבֵן זֶה. וְאָמְנָם טַעַם הֱיוֹת הַדָּבָר הַזֶּה נַעֲשֶׂה עַל יְדֵי אֵלִיָּהוּ זָכוּר לַטּוֹב הוּא, כִּי גַּם אֵלִיָּהוּ זָכוּר לַטּוֹב הָיָה מְעֹרָב עַל דֶּרֶךְ הַנִּזְכָּר, כִּי נַפְשׁוֹ הָיְתָה מִבְּחִינַת נָדָב וַאֲבִיהוּא, שֶׁהֵם מִבְּחִינַת קַיִן כְּמוֹ שֶׁיִּתְבָּאֵר לְקַמָּן, אֲבָל רוּחוֹ הָיָה מִבְּחִינָה אַחֶרֶת, וְלֹא קִבַּלְתִּי פְּרָטוּתוֹ מִמּוֹרִי זַ"ל, וְאַף עַל פִּי שֶׁעוֹד יֵשׁ טְעָמִים אֲחֵרִים בְּעִנְיָן זֶה.

THIRTY-FIRST
INTRODUCTION

Know that all of the Neshamot, Ruchot, and Nefashot (the plural form of Neshamah, Ruach, and Nefesh) that are within all of the Created Beings in this world are all included within, and extend from Adam. Thus, Adam incorporates all five Parts mentioned above, which are called from Below to Above: Nefesh, Ruach, Neshamah, Chayah, and Yechidah, which are drawn from the Five Parztufim, the Ten Sefirot, which are called from top to bottom: Arich Anpin, Aba, Ima, Zeir Anpin, and Nukva. We will start with explaining the Aspect of the Nefesh, and from that you will be able to deduce [the same principle] with the Ruach, the Neshamah, and so forth.

Everything was included in Adam.

Know that the Nefesh of Adam is comprised of 248 Limbs and 365 Sinews, totaling 613. Thus, the Nefesh of Adam is comprised of 613 Roots. However, each and every Limb from his 248 Limbs and each and every Sinew from his 365 Sinews has One Complete Partzuf that actually includes all the 613 Limbs and Sinews in him. Therefore any Limb or Sinew of these is referred to as One Complete Major Root.

613 Major Roots.

However, transgressions and blemishes sometimes cause these Major 613 [Roots] to be divided and separated into 600,000 Minor Roots, at most, which are also called actual Roots, although they are Minor and not like the first ones. However, they cannot further divide into more than 600,000 Minor Roots because there is no Reincarnation beyond 600,000, as mentioned in Tikunei HaZohar, Sixty-Ninth Tikkun.

613 Major roots can be divided up to 600,000 Minor Roots.

In a similar way, each and every Limb and Sinew within Adam, called one Major Root, as mentioned, divides into 613 Sparks of Souls, as mentioned, and they are called Major Sparks, and they are all One Root. Sometimes, due to a blemish, they also divide

Each of the 613 Roots divide into at least 613 Sparks.

הַקְדָּמָה ל"א

הַכֹּל הָיָה כָּלוּל בְּאָדָם הָרִאשׁוֹן

דַּע, כִּי כָּל הַנְּשָׁמוֹת וְהָרוּחוֹת וְהַנְּפָשׁוֹת שֶׁבְּכָל הַנִּבְרָאִים בָּעוֹלָם הַזֶּה, כֻּלָּם כְּלוּלִים וְנִתְלִים בְּאָדָם הָרִאשׁוֹן, כִּי הִנֵּה אָדָם הָרִאשׁוֹן הָיָה כּוֹלֵל כָּל הַחֲמִשָּׁה חֲלָקִים הנז"ל הַנִּקְרָאִים מִמַּטָּה לְמַעְלָה נרנח"י הַנִּמְשָׁכוֹת מִן חֲמִשָּׁה פַּרְצוּפֵי הי"ס, הַנִּקְרָאִים מִמַּעְלָה לְמַטָּה א"א ואו"א וזו"ן. וְנַתְחִיל לְבָאֵר בְּחִינַת הַנֶּפֶשׁ, וּמִמֶּנָּה תַּקִּישׁ אֶל הָרוּחַ וְהַנְּשָׁמָה וְכוּ'.

תַּרְיַ"ג שָׁרָשִׁים גְּדוֹלִים

דַּע, כִּי נֶפֶשׁ אָדָם הָרִאשׁוֹן כְּלוּלָה בִּרְמַ"ח אֵיבָרִים וּשְׁסָ"ה גִּידִים, וּמִסְפַּר כֻּלָּם תַּרְיַ"ג. וְנִמְצָא הֱיוֹת נֶפֶשׁ אָדָם כְּלוּלָה מִתַּרְיַ"ג שָׁרָשִׁים. וְאָמְנָם כָּל אֵבֶר וְאֵבֶר מֵרְמַ"ח אֵיבָרָיו, וְכָל גִּיד וְגִיד מִשְּׁסָ"ה גִּידָיו, יֵשׁ לוֹ פַּרְצוּף אֶחָד שָׁלֵם כּוֹלֵל כָּל תַּרְיַ"ג אֵיבָרִים וְגִידִים שֶׁבּוֹ מַמָּשׁ, וְלָכֵן כָּל אֵבֶר אוֹ כָּל גִּיד מֵהֶם נִקְרָא שֹׁרֶשׁ אֶחָד גָּדוֹל וְשָׁלֵם.

תַּרְיַ"ג גְּדוֹלִים יְכוֹלִים לְהִתְחַלֵּק עַד ס' רִבּוֹא קְטַנִּים

אָמְנָם לִפְעָמִים עַל יְדֵי הָעֲבֵרוֹת וְהַפְּגָמִים גּוֹרֵם שֶׁאֵלּוּ הַתַּרְיַ"ג הַגְּדוֹלִים יִתְחַלְּקוּ וְיִתְפָּרְדוּ עַד ס' רִבּוֹא שָׁרָשִׁים קְטַנִּים, וְגַם הֵם נִקְרָאִים שָׁרָשִׁים מַמָּשׁ, אֶלָּא שֶׁהֵם קְטַנִּים וְלֹא כָּרִאשׁוֹנִים. אֲבָל יוֹתֵר מִס' רִבּוֹא שָׁרָשִׁים קְטַנִּים אִי אֶפְשָׁר לָהֶם לְהִתְחַלֵּק, כִּי אֵין גִּלְגּוּל יוֹתֵר מִס' רִבּוֹא, כַּנִּזְכָּר בְּסֵפֶר הַתִּקּוּנִין תִּקּוּן ס"ט.

כָּל שֹׁרֶשׁ מֵהַתַּרְיַ"ג נֶחֱלָק לְכָל הַפָּחוֹת לְתַרְיַ"ג נִיצוֹצוֹת

וְכֵן עַל דֶּרֶךְ זֶה כָּל אֵבֶר וְאֵבֶר וְכָל גִּיד וְגִיד שֶׁבְּאָדָם הָרִאשׁוֹן, הַנִּקְרָא שֹׁרֶשׁ אֶחָד גָּדוֹל כַּנִּזְכָּר, הִנֵּה הוּא נֶחֱלָק לְתַרְיַ"ג נִיצוֹצוֹת נְשָׁמוֹת כַּנִּזְכָּר, וְנִקְרָאִים נִיצוֹצוֹת גְּדוֹלִים, וְכֻלָּם שֹׁרֶשׁ אֶחָד. וְלִפְעָמִים עַל יְדֵי

into 600,000 Minor Sparks. So they are 613 Major Roots, and not less than that, but they can subdivide up to 600,000 Minor Roots, but no more. In the same manner, within each of the 613 Major Roots, there are no less than 613 Major Sparks, but they can divide up to 600,000 Minor Sparks and no more. Indeed, they can subdivide from 613 and until 600,000, like 10,000 or similar to it, until 600,000 and not more.

Know that all of this is in the Part of the Nefesh, but it is similar for the Part of the Ruach, and likewise for the Part of the Neshamah. The reason for the difference in the way they divide, whether a few or many, is in accordance with the blemishes and the transgressions.

Know that Cain and Abel are the two Shoulders of Adam, with Cain on the Left and Abel on the Right. This Aspect of the Shoulder is [defined as] that Joint and Limb that connects the Arm to the Body. It is actually fused and connected to the Body and leans a little towards the back of the Body from above. Since this is so, it is found that both Cain and Abel each had their Limbs divided into 600,000 Minor Sparks. All of this was caused by their known transgression. This is the secret of what is said in Tikunei HaZohar, Sixty-Ninth Tikkun, page 100a, that Moses was originally Abel, his Extension was up to 600,000, and his Sparks are reincarnated in each and every generation, in the secret of: "A generation goes and a generation comes...." (Ecclesiastes 1:4) Understand this well.

Cain and Abel are two Limbs of Adam.

These two Shoulders, from which Cain and Abel extend, have one advantage. The Mo'ach called Da'at, which extends in the body through the spinal cord, is first drawn through these two Shoulders. From there, it further descends and extends until the Yesod, the place from where the Drop of semen comes out. When the Drop of semen arrives from the Shoulder all the way to the Yesod, the Yesod is then called "...branches of palm trees

The advantage of the Shoulders.

הַפְּגָם יִתְחַלְּקוּ גַּם הֵם לְס' רִבּוֹא נִיצוֹצוֹת קְטַנִּים, בְּאֹפֶן כִּי הֵם תַּרְיַ"ג שָׁרָשִׁים גְּדוֹלִים וְלֹא פָּחוֹת מִזֶּה, אֲבָל אֶפְשָׁר לְהִתְחַלֵּק עַד שִׁעוּר ס' רִבּוֹא שָׁרָשִׁים קְטַנִּים וְלֹא יוֹתֵר. וְעַל דֶּרֶךְ זֶה בְּכָל שֹׁרֶשׁ מֵהַתַּרְיַ"ג הַגְּדוֹלִים יֵשׁ בּוֹ נִיצוֹצוֹת גְּדוֹלִים כְּמִסְפַּר תַּרְיַ"ג וְלֹא פָּחוֹת, אֲבָל יוֹתֵר אֶפְשָׁר לָהֶם לְהִתְחַלֵּק עַד ס' רִבּוֹא נִיצוֹצוֹת קְטַנִּים וְלֹא יוֹתֵר. הָאָמְנָם יוֹתֵר מִתַּרְיַ"ג וְעַד ס' רִבּוֹא אֶפְשָׁר שֶׁיִּתְחַלְּקוּ, כִּי יֵשׁ שֶׁיִּתְפָּרֵד עַד אֶלֶף, וְיֵשׁ עַד אַלְפַּיִם, וְיֵשׁ עַד עֲשָׂרָה אֲלָפִים, וְכַיּוֹצֵא בָּזֶה עַד ס' רִבּוֹא וְלֹא יוֹתֵר.

וְדַע כִּי כָּל זֶה בְּחֵלֶק הַנֶּפֶשׁ, וְכֵן עַל דֶּרֶךְ זֶה מַמָּשׁ הוּא בְּחֵלֶק הָרוּחַ, וְכֵן עַל דֶּרֶךְ זֶה בְּחֵלֶק הַנְּשָׁמָה. וְסִבַּת הֶפְרֵשׁ הִתְחַלְּקוּת הַנִּזְכָּר בֵּין רַב לִמְעַט הוּא כְּפִי הָעֲוֹנוֹת וְהַפְּגָם.

קַיִן וְהֶבֶל הֵם ב' אֵיבָרִים שֶׁל אָדָם הָרִאשׁוֹן

וְדַע, כִּי קַיִן וְהֶבֶל הֵם ב' כִּתְפוֹת אָדָם הָרִאשׁוֹן, קַיִן בִּשְׂמֹאל וְהֶבֶל בְּיָמִין. וּבְחִינַת הַכָּתֵף הַזֶּה הוּא אוֹתוֹ הַפֶּרֶק וְהָאֵבֶר הַמְחַבֵּר אֶת הַזְּרוֹעַ עִם הַגּוּף, וְהוּא דָּבוּק מַמָּשׁ וּמְחֻבָּר בַּגּוּף, וְנוֹטֶה מְעַט לְצַד אֲחוֹרֵי הַגּוּף מִלְמַעְלָה. וְכֵיוָן שֶׁהַדָּבָר כֵּן, נִמְצָא כִּי קַיִן וְהֶבֶל כָּל אֶחָד מֵהֶם נִתְחַלְּקוּ אֵיבָרָיו עַד ס' רִבּוֹא נִיצוֹצוֹת קְטַנִּים, וְכָל זֶה גָּרַם לָהֶם חֶטְאָם הַנּוֹדָע. וְזֶהוּ סוֹד מ"ש בַּתִּקּוּנִין תִּקּוּן ס"ט, כִּי מֹשֶׁה רַבֵּנוּ ע"ה הֲוָה בְּקַדְמֵיתָא הֶבֶל, וְאִתְפַּשְּׁטוּתֵיהּ עַד שִׁתִּין רִבּוֹא, וְאִתְגַּלְגְּלוּ נִיצוֹצוֹתָיו בְּכָל דּוֹר וָדוֹר בְּסוֹד "דּוֹר הֹלֵךְ וְדוֹר בָּא", וְהָבֵן זֶה.

מַעֲלַת הַכְּתֵפוֹת

וְיֵשׁ מַעֲלָה אַחַת לְאֵלּוּ שְׁתֵּי הַכְּתֵפוֹת שֶׁבָּהֶם נִתְלִים קַיִן וְהֶבֶל. כִּי הִנֵּה מֹחַ הַנִּקְרָא דַּעַת, הַנִּמְשָׁךְ בַּגּוּף דֶּרֶךְ חוּט הַשִּׁדְרָה, בַּתְּחִלָּה נִמְשָׁךְ דֶּרֶךְ ב' כְּתֵפוֹת אֵלּוּ, וּמִשָּׁם יוֹרֵד עוֹד וְנִמְשָׁךְ עַד הַיְסוֹד, וּמִשָּׁם

כפת (*kapot t'marim*; תמרים)" (Leviticus 23:40), which are the same letters as *katef* (כתף; shoulder).

Also, when the two Shoulders merge together in the Yesod, as the Drop descends from both of them till the Yesod, it is then said: "It shall have two shoulder-pieces attached; they shall be attached at its two ends" (Exodus 28:7) because then they join together in the Yesod. It is then also said of the Yesod, "... the thousand is yours, Solomon," (Song of Songs 8:12) since Solomon (Shlomo) is the Yesod called "...My Covenant of Peace (*Shalom*)." (Numbers 25:12), and then it equals the numerical value of 1,000, which is twice the numerical value of the word *katef* (כתף; shoulder), as each *katef* (shoulder) by itself equals the numerical value of 500, like the numerical value of the concealed letters of the spelling out of the Name Shin-Dalet-Yud (שין דלת יוד]; שדי]), as is known.

The Left Shoulder Limb divides up to 600,000 and includes a complete Partzuf.

Now we will explain the matter of the Left Shoulder of Adam, called the Root of Cain. Know that this Shoulder is referred to as one Limb, as mentioned, and it is known that all Limbs include Flesh, Sinews, and Bones. Know that these Sinews within each and every Limb are not part of the 365 known Sinews that are not included in the 248 Limbs, but rather they are the small arteries within each and every Limb. Thus, this Shoulder Limb, along with its three Aspects—Flesh, Sinews, and Bones—divides into as many as 600,000 Sparks of Souls, making up One Complete Partzuf from the Head to the Heels.

The Left Heel of the Left Shoulder.

Now the Left Heel of that Partzuf divides into more than 613 Sparks of Souls, and included among them are: the Soul of Chizkiyah King of Judah; the Soul of Rabbi Akiva ben Yosef; and the Soul of Akavia ben Mahalalel, as will be explained in detail later, [along with] the lineage of the genealogy of the Soul of this Root. Indeed, the Aspect of the Drop of semen that is drawn from the place of this Heel (*akev*; עקב) until the Yesod sometimes becomes Yaakov (יעקב; Jacob) [and] sometimes becomes Akavia (עקביא) ben Mahalalel, and sometimes Akiva (עקיבא), and similar to this.

יוֹצֵאת טִפַּת הַזֶּרַע. וּבְהַגִּיעַ טִפַּת הַזֶּרַע מִן הַכָּתֵף אֶל הַיְסוֹד אָז נִקְרָא הַיְסוֹד "כַּפֹּת תְּמָרִים", וְהֵם אוֹתִיּוֹת כָּתֵף.

גַּם בְּהִתְחַבֵּר יַחַד ב' הַכְּתֵפוֹת בַּיְסוֹד, שֶׁיּוֹרֶדֶת הַטִּפָּה מִשְּׁנֵיהֶם עַד הַיְסוֹד, אָז כְּתִיב "שְׁתֵּי כְתֵפֹת חֹבְרֹת יִהְיֶה לּוֹ אֶל שְׁנֵי קְצוֹתָיו וְחֻבָּר", כִּי אָז מִתְחַבְּרִים בַּיְסוֹד. גַּם אָז הַיְסוֹד נֶאֱמָר בּוֹ "הָאֶלֶף לְךָ שְׁלֹמֹה", כִּי שְׁלֹמֹה הוּא הַיְסוֹד הַנִּקְרָא "בְּרִיתִי שָׁלוֹם", וְאָז עוֹלֶה לְמִנְיַן אֶלֶף, שֶׁהֵם בְּגִימַטְרִיָּא ב' פְּעָמִים כָּתֵף. הַאֻמְנָם כָּל כָּתֵף לְבַדּוֹ הוּא בְּגִימַטְרִיָּא ת"ק, כְּמִנְיַן אוֹתִיּוֹת הַנֶּעְלָמוֹת בְּמִלּוּי שַׁדַּ"י כַּנּוֹדָע.

אֵבַר הַכָּתֵף הַשְּׂמָאלִית מִתְחַלֵּק עַד ס' רִבּוֹא וְכוֹלֵל פַּרְצוּף שָׁלֵם

וּנְבָאֵר עַתָּה עִנְיַן הַכָּתֵף הַשְּׂמָאלִי שֶׁל אָדָם, הַנִּקְרָא שֹׁרֶשׁ קַיִן. דַּע, כִּי הַכָּתֵף הַזֶּה נִקְרָא אֵבָר א' כַּנִּזְכָּר, וְנוֹדַע כִּי כָּל אֵבָר כּוֹלֵל בָּשָׂר וְגִידִים וַעֲצָמוֹת. וְדַע, כִּי אֵלּוּ הַגִּידִים שֶׁבְּכָל אֵבָר וְאֵבָר אֵינָם מִכְּלַל הַשְּׁסָ"ה גִּידִים הַיְדוּעִים שֶׁאֵינָם מִכְּלַל הָרְמַ"ח אֵיבָרִים, אֲבָל הֵם הָעוֹרְקִים הַקְּטַנִּים שֶׁבִּפְרָטוּת כָּל אֵבָר וְאֵבָר. וְהִנֵּה אֵבַר הַכָּתֵף הַזֶּה בִּשְׁלֹשָׁה בְּחִינוֹתָיו, שֶׁהֵם: בָּשָׂר וְגִידִים וַעֲצָמוֹת, מִתְחַלֵּק עַד ס' רִבּוֹא נִיצוֹצוֹת נְשָׁמוֹת הַכְּלוּלוֹת בְּפַרְצוּף אֶחָד שָׁלֵם מִן הָרֹאשׁ וְעַד הָעֲקֵבִים.

הֶעָקֵב הַשְּׂמָאלִי שֶׁל הַכָּתֵף הַשְּׂמָאלִית

וְהִנֵּה הֶעָקֵב הַשְּׂמָאלִי שֶׁבַּפַּרְצוּף הַזֶּה מִתְחַלֵּק לְיוֹתֵר מִן תַּרְיַ"ג נִיצוֹצוֹת נְשָׁמוֹת, וּמִכְּלָלָם הֵם: נִשְׁמַת חִזְקִיָּה מֶלֶךְ יְהוּדָה, וְנִשְׁמַת ר' עֲקִיבָא בֶּן יוֹסֵף, וְנִשְׁמַת עֲקַבְיָא בֶּן מַהֲלַלְאֵל, וּכְמוֹ שֶׁיִּתְבָּאֵר לְקַמָּן פְּרָטֵיהֶם וְשַׁלְשֶׁלֶת יִחוּס נִשְׁמַת הַשֹּׁרֶשׁ הַזֶּה. וְאָמְנָם בְּחִינַת טִפַּת הַזֶּרַע הַנִּמְשֶׁכֶת מִמְּקוֹם הֶעָקֵב הַזֶּה עַד הַיְסוֹד, לִפְעָמִים נַעֲשֵׂית יַעֲקֹב, וְלִפְעָמִים נַעֲשֵׂת עֲקַבְיָא, וְלִפְעָמִים עֲקִיבָא, וְכַיּוֹצֵא בָּזֶה.

Know that the entire Aspect of the Heel is the Malchut of that Partzuf. Therefore there is an ability for all of the Souls of this Heel to ascend up until the Level of Thought, in the secret of: "...a female shall surround a man." (Jeremiah 31:22) For this reason, Rabbi Akiva merited to ascend up to [the Level of] Thought, as our sages hinted at by saying about him: "Silence, this is what came up in thought." (Tractate Menachot 29b) Understand this.

The Heel is the Malchut Aspect of the Partzuf.

Know one matter relating to these two Shoulders. When there is a blemish that results from some transgression in one of the Shoulders, or if the blemish is in the Left Shoulder—like the blemish from the transgression of Cain, who resides there—then the Right Shoulder becomes blemished as well, and similar to this as well. Therefore someone whose Root is from the aforementioned Left Shoulder will have long hair on his right and left shoulders, but there will be more hair on the left shoulder than on the right, since that is its main essence.

A blemish in one Shoulder affects the other Shoulder.

However when the Right Shoulder became blemished by the transgression of the Root of Abel, who is attached there, then the sign mentioned earlier will only be apparent on the Right Shoulder. Thus, we find that whoever is from the Left Shoulder Limb will have on [his] left shoulder longer hair than the rest of the hair on the body. This is to indicate that there is the place of his attachment to Adam. In *Sha'ar Ruach HaKodesh* ("Gate of the Divine Spirit" page 15), in the chapter speaking about Face Reading, a little more is explained concerning the letters of Nefesh, Ruach, and Neshamah, and so on. Study there.

A mark in the body indicates the Root of one's Soul.

Now I will add a little more explanation concerning the matter of these two Shoulders of Adam. I have already informed you how Netzach and Hod of Atik Yomin are clothed within Chesed and Gevurah—the two Arms of Arich Anpin. Then, the two Arms of Arich [Anpin] are clothed in the two Mochin—Chochmah and Binah of Aba and Ima. The two Shoulders of Arich [Anpin] are clothed within the Mo'ach of Da'at of Zeir Anpin, which divides into two Crowns called Chesed and

The source of the Shoulders.

הֶעָקֵב הוּא בְּחִינַת הַמַּלְכוּת שֶׁל הַפַּרְצוּף

וְדַע, כִּי כָּל בְּחִינַת עָקֵב הִיא הַמַּלְכוּת שֶׁבְּאוֹתוֹ פַּרְצוּף, וְלָכֵן יֵשׁ יְכֹלֶת בְּכָל הַנְּשָׁמוֹת שֶׁבֶּעָקֵב הַזֶּה לַעֲלוֹת לְמַעְלָה עַד סוֹד הַמַּחֲשָׁבָה, בְּסוֹד "נְקֵבָה תְּסוֹבֵב גָּבֶר". וּלְסִבָּה זוֹ זָכָה ר' עֲקִיבָא לַעֲלוֹת עַד הַמַּחֲשָׁבָה, וּכְמוֹ שֶׁרָמְזוּ עָלָיו רַזַ"ל בְּאָמְרָם "כָּךְ עָלָה בְּמַחֲשָׁבָה", וְהָבֵן זֶה.

פְּגָם בְּכָתֵף אַחַת מַשְׁפִּיעַ עַל הַכָּתֵף הַשֵּׁנִית

וְדַע עִנְיָן א' בִּשְׁתֵּי כְּתֵפוֹת אֵלּוּ, כִּי כַּאֲשֶׁר יֵשׁ פְּגָם מֵחֲמַת אֵיזֶה עָוֹן בְּכָתֵף אֶחָד מֵהֶם, אָז אִם הַפְּגָם הוּא בַּכָּתֵף הַשְּׂמָאלִי, כְּמוֹ אִם נִפְגַּם בְּחֶטְאוֹ שֶׁל קַיִן הָעוֹמֵד שָׁם, אָז גַּם הַכָּתֵף הַיְמָנִי נִפְגָּם, וְכֵן כַּיּוֹצֵא בָּזֶה. וְלָכֵן מִי שֶׁשָּׁרְשׁוֹ מִן הַכָּתֵף הַשְּׂמָאלִי הַנִּזְכָּר יִהְיוּ בּוֹ שְׂעָרוֹת אֲרֻכּוֹת בִּכְתֵפוֹ הַיָּמִין וְהַשְּׂמֹאל, אֶלָּא שֶׁשַּׂעֲרוֹת הַשְּׂמֹאל יִהְיוּ מְרֻבִּים עַל שֶׁל יָמִין, לְפִי כִּי שָׁם עִקָּרָם.

סִימָן בַּגּוּף מַרְאֶה שֹׁרֶשׁ נִשְׁמַת הָאָדָם

אֲבָל כַּאֲשֶׁר נִפְגַּם כָּתֵף הַיְמָנִי בְּחֶטְאוֹ שֶׁל שֹׁרֶשׁ הֶבֶל הַנֶּאֱחָז שָׁם, אָז אֵין הַסִּימָן הַנִּזְכָּר נִכָּר רַק בְּכֶתֶף יָמִין לְבַדּוֹ. וְנִמְצָא כִּי מִי שֶׁיִּהְיֶה מֵאֵבֶר הַכָּתֵף הַשְּׂמָאלִי, יִהְיוּ בִּכְתֵפוֹ הַשְּׂמָאלִי שְׂעָרוֹת אֲרֻכִּים יוֹתֵר מִשְּׁאָר הַשַּׂעֲרוֹת הַגּוּף, וְזֶה לְהוֹרוֹת כִּי שָׁם הוּא מְקוֹם אֲחִיזָתוֹ בְּאָדָם הָרִאשׁוֹן. וּבְשַׁעַר רוּחַ הַקֹּדֶשׁ בְּפֶרֶק הַכָּרַת הַפַּרְצוּף נִתְבָּאֵר קְצָת מֵעִנְיַן אוֹתִיּוֹת הַנֶּפֶשׁ וְהָרוּחַ וְכוּ'.

מְקוֹר הַכְּתֵפַיִם

וְעַתָּה אוֹסִיף קְצָת בֵּאוּר בְּעִנְיַן אֵלּוּ הַשְּׁתֵּי כְּתֵפוֹת דְּאָדָם הָרִאשׁוֹן: כְּבָר הוֹדַעְנוּךָ אֵיךְ נֵצַח וְהוֹד דְּעַתִּיק יוֹמִין מִתְלַבְּשִׁים תּוֹךְ חֶסֶד וּגְבוּרָה, תְּרֵין דְּרוֹעִין דַּאֲרִיךְ אַנְפִּין, וְאַחַר כָּךְ תְּרֵין דְּרוֹעִין דַּאֲרִיךְ נִתְלַבְּשׁוּ בִּתְרֵין מֹחִין חָכְמָה וּבִינָה דְּאַבָּא וְאִמָּא. וּתְרֵין כַּתְפִּין

Gevurah, as is known. And from them, the Surrounding Light is drawn to Nukva of Zeir Anpin.

You also know that Atik Yomin has only nine Sefirot, which are referred to in Zohar, Noach 124-125 as the Nine Chambers, which "are not considered chambers nor lights, and so on," as explained by us [in *Sha'ar Ma'amrei Rashbi* ("Gate of Sayings of Rabbi Shimon bar Yochai") page 235] at the beginning of our explanation of the Idra Zuta, and study there. The Aspect of Malchut is not mentioned at all by Atik Yomin. Therefore the Root of Malchut is alluded to only in its Sefira of Hod, as it is known that the Male is always in Netzach and the Female is in Hod. Thus, the Hod of Atik Yomin is clothed in the Gevurah of Arich Anpin, which is the Left Shoulder of Arich Anpin, called the Crown (*Itra*) of Gevurah. Understand the matter of this name *Itra* (Crown), as in the secret of: "...crown to (*ateret*) her husband..." (Proverbs 12:4), as that is where Malchut is attached and is alluded to.

The Hod of Atik Yomin alludes to the Root of Malchut.

It is found that from this Left Shoulder, one Spark of Light extends and becomes the Aspect of Surrounding Light for the Nukva of Zeir Anpin. Therefore the Root of Cain, which is from the side of Nukva of Zeir Anpin, is attached to the Left Shoulder of Adam. However, the Right Shoulder is from Netzach of Atik Yomin, and within it is the secret of Zeir Anpin, the Male. Therefore the Root of Abel is in the Right Shoulder of Adam. It is already known that Malchut can ascend higher than the place of the Male, in the secret of: "... crown to her husband..." (Ibid.) and specifically in the Aspect of Surrounding Light, as mentioned; and therefore, know how great is the virtue of the Left Shoulder of Adam.

The Malchut can ascend higher than the place of the Male.

My teacher [the Ari] further explained to me the matter of the 248 Limbs in the following way: Know that all of the Souls are included in Adam and divide within him into many Roots. This is how: first they divide into the three Patriarchs, then into the Twelve Tribes, then the Seventy Souls, and then they divide

Three Patriarchs, 12 Tribes, 70 Souls, 600,000.

דַּאֲרִיךְ נִתְלַבְּשׁוּ בְּמֹחַ דַּעַת דז"א, הַנֶּחֱלָק לִתְרֵין עִטְרִין הַנִּקְרָאִים חו"ג כַּנּוֹדָע, וּמֵהֶם נִמְשָׁךְ אוֹר הַמַּקִּיף אֶל נוּקְבָא דז"א.

הוֹד דְּעַתִּיק יוֹמִין רוֹמֵז לְשֹׁרֶשׁ הַמַּלְכוּת

גַּם יָדַעְתָּ, כִּי עַתִּיק יוֹמִין אֵין בּוֹ רַק ט' סְפִירוֹת, וְהֵם הַנִּקְרָאִים בְּפָרָשַׁת נֹחַ בַּזֹּהַר בְּשֵׁם ט' הֵיכָלִין, דְּלָאו אִינּוּן הֵיכָלִין וְלָאו אִנּוּן נְהוֹרִין וְכוּ', כְּמוֹ שֶׁנִּתְבָּאֵר אֶצְלֵנוּ בְּבֵאוּר רֵישׁ אִדְרָא זוּטָא, וְעַיֵּן שָׁם. וְלֹא הֻזְכְּרָה בְּחִינַת מַלְכוּת בְּעַתִּיק יוֹמִין כְּלָל, וְלָכֵן שֹׁרֶשׁ הַמַּלְכוּת לֹא נִרְמְזָה אֶלָּא בִּסְפִירַת הַהוֹד שֶׁבּוֹ, כַּנּוֹדָע כִּי לְעוֹלָם עוֹמֵד הַזָּכָר בְּנֵצַח וְהַנְּקֵבָה בְּהוֹד. וְהִנֵּה הַהוֹד שֶׁל עַתִּיק יוֹמִין מִתְלַבֵּשׁ בִּגְבוּרָה דא"א, וְהִיא הַכָּתֵף הַשְּׂמָאלִי דא"א הַנִּקְרָא עִיטְרָא דִּגְבוּרָה, וְהָבֵן זֶה הַשֵּׁם שֶׁל עִטְרָא מָה עִנְיָנָהּ, בְּסוֹד "עֲטֶרֶת בַּעְלָהּ", כִּי שָׁם נִרְמֶזֶת וְנֶאֱחֶזֶת הַמַּלְכוּת כַּנִּזְכָּר.

הַמַּלְכוּת יְכוֹלָה לַעֲלוֹת לְמַעְלָה מִמְּקוֹם הַזָּכָר

וְנִמְצָא כִּי מִזֶּה הַכָּתֵף הַשְּׂמָאלִי נִמְשָׁךְ נִיצוֹץ אוֹר אֶחָד לִהְיוֹתוֹ בְּחִינַת אוֹר מַקִּיף אֶל נוּקְבָא דז"א, וְלָכֵן שֹׁרֶשׁ קַיִן אֲשֶׁר הוּא מִצַּד נוּקְבָא דז"א נֶאֱחַז בְּכָתֵף שְׂמָאלִי שֶׁל אָדָם הָרִאשׁוֹן. וְאָמְנָם הַכָּתֵף הַיְמָנִי הוּא מִן נֵצַח דְּעַתִּיק יוֹמִין, וּבוֹ סוֹד ז"א דְּכוּרָא, וְלָכֵן שֹׁרֶשׁ הֶבֶל הוּא בְּכָתֵף יְמִינִי שֶׁל אָדָם. וּכְבָר נוֹדַע כִּי הַמַּלְכוּת אֶפְשָׁר לָהּ לַעֲלוֹת לְמַעְלָה מִמְּקוֹם הַזָּכָר, בְּסוֹד עֲטֶרֶת בַּעְלָהּ, וּבִפְרָט בִּבְחִינַת אוֹר הַמַּקִּיף כַּנִּזְכָּר, וְלָכֵן תֵּדַע גֹּדֶל מַעֲלַת הַכָּתֵף הַשְּׂמָאלִי שֶׁל אָדָם הָרִאשׁוֹן כַּמָּה הוּא.

ג' אָבוֹת, י"ב שְׁבָטִים, ע' נֶפֶשׁ, ס' רִבּוֹא

עוֹד בֵּאֵר לִי עִנְיַן הַתַּרְיַ"ג אֵיבָרִים בְּאֹפֶן זֶה: דַּע, כִּי כָּל הַנְּשָׁמוֹת כְּלוּלוֹת בְּאָדָם הָרִאשׁוֹן, וּבוֹ נֶחֱלָקִים לְשָׁרָשִׁים רַבִּים, וְזֶה עִנְיָנָם: בַּתְּחִלָּה הֵם נֶחֱלָקִים לְג' אָבוֹת, וְאַחַר כָּךְ נֶחֱלָקִים עוֹד לְי"ב שְׁבָטִים,

further until 600,000 Minor Roots, all of which are included within the Soul of Adam.

Regarding the Right Shoulder of Adam, its Parts divide according to that same rule. First it divides into the three Patriarchs, then into the Twelve Tribes, and then into the Seventy Souls. All of these together are the Aspect of the Seventy Minor Roots within it, and all of them together are only one particular Root from the Major Roots of Adam. However there are only Seventy Minor Roots in it, which all together are one Partzuf of Adam. Then, these Seventy Roots divide up to 600,000 Sparks of Souls that are not called Roots but rather Sparks.

The division of Adam's Right Shoulder.

Thus every single Root of the Seventy Minor Roots within the aforementioned Right Shoulder has One Complete Partzuf. All of the 600,000 Sparks of this Right Shoulder are called One Major Root of Adam, and it is the one called "the Root of Abel son of Adam."

70 Minor Roots divide to 600,000 Sparks.

The Left Shoulder of Adam is also [divided] in this way. It has three Patriarchs, and they are divided into Twelve Tribes, which are divided into seventy people. These seventy are called its Seventy Minor Roots, and no more. All of these Seventy Roots also divide into 600,000 Sparks, which are not considered Roots. Each of these Seventy Roots consists of One Complete Partzuf, and all of these Seventy Roots are called "the Root of Cain son of Adam."

The division of Adam's Left Shoulder.

Thus Rabbi Akiva, Akaviah ben Mahalalel, and King Chizkiyahu are all attached to one Root of these Seventy Roots, as previously mentioned. This mentioned Root divides into more than 613 Sparks, and all together they are One Complete Partzuf. King Chizkiyahu, Rabbi Akiva and Akaviah ben Mahalalel are attached to the Partzuf of this Root. Indeed, King Chizkiyahu is attached to the Head of this Partzuf but Rabbi Akiva, Akaviah ben Mahalalel, and others are attached to the Heel of this Partzuf.

Explaining one of the 70 Minor Roots.

וְאַחַר כָּךְ נֶחֱלָקִים לְע' נֶפֶשׁ, וְאַחַר כָּךְ מִתְחַלְּקִים עוֹד עַד שִׁשִּׁים רִבּוֹא שָׁרָשִׁים קְטַנִּים, וּמֵהֶם נִכְלֶלֶת נִשְׁמַת אָדָם הָרִאשׁוֹן.

הִתְחַלְּקוּת הַכָּתֵף הַיְמָנִית שֶׁל אָדָם

וְהִנֵּה הַכָּתֵף הַיְמָנִי שֶׁל אָדָם הָרִאשׁוֹן מִתְחַלְּקִים פְּרָטָיו עַל דֶּרֶךְ פְּרָטֵי הַכְּלָל הַנִּזְכָּר, כִּי תְּחִלָּה נֶחֱלָק לִשְׁלֹשָׁה אָבוֹת, וְאַחַר כָּךְ לְי"ב שְׁבָטִים, וְאַחַר כָּךְ לְע' נֶפֶשׁ. וְכָל אֵלּוּ הֵם בְּחִינַת ע' שָׁרָשִׁים קְטַנִּים שֶׁבּוֹ, וְכֻלָּם אֵינָם רַק שֹׁרֶשׁ אֶחָד פְּרָטִי מִשָּׁרָשִׁים הַגְּדוֹלִים שֶׁל אָדָם הָרִאשׁוֹן. וְאָמְנָם אֵין בּוֹ רַק ע' שָׁרָשִׁים קְטַנִּים, וְכֻלָּם יַחַד הֵם פַּרְצוּף אָדָם אֶחָד, וְאַחַר כָּךְ אֵלּוּ הָע' שָׁרָשִׁים מִתְחַלְּקִים עַד ס' רִבּוֹא נִיצוֹצוֹת נְשָׁמוֹת, וְאֵינָם נִקְרָאִים שָׁרָשִׁים אֶלָּא נִיצוֹצוֹת.

ע' שָׁרָשִׁים קְטַנִּים נֶחֱלָקִים לְס' רִבּוֹא נִיצוֹצוֹת

וְהִנֵּה כָּל שֹׁרֶשׁ א' מֵאֵלּוּ הַשִּׁבְעִים שָׁרָשִׁים קְטַנִּים שֶׁבַּכָּתֵף הַיְמָנִי הַנִּזְכָּר, הִנֵּה יֵשׁ לוֹ פַּרְצוּף אֶחָד שָׁלֵם, וְכָל ס' רִבּוֹא נִיצוֹצוֹת שֶׁבַּכָּתֵף הַיְמָנִי הַהוּא הֵם נִקְרָאִים שֹׁרֶשׁ א' גָּדוֹל שֶׁבְּאָדָם הָרִאשׁוֹן, וְהוּא נִקְרָא בְּשֵׁם שֹׁרֶשׁ הֶבֶל בְּנוֹ שֶׁל אָדָם הָרִאשׁוֹן.

הִתְחַלְּקוּת הַכָּתֵף הַשְּׂמָאלִית שֶׁל אָדָם

וְעַל דֶּרֶךְ זֶה הוּא בַּכָּתֵף הַשְּׂמָאלִי שֶׁל אָדָם הָרִאשׁוֹן, כִּי יֵשׁ בּוֹ שְׁלֹשָׁה אָבוֹת, וְנֶחֱלָקִים לְי"ב שְׁבָטִים, וְנֶחֱלָקִים לְע' נֶפֶשׁ, וְאֵלּוּ הָע' נִקְרָאִים ע' שָׁרָשִׁים קְטַנִּים שֶׁבּוֹ, וְלֹא עוֹד. וְכָל הָע' שָׁרָשִׁים אֵלּוּ מִתְחַלְּקִים גַּם כֵּן לְס' רִבּוֹא נִיצוֹצוֹת, וְאֵינָם נִקְרָאִים שָׁרָשִׁים. וְכָל שֹׁרֶשׁ מֵאֵלּוּ הַשִּׁבְעִים יֵשׁ לוֹ פַּרְצוּף א' שָׁלֵם. וְכָל אֵלּוּ הָע' שָׁרָשִׁים הֵם נִקְרָאִים בְּשֵׁם שֹׁרֶשׁ קַיִן בְּנוֹ שֶׁל אָדָם.

בֵּאוּר שֹׁרֶשׁ א' פְּרָטִי מֵע' שָׁרָשִׁים קְטַנִּים

וְהִנֵּה מִשֹּׁרֶשׁ א' שֶׁל אֵלּוּ ע' שָׁרָשִׁים בּוֹ נֶאֱחָזִים ר' עֲקִיבָא, וַעֲקַבְיָא בֶּן מַהֲלַלְאֵל, וְחִזְקִיָּהוּ הַמֶּלֶךְ, כַּנִּזְכָּר לְעֵיל בַּדְּרוּשׁ שֶׁקָּדַם. וְזֶה הַשֹּׁרֶשׁ הַנִּזְכָּר הִנֵּה הוּא נֶחֱלָק לְיוֹתֵר מִתַּרְיַ"ג נִיצוֹצוֹת, וְכֻלָּם יַחַד הֵם פַּרְצוּף אֶחָד שָׁלֵם. וּבְפַרְצוּף הַשֹּׁרֶשׁ הַזֶּה שָׁם נֶאֱחָזִים חִזְקִיָּהוּ הַמֶּלֶךְ, וְר' עֲקִיבָא, וַעֲקַבְיָא וְכוּ'. הָאָמְנָם חִזְקִיָּהוּ הַמֶּלֶךְ הוּא נֶאֱחָז בְּרֹאשׁ הַפַּרְצוּף הַזֶּה, אֲבָל ר' עֲקִיבָא וַעֲקַבְיָא בֶּן מַהֲלַלְאֵל וְזוּלָתָם הֵם נֶאֱחָזִים בֶּעָקֵב שֶׁל הַפַּרְצוּף הַזֶּה.

It seems to me, in the humble opinion of Chaim, that according to what we explained just now and what we explained in the previous discourse, it is found that this aforementioned Root is the Aspect of the Heel of this entire Shoulder, which is one Root from the entire Seventy Roots of Cain. At the Head of this Heel is [King] Chizkiyahu, and at the Bottom of this Heel, which is the subdivided Heel of the Heel, is where Rabbi Akiva and Akaviah ben Mahalalel are, as it seems in my humble opinion.

The Heel of the general Shoulder.

In the previous Introduction it was explained that the Souls included in Adam divide into 613 Major Roots, and then into 600,000 Minor Roots. And here we explained that they divide in a different way, which are the three Patriarchs, Twelve Tribes, and seventy people only, and then they divide into 600,000 Minor Roots. However if we will look closely, you will see that it all leads to the same place, and you will see how the 613 divide into the 600,000. The letters Tav-Resh (תר; 600) of the 613 (תריג; Tav-Resh-Yud-Gimel) divide into 600,000, which are the 60 Myriads (10,000). The letter Gimel (ג; 3) is the Aspect of the three Patriarchs. The letter Yud (י; 10) is the Aspect of the 70 Souls, since the Six Corners correspond to the 60 Myriads, as is known, and when you add Yud (10) to the 60 it will become 70 Souls. Also the two letters Yud-Gimel (יג; 13) are the Aspect of the Twelve Tribes, and one is their collective. This is how 613 (תריג; Tav-Resh-Yud-Gimel) is the collective of all of the mentioned divisions.

The 613 alludes to the division of the Roots.

Returning to the topic of Cain and Abel, there are two Crowns, and they are the Crown of Chesed and the Crown of Gevurah, which are concealed within Aba and Ima. Thus, Adam and Eve are Aba and Ima. Abel is the Crown of Chesed, and Cain is the Crown of Gevurah.

My teacher [the Ari] further structured this matter of the Roots of the Souls for me in a different way, as follows: It was explained earlier that within man there is a Nefesh from Asiyah, a Ruach from Yetzirah, a Neshamah from Briyah, a Nefesh from the Nukva of Zeir Anpin of Atzilut, a Ruach from Zeir Anpin

Parts of the soul from Briyah, Yetzirah, and Asiyah, and parts of the Soul from Atzilut.

הֶעָקֵב שֶׁל כְּלָלוּת הַכָּתֵף

וְנִרְאָה לַעֲנִיּוּת דַּעְתִּי חַיִּים, כִּי כְּפִי מַה שֶּׁבֵּאַרְנוּ עַתָּה, וּמִמַּה שֶּׁבֵּאַרְנוּ בַּדְּרוּשׁ שֶׁקָּדַם, נִמְצָא כִּי זֶה הַשֹּׁרֶשׁ הַנִּזְכָּר הוּא בְּחִינַת הֶעָקֵב שֶׁל כְּלָלוּת הַכָּתֵף הַזֶּה, שֶׁהוּא שֹׁרֶשׁ א' מִן חֶשְׁבּוֹן הָע' שָׁרָשִׁים שֶׁל קַיִן, וּבְרֹאשׁ עָקֵב זֶה הוּא חִזְקִיָּהוּ, וּבְסוֹף עָקֵב זֶה שֶׁהוּא פְּרָטוּת הֶעָקֵב שֶׁל הֶעָקֵב שָׁם הֵם ר' עֲקִיבָא וַעֲקַבְיָא, כַּנִּרְאֶה לַעֲנִיּוּת דַּעְתִּי.

תַּרְיַ"ג רוֹמֵז לְהִתְחַלְּקוּת הַשָּׁרָשִׁים

וְאָמְנָם בַּדְּרוּשׁ הַקּוֹדֵם נִתְבָּאֵר, כִּי הַנְּשָׁמוֹת הַנִּכְלָלוֹת בְּאָדָם מִתְחַלְּקוֹת לְתַרְיַ"ג שָׁרָשִׁים גְּדוֹלִים, וְאַחַר כָּךְ נֶחֱלָקִים לְס' רִבּוֹא שָׁרָשִׁים קְטַנִּים, וּפֹה בֵּאַרְנוּ שֶׁמִּתְחַלְּקִים בְּאֹפֶן אַחֵר, שֶׁהֵם שְׁלֹשָׁה אָבוֹת וְי"ב שְׁבָטִים וְע' נֶפֶשׁ בִּלְבַד, וְאַחַר כָּךְ נֶחֱלָקִים לְס' רִבּוֹא שָׁרָשִׁים קְטַנִּים. אָמְנָם אִם תְּדַקְדֵּק תִּרְאֶה כִּי הַכֹּל הוֹלֵךְ לְמָקוֹם אֶחָד, וְתִרְאֶה אֵיךְ הַתַּרְיַ"ג נֶחֱלָקִים לְס' רִבּוֹא, כִּי הִנֵּה אוֹתִיּוֹת ת"ר מִן תַּרְיַ"ג הֵם הִתְחַלְּקוּת ת"ר אֶלֶף, שֶׁהֵם ס' רִבּוֹא. וְאוֹת הַג' הִיא בְּחִינַת שְׁלֹשָׁה אָבוֹת. וְאוֹת י' הִיא ע' נֶפֶשׁ, כִּי הִנֵּה שֵׁשׁ קְצָווֹת הֵם כְּנֶגֶד ס' רִבּוֹא כַּנּוֹדָע, וְתוֹסִיף י' עַל שִׁשִּׁים, יִהְיוּ ע' נֶפֶשׁ. גַּם ב' אוֹתִיּוֹת י"ג הֵם בְּחִינַת י"ב שְׁבָטִים, וְהָאֶחָד הוּא כְּלָלוּתָם, הֲרֵי אֵיךְ תַּרְיַ"ג הוּא כְּלָלוּת כָּל הַחִלּוּקִים הנז'.

וְנַחֲזוֹר לְעִנְיַן קַיִן וְהֶבֶל, כִּי הִנֵּה תְּרֵין עִטְרִין הֵם עִטְרָא דְּחֶסֶד וְעִטְרָא דִּגְבוּרָה הַגְּנוּזִים תּוֹךְ אוּ"א, וְהִנֵּה אָדָם וְחַוָּה הֵם אוּ"א, וְהֶבֶל הוּא עִיטְרָא דְּחֶסֶד, וְקַיִן הוּא עִיטְרָא דִּגְבוּרָה.

חֶלְקֵי הַנְּשָׁמָה מבי"ע וְחֶלְקֵי הַנְּשָׁמָה מֵאֲצִילוּת

עוֹד סִדֵּר לִי מוֹרִי זַ"ל עִנְיַן שָׁרְשֵׁי הַנְּשָׁמוֹת בְּאֹפֶן אַחֵר, וְזֶה עִנְיָנוֹ: הִנֵּה נִתְבָּאֵר לְמַעְלָה, כִּי יֵשׁ בְּאָדָם נֶפֶשׁ מֵעֲשִׂיָּה, וְרוּחַ מִיצִירָה, וּנְשָׁמָה מִבְּרִיאָה, וְנֶפֶשׁ מִנּוּקְבָא דז"א דַּאֲצִילוּת, וְרוּחַ מִז"א דַּאֲצִילוּת,

of Atzilut, a Neshamah from Binah of Atzilut, a Neshamah of Neshamah—called Chayah—from Aba of Atzilut, and Yechidah from Keter, which is called Arich Anpin of Atzilut.

Each and every Root from the Roots of the Souls has a part in each of these aforementioned levels. Indeed, this is how the division of the Roots of the Souls takes place. In the beginning of their division, they divide into five Roots, which are Arich Anpin, Aba, Ima, Zeir Anpin, and Nukva. When the world was created, these five Roots were divided in the following way: Supernal Splendor (*Zihara Ila'ah*) of Adam that Chanoch (Enoch) later merited, and which is the Aspect of Arich Anpin. Adam took the Aspect of Aba, Eve [took] Ima, Abel [took] Zeir Anpin, and Cain [took] the Nukva of Zeir Anpin. It would be appropriate for Abel, who is in Zeir Anpin, to precede Cain, who is in Nukva but since Adam sinned and mixed good with evil, he caused a blemish that resulted in Cain being born before Abel, as we explained in *Sha'ar HaPsukim* ("Gate of Verses,") page 19, concerning the verse: "And Adam knew Eve, his wife..." (Genesis 4:1), and study there.

> Five Roots: Arich Anpin, Aba, Ima, Zeir Anpin, and Nukva of the World of Atzilut.

All the rest of the Souls in this world are born from these five mentioned Roots, which are in the World of Atzilut. However the rest of the Souls that are born from the five Roots of Briyah, Yetzirah, and Asiyah—as is known that in each World there are these five Roots—are all secondary to and follow these five Roots of Atzilut and are included in them, in such a way that all the Souls in the world are Rooted in these five mentioned Roots. Each of these Roots divides into its Ten Sefirot, so it is found that together there are fifty Roots in each World. These fifty of Atzilut are the Root of all of them and include them. These fifty Roots divide even further into several levels, as will be explained in another place, with the help of God.

> The Roots from Briyah, Yetzirah, and Asiyah follow the Roots of Atzilut.

Each and every Root from the Roots of the Souls includes One Complete Partzuf with 248 limbs and 365 Sinews, which total 613, and together they make up the Structure of the collective Partzuf of the Soul, which is called One Root. But in

> Every Root contains 613, which are the Torah Scholars of the Root.

וּנְשָׁמָה מִבִּינָה דַּאֲצִילוּת, וּנְשָׁמָה לִנְשָׁמָה הַנִּקְרֵאת חַיָּה מֵאַבָּא דַּאֲצִילוּת, וִיחִידָה מִכֶּתֶר הַנִּקְרָא א"א דַּאֲצִילוּת.

ה' שָׁרָשִׁים: אֲרִיךְ אַנְפִּין, אַבָּא וְאִמָּא, זְעֵיר וְנוּקְבָא דְּעוֹלַם אֲצִילוּת

וְהִנֵּה כָּל שֹׁרֶשׁ וְשֹׁרֶשׁ מִשָּׁרְשֵׁי הַנְּשָׁמוֹת יֵשׁ לוֹ חֵלֶק בְּכָל אֵלּוּ הַמַּדְרֵגוֹת הנז', הָאֻמְנָם זֶהוּ סֵדֶר חִלּוּק הַשָּׁרָשִׁים שֶׁל הַנְּשָׁמוֹת. הִנֵּה רֵאשִׁית חִלּוּקָם הֵם נֶחֱלָקִים לַחֲמִשָּׁה שָׁרָשִׁים, וְהֵם: א"א, ואו"א, וזו"ן. וְכַאֲשֶׁר נִבְרָא הָעוֹלָם נִתְחַלְּקוּ חֲמִשָּׁה שָׁרָשִׁים אֵלּוּ בְּאֹפֶן זֶה: זִיהֲרָא עִלָּאָה דְּאָדָם, אֲשֶׁר זָכָה בָּהּ אַחַר כָּךְ חֲנוֹךְ, הִיא בְּחִינַת א"א. וְאָדָם לָקַח בְּחִינַת אַבָּא, וְחַוָּה אִמָּא, וְהֶבֶל ז"א, וְקַיִן נוּקְבָא דז"א. וּמִן הָרָאוּי הָיָה שֶׁיַּקְדִּים הֶבֶל שֶׁהוּא בז"א אֶל קַיִן שֶׁהוּא בְּנוּקְבֵיהּ, אֲבָל לְפִי שֶׁחָטָא אָדָם וְעֵרֵב טוֹב בְּרַע, גָּרַם פְּגָם זֶה שֶׁקַּיִן נוֹלַד בַּתְּחִלָּה קֹדֶם הֶבֶל, כַּמְבֹאָר אֶצְלֵנוּ בְּשַׁעַר הַפְּסוּקִים בְּפָסוּק "וְהָאָדָם יָדַע אֶת חַוָּה אִשְׁתּוֹ", וְעַיֵּן שָׁם.

שָׁרָשִׁים מבי"ע נִגְרָרִים לְשָׁרָשִׁים דַּאֲצִילוּת

וְהִנֵּה כָּל שְׁאָר הַנְּשָׁמוֹת שֶׁבָּעוֹלָם נוֹלָדִים מֵה' שָׁרָשִׁים אֵלּוּ הנז', שֶׁהֵם בְּעוֹלַם הָאֲצִילוּת. הָאֻמְנָם שְׁאָר הַנְּשָׁמוֹת הַנּוֹלָדִים מֵחֲמִשָּׁה שָׁרָשִׁים דבי"ע, כַּנּוֹדָע כִּי בְּכָל עוֹלָם מֵהֶם יֵשׁ חֲמִשָּׁה שָׁרָשִׁים אֵלֶּה, הִנֵּה כֻּלָּם טְפֵלִים וְנִגְרָרִים לְאֵלּוּ הַחֲמִשָּׁה שָׁרָשִׁים דַּאֲצִילוּת וְנִכְלָלִים בָּהֶם, בְּאֹפֶן שֶׁכָּל הַנְּשָׁמוֹת שֶׁבָּעוֹלָם מְשָׁרְשִׁים בַּחֲמִשָּׁה שָׁרָשִׁים הנז', וְכָל שֹׁרֶשׁ מֵהֶם נֶחֱלָק לי"ס שֶׁבּוֹ, וְנִמְצְאוּ כֻּלָּם חֲמִשִּׁים שָׁרָשִׁים בְּכָל עוֹלָם, וְאֵלּוּ חֲמִשִּׁים דַּאֲצִילוּת שֹׁרֶשׁ לְכֻלָּם וְנִכְלָלִים בָּהֶם. עוֹד מִתְחַלְּקִים אֵלּוּ הַחֲמִשִּׁים שָׁרָשִׁים לְכַמָּה מַדְרֵגוֹת, כְּמוֹ שֶׁיִּתְבָּאֵר בְּמָקוֹם אַחֵר בע"ה.

כָּל שֹׁרֶשׁ כּוֹלֵל תַּרְיַ"ג, וְהֵם הַתַּלְמִידֵי חֲכָמִים שֶׁל הַשֹּׁרֶשׁ

וְהִנֵּה כָּל שֹׁרֶשׁ וְשֹׁרֶשׁ מִשָּׁרְשֵׁי הַנְּשָׁמוֹת כּוֹלֵל פַּרְצוּף אֶחָד שָׁלֵם בְּרְמַ"ח אֵיבָרִים וּשְׁסָ"ה גִּידִים, וּכְלָלוּתָם תַּרְיַ"ג, וְהֵם יַחַד בִּנְיַן פַּרְצוּף הַנְּשָׁמָה בִּכְלָלוּתָהּ הַנִּקְרָא שֹׁרֶשׁ אֶחָד, אֲבָל בִּפְרָטָהּ הֵם

its details there are 613 Sparks—all of them Torah Scholars. Furthermore, there are many Sparks in each of these Roots, all of which are simpletons who busy themselves with the settling of the world. Each of these Roots is like one tree that produces fruit, which are the Torah Scholars, while the leaves, branches, wood, and bark, and so on, are the simpletons.

Thus, when the time comes for these Sparks of Souls to enter this world, it is possible to find two or three or ten Sparks together, or something like that, all together at one time and in the same generation, although they are from the same Root. It is possible that two Sparks will come together into this world, one from the Right Eye and one from the Left Eye of that Root; or the coming together of five Sparks, which are the first five Joints of the five Fingers of the Right Hand; or the coming of the first ten Joints of the ten Fingers of the Right and Left Hands, and similar to it.

Sparks from the same Root can enter the world in the same era.

By the same principle, you can find some Sparks that are from the Aspect of the Sinews together in one generation, except that they are close to each other. Therefore do not be surprised to find Rabbi Akiva and Akaviah Ben Mehalalel together, and similarly to find together in one generation of Amoraim [sages like] Abaye, Rami Bar Chama and Rav Dimi of Nehardea, even though they are all from the Root of Cain, from the Limb of the Left Shoulder of Adam, as we will explain later.

There is another reason for the mentioned [idea], and it relates to what is explained by us: that when the Shechinah went into exile among the Klipot, all the Souls of the Righteous exiled together with Her. And according to the kind of Precepts that a Tzadik from that Root performs, and according to the era, so will he be able to extract one or two Sparks, and so on, from the Klipot and elevate them from there and bring them into this world, even if those Sparks are not close to each other in that Root because it all depends on the era and on the Precepts performed by the Tzadik of that Root, as mentioned.

The extraction of the Root Sparks from the Klipot.

תַּרְיַ"ג נִיצוֹצוֹת, אֲשֶׁר כֻּלָּם הֵם תַּלְמִידֵי חֲכָמִים. וְעוֹד יֵשׁ בְּכָל שֹׁרֶשׁ מֵהֶם נִיצוֹצוֹת הַרְבֵּה, וְכֻלָּם הֵם עַמֵּי הָאָרֶץ הָעוֹסְקִים בְּיִשּׁוּב הָעוֹלָם, כִּי כָּל שֹׁרֶשׁ וְשֹׁרֶשׁ דּוֹמֶה לְאִילָן אֶחָד שֶׁמּוֹצִיא פֵּרוֹת, שֶׁהֵם הַתַּלְמִידֵי חֲכָמִים, וְעָלִים וַעֲנָפִים וְעֵצִים וּקְלִפִּין וְכוּ' וְהֵם עַמֵּי הָאָרֶץ.

נִיצוֹצוֹת מֵאוֹתוֹ הַשֹּׁרֶשׁ יְכוֹלִים לָבוֹא לָעוֹלָם בְּאוֹתוֹ זְמַן

וְהִנֵּה כַּאֲשֶׁר בָּא עֵת יְצִיאַת נִיצוֹצוֹת נְשָׁמוֹת אֵלּוּ בָּעוֹלָם הַזֶּה, אֶפְשָׁר שֶׁיִּמָּצְאוּ יַחַד שְׁנַיִם אוֹ שְׁלֹשָׁה אוֹ עֲשָׂרָה נִיצוֹצוֹת וְכַיּוֹצֵא, וְכֻלָּם בִּזְמַן אֶחָד וּבְדוֹר אֶחָד עִם הֱיוֹתָם כֻּלָּם מִשֹּׁרֶשׁ אֶחָד, וְהוּא כִּי הִנֵּה אֶפְשָׁר שֶׁיָּבֹאוּ יַחַד בָּעוֹלָם הַזֶּה ב' נִיצוֹצוֹת, אַחַת מֵעֵין יְמִינִי, וְאַחַת מֵעֵין שְׂמָאלִי שֶׁבַּשֹּׁרֶשׁ הַהוּא. אוֹ שֶׁיָּבוֹאוּ יַחַד חֲמִשָּׁה נִיצוֹצוֹת, שֶׁהֵם חֲמִשָּׁה פְּרָקִים רִאשׁוֹנִים שֶׁל חֲמִשָּׁה אֶצְבְּעוֹת יַד יָמִין. אוֹ שֶׁיָּבוֹאוּ עֲשָׂרָה פִּרְקִין רִאשׁוֹנִים שֶׁל עֶשֶׂר אֶצְבְּעוֹת יַד יָמִין וְיַד שְׂמֹאל, וְכֵן כַּיּוֹצֵא בָּזֶה.

וְכֵן עַל דֶּרֶךְ זֶה יִמָּצְאוּ יַחַד בְּדוֹר אֶחָד כַּמָּה נִיצוֹצוֹת שֶׁהֵם מִבְּחִינַת הַגִּידִים, אֶלָּא שֶׁהֵם סְמוּכִים זֶה לָזֶה. וְלָכֵן אַל תִּתְמַהּ אִם יִמָּצְאוּ יַחַד ר' עֲקִיבָא וַעֲקַבְיָא בֶּן מַהֲלַלְאֵל, וְכֵן אִם יִמָּצְאוּ יַחַד בְּדוֹר אֶחָד שֶׁל אֲמוֹרָאִים אַבַּיֵּי וְרָמִי בַּר חָמָא וְרַב דִּימִי מִנְּהַרְדְּעָא, אַף עַל פִּי שֶׁכֻּלָּם מִשֹּׁרֶשׁ קַיִן, מֵאֵבֶר כָּתֵף שְׂמָאלִי שֶׁל אָדָם הָרִאשׁוֹן, כְּמוֹ שֶׁיִּתְבָּאֵר לְקַמָּן בע"ה.

יְצִיאַת נִיצוֹצוֹת הַשֹּׁרֶשׁ מֵהַקְּלִפּוֹת

עוֹד יֵשׁ סִבָּה אַחֶרֶת אֶל הַנִּזְכָּר, וְהוּא בְּמַה שֶּׁנִּתְבָּאֵר אֶצְלֵנוּ כִּי כַּאֲשֶׁר גָּלְתָה הַשְּׁכִינָה בְּתוֹךְ הַקְּלִפּוֹת גָּלוּ עִמָּהּ כָּל הַנְּשָׁמוֹת שֶׁל הַצַּדִּיקִים, וּכְפִי בְּחִינַת הַמִּצְוֹת שֶׁיַּעֲשֶׂה אֵיזֶה צַדִּיק מִן הַשֹּׁרֶשׁ הַהוּא וּכְפִי הַזְּמַן הַהוּא כָּךְ יוּכַל לְהוֹצִיא נִיצוֹץ אֶחָד אוֹ שְׁנַיִם וְכוּ' מִתּוֹךְ הַקְּלִפּוֹת, וְיַעֲלֶה אוֹתָם מִשָּׁם וְיָבֹאוּ בָּעוֹלָם הַזֶּה, וְאַף עַל פִּי שֶׁלֹּא יִהְיוּ הַנִּיצוֹצוֹת סְמוּכִים זוֹ לָזוֹ בַּשֹּׁרֶשׁ הַהוּא, כִּי הַכֹּל תָּלוּי כְּפִי הַזְּמַן וּכְפִי הַמִּצְוֹת שֶׁיַּעֲשֶׂה הַצַּדִּיק שֶׁל שֹׁרֶשׁ הַהוּא כַּנִּזְכָּר.

Another matter related to the mentioned discourse. Adam had a Nefesh from Asiyah, a Ruach from Yetzirah and a Neshama from Briyah; and above them, Nefesh, Ruach, and Neshamah of Atzilut from Nukva of Zeir Anpin, from Zeir Anpin and from Ima. These three that are from the World of Atzilut are called Supernal Splendor (*Zihara Ila'ah*) of Adam, mentioned in the Sitrei Torah in Zohar, Kedoshim 54-57. It was already explained in the Zohar that Adam sinned before Cain and Abel were born, and then the Supernal Splendor (*Zihara Ila'ah*) departed from him, which are the three parts of Atzilut that we mentioned. With this, the decree of the Creator was fulfilled, "...on the day that you eat from it, you shall surely die" (Genesis 2:17) since the three parts of Atzilut left him, as mentioned, and there is no death more difficult than this.

The departure of the *Zihara Ila'ah* from Adam.

Thus when he fathered Cain and Abel, then the Nefesh of Atzilut, which departed from Adam, was given and divided between the two, Cain and Abel. Later on, with the help of God, we will explain the matter of the Reincarnation of Cain from the Aspect of the Nefesh of Atzilut that he merited, how it reincarnated and extended to Keinan and Mahalalel (Genesis 5:12), until it reincarnated in Nadav and Avihu, the sons of Aaron, who were as two halves of one body, as mentioned in Zohar, Pinchas 71 and Zohar, Acharei Mot 24.

The Nefesh of Atzilut was given to Cain and Abel.

This is why it says: "And there were men who were made impure by the body of a dead man (*nefesh adam*)..." (Numbers 9:6) literally, which refers to Nadav and Avihu, as mentioned by our sages. The idea is that they [Nadav and Avihu] were actually the Aspect of the Nefesh of Atzilut of Adam, and afterwards Pinchas took them in the incident of Zimri (Numbers 25:14), as mentioned in the Zohar, and as will be explained later. It will also be explained how Cain and Abel took the Nefesh of Atzilut of Adam to correct it, since Adam sinned with the Tree of Knowledge and mixed Good and Evil, as is known.

Nadav and Avihu came from the Nefesh of Atzilut of Adam.

הִסְתַּלְּקוּת הַזִּיהֲרָא עִלָּאָה מֵאָדָם הָרִאשׁוֹן

עִנְיָן אַחֵר קָרוֹב אֶל הַדְּרוּשׁ הַנִּזְכָּר: הִנֵּה אָדָם הָרִאשׁוֹן הָיוּ לוֹ נֶפֶשׁ מִן הָעֲשִׂיָּה, וְרוּחַ מִן יְצִירָה, וּנְשָׁמָה מִן הַבְּרִיאָה, וַעֲלֵיהֶם נר"ן דַּאֲצִילוּת מִנּוּקְבָא דז"א ומז"א וּמֵאִמָּא. וְאֵלּוּ הַשְּׁלֹשָׁה שֶׁהֵם מֵעוֹלַם הָאֲצִילוּת נִקְרָאִים זִיהֲרָא עִלָּאָה דְּאָדָם, הַנִּזְכָּר בְּסִתְרֵי תּוֹרָה בְּפָרָשַׁת קְדֹשִׁים דַּף פ"ג ע"א. וּכְבָר נִתְבָּאֵר בַּזֹּהַר, כִּי קֹדֶם שֶׁנּוֹלְדוּ קַיִן וְהֶבֶל חָטָא אָדָם הָרִאשׁוֹן, וְאָז נִסְתַּלְּקָה מִמֶּנּוּ זִיהֲרָא עִלָּאָה שֶׁהֵם שְׁלֹשָׁה חֶלְקֵי הָאֲצִילוּת הנז', וּבָזֶה נִתְקַיֵּם גְּזֵרָתוֹ יִתְבָּרֵךְ "כִּי בְּיוֹם אֲכָלְךָ מִמֶּנּוּ מוֹת תָּמוּת", כִּי נִסְתַּלְּקוּ מִמֶּנּוּ שְׁלֹשָׁה חֶלְקֵי הָאֲצִילוּת כַּנִּזְכָּר, וְאֵין לְךָ מִיתָה קָשָׁה מִזּוֹ.

נֶפֶשׁ דַּאֲצִילוּת נִתְּנָה לְקַיִן וְהֶבֶל

וְהִנֵּה כְּשֶׁהוֹלִיד קַיִן וְהֶבֶל אָז נִתְּנָה נֶפֶשׁ דַּאֲצִילוּת, שֶׁנִּסְתַּלְּקָה מֵאָדָם, וְנִתְחַלְּקָה בִּשְׁנֵיהֶם בְּקַיִן וּבְהֶבֶל בָּנָיו, וּלְקַמָּן יִתְבָּאֵר בע"ה עִנְיַן גִּלְגּוּל קַיִן מִבְּחִינַת נֶפֶשׁ זוֹ דַּאֲצִילוּת שֶׁזָּכָה בָּהּ, אֵיךְ נִתְגַּלְגְּלָה וְנִתְפַּשְּׁטָה בְּקֵינָן וּמַהֲלַלְאֵל עַד שֶׁנִּתְגַּלְגְּלָה בְּנָדָב וַאֲבִיהוּא בְּנֵי אַהֲרֹן, שֶׁהָיוּ שְׁנֵיהֶם תְּרֵי פַּלְגֵי גּוּפָא, כַּנִּזְכָּר בְּזֹהַר פָּרָשַׁת פִּינְחָס וּבְפָרָשַׁת אַחֲרֵי מוֹת.

נָדָב וַאֲבִיהוּא בָּאוּ מִנֶּפֶשׁ דַּאֲצִילוּת דְּאָדָם הָרִאשׁוֹן

וזש"ה "וַיְהִי אֲנָשִׁים אֲשֶׁר הָיוּ טְמֵאִים לְנֶפֶשׁ אָדָם" מַמָּשׁ, הַנִּדְרָשׁ עַל נָדָב וַאֲבִיהוּא, כמ"ש רז"ל. וְהָעִנְיָן הוּא, כִּי הֵה הֵם בְּחִינַת נֶפֶשׁ דַּאֲצִילוּת דְּאָדָם הָרִאשׁוֹן, וְאַחַר כָּךְ לְקָחָם פִּינְחָס בְּמַעֲשֵׂה זִמְרִי, כַּנִּזְכָּר בְּסֵפֶר הַזֹּהַר וּכְמוֹ שֶׁיִּתְבָּאֵר לְקַמָּן בע"ה. גַּם יִתְבָּאֵר, אֵיךְ אַף עַל פִּי שֶׁקַּיִן וְהֶבֶל לָקְחוּ נֶפֶשׁ דַּאֲצִילוּת דְּאָדָם כְּדֵי לְתַקְּנָהּ, לְפִי שֶׁחָטָא אָדָם בְּעֵץ הַדַּעַת וְעֵרֵב טוֹב בְּרַע כַּנּוֹדָע.

However, the Ruach of Atzilut of Adam was taken by Elijah the Prophet. Therefore he ascended to Heaven and did not die like other people, since he was like "...an angel of the Lord of Hosts" (Malachi 2:7) and not like a human being. Later, he became a Heavenly Angel, as is known (2 Kings Chapter 2).

Elijah took the Ruach of Adam.

This is the reason why only the Aspect of Ruach is mentioned with respect to Elijah the Prophet, as it says: "...'let a double portion of your spirit (Ruach) be upon me'" (II Kings 2:9) and it says: "...'The spirit (Ruach) of Elijah the Prophet has rested upon Elisha'" (II Kings 2:15) and it says, "...the spirit (Ruach) of the Lord will carry you...." (I Kings 18:12) However he did not merit this Ruach of Atzilut until he killed Zimri in the incident that took place in Shittim. (Numbers 25:7) This is because the Ruach does not dwell in a person until there is a Nefesh within him, and therefore when Pinchas killed Zimri he merited acquiring the Nefesh of Atzilut, which had been in Nadav and Avihu.

Pinchas merited the Nefesh of Atzilut when he killed Zimri.

Once he [Pinchas] merited this Nefesh of Atzilut, he then merited the portion of the Ruach of Atzilut, and concerning this he received the news, "...'Behold, I give him My covenant of peace....'" (Numbers 25:12) This is because the Ruach is from the Tiferet and the Yesod, as is known, both of which are called "peace," as is known from the verse: "Peace, peace, for the far and near..." (Isaiah 57:19) [referring to] Tiferet and Yesod.

Peace alludes to Ruach.

The portion of the Neshamah of Atzilut was acquired by Enoch (Chanoch) son of Jared (Genesis 5:18-24), thus he was a Heavenly Angel called Metatro"n, as is known. Therefore he also did not die like other humans. (Genesis 5:24) Know that this Aspect of Neshamah of Atzilut is the one called the Minister of the World, since it extends from the World of Atzilut and rules over all the Worlds. With this, we can answer the known question concerning Enoch and Metatro"n: If they are one, then in the World of Yetzirah called the World of Metatro"n, who was the Minister of the World while Enoch was still down Below in this world?

Chanoch took the Neshamah of Atzilut and became Metatro"n.

אֵלִיָּהוּ לָקַח רוּחַ דְּאָדָם

אָמְנָם הָרוּחַ דַּאֲצִילוּת שֶׁל אָדָם הָרִאשׁוֹן לְקָחוֹ אֵלִיָּהוּ הַנָּבִיא ז"ל, וְלָכֵן עָלָה בַּשָּׁמַיִם וְלֹא מֵת כִּשְׁאָר בְּנֵי אָדָם, כִּי הָיָה דּוֹמֶה לְמַלְאָךְ וְלֹא לִבְנֵי אָדָם, וְאַחַר כָּךְ נַעֲשָׂה מַלְאָךְ בַּשָּׁמַיִם כַּנּוֹדָע.

פִּינְחָס זָכָה לְנֶפֶשׁ דַּאֲצִילוּת כְּשֶׁהָרַג אֶת זִמְרִי

וְזֶהוּ טַעַם שֶׁלְּעוֹלָם לֹא הֻזְכַּר בְּאֵלִיָּהוּ זָכוּר לַטּוֹב אֶלָּא בְּחִינַת רוּחַ, וּכְמוֹ שֶׁנֶּאֱמַר "וִיהִי נָא פִּי שְׁנַיִם בְּרוּחֲךָ אֵלָי", וּכְתִיב "נָחָה רוּחַ אֵלִיָּהוּ עַל אֱלִישָׁע", וּכְתִיב "וְרוּחַ ה' יִשָּׂאֲךָ". אָמְנָם לֹא זָכָה אֶל הָרוּחַ הַזֶּה דַּאֲצִילוּת עַד שֶׁהָרַג לְזִמְרִי בְּמַעֲשֵׂה שִׁטִּים, לְפִי שֶׁמֻּכְרָח הוּא שֶׁאֵין הָרוּחַ שׁוֹכֵן בָּאָדָם אֶלָּא עַד הֱיוֹת בּוֹ נֶפֶשׁ, וְלָכֵן כַּאֲשֶׁר פִּינְחָס הָרַג לְזִמְרִי זָכָה וְלָקַח נֶפֶשׁ דַּאֲצִילוּת שֶׁהָיְתָה בְּנָדָב וַאֲבִיהוּא.

שָׁלוֹם רוֹמֵז לְרוּחַ

וְאַחַר שֶׁזָּכָה לְנֶפֶשׁ דַּאֲצִילוּת הַזּוֹ אָז זָכָה לְחֵלֶק הָרוּחַ דַּאֲצִילוּת, וְעָלָיו נִתְבַּשֵּׂר "הִנְנִי נֹתֵן לוֹ אֶת בְּרִיתִי שָׁלוֹם", כִּי הָרוּחַ הוּא מִן הַתִּפְאֶרֶת וְהַיְסוֹד כַּנּוֹדָע, וּשְׁנֵיהֶם נִקְרָאִים שָׁלוֹם, כַּנּוֹדָע מִפָּסוּק "שָׁלוֹם שָׁלוֹם לָרָחוֹק וְלַקָּרוֹב", תִּפְאֶרֶת וִיסוֹד.

חֲנוֹךְ לָקַח נְשָׁמָה דַּאֲצִילוּת וְנֶהְפַּךְ לְמְטַטְרוֹ"ן

וְחֵלֶק הַנְּשָׁמָה שֶׁל אֲצִילוּת לְקָחָהּ חֲנוֹךְ בֶּן יֶרֶד, וְלָכֵן הָיָה מַלְאָךְ בַּשָּׁמַיִם הַנִּקְרָא מְטַטְרוֹ"ן כַּנּוֹדָע, וְלָכֵן לֹא מֵת כִּבְנֵי אָדָם גַּם הוּא. וְדַע, כִּי בְּחִינַת זוֹ הַנְּשָׁמָה דַּאֲצִילוּת הִיא הַנִּקְרֵאת שָׂרוֹ שֶׁל עוֹלָם, לִהְיוֹתָהּ נִמְשֶׁכֶת מֵעוֹלָם הָאֲצִילוּת, וְהִיא שׁוֹלֶטֶת עַל הָעוֹלָמוֹת כֻּלָּם. וּבָזֶה יִתָּרֵץ הַקֻּשְׁיָא הַנּוֹדַעַת בְּעִנְיַן חֲנוֹ"ךְ וּמְטַטְרוֹ"ן, דְּאִם שְׁנֵיהֶם אֶחָד אִם כֵּן בְּעוֹלַם הַיְצִירָה, הַנִּקְרָא עוֹלָם דִּמְטַטְרוֹן, מִי הָיָה אָז שַׂר הָעוֹלָם בִּהְיוֹת חֲנוֹךְ עֲדַיִן לְמַטָּה בָּאָרֶץ בָּעוֹלָם הַזֶּה.

This matter will be understood with what is said in the Zohar, Noach 13 in the Tosefta, concerning the verse: "...Noah, Noah..." (Genesis 6:9), which [explains that] every Tzadik has two Ruachs, one on the Earth Below and one in Heaven Above. Understand this. This is the secret of the verse: "...my Witness (*Edi*) is in heaven...." (Job 16:19) This refers to Enoch (חנוך; Chanoch; 84), who equals the numerical value of *Edi* (עדי; my Witness; 84). And "...He who can testify for me is on high" (Ibid.) is Elijah, since both are Angels in Heaven, as mentioned earlier.

This is the secret of the verse: "He appointed it in Joseph for a testimony (*edut*; עדות)...." (Psalms 81:6) The idea is that Joseph the Righteous merited the Soul of Enoch, who is called "my Witness (*Edi*)," as mentioned before. Therefore, "...and Joseph was beautiful in form..." (Genesis 39:6) since he merited the beauty of Adam, which extended to him from that Supernal Neshamah of Supernal Splendor (*Zihara Ila'ah*) of [the World of] Atzilut. However, Joseph did not merit it until the night that was "...at the end of two years..." (Genesis 41:1) when the verdict was decreed to get him out of jail. On that day, he ascended to greatness, as it says: "[He appointed it in Joseph for a testimony], when he went out over the land of Egypt...." (Psalms 81:6)

Joseph also merited this Neshamah.

This is understood by what we explained in previous Introductions that the entry of the Ruach or the Neshamah in a person is at night when he wakes up from his sleep. With this we will also understand what our sages said [in Tractate Sotah 36b] concerning the conclusion of the verse [mentioned above]: "...where I heard a language that I knew not" (Psalms 81:6) where on that night, Gabriel came and taught him seventy languages. The explanation is that Enoch (Metatro"n) reigns over the Seventy Ministers of the Seventy Nations and knows their seventy languages. Thus on that night, when the Neshamah of Metatro"n entered him, as mentioned, he instantly learned all seventy languages.

אֲבָל הָעִנְיָן יוּבַן במ"ש בַּזֹּהַר רֵישׁ פָּרָשַׁת נֹחַ, בַּתּוֹסֶפְתָּא עַל פָּסוּק "נֹחַ נֹחַ", כִּי כָּל צַדִּיק יֵשׁ לוֹ תְּרֵין רוּחִין, חַד בְּאַרְעָא לְתַתָּא וְחַד בִּשְׁמַיָּא לְעֵלָּא וְכוּ', וְהָבֵן זֶה. וְזֶהוּ סוֹד "הִנֵּה בַשָּׁמַיִם עֵדִי", זֶהוּ חֲנוֹךְ, שֶׁהוּא בְּגִימַטְרִיָּא עֵדִ"י. "וְשָׂהֲדִי בַּמְּרֹמִים", זֶהוּ אֵלִיָּהוּ זָכוּר לַטּוֹב, כִּי שְׁנֵיהֶם מַלְאָכִים בַּשָּׁמַיִם כַּנִּזְכָּר.

יוֹסֵף גַּם זָכָה לִנְשָׁמָה זוֹ

וְגַם ז"ס "עֵדוּת בִּיהוֹסֵף שָׂמוֹ", וְהָעִנְיָן הוּא, כִּי יוֹסֵף הַצַּדִּיק זָכָה לִנְשָׁמָה זוֹ שֶׁל חֲנוֹךְ, הַנִּקְרָא עֵדִי כַּנִּזְכָּר, וְלָכֵן "וַיְהִי יוֹסֵף יְפֵה תֹאַר", כִּי זָכָה לְיָפְיוֹ שֶׁל אָדָם הָרִאשׁוֹן הַנִּמְשְׁכָה לוֹ מִפְּאַת אוֹתָהּ הַנְּשָׁמָה דְּזִיהֲרָא עִלָּאָה דַּאֲצִילוּת. וְאָמְנָם לֹא זָכָה אֵלֶיהָ יוֹסֵף עַד אוֹתָהּ הַלַּיְלָה שֶׁהָיְתָה "מִקֵּץ שְׁנָתַיִם יָמִים", שֶׁנִּגְזְרָה עָלָיו גְּזֵרָה לָצֵאת אָז מִן הַסֹּהַר וּבַיּוֹם הַהוּא עָלָה לִגְדֻלָּה, וְזֶהוּ אָמְרוֹ "בְּצֵאתוֹ עַל אֶרֶץ מִצְרָיִם".

וִיוּבַן זֶה בְּמַה שֶּׁנִּתְבָּאֵר בַּדְּרוּשִׁים הַקּוֹדְמִים, כִּי עִקַּר כְּנִיסַת הָרוּחַ אוֹ הַנְּשָׁמָה בָּאָדָם הִיא בַּלַּיְלָה בַּהֲקִיצוֹ מִשְּׁנָתוֹ. גַּם בָּזֶה יוּבַן מ"ש חֲזַ"ל עַל סִיּוּם הַפָּסוּק "שְׂפַת לֹא יָדַעְתִּי אֶשְׁמָע", כִּי בְּאוֹתָהּ הַלַּיְלָה בָּא גַּבְרִיאֵל וְלִמְּדוֹ ע' לָשׁוֹן. וְהָעִנְיָן הוּא, כִּי הִנֵּה חֲנוֹ"ךְ מְטַטְרוֹ"ן הוּא מֶלֶךְ עַל ע' שָׂרִים שֶׁל ע' אֻמּוֹת וְיוֹדֵעַ ע' לְשׁוֹנוֹתֵיהֶם, וְכַאֲשֶׁר נִכְנְסָה בּוֹ בַּלַּיְלָה הַהִיא נִשְׁמַת מְטַטְרוֹ"ן כַּנִּזְכָּר, לָכֵן בְּרֶגַע אֶחָד לָמַד כָּל ע' לָשׁוֹן.

This Neshamah of Enoch also reincarnated into Rabbi Yishmael ben Elisha the High Priest, as is explained by us, since he is a Reincarnation of Joseph the Righteous, and therefore Rabbi Yishmael was also exceedingly handsome, as is known by the words of our sages. (Tractate Gittin 58a) It is also the secret of what is mentioned in [the book] *Pirkei Heichalot* ("Chapters of the Chambers" 6:3), that when Rabbi Yishmael was ascending to Heaven, Metatro"n called him "my splendid radiance."

Rabbi Yishmael the High Priest was the reincarnation of Joseph the Righteous.

Indeed, the requirement for this Neshamah to come as a Reincarnation into Rabbi Yishmael, as mentioned, is twofold. The first is that the Creator said [to Adam]: "...for the day you eat of it, you will surely die" (Genesis 2:17) and this Neshamah was not found in Adam when he died, so it never really suffered the punishment of death, as it departed from him when he sinned. Moreover, he added a second reason to this: Joseph the Righteous also sinned, as he caused his brothers to sell him through provoking and inciting them with his dreams, and by bringing "...evil reports of them to their father." (Genesis 37:2) Therefore this Neshamah was required to come as a Reincarnation in Rabbi Yishmael ben Elisha the High Priest, in order to carry [out] the actual punishment of death.

The reason for Rabbi Yishmael's incarnation.

Know that Adam, before he sinned, merited the Nefesh, Ruach, Neshamah and Chayah from all four at once: Malchut, Tiferet, Binah, and Chochmah of Atzilut. Moses merited the Da'at of Atzilut, and the three Patriarchs—Abraham, Isaac, and Jacob—merited the Chesed, Gevurah, and Tiferet of Atzilut, respectively.

Adam, Moses, and the three Patriarchs.

ר' יִשְׁמָעֵאל כֹּהֵן גָּדוֹל הָיָה גִּלְגּוּלוֹ שֶׁל יוֹסֵף הַצַּדִּיק

וְהִנֵּה גַּם נְשָׁמָה זוֹ דַּחֲנוֹךְ נִתְגַּלְגְּלָה בְּר' יִשְׁמָעֵאל בֶּן אֱלִישָׁע כֹּהֵן גָּדוֹל, כַּמְבֹאָר אֶצְלֵנוּ כִּי הוּא גִּלְגּוּלוֹ שֶׁל יוֹסֵף הַצַּדִּיק, וְלָכֵן גַּם ר' יִשְׁמָעֵאל הַנִּזְכָּר הָיָה יְפֵה תֹּאַר מְאֹד, כַּנּוֹדָע לְרַבּוֹתֵינוּ ז"ל, וְגַם ז"ס מַה שֶּׁנִּזְכַּר בְּפִרְקֵי הֵיכָלוֹת, כִּי כְּשֶׁהָיָה עוֹלֶה ר' יִשְׁמָעֵאל הַנִּזְכָּר לַמָּרוֹם הָיָה קוֹרֵא אוֹתוֹ מְטַטְרוֹ"ן הֲדַר זִיוִי.

סִבַּת גִּלְגּוּל רַבִּי יִשְׁמָעֵאל

הָאֻמְנָם צֹרֶךְ גִּלְגּוּל נְשָׁמָה זוֹ בְּר' יִשְׁמָעֵאל הַנִּזְכָּר הוּא לִשְׁתֵּי סִבּוֹת: הָרִאשׁוֹנָה הִיא, לְפִי שהקב"ה אָמַר "כִּי בְּיוֹם אֲכָלְךָ מִמֶּנּוּ מוֹת תָּמוּת", וְהִנֵּה לֹא נִמְצְאָה נְשָׁמָה זוֹ בְּאָדָם הָרִאשׁוֹן כְּשֶׁמֵּת וְלֹא סָבְלָה מַמָּשׁ עֹנֶשׁ הַמִּיתָה, אָמְנָם נִסְתַּלְּקָה מִמֶּנּוּ כְּשֶׁחָטָא. וְעוֹד הוֹסִיף עַל זֶה סִבָּה שֵׁנִית, כִּי גַּם יוֹסֵף הַצַּדִּיק חָטָא עַל שֶׁגָּרַם לְאֶחָיו שֶׁיִּמְכְּרוּהוּ, וְגֵרָה וְהֵסִית אוֹתָם עָלָיו בְּסִפּוּר חֲלוֹמוֹתָיו וּבְהָבִיא דִּבָּתָם רָעָה אֶל אֲבִיהֶם, וְלָכֵן הֻצְרְכָה נְשָׁמָה זוֹ לְהִתְגַּלְגֵּל בְּר' יִשְׁמָעֵאל בֶּן אֱלִישָׁע, כְּדֵי שֶׁתִּסְבֹּל מַמָּשׁ עֹנֶשׁ הַמִּיתָה.

אָדָם, מֹשֶׁה וְג' הָאָבוֹת

וְדַע, כִּי אָדָם הָרִאשׁוֹן זָכָה קֹדֶם שֶׁחָטָא אֶל נֶפֶשׁ וְרוּחַ וּנְשָׁמָה וְחַיָּה מִן מַלְכוּת וְתִפְאֶרֶת וּבִינָה וְחָכְמָה דַּאֲצִילוּת, מֵאַרְבַּעְתָּם יַחַד. וּמֹשֶׁה ע"ה זָכָה אֶל הַדַּעַת דַּאֲצִילוּת. וּשְׁלֹשָׁה הָאָבוֹת אַבְרָהָם יִצְחָק וְיַעֲקֹב זָכוּ לחג"ת דַּאֲצִילוּת כָּל אֶחָד מֵהֶן, זֶה בְּחֶסֶד וְזֶה בִּגְבוּרָה וְזֶה בְּתִפְאֶרֶת.

THIRTY-SECOND
INTRODUCTION

In this [Introduction] we will explain a statement of our sages in Tractate Berachot, 1:4b, which states: "Michael [flies across the world] in one [flight], Gabriel in two, Elijah in four, and so on." The matter of the four flights of Elijah has already been explained in previous Introductions that before Adam sinned, he had in him Nefesh, Ruach, and Neshamah from [the Worlds of] Yetzirah, Asiyah, and Briyah, and in addition to them, Nefesh, Ruach, and Neshamah from the Malchut, Tiferet, and Binah of [the World of] Atzilut.

The four flights of Elijah.

It was also explained that all the Souls were included in Adam at that point, except the True New Souls, which Adam did not merit and did not include at all. Thus after he sinned with the Tree of Knowledge, his Limbs fell from him in all of the places where he went, as our sages said (Chagigah 12a) that what happened to him is like what happened to Yiftach the Gileadite due to the sin of [his vow to sacrifice] his daughter, as it it is said: "…he was buried in the cities of Gilead," (Judges 12:7) and not "the *city* of Gilead." The explanation is that all of those Souls that were included in the Limbs of the Soul of Adam fell from him when he sinned and dropped into the depth of the Klipot, each and every one according to its appropriate level.

Adam's Limbs fell off and dropped to the Klipot.

However, his Nefesh, Ruach, and Neshamah from Atzilut, which are called Supernal Splendor (*Zihara Illa'ah*) in Zohar, Kedoshim, did not fall into the Klipot, Heaven forbid. Rather, when he sinned, the Aspect of Ruach and Neshamah departed from him and ascended upward. The Nefesh of Atzilut remained with him, hovering above him but it did not actually depart. We explained in previous Introductions that after Enoch merited his Nefesh, Ruach, and Neshamah from Asiyah, Yetzirah, and Briyah, he also merited acquiring all the way up to the Aspect

Ruach and Neshamah of Atzilut departed upward, and the Nefesh remained hovering over him.

הַקְדָּמָה ל"ב

אַרְבַּע עֲפִיפוֹת שֶׁל אֵלִיָּהוּ

עִנְיָן אַחֵר קָרוֹב אֶל דְּרוּשׁ שֶׁקָּדַם, וּבוֹ יִתְבָּאֵר מַאֲמַר חֲזַ"ל בְּמַסֶּכֶת בְּרָכוֹת פֶּרֶק קַמָּא, "תָּנָא מִיכָאֵל בְּאַחַת גַּבְרִיאֵל בִּשְׁתַּיִם אֵלִיָּהוּ בְּאַרְבַּע" וְכוּ'. מָה עִנְיַן אַרְבַּע עֲפִיפוֹת אֵלוּ לְאֵלִיָּהוּ כְּבָר נִתְבָּאֵר לְמַעְלָה בַּדְּרוּשִׁים שֶׁקָּדְמוּ, כִּי אָדָם הָרִאשׁוֹן קֹדֶם שֶׁחָטָא הָיָה בּוֹ נר"ן מֵעֲשִׂיָּה וִיצִירָה וּבְרִיאָה, וַעֲלֵיהֶם נר"ן מִמַּלְכוּת וְתִפְאֶרֶת וּבִינָה דַּאֲצִילוּת.

אֵבְרֵי אָדָם הָרִאשׁוֹן נָשְׁרוּ מִמֶּנּוּ וְנָפְלוּ לַקְּלִפּוֹת

גַּם נִתְבָּאֵר, כִּי כָּל הַנְּשָׁמוֹת הָיוּ אָז כְּלוּלוֹת בְּאָדָם הָרִאשׁוֹן, זוּלַת הַנְּשָׁמוֹת הַחֲדָשׁוֹת מַמָּשׁ שֶׁלֹּא זָכָה בָּהֶם אָדָם הָרִאשׁוֹן וְלֹא נִכְלְלוּ בוֹ כְּלָל. וְהִנֵּה אַחַר שֶׁחָטָא בְּעֵץ הַדַּעַת נָשְׁרוּ מִמֶּנּוּ אֵיבָרָיו בְּכָל הַמְּקוֹמוֹת שֶׁהָיָה הוֹלֵךְ, כמ"ש רַזַ"ל שֶׁאֵרַע לוֹ כְּמוֹ שֶׁאֵרַע לְיִפְתָּח הַגִּלְעָדִי בַּעֲוֹן בִּתּוֹ, וּכְמוֹ שֶׁנֶּאֱמַר "וַיִּקָּבֵר בְּעָרֵי גִלְעָד", וְלֹא כְּתִיב בְּעִיר גִּלְעָד, וּבֵאוּרוֹ הוּא: כִּי כָּל אוֹתָם הַנְּשָׁמוֹת הַנִּכְלָלוֹת בְּאֵבְרֵי נִשְׁמָתוֹ שֶׁל אָדָם הָרִאשׁוֹן נָשְׁרוּ מִמֶּנּוּ כְּשֶׁחָטָא וְנָפְלוּ לְתוֹךְ עִמְקֵי הַקְּלִפּוֹת, כָּל אֶחָד וְאֶחָד כְּפִי הַבְּחִינָה הָרָאוּי לָהּ מַמָּשׁ.

רוּחַ וּנְשָׁמָה דַּאֲצִילוּת נִסְתַּלְּקוּ לְמַעְלָה, וְהַנֶּפֶשׁ נִשְׁאֲרָה פוֹרַחַת עָלָיו

הָאֻמְנָם נר"ן שֶׁלּוֹ מִן הָאֲצִילוּת, הַנִּזְכָּר בְּזֹהַר פָּרָשַׁת קְדֹשִׁים בְּשֵׁם זִיהֲרָא עִלָּאָה, לֹא נָפְלוּ חַס וְשָׁלוֹם בַּקְּלִפּוֹת, אֲבָל נִסְתַּלְּקוּ מִמֶּנּוּ בְּחִינַת הָרוּחַ וְהַנְּשָׁמָה כְּשֶׁחָטָא וּפָרְחוּ לְמַעְלָה. וְהַנֶּפֶשׁ שֶׁל אֲצִילוּת הִיא נִשְׁאֲרָה עִמּוֹ פוֹרַחַת עָלָיו, אֲבָל לֹא נִסְתַּלְּקָה מַמָּשׁ. וּכְבָר נִתְבָּאֵר בַּדְּרוּשִׁים הַקּוֹדְמִים, כִּי חֲנוֹךְ אַחַר שֶׁזָּכָה אֶל נַפְשׁוֹ וְרוּחוֹ וְנִשְׁמָתוֹ מִן

of Neshamah of Atzilut that had departed from Adam when he sinned.

We will now explain the matter of the Nefesh of Adam from the World of Atzilut that remained hovering over him and did not depart, as mentioned. When he fathered his sons, Cain and Abel, they took the Aspects of Nefesh, Ruach, and Neshamah that come to them from Asiyah, Yetzirah, and Briyah, and they further took the Aspect of Nefesh of Atzilut of their father Adam. It is known that every Soul has the Aspect of Surrounding Light and Inner Light, so this Nefesh was in the Aspect of Surrounding Light and Inner Light.

Cain and Abel received the Nefesh of Atzilut from Adam.

Afterwards, when Jethro, the father in-law of Moses, converted, he merited the Part of Nefesh of Atzilut that was given to Cain, as mentioned, except that he only took the Aspect of its Inner Light. Then concerning this it is said: "And Heber the Kenite had separated from the other Kenites (lit. from Cain)…" (Judges 4:11) as will be explained in its place; while Nadav and Avihu took the Surrounding Light of that Nefesh of Atzilut of Adam that he had originally given to his son Cain, as mentioned.

Yitro took the Surrouding Light of the Nefesh, and Nadav and Avihu the Inner Light.

When Pinchas was born, it says: "And Elazar, the son of Aaron, took for himself one of the daughters of Putiel as a wife, and she bore to him Pinchas." (Exodus 6:25) And our sages said: "Putiel (פוטיאל) is Joseph, who disdained (*pitpet*; פטפט) his Evil Inclination, and also Jethro, who fattened (*pitem*; פיטם) calves for idol worship." (Tractate Sotah 43a) The secret of this matter is that when Pinchas was born, he was comprised of two Sparks of Souls. Thus, Putiel, coming from the word *tipin* (טפין; Drops), for he was from two Drops of Souls. One Spark was from the Root of the Soul of Joseph the Righteous and the second Spark [was] from the Root of the Soul of Jethro. The Aspect of these two Souls is called Pinchas.

Pinchas was comprised of two Soul Sparks: Yosef and Yitro.

Do not wonder how the Spark of Jethro became mixed with the Spark of Joseph, since you already know that Joseph is in Yesod, where all the Drops of semen of all the Chasadim and Gevurot

הָעֲשִׂיָּה וִיצִירָה וּבְרִיאָה, זָכָה לִקַּח גַּם עַד בְּחִינַת הַנְּשָׁמָה דַאֲצִילוּת, שֶׁנִּסְתַּלְּקָה מֵאָדָם כְּשֶׁחָטָא.

קַיִן וְהֶבֶל קִבְּלוּ נֶפֶשׁ דַּאֲצִילוּת מֵאָדָם

וּנְבָאֵר עַתָּה עִנְיַן הַנֶּפֶשׁ שֶׁל אָדָם מֵעוֹלָם הָאֲצִילוּת, אֲשֶׁר נִשְׁאֲרָה פּוֹרַחַת עָלָיו וְלֹא נִסְתַּלְּקָה כַּנִּזְכָּר. כִּי הִנֵּה כַּאֲשֶׁר הוֹלִיד אֶת קַיִן וְהֶבֶל בָּנָיו לָקְחוּ הֵם בְּחִינַת נר"ן הַמַּגִּיעַ לָהֶם מֵעֲשִׂיָּה יְצִירָה בְּרִיאָה, וְעוֹד לָקְחוּ בְּחִינַת הַנֶּפֶשׁ דַּאֲצִילוּת שֶׁל אָדָם אֲבִיהֶם. וְנוֹדַע כִּי כָּל נְשָׁמָה יֵשׁ בָּהּ בְּחִינַת אוֹר מַקִּיף וְאוֹר פְּנִימִי, וְהִנֵּה הַנֶּפֶשׁ הַזּוֹ הָיְתָה בִּבְחִינַת אוֹר מַקִּיף וְאוֹר פְּנִימִי.

יִתְרוֹ לָקַח אוֹר מַקִּיף דְּנֶפֶשׁ, וְנָדָב וַאֲבִיהוּא אוֹר פְּנִימִי

אַחַר כָּךְ כַּאֲשֶׁר נִתְגַּיֵּר יִתְרוֹ חוֹתֵן מֹשֶׁה, זָכָה אֶל חֵלֶק הַנֶּפֶשׁ שֶׁל אֲצִילוּת שֶׁנִּתְּנָה לְקַיִן כַּנִּזְכָּר, אֶלָּא שֶׁלֹּא לָקַח רַק בְּחִינַת אוֹר פְּנִימִי שֶׁלָּהּ לְבַד, וְאָז כְּתִיב עָלָיו "וְחֶבֶר הַקֵּינִי נִפְרָד מִקַּיִן", כְּמוֹ שֶׁיִּתְבָּאֵר בִּמְקוֹמוֹ. וְנָדָב וַאֲבִיהוּא לָקְחוּ אוֹר הַמַּקִּיף דְּנֶפֶשׁ דַּאֲצִילוּת דְּאָדָם הַנִּתָּן לְקַיִן בְּנוֹ כַּנִּזְכָּר.

פִּינְחָס הָיָה כָּלוּל מִב' נִיצוֹצֵי נְשָׁמָה: יוֹסֵף וְיִתְרוֹ

וְכַאֲשֶׁר נוֹלַד פִּינְחָס, כְּתִיב בּוֹ "וְאֶלְעָזָר בֶּן אַהֲרֹן לָקַח לוֹ מִבְּנוֹת פּוּטִיאֵל לוֹ לְאִשָּׁה וַתֵּלֶד לוֹ אֶת פִּינְחָס", וארז"ל פּוּטִיאֵל זֶה יוֹסֵף שֶׁפִּטְפֵּט בְּיִצְרוֹ. וְזֶה יִתְרוֹ שֶׁפִּטֵּם עֲגָלִים לַעֲבוֹדָה זָרָה. וְסוֹד הָעִנְיָן הוּא, כִּי פִּינְחָס בְּעֵת שֶׁנּוֹלַד הָיָה כָּלוּל מִשְּׁתֵּי נִיצוֹצֵי נְשָׁמוֹת. וְזֶהוּ פּוּטִיאֵל, לְשׁוֹן טִפִּין, כִּי הָיָה מִשְּׁנֵי טִפּוֹת נְשָׁמוֹת: נִיצוֹץ אֶחָד הָיָה מִשֹּׁרֶשׁ נִשְׁמַת יוֹסֵף הַצַּדִּיק, וְנִיצוֹץ שֵׁנִי מִשֹּׁרֶשׁ נִשְׁמַת יִתְרוֹ, וּבְחִינַת ב' נְשָׁמוֹת אֵלֶּה נִקְרָא פִּנְחָס.

וְאַל תִּתְמַהּ אֵיךְ נִתְעָרְבוּ הַנִּיצוֹץ שֶׁל יִתְרוֹ עִם הַנִּיצוֹץ שֶׁל יוֹסֵף, כִּי כְּבָר יָדַעְתָּ שֶׁיּוֹסֵף הוּא בִּיסוֹד, אֲשֶׁר שָׁם נִמְשָׁכִים טִפּוֹת הַזֶּרַע שֶׁל כָּל הַחֲסָדִים וְהַגְּבוּרוֹת וּמִתְעָרְבִים בּוֹ, וְלָכֵן אֵין לִתְמֹהַּ אֵיךְ נִתְעָרְבָה

flow to and are mixed. Therefore one should not wonder how the Spark of the Soul of Jethro, which is from another Root, could mix with the Spark of the Soul of Joseph. Thus, it is found that Pinchas received a Spark of the Root of Jethro, which is from the Aspect of the Inner Light of the Nefesh of Adam from Atzilut.

Afterwards, when Nadav and Avihu died due to their sin with the incident of the incense, and then the incident of Pinchas killing Zimri occurred, he [Pinchas] merited that the Aspects of the Souls of Nadav and Avihu—which were from the Aspect of the Surrounding Light of the Nefesh of Adam from Atzilut—enter him. This happened to him since he already had a Spark from the Root of Jethro, which is from the Inner Light of the Nefesh of Atzilut. Thus, the Nefesh of Atzilut was complete within Pinchas, both in Inner Light and in Surrounding Light. However, the Inner Light entered him as an actual Incarnation when he was born, whereas the Surrounding Light came to him only in the form of an Ibur after he was born and had grown up.

> The Nefesh of Atzilut was completed in Pinchas from the aspect of Surrouding and Inner Light.

Since these differences existed in him, there was another matter in him. You need to know that the Soul that enters a person at the time of their birth in the form of an actual Reincarnation—even though it may be a composition and a mixture of two Sparks, as in the case of Pinchas who had a Spark from Joseph and a Spark from Jethro—nevertheless, it is all called One Soul and does not require another Aspect to join them together.

However, a Soul that enters in the form of an Ibur after a person's birth, such as the Nefesh of Nadav and Avihu that entered Pinchas as an Ibur, needs for another Spark of a New Soul to come with it, namely one who is coming to the world for the first time and not an Old and reincarnated one. This New one combines the Nefesh of Nadav and Avihu, which entered in the form of an Ibur, with the Nefesh of Pinchas, which is an actual Reincarnation.

> A Soul that comes as an Ibur needs to come with a New Soul.

נִיצוֹץ נִשְׁמַת יִתְרוֹ, שֶׁהִיא מִשֹּׁרֶשׁ אַחֵר, עִם נִיצוֹץ הַשֹּׁרֶשׁ שֶׁל יוֹסֵף. וְנִמְצָא כִּי פִּינְחָס לָקַח נִיצוֹץ מִשֹּׁרֶשׁ יִתְרוֹ, שֶׁהוּא מִן בְּחִינַת אוֹר פְּנִימִי דְּנֶפֶשׁ אָדָם הָרִאשׁוֹן דַּאֲצִילוּת.

בְּפִינְחָס נִשְׁלַם נֶפֶשׁ דַּאֲצִילוּת מִבְּחִינַת אוֹר מַקִּיף וּפְנִימִי

אַחַר כָּךְ כַּאֲשֶׁר מֵתוּ נָדָב וַאֲבִיהוּא בְּמַעֲשֵׂה הַקְּטֹרֶת שֶׁחָטְאוּ בּוֹ, וְאֵרַע אַחַר כָּךְ עִנְיַן פִּינְחָס שֶׁהָרַג לְזִמְרִי, זָכָה שֶׁנִּכְנְסוּ בּוֹ בְּחִינוֹת נַפְשׁוֹת נָדָב וַאֲבִיהוּא, שֶׁהָיוּ מִבְּחִינַת אוֹר הַמַּקִּיף שֶׁל נֶפֶשׁ דְּאָדָם מִן הָאֲצִילוּת. וְזֶה גָּרַם לוֹ הֱיוֹת כְּבָר בּוֹ נִיצוֹץ מִשֹּׁרֶשׁ יִתְרוֹ, שֶׁהוּא מֵאוֹר פְּנִימִי דְּנֶפֶשׁ דַּאֲצִילוּת, ועי"כ נִשְׁלַם עַתָּה בְּפִנְחָס נֶפֶשׁ דַּאֲצִילוּת בְּאוֹר פְּנִימִי וּבְאוֹר מַקִּיף. אֶלָּא שֶׁהָאוֹר פְּנִימִי נִכְנַס בּוֹ בְּסוֹד גִּלְגּוּל מַמָּשׁ כְּשֶׁנּוֹלַד, וְהָאוֹר הַמַּקִּיף בְּסוֹד עִבּוּר בִּלְבַד אַחַר שֶׁנּוֹלַד וְגָדַל.

וְכֵיוָן שֶׁהָיָה חִלּוּק זֶה בּוֹ לָכֵן הָיָה בּוֹ עִנְיָן אַחֵר, וְהוּא, כִּי צָרִיךְ שֶׁתֵּדַע שֶׁהַנְּשָׁמָה הַבָּאָה לָאָדָם בְּעֵת שֶׁנּוֹלָד בְּסוֹד גִּלְגּוּל מַמָּשׁ, אַף עַל פִּי שֶׁתִּהְיֶה מֻרְכֶּבֶת וּמְעֹרֶבֶת מִשְּׁתֵּי נִיצוֹצוֹת, כַּנִּזְכָּר בְּעִנְיַן פִּינְחָס שֶׁהָיָה בּוֹ נִיצוֹץ מִיּוֹסֵף וְנִיצוֹץ מִיִּתְרוֹ, הַכֹּל נִקְרָא נְשָׁמָה אַחַת, וְאֵינָהּ צְרִיכָה לִבְחִינָה אַחֶרֶת שֶׁתִּתְחַבֵּר.

נְשָׁמָה שֶׁבָּאָה בְּסוֹד עִבּוּר צְרִיכָה שֶׁתָּבוֹא עִמָּהּ נְשָׁמָה חֲדָשָׁה

אֲבָל הַנְּשָׁמָה הַבָּאָה בְּסוֹד הָעִבּוּר אַחַר שֶׁנּוֹלַד הָאָדָם, כְּגוֹן נֶפֶשׁ נָדָב וַאֲבִיהוּא שֶׁנִּתְעַבְּרוּ בְּפִנְחָס, הִנֵּה צְרִיכָה הִיא שֶׁתָּבוֹא עוֹד עִמָּהּ נִיצוֹץ נְשָׁמָה אַחֶרֶת חֲדָשָׁה, רוֹצֶה לוֹמַר שֶׁזֹּאת תִּהְיֶה פַּעַם רִאשׁוֹנָה שֶׁבָּאָה לָעוֹלָם וְלֹא תִּהְיֶה יְשָׁנָה וּמְגֻלְגֶּלֶת, וְזוֹ הַחֲדָשָׁה הִיא מְחַבֶּרֶת אֶת זוֹ הַנֶּפֶשׁ דְּנָדָב וַאֲבִיהוּא הַבָּאָה בְּסוֹד הָעִבּוּר לְהִתְעַבֵּר עִם נֶפֶשׁ פִּינְחָס, שֶׁל בְּחִינַת גִּלְגּוּל מַמָּשׁ.

Therefore it was required for another New Soul to enter as an Ibur within Pinchas, and it is the one called "Elijah the Tishbite, an inhabitant of Gilead...." (1 Kings 17:1) He is from the Root of Gad [son of Jacob], and it is a New Soul, as mentioned, which now enters him in order to tie and connect together the Nefesh of Nadav and Avihu with the Nefesh of Pinchas himself, which was in him as a complete Reincarnation from the day he was born.

Elijah the Tishbite from the tribe of Gad.

However another New Soul was still needed in order to tie and connect the New Soul, called Elijah the Tishbite, together with the rest of the Old Souls, which are the Nefesh of Pinchas and the Nefesh of Nadav and Avihu. Therefore another New Soul needed to enter Pinchas, which is also called Elijah, from the Root of Benjamin, who is mentioned in Chronicles, in the verse: "And Jaareshiah, Elijah, and Zichri were the sons of Jeroham." (1 Chronicles 8:27) As Elijah himself said to the sages, "... [I am] from the descendants of Rachel [the Matriarch]." (Midrash Rabbah, Vayetze 71:9) This matter will be explained at the end of this Introduction.

Another New Soul to connect Elijah the Tishbite with the rest of the Souls.

It is found that four Aspects are included in Pinchas. The first is the Nefesh of Pinchas himself that he was born with, even though it was a combination of two Drops, one from Joseph and one from Jethro, they are considered one Nefesh. The second is the Nefesh of Nadav and Avihu that entered in the secret of Ibur, which is also considered one Nefesh and not two, as is known from Zohar, Acharei Mot 24: "Nadav and Avihu were two halves of one body." The third is the Nefesh called Elijah the Tishbite, from the Root of Gad. The fourth is the Nefesh called Elijah from the Root of Benjamin. This is the secret of that which our sages mentioned above, saying, "Michael with one, Elijah with four..." Understand this.

Four Aspects of Soul are included in Pinchas.

Afterwards, the incident of the daughter of Yiftach the Gileadite occurred, our sages said that Yiftach was a judge and did not want to go to Elijah's house to nullify his vow. Also, Elijah did not want to go to him and said, "The one who suffers must go to

The sin of Yiftach and Pinchas.

אֵלִיָּהוּ הַתִּשְׁבִּי מִשֵּׁבֶט גָּד

וְלָכֵן הֻצְרַךְ לְהִתְעַבֵּר עוֹד בְּפִינְחָס נֶפֶשׁ חֲדָשָׁה אַחֶרֶת, וְהִיא הַנִּקְרֵאת בְּשֵׁם "אֵלִיָּהוּ הַתִּשְׁבִּי מִתֹּשָׁבֵי גִלְעָד", וְהִיא מִשֹּׁרֶשׁ גָּד, וְהִיא נְשָׁמָה חֲדָשָׁה כַּנִּזְכָּר, וּבָאָה עַתָּה בּוֹ כְּדֵי לְקַשֵּׁר וּלְחַבֵּר יַחַד אֶת נֶפֶשׁ נָדָב וַאֲבִיהוּא עִם נֶפֶשׁ פִּינְחָס עַצְמוֹ, שֶׁהָיְתָה בּוֹ בְּגִלְגּוּל גָּמוּר מִיּוֹם שֶׁנּוֹלַד.

עוֹד נְשָׁמָה חֲדָשָׁה לְחַבֵּר אֶת אֵלִיָּהוּ הַתִּשְׁבִּי עִם שְׁאָר הַנְּשָׁמוֹת

וְאָמְנָם עוֹד צְרִיכָה נְשָׁמָה אַחֶרֶת חֲדָשָׁה גַּם כֵּן, כְּדֵי לְקַשֵּׁר וּלְחַבֵּר נְשָׁמָה חֲדָשָׁה הַנִּקְרֵאת אֵלִיָּהוּ הַתִּשְׁבִּי עִם שְׁאָר הַנְּשָׁמוֹת הַיְשָׁנוֹת שֶׁהֵם נֶפֶשׁ פִּינְחָס וְנֶפֶשׁ נָדָב וַאֲבִיהוּא, וְלָכֵן הֻצְרַךְ עוֹד לָבֹא בְּפִנְחָס נְשָׁמָה אַחֶרֶת חֲדָשָׁה, וְהִיא הַנִּקְרֵאת גַּם כֵּן אֵלִיָּהוּ מִשֹּׁרֶשׁ בִּנְיָמִין הַנִּזְכָּר בְּדִבְרֵי הַיָּמִים, בְּפָסוּק "וְיַעֲרֶשְׁיָה וְאֵלִיָּה וְזִכְרִי בְּנֵי יְרֹחָם". וּכְמוֹ שֶׁאָמַר אֵלִיָּהוּ זָכוּר לַטּוֹב עַצְמוֹ אֶל הַחֲכָמִים, "מִבְּנֵי בָנֶיהָ שֶׁל רָחֵל אֲנִי", וּכְמוֹ שֶׁיִּתְבָּאֵר עִנְיָן זֶה בְּסִיּוּם הַדְּרוּשׁ הַזֶּה.

ד' בְּחִינוֹת נְשָׁמָה כְּלוּלוֹת בְּפִינְחָס

וְנִמְצָא, כִּי ד' בְּחִינוֹת נִכְלְלוּ בְּפִנְחָס: הָאַחַת, הִיא נֶפֶשׁ פִּינְחָס עַצְמוֹ כְּשֶׁנּוֹלַד, כִּי אַף עַל פִּי שֶׁהָיְתָה כְּלוּלָה מִב' טִפִּין דְּיוֹסֵף וְיִתְרוֹ נִקְרָאִים נֶפֶשׁ אַחַת. הַב', הִיא נֶפֶשׁ נָדָב וַאֲבִיהוּא הַבָּאָה בְּסוֹד הָעִבּוּר, וְגַם זוֹ נֶפֶשׁ אַחַת נִקְרֵאת וְלֹא שְׁתַּיִם, כַּנּוֹדָע מִסֵּפֶר הַזֹּהַר בְּפָרָשַׁת אַחֲרֵי מוֹת, דְּנָדָב וַאֲבִיהוּא תְּרֵי פַּלְגֵי גוּפָא הֲווּ. הַשְּׁלִישִׁית, הִיא נֶפֶשׁ הַנִּקְרֵאת אֵלִיָּהוּ הַתִּשְׁבִּי מִשֹּׁרֶשׁ גָּד. הָרְבִיעִית, הִיא נֶפֶשׁ הַנִּקְרֵאת אֵלִיָּהוּ דְּשֹׁרֶשׁ בִּנְיָמִין. וְזֶהוּ סוֹד מ"ש חֲזַ"ל הנז"ל, "תָּנָא מִיכָאֵל בְּאַחַת וְכוּ' וְאֵלִיָּהוּ בְּאַרְבַּע" וְכוּ', וְהָבֵן זֶה.

חֵטְא יִפְתָּח וּפִינְחָס

אַחַר כָּךְ כַּאֲשֶׁר אֵרַע מַעֲשֶׂה דְּבַת יִפְתָּח הַגִּלְעָדִי, שֶׁאָמְרוּ רַזַ"ל שֶׁיִּפְתָּח שֶׁהָיָה שׁוֹפֵט לֹא רָצָה לֵילֵךְ לְבֵית אֵלִיָּהוּ שֶׁיַּתִּיר לוֹ נִדְרוֹ,

the physician." (Tractate Bava Kama 46b) Thus, meanwhile, the daughter of Yiftach was gone and both of them were punished.

Yiftach, having been directly involved in the incident, was punished by having his limbs fall off of him wherever he went, as it says: "...he was buried in the cities of Gilead," (Judges 12:7) in the plural form. Elijah was punished by having the Shechinah depart from him, as our sages said concerning the verse: "...in time past; the Lord was with him" (1 Chronicles 9:20), which was said about Pinchas in the Book of Judges that it looks like [it says] that the Creator was with him earlier but not now. (Beresheet Rabah 60:3) At that point, even the Nefesh of Nadav and Avihu that had entered in the secret of Ibur departed and went away from him, and it reincarnated into the Prophet Samuel, as we will explain later.

The Ibur of Nadav and Avihu left Pinchas.

This is the secret of what our sages said that the Vav in the word *shalom* (שלום; peace) [in] Numbers 25:12 is broken. (Talmud, Kidushin 66b) Also, it says in Zohar, Acharei Mot that the Yud in [the name] "Pinchas" (Numbers 25:11) is small. The meaning of it is that in the incident of Zimri, he merited gaining the Ibur of Nadav and Avihu, because when they [the tribe of Shimon] came to kill him [Pinchas] his own Soul left him, and then the Ibur of Nadav and Avihu entered him, as mentioned in Zohar, Pinchas 73. And when he lost this mentioned Ibur due to the sin of the daughter of Yiftach, then the Vav became broken because the Aspect of the letter Vav is the Sefirah of Yesod, which is called "...My covenant of peace" (Numbers 25:12), which then broke when the Shechinah departed from him along with the Ibur of Nadav and Avihu.

The broken Vav alludes to the departure of the Ibur of Nadav and Avihu.

Thus, in that incident with the daughter of Yiftach, all that remained in him was only that Spark of the Drop of the Root of Joseph, as the Ibur of Nadav and Avihu went to Samuel, as mentioned, and also the Spark of the Drop of Jethro departed from him.

Only the spark of Joseph remained in Pinchas.

וְגַם אֵלִיָּהוּ לֹא רָצָה לֵילֵךְ אֶצְלוֹ, כִּי אָמַר "מַאן דְּחָיֵשׁ לְכֵיבֵי אָזֵיל לְאַסְיָא", וְאָז בֵּין דָּא לְדָא הָלְכָה לָהּ בַּת יִפְתָּח, וּשְׁנֵיהֶם נֶעֶנְשׁוּ.

הָעִבּוּר שֶׁל נָדָב וַאֲבִיהוּא נִסְתַּלֵּק מִפִּינְחָס

כִּי יִפְתָּח לִהְיוֹתוֹ הוּא בְּעַצְמוֹ בַּעַל הַדָּבָר נֶעֱנַשׁ עֹנֶשׁ, שֶׁבְּכָל מָקוֹם שֶׁהָיָה הוֹלֵךְ הָיוּ נוֹשְׁרִים אֵיבָרָיו, וּכְמוֹ שֶׁאוֹמֵר הַכָּתוּב "וַיִּקָּבֵר בְּעָרֵי גִלְעָד", לְשׁוֹן רַבִּים. וְאֵלִיָּהוּ נֶעֱנַשׁ שֶׁנִּסְתַּלְּקָה מִמֶּנּוּ שְׁכִינָה, כמ"ש רַזַ"ל עַל פָּסוּק "לְפָנִים ה' עִמּוֹ" הַנֶּאֱמַר עַל פִּינְחָס בְּסֵפֶר דִּבְרֵי הַיָּמִים, כְּנִרְאֶה לְפָנִים הָיָה ה' עִמּוֹ וְלֹא עַתָּה, וְאָז גַּם אוֹתָהּ הַנֶּפֶשׁ שֶׁנִּכְנְסָה בּוֹ בְּסוֹד הָעִבּוּר שֶׁל נָדָב וַאֲבִיהוּא נִסְתַּלְּקָה מִמֶּנּוּ וְהָלְכָה לָהּ וְנִתְגַּלְגְּלָה בִּשְׁמוּאֵל הַנָּבִיא, כְּמוֹ שֶׁיִּתְבָּאֵר לְקַמָּן.

ו' קְטִיעָא מוֹרָה עַל הִסְתַּלְּקוּת עִבּוּר נָדָב וַאֲבִיהוּא

וְזֶהוּ סוֹד מ"ש רַזַ"ל כִּי ו' שֶׁל "בְּרִיתִי שָׁלוֹם" הִיא קְטִיעָא. גַּם אָמְרוּ בַּזֹּהַר בְּפָרָשַׁת פִּנְחָס, כִּי י' שֶׁל פִּינְחָס הִיא זְעִירָא. וְהָעִנְיָן הוּא, כִּי בְּמַעֲשֵׂה זִמְרִי זָכָה אֶל עִבּוּר זֶה דְּנָדָב וַאֲבִיהוּא, כִּי כְּשֶׁרָצוּ לְהָרְגוֹ פָּרְחָה מִמֶּנּוּ נִשְׁמָתוֹ, וְאָז נִכְנַס בּוֹ עִבּוּר דְּנָדָב וַאֲבִיהוּא כַּנִּזְכָּר בְּפָרָשַׁת פִּינְחָס בַּזֹּהַר, וּכְשֶׁנֶּאֱבַד מִמֶּנּוּ בְּחֵטְא בַּת יִפְתָּח אֶת הָעִבּוּר הַנִּזְכָּר אָז הָיְתָה ו' קְטִיעָא, כִּי בְּחִינַת הַוָּאו הִיא סְפִירַת הַיְסוֹד הַנִּקְרָא "בְּרִיתִי שָׁלוֹם", וְנִקְטְעָה אָז כְּשֶׁנִּסְתַּלְּקָה מִמֶּנּוּ שְׁכִינָה וְעִבּוּר נָדָב וַאֲבִיהוּא.

רַק נִיצוֹץ טִפַּת יוֹסֵף נִשְׁאַר בְּפִינְחָס

וְהִנֵּה אָז בְּמַעֲשֶׂה דְּבַת יִפְתָּח לֹא נִשְׁאַר בּוֹ רַק אוֹתוֹ הַנִּיצוֹץ שֶׁל טִפַּת שֹׁרֶשׁ יוֹסֵף בִּלְבַד, כִּי עִבּוּר נָדָב וַאֲבִיהוּא הָלְכוּ בִּשְׁמוּאֵל כַּנִּזְכָּר, וְגַם נִיצוֹץ טִפַּת יִתְרוֹ נִסְתַּלְּקָה מִמֶּנּוּ.

Then, Chiel of Beit El was born, who built up Jericho (1 Kings 16:34), and it [the Soul of Jethro] entered him as a Complete Reincarnation, as will be explained. The reason for this is that the Ibur of Nadav and Avihu, and Elijah from the tribe of Gad, as well as Elijah [from the Tribe] of Benjamin, as mentioned earlier, were in Pinchas only as a loan in the secret of Ibur and they are not primary in that body. Therefore that sin regarding the daughter of Yiftach does not blemish them.

The other aspects of Pinchas were not blemished.

Similarly, the Spark of the Drop of Joseph is not related to that sin. That sin is more related to the Spark of Jethro, since the Spark of Jethro comes from Cain. When it entered Jethro, it was there as a priest who fattens calves for idol worship. Therefore the primary sin relates to the Spark of Jethro. Thus it departed and reincarnated into Chiel of Beit El.

The spark of Yitro reincarnated as Chiel.

Look and see that the letters of Chiel (חיאל) are the letters of Elijah (אליה) when you replace the Chet (ח) with Hei (ה) of the [guttural] letters Alef, Chet, Ayin, and Hei (אחע"ה). Also, [Beit] HaEli (האלי) (of Beit El) shares the same letters as Elijah (אליה). This is the secret of Beit HaEli (of Beit El), meaning the house of Elijah (*beit* Eliyah; בית אליה). Meaning, "the dwelling house of Elijah," since Elijah's dwelling place was in the body of Pinchas, as he is the Spark of the Drop of Jethro, as mentioned. It is found that the primary essence of that body [of Chiel] is that of Pinchas and not that of Elijah but it is called the "the dwelling house of Elijah."

Our sages [in Tractate Sanhedrin 113a] said that Chiel was a great man, whose house King Achav and Elijah used to visit. However, the one sin of the incident with the daughter of Yiftach led him to the sin of building Jericho because they are similar. The incident of the daughter of Yiftach had to do with a vow, as is known, and also this transgression was that he [Chiel] violated the vow that Joshua made and banned the City of Jericho from being rebuilt. Since Jericho is related to the Root of Cain, as it says: "The children of the Kenite, Moses' father-in-law, ascended from the City of Date Palms..." (Judges 1:16),

One sin leads to another.

שְׁאָר בְּחִינוֹת פִּינְחָס לֹא נִפְגְּמוּ

וְאָז נוֹלַד חִיאֵל בֵּית הָאֱלִי אֲשֶׁר בָּנָה אֶת יְרִיחוֹ, וְנִכְנְסָה בּוֹ בְּגִלְגּוּל גָּמוּר, כְּמוֹ שֶׁיִּתְבָּאֵר. וְהַטַּעַם הוּא כִּי עִבּוּר נָדָב וַאֲבִיהוּא, וְגַם אֵלִיָּהוּ דְּשֵׁבֶט גָּד, וְאֵלִיָּהוּ דְּבִנְיָמִין כַּנִּזְכָּר לְעֵיל, הִנֵּה אֵינָם שָׁם בְּפִינְחָס רַק דֶּרֶךְ הַשְׁאָלָה בְּסוֹד הָעִבּוּר, וְאֵינָם הָעִקָּרִיִּים בַּגּוּף הַהוּא, וְלָכֵן אֵין הַחֵטְא הַהוּא דְּבַת יִפְתָּח פּוֹגֵם בָּהֶם.

נִיצוֹץ טִיפַּת יִתְרוֹ נִתְגַּלְגֵּל בְּחִיאֵל

וְכֵן נִיצוֹץ דְּטִפַּת יוֹסֵף אֵינָהּ קְרוֹבָה לַחֲטֹא הַחֵטְא הַהוּא כְּנִיצוֹץ יִתְרוֹ, לְפִי שֶׁנִּיצוֹץ יִתְרוֹ הִיא בָּאָה מִן קַיִן, וּכְשֶׁבָּאָה בְּיִתְרוֹ הָיָה שָׁם כֹּמֶר מְפַטֵּם עֲגָלִים לַעֲבוֹדָה זָרָה, וְלָכֵן עִקַּר הַחֵטְא הָיָה מִזֶּה הַנִּיצוֹץ שֶׁל יִתְרוֹ, וְלָכֵן נִסְתַּלֵּק וְנִתְגַּלְגֵּל בְּחִיאֵל בֵּית הָאֱלִי.

וְהַבֵּט וּרְאֵה, כִּי אוֹתִיּוֹת חִיאֵל הֵם אוֹתִיּוֹת אֵלִיָּ"ה, אִם תַּחֲלִיף ח' בְּה' בְּאוֹתִיּוֹת אחע"ה. גַּם הָאֱלִי הֵם אוֹתִיּוֹת אֵלִיָּה. וְזֶהוּ סוֹד בֵּית הָאֱלִ"י, בֵּית אֵלִיָּה, פֵּרוּשׁ: בֵּית מוֹשַׁב אֵלִיָּהוּ זָכוּר לַטּוֹב, כִּי אֵלִיָּהוּ מוֹשָׁבוֹ הָיָה בְּגוּף פִּינְחָס, כִּי הוּא נִיצוֹץ טִפַּת יִתְרוֹ כַּנִּזְכָּר. וְנִמְצָא כִּי עִקַּר הַגּוּף הַהוּא הוּא שֶׁל פִּינְחָס וְלֹא שֶׁל אֵלִיָּהוּ, רַק נִקְרָא בֵּית מוֹשַׁב אֵלִיָּהוּ זָכוּר לַטּוֹב.

עֲבֵרָה גוֹרֶרֶת עֲבֵרָה

וְהִנֵּה רַזַ"ל אָמְרוּ כִּי חִיאֵל הֲוָה גַּבְרָא רַבָּא, שֶׁהָיוּ הוֹלְכִים לְבֵיתוֹ אַחְאָב הַמֶּלֶךְ וְאֵלִיָּהוּ זָכוּר לַטּוֹב. הָאֻמְנָם עֲבֵרָה א' שֶׁחָטָא, בְּמַעֲשֵׂה דְּבַת יִפְתַּח, גָּרְמָה לוֹ עֲבֵרָה זוֹ שֶׁבָּנָה אֶת יְרִיחוֹ, כִּי הֵם דּוֹמוֹת. כִּי עִנְיַן בַּת יִפְתָּח הָיְתָה בְּעִנְיַן נֶדֶר כַּנּוֹדָע, וְכֵן עֲבֵרָה זוֹ הָיְתָה שֶׁעָבַר עַל הַנֶּדֶר שֶׁהִדִּיר וְהֶחֱרִים יְהוֹשֻׁעַ שֶׁלֹּא יִבְנוּ אֶת יְרִיחוֹ. וּלְפִי שֶׁיְּרִיחוֹ מְיֻחֶסֶת לְשֹׁרֶשׁ קַיִן, כְּמוֹ שֶׁנֶּאֱמַר "וּבְנֵי קֵינִי חֹתֵן מֹשֶׁה עָלוּ מֵעִיר

which is Jericho, therefore Chiel, who is from the Root of Cain, wanted to rebuild Jericho.

Afterwards, his name was changed to Elijah the Tishbite. This is because Nadav and Avihu had not yet been corrected in him, as mentioned, and also the Aspect of Pinchas himself, the one of Jethro, sinned with respect to the daughter of Yiftach, and also Elijah from the tribe of Benjamin only entered him as an Ibur to bind him with the other Souls, as mentioned earlier. Thus, it is found that the main one now is Elijah from the Root of Gad, and therefore he is not now called Pinchas, but rather Elijah the Tishbite, indicating the Soul of the tribe of Gad.

Pinchas became Elijah the Tishbite from the Tribe of Gad.

Then, after Samuel died, when prophecy returned to him [Pinchas], while he was called Elijah the Tishbite, the Souls of Nadav and Avihu returned in him as an Ibur and reached a Complete Correction in the Mount Carmel incident, when the entire nation prostrated themselves and proclaimed, "...The Lord, He is God...." (1 Kings 18:39) Then their sin where they cut the saplings and blemished the Shechinah was forgiven. It became corrected when they said, "The Lord, He is God." (Ibid.) Understand this. Furthermore, since they originally sinned by peeking at the Shechinah on Mount Sinai, as it is written: "And they saw the God of Israel...," (Exodus 24:10) now it was corrected through the Nefilat Apayim (Prostration) and through not glancing at the fire descending from Heaven.

The correction of Nadav and Avihu by Elijah.

This is also the reason he was called Elijah and not Pinchas, since because of this work he merited the change of this name, as we will later explain concerning Elisha the Prophet. Once they achieved correction, they were not required to remain there, so Nadav and Avihu departed.

Jezebel, the wife of Achav, who was a great sorceress, as is mentioned in scripture (2 Kings 9:22) where she caused Israel to stray through her sorcery. Through her sorcery she knew that Nadav and Avihu had departed from Elijah, and concerning them he was heralded with the message: "...Behold, I give unto

Jezebel saw through sorcery that Nadav and Avihu again departed from Elijah.

הַתְּמָרִים" שֶׁהִיא יְרִיחוֹ, וְלָכֵן בִּקֵּשׁ חִיאֵל, שֶׁהוּא מִשֹּׁרֶשׁ קַיִן, לִבְנוֹת אֶת יְרִיחוֹ.

פִּנְחָס נִהְיָה אֵלִיָּהוּ הַתִּשְׁבִּי מִשֵּׁבֶט גָּד

וְאַחַר כָּךְ נִשְׁתַּנָּה שְׁמוֹ וְנִקְרָא אֵלִיָּהוּ הַתִּשְׁבִּי, לְפִי שֶׁכֵּיוָן שֶׁנָּדָב וַאֲבִיהוּא עֲדַיִן לֹא נִתְקְנוּ בּוֹ כַּנִּזְכָּר, וְגַם בְּחִינַת פִּינְחָס עַצְמוֹ מִן יִתְרוֹ חָטָא בְּבַת יִפְתָּח, וְגַם אֵלִיָּהוּ דְּשֵׁבֶט בִּנְיָמִין לֹא נִתְעַבֵּר בּוֹ אֶלָּא לְקָשְׁרוֹ עִם הַנְּשָׁמוֹת הָאֲחֵרוֹת כַּנִּזְכָּר לְעֵיל, נִמְצָא כִּי הָעִקָּר עַתָּה הוּא אֵלִיָּהוּ דְּשֹׁרֶשׁ גָּד, וְלָכֵן לֹא נִקְרָא עַתָּה פִּינְחָס אֶלָּא אֵלִיָּהוּ הַתִּשְׁבִּי, הַמּוֹרֶה עַל נִשְׁמַת שֵׁבֶט גָּד.

תִּקּוּן נָדָב וַאֲבִיהוּא בְּאֵלִיָּהוּ

וְאָז כְּשֶׁחָזְרָה בּוֹ הַנְּבוּאָה בִּהְיוֹתוֹ נִקְרָא אֵלִיָּהוּ הַתִּשְׁבִּי, אַחַר שֶׁמֵּת שְׁמוּאֵל, חָזְרוּ לְהִתְעַבֵּר בּוֹ נָדָב וַאֲבִיהוּא וְנִשְׁלְמוּ הֵם לְהִתָּקֵן בְּעִנְיַן הַר הַכַּרְמֶל, כַּאֲשֶׁר נָפְלוּ כָּל הָעָם עַל פְּנֵיהֶם וְאָמְרוּ "ה' הוּא הָאֱלֹהִים", וְאָז נִמְחַל לָהֶם עָוֹן שֶׁלָּהֶם שֶׁקּוֹצְצוּ בַּנְּטִיעוֹת וּפָגְמוּ בַּשְּׁכִינָה, וְנִתְקַן זֶה בְּאָמְרָם "ה' הוּא הָאֱלֹהִים", וְהָבֵן זֶה. גַּם לְפִי שֶׁבַּתְּחִלָּה חָטְאוּ עַל שֶׁהֵצִיצוּ בַּשְּׁכִינָה בְּהַר סִינַי, כְּמוֹ שֶׁנֶּאֱמַר "וַיִּרְאוּ אֵת אֱלֹהֵי יִשְׂרָאֵל" כּוּ', וְעַתָּה נִתְקַן בִּנְפִילַת אַפַּיִם, שֶׁלֹּא לְהָצִיץ בָּאֵשׁ הַיּוֹרֵד מִן הַשָּׁמַיִם.

גַּם זֶהוּ טַעַם שֶׁנִּקְרָא אֵלִיָּהוּ וְלֹא פִּינְחָס, לְפִי שֶׁבִּגְלַל עִבּוּרָם זוֹ זָכָה לְשִׁנּוּי זֶה הַשֵּׁם, וּכְמוֹ שֶׁיִּתְבָּאֵר לְקַמָּן בְּעִנְיַן אֱלִישָׁע הַנָּבִיא, וְעַיֵּן שָׁם. וְאַחַר שֶׁנִּתְקְנוּ לֹא הֻצְרְכוּ לַעֲמֹד שָׁם, וְנִסְתַּלְּקוּ לָהֶם נָדָב וַאֲבִיהוּא.

אִיזֶבֶל רָאֲתָה בְּכִשּׁוּף שֶׁנָּדָב וַאֲבִיהוּא נִסְתַּלְּקוּ שׁוּב מֵאֵלִיָּהוּ

וְהִנֵּה אִיזֶבֶל אֵשֶׁת אַחְאָב הָיְתָה מְכַשֵּׁפָה גְּדוֹלָה, כנז' בַּפָּסוּק שֶׁהִדִּיחָה אֶת יִשְׂרָאֵל בִּכְשָׁפֶיהָ, וְיָדְעָה בִּכְשָׁפֶיהָ שֶׁנִּסְתַּלְּקוּ נָדָב וַאֲבִיהוּא מִן אֵלִיָּהוּ אֲשֶׁר עֲלֵיהֶם נִתְבַּשֵּׂר "הִנְנִי נֹתֵן לוֹ אֶת בְּרִיתִי שָׁלוֹם" שֶׁהוּא הֱיוֹתוֹ חַי לְעוֹלָם. וְאָז אָמְרָה לוֹ, "כִּי כָעֵת מָחָר אָשִׂים

him My covenant of peace" (Numbers 25:12), meaning that he would live forever. At that point, she told him [Elijah]: "... 'For, at this time tomorrow, I shall make your Soul as the Soul of one of them'" (1 Kings 19:2) since the decree of life and peace departed from him. It also alludes to Nadav and Avihu, who were burned by the fire of the incense. This is the secret of: "... as the Soul (Nefesh) of one of them." (Ibid.)

Elijah gained them back and ascended to Heaven.

Since Elijah sensed that he had lost this gift, he became afraid and escaped to Mount Horeb, as it is said: "And he feared and went for his life (lit. his Nefesh)." (1 Kings 19:3) Meaning, since his Nefesh remained by itself, therefore he was afraid of Jezebel. Afterwards, he gained them back again in the cave at Mount Horeb, until he ascended up in a storm to Heaven. At that point, Elijah the Tishbite, the one from the tribe of Gad, ascended to Heaven and stayed there, never descending again.

The Spark of Elijah of the tribe of Benjamin.

This Elijah from the tribe of Benjamin later reincarnated into the one mentioned in the verse: "And Jaareshiah, Elijah, and Zichri were the sons of Jeroham." (1 Chronicles 8:27) Later, when he passed away, he ascended and joined with that Elijah the Tishbite who ascended to Heaven, and remained there.

Elijah of Benjamin comes to speak to the Tzadikim.

It is this Elijah from the tribe of Benjamin who constantly ascends and descends to perform miracles for the righteous and to speak with them. Since the sages knew that Elijah was comprised of four Aspects, they did not know which Aspect is the one who descends and ascends and speaks with them. Therefore they were divided in their opinions until he [himself] informed them, "Rabbis, why are you disagreeing over me? I come from the descendents of Rachel, as it says, 'Jaareshiah, Elijah...' (Ibid.)" Thus, he informed them that this is the Aspect speaking to them, and this Aspect called Elijah [from the Tribe] of Benjamin joined together with the Aspect that is called the Drop of Jethro, which was given to Chiel of Beit El. After he [Chiel of Beit El] died, Elijah took it with him.

אֶת נַפְשְׁךָ כְּנֶפֶשׁ אַחַד מֵהֶם", כֵּיוָן שֶׁנִּסְתַּלֵּק מִמֶּנּוּ גְּזֵרַת הַחַיִּים וְהַשָּׁלוֹם. גַּם רָמַז אֶל נָדָב וַאֲבִיהוּא שֶׁנִּשְׂרְפוּ בְּאֵשׁ הַקְּטֹרֶת, וְזֶהוּ סוֹד "כְּנֶפֶשׁ אַחַד מֵהֶם".

אֵלִיָּהוּ חָזַר לְהַרְוִיחָם וְעָלָה הַשָּׁמַיְמָה

וְכֵיוָן שֶׁהִרְגִּישׁ אֵלִיָּהוּ שֶׁנֶּאֱבַד מִמֶּנּוּ מַתָּנָה זוֹ, נִתְיָרֵא וּבָרַח לְהַר חוֹרֵב. וז"ש "וַיַּרְא וַיֵּלֶךְ אֶל נַפְשׁוֹ", ר"ל לְפִי שֶׁלֹּא הָיְתָה רַק נַפְשׁוֹ יְחִידִית מִפְּנֵי כָּךְ נִתְיָרֵא מִן אִיזֶבֶל. וְאַחַר כָּךְ חָזַר לְהַרְוִיחָם בִּמְעָרַת הַר חוֹרֵב פַּעַם אַחֶרֶת עַד שֶׁעָלָה בִּסְעָרָה הַשָּׁמַיִם, וְאָז אֵלִיָּהוּ הַתִּשְׁבִּי שֶׁהוּא מִשֵּׁבֶט גָּד נִתְעַלָּה בַּשָּׁמַיִם וְנִשְׁאַר שָׁם, וְשׁוּב לֹא יָרַד עוֹד.

נִיצוֹץ אֵלִיָּהוּ דְּשֵׁבֶט בִּנְיָמִין

וְאֵלִיָּהוּ דְּשֵׁבֶט בִּנְיָמִין זֶה נִתְגַּלְגֵּל אַחַר כָּךְ בְּאוֹתוֹ הַנִּזְכָּר בְּסֵפֶר דִּבְרֵי הַיָּמִים, "וְיַעֲרֶשְׁיָה וְאֵלִיָּה וְזִכְרִי בְּנֵי יְרֹחָם" וְכוּ'. וְאַחַר כָּךְ כְּשֶׁנִּפְטְרוּ עָלָה וְנִתְחַבֵּר עִם אוֹתוֹ אֵלִיָּהוּ הַתִּשְׁבִּי שֶׁעָלָה בַּשָּׁמַיִם וְנִשְׁאַר שָׁם.

אֵלִיָּהוּ דְּבִנְיָמִין בָּא לְדַבֵּר עִם הַצַּדִּיקִים

זֶה אֵלִיָּהוּ דְּשֵׁבֶט בִּנְיָמִין, הוּא הָעוֹלֶה וְיוֹרֵד תָּמִיד לַעֲשׂוֹת נִסִּים אֶל הַצַּדִּיקִים וּלְדַבֵּר עִמָּהֶם. וְלִהְיוֹת כִּי הַחֲכָמִים הָיוּ יוֹדְעִים שֶׁאֵלִיָּהוּ הָיָה כָּלוּל מִד' בְּחִינוֹת, לֹא הָיוּ יוֹדְעִים אֵיזוֹ בְּחִינָה מֵהֶם הִיא הַיּוֹרֶדֶת וְעוֹלָה וּמְדַבֶּרֶת עִמָּהֶם, וְנֶחְלְקוּ בִּסְבָרוֹתֵיהֶם, עַד שֶׁהוֹדִיעָם וְאָמַר לָהֶם, "רַבּוֹתַי, מָה אַתֶּם חֲלוּקִים עָלַי, מִבְּנֵי בָּנֶיהָ שֶׁל רָחֵל אֲנִי", שֶׁכָּךְ כְּתִיב "וְיַעֲרֶשְׁיָה וְאֵלִיָּה" וְכוּ', וְהוֹדִיעָם כִּי זוֹ הַבְּחִינָה הִיא הַמְדַבֶּרֶת עִמָּהֶם, וּבְחִינָה זוֹ הַנִּקְרֵאת אֵלִיָּהוּ דְּבִנְיָמִין נִתְחַבְּרָה עִם הַבְּחִינָה הַנִּקְרֵאת טִפַּת יִתְרוֹ שֶׁנִּתְּנָה לְחִיאֵל בֵּית הָאֱלִי, וָמֵת, וְנִטְלָהּ אֵלִיָּהוּ עִמּוֹ.

Scribe's Note: "In my humble opinion it seems that both of them reincarnated into Elijah of Benjamin, and that Aspect called the Drop of Joseph, Elijah gave to Jonah son of Amitai, son of the woman of Zarefath, when he resurrected him. (1 Kings 17:17-24)"

The Drop of Joseph was given to Yonah.

This is the secret of what is written in Zohar, Vayakel 43-49: "We learned that Jonah came from the power of Elijah," and this is the meaning of: "...son of Amitai (אמיתי)" (Jonah 1:1) as you say, "...and that the word of the Lord in your mouth is truth (*emet*; אמת)." (1 Kings 17:24) This is the secret of that which our sages said: "It was taught in the house [of study] of Eliyahu: the lad that I resurrected was Mashiach ben Yosef," since he comes from the Drop of Joseph, and therefore he will be Mashiach ben Yosef, soon in our days. What will remain later in the future as the true Part of Elijah himself, is that Elijah of the tribe of Benjamin."

Mashiach ben Yosef (Joseph) comes from the Drop of Joseph.

The Ibur of the Souls of Nadav and Avihu was transferred to Elisha the Prophet in the secret of Ibur when Elijah ascended to Heaven. This is the secret of Elisha's request: "... 'Please. Let a double portion of your spirit be upon me.'" (2 Kings 2:9) In *Sefer HaKanah* it explains that "double" refers to Nadav and Avihu. The matter is that "Please" (*Na*; נא) is the acronym of the names of Nadav (נדב) and Avihu (אביהוא), who are the "double" that came as an Ibur to the Ruach of Elijah.

Elijah gave Nadav and Avihu to Elisha.

Also, the acronym of "Please. Let a double portion of your spirit be upon me (נא פי שנים ברוחך אלי)" is *Nefesh ba* (נפש בא; Nefesh comes), meaning "Nadav and Avihu," who are the aspect of the Nefesh of Atzilut of Adam, as mentioned earlier, "who came to you [Pinchas] because you killed Zimri, give them now to me [Elisha]."

Now, Elisha is from the Root of Enoch (Chanoch), who is called Metatro"n, who is from the side of the Neshamah of Atzilut, which is called the Supernal Splendor (*Zihara Ila'ah*) of Adam. Therefore he needed to take this Nefesh of Nadav and Avihu,

טִפָּה דְּיוֹסֵף נִתְּנָה לְיוֹנָה

אָמַר הַכּוֹתֵב, נִרְאֶה לַעֲנִיּוּת דַּעְתִּי כִּי שְׁתֵּיהֶם נִתְגַּלְגְּלוּ בְּאֵלִיָּהוּ שֶׁל בִּנְיָמִין. וְאוֹתָהּ הַבְּחִינָה הַנִּקְרֵאת טִפָּה דְּיוֹסֵף נְתָנָהּ אֵלִיָּהוּ אֶל יוֹנָה בֶּן אֲמִתַּי בֶּן הַצָּרְפִית, כְּשֶׁהֶחֱיָה אוֹתוֹ.

מָשִׁיחַ בֶּן יוֹסֵף בָּא מִטִּפַּת יוֹסֵף

וְזֶהוּ סוֹד מ"ש בַּזֹּהַר בְּפָרָשַׁת וַיַּקְהֵל דַּף קצ"ז ע"א, תָּנָא יוֹנָה מֵחֵילָא דְּאֵלִיָּהוּ קָא אָתָא, וְדָא אִיהוּ "בֶּן אֲמִתַּי", כד"א "וּדְבַר ה' בְּפִיךָ אֱמֶת". וְזֶהוּ סוֹד מ"ש רַזַ"ל תָּנָא דְּבֵי אֵלִיָּהוּ, אוֹתוֹ הַנַּעַר שֶׁהֶחֱיֵיתִי מָשִׁיחַ בֶּן יוֹסֵף הוּא, כִּי לִהְיוֹתוֹ מִטִּפַּת יוֹסֵף וְלָכֵן הוּא יִהְיֶה מָשִׁיחַ בֶּן יוֹסֵף בִּמְהֵרָה בְּיָמֵינוּ, וּמַה שֶּׁיִּשָּׁאֵר אַחַר כָּךְ לֶעָתִיד לָבֹא לְחֵלֶק אֵלִיָּהוּ עַצְמוֹ הָאֲמִתִּי הוּא אוֹתוֹ אֵלִיָּהוּ דְּשֵׁבֶט בִּנְיָמִין.

אֵלִיָּהוּ נָתַן אֶת עִבּוּר נָדָב וַאֲבִיהוּא לֶאֱלִישָׁע

וְעִבּוּר נָדָב וַאֲבִיהוּא, נְתָנוֹ אֶל אֱלִישָׁע הַנָּבִיא בְּסוֹד עִבּוּר כְּשֶׁעָלָה לַשָּׁמַיִם. וְזֶהוּ סוֹד מַה שֶּׁשָּׁאַל אֱלִישָׁע, "וִיהִי נָא פִּי שְׁנַיִם בְּרוּחֲךָ אֵלָי". וּבְסֵפֶר הַקָּנֶה כָּתוּב, כִּי "פִּי שְׁנַיִם" הֵם נָדָב וַאֲבִיהוּא. וְהָעִנְיָן הוּא, כִּי נָא רָאשֵׁי תֵּבוֹת נָדָב אֲבִיהוּא, שֶׁהֵם פִּי שְׁנַיִם שֶׁנִּתְעַבְּרוּ בְּרוּחוֹ שֶׁל אֵלִיָּהוּ.

גַּם רָאשֵׁי תֵּבוֹת "נָא פִּי שְׁנַיִם בְּרוּחֲךָ אֵלָי", הוּא נֶפֶשׁ בָּא. ר"ל: כִּי נָדָב וַאֲבִיהוּא, שֶׁהֵם מִבְּחִינַת נֶפֶשׁ דַּאֲצִילוּת דְּאָדָם הָרִאשׁוֹן כַּנִּזְכָּר לְעֵיל, שֶׁבָּא אֵלֶיךָ בְּעִבּוּר שֶׁהָרַגְתָּ לְזִמְרִי, תִּתְּנֵם עַתָּה אֵלַי.

וְהִנֵּה אֱלִישָׁע הוּא מִשֹּׁרֶשׁ חֲנוֹךְ הַנִּקְרָא מְטַטְרוֹ"ן, שֶׁהוּא מִצַּד נְשָׁמָה דַּאֲצִילוּת הַנִּקְרֵאת זִיהֲרָא עִלָּאָה דְּאָדָם הָרִאשׁוֹן, וְלָכֵן הֻצְרַךְ לִקַּח נֶפֶשׁ זוֹ דְּנָדָב וַאֲבִיהוּא, שֶׁהֵם נֶפֶשׁ דְּזִיהֲרָא עִלָּאָה דְּאָדָם,

which is the Nefesh of the Supernal Splendor (*Zihara Ila'ah*) of Adam, which was in Elijah. And because Elijah merited the Ruach of Supernal Splendor (*Zihara Ila'ah*), as mentioned earlier, he said: "… '…your spirit (Ruach) be upon me.'" (2 Kings 2:9) Also, alluded to in the words, "…your spirit (Ruach)…" (Ibid.) is what is explained by us that the Nefesh and Ruach of Avihu were from the Root of Cain but the Nefesh of Nadav was from another Root, and only his Ruach was from the Root of Cain. Since only his Ruach is from this Root of Cain, therefore he [Elisha] said: "…your spirit (Ruach)…." (Ibid.)

Cain was corrected in Elisha.

Therefore his name was Elisha (אלישע), to allude to the following: Concerning Cain it says: "And He did not accept (*sha'ah*; שעה) Cain nor his offering…." (Genesis 4:5) and now that Cain became corrected, he was named Elisha (אלישע), which can be written as *li sha'ah* (לי שעה; "I was accepted") by God, unlike Cain when he was without correction. I already alluded to earlier that Pinchas is called Elijah to indicate the Ibur of Nadav and Avihu, who come from Cain, that were corrected in him. Therefore the first three letters of the name Elijah, Eli (אלי) are also found in the name Elisha (אלישע), to indicate that Elisha also completed the correction [represented by] these three letters, as did Elijah.

The connection between Elisha and Korach.

This is the secret of the children laughing at him, saying: "… 'Go up, baldhead (*kere'ach*). Go up, baldhead (*kere'ach*).'" (2 Kings 2:23) This matter, which will be explained later on, is that Korach ben Yitzhar is the Ruach of Cain from the Evil side. Therefore he went down to She'ol (the Underworld) while alive. These children said this to him to insult and curse him, "Korach went down to She'ol and needs to ascend, and you extend from the Root of Korach, so how do you hope to ascend?" Also, they alluded [to the fact] that, just as Korach son of Yitzhar was shaved by Moses and was totally bald and hairless, as is known, so too was Elisha totally bald and hairless like him, since the Root of his Soul has a part of and is attached to Korach.

שֶׁהָיוּ בְּאֵלִיָּהוּ. וּלְפִי שֶׁאֵלִיָּהוּ זָכָה לְרוּחַ דְּזִיהֲרָא עִלָּאָה כַּנִּזְכָּר לְעֵיל, לָזֶה אָמַר בְּרוּחֲךָ. גַּם רָמַז בְּאָמְרוֹ בְּרוּחֲךָ אֶל מַה שֶּׁנִּתְבָּאֵר אֶצְלֵנוּ, כִּי אֲבִיהוּא נַפְשׁוֹ וְרוּחוֹ מִשֹּׁרֶשׁ קַיִן, אֲבָל נָדָב נַפְשׁוֹ מִשֹּׁרֶשׁ אַחֵר וְרוּחוֹ מִשֹּׁרֶשׁ קַיִן בִּלְבַד, וְיַעַן שֶׁרוּחוֹ לְבַד הִיא מִשֹּׁרֶשׁ זֶה דְּקַיִן לָכֵן אָמַר בְּרוּחֲךָ.

קַיִן נִתְקַן בֶּאֱלִישָׁע

וְלָכֵן נִקְרָא שְׁמוֹ אֱלִישָׁע, לִרְמֹז כִּי בְּקַיִן נֶאֱמַר "וְאֶל קַיִן וְאֶל מִנְחָתוֹ לֹא שָׁעָה", וְיַעַן נִתְקַן קַיִן בּוֹ נִקְרָא אֱלִישָׁע, כְּלוֹמַר: לִי שָׁעָה הקב"ה, מַה שֶּׁלֹּא שָׁעָה אֶל קַיִן בִּהְיוֹתוֹ בִּלְתִּי תִּקּוּן. וּכְבָר רָמַזְתִּי לְךָ לְמַעְלָה כִּי פִּינְחָס נִקְרָא אֵלִיָּהוּ לְהוֹרוֹת עַל עֲבוּר נָדָב וַאֲבִיהוּא הַבָּאִים מִן קַיִן שֶׁנִּתְקְנוּ בּוֹ. וְלָכֵן שְׁלֹשָׁה אוֹתִיּוֹת אל"י שֶׁבְּאֵלִיָּהוּ יֶשְׁנָם גַּם כֵּן בֶּאֱלִישָׁע, לְהוֹרוֹת כִּי גַּם אֱלִישָׁע הִשְׁלִים לְתַקֵּן בְּג' אוֹתִיּוֹת אֵלּוּ כְּמוֹ אֵלִיָּהוּ.

הַקֶּשֶׁר בֵּין אֱלִישָׁע לְקוֹרַח

וְזֶהוּ סוֹד מַה שֶּׁצָּחֲקוּ אוֹתָם הַיְלָדִים וְאָמְרוּ לֶאֱלִישָׁע "עֲלֵה קֵרֵחַ עֲלֵה קֵרֵחַ", וְהָעִנְיָן הוּא בְּמַה שֶּׁיִּתְבָּאֵר לְקַמָּן, כִּי קֹרַח בֶּן יִצְהָר הוּא רוּחוֹ שֶׁל קַיִן מִצַּד הָרַע, וְלָכֵן יָרַד חַיִּים שְׁאוֹלָה, וְאָמְרוּ לוֹ הַיְלָדִים לְבַיְּשׁוֹ וּלְגַדְּפוֹ כִּי הִנֵּה קֹרַח יָרַד שְׁאוֹלָה וְצָרִיךְ לַעֲלוֹת, וְאַתָּה נִמְשָׁךְ מִשֹּׁרֶשׁ קֹרַח וְאֵיךְ אַתָּה רוֹצֶה לַעֲלוֹת. גַּם רָמְזוּ, כִּי הִנֵּה קֹרַח בֶּן יִצְהָר גִּלְּחוֹ מֹשֶׁה וְהָיָה קֵרֵחַ בִּשְׂעָרוֹתָיו כַּנּוֹדָע, וְלָכֵן גַּם אֱלִישָׁע הָיָה קֵרֵחַ בִּשְׂעָרוֹתָיו כָּמוֹהוּ, כִּי שֹׁרֶשׁ נִשְׁמָתוֹ יֵשׁ בָּהּ חֵלֶק וַאֲחִיזָה מִן קֹרַח.

This is what later caused him [Elisha] to have an Ibur of the Nefesh of Nadav and Avihu, who are also from the Root of the Soul of Korach. Also, just as Moses had used the 42-Letter Name to kill the Egyptian who was from the Evil side of the Nefesh of Cain, so too did Elisha mention the 42-Letter Name and kill these 42 children, as stated in Zohar, Pekudei 66-73.

The further correction of Cain in Chizkiyahu.

Afterwards, he [the Aspect of Cain] reincarnated into Chizkiyahu, King of Judah, as alluded to by our Sages who said that in the days of the flood, the Holy One, blessed be He, "hung Cain in weakness" (Beresheet Rabah 22:12) and about him it is said: "And He blotted out all existence...." (Genesis 7:23) Now, after he was corrected, he was called Chizkiyahu (חזקיהו; lit. strength of God) because through him Cain was strengthened from his weakness, and through him the three letters Yud-Hei-Vav of Elijah (אליהו) the Prophet were corrected.

In Chizkiyahu, he [the Nefesh of Cain] merited one of the three Parts of the birthright meant for Cain, who was the firstborn of Adam, and they are: the Priesthood, the Kingship, and the Birthright, mentioned in [the Onkelos Aramaic] translation of the verse: "Reuben, you are my firstborn...." (Genesis 49:3)

Now, as Chizkiyahu, [the Nefesh of Cain] took the Crown of Kingship. This is the secret of what our sages said: "The Holy One, blessed be He, wanted to make for Chizkiyahu the Messiah." (Tractate Sanhedrin 94a) The reason is because he was from Cain, the firstborn son, who was the one worthy of acquiring the Crown of Kingship and becoming the future Messiah. But it was nullified because he did not recite song.

Matityahu and Akavia ben Mahalalel.

Afterwards, he [the Nefesh of Cain] reincarnated into Matitiah ben Chashmonai (Mattathias the Hasmonean), who was the High Priest and a King. At that point, he merited having the two portions of the firstborn together. After that, he reincarnated into Akavia ben Mahalalel. We already explained that Cain is alluded to in the secret of the heel (*akev*) of Esau, and therefore his name became Akavia. And since this Akavia also corrected

וְזֶה גָּרַם שֶׁנִּתְעַבְּרוּ בוֹ אַחַר כָּךְ נֶפֶשׁ נָדָב וַאֲבִיהוּא, שֶׁגַּם הֵם מִשֹּׁרֶשׁ נִשְׁמַת קֹרַח. גַּם כְּמוֹ שֶׁמֹּשֶׁה רַבֵּנוּ ע"ה הִזְכִּיר שֵׁם מ"ב וְהָרַג אֶת הַמִּצְרִי שֶׁהוּא נֶפֶשׁ קַיִן מִצַּד הָרַע, כֵּן אֱלִישָׁע הִזְכִּיר שֵׁם בֶּן מ"ב וְהָרַג מ"ב יְלָדִים אֵלּוּ, כַּנִּזְכָּר בַּזֹּהַר.

הֶמְשֵׁךְ תִּקּוּן קַיִן בְּחִזְקִיָּהוּ

וְאַחַר כָּךְ נִתְגַּלְגֵּל בְּחִזְקִיָּהוּ מֶלֶךְ יְהוּדָה לִרְמֹז אֶל מַה שֶּׁאָמְרוּ זַ"ל כִּי בִּימֵי הַמַּבּוּל תְּלָאוֹ הקב"ה לְקַיִן בְּרִפְיוֹן, וְעָלָיו נֶאֱמַר "וַיִּמַח אֶת כָּל הַיְקוּם". וְעַתָּה כְּשֶׁנִּתְקַן נִקְרָא חִזְקִיָּהוּ, כִּי בוֹ נִתְחַזֵּק קַיִן מֵרִפְיוֹנוֹ וּבוֹ נִתְקְנוּ ג' אוֹתִיּוֹת יה"ו מִן אֵלִיָּהוּ הַנָּבִיא.

וּבְחִזְקִיָּהוּ זָכָה אֶל חֵלֶק א' מִשְּׁלֹשָׁה חֶלְקֵי הַבְּכוֹרָה הָרְאוּיִם לְקַיִן שֶׁהָיָה בְּכוֹרוֹ שֶׁל אָדָם הָרִאשׁוֹן, וְהֵם: כְּהֻנָּה, וּמַלְכוּת, וְחֵלֶק בְּכוֹרָה, כַּנִּזְכָּר בְּתַרְגּוּם פָּסוּק "רְאוּבֵן בְּכֹרִי אַתָּה" וְגוֹ'.

וְעַתָּה בְּחִזְקִיָּהוּ לָקַח כֶּתֶר הַמַּלְכוּת, וְזֶהוּ סוֹד מ"ש זַ"ל "בִּקֵּשׁ הקב"ה לַעֲשׂוֹת לְחִזְקִיָּהוּ מָשִׁיחַ" וְכוּ'. וְהַטַּעַם הוּא, לְפִי שֶׁהוּא מִן קַיִן הַבְּכוֹר, וְהוּא רָאוּי לִקַּח כֶּתֶר הַמַּלְכוּת וְלִהְיוֹת מָשִׁיחַ לֶעָתִיד לָבֹא, וְנִתְבַּטֵּל מִפְּנֵי שֶׁלֹּא אָמַר שִׁירָה.

מַתִּתְיָהוּ וַעֲקַבְיָא בֶּן מַהֲלַלְאֵל

אַחַר כָּךְ נִתְגַּלְגֵּל בְּמַתִּתְיָהוּ חַשְׁמוֹנַאי, שֶׁהָיָה כֹּהֵן גָּדוֹל וּמֶלֶךְ, וְאָז זָכָה בְּיַחַד לִשְׁנֵי חֶלְקֵי הַבְּכוֹרָה. וְאַחַר כָּךְ נִתְגַּלְגֵּל בַּעֲקַבְיָא בֶּן מַהֲלַלְאֵל. וּכְבָר בֵּאַרְנוּ כִּי קַיִן נִרְמַז בְּסוֹד עֲקֵב עֵשָׂו, וְלָכֵן נִקְרָא שְׁמוֹ

the Aspect of Mahalalel ben Kenan, therefore he is now called Akavia ben Mahalalel.

Rav Yochanan ben Zakkai and Rabbi Akiva.

Afterwards, he reincarnated into Rav Yochanan ben Zakkai. Therefore, at the time of his death, he said, "...prepare a throne for Chizkiyahu, the King of Judah," (Tractate Berachot 28b) who came to escort him, since he was from the Root of the Reincarnation of his Soul. In him, he too merited the Crown of Priesthood of Cain the firstborn. Afterward, he reincarnated into Rabbi Akiva ben Yosef, and the Aspect of the heel (akev) of Esau, as mentioned by Akavia, is also alluded in him. With this, you can understand that which is written in Zohar Chadash, Ruth 681 [where it is stated that] Yissachar, the son of Jacob, is Rabbi Akiva, and as we will later explain that Yissachar is also from this Root of Cain.

Ibur in two Geonim.

Afterwards, he [the Nefesh of Cain] entered in the secret of Ibur into two *Geonim* (Torah Scholars from the 6th to 11th centuries), whose names were Rav Achai (אחאי) and Rav Acha (אחא) of Shabcha Gaon, in order to correct them, as they are from the Root of the Nefesh of King Achav. In them, the three letters Alef, Chet, and Alef (אחא) from the name Achav <u>אחא</u>ב were corrected through the aforementioned Ibur. However, the [letter] Bet (ב) of Achav (אחא<u>ב</u>) became corrected through Rabbi Avraham Galid, as I informed you in the explanation of the order of the Reincarnation of the Root Nefesh of King Achav.

עֲקַבְיָא. וּלְפִי שֶׁעֲקַבְיָא זֶה תִּקֵּן גַּם כֵּן בְּחִינַת מַהֲלַלְאֵל בֶּן קֵינָן, לָכֵן נִקְרָא עַתָּה עֲקַבְיָא בֶּן מַהֲלַלְאֵל.

רַבָּן יוֹחָנָן בֶּן זַכַּאי וְרַבִּי עֲקִיבָא

וְאַחַר כָּךְ נִתְגַּלְגֵּל בְּרַבָּן יוֹחָנָן בֶּן זַכַּאי, וְלָכֵן בְּעֵת פְּטִירָתוֹ אָמַר וְהָכִינוּ כִּסֵּא לְחִזְקִיָּה מֶלֶךְ יְהוּדָה שֶׁבָּא לְלַוּוֹתוֹ, לִהְיוֹתוֹ מִשֹּׁרֶשׁ גִּלְגּוּל נִשְׁמָתוֹ. וְגַם בּוֹ זָכָה כֶּתֶר כְּהֻנָּה שֶׁל קַיִן הַבְּכוֹר. אַחַר כָּךְ נִתְגַּלְגֵּל בְּר' עֲקִיבָא בֶּן יוֹסֵף, וְגַם בּוֹ נִרְמַז בְּחִינַת עֲקֵב עֵשָׂו, כַּנִּזְכָּר בַּעֲקַבְיָא. וּבָזֶה תָּבִין מ"ש בְּמִדְרַשׁ רוּת שֶׁל הַזֹּהַר, כִּי יִשָּׂשכָר הוּא ר' עֲקִיבָא, וּכְמוֹ שֶׁיִּתְבָּאֵר לְקַמָּן כִּי גַּם יִשָּׂשכָר הוּא מִשֹּׁרֶשׁ זֶה שֶׁל קַיִן.

עִבּוּר בִּשְׁנֵי גְּאוֹנִים

אַחַר כָּךְ נִתְעַבֵּר בְּסוֹד עִבּוּר מִשְּׁנֵי גְּאוֹנִים, הַנִּקְרָאִים רַב אַחַאי וְרַב אַחָא מִשַּׁבְחָא גָּאוֹן, כְּדֵי לְתַקְּנָם. כִּי הֵם מִשֹּׁרֶשׁ נֶפֶשׁ אַחְאָב הַמֶּלֶךְ, וּבָהֶם נִתְקְנוּ שְׁלֹשָׁה אוֹתִיּוֹת אח"א שֶׁל אַחְאָב עַל יְדֵי עִבּוּר הַנִּזְכָּר, אֲבָל הַב' שֶׁל אַחְאָב נִתְקְנָה בְּרַבִּי אַבְרָהָם גָּאלִיד, כְּמוֹ שֶׁהוֹדַעְתִּיךָ בְּסֵדֶר גִּלְגּוּלֵי שֹׁרֶשׁ נֶפֶשׁ אַחְאָב הַמֶּלֶךְ.

APPENDIX A

Ten Sefirot—Tree of Life

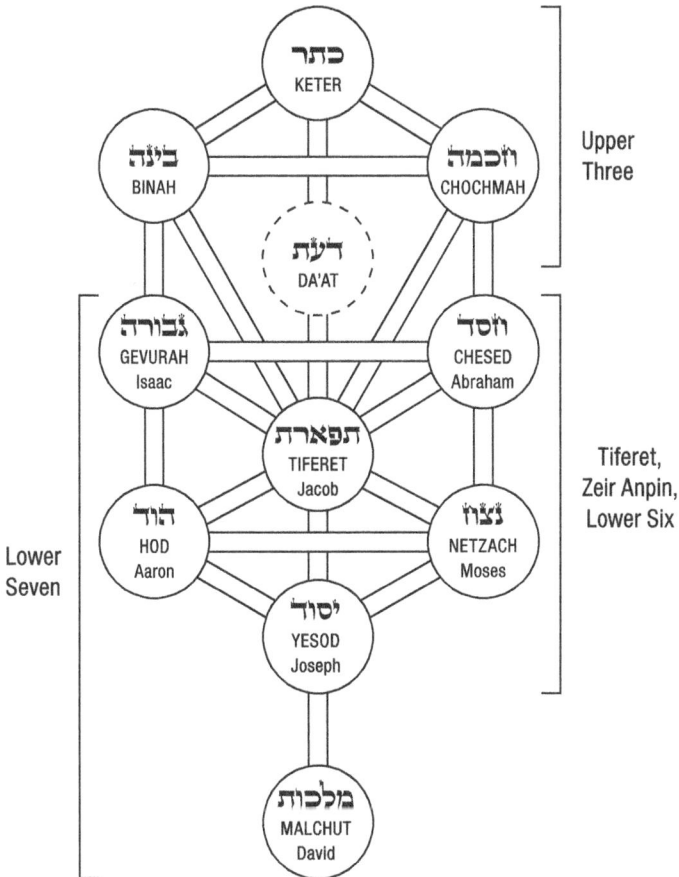

According to kabbalistic teaching, the creation of the universe was made possible by a withdrawal of the Light of the Creator, which was otherwise present everywhere. The reason for this withdrawal was for our own sake. Therefore we are separated from the Light of the Creator by a sequence of ten energy fields known as the Sefirot (singular: Sefirah), which essentially are packets of bottled-up energies, each with its own intelligence and individual attributes. The Sefirot may be thought of as spiritual transformers, successively downgrading the Creator's infinite Light until it reaches us in a manageable intensity.

Arranged in Right, Left, and Central Columns, these Ten Sefirot make up what kabbalists call the Tree of Life. The Ten Sefirot are not simply external to ourselves as they are both levels to be attained and also are all contained within us in potential form, ready to be awakened and mastered through our transformative spiritual work. As we transform our natures, we increase the capacity of our spiritual vessel to hold more Light, thus giving us the ability to draw ever nearer to the Creator.

1. Keter

Keter is the summit of the Central Column, and is paradoxically both the "crown" and the source. It embodies God as unknown and unknowable and is located just below the endless world of limitless Light, far, far beyond mortal comprehension. Keter is the blazing intelligence that channels the Light of the Creator to the rest of the Tree. It functions as a supercomputer, containing the total inventory of what each of us is, ever has been, or ever will be. As such, it is the genesis not only of our lives in this earthly realm, but of every thought, idea, or inspiration we ever will have while we sojourn here, and that includes lifetimes of the past, the present, and the future. Keter is the source of everything, but only in an undifferentiated potential. The rest of the energy centers on the Tree of Life are needed to turn that potential into something we can perceive as reality.

2. Chochmah

As the highest level of the Right Column, Chochmah is the first Sefirah to receive the power that flows from the Endless World through Keter. Chochmah is recognized as the universal father figure, the primordial point of creation from which all knowable reality originates. It has the property of wisdom "beyond reason," that is, an inspired and pure knowing. But wisdom, existing passively in a kind of warehouse, is of no value on any plane. To be of use, it must be inventoried, shipped out, and supplied to those in need of it. To accomplish that, Chochmah requires connection with its corresponding mother figure, which is the Sefirah of Binah.

3. Binah

Topping the Left Column, Binah is considered to be the universal mother figure, and, complementing Chochmah's knowing, it carries the property of understanding. Binah also contains all energy, ranging from that which motivates human endeavor to that which keeps galaxies spinning. As Chochmah and Binah, universal father and mother, meet, thought becomes manifest in action. Their combined energies are funneled through "the invisible Sefirah" called Da'at, which lies on the Central column below Keter. Even to kabbalists, Da'at is enigmatic, but while not regarded as a true Sefirah, it is thought to unify the energies of Chochmah's wisdom and Binah's understanding, transmitting them to the lower Sefirot of Da'at as knowledge.

4. Chesed

The Sefirah of Chesed, the most expansive of the Sefirot, sits below Chochmah on the right-hand column and represents mercy. Chesed holds the still-undifferentiated seed of all that has taken place between Chochmah and Binah, and since it represents the total desire to share, it can be generous to a fault. We all have seen Chesed run amok. It is the ultra-liberal who weeps more for the criminal than for the victim; it is the parents who cannot ever bring themselves to discipline their children. Fortunately, Chesed does have a balancing counterpart, just across the way, on the left-hand column, right under Binah. It is called Gevurah.

5. Gevurah

The Sefirah of Gevurah represents judgment. Where Chesed expands, Gevurah contracts. Where Chesed says, "Share," Gevurah says, "What's in it for me?" Where Chesed forgives and forgets, Gevurah is a strict and wrathful disciplinarian. Gevurah, run amok, without Chesed's balance, becomes the tyranny of a police state. But even as Chochmah's wisdom cannot become manifest without Binah's energy, neither can the undifferentiated seed that lies in Chesed ever become manifest without Gevurah's strong hand. It is here that the process of differentiation, the beginning of physicality originates. Associated with this Sefirah is the archangel Sama"el (the left hand of God), also known in Kabbalah as "the Adversary." Unrestrained, the energy of Gevurah can become destructive.

6. Tiferet

The Sefirah of Tiferet, representing beauty or the ideal balance of Gevurah (justice) and Chesed (mercy), rests below Keter on the Central Column, and beneath Chesed on the right and Gevurah on the left. Tiferet is the balancing point between right and left columns, and without the symmetry of balance, there can be no beauty. Tiferet may be thought of as the heart of the Tree of Life. As a balance between judgment and mercy, this Sefirah is associated with the patriarch Jacob. Here we find combined wisdom, understanding, and the luminosity of the Light.

7. Netzach

The Sefirah of Netzach, or victory, resides on the Right Column, just below Chesed. A repository of positive energy from Chesed, Netzach radiates the Desire to Share and becomes the channel of that energy as it approaches the physical world in which we live. It is associated with Moses, who as a link between the Creator and humankind, and personifies these enduring qualities. Netzach can be thought of as the sperm that, in union with the egg, ultimately creates the individual human being. Netzach is also known as eternity, and it represents involuntary processes as well as the right brain, where the creative process takes place. Netzach is the artist, the poet, the musician, the dreamer, and the masculine fertilizing principle. Its feminine counterpart, directly across the way on the left-hand column, is Hod.

8. Hod

The Left Column counterpart to Netzach, Hod or glory is analogous to the egg in human conception. Hod is also associated with prophecy, controlling voluntary processes and left-brain activity, as well as channeling the practicality of Gevurah into the human psyche. Hod is the feminine or manifesting principle. It is here that the potentials held in the male aspects of Chesed and Netzach begin to become material. The dreams become concrete.

9. Yesod

At the base of the Tree of Life is Yesod or foundation. This Central Column Sefirah sits like a great reservoir. All the Sefirot above pour their attributes into Yesod's vast basin where they are mixed, balanced, and made ready to be channeled into the World of Action—Malchut. As Binah is the generator of the source contained in Keter, Yesod is the generator of the destination, which is Malchut.

10. Malchut

Malchut or Kingdom is the lowest of the Sefirot, and is the world of our material universe. To understand Malchut and its relationship to the other nine Sefirot, it may be helpful to think of it as a house. The house was conceived of by Chochmah. Binah provided the energy to build it. Chesed provided a loving willingness to build it. Gevurah calculated its measurements. Tiferet provided a lovely and level setting. Netzach supplied a color scheme, while Hod provided the building materials. Yesod dug a foundation. Malchut houses the world in which we live. It is the only Sefirot on the Tree of Life where physical matter exists as a minuscule percentage of the whole, and where the Tree of Knowledge sinks its roots. And it is here that a divergence in human attitude spells the difference between individual lives lived in the Light and those lived in darkness.

Partzuf (Face)

A Partzuf is a complete spiritual structure of the Ten Sefirot. A Partzuf represents the Head—the Upper Three Sefirot or potential, and the Body—the Lower Seven Sefirot or actual. There are five Partzufim (plural of Partzuf) in the metaphysical world:

1. Arich Anpin (Long Face)—also referred to as: Atik, Atik Yomin, Atika Kadisha

2. Aba (Father)—contains two parts:
   a. Chochmah
   b. Yisrael-Saba

3. Ima (Mother)—contains two parts:
   a. Binah
   b. Tevunah

4. Zeir Anpin (Small Face)

5. Nukva (Female)—also referred to as Malchut

The chief Partzufim we interact with are Chochmah, Binah, Tiferet (Zeir Anpin), and Malchut, and they correspond to the four letters of the Tetragrammaton: Yud-Hei-Vav-Hei.

Five Worlds

All of the above Spiritual Structures (Partzufim) create one spiritual world. There are Five Worlds in total that comprise all reality.

Adam Kadmon (Primordial Man) – The fifth and highest spiritual World. There are four spiritual Worlds through which our soul ascends and descends during the course of the day as we make our spiritual connections. However, there is a fifth World that is even higher than these four—a World that we cannot reach through our connections—and this fifth World is called Primordial Man.

Atzilut (World of Emanation) – The second (from above downward) of the Five Spiritual Worlds that appeared after the Tzimtzum (Contraction). In this high and most exalted World, the Vessel is passive in relation to the Light, allowing the Light to flow without any agenda. This World is related to the Sefirah of Chochmah (Wisdom) and is completely protected from the Klipot (shells).

Briyah (World of Creation) – The third (from above downward) of the Five Spiritual Worlds that appeared after the Tzimtzum (Contraction). This World is related to the Sefirah of Binah (Understanding) and is a universal energy store. The World of Briyah is also related to the Shechinah (Supernal Mother) and is almost completely protected from the Klipot (shells).

Yetzirah (World of Formation) – The fourth (from above downward) of the Five Spiritual Worlds that appeared after the Tzimtzum (Contraction). Whereas in the lowest World, the World of Action, evil is the predominant force, in the World of Formation, goodness is the predominant force. Yetzirah is related to the Sefirah of Zeir Anpin (Small Face) and to the energy of the Shield of David.

Asiyah (World of Action) – The lowest of the Five Spiritual Worlds that emerged after the Tzimtzum (Contraction) of the Vessel in the World of the Endless. The World of Action is the dimension where the least amount of Light is revealed. This enables human beings to exercise their free will in discerning between good and evil. This World is also related to the Sefirah of Malchut (Kingdom) and is referred to as the Tree of Knowledge of Good and Evil.

Five Levels of the Soul

Nefesh – The lowest part of our soul, the part that every person is born with. It allows the Klipot to connect to us. Nefesh is usually fueled by the Desire to Receive for the Self Alone; it is the animal instinct and psyche that we all have. The Torah teaches us that the connection to Nefesh is through the blood, and this is why we do not eat or drink anything that has animal blood on it: We do not want to connect to the raw instinct of that animal. At certain age-related milestones in an individual's life, they receives additional parts of the soul.

Ruach (Spirit) – Of the five parts that make up the soul, Ruach is the next level up from Nefesh. It is an additional part of our soul that enters us when we reach Bar/Bat Mitzvah (age 13 for a boy, 12 for a girl), and it activates our free will to choose between Light and darkness.

Neshamah (Soul) – This is the third part of our soul, which we receive when we reach the age of 20. It is called "Soul" because until we receive this third part, our own soul is not yet complete. This third part of the soul allows us to connect directly to the power of the Creator. It is the Light that is contained in Binah.

Chayah (Life-Sustaining) – The fourth part of a person's soul, called Chayah, is very rarely received because it denotes that an individual has achieved such a high level of spirituality that they no longer have the evil inclination within them. Chayah is the Light of the Sefirah of Chochmah, which provides life and sustains the soul.

Yechidah (Oneness) – The fifth and final part of a person's soul, when the individual unites completely with the Light of the Creator.

Names of God

Just as a single ray of white sunlight contains the seven colors of the spectrum, the one Light of the Creator embodies many diverse spiritual forces. These different forces are called Names of God. Each Name denotes a specific attribute and spiritual power. The Hebrew letters that compose these Names are the interface by which these varied Forces act upon our physical world. The most common Name of God is the Tetragrammaton (the four letters of Yud-Hei-Vav-Hei; יְהֹוָה), and because of the enormous power the Tetragrammaton transmits, we do not utter this Name aloud but instead pronounce it as Adonai (Alef-Dalet-Nun-Yud). And since the Name Adonai also reveals a tremendous amount of Light, we only pronounce it when we make a blessing, when we recite a kabbalistic prayer or when we read from the Torah. Other than these instances, we say *HaShem*, which means "the Name" or Yud-Kei-Vav-Kei instead of Adonai.

Below is a list of the Names of God that both the Torah and the Zohar reference, how it is pronounced as well as to which Sefirah each Name corresponds.

Corresponding Sefirah	Pronunciation	Name (English)	Name (Hebrew)
Binah	Alef-Kei-Yud-Kei	Alef-Hei-Yud-Hei	אהיה
Chesed	Kel	El	אל
Gevurah, also Malchut	Elokim	Elohim	אלהים
Tiferet, Zeir Anpin	Yud-Kei-Vav-Kei or Adonai	Yud-Hei-Vav-Kei	יהוה
Netzach and Hod	Tzevakot	Tzeva'ot	צבאות
Yesod	Shakai or Shin-Dalet-Yud	Shadai	שדי
Malchut/Nukva	Alef-Dalet-Nun-Yud or HaShem	Adonai	אדני

Spelled Out (*Milu'i*)

When a Name or a word is spelled out by the letters that comprise its conventionally accepted form, it is called *milu'i*. Rav Isaac Luria (the Ari) explains that each Name of God emanates a different frequency of energy and that changing the Name, even in the slightest way, changes its frequency—similar to changing one atom in a molecule, which will dramatically change the energy and frequency of the molecule. He says that the numerical value of the word *milu'i* is 86, which is the same numerical value of the word Elohim—a name that signifies Judgment. Therefore when a Name is spelled out it makes its energy and frequency coarser or materialized, which is an aspect of Judgment and spiritual thickness. Conversely, when we keep the Name simple, without spelling it out, it is an aspect of Mercy. There are four ways to spell out the Name of Yud-Hei-Vav-Hei and each corresponds to one of the four Worlds and four Sefirot.

Milu'i of the Name Yud-Hei-Vav-Hei יהוה

Spelled Out				World	Sefirah	Numerical Value
יוד	הי	ויו	הי	Atzilut	Chochmah	72 (AV)
Yud-Vav-Dalet	Hei-Yud	Vav-Yud-Vav	Hei-Yud			
יוד	הי	ואו	הי	Briyah	Binah	63 (SaG)
Yud-Vav-Dalet	Hei-Yud	Vav-Alef-Vav	Hei-Yud			
יוד	הא	ואו	הא	Yetzirah	Zeir Anpin	45 (MaH)
Yud-Vav-Dalet	Hei-Alef	Vav-Alef-Vav	Hei-Alef			
יוד	הה	וו	הה	Asiyah	Malchut	52 (BaN)
Yud-Vav-Dalet	Hei-Hei	Vav-Vav	Hei-Hei			

Filling (*Milu'i*)

According to the Ari, the word *milu'i* also means "filling." Filling this case means taking an original Name, for example, Yud-Hei-Vav-Hei (26) that is spelled out as AV (יוד הי ויו הי), equaling 72, and removing the first letter from each spelling out as follow: Instead of Yud-Vav-Dalet, we now have Vav-Dalet; instead of Hei-Yud, we now have Yud; instead of Vav-Yud-Vav we now have Yud-Vav; instead of Hei-Yud, we now have Yud, which together equal 46. So the filling or *milu'i* of AV is 46.

Milu'i (Filling) of Yud-Hei-Vav-Hei יהוה:

Spelled Out				World	Sefirah	Numerical Value
וד	י	יו	י	Atzilut	Chochmah	46
Vav-Dalet	Yud	Yud-Vav	Yud			
וד	י	או	י	Briyah	Binah	37
Vav-Dalet	Yud	Alef-Vav	Yud			
וד	א	או	א	Yetzirah	Zeir Anpin	19
Vav-Dalet	Alef	Alef-Vav	Alef			
וד	ה	ו	ה	Asiyah	Malchut	26
Vav-Dalet	Hei	Vav	Hei			

Milu'i (Spelled Out) of the Name Alef-Hei-Yud-Hei אהיה

Spelled Out				Sefirah	Numerical Value
אלף	הי	יוד	הי	Chochmah	161
Alef-Lamed-Pei	Hei-Yud	Yud-Vav-Dalet	Hei-Yud		
אלף	הי	יוד	הי	Binah	161
Alef-Lamed-Pei	Hei-Yud	Yud-Vav-Dalet	Hei-Yud		
אלף	הא	יוד	הא	Zeir Anpin	143
Alef-Lamed-Pei	Hei-Alef	Yud-Vav-Dalet	Hei-Alef		
אלף	הה	יוד	הה	Malchut	151
Alef-Lamed-Pei	Hei-Hei	Yud-Vav-Dalet	Hei-Hei		

Milu'i (Spelled Out) of the Name Elohim אלהים:

Spelled Out					Sefirah	Numerical Value
אלף	למד	הי	יוד	מם	Chochmah	300
Alef-Lamed-Pei	Lamed-Mem-Dalet	Hei-Yud	Yud-Vav-Dalet	Mem-Mem		
אלף	למד	הי	יוד	מם	Binah	300
Alef-Lamed-Pei	Lamed-Mem-Dalet	Hei-Yud	Yud-Vav-Dalet	Mem-Mem		
אלף	למד	הא	יוד	מם	Zeir Anpin	291
Alef-Lamed-Pei	Lamed-Mem-Dalet	Hei-Alef	Yud-Vav-Dalet	Mem-Mem		
אלף	למד	הה	יוד	מם	Malchut	295
Alef-Lamed-Pei	Lamed-Mem-Dalet	Hei-Hei	Yud-Vav-Dalet	Mem-Mem		

Angels

Angels are distinct spiritual energy-intelligences that are part of a vast communication network roaming among us, acting as messengers from the Creator and affecting things that happen in our daily lives. An Angel is a conduit or channel that transports cosmic energy or thoughts from one place to another or from one spiritual dimension to the other. Angels have no free will, and each Angel is dedicated to one specific purpose and responsible for transmitting a unique force of influence into our physical universe. When reading about an Angel in the Zohar, we do no pronounce its name, since saying the name aloud draws the Angel to us and more times than not, our capacity to handle its energy is not large enough. Therefore in the texts the names are broken up as follows: Metatro"n. However, there are a few names of Angels that are also names of humans like: Michael, Gabriel, and Rafael that we can pronounce.

Pronunciation	Name (English)	Name (Hebrew)
Matat	Metatro"n	מטטרו"ן
Sandal	Sandalfo"n	סנדלפו"ן
Samech-Mem	Samae"l	סמא"ל
Lamed-Yud	Lili"t	לילי"ת

Holidays – Days of Power

In the everyday world, our concept of holidays is based on remembering, memorializing, and paying homage to some event in the past. Kabbalah, however, absolutely rejects remembrance or recognition as the basis of these cosmic times of connection known as Holidays. In place of commemoration, a kabbalist focuses on *connection*—that is, the opportunity to tap into the unique energies that exist at the specific points in time that we call Holidays. The holidays are literally power sources we can access using the technology and tools of Kabbalah. The major Holidays or Days of Power are:

+ **Rosh Hashanah** – Seed level of the year
+ **Yom Kippur** – At-one-ment with the Light
+ **Sukkot** – Surrounding ourselves with the Light of kindness, protection and certainty
+ **Simchat Torah** – Joy of the Torah and the beginning of the Torah reading cycle
+ **Chanukah** – Lighting candles for eight days and connecting to the Or Haganuz (Concealed Light)
+ **Purim** – Joy and certainty beyond logic
+ **Pesach** – Freedom from the bondage of the ego
+ **Shavuot** – Accepting the spiritual system of the Torah, thus breaking free from death

APPENDIX B

Glossary

248 – There are 248 bone segments of the human body as well as 248 words in the Shema Reading and 248 Positive Precepts. These Positive Precepts are the proactive "to-do" actions, and each one relates to a different part of the body. When we perform these Precepts, we strengthen our body. See also: 365, 613

365 – There are 365 tendons and sinews in the human body as well as 365 Negative Precepts. These Negative Precepts are the proactive "do not do" actions, referring to acts of restriction and refraining from acting on our negative and selfish impulses. Each Precept corresponds to a different sinew and tendon, and to each of the 365 days of the year. See also: 248, 613

613 – The number of Precepts—spiritual actions—that we can do to get spiritually closer to the Light of the Creator. There are 613 Precepts, and all can be found within the Five Books of Moses. These Precepts are divided into two categories: 248 Precepts of positive "to-do" actions, and 365 Precepts of negative "do not do" actions. Performing both types of Precepts will bring us closer to the Creator. See also: Precept, 248, 365

Amen – the word Amen literally means "true" or "trustworthy." When one makes a blessing or says Kaddish, the listeners answer "Amen." The Zohar explains that saying Amen is not really about validating a blessing or a praise, but the word Amen has the numerical value of 91, which is the sum of two names of God: Alef-Dalet-Nun-Yud (65) and Yud-Hei-Vav-Hei (26). Alef-Dalet-Nun-Yud represents the World of Malchut, or the physical world, and Yud-Hei-Vav-Hei represents Zeir Anpin or the metaphysical, Upper World. Saying "Amen" unifies the Upper and Lower Worlds, Light and Vessel, as well as fulfilment with desire. Therefore, the sages said "greater is the one who says 'Amen' than the one who makes the blessing."

Amidah – Literally translates as "standing," the Amidah is the silent prayer we recite standing up. There are 18-19 blessings during the weekday Amidah, and seven during Shabbat and Holidays. We say Amidah three times a day: Shacharit in the morning, Mincha in the afternoon, and Arvit at night.

Central Column – The force that regulates between Right and Left, mercy and judgment. Central Column represents the concept of restricting our reactive nature and regulating mercy and judgment with balance. Jacob the Patriarch was the embodiment of Central Column, and therefore an Israelite is one who aligns themselves with the Central Column concept. Central Column also represents the Sefirot that are in the center of the Tree of Life: Da'at, Tiferet, Yesod.

Chai ha'Olamim –Life of the Worlds or Eternal life; both concepts relate to the Light of the Creator. *Chai* (life) also has the numerical value of 18.

Clothing – All spiritual energy like the Lightforce of the Creator needs to be concealed to be revealed; this concealment is referred to as "clothing." Our thoughts, words, and actions are clothing for the Lightforce of the Creator. Our body is the clothing for our soul. The Torah is the clothing for the Creator. When a Partzuf receives assistance from a lower Partzuf, then the lower one is a garment or clothing to the upper Partzuf.

Ein Sof (Endless) – Before the creation of this world, the endless Light of the Creator filled all existence. There was no lack of any kind. All desires were completely fulfilled, and the Vessel, which is the Desire to Receive, was not blemished by the Desire to Receive for the Self Alone.

Eruv – So as not to transfer between Domains on Shabbat, the sages established a system of placing a string around sections of the Public Domain, making them one Private Domain, so people could carry objects within this area.

Evil Inclination – Each of us always has two inner voices that guide us to do everything, whether positive (proactive) or negative (reactive). The evil inclination is the voice that pushes us to be reactive and negative. It is sometimes referred to as Satan, which in Hebrew simply means "adversary." The evil inclination is our internal opponent that always tells us to act selfishly and reactively.

Exile – The state of existence where we are less connected and less in tune with the Light, a state where chaos rules and miracles are rare. This state was brought about by the destruction of both Holy Temples. The Hebrew word for "exile" is *Galut*, which also means "to reveal," because this state of existence will change permanently once we reveal the wisdom of Kabbalah, spread it to everyone, and thus change the world.

Externals – Both the Zohar and Rav Isaac Luria (the Ari) use the word "Externals" or "Chitzonim" to represent the Negative Side or Klipot. The Externals are negative external forces that block the Light from being revealed.

Gadlut (Maturity/Greatness) – Represents when we have expanded consciousness and are spiritually mature.

Halachah (Law) – Any spiritual law of the universe that is based on the 613 Precepts. The later Talmudic laws along with customs and traditions are collectively referred to as *halachah*. The literal meaning of *halachah* is "the path" because *halachah* is a way of connecting to the path of life through the actions that we do. For those who want to follow a spiritual quest, *halachah* is a system of instructions for what to do, how, and when.

Hell (Gehenom) – A purgatory-like place where souls that have moved on but require cleansing from the negativity they revealed while alive go; here all their negativity is purified. The souls remain in Hell no longer than 12 months to complete the purification process.

Holy One, blessed be He – the Light, the Creator, God. Represents the force of Zeir Anpin, and the male aspect of God that fills the vessel.

Ibur – An additional soul that enters a body and unites with an existing soul either temporarily or permanently. The term Ibur literally means a pregnancy or an impregnation; it is likened to a woman who is pregnant and carries a soul in addition to her own.

Impurity – A term used to describe the level where a person is failing to resist his ego and the Evil Inclination, and thus is sinking lower and lower into selfishness.

Israelite – A code name for anyone following a spiritual path and working on his or her negative traits, and constantly striving to transform them to positive ones. Israelites are people who take upon themselves the responsibility of spreading the Light and for putting other people's needs before their own. They also understand and follow the spiritual rules of cause and effect, and do not take the Torah literally but rather as a coded message.

Katnut (Immaturity/Smallness) – Represents when we have reactive and selfish consciousness and are spiritually immature.

Kavanah (Intention, Meditation) – The act of centering our consciousness with the attention appropriate to a situation or connection.

Klipah, klipot – See "Externals"

Leah – Name of the Partzuf of the Upper part of Nukva, known as the Hidden World.

Left Column – the force that draws energy like a magnet and starts the flow of Light to a vessel or desire. The attribute of Left Column is found in the following characteristics: strength, desire to receive, setting boundaries, discipline and the rejection of that which is bad. Left Column also represents the Sefirot that are on the left side of the Tree of Life: Binah, Gevurah, Hod.

Lower Seven – In each of the Four Spiritual Worlds there are ten levels or Sefirot. The Lower Seven Sefirot are Chesed (Mercy), Gevurah (Judgment/Might), Tiferet (Beauty), Netzach (Eternity/Victory), Hod (Glory), Yesod (Foundation), and Malchut (Kingdom). Collectively, the Lower Seven Sefirot represent the six directions: south, north, east, up, down, and west. See also: *Vav Ketzavot*, Upper Three

Masach DeChirik – Desire to Receive for the Sake of Sharing (Central Column). The pushback and resistance of the Desire to Receive that balances the Right and Left Columns, bringing unity and balance between them so that they can both exist.

Mayin Duchrin (Masculine Waters) – Awakening from Above, in order to give energy for the Unification.

Mayin Nukvin (Feminine Waters) – Awakening from Below, in order to give energy to the Female for the Unification. There are two kinds of Mayin Nukvin: The first is the effort that the Female makes in order to be unified with Her Male. The second is when the Lower Partzuf will make an extra effort in order to give this energy to the Upper Partzuf and thereby the Upper Partzuf will be able to be unified and give back higher illuminations to this Lower Partzuf.

Merit – In Hebrew, this word is *zechut*, which is derived from the root word for "pure," meaning that when we transform our selfish nature into one of selflessness and sharing with others, we become pure. In doing so, we will attain the merit of a spiritual lifeline, which will be there when we most need it to remove the chaos, pain, and suffering we are experiencing.

Messiah (Mashiach) – Often described as a person, the concept of Messiah simply means the collective consciousness of humanity where everyone cares about others' needs ahead of their own, in this way emulating the complete selflessness of the Light. The concept of death (in health, business, relationships, or anything else) cannot exist within the realm of this consciousness.

Mochin – Literally means brains and represents quality of consciousness. When we sleep, our Mochin go up, and that's why we are unconscious. When Zeir Anpin has Mochin, it means Zeir Anpin has attained the Upper Three Sefirot (Chochmah, Binah, Da'at) and is now complete.

Nations – Nations actually represent the inner attributes and character traits of our individual self. The nation of Amalek refers to the doubt and uncertainty that dwells within us when we face hardship and obstacles. Moab represents the dual nature of man. Nefilim refers to the sparks of Light that we have defiled through our impure actions, and to the negative forces that lurk within the human soul as a result of our own wrongful deeds.

Numerical Value – There are 22 Hebrew letters, each with a numerical value ranging from 1 to 400, which when combined produce words and phrases with their own numerical values. Words or phrases that have the same value are usually another form of providing us with spiritual insight for our lives through the Torah. The main sources for deciphering these combinations are the Book of Formation (*Sefer Yetzirah*), the Zohar, and the Writings of the Ari.

Ohr Pnimi (Inner Light) – The Light that we have earned through our proactive actions. This Light is who we are and what we are; it is our life experience and wisdom.

Ohr Makif (Surrounding Light) – The Light that pushes us to grow and reveal our potential Light. Ohr Makif refers to our potential and to everything we were meant to accomplish throughout our lifetime. Ohr Makif is connected to the quantum Light of the Creator that waits to be revealed through our proactive actions.

Patriarchs – Abraham, Isaac, and Jacob, who are the three pillars of the Torah. They are referred to as the chariots and channels for the Sefirot of Chesed (Right Column), Gevurah (Left Column), and Tiferet (Central Column) that we can use to achieve balance in our day-to-day life.

Precept – One of the 613 spiritual actions we can do to connect to the Light of the Creator. There are two types of Precepts: those between man and his fellow man, and those between man and the Creator. In Hebrew, the word for Precept is *Mitzvah*, meaning "unity" or "bonding" because the Precepts create unity between the Creator and us.

Pure – Without spiritual blemish. Someone or something that is completely cleansed of negativity. Someone who has less of a Desire to Receive and more of a Desire to Share. The purer a person is, the more Light can shine through him and illuminate his life and the lives of others around him.

Rachel – Name of the Partzuf of the Lower part of Nukva, known as the "revealed world".

Ribu'a (Squared) – *Ribu'a* is a unique way of writing out a Name of God, where the first letter of the Name is written first, then the first and second letter, then the first, second, and third, and so on. For example, the *Ribu'a* of the Name Yud-Hei-Vav-Hei is Yud, Yud-Hei, Yud-Hei-Vav, Yud-Hei-Vav-Hei.

Right Column – the positive force of Light that wants to fill the vessel. The attribute of Right Column is found in the following characteristics: giving, imparting, mercy, letting go, going with the flow, love, and accepting with love that which is good. Right Column also represents the Sefirot that are on the right side of the Tree of Life: Chochmah, Chesed, Netzach.

Righteous (Tzadik) – A person who is completely devoted to working on transforming his or her negative traits and to sharing unconditionally with others. The Midrash also tells us that this is a person whose positive actions outweigh his or her negative actions. The terms "righteous" and "wicked" also can relate to the righteous and wicked part of us, not necessarily a righteous person or wicked person. Thus, we all have our inner righteous and our inner wicked.

Masters – Kabbalists from the time of the Second Temple who were very wise individuals that left us with deep wisdom and many lessons found in the Mishnah and Talmud.

Shechinah (Divine Presence) – The Light of the Creator when it is on its closest frequency to the physical world. The Shechinah is also the collective soul of all Israelites. The Shechinah corresponds to the female aspect of the Light of the Creator, and many writings refer to the union between God and the Shechinah. In addition, the Shechinah is a protection division of the Creator for the all those who connect to the Tree of Life.

Sitra Achra (Other Side) – According to Kabbalah, the world is made of opposites: positive and negative, good and evil. The Light of the Creator represents the side of positivity, order, and clarity, while the *Sitra Achra* (other side) represents negativity, darkness, and chaos. The *Sitra Achra* needs a source of energy but cannot feed directly from the Light of the Creator. Every time we make a wrong choice or get upset and act reactively, the *Sitra Achra* can take advantage of this and suck the Light away from us.

Teshuvah (Repentance) – Meaning literally "to return," *Teshuvah* is the process of going back to an earlier phase where things were connected to the source. When we "short circuit" (i.e., make a wrong choice) and conduct ourselves with selfishness, we disconnect from the Light of the Creator and attract chaos. *Teshuvah* is designed to reverse our negative consciousness through positive transformation, thus allowing us to reconnect with the Light of the Creator. When we take responsibility and own up to our past mistakes, we preemptively remove whatever chaos and pain we might face in the future as a result of our negativity.

This World – The physical world that we live in, where we are subject to the laws of cause and effect, and bound by the limitations of time, space, and motion. Also called the 1 Percent Reality and the illusionary world. See also: World to Come

Torah – there are 24 books of the Torah, which comprise the Written Torah. The first five books are called the five books of Moses. The Oral Torah is the interpretation of the Written Torah, which the Sages received orally from Moses to Joshua to the Elders, and every generation from teacher to student, until the compilation of the Mishna and the Talmud. The Zohar is part of the Oral Torah, but deals with the soul (secrets) of the Torah and the metaphysical laws, whereas the Mishnah and Talmud deal with the body of the Torah and the corporeal laws.

Tractate (Masechet) – The Talmud and Mishnah are each split into six sections, each of which is further divided into subsections called Tractates. Each subsection is given a name to describe the topic of discussion.

***Tzelem* (Image or Shadow)** – The clothing of the Mochin as they go to the Lower Partzuf. This clothing is created by the Returning Light of the Lower Partzuf. The Tzelem is divided into three main aspects: The first and highest is called Mem (ם) of the word *Tzelem*; the second is called Lamed (ל) of the word *Tzelem*; and the third and the lowest is called Tzadik (צ) of the word *Tzelem*.

Upper Three – the head of a Partzuf, represented by Chochmah, Binah and Da'at. The head represents cause and potential, which is more powerful than the Lower Six or body, but the body is what manifests. Similarly, the head or Upper Three represents control, as the body is controlled by the head. A Partzuf or Sefirah without the Upper Three is considered incomplete. The Upper three can also refer to the Mochin. See also: Mochin, Lower Seven

Vav Ketzavot (Six Edges) – Represents the body of a spiritual structure, comprised of the Lower Six Sefirot: Chesed, Gevurah, Tiferet, Netzach, Hod, and Yesod. The head of a spiritual structure is called *Gimel Rishonot* (Upper Three Sefirot), which are: Chochmah, Binah, and Da'at.

Vowels – In Hebrew and Aramaic the vowels of words are marked with dots and lines instead of letters. In the Torah scroll there are only letters, but when one reads from the Torah scroll he must learn the vowels and the cantillation marks in order to consider it a valid Torah reading. See also: cantillation marks

World to Come – A realm where only happiness, fulfillment, love, and joy exist—the 99 Percent Realm of the Light of the Creator. The kabbalists explain that the World to Come exists in each and every moment of our lives. Every action of ours creates an effect that comes back to us either for good and for bad, and through the way we live our lives, we can create worlds according to our design. The World to Come is commonly referred to as "the reality of life after life." See also: This World

Worlds – A term used in the Study of the Ten Luminous Emanations to refer to the Five Spiritual Worlds. There are five channels that bring the Light down to our mundane reality. When these channels are filled with Light, we call them Worlds. Each World represents a different level of consciousness that is related to a level of veil that covers the Light. The word *olam* in Hebrew means "disappearance," referring to the fact that only when the Light is concealed can a reality be revealed. The Five Spiritual Worlds, from highest to lowest, are: Primordial Man (Adam Kadmon), Emanation (Atzilut), Creation (Briyah), Formation (Yetzirah), and Action (Asiyah).

Yaakov – The outer Partzuf of Zeir Anpin and corresponds to the Six Edges (Sefirot) of Zeir Anpin.

Yibum, Chalitzah – The Precept of Yibum (Levirate Marriage) applies when a married man has died before having children. To redeem the soul of the deceased, his brother marries his sister-in-law (the widow). However, if the brother does not want to perform Yibum, he performs Chalitzah, which removes the obligation to marry his sister-in-law.

Yisrael – The inner Partzuf of Zeir Anpin corresponding to the Mochin of Zeir Anpin

Zivug (Unification) – The Nature of the Supernal Light is to emanate illumination to the Lower Worlds for all eternity. Because of the *Masach*, the Vessel cannot connect. Therefore, when the Vessel is ready (by Returning Light or by elevating Mayin Nukvin) to connect with the Light it is called Zivug. Zivug literally means "unification," which represents the unification of Light and Vessel, and between Zeir Anpin and Nukva.

APPENDIX C

Hebrew Letters

Numerical Value	Name	Letter
1	Alef	א
2	Bet	ב
3	Gimel	ג
4	Dalet	ד
5	Hei	ה
6	Vav	ו
7	Zayin	ז
8	Chet	ח
9	Tet	ט
10	Yud	י
20	Kaf	כ
30	Lamed	ל
40	Mem	מ
50	Nun	נ
60	Samech	ס
70	Ayin	ע
80	Pei	פ
90	Tzadi	צ
100	Kof	ק
200	Resh	ר
300	Shin	ש
400	Tav	ת

Five Final Letters

When these five letters appear at the end of a word they change shape:

Numerical Value	Name	Final Letter	Letter
40	Mem	ם	מ
50	Nun	ן	נ
90	Tzadi	ץ	צ
80	Pei	ף	פ
20	Kaf	ך	כ

Tag (Crown) or Tagin (Crowns) on the Hebrew Letters

The special Ashurit font, used to scribe Torah Scrolls, has some letters that have crowns or a spike on top of them. The letters that have crowns on the them are abbreviated as *Sha'atnez Gatz* or Shin-Ayin-Tet-Nun-Zayin, Gimel-Tzadi שעטנז גץ.

Hebrew Vowels

The letter Alef is used as a demonstration of
how the vowels appear on any letter.

Sefirah	Name	Letter
Keter	Kamatz	אָ
Chochmah	Patach	אַ
Binah	Tzere	אֵ
Chesed	Segol	אֶ
Gevurah	Shva	אְ

Sefirah	Name	Letter
Tiferet	Cholam	אֹ אוֹ
Netzach	Chirik	אִ
Hod	Shuruk	אֻ
Yesod	Shuruk Vav	אוּ

RAV ISAAC LURIA (THE ARI)

Born in Jerusalem in 1543, Rav Isaac Luria, known as the Ari, is regarded as the most influential kabbalist in history. Before his birth, his father was visited by Elijah the Prophet, who foretold, "Through him shall be revealed the teaching of the Kabbalah to the world." A brilliant scholar from a young age, by eight, he was recognized as a prodigy and became known as the Ari, the "Holy Lion."

After his father's death shortly after his eighth birthday, the Ari and his mother moved to Cairo, Egypt, to live with a wealthy uncle. There, he studied under Rav David ben Zimra and Rav Betzalel Ashkenazi. Married at 15, the Ari discovered the Zohar at 17 and obtained his own copy. He often meditated on a single verse of the Zohar for months until its hidden meaning was revealed. His years in Egypt were dedicated to purifying his consciousness and transcending physicality.

In 1570, the Ari moved to Safed, Israel, where he fulfilled his life's purpose by teaching the secrets of Kabbalah to his most cherished student, Rav Chaim Vital, who arrived in Safed in February 1571. The Ari told Rav Chaim that his sole reason for coming into this world was to impart the secrets of Kabbalah to him and future generations. After completing this task, the Ari passed away on July 15, 1572 (5 Av 5332), at the age of 38.

The Ari did not document his teachings, reportedly saying, "I can hardly open my mouth to speak without feeling as though the sea had burst its dams and overflowed. How then shall I express what my soul has received, and how can I put it down in a book?" Rav Chaim Vital and his son Rav Shmuel Vital took on the task of recording the Ari's teachings.

The Ari's greatest legacy is his kabbalistic compositions, forming the spiritual system known as Lurianic Kabbalah. This system, when fully understood, provides humanity with a road map and guide for body and soul to relieve chaos, fear, pain, and suffering. Lurianic Kabbalah has profoundly impacted the world, and the wisdom disseminated by the Kabbalah Centre is rooted in Lurianic Kabbalah.

The main works of the Kitvei Ha'Ari ("Writings of the Ari") are the Etz Chaim ("Tree of Life"), Pri Etz Chaim ("Fruit of the Tree of Life"), and the Shemoneh She'arim ("Eight Gates"), including Sha'ar HaGilgulim ("The Gate of Reincarnations").

RAV CHAIM VITAL

Rav Chaim Vital was born in 1543 and, although an accomplished kabbalist and prolific writer in his own right, he is primarily renowned as the scribe and editor of Rav Isaac Luria's (the Ari) teachings. Rav Chaim studied the revealed aspects of Torah under Rabbi Moshe Alshich in Safed and Kabbalah under Rav Moshe Cordovero (the Ramak).

In 1570, Rav Isaac Luria (the Ari) came to Safed from Egypt, and Rav Chaim's life took a completely different turn. Initially indifferent to the Ari, Rav Chaim became his chief disciple after the passing of his teacher, the Ramak. The Ramak appeared to Rav Chaim in a dream a few months after his passing and affirmed that while both his and the Ari's approaches to Kabbalah were true, the Ari's teachings were deeper and the primary approach in the Heavenly Academy.

Rav Chaim noted that earlier kabbalists' works were based on mortal intellect, whereas the Ari's teachings were "revelations received by the Ari through Divine inspiration (Ruach HaKodesh)." After the Ari's passing in 1572, Rav Chaim was universally accepted as his successor, despite having studied with the Ari for only two years. The Ari did not write down his oral teachings, and although he explicitly prohibited it, many disciples did. Only Rav Chaim had permission to scribe his teachings. After the Ari's death, Rav Chaim gathered, organized, and edited their manuscripts.

Rav Chaim began teaching the kabbalistic insights he had received from his master to many students and soon became a revered leader. He gained a reputation as a miracle worker, healer, and master of practical Kabbalah, with the ability to discern the nature and history of souls.

At one point, Rav Chaim decided not to publicize the Ari's teachings. However, in 1586, he fell ill, and 600 pages of his writings were taken from his house, copied, and returned, though these copies were filled with errors. His son, Rav Shmuel Vital, later edited and arranged the original copies into eight sections, known as the Shemoneh She'arim ("Eight Gates").

In 1587, Rav Chaim was appointed a leading judge in the rabbinical courts in Jerusalem by Rabbi Moshe Alshich. He remained there for several years before returning to Safed. In 1594, he moved to Damascus, where he passed away in 1620 at the age of seventy-seven.

RAV MICHAEL BERG

Rav Michael Berg is co-director of the Kabbalah Centre International and a distinguished kabbalistic scholar and teacher. He was born into a kabbalistic tradition as the son of the Rav and Karen Berg, the founders of The Kabbalah Centre. Raised within a lineage that dates back more than 100 years, Rav Michael Berg steeped himself in the wisdom of the Zohar from a young age. He became adept at combing through ancient materials and distilling complex information into elegant thought and language. He was the first person to translate the entire 23-volume Zohar and commentary from ancient Aramaic into English, beginning this monumental task when he was only 18 years old and completing it ten years later. He also completed the translation of the Tikunei HaZohar ("Corrections of the Zohar") Volume III from Aramaic into Modern Hebrew. Under his supervision, the Kabbalah Centre has increased the distribution of Zohars to millions of people in need across the globe.

His compendium of works includes the translation and editing of some of Rav Ashlag's fundamental texts: The Wisdom of Truth, And You Shall Choose Life, On World Peace, and The Thought of Creation. Rav Ashlag is the founder Yeshivat Kol Yehuda, the forerunner of The Kabbalah Centre, and the author of the Sulam ("The Ladder") and Talmud Eser Sefirot ("Ten Luminous Emanations,") both central texts in the study of Kabbalah.

Rav Michael Berg penned the first book under the Kabbalah Centre Publishing imprint: The Secret, in addition to, Becoming Like God, Secrets of the Zohar, and Secrets of the Bible. His book The Way (Wiley) became a national bestseller.

Born in Israel, he studied at The Rabbinical Seminary of America in New York City, and at Yeshiva Shaar HaTorah, following which he earned his rabbinical ordination. Along with his wife, Monica, he co-hosts the Spiritually Hungry podcast, exploring life's big questions offering spiritual guidance in contemporary terms. He also directs Kabbalah.com, the Kabbalah Centre's online learning platform, which provides kabbalistic wisdom through written and video content in multiple languages.

His teachings bring new insights to this ancient wisdom, reaching thousands weekly on Kabbalah.com. He resides in New York with his wife Monica and their four children, David, Joshua, Miriam, and Abigail.

www.ingramcontent.com/pod-product-compliance
Lightning Source LLC
Chambersburg PA
CBHW030311100426
42812CB00002B/658